JN248446

2022 情報処理技術者試験対策書

基本情報技術者

午後試験対策書

アイテックIT人材教育研究部［編著］

内容に関するご質問についてのお願い

この度は本書籍をご購入いただき誠にありがとうございます。弊社では本書の内容に関するご質問を受け付けております。書籍内の記述に，誤りと思われる箇所がございましたら，お問い合わせください。正誤のお問い合わせ以外の，学習相談，受験相談にはご回答できかねますので，ご了承ください。恐れ入りますが，質問される際には下記の事項を確認してください。

● ご質問の前に

弊社 Web サイトで「正誤表」をご確認ください。
最新の正誤情報を掲載しております。

https://www.itec.co.jp/learn/errata/

● ご質問の際の注意点

弊社ではテレワークを中心とした新たな業務体制への移行に伴い，全てのお問い合わせを Web 受付に統一いたしました。お電話では承っておりません。ご質問は下記のお問い合わせフォームより，書名（第○版第△刷），ページ数，質問内容，連絡先をご記入いただきますようお願い申し上げます。

アイテック Web サイト　お問い合わせフォーム

https://www.itec.co.jp/contact

回答まで，1 週間程度お時間を要する場合がございます。
あらかじめご了承ください。

● 本書記載の情報について

本書記載の情報は 2021 年 9 月現在のものです。内容によっては変更される可能性もございますので，試験に関する最新・詳細な情報は，「独立行政法人 情報処理推進機構」の Web サイトをご参照ください。

https://www.jitec.ipa.go.jp/

まえがき

基本情報技術者試験は，技術全般の分野が含まれるテクノロジ系知識と，プロジェクトマネジメント，サービスマネジメントといったマネジメント系知識のほか，システム戦略，経営戦略，企業と法務といったストラテジ系知識も含まれる幅広い分野が出題範囲になっています。午後の試験の出題内容もこの出題範囲に沿ったものです。

令和２年度試験から出題数と解答数が少なくなり，11 問出題から５問解答する構成に変わりました。知識の応用問題の出題数と解答数が２問減った分，解答時間が不足気味だったアルゴリズムやプログラム言語の解答に，これまでより多く時間をかけられるようになりました。また，各問の配点も変更になり，情報セキュリティ，アルゴリズム，プログラム言語の問題の配点が以前より高くなりました。

基本情報技術者の午前の試験は，試験対策で身に付けた知識がそのまま成果として表れやすいといえます。しかし，午後の試験問題は，文章読解力や知識の応用力を駆使して，決められた時間内で答える能力が要求されます。このため，試験範囲の基本的な知識同士を関連させて，体系的な知識・技術として理解し，問題を読んでどのように活用・応用していくかという解法テクニックが大切になります。

午後の試験の対策は，学習した知識・技術を実際の事例問題で使えるようにするための問題演習が重要になります。また，合否を分ける決め手となるのが，必須の情報セキュリティ，アルゴリズムの問題と，選択するプログラム言語の問題です。プログラム言語の問題は処理手順（＝アルゴリズム）を見抜き，処理の流れを理解できるかどうかが解法のポイントになるので，アルゴリズム問題の解法能力を高めることが，そのまま合格への近道になるといえます。

本書は，午前の試験範囲に含まれる基本的な知識・技術の学習を終えた方を対象とした午後の試験対策専門の参考書です。2022 年版では出題構成の変更に対応して，必須問題の情報セキュリティとアルゴリズム問題の対策を中心に学習してもらえるように改訂しています。

午後の試験問題は，提示される事例に対して知識を応用し考えて解答するので，解説を読むことによって，あいまいな知識がしっかり理解できる効果があるといえます。そこで，本書では各分野の重要テーマごとに午後の試験問題の解法に必要となる基礎知識を午前の問題で確認し，次に例題で午後の試験問題の取組み方・解法のポイントを理解してから演習問題で実力を養う構成になっています。合格するための実力を身に付けるための重要ポイントやテクニックを理解し，確実に学習を進めてください。

基本情報技術者試験を受ける皆様方が，努力の結果，合格の栄冠を勝ち取られ，その成果を基にご活躍されることを心からお祈り申し上げます。

2021 年９月

アイテック IT 人材教育研究部

目　次

まえがき

第1部　試験制度の解説

第2部　情報セキュリティ（必須問題）

◆学習後のアンケートのお願い

学習後は，本書に関する簡単なアンケートにぜひご協力をお願いいたします。

毎年，4月末，10月末までに弊社アンケートにご回答いただいた方の中から抽選で10名様に，Amazonギフト券3,000円分をプレゼントしております。ご当選された方には，ご登録いただいたメールアドレスにご連絡させていただきます。

ご入力いただきましたメールアドレスは，当選した場合の当選通知，賞品お届けのためのご連絡，賞品の発送のみに利用いたします。

https://questant.jp/q/fegogo22

第３部　知識の応用（テクノロジ系の選択問題）

第４部　知識の応用（マネジメント系・ストラテジ系の選択問題）

第５部　データ構造とアルゴリズム（必須問題）

第６部　演習問題 解答・解説

巻末資料

第1部

試験制度の解説

Part 1　第1章　Chapter 1

基本情報技術者試験の概要

1.1　基本情報技術者試験の実施方法

(1)　基本情報技術者試験について

基本情報技術者試験は，令和2年度からCBT（Computer Based Testing）方式によって実施されています。試験は，1年に上期と下期の2回が実施され，問題は非公開です（令和3年9月現在）。

本書では，IPA（独立行政法人 情報処理推進機構）が公開している基本情報技術者試験の「情報処理技術者試験　試験要綱」(出題範囲)，シラバスの内容を踏まえ，問題が公開されていた令和元年度秋期までの試験を分析し，解説しています。

(2)　試験の構成

基本情報技術者試験は，午前の試験と午後の試験に分かれています（図表1-1）。

午前の試験は知識を問う四肢択一の多肢選択式問題で，150分で80問を解答します。令和元年度秋期の試験から数学問題の出題数が増加しています。

午後の試験は，知識の応用力を問う多肢選択式問題です。問1は必須の情報セキュリティ問題で，続く問2～問5の知識の応用問題は4問中2問を選択します。その次の問6がデータ構造及びアルゴリズムの必須問題，問7～問11のソフトウェア開発（プログラミング）は5問中1問を選択し，合計で5問を解答します。

なお，IPAは，「午前」「午後」は試験名称であり，受験予約可能な時間帯を示すものではなく，午前の試験を午後の時間帯，又は午後の試験を午前の時間帯に予約することが可能であるとしています。

	午前の試験	午後の試験
試験時間	150分	150分
出題形式	多肢選択式（四肢択一）	多肢選択式
出題数と解答数	80問出題80問解答	11問出題5問解答

図表1-1　基本情報技術者試験の試験時間と出題形式

(3)　採点方法と合格基準

基本情報技術者試験は午前，午後とも 100 点を満点とした素点方式と呼ばれる方法で採点されます。配点は，午前の試験は全て 1 問 1.25 点で，午後の試験は 1 問ごとの配点は公表されていますが，各問の解答ごとの細かい配点は非公開です。

合格基準は，午前と午後の試験それぞれで 100 点満点中，基準点の 60 点以上ですが，IPA は「選択問題などで問題の難易差が認められた場合は基準点の変更を行うことがある」としており，自己採点の結果と実際の合否がずれることがあります。

1.2　試験得点分布の統計データ分析

最後に問題と統計情報が公開された令和元年度秋期試験の得点分布を，IPA 発表の統計データを基にグラフで示します。合格率は 28.5%で，やや高い結果でした。午前の試験が 60 点以上の人は受験者の 42.3%で平均的な結果でしたが，午後の試験が 60 点以上の人は受験者の 36.3%で，やや高い結果でした。

午後の試験では，受験者の約 3 割しか合格点に達しないこともあり，合格するために午後の試験で問われる知識の応用力を確実に付ける必要があります。午前の試験対策で，ひととおり知識を身に付けたら，なるべく早く午後の試験対策の学習を始め，午前と午後の対策を並行して行うようにしましょう。

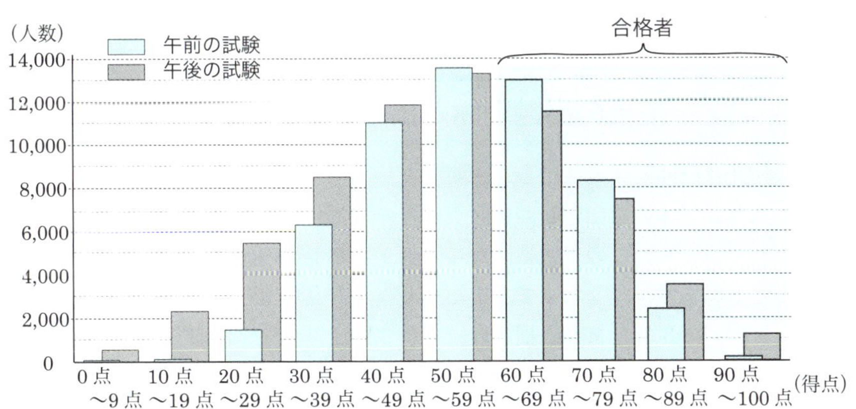

図表 1-2　令和元年度秋期　統計情報（基本情報技術者試験　得点分布）

【試験を実施する機関】
IPA（独立行政法人 情報処理推進機構）の「IT 人材育成センター　国家資格・試験部」が試験を実施します。ホームページ（https://www.jitec.ipa.go.jp/）で，最新情報を確認するようにしましょう。

Part 1　　Chapter 2

第２章 基本情報技術者試験の出題範囲

2.1　午前の出題範囲と午後の試験との対応

午前の試験の出題範囲は，テクノロジ系，マネジメント系，ストラテジ系の三つの分野に大きく分かれます。各分野は，更に大分類，中分類，小分類というように内容が詳細化されますが，詳しくはIPAのホームページからダウンロードできる「情報処理技術者試験　試験要綱」（出題範囲）の最新版で確認してください。

午後の試験で出題される問題との対応は，知識の応用として出題される問1～5のうち4問がテクノロジ分野で，1問がマネジメント分野，又はストラテジ分野からの出題になります（問1の情報セキュリティ問題は必須）。

必須の問6のアルゴリズム問題は，分野としてはテクノロジ分野の基礎理論に含まれ，問7～11のソフトウェア開発で出題されるプログラム言語（表計算を含む）もテクノロジ分野の基礎理論に含まれる内容になります。このことから，試験全体として，テクノロジ系に重点を置いた対策が必要であることが分かります。

2.2　午後の出題範囲と出題パターン

(1)　午後の出題範囲

午後の試験の具体的な出題範囲は図表1-3のとおりで，午前の出題範囲とは違う分類になっています。この出題範囲から図表1-4の午後の試験の出題構成に従って問題が出題されますが，これまで，まんべんなく内容が出題されていたわけではありません。図表1-3に含まれる細かい内容から特定のテーマが取り上げられて試験問題の内容が構成されます。

出題内容としては，実際の事例を基にした問題が多く，問題文で記述されている状況や条件を理解して解答する必要があります。このため，状況や条件が理解できれば，解答を考えること自体は知識があれば解答できる午前の試験と大きな差がなくなります。

“実践的な活用能力を身に付けた者”という基本情報技術者試験の対象者像を意識した出題になっているといえるでしょう。

1　コンピュータシステムに関すること

(1)　ソフトウェア・ハードウェア

OS，ミドルウェア，アプリケーションソフトウェア，言語処理ツール，数値・文字・画像・音声の表現，処理装置，記憶装置と媒体，入出力装置，命令実行方式，アドレス方式，システム構成など

(2)　データベース

データベースの種類と特徴，データモデル，正規化，DBMS，データベース言語（SQL）など

(3)　ネットワーク

ネットワーク構成，インターネット，イントラネット，プロトコル，データ通信，伝送制御　など

2　情報セキュリティに関すること

情報セキュリティポリシ，情報セキュリティマネジメント，データベースセキュリティ，ネットワークセキュリティ，アプリケーションセキュリティ，物理的セキュリティ，アクセス管理，暗号，認証，不正アクセス対策，マルウェア対策（コンピュータウイルス，ボット，スパイウェアほか），個人情報保護　など

3　データ構造及びアルゴリズムに関すること

配列，リスト構造，木構造，グラフ，整列，探索，数値計算，文字列処理，図形処理，ファイル処理，計算量，誤差　など

4　ソフトウェア設計に関すること

ソフトウェア要件定義，ソフトウェア方式設計，ソフトウェア詳細設計，構造化設計，モジュール設計，オブジェクト指向設計，Web アプリケーション設計，テスト計画，ヒューマンインタフェース　など

5　ソフトウェア開発に関すること

プログラミング（C，Java，Python，アセンブラ言語，表計算ソフト），テスト，デバッグ　など

6　マネジメントに関すること

(1)　プロジェクトマネジメント

プロジェクト全体計画（プロジェクト計画及びプロジェクトマネジメント計画），プロジェクトチームのマネジメント，スケジュールの管理，コストの管理，リスクへの対応，リスクの管理，品質管理の遂行，見積手法　など

(2)　サービスマネジメント

サービスマネジメントシステム（サービスレベル管理，供給者管理，容量・能力管理，変更管理，リリース及び展開管理，インシデント管理，サービス要求管理，問題管理，サービス可用性管理，サービス継続管理ほか），サービスの運用（システム運用管理，運用オペレーション，サービスデスク）　など

7　ストラテジに関すること

(1)　システム戦略

情報システム戦略（全体システム化計画，業務モデルほか），業務プロセスの改善（BPR ほか），ソリューションビジネス　など

(2)　経営戦略・企業と法務

経営戦略手法（アウトソーシング，競争優位，SWOT 分析ほか），マーケティング（マーケティング理論，マーケティング手法ほか），企業活動，会計・財務，法務，標準化関連　など

図表 1-3　午後の出題範囲

(2) 午後の試験の出題構成

令和元年度秋期までの午後の試験は，図表1-5に示すように，13問出題され7問解答する構成でした。令和2年度からの午後の試験は図表1-4のように11問出題され5問を解答する構成のCBT方式で実施されています（令和3年9月現在)。

変更によって解答する問題が2問も少なくなり，アルゴリズムやプログラム言語の問題をじっくり考えて解答できる時間が増えたといえます。なお，図表1-4に示した各問題の解答時間は，アイテックで過去に出題された問題の内容や量，解答にかかる準備や手間などを考慮して，解答時間の150分を配分した想定の時間です。

問1の情報セキュリティが従来どおり必須問題です。続く問2〜問5はテクノロジ分野が3問,マネジメント・ストラテジ分野が1問の計4問の出題になりますが,令和元年度秋期までは毎回のように出題されていたデータベースや，必ず1問出題されていたソフトウェア設計の問題もテクノロジ分野の選択問題になったため，受験時期によって出題の有無が変わると考えられます。

また，マネジメント分野とストラテジ分野から1問の出題になりますので，予想や対策が難しい構成になったといえます。

午後の試験対策としては全ての分野の対策を進めるのが理想ですが，問1〜問5に該当する知識の応用問題に関しては，限られた時間の中で解答することになるため，ある程度選択する分野を決めて絞り，その分野の知識の理解度を高めていく学習方法が現実的な対策としてよいといえます。

問	問題内容	必須/選択	配点	解答時間
問1	情報セキュリティ	必須	20点	20分
問2	ソフトウェア・ハードウェア，データベース，ネットワーク，ソフトウェア設計	2問選択	15点×2	20分×2
問3				
問4				
問5	プロジェクトマネジメント，サービスマネジメント，システム戦略，経営戦略・企業と法務			
問6	データ構造及びアルゴリズム	必須	25点	45分
問7	ソフトウェア開発（C)	1問選択	25点	45分
問8	ソフトウェア開発（Java)			
問9	ソフトウェア開発（Python)			
問10	ソフトウェア開発（アセンブラ言語)			
問11	ソフトウェア開発（表計算)			
		5問	100点	150分

図表1-4　令和2年度からの午後の試験の出題構成

問６は必須問題で，一般に「アルゴリズム問題」と呼ばれているものです。配点も多い分，解答に時間がかかりますので，解答する問題数が減り，解答時間に余裕ができたことをよく意識して，落ち着いて問題文を読み，考える必要があります。このアルゴリズム問題を克服できるかどうかが，試験の合否に大きく影響しますので，本書で解法を学んで実力をつけてください。

最後の問 7〜11 は 4 種類のプログラム言語（C，Java，Python，アセンブラ）と表計算ソフトの問題で，1 問選択します。Python は，令和元年秋期試験まで出題された COBOL に代わり，新たに追加されたプログラム言語です。

選択するプログラム言語は，あらかじめ決めておき，基本文法を理解しておいてください。また，表計算ソフトでは基本的なセルの指定方法，関数の使い方，マクロ記述の知識を理解しておく必要があります。これらの内容が理解できていれば，実際の試験では処理手順の理解（アルゴリズムの解読）が主な作業になります。

プログラム言語の典型的な設問としては，テストデータを与えて結果がどうなるかトレース（追跡）させたり，機能追加によるプログラム修正を行わせたりするものがあります。いずれにしても，アルゴリズムの問題の解法力を上げることが，ソフトウェア開発の問題でも得点力アップにつながります。

参考までに，令和元年度秋期試験で出題された問題内容は次のとおりです。試験問題は IPA のホームページから入手できますので，他の年度の内容も確認しておきましょう。特に情報セキュリティとデータ構造及びアルゴリズムの問題は重要です。

問	テーマ	分野
問 1	テレワークの導入（情報セキュリティ）…必須	テクノロジ系
問 2	スレッドを使用した並列実行（ソフトウェア）	
問 3	関係データベースの設計及び運用（データベース）	
問 4	NAT（ネットワーク）	
問 5	ストレスチェックの検査支援システム（ソフトウェア設計）	ソフトウェア設計
問 6	結合テストにおける進捗及び品質管理（プロジェクトマネジメント）	マネジメント系
問 7	製品別の収益分析（経営戦略・企業と法務）	ストラテジ系
問 8	Bitap 法による文字列検索（データ構造及びアルゴリズム）…必須	データ構造及びアルゴリズム
問 9	入力ファイルの内容を文字及び 16 進数で表示（C）	ソフトウェア開発（プログラミング）
問 10	スーパマーケットの弁当の販売データの集計（COBOL）	
問 11	通知メッセージの配信システム（Java）	
問 12	パック 10 進数の加算（アセンブラ）	
問 13	メロンの仕分（表計算）	

図表 1-5　令和元年度秋期の午後の試験のテーマ

Part 1　　Chapter 3

第3章 午後問題の対策

3.1　午前問題で基礎知識を確認

午前の試験と午後の試験の問題の違いは，出題範囲や内容ではなく，出題目的（試験の目的）の違いにあります。IPA の発表では，午前の試験は「知識を問うことによる評価」，午後の試験は「課題発見能力，抽象化能力，課題解決能力などの技能を問うことによる評価」としています。

午後の試験は，午前の試験で学習した知識の応用を見るためのものですから，出題内容が大きく変わるわけではありません。知識を適用する事例が午前の試験に比べて，具体的で現実に近いものになるという違いになります。

午前の試験で出題される4択形式の問題は，出題範囲に含まれるテーマについて，重要な用語や考え方などに関する部分的な知識の有無を問う内容のものがほとんどです。このため，そのテーマに関して，関連事項も含めて本質的な内容を理解しているかどうか，その知識を実務における実際の場面で応用できる能力があるかどうか，といったことまでは評価できません。

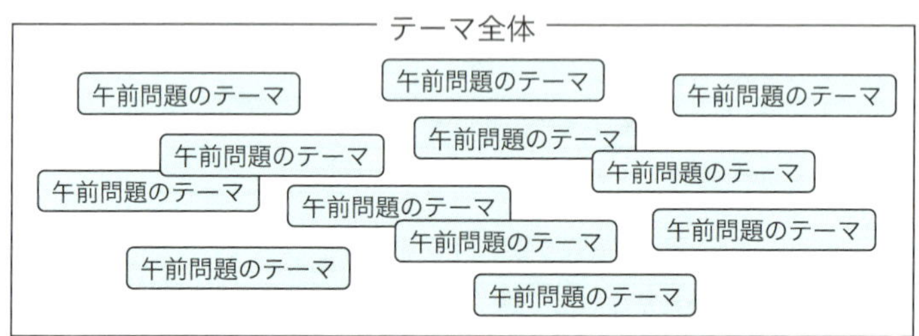

図表 1-6　午前問題だけではテーマ全体の理解は難しい

そこで，午後の試験では，あるテーマについて事例を提示して，設問を幾つか用意し，そのテーマ全般にわたる理解度を評価したり，一歩進んだ応用能力を評価したりすることが目的となります。午後の試験で評価される応用能力の前提として基礎知識が必要であり，この基礎知識をまず理解するために，午前問題の演習を行うことをお勧めします。

限られた時間の中で試験対策を行う場合，問題演習を中心にした学習が効率的です。しかし，午前問題の解説を読んで理解が不十分と感じたら，テキストに戻り，関連事項も含めて基本事項から学習し直した方がいいでしょう。試験で出題された内容は大切な事項ということですから，「一度はしっかり学習する必要がある」と考えるべきで，それは早いにこしたことはありません。

まずは，苦手分野の午前問題を解き，その解説を読みましょう。解説の中で分からないことがあれば，テキストや用語事典（Web サイトなど）で必ず調べるようにしましょう。これが，午後問題の対策の第一歩です。

午後問題対策の第一歩は，午前問題の知識を確実に理解することから！

午前問題で知識を理解したら関連する午後問題を解きます。そのための学習指針をこの書籍では説明しています。午後問題で出題される事例は，知識のまとめとしての学習という意味で非常に分かりやすい良問が多いといえます。

午後問題の演習を通じて設問に解答し，解説を読んで間違えた内容や不足していた知識を理解することによって，それまでバラバラだった知識がつながったり，あいまいだった意味がはっきり理解できたり，適用事例が分かり，どうしてその知識が必要なのかといったことが理解できたりするので，試験対策だけでなく，実務に生かせる学習としても非常に有意義だといえます。

また，内容が分かってくると，ますます学習意欲が出てくるものです。将来的に学習を続けていく上でも非常に大切な学習が基本情報技術者の午後の試験対策と考えますが，少々オーバでしょうか。

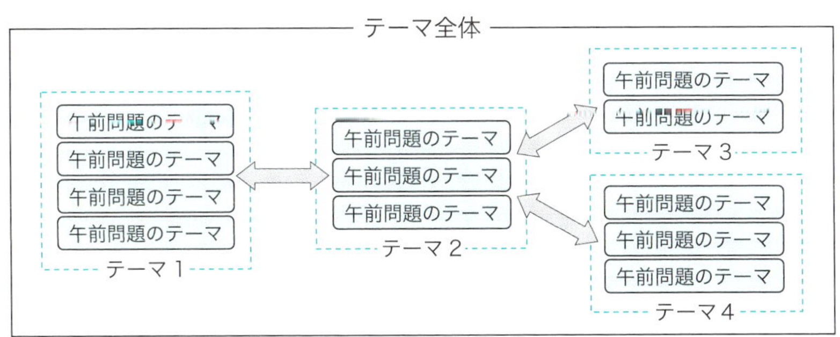

図表 1-7　午後問題の演習を通じて知識が体系化して理解できる

3.2　午後問題解法のコツをつかめ

(1)　午後問題の基本的な考え方

午後問題では，出題テーマに関する具体的な事例を示し，その問題文に記述されている内容や条件を基にして，設問に対する解答を考えていきます。ネットワークやデータベースなどのテクノロジ分野の問題では，解答の際に午前問題の知識力がベースになりますが，多くの場合，基本的な知識があれば午後問題を解くことができるといえます。解くことができるというよりも，極端な言い方をすれば，**解けるように午後問題そのものが作られている**と言ってよいでしょう。

午後問題は，問題文を読めば解けるように作られている。

午後問題では，まずこのことを意識してください。そうすれば，問題文を読んで，初めて見たり聞いたりしたテーマでも，「問題文を読めば解けるようにできている」と安心できるので，焦らず落ち着いて問題を考えることが重要です。実際，問題内容を見てこのように感じることは多く，これが情報処理技術者試験の午後問題の良いところといえます。テキストなどで学習していたときには，何かもやもやして分からない内容でも，午後問題でそのテーマの幾つかの設問を自分で考えて解き，不明点を調べることによって，「そういうことだったのか！」と理解できる場合がたくさんあります。この**“考える”，“調べる”という行動が非常に大切**なことで，試験に限らず，仕事や学校での勉強についても非常にプラスになるのです。

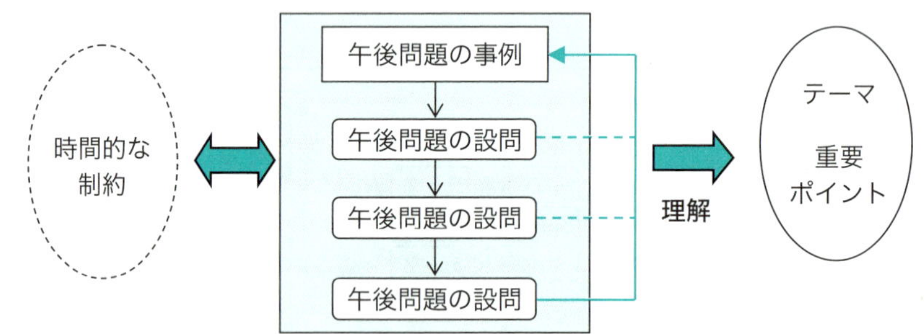

図表 1-8　午後問題を解いてテーマの理解度を高める

話が試験対策からそれてしまいましたが，午後問題は**問題文に記述されていることの意味を理解する**ことが，まず大切になります。しかし，ここで注意すべきことは**解答時間が限られている**ことです。実際，「問題の難しさよりも，解答時間が足りなくなって最後の問題まで進めなかった」という受験者の声を耳にします。

令和２年度から解答する問題数が減り，以前よりも余裕をもって解答できるようになりましたが，時間切れを防ぐためには，時間を効率的に使うしか方法がありません。例えば，次のような単純な繰返しで問題を解こうとすると，解答を出すまでにかなりの時間がかかってしまうことがあります。

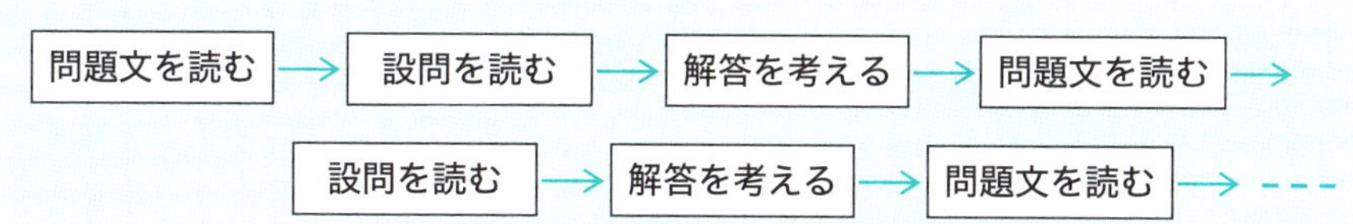

そこで，次のように問題を解くようにすると，時間の進み方も変わってきます。肝心なのは，これが習慣になるまで，繰り返し意識して問題演習することです。最近の試験問題は長文になってきていますので，ぜひ実践してください。

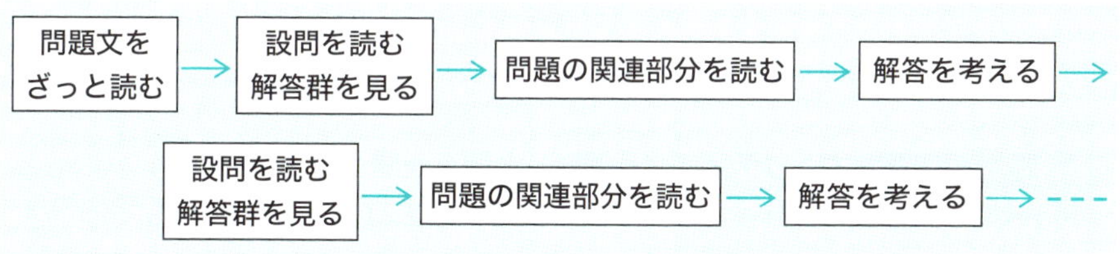

問題文を読むときは，単に目で追うのではなく，気になること，目についた内容などに CBT 方式の機能を使ってマークしたり，配布されるメモ用紙にポイントを書き残したりして積極的な姿勢で問題内容を読み取るようにしましょう。

(2)　時間の許す限り解答を確認する

午後の試験では時間切れにならないよう注意する必要があることを説明しましたが，逆にひととおり解答できて時間が余った場合は，時間の許す限り解答の確認作業をしましょう。確認すべき内容としては，次のようなことがあります。

① アルゴリズムやプログラムの問題であれば，もう一度テストデータを当てはめて動作結果を確認する。
② 計算問題であれば，検算する。
③ 用語選択の問題であれば，正解として選んだ用語以外も念のため確認する。

午後問題は解答一つ当たりの配点が大きいものがありますので，確信が得られずとりあえず解答したものがあれば，この確認作業が特に重要になります。

(3)　CBT方式の試験を意識した演習を行う

令和2年度の試験から，問題冊子によるペーパ試験ではなく，パソコンを利用するCBT方式に変わりました。このため，ペーパ試験のように問題冊子の余白を使って解答を考えることができなくなり，画面上の内容を自分でマークするハイライト機能や試験会場で配布されるメモ用紙を活用して考える必要があります。

画面表示された問題を考えることは，紙上の問題を読んで答えを考えるのとは違った不便さがあり，実際に擬似体験しておくことをお勧めします。アイテック通信教育コースの問題やIPAから公表されている過去問題のPDFデータなどを画面上に表示して解答を考える問題演習を取り入れてみてください。

3.3　出題分野ごとの対策

ここでは，どんな点に気を付けて午後試験の対策を進めていったらよいかについて，一般的なアドバイスをします。人によっては考え方や適した方法が異なりますので，参考として読んでいただき，自分に合った方法にアレンジしてください。

(1)　問1の情報セキュリティ（必須問題）と問2～問5の選択問題

問1～問5の問題は，セキュリティの暗号化や認証，CPUの動作原理，ネットワークのIPアドレスの設定，データベースの正規化，ソフトウェア設計の処理内容のように，あるテーマについて事例を示し，これに対して幾つかの設問に答える形式です。過去に何回か出題されたことがある重要テーマもあれば，新しい技術で知っておいてほしいという啓蒙的な意味で出題したと思われるテーマもあります。

問1の情報セキュリティの問題は必須問題として最も重要なテーマの一つです。暗号化，認証，攻撃種類，リスク管理，フィルタリングなどの知識を十分に理解しておいてください。この分野も含め，重要なテーマを，図表1-9に示します。

どのテーマの問題も基礎的な知識があれば解答には有利ですが，初めて出題されたと思われる新しいテーマほど「問題を読めば解けるようにできている」という気持ちで取り組むことが大切です。問題文にヒントとなる説明があったり，例を提示したりして解きやすくしている場合が多いからです。

問題演習を行って，間違えた箇所や不明点は，テキストで調べたり，信頼できる先輩に質問したりするなどして，一つずつ疑問点を解決していくと，だんだん自信が付いてきます。

【午後問題】　問題を解くことそのものが勉強になると考えましょう。

①　情報セキュリティ

暗号化方式，認証技術，アクセス権，マルウェア対策，不正アクセス，各種の攻撃手法，セキュアプロトコル，ファイアウォール，リスク管理，セキュリティポリシ，ID・パスワード管理

②　ソフトウェア・ハードウェア

プロセス管理，記憶管理，ページング，ファイル管理，コンパイラ処理，CPU の動作原理，論理回路，数値表現，命令の実行，システム構成

③　データベース

データモデル（E-R 図，主キー，外部キー），参照制約，正規化，SQL（SELECT 文，各種条件指定），DBMS，排他制御，トランザクション処理

④　ネットワーク

インターネット（IP アドレス，TCP/IP 関連プロトコル），LAN（CSMA/CD），LAN 間接続装置，データ伝送時間・伝送量の計算

⑤　ソフトウェア設計

・ファイル処理（ファイルの突合せ，集計処理），処理フロー（流れ図）
・モジュール分割（モジュール構造図），プログラムのテスト技法
・オブジェクト指向設計（UML，クラス図，シーケンス図）

⑥　マネジメント系問題

プロジェクトマネジメントとサービスマネジメント（システムの運用，管理）に関する基本的な問題が出題されます。関係する業務に携わっていない人でも，基本的な午前問題レベルの知識で解答できる問題が出題されることもありますので，はじめから対象除外にしないようにしましょう。

・プロジェクトマネジメント：日程計画，コスト管理，見積り，品質管理
・サービスマネジメント：インシデント管理，問題管理，容量・能力（キャパシティ）管理（性能計算），可用性管理（稼働率計算），サービスデスク，障害対策

⑦　ストラテジ系問題

マネジメント系問題と同じように，基本的な知識があれば解答できる問題も多く出題されています。

・システム戦略：業務改善，システム企画（RFP），要件定義
・経営戦略：経営戦略（SWOT 分析，PPM，バランススコアカード）
・企業と法務：線形計画，ゲーム理論，品質管理，損益分岐点分析，財務指標

図表 1-9　午後の出題範囲（令和元年度秋期までの出題をアイテックが分析）

(2)　問6のデータ構造及びアルゴリズム（必須問題）

基本情報技術者試験では，擬似言語を使った簡潔なアルゴリズム表現で問題が出題されています。擬似言語で出題されても，問題文に記述されている処理のアルゴリズムを“考える”ということを抜きにしては解答できません。

苦手意識のある人の中には，アルゴリズムの問題を見ただけで，考えもせず適当に解答してしまう人がいますが，これでは合格はおぼつかないでしょう。問題文に従って読んでいけば自然に解答できる設問も含まれていることが多いので，あきらめは禁物です。苦手意識のある人向けの基本的な演習としては，小問題として午前の試験のアルゴリズム問題を毎日少しずつ解いていくことをお勧めします。このとき大切なことは，少し辛くても“自分の頭で考える”ということです。

アルゴリズムの問題は，考え出すとすぐに時間がたってしまう傾向があります（プログラミングの問題も同じです）。先ほど説明したように問題文をざっと読んだら，設問を読んで解答群を確認し，問われている内容を大きくつかむことが大切です。

【解答群】　選択肢の内容を先に見て問われることを大きくつかむ。

そして，問題文に例があればその例で，なければ簡単な例を自分で作って，処理をトレース（追跡）します。時間の制限はありますが，問題冊紙がこのためのメモでいっぱいになるぐらい積極的に問題に向かっていきましょう。トレースした後で，解答群から解答を絞り込み，その内容をプログラムに当てはめてみて，実際に説明どおりの処理になるかを確認しながら答えを確定します。

このように**手を動かしながら，正解を導くいわゆる“作業”**がアルゴリズムの問題解法と考えてもよいでしょう。頭だけで考えているうちに，時間に追われて焦ってしまい，袋小路に入って思考が停止状態にならないようにすることが大切です。

令和元年度秋期までは，整列や文字列処理などの基本アルゴリズムや，受験者の多くの人が初めて見ると思われるテーマで出題し，問題文の説明に沿って考えながら解答させる問題が出題されていました。

しかし，試験の実施回数を重ねるに従って，再び，整列や文字列処理などの基本アルゴリズムの問題も出題されるようになり，処理内容をトレースする練習を繰り返し行うことがますます重要になっています。

【アルゴリズム】　知識よりもトレース作業の繰返しが解法力になります。

(3)　問７～問 11 のソフトウェア開発（プログラミング）

プログラミング問題の解法のコツは基本的にアルゴリズム問題と同じです。問題文の〔プログラムの説明〕をプログラム仕様書としてとらえ，記述された内容と実際のプログラムを対応させて考えていきます。

令和元年度秋期までの試験で問われたパターンは，プログラムの穴埋め問題，処理結果を求めるトレース作業，プログラムの機能修正に伴う命令追加や入替えに関するものが多いといえます。プログラム言語の文法自体が問われることは少ないので，基本的な命令の機能，記述方法を知っていれば，処理のアルゴリズムを考える問題に置き換えることができます。なお，アセンブラ言語では算術と論理演算の違い，算術と論理シフトの違いに注意が必要です。表計算問題では，アルゴリズム問題と同じ擬似言語で記述されるマクロで指定するセル変数の相対表現に注意が必要です。

プログラミング問題に共通する解法のポイントとしては，次のようなことが挙げられます。

- **プログラムの構造を大まかにとらえることができるか。**
- **繰返しの終了条件や分岐する条件を正しく把握できるか。**
- **配列の添字の制御を正しく把握できるか。**
- **要求されている処理に対応する命令の記述ができるか。**
- **仕様を変更したときに影響を受けるプログラムの箇所を特定できるか。**
- **（表計算）セルの相対参照・絶対参照を正しく指定しているか。マクロの処理をプログラム（擬似言語）としてトレースすることができるか。**

プログラムのデバッグ・修正の問題は，解答を導くだけでなく，その解答が正しいかどうか検証する時間もかかり，あっという間に時間が過ぎてしまいます。ほかの問題の解答をなるべく早く済ませて，問６のアルゴリズム問題と問７以降のプログラミングの問題のために，少しでも多くの時間を残しておくようにしましょう。

【プログラミング】　処理内容を把握し，トレースしてプログラムを理解しましょう。

(4)　巻末資料について

巻末にこれまで試験で使われた E-R 図の表記ルールを収録していますので，参考にしてください。

3.4　本書の構成と使い方

ここまで，午後の試験の考え方や学習方法などについて説明してきましたが，本書では，基本的に次のような構成に沿って，各テーマの解説を進めていきます。

①　出題のポイント

各テーマで出題のポイントとなる内容を最初にまとめています。今から**何について学習をするのか**，把握してください。

②　対策のポイント

解説していくテーマの中で重要ポイントになる内容を解説しています。効率的に学習できるようにするため，午後問題を解く上で**役に立つ知識を題材とした** 知識確認問題 を出題し，解説を進めている部分もあります。

③　例題

午後問題の解き方を身に付けるのに適した比較的易しい問題を選んで，例題を設定している章があります。例題を理解できるかが，午後問題対策の“**カギ**”になります。例題の内容に関しては疑問点が残らないように，「**調べる・聞く**」を行いましょう。

④　演習問題

平均的なレベルの試験問題の中から学習効果の高いものを選んで演習問題としています。解答・解説は第６部にまとめてありますが，少なくとも**一度は自分で考えた後で解説を読みましょう**。

本書では，ソフトウェア開発（プログラミング）の問題を取り上げていませんが，アルゴリズム問題を解くときと同じように，トレースを重視して解答することを心掛けてください。また，ひととおりテキストの内容を学習した後は，ほかの問題集などを利用して，１問でも多く具体的な事例の問題を解いてください。

本試験で出題された午後問題は，解くたびに新しい内容が理解できる良問がほとんどです。試験問題を作成していただいている作問者の方，及びIPAの皆様に感謝したいと思います。

第2部

情報セキュリティ
（必須問題）

Part 2　Chapter 1

第1章 情報セキュリティ問題への取組み方

出題のポイント

情報セキュリティに関する問題は，午後の試験の必須問題として出題されていることからも分かるように，非常に重要な内容です。

令和2年度から，1年に2回のCBT方式の試験として実施されています。問題は公開されていません。ここでは，問題が公開されていた令和元年度秋期までの内容を分析して解説していきます。

情報セキュリティに関する問題は，配点が高く20点です。避けては通れない分野であるため，確実に得点できるように基礎知識の理解と解法力を身に付ける必要があります。

(1)　情報セキュリティの技術要素

暗号化や認証技術といった基礎的な技術要素に焦点を当てた問題や，業務要件に沿ったファイアウォール（FW）の設定，利用者権限の管理など，システム管理者の目線に立った問題，そしてリスク管理や個人情報保護といった経営的視点からのセキュリティ対策に焦点を当てた問題などが出題されます。

情報セキュリティ問題を解く上での知識としては，暗号化と認証技術が基盤となります。この部分は長年にわたって変わりません。

暗号化に関しては共通鍵暗号方式と公開鍵暗号方式という二つの方式があり，これらを組み合わせたハイブリッド暗号方式が現在の主流です。ハイブリッド暗号方式が利用されている理由は，暗号化の強度や鍵の配布，暗号化速度など様々な要因が挙げられますが，共通鍵暗号方式と公開鍵暗号方式の基礎を学習していくと，その理由に納得がいくと思います。

また，公開鍵暗号方式は，公開鍵暗号基盤（PKI）に関する知識が重要になっています。これは実生活の中で使われる印鑑と，印鑑証明の仕組みに似ており，例えば，認証局（CA）が地方公共団体（市区町村），秘密鍵が印鑑（実印），公開鍵証明書が印鑑証明というように置き換えて考えることができます。

認証技術としては，システムの利用者を認証する際に広く使われているID，パスワードによる認証，生体認証のほか，データを認証する電子署名などがテーマになるので，午前問題を解く上で必要となる知識が午後問題を解く上でも必要になります。

情報セキュリティ管理の観点からは，情報システムや情報自体に対するアクセス権限管理，リスク評価といったテーマが出題されます。システムやファイル，ネットワークに対するアクセス権限の管理，リスク要素への対応手法が体系化されている点などを押さえておきましょう。

(2)　進化を続ける攻撃手法

いわゆるサイバー攻撃が社会的な問題にもなっています。インターネット上のサーバに対する直接的な攻撃だけではなく，マルウェアを通じたデータへの不正アクセスなどのように，攻撃対象や攻撃手法も多様化しており，新しく登場する攻撃手法について押さえておく必要があります。社会的に大きな問題になった攻撃手法は，ニュースや新聞の記事にもなるので，こうした最新情報にも目を通す習慣を身に付けましょう。例えば，昨今では，**ランサムウェア**や**標的型攻撃**，**水飲み場型攻撃**といった手法がニュースになっています。情報セキュリティの中でも，攻撃手法とその対策を「時事ネタ」として押さえておく情報収集にも励みましょう。

(3)　情報セキュリティ問題を解く心構え

基本情報技術者試験で出題される情報セキュリティの問題は，午前問題で取り上げられるレベルの知識と，読解力があれば，実務経験の有無を問わず解答できるでしょう。

この読解力は午後問題を解く上で重要であり，情報セキュリティマネジメントの問題では，解答の前提となる要件や運用指針，前提条件，制約事項は全て問題文で定義されているといっても過言ではありません。問題文の箇条書き部分のセキュリティ要件や運用指針は設問への伏線になっていることが多いです。

ネットワークに関連した情報セキュリティ問題になると，**通信プロトコルに関する知識やネットワーク構成図を読み解いた上で整理する力も必要**になるので，ネットワーク分野の過去問題にも慣れておくとよいでしょう。

データベースに関連した情報セキュリティ問題も出題されたことがあり，不正なSQLの実行や，データベースに格納されたデータへの不正アクセスに関する知識も必要になってきます。

Part 2　Chapter 2

第2章 情報セキュリティ

出題のポイント

情報セキュリティ分野の問題として，過去には，インターネットを利用した受注管理システムのセキュリティ（平成 27 年度春期），ログ管理システム（平成 27 年度秋期），Web サーバに対する不正侵入とその対策（平成 28 年度春期），販売支援システムの情報セキュリティ（平成 28 年度秋期），ファイルの安全な受渡し（平成 29 年度春期），SSH による通信（平成 29 年度秋期），Web サービスを利用するためのパスワードを安全に保存する方法（平成 30 年度春期），情報セキュリティ事故と対策（平成 30 年度秋期），クラウドサービスの利用者認証（平成 31 年度春期），テレワークの導入（令和元年度秋期）といったテーマが取り上げられています。技術要素から管理手法まで様々な観点の問題が出題されています。

情報セキュリティの分野は必須問題なので，この分野に弱点を作らないように学習する必要があります。CBT 方式の試験では問題は非公開となっていますが，出題範囲等に変更はなく，出題傾向にも変化はないものと考えられます。

(1)　アクセス制御

情報セキュリティを担保する上で必要となる，ファイアウォールによるパケットフィルタリング設定や，システムへのユーザアクセス権設定など，設定面での対策方法について学習しましょう。

(2)　暗号化・認証技術

情報セキュリティ技術の根幹となる，暗号化技術や認証技術要素について学習しましょう。

(3)　情報セキュリティマネジメント

情報セキュリティを企業として取り入れ，マネジメントする際に必要となるリスクマネジメント手法や，標準規格などについて学習しましょう。

2.1　アクセス制御

対策のポイント

(1)　利用者IDの管理指針

情報システムのセキュリティ機能が万全でも，こまめな利用者 ID の管理を行わないと脆弱(ぜい)性があらわになります。企業内で利用するシステムの利用者IDの発行，失効や，属性変更などを人事異動に合わせて適宜行うことなどが重要になります。

(2)　適切なアクセス権限設定

アクセス権限を必要以上に与えてしまうことも，情報システムのセキュリティに脆弱性をもたらします。業務要件に沿った必要最低限の権限付与が重要になります。

(3)　ファイアウォール

①　ファイアウォールの役割と動作原理

ファイアウォールは，通過しようとするパケットの IP アドレスやポート番号を検証し通信を許可，又は拒否する機能です。条件はファイアウォール機器がもつフィルタリング設定表に記述しています。

ややシンプルですが，次のようなネットワークを考えます。PC1～PC3 から，社外の任意のサーバが提供している Web のサービス（TCP ポート番号は 80 と 443）だけを利用できるよう，また，社外からの通信はポート番号が 1024 以上のものだけを通すように設定するとします。

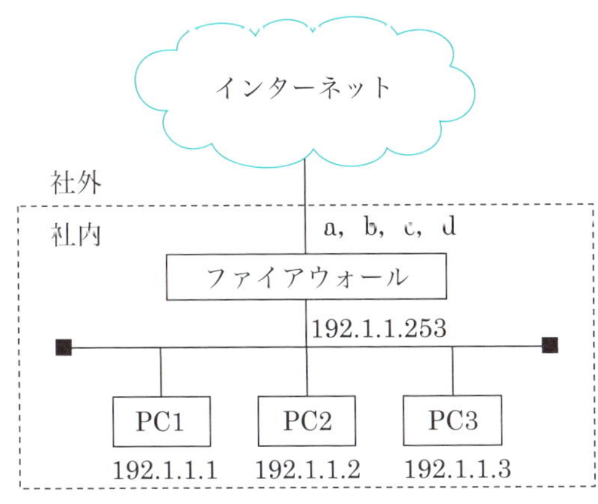

その場合，フィルタリング設定表は次のように記述します。

IP層		TCP層	
送信元IPアドレス	あて先IPアドレス	送信元ポート番号	あて先ポート番号
192.1.1.1〜192.1.1.3	0.0.0.0	0	80，443
0.0.0.0	192.1.1.1〜192.1.1.3	80，443	1024〜65535

まず，1行目の条件で，PC1（192.1.1.1）〜PC3（192.1.1.3）から外部の任意のサーバへあてた通信を許可しています。2行目は逆に，そのサーバからPC1〜PC3に着信するデータの通信（応答）用です。着信の場合，あて先ポート番号には80や443ではなく，1024以上の番号を入れます。なお，Webサーバであればポート番号80や443がウェルノウンポートとして定められています。

今回はWebというサービスについて記述しましたが，これと同様に，実際にはメールなど，ほかに必要なサービスについても記述していくことになります。

ちなみに，試験で出題される場合には，問題文に表の記述方法が説明されています。また，ポート番号も問題文に記述されていますから覚える必要はありません。ここでは，どのような項目をどのように設定しているのか，ということを押さえておいてください。

② ファイアウォールの限界

ファイアウォールの導入によって，ネットワーク経由のすべての脅威を防ぐことができるわけではありません。**ファイアウォールでは，設定において拒否した通信以外の通信はすべて通しますので，例えば，DoSやWebサーバのバッファオーバフローといった脅威については防ぐことができません。**

③ ファイアウォール運用の前提となるセキュリティポリシ

ネットワークセキュリティを守るためには，セキュリティをどう考えるかというセキュリティポリシの策定，そのポリシに沿ってのセキュリティ対策，対策が正しく行われているかどうかの運用・保守のチェックや，この対策で不十分なところがないかどうかの見直しといったことが必要になります。このうち，暗号化と認証については，本書でも説明しています。TCP/IPはオープンなアーキテクチャなので，通信データの解読は難しい話ではありません。この場合の盗聴対策としては，暗号化が最適です。また，認証は，正規のユーザになりすますという脅威に有効な対策です。現在のネットワークシステムと併せて必要な技術を学習してください。

(4) DMZ

DMZ（DeMilitarized Zone；非武装セグメント）はもともと紛争地域などで境界

に設定される緩衝地帯のことを指しますが，ネットワークの世界では，外部ネットワーク（インターネットなど）と内部ネットワーク（組織内 LAN など）の間に設置される緩衝地帯のことを指します。通常はここに Web サーバやメールサーバなど，社外に公開する必要のあるサーバ群を設置します。DMZ は外部ネットワーク，内部ネットワーク双方からファイアウォールによって分離されているため，外部ネットワークと DMZ，内部ネットワークと DMZ 間にきめ細かいファイアウォール設定を行うことで，万が一 DMZ 内の公開サーバが不正侵入などの被害にあった場合にも内部ネットワークへの被害を最小限に抑えます。

知識確認問題　必要な知識を確認してみましょう！

問　利用者情報を格納しているデータベースから利用者情報を検索して表示する機能だけをもつアプリケーションがある。このアプリケーションがデータベースにアクセスするときに用いるアカウントに与えるデータベースへのアクセス権限として，情報セキュリティ管理上，適切なものはどれか。ここで，権限の名称と権限の範囲は次のとおりとする。

(H30 春-FE 問 43)

〔権限の名称と権限の範囲〕
参照権限：　レコードの参照が可能
更新権限：　レコードの登録，変更，削除が可能
管理者権限：テーブルの参照，登録，変更，削除が可能

ア　管理者権限　　　　イ　更新権限
ウ　更新権限と参照権限　　　　エ　参照権限

解説

データベースのアクセス権限は，データベースにアクセスするユーザ単位，テーブル単位等のように細かく設定することができます。一方，情報セキュリティの観点から，アクセス権限はアプリケーションの要件に沿う必要最小限に留めることが求められます。利用者情報を検索し，検索結果を表示するアプリケーションは，データを参照することはあってもデータの登録，変更，削除を行うことはありません。こうしたアプリケーション側の要件を踏まえて最小限の権限を考えると参照権限だけを与えればよいことが分かります。したがって，（エ）が適切です。
ア：管理者権限を与えると利用者情報の参照，登録，変更，削除が可能となって

しまいます。検索（参照）を行うだけのアプリケーションに管理者権限は不要です。

イ：更新権限ではデータの検索（参照）ができなくなります。

ウ：利用者情報を検索（参照）して表示するだけなので，更新権限は不要です。また，更新権限を付与しただけでは参照ができません。

解答　エ

問　1台のファイアウォールによって，外部セグメント，DMZ，内部セグメントの三つのセグメントに分割されたネットワークがある。このネットワークにおいて，Webサーバと，重要なデータをもつデータベースサーバから成るシステムを使って，利用者向けのサービスをインターネットに公開する場合，インターネットからの不正アクセスから重要なデータを保護するためのサーバの設置方法のうち，最も適切なものはどれか。ここで，ファイアウォールでは，外部セグメントとDMZとの間及びDMZと内部セグメントとの間の通信は特定のプロトコルだけを許可し，外部セグメントと内部セグメントとの間の直接の通信は許可しないものとする。

(H29春-FE 問43)

ア　Webサーバとデータベースサーバを DMZ に設置する。

イ　Webサーバとデータベースサーバを内部セグメントに設置する。

ウ　Webサーバを DMZ に，データベースサーバを内部セグメントに設置する。

エ　Webサーバを外部セグメントに，データベースサーバを DMZ に設置する。

解説

ファイアウォールは，**中継するパケットのヘッダ部を見て，通信の許可／拒否を制御することで，通信上のリスクを低減します**。セグメントは，ネットワークの領域や単位を意味します。外部セグメントはインターネットを含む外部のネットワーク，内部ネットワークは社内 LAN など内部のネットワークを指します。DMZ（DeMilitarized Zone；非武装セグメント）は，非武装地帯とも呼ばれ，外部セグメントと内部ネットワークの双方からファイアウォールで分離されたセグメントで，**外部に公開する必要のあるサーバを設置するために設けられます**。

ここでファイアウォールは，問題文にあるように，外部セグメントから DMZ

への通信を許可します。しかし，外部セグメントから内部ネットワークへの通信は遮断します。また，**DMZ から内部ネットワークへの通信は，特定のプロトコルだけを許可することで不正アクセスから内部ネットワークを保護します**。よって，利用者向けのサービスをインターネットに公開する場合，インターネットからの不正アクセスから重要なデータを保護するためには，Web サーバを DMZ に，データベースサーバを内部ネットワークに設置すればよいでしょう。したがって，（ウ）が最も適切です。

ア，エ：データベースサーバへの不正アクセスを許可してしまいます。

イ：利用者が Web サーバにアクセスすることができません。

解答　ウ

問　社内ネットワークとインターネットの接続点にパケットフィルタリング型ファイアウォールを設置して，社内ネットワーク上の PC からインターネット上の Web サーバの 80 番ポートにアクセスできるようにするとき，フィルタリングで許可するルールの適切な組みはどれか。

(H29 春-FE 問 42)

ア

送信元	宛先	送信元ポート番号	宛先ポート番号
PC	Web サーバ	80	1024 以上
Web サーバ	PC	80	1024 以上

イ

送信元	宛先	送信元ポート番号	宛先ポート番号
PC	Web サーバ	80	1024 以上
Web サーバ	PC	1024 以上	80

ウ

送信元	宛先	送信元ポート番号	宛先ポート番号
PC	Web サーバ	1024 以上	80
Web サーバ	PC	80	1024 以上

エ

送信元	宛先	送信元ポート番号	宛先ポート番号
PC	Web サーバ	1024 以上	80
Web サーバ	PC	1024 以上	80

解説

社内ネットワーク上のPCからインターネット上のWebサーバにアクセスする際にはPCからWebサーバに向かう通信と，その応答になるWebサーバからPCに向かう通信を許可する必要があります。PCが送信元，宛先がWebサーバになっており，また，宛先ポート番号がWebサーバのウェルノウンポートである80になっている必要があります。これに該当するものは（ウ），（エ）です。

次に，応答を考えると，WebサーバからPCに向かう通信は送信元ポート番号が80になっている必要があります。したがって，（ウ）が正解です。

解答　ウ

問　ICカードとPINを用いた利用者認証における適切な運用はどれか。

(H28秋-FE 問40)

ア　ICカードによって個々の利用者が識別できるので，管理負荷を軽減するために全利用者に共通のPINを設定する。

イ　ICカード紛失時には，新たなICカードを発行し，PINを再設定した後で，紛失したICカードの失効処理を行う。

ウ　PINには，ICカードの表面に刻印してある数字情報を組み合わせたものを設定する。

エ　PINは，ICカードの配送には同封せず，別経路で利用者に知らせる。

解説

PIN（Personal Identification Number）とは，ICカードやワンタイムパスワードを使用するときに用いる個人用識別番号で，通常，ICカードが第三者によって不正に利用された場合に備えて，利用者だけが知っているPINと組み合わせて使います。したがって，ICカードとPINを同封すると，配送物が盗難にあったときに被害を防げません。（エ）が正解です。

ア：ほかの利用者にICカードを不正利用される可能性があります。

イ：ICカード紛失時には直ちに失効処理を行い，不正利用のリスクを低減させます。

ウ：ICカードの表面に刻印してある数字情報の組合せではPINを推定される可能性が高くなります。

解答　エ

例題 ―― 応用力を身につけましょう！

問 ネットワークセキュリティに関する次の記述を読んで，設問1〜4に答えよ。

(H26 秋-FE 午後問 1)

A社は，社内に設置したWebサーバ上に，自社の製品を紹介するWebサイトを構築し，運営している。A社は，このWebサイトで会員登録を受け付け，登録された会員に対してメールマガジンを発行している。

A社のネットワーク構成を，図1に示す。

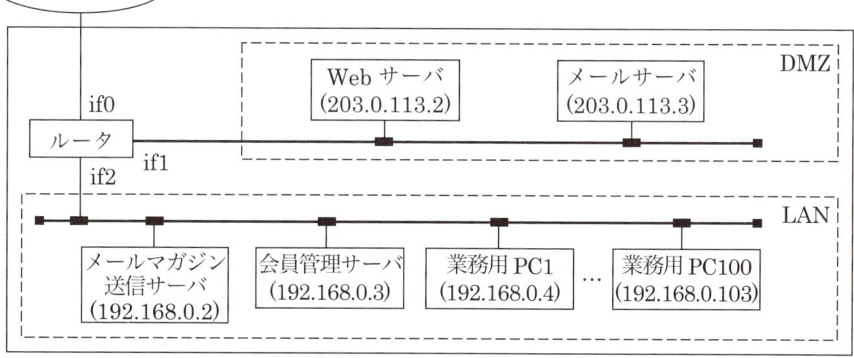

注記1 カッコ内は各機器のIPアドレスを表す。
注記2 if0，if1及びif2はルータのネットワークインタフェースを表す。

図1 A社のネットワーク構成

会員登録処理の流れは次のとおりである。

(1) 登録希望者は，インターネットを介し，Webサーバが管理する入会申込用WebページにHTTP over SSL/TLS（以下，HTTPSという）でアクセスし，メールアドレスを入力する。

(2) Webサーバは，登録希望者ごとに，登録希望者専用の会員情報入力用Webページを生成し，そのURLを記載した電子メール（以下，メールという）を，入力されたメールアドレス宛てに送信する。

(3) 登録希望者は，(2)で送信されたメールに記載されたURLが示すWebページにHTTPSでアクセスして，氏名や職業などの会員情報（メールアドレスは含まない）を入力する。

(4) Webサーバは，(1)のメールアドレスと(3)の会員情報を，会員管理サーバ上で稼働しているデータベース（以下，会員情報 DB という）に登録する。
(5) Web サーバは，会員登録完了を知らせるメールを，(1)のメールアドレス宛てに送信する。

メールマガジン発行の流れは次のとおりである。
(1) メールマガジン担当者は，業務用 PC の Web ブラウザから，メールマガジン送信サーバのメールマガジン入力用 Web ページに HTTP でアクセスし，メールマガジンの本文を入力する。
(2) メールマガジン送信サーバは，会員情報 DB から全ての会員のメールアドレスを取得し，取得したメールアドレス宛てにメールでメールマガジンを送信する。

なお，メールは，メールサーバで稼働しているメール転送サービスを介して送信する。また，本問では，URL やメールアドレスなどの名前解決については，考慮しなくてよいこととする。

設問１　会員登録の際，登録希望者が最初にアクセスする入会申込用 Web ページでは，登録希望者のメールアドレスだけを入力させ，会員情報の入力は別途行わせる方式を採っている。このように 2 段階の手順を踏む主な目的として適切な答えを，解答群の中から選べ。

解答群

ア　他人のメールアドレスや間違ったメールアドレスが登録されないようにする。
イ　通信を暗号化し，登録希望者の会員情報が第三者に漏れないようにする。
ウ　登録希望者が会員情報 DB にアクセスできないようにする。
エ　間違った会員情報（メールアドレスは含まない）が登録されないようにする。

設問２　次の記述中の ＿＿＿＿ に入れる正しい答えを，解答群の中から選べ。

ルータは，動的なパケットフィルタ型のファイアウォール機能を搭載していて，設定で許可したパケットだけを通過させる。

設定は，送信元，送信先，通信ポートの順に“,”で区切って記述する。これは，送信元から送信先の通信ポート宛てのパケットの通過を許可することを意味する。許可されたパケットに対する応答パケットの通過も許可される。

送信元及び送信先には，IP アドレス又はネットワークインタフェースを指定する。IP アドレスを指定したときに許可の対象となるパケットは，送信元又は送信先のIPアドレスが，指定されたIPアドレスであるパケットである。ネットワークインタフェースを指定したときに許可の対象となるパケットは，そのネットワークインタフェースから入ってくるパケット（送信元として指定したとき），又は出ていくパケット（送信先として指定したとき）である。

通信ポートには，各サービスがパケットを待ち受けるポート番号を指定する。A 社の各サーバ上で稼働している各サービスが使用するプロトコルと待受けポート番号を，表１に示す。

表１　サービスごとのプロトコルと待受けポート番号

サービス	プロトコル	待受けポート番号
Web	HTTP	80
	HTTPS	443
会員情報DB	独自プロトコル	4194
メール取得	POP3	110
メール転送	SMTP	25

現在のルータの設定を，図２に示す。

１行目の設定で，インターネットからWebサーバにHTTPでアクセスすることを許可し，２行目の設定で，インターネットから入ってくるメールを，メールサーバに転送することを許可している。

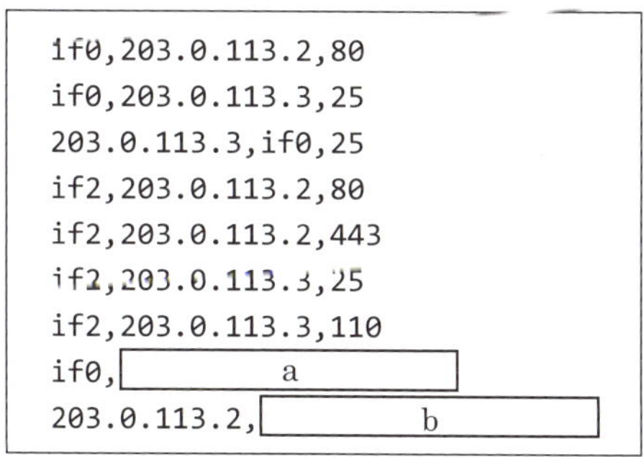

図２　現在のルータの設定

解答群

ア　192.168.0.2,443　　イ　192.168.0.2,4194

ウ　192.168.0.3,4194　　エ　203.0.113.2,443

オ　203.0.113.2,4194　　カ　if0,443

設問3　次の記述中の［　　　］に入れる正しい答えを，解答群の中から選べ。

A 社は，Web サーバのメンテナンスを外部委託し，委託先内の特定の PC から，インターネットを介して，Web サーバを操作できるようにした。そのために，Web サーバ上に待受けポート番号 22 で SSH サービスを稼働させ，ルータの設定に“［　c　］”の行を追加した。

なお，この PC から送信されたパケットがルータに到着したとき，このパケットの送信元 IP アドレスは，198.51.100.2 となっている。

解答群

ア　`198.51.100.2,203.0.113.2,22`　　イ　`198.51.100.2,if0,22`

ウ　`203.0.113.2,198.51.100.2,22`　　エ　`if0,198.51.100.2,22`

設問4　次の記述中の［　　　］に入れる正しい答えを，解答群の中から選べ。

SSH サービスがクライアントを認証する方式には，パスワード認証方式と公開鍵認証方式がある。A 社は公開鍵認証方式を採用した。

公開鍵認証方式では，秘密鍵で作成した署名が，対応する公開鍵で検証できることを利用して，次のようにクライアントを認証する。

(1)　クライアントは，秘密鍵を使って作成した署名と，その秘密鍵に対応する公開鍵をサーバに送る。

(2)　サーバは，(1)の公開鍵がサーバに登録されていることを確認し，公開鍵で(1)の署名を検証する。

(3)　検証に成功すれば，クライアントがサーバに登録されている公開鍵に対応する秘密鍵をもっていることが証明されるので，サーバは，クライアントを認証する。

このように，公開鍵認証方式では，クライアントがサーバの SSH サービスを利用する際に，パスワードや［　d　］をネットワーク上に流す必要がない。

解答群

ア　公開鍵

イ　秘密鍵

ウ　秘密鍵及び公開鍵

解答と解説

（解答）

［設問１］　ア

［設問２］　a－エ，b－ウ

［設問３］　c－ア

［設問４］　d－イ

（解説）

公開サーバでの会員登録とメールマガジン発行を題材にした，ネットワークセキュリティに関する問題です。設問では，ファイアウォールの設定に関する問題を軸に，会員登録における２段階手順の目的と，SSH（Secure SHell）による安全な通信の仕組みが問われています。

設問だけを読んで正解にたどり着くのは難しく，問題文をきちんと理解する必要があります。特にファイアウォールの設定に関しては，会員登録の流れと照らし合わせて，理解する必要があります。

［設問１］

会員登録において，２段階の手順を踏む目的が問われています。正解選択肢を理解するだけでなく，不正解選択肢がなぜ間違いなのかも理解しておきましょう。

ア：「他人のメールアドレスや間違ったメールアドレスが登録されないようにする」とあります。会員登録処理の流れは，(1)の手順で登録希望者がメールアドレスを入力した後，(2)の手順で入力されたメールアドレス宛てにメールを送信しています。

　このとき，メールが正しく届けば，メールアドレスが間違っていないことの確認ができます。また，他人のメールアドレスを登録した場合，(2)の手順でのメールを受け取れません。したがって，正しいメールアドレスを登録しないと処理ができません。（ア）の目的を達成できます。

イ：通信を暗号化するのは，HTTPS による処理であって，２段階の手順とは関係ありません。

ウ：「登録希望者が会員情報 DB にアクセスできないようにする」には，DMZ と LAN を分け，ファイアウォールでアクセス制限をするなどの要件が求められます。２段階の手順とは関係ありません。

エ：会員情報は，登録希望者が自ら入力します。残念ながら，その間違いをチェックする処理が問題文に記述されていません。このため（エ）の要件を実現するのは不可能といえます。

以上から，（ア）が正解です。

整理すると，（ア），（エ）のように，登録希望者の悪意ある入力や誤入力を防止するためには，画面遷移やメールによる認証の流れを設計する必要がある一方，（イ），（ウ）は通信方式やシステム構成によって実現すべきものといえます。

［設問２］

ルータにおけるファイアウォールの設定が問われています。まずは，設定の書き方を問題文から確認しましょう。

設問文には「設定は，送信元，送信先，通信ポートの順に“,”で区切って記述する。これは，送信元から送信先の通信ポート宛てのパケットの通過を許可することを意味する」とあります。これをきちんと理解した上で，図２を確認しましょう。

空欄 a，b だけを考えるのではなく，上から順に確認しておくと，より確実な答えにたどり着けます。順に見ていきます。

・1行目　`if0,203.0.113.2,80`
　外部（インターネット）から公開 Web サーバへの Web 閲覧（HTTP 通信）を許可します。

・2行目　`if0,203.0.113.3,25`
　外部（インターネット）からメールサーバへのメール送信（SMTP 通信）を許可します。

・3行目　`203.0.113.3,if0,25`
　メールサーバから外部（インターネット）へのメール送信（SMTP 通信）を許可します。

・4行目　`if2,203.0.113.2,80`
　内部（LAN）から Web サーバへの Web 閲覧（HTTP 通信）を許可します。

・5行目　`if2,203.0.113.2,443`
　内部（LAN）から Web サーバへの暗号化された Web 閲覧（HTTPS 通信）を許可します。

・6行目　`if2,203.0.113.3,25`
　内部（LAN）からのメールサーバへのメール送信（SMTP 通信）を許可します。

・7行目　`if2,203.0.113.3,110`
　内部（LAN）からのメールサーバに対するメール受信（POP3 通信）を許可します。

・８行目　if0, [a]
・９行目　203.0.113.2, [b]

ここで，問題文の会員登録処理の流れと照らし合わせてみましょう。流れの(2)と(5)は，外部へのメール送信なので，３行目のルールが該当します。

しかし，(1)と(3)の外部から Web サーバへの HTTPS の通信と，(4)の Web サーバから会員管理サーバへの通信ルールの記述がありません。これが，それぞれ８行目と９行目に該当します。ここで，空欄ａとｂを考えましょう。

・空欄ａ：８行目は，(1)と(3)の外部（if0）から Web サーバ（203.0.113.2）への HTTPS（443）の通信なので，次のルールになります。

```
if0,203.0.113.2,443
```

したがって，空欄ａには（エ）が入ります。

・空欄 b：9 行目は(4)の Web サーバ（203.0.113.2）から会員管理サーバ（192.168.0.3）への通信です。会員情報 DB へのアクセスは，表１から独自プロトコルで 4194 番が待受けポート番号なので，次のルールになります。

```
203.0.113.2,192.168.0.3,4194
```

したがって，空欄ｂには（ウ）が入ります。

［設問３］

インターネット経由で，外部の PC から Web サーバに SSH でアクセスするための設定を考えます。考え方は設問２と同じであり，ファイアウォールの設定の方法を，問題文の指示どおりにすれば，難しくありません。

おさらいですが，「設定は，送信元，送信先，通信ポートの順に“,”で区切って記述する」とあります。送信元は PC（198.51.100.2），送信先は Web サーバ（203.0.113.2），通信ポートは SSH なので 22 になります。したがって，（ア）の「198.51.100.2,203.0.113.2,22」が正解です。

なお，（イ）であっても，メンテナンスは可能です。これは，（ア）の設定よりも緩い設定で，送信先を if0 上のある端末全てに設定しているためです。しかし，セキュリティ上は，必要最低限のルールにする必要があります。したがって，（イ）は不正解です。（ウ），（エ）は送信元が PC ではないので不適切です。

［設問４］

SSH による暗号化通信の流れが記述されています。この問題は，問題文の内容を理解することで，SSH の仕組みが詳しく分かります。時間があれば，セキュリティの本質を理解するために，丁寧に読んでみましょう。なお，問題では SSH はウェルノウンポートであるポート番号 22 をデフォルトの設定になっていますが，セキュリティ上攻撃を受けやすいので，ウェルノウンポートとは別のポート番号を利用することも一般的です。

さて，この問題は，空欄 d に入る言葉を解答群の中から選びます。(1)〜(3)のやり取りの中で，ネットワークに情報を流しているのは(1)だけです。しかも，その情報は「公開鍵をサーバに送る」とあることから，「公開鍵」だけと確認できます。このことから，「公開鍵」が含まれている選択肢（ア）と（ウ）は不正解になります。そして，**「秘密鍵」をネットワーク上に流すという記述がない**ことから，（イ）の「秘密鍵」が正解であることが分かります。

なお，設問文には「公開鍵認証方式では，クライアントがサーバの SSH サービスを利用する際に，パスワードや［ d ］をネットワーク上に流す必要がない」とあります。ネットワーク上に流す必要がないということは，秘密に管理したいということが分かります。したがって，（イ）の「秘密鍵」が答えと想像がついた人もいるでしょう。**公開鍵は公開するものであるため，わざわざ秘密にする必要がありません。**

演習問題　第2部　第2章　問1

テレワークの導入に関する次の記述を読んで，設問1～3に答えよ。

(R1 秋-FE 午後問1)

ソフトウェア開発会社であるA社では，従業員が働き方を柔軟に選択できるように，場所や時間の制約を受けずに働く勤務形態であるテレワークを導入することにした。

A社には，事務業務だけが行えるPC（以下，事務PCという）と，事務業務及びソフトウェア開発業務が行えるPC（以下，開発PCという）がある。開発部の従業員は開発PCを使用し，開発部以外の従業員は事務PCを使用している。

A社には事務室，開発室及びサーバ室があり，各部屋のネットワークはファイアウォール（以下，A社FWという）を介して接続されている。A社のネットワーク構成を，図1に示す。

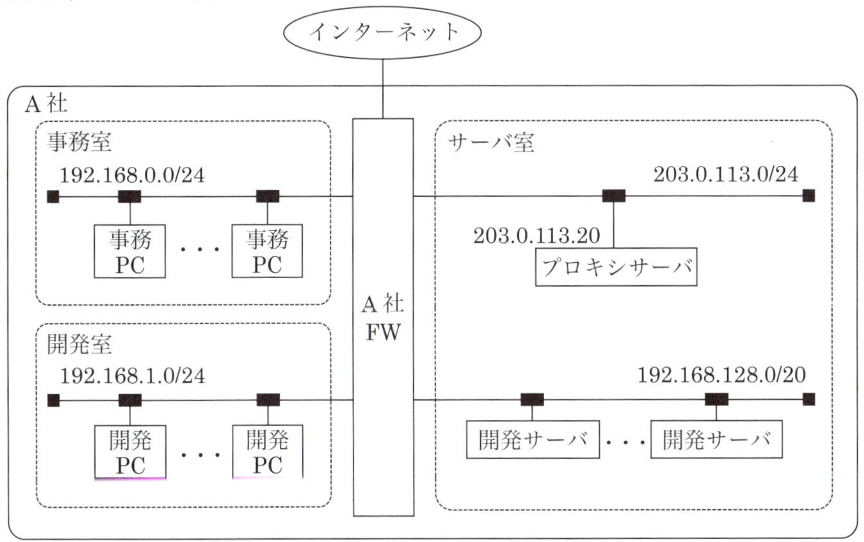

図1　A社のネットワーク構成

事務室には，事務PCだけが設置されている。開発室には開発PCだけが設置されており，開発部の従業員だけが入退室できる。サーバ室には，プロキシサーバ1台と，ソフトウェア開発業務に必要なソースコード管理，バグ管理，テストなどに利用するサーバ（以下，開発サーバという）が複数台設置されている。

A 社 FW では，開発室のネットワークだけから開発サーバに HTTP over TLS（以下，HTTPS という）又は SSH でアクセスできるように通信を制限している。また，A 社ネットワークからのインターネットの Web サイト閲覧は，事務 PC 及び開発 PC だけからプロキシサーバを経由してできるように通信を制限している。

テレワークで働く従業員は，データを保存できないシンクライアント端末を A 社から支給され，遠隔からインターネットを経由して A 社のネットワークに接続し，業務を行う。そのために，安全に A 社のネットワークに接続する VPN，及び仮想マシンの画面を転送して遠隔から操作できるようにする画面転送型の仮想デスクトップ環境（以下，VDI という）の導入を検討した。テレワーク導入後の A 社のネットワーク構成案を，図 2 に示す。

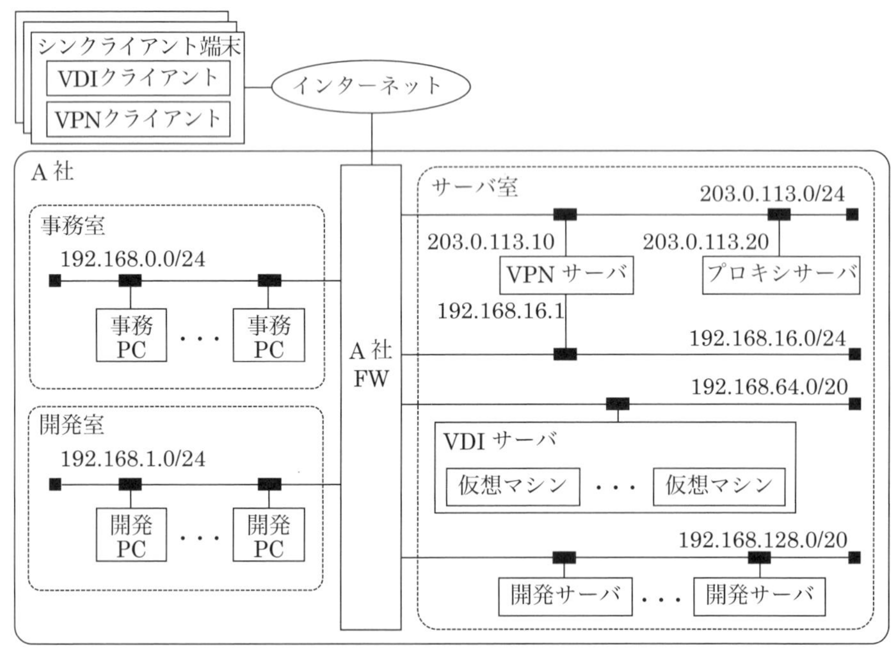

図 2　テレワーク導入後の A 社のネットワーク構成案

〔A 社が検討したテレワークによる業務の開始までの流れ〕

(1) 利用者は，シンクライアント端末の VPN クライアントを起動して，VPN サーバに接続する。

(2) VPN サーバは，VPN クライアントが提示するクライアント証明書を検証する。

検証に成功した場合，処理を継続する。

(3) VPN サーバは，利用者を認証する。認証が成功した場合，VPN クライアントに対して，192.168.16.0/24 の範囲で使用されていない IP アドレスを一つ選択して割り当てる。

(4) VPN クライアントは，(3)で割り当てられた IP アドレスを使用して，VPN サーバ経由で A 社のネットワークに接続する。

(5) 利用者は，シンクライアント端末の VDI クライアントを起動して，VDI サーバに接続する。

(6) VDI サーバは，VPN サーバで認証された利用者が開発部以外の従業員であれば事務業務だけが行える仮想マシン（以下，事務 VM という）を，開発部の従業員であれば事務業務及びソフトウェア開発業務が行える仮想マシン（以下，開発 VM という）を割り当てる。また，VDI サーバは，事務 VM には 192.168.64.0/24，開発 VM には 192.168.65.0/24 の範囲で使用されていない IP アドレスを一つ選択して割り当てる。

(7) 利用者は，仮想マシンにログインして業務を開始する。VDI クライアントと仮想マシンとの間では，画面データ，並びにキーボード及びマウスの操作データだけが送受信される。

テレワーク導入後の A 社 FW に設定するパケットフィルタリングのルール案を，表１に示す。

表１　A 社 FW に設定するパケットフィルタリングのルール案

ルール番号	送信元	宛先	サービス	動作
1	インターネット	203.0.113.10	VPN	許可
2	203.0.113.20	インターネット	HTTP，HTTPS，DNS	許可
3	192.168.16.0/24	192.168.64.0/20	VDI	許可
4	192.168.0.0/23	203.0.113.20	プロキシ	許可
5	192.168.64.0/23	203.0.113.20	プロキシ	許可
6	192.168.1.0/24	192.168.128.0/20	HTTPS，SSH	許可
7	192.168.64.0/23	192.168.128.0/20	HTTPS，SSH	許可
8	全て	全て	全て	拒否

注記１　ルール番号の小さいものから順に，最初に一致したルールが適用される。
注記２　許可された通信に対する戻りのパケットは，無条件に許可される。

ところが，表1のルール案ではルール番号7の条件に誤りがあり，［ a ］ことが分かった。そこで，開発サーバに対するアクセスを正しく制限するために，ルール番号7の条件について，送信元を［ b ］に変更した。

設問1　本文中の［　　］に入れる適切な答えを，解答群の中から選べ。

aに関する解答群

ア　開発PCから開発サーバにアクセスできない
イ　開発VMから開発サーバにアクセスできない
ウ　事務PCから開発サーバにアクセスできる
エ　事務VMから開発サーバにアクセスできる

bに関する解答群

ア　192.168.0.0/24　　イ　192.168.1.0/24　　ウ　192.168.16.0/24
エ　192.168.64.0/24　　オ　192.168.65.0/24　　カ　192.168.128.0/20
キ　192.168.128.0/24　　ク　203.0.113.0/24　　ケ　インターネット

設問2　シンクライアント端末から開発サーバにアクセスするときの接続経路として適切な答えを，解答群の中から選べ。

解答群

ア　シンクライアント端末 → VDIサーバ → VPNサーバ → 開発PC → 開発サーバ
イ　シンクライアント端末 → VDIサーバ → VPNサーバ → 開発VM → 開発サーバ
ウ　シンクライアント端末 → VDIサーバ → 開発VM → 開発PC → 開発サーバ
エ　シンクライアント端末 → VPNサーバ → VDIサーバ → 開発PC → 開発サーバ
オ　シンクライアント端末 → VPNサーバ → VDIサーバ → 開発VM → 開発サーバ
カ　シンクライアント端末 → VPNサーバ → 開発PC → 開発VM → 開発サーバ

設問3　A社がテレワークの検討を進める過程で，“常に同一の業務環境を使用できるように，テレワークで働くときだけでなく，事務PC及び開発PCからも仮想マシンを使用したい”との要望が挙がった。検討した結果，この要望に応えてもセキュリティ上のリスクは変わらないと判断した。また，A社のネットワーク内からアクセスするのでVPNで接続する必要はなく，利用者認証をVPNサーバではなくVDIサーバで行えばよいことを確認した。

この要望に応えるとき，表1のルール案に必要な変更として適切な答えを，解答群の中から選べ。ここで，表1のルール番号7の送信元には，設問1で選択した適切な答えが設定されているものとする。

解答群

ア　変更する必要はない。

イ　ルール番号3と4の間に，送信元を192.168.0.0/23，宛先を192.168.64.0/20，サービスをVDI，及び動作を許可とするルールを新たに挿入する必要がある。

ウ　ルール番号3と4の間に，送信元を192.168.64.0/23，宛先を192.168.0.0/23，サービスをVDI，及び動作を許可とするルールを新たに挿入する必要がある。

エ　ルール番号3と4の間に，送信元をインターネット，宛先を192.168.64.0/20，サービスをVDI，及び動作を許可とするルールを新たに挿入する必要がある。

演習問題　第2部　第2章　問2

IC カードを利用した入退室管理システムに関する次の記述を読んで，設問 1～5 に答えよ。

(H25 春-FE 午後問 4)

J 社は，中規模の SI ベンダであり，外部の協力が必要なシステム開発のときには，プロジェクトごとに協力会社と契約している。J 社には，開発室と執務室があり，開発室には執務室を通って入退室する。各室の出入口の内側と外側に IC カード読取り装置が設置されており，社員と，協力会社社員（以下，協力社員という）の入退室は，入退室管理システムで管理されている。社員及び協力社員は入退室時に，IC カードを読取り装置にかざし，入室時には更にパスワードを入力することによって，出入口の扉が開錠される。また，扉が閉められると，自動的に施錠される。

J 社の入退室管理システムのセキュリティ要件は，次のとおりである。

〔J 社の入退室管理システムのセキュリティ要件〕

(1) 社員及び協力社員は，プロジェクトに参画している期間中だけ開発室に入室可能とする。
(2) IC カードには，①耐タンパ性をもつものを使用し，IC カード ID だけを情報としてもつ。
(3) ②入退室管理システムは入退室のログを収集する。
(4) 入退室のログから，開発室又は執務室への入退室ごとの出入りした社員又は協力社員，日時，出入口が特定できる。
(5) パスワードは 8 桁の数字（00000000～99999999）とする。
(6) 有効期間中は，IC カードとパスワードによって開発室や執務室への入室ができる。
(7) 入室時又はパスワードの変更時に，3 回連続してパスワードを誤って入力した場合，開発室や執務室への入室はできなくなる。

なお，J 社では，社員や協力社員が，同時に複数のプロジェクトに参画することはない。

〔入退室管理システムの説明〕

入退室管理システムが管理する，利用者情報のうち主なものを表１に，入退室情報のうち主なものを表２に示す。

表１　主な利用者情報

利用者情報	説明
利用者 ID	社員の場合は社員番号を設定し，協力社員の場合は契約時に個人ごとに付与される契約番号を設定する。
IC カード ID	IC カードを識別する一意の ID
IC カードの状態	“仮パスワード”，“有効”，“返却”，“一時利用停止”のいずれかである。IC カードを発給したときは，“仮パスワード”を設定する。3 回連続してパスワードを誤って入力した場合，“一時利用停止”になる。
入室許可の状態	“開発室許可”，“執務室だけ許可”，“入室不可”のいずれかである。
有効期間の終了日	社員の場合は，退職予定の年月日を設定しておく。協力社員の場合は契約期間に基づいて契約終了予定の年月日を設定しておく。
（上記以外の利用者情報） 氏名，有効期間の開始日，利用者区分，プロジェクト番号，パスワードなど	

表２　主な入退室情報

入退室情報	説明
IC カード利用日時	出入口で IC カードをかざした年月日時分秒
IC カード読取り装置識別番号	出入口に設置している IC カード読取り装置を識別する一意の番号
IC カード ID	出入口でかざした IC カードの ID

〔入退室管理システムの運用の説明〕

セキュリティ管理者は，入室申請の受付，入退室管理システムへの利用者情報の設定，IC カードの発給を担当する。

(1)　社員に対する運用は，次のとおりである。

(a)　社員の入社時に，入退室管理システムの運用ルールを説明した後，IC カードを発給し，パスワードを仮パスワードから変更させる。これで社員の執務室への入室が可能となる。

(b)　プロジェクトの開始時及び終了時に，プロジェクトマネージャ（以下，PM という）からの申請を受けて，開発室へのプロジェクトメンバの“入室許可の状態”の設定を変更する。

(c)　退職時には，IC カードを返却させるとともに，“有効期間の終了日”に退職日を，“IC カードの状態”に“返却”を設定する。

(2)　協力社員に対する運用は，次のとおりである。

(a)　プロジェクトの開始時に，PM からの申請を受けて，当該協力社員の利用者情報を登録すると同時に“入室許可の状態”を設定し，PM に協力社員用の IC カードを発給する。IC カードを受領した PM は入退室管理システムの運用ルールを協力社員に説明した後，IC カードを配布してパスワードを仮パスワードから変更させる。

(b)　契約の終了時は，協力社員に配布していた IC カードの返却を PM 経由で受けて，“有効期間の終了日”に契約の終了日を，“IC カードの状態”に“返却”を設定する。

(3)　利用者情報の削除処理は，次のとおりである。

(a)　“有効期間の終了日”を過ぎ，かつ，“IC カードの状態”が“返却”の利用者情報は，週末のバッチ処理でバックアップメディアに保存した上で，入退室管理システムから削除する。

(b)　返却された IC カードは，後日再利用する。

入退室管理システムで管理する，社員を対象にした“IC カードの状態”，“入室許可の状態”及び“入室可能な部屋”の関係を表す状態遷移図を，図 1 に示す。

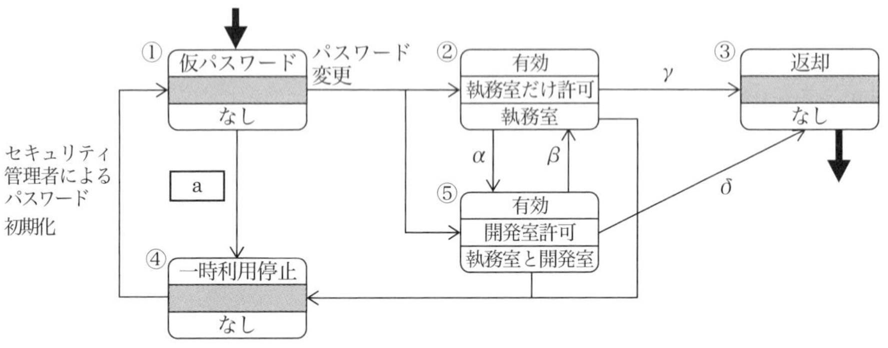

注記　網掛けの部分は表示していない。

（凡例）

図 1　社員を対象とした状態遷移図

設問１　〔J 社の入退室管理システムのセキュリティ要件〕の説明中の下線①の IC カードの説明として正しい答えを，解答群の中から選べ。

解答群

ア　一部が破損しても利用できる IC カード

イ　外部から強い衝撃があっても変形しない IC カード

ウ　内部情報に外部から不正にアクセスできない IC カード

エ　返却後に，再利用できる IC カード

設問２　〔J 社の入退室管理システムのセキュリティ要件〕の説明中の下線②のログとして収集するのが適切な情報を，解答群の中から選べ。

解答群

ア　IC カード読取り装置識別番号，IC カード ID，利用者 ID

イ　IC カード利用日時，IC カード ID，利用者 ID

ウ　IC カード利用日時，IC カード読取り装置識別番号，IC カード ID，利用者 ID

エ　IC カード利用日時，IC カード読取り装置識別番号，入室許可の状態

設問３　図１の [　　　] に入れる正しい答えを，解答群の中から選べ。

解答群

ア　３回連続してパスワードを誤入力

イ　社員の入社

ウ　入退室管理システムの異常

エ　プロジェクトの終了

設問4　図1を基に，最少の変更で，協力社員を対象にした状態遷移図を作成するとした場合，協力社員が契約を終了して遷移する矢印として適切な答えを，解答群の中から選べ。

解答群

ア　α　　イ　β　　ウ　γ　　エ　δ

設問5　J社では内部監査時に，開発室及び執務室の入退室に関する調査を行ったところ，入退室管理システムのログに，入室履歴のない退室履歴や退室履歴のない入室履歴が見つかった。そこで，更に調査した結果，直前に入退室した者がいるとき，扉が施錠される前に，自分のICカードを使わずに入退室する者がいることが分かった。そこで，入退室時には自分のICカードを必ず読取り装置にかざさせる対策として，教育を実施するとともに入退室管理システムで管理する現在の状態遷移を変更することにした。図1の状態番号のうち，入室履歴又は退室履歴のない者がICカードをかざして退室又は入室しようとした際に，遷移する先として適切な状態番号を，解答群の中から選べ。

解答群

ア　①　　イ　②　　ウ　③　　エ　④　　オ　⑤

2.2　暗号化・認証技術

対策のポイント

暗号化とは内容が分からないようにデータを変換することで，暗号文は正しい送り先に届けられた後，元の形に復号（戻すこと）されます。このときにデータを変換する方法を暗号化アルゴリズムといい，“鍵”と呼ばれる変換用情報を使って暗号化や復号をします。

この変換方法の基本となる共通鍵暗号方式と公開鍵暗号方式の仕組みについて，まず，しっかり理解しておく必要があります。中でも公開鍵暗号方式の仕組みはディジタル署名などの認証にも応用されているため，大切です。暗号化鍵と復号鍵のどちらを公開し，どちらを秘密にするか理解しましょう。

また，重要書類やｅビジネスにおける取引データをネットワークで送る場合，データを盗み見られるといった脅威だけでなく，データがねつ造，改ざんされるといった脅威も考えられます。これらの脅威への対策として有効な認証技術や，ディジタル署名について仕組みを学習します。

(1)　共通鍵暗号方式（秘密鍵暗号方式）

暗号化と復号に同じ鍵を使う暗号方式です。当然，**情報を送る人と受け取る人以外には鍵を秘密にしておく**必要があります。このため秘密鍵暗号方式とも呼ばれます。代表的な共通鍵暗号方式として，米国商務省標準局が暗号標準として定めたDESやAESがあります。なお，鍵は秘密ですが，その鍵を使って暗号化するアルゴリズムは公開されています。共通鍵暗号方式では，情報を送る側と受け取る側が同じ鍵を使用するので，相手ごとに異なる秘密鍵が必要になります。また，鍵そのものを相手に送る必要があり，鍵の管理は，その分，複雑になります。

(2)　公開鍵暗号方式

データの受信者が暗号化鍵とペアになる復号鍵を別に作り，データの送信者が用いる暗号化鍵を公開し，復号鍵を自分だけの秘密にする方式です。大きな数の素因数分解に時間がかかることを利用したRSAが有名です。

復号鍵だけを他人に見られないように保管しておけばよく，**暗号化鍵は他人に知られてもよい**ため，**鍵の安全な配送が可能になりました。このときの復号鍵が秘密鍵，暗号化鍵が公開鍵になります。**

⑶　公開鍵暗号方式と公開鍵暗号基盤（PKI）

公開鍵暗号方式は，「公開鍵を配布する」という原理から，鍵の配布が共通鍵暗号方式と比べ，非常に簡単に行えますが，反面，その公開鍵が，正当な人の発行したものかどうかを検証する方法が必要になり，このための仕組みが考えられました。これがPKI（Public Key Infrastructure；公開鍵暗号基盤）です。PKIでは認証局（CA；Certification Authority）という組織が，各公開鍵の証明書というものを発行し，公開鍵の正当性を保証します。この証明書を公開鍵証明書と呼びます。

⑷　ハッシュ関数とハッシュ値

ハッシュは，「散らす」という意味の英語です。ハッシュ関数は，与えられたデータから，あるアルゴリズムによってハッシュ値と呼ばれる固定長の値を出力するもので，次の特徴をもっています。

・元のデータが１ビットでも異なれば，ハッシュ値は全く異なる。
・元のデータサイズにかかわらず，ハッシュ値は固定長である。
・ハッシュ値とハッシュ関数が分かっても，元のデータを特定できない。

このような特徴をもつハッシュ関数を一方向性関数と呼びます。また，ハッシュ値のことをメッセージダイジェストと呼ぶこともあります。

なお，ハッシュ関数のアルゴリズムとしては，MD5（Message Digest Algorithm 5），SHA-1，SHA-256などが一般的です。

⑸　生体認証

生体認証（バイオメトリクス認証）は，指紋，静脈，網膜，虹彩（こうさい），顔といった生体の形状パターンや，声紋，歩容（歩き方）など動きのパターンを用いる認証方法です。一人一人違うことを利用しています。

静脈や虹彩は経年変化が少ないため，長い期間，認証に使用できるとされています。また，掌（てのひら）の静脈パターンを利用するものが一般に広まっています。

生体認証は，暗証番号等と違ってパターンの照合を行うため，若干のあいまいさが残ってしまいます。このため，誤検知が完全に0となる生体認証はまだありません。

誤検知には本人を誤って拒否する確率（本人拒否率，FRR；False Rejection Rate）や，他人を誤って許可する確率（他人受入率，FAR；False Acceptance Rate）があります。両者はトレードオフの関係にあるので，ともに下げることが課題になります。利用に耐え得る値をうまく調整する必要があります。

(6)　SSL/TLS

SSL（Secure Sockets Layer）/TLS（Transport Layer Security）は，データを安全に送受信するためのセキュリティプロトコルで，次のような機能があります。

・サーバとブラウザの間の TCP 通信を暗号化し，データの盗聴や改ざんを防止する（TLS は SSL を前身とし，RFC として標準化されたもの）。

・PKI の仕組みを利用し，信頼できる認証局の公開鍵証明書によって通信相手のなりすましを防止する。

こうした機能をもつ SSL/TLS は，利用者が個人情報やクレジットカード番号といった機密情報を送信する必要があるときに，（その存在が）信用できる相手に，情報を安全に送るために利用されます。SSL/TLS の具体的な流れは次のようになります。

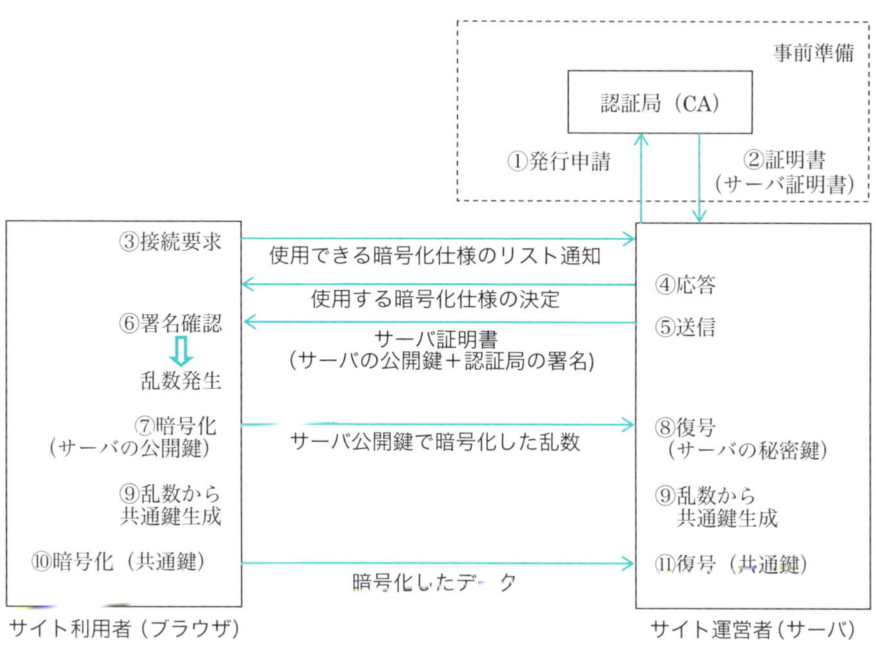

図　SSL/TLS の仕組み

①　SSL/TLS 機能を利用するサイト運営者は，SSL/TLS 通信で利用する秘密鍵と公開鍵のペアを作成し，認証局へ公開鍵証明書の発行申請を行います。

②　認証局は，サイト運営者の実在性などを確認し，証明書（サーバ証明書）を発行します（証明書にはサーバの公開鍵が含まれており，サーバにインストールされます）。ここまではシステムのセットアップ段階で事前準備として行われます。

③　利用者が SSL/TLS 機能を使って通信をする際には，ブラウザ（最近では，ほとんどが SSL/TLS 機能をもっています）が，その要求とともにブラウザ側で利用可能な暗号化アルゴリズムのリストを送ります。

④　サーバ側では，受け取った暗号化アルゴリズムのリストの中から，自身が利用でき，強度の最も強いものを選択し，応答します。

⑤　次にサーバは，サーバ証明書（サーバの公開鍵などを含む）を利用者に送信します。

⑥　ブラウザは，送られてきた証明書の認証局による署名を，ブラウザに組み込まれた認証局の公開鍵を使って確認します。確認した後，データの送受信に利用する秘密鍵を生成するための乱数を発生させます。

⑦　ブラウザは，発生させた乱数を，証明書から取り出したサーバの公開鍵を使って暗号化して送信します。

⑧　サーバは，サーバの秘密鍵を使って，送られてきた乱数を復号します。

⑨　ブラウザ・サーバともに，乱数を使って共通（秘密）鍵を生成します。

⑩，⑪　生成した共通鍵を使ってデータを送受信します。

(7)　ディジタル署名

紙の書類に捺印やサインをする機能を電子的に行う方式で，正当な本人が情報を確かに生成したことを証明する方法です。

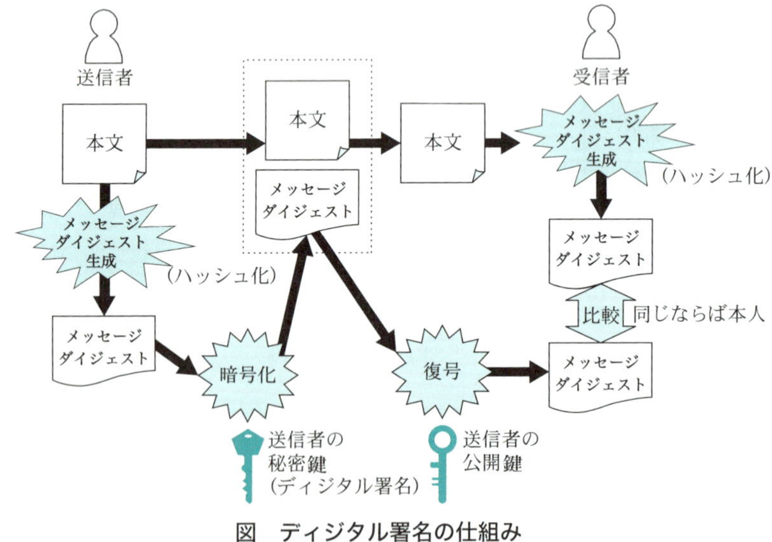

図　ディジタル署名の仕組み

仕組みとしては，送信側でメッセージからハッシュ関数でメッセージダイジェスト（ハッシュ値）を算出し，受信側で同じ処理を行い比較することによって，メッセージが改ざんされていないかどうかを確認します。そして，公開鍵暗号方式を利用して，メッセージダイジェストを“送信者本人の秘密鍵”で暗号化する（復号は公開鍵）ことから，メッセージ作成者が本人であることを確認できます。

なお，ディジタル署名は，特定の当事者間だけでやり取りする場合に，共通鍵暗号方式でも実現可能ですが，不特定多数の当事者間でやり取りを行うことができる公開鍵暗号方式に基づく方式が広く普及しています。

⑻　メールの暗号化

メールの暗号化には，メールサーバとの間の通信路を暗号化する SMTPS，POPS の他，メール本文の暗号化とディジタル署名を行う S/MIME（Secure Multipurpose Internet Mail Extensions）というプロトコルがあります。SMTPS や POPS による通信路の暗号化では，盗聴の防止ができますが，なりすましの防止はできません。一方，S/MIME を利用すると，盗聴防止，なりすまし防止が可能となります。

知識確認問題　必要な知識を確認してみましょう！

問　公開鍵暗号方式の暗号アルゴリズムはどれか。

（H29 春-FE 問 40）

ア　AES　　イ　KCipher-2　　ウ　RSA　　エ　SHA-256

解説

RSA は，アルゴリズムに大きな桁数の素数を掛け合わせた数値から，それを素因数分解して元となった素数を求めることは困難であるという数学的性質を利用した代表的な公開鍵暗号方式です。したがって，（ウ）が正解です。

ア：AES（Advanced Encryption Standard）……DES（Data Encryption Standard）に代わって，2002 年から米国政府の標準暗号として採用された共通鍵暗号方式です。NIST（米国国立標準技術研究所）が公募し，2000 年に選ばれたもので，DES に比べて更に安全性が高くなっています。

イ：KCipher-2……株式会社 KDDI 総合研究所が開発した共通鍵暗号のアルゴリズムです。

エ：SHA-256……SHA-2（Secure Hash Algorithm 2）の一つで，ハッシュ値として 256 ビットの値を出力するハッシュ関数です。SHA-1 のハッシュ値は 160

ビットであり，脆弱性が指摘されていることから，2016年12月末までにSHA-2へ移行することが推奨されていました。

解答 ウ

問 Xさんは，Yさんにインターネットを使って電子メールを送ろうとしている。電子メールの内容を秘密にする必要があるので，公開鍵暗号方式を使って暗号化して送信したい。そのときに使用する鍵はどれか。

(H27秋-FE 問38)

ア Xさんの公開鍵　　イ Xさんの秘密鍵
ウ Yさんの公開鍵　　エ Yさんの秘密鍵

解説

公開鍵暗号方式を使って，XさんからYさんに電子メールで暗号文を送ることがテーマになっています。**公開鍵暗号方式を使って通信内容を暗号化するには，受信者，つまりYさんの公開鍵で暗号化して送信する必要があります。**したがって，（ウ）が正解です。なお，Yさんの秘密鍵はYさんだけがもっています。

解答 ウ

問 生体認証システムを導入するときに考慮すべき点として，最も適切なものはどれか。

(H30春-FE 問45)

ア 本人のディジタル証明書を，信頼できる第三者機関に発行してもらう。
イ 本人を誤って拒否する確率と他人を誤って許可する確率の双方を勘案して装置を調整する。
ウ マルウェア定義ファイルの更新が頻繁な製品を利用することによって，本人を誤って拒否する確率の低下を防ぐ。
エ 容易に推測できないような知識量と本人が覚えられる知識量とのバランスが，認証に必要な知識量の設定として重要となる。

解説

生体認証とは，生体の形状や動きを利用する認証方法です。生体認証では，本人を誤って拒否する確率（**本人拒否率**，**FRR**；False Rejection Rate），他人を誤って許可する確率（**他人受入率**，**FAR**；False Acceptance Rate）という誤検知が避けられません。同じ認証システムにおいて，両者はトレードオフの関係にあり，本人拒否率を下げると，他人受入れ率が上がってしまうといったことも起こり得ます。

このため，このトレードオフの関係を，（イ）の記述にあるように「双方を勘案して装置を調整する」必要があります。したがって，（イ）が最も適切な記述です。

ア：PKI（Public Key Infrastructure；公開鍵暗号基盤）に関する記述です。

ウ：ワクチンソフトに関する記述ですが，本人（利用者）の認証とは関係がありません。

エ：パスワード認証のような知識ベース認証に関する記述です。

解答　イ

問　PKI における認証局が，信頼できる第三者機関として果たす役割はどれか。

（H28 秋-FE 問 39）

ア　利用者からの要求に対して正確な時刻を返答し，時刻合わせを可能にする。

イ　利用者から要求された電子メールの本文に対して，ディジタル署名を付与する。

ウ　利用者やサーバの公開鍵を証明するディジタル証明書を発行する。

エ　利用者やサーバの秘密鍵を証明するディジタル証明書を発行する。

解説

PKI（Public Key Infrastructure；公開鍵基盤）において認証局は，利用者やサーバの**公開鍵の正当性を保証するためのディジタル証明書を発行**する第三者機関としての役割を担っています。したがって，（ウ）が正解です。

ア：NTP（Network Time Protocol）サーバの役割です。

イ：送信者が自身の秘密鍵を使って行う処理です。

エ：秘密鍵は自身で秘密にしておくものであり，それを証明する必要はありません。

解答　ウ

問　メッセージ認証符号におけるメッセージダイジェストの利用目的はどれか。

(H28 秋-FE 問 38)

ア　メッセージが改ざんされていないことを確認する。
イ　メッセージの暗号化方式を確認する。
ウ　メッセージの概要を確認する。
エ　メッセージの秘匿性を確保する。

解説

メッセージダイジェストとは，元になるメッセージに改ざんがあった場合のチェックに利用するための一定長のビット列又はバイト列です。**1 ビットでも違うメッセージからは全く違うダイジェスト値を生成します**。有名なアルゴリズムとしては，MD5 や SHA-1，SHA-2（この中では具体的に SHA-224，SHA-256，SHA-384，SHA-512 が定義されている）などが存在し，例えば，MD5 では 16 オクテット，SHA-1 では 20 オクテットのダイジェスト値を生成します。ビット数が大きいほど強固といえます。

メッセージダイジェストは，セキュアな通信を行うために暗号化技術と併用されることが多いので混同しがちですが，“**メッセージ内容を隠すためには暗号化**”，“**メッセージの改ざん検知にはメッセージダイジェスト**”と覚えておきましょう。

したがって，（ア）が正解です。

イ：ネゴシエーションに関する説明です。通信に先立ち，暗号化方式やエンコード方式について両端で調整することをネゴシエーションといい，SSL（Secure Sockets Layer）や TLS（Transport Layer Security）では暗号化方式のネゴシエーションが行われます。

ウ：一般的用語としてのダイジェスト（要約）のことであり，メッセージ認証符号におけるメッセージダイジェストの利用目的ではありません。

エ：暗号化に関する説明であり，メッセージダイジェストとは関係ありません。

解答　ア

問　共通鍵暗号の鍵を見つけ出そうとする，ブルートフォース攻撃に該当するものはどれか。

(H29 春-FE 問 38)

ア　一組みの平文と暗号文が与えられたとき，全ての鍵候補を一つずつ試して鍵を見つけ出す。

イ　平文と暗号文と鍵の関係を表す代数式を手掛かりにして鍵を見つけ出す。

ウ　平文の一部分の情報と，暗号文の一部分の情報との間の統計的相関を手掛かりにして鍵を見つけ出す。

エ　平文を一定量変化させたときの暗号文の変化から鍵を見つけ出す。

解説

共通鍵暗号方式に対するブルートフォース攻撃（総当たり攻撃）とは，サンプルとして与えられた平文と暗号文の組に対して，**全ての鍵候補を一つずつ試して鍵を見つけ出す手法**です。したがって，（ア）が正解です。

イ：平文と暗号文と鍵の間の線形近似式を求め，それを利用して解読することが特徴で，線形解読法のことです。

ウ：線形解読法を応用した攻撃法で，分割（平文の一部の情報と暗号文の一部の情報を取り出して，その相関を調べること）攻撃のことです。

エ：平文を変化させたときの暗号文の変化（差分）を解析して解読することが特徴で，差分解読法のことです。現在，主流となっている暗号方式では平文が 1 ビットでも違うと全く違う暗号文になるような対策が施されています。

解答　ア

問　別のサービスやシステムから流出したアカウント認証情報を用いて，アカウント認証情報を使い回している利用者のアカウントを乗っ取る攻撃はどれか。

（H28 秋-FE 問 44）

ア　パスワードリスト攻撃　　　　イ　ブルートフォース攻撃

ウ　リバースブルートフォース攻撃　　　　エ　レインボー攻撃

解説

例えば，ある SNS（ソーシャル・ネットワーキング・サービス）にログインするためのログイン ID とパスワードを，別の SNS にログインする際にも使用している場合，一つの SNS 運営会社から漏えいしてしまったログイン ID やパスワード情報（アカウント認証情報）を用いて，**攻撃者は他の SNS サービスにもログイン**してしまいます。

こうした攻撃手法は**パスワードリスト攻撃**と呼ばれます。したがって，（ア）が正解です。

イ：ブルートフォース攻撃は，総当たり攻撃とも呼ばれ，特定のアカウントを標的に，パスワードの全ての組合せを試行する攻撃です。

ウ：リバースブルートフォース攻撃は，特定のパスワードを使用している人を標的に，全てのアカウントを試行する攻撃です。

エ：レインボー攻撃は，ハッシュ値からパスワードを推測して試行する攻撃です。ハッシュ値から基になったパスワードを再現することはできないので，あらかじめ，パスワードとなり得る文字列とそのハッシュ値を計算したテーブルを作成し，ハッシュ値から逆引きして試行するパスワードを得ます。

解答　ア

演習問題　第2部　第2章　問3

Web サービスを利用するためのパスワードを安全に保存する方法に関する次の記述を読んで，設問 1～3 に答えよ。

(H30 春-FE 午後問 1)

A 社が提供する Web サービスを利用するには，利用者が決めた利用者 ID とパスワードを，Web アプリケーションが動作するサーバに登録しておく必要がある。A 社の Web アプリケーションでは，利用者が Web アプリケーションにログインするときに，Web ブラウザから利用者 ID とパスワードがサーバに送信される。サーバは，受信した利用者 ID とパスワードを，照合することによって認証する。利用者が決めたパスワードは，パスワードファイルに平文で保存されている。

近年，パスワードファイルが漏えいし，不正ログインが発生したと考えられる事件が多数報道されている。そこで，A 社に勤める C さんは，自社の Web アプリケーションにおけるパスワードファイルが漏えいした際の不正ログインを防止するための対策について，上司から検討を命じられた。

C さんは対策として，パスワードを平文で保存するのではなく，ハッシュ関数でパスワードのハッシュ値を計算（以下，ハッシュ化という）し，そのハッシュ値を保存する方式を提案することにした。この方式におけるログイン時の認証では，受信したパスワードから求めたハッシュ値を，パスワードファイルに保存されているハッシュ値と照合する。パスワードの保存の流れと，照合の流れを図 1 に示す。

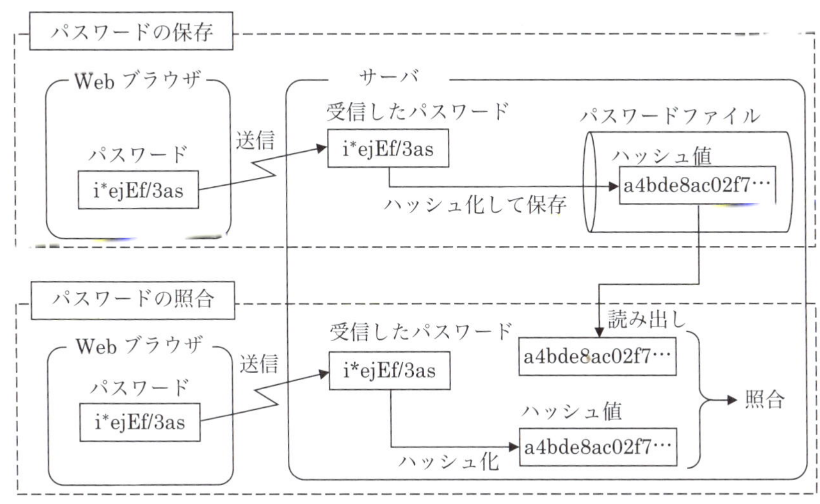

図 1　パスワードの保存の流れと，照合の流れ

Cさんは，パスワードのハッシュ化には，ハッシュ関数の一つである［　a　］を用いることにした。ハッシュ化に用いるハッシュ関数は，一般的に次のような特徴を備えているので，パスワードが一致していることの確認に用いることができる。また，利用者のパスワードを平文で保存する場合と比べて，パスワードファイルが漏えいしても，より安全だと考えたからである。

〔ハッシュ化に用いるハッシュ関数の特徴〕

(1)　パスワードの長さに関係なく，ハッシュ値は固定長になる。

(2)　［　b　］

(3)　ハッシュ値からパスワードを推測することが非常に困難である。

(4)　パスワードが1文字でも異なれば，ハッシュ値は大きく異なる。

設問1　本文中の［　　　］に入れる適切な答えを，解答群の中から選べ。

aに関する解答群

ア　AES　　イ　Diffie-Hellman　　ウ　RSA

エ　SHA-256　　オ　TLS

bに関する解答群

ア　異なるパスワードをハッシュ化したとき，同じハッシュ値になる可能性が高い。

イ　同一のパスワードをハッシュ化すると，同じハッシュ値になる。

ウ　パスワードをハッシュ化した結果のハッシュ値を再度ハッシュ化すると，元のパスワードになる。

エ　秘密鍵を使用してハッシュ値から元のパスワードを復元できる。

設問2　次の記述中の［　　　］に入れる適切な答えを，解答群の中から選べ。

C さんは，自身が提案する方式について，社内の情報セキュリティ責任者にレビューを依頼したところ，この方式は漏えいしたパスワードファイルを攻撃者に入手された場合，事前計算による辞書攻撃に弱いという指摘を受けた。この攻撃では，あらかじめ攻撃者はパスワードとしてよく使われる文字列を，よく使われているハッシュ関数でハッシュ化し，ハッシュ値から元のパスワードが検索可能な一覧表を作成しておく。その後，攻撃者が漏えいしたパスワードファイルを入手したとき，この作成した一覧表からハッシュ値を検索する。ハッシュ値が一覧表に載っている場合は，元のパスワードを容易に知ることができる。

C さんは，事前計算による辞書攻撃を難しくする方式を調査し，ソルトを用いる方式を提案することにした。ソルトとは，十分な長さをもつランダムな文字列である。

この方式におけるパスワードの保存では，まず，サーバは新しいパスワードの保存の都度，新しいソルトを生成し，ソルトとパスワードを連結した文字列をハッシュ化する。このとき得られるハッシュ値は，パスワードだけをハッシュ化した場合のハッシュ値［　c　］。次に，ハッシュ化に使用したソルトと得られたハッシュ値をパスワードファイルに保存する。

この方式におけるパスワードの照合では，まず，サーバはパスワードファイルからソルトとハッシュ値を読み出す。次に，読み出したソルトと受信したパスワードを連結した文字列をハッシュ化し，得られたハッシュ値を，読み出したハッシュ値と照合する。ソルトを用いたパスワードの保存の流れと，照合の流れを図2に示す。

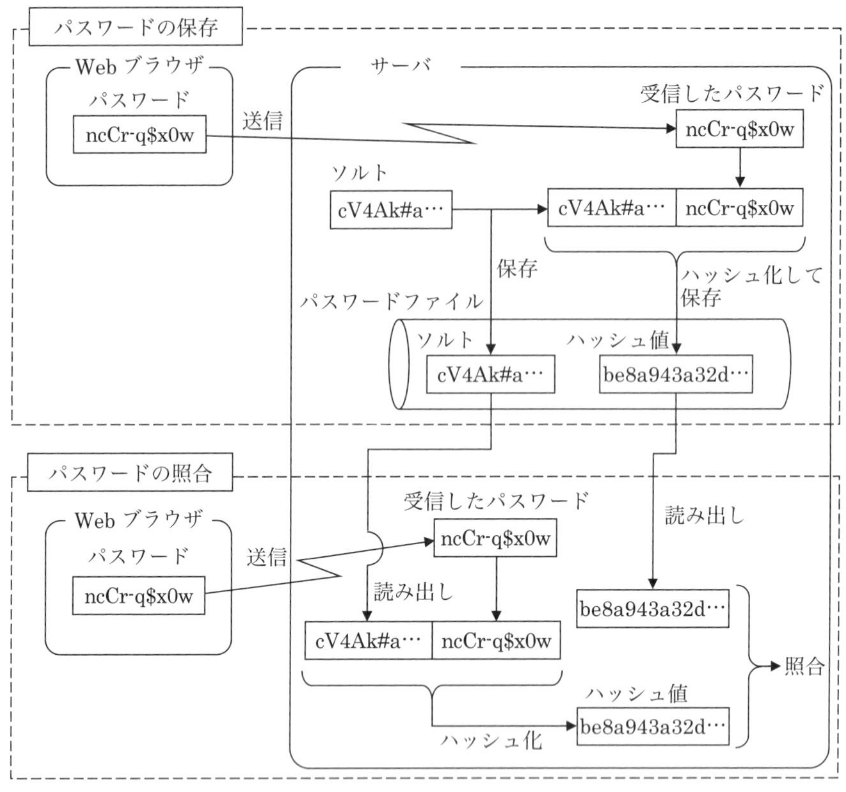

図2　ソルトを用いたパスワードの保存の流れと，照合の流れ

ソルトを用いる方式が，事前計算による辞書攻撃の対策として効果があるのは，［　d　］からである。

c に関する解答群

ア　と同じ値になる　　　イ　とは異なる値になる

ウ　よりも長さが長い　　エ　よりも長さが短い

d に関する解答群

ア　攻撃者が，ハッシュ値からではなくソルトから元のパスワードを検索するための一覧表を事前に作成しておく必要がある

イ　攻撃者がパスワードファイルからソルトを入手できない

ウ　攻撃者がパスワードファイルを入手するのが困難になる

エ　攻撃者が一つのパスワードに対して事前に求めるハッシュ値の数が膨大になる

設問3　次の記述中の［　　　］に入れる適切な答えを，解答群の中から選べ。

C さんは，オフライン総当たり攻撃についても，対策を検討することにした。

漏えいしたパスワードファイルに対するオフライン総当たり攻撃とは，攻撃者が，パスワードファイルを入手した後，全てのパスワードの候補を逐次生成してはハッシュ化し，得られたハッシュ値がパスワードファイルに保存されているハッシュ値と一致するかどうか，しらみつぶしに確認することによって，ハッシュ値の元のパスワードを見つける攻撃方法である。

C さんは，オフライン総当たり攻撃を難しくする方式として，ストレッチングという方式があることを知った。

この方式では，まず，ソルトとパスワードを連結した文字列をハッシュ化してハッシュ値を得る。次に，得られたハッシュ値の後にソルトとパスワードを連結し，その連結結果をハッシュ化する。この操作を指定した回数だけ繰り返すことによって，パスワードの照合に用いるハッシュ値を得る。パスワードファイルには，ソルト及びパスワードの照合に用いるハッシュ値に加えて，繰返し回数も保存する。この方式では，ハッシュ化の操作を 1 回だけ行う方式と比べると，攻撃者が，オフライン総当たり攻撃を行う際，［　　　］。

解答群

ア　生成すべきパスワードの候補の最大文字列長が長くなる

イ　一つのパスワードの候補から求めたハッシュ値の長さが長くなる

ウ　一つのパスワードの候補から求めたハッシュ値を，パスワードファイルのハッシュ値と比較する回数が増える

エ　一つのパスワードの候補からハッシュ値を求める時間が増加する

演習問題　第2部　第2章　問4

SSH による通信に関する次の記述を読んで，設問 1～4 に答えよ

(H29 秋-FE 午後問 1)

SSH は遠隔ログインのための通信プロトコル及びソフトウェアであり，通信データの盗聴対策や，通信相手のなりすましを防ぐ仕組みを備えている。SSH では，サーバにログインしてデータをやり取りする通信（以下，ログインセッションという）に先立って，安全な通信経路の確立と利用者認証を行う必要がある。安全な通信経路の確立，利用者認証及びログインセッションを合わせて SSH セッションと呼ぶ。その流れを，図 1 に示す。

図 1　SSH セッションの流れ

〔安全な通信経路の確立の概要〕

安全な通信経路の確立は，次のようにして行う。

(1)　クライアントがサーバにアクセスする。

(2)　サーバとクライアントが，SSH セッションで使用する暗号アルゴリズムについて合意する。

(3)　サーバとクライアントが，通信データの暗号化に使用するセッション鍵と，他の SSH セッションと区別するためのセッション識別子について合意する。

(4)　①クライアントがサーバ認証を行う。サーバ認証では，クライアントがあらかじめ入手して正当性を確認しておいた［ a ］を用い，サーバによるセッション識別子へのディジタル署名が正しいかどうかを検証する。

(5)　合意した暗号アルゴリズムとセッション鍵を用いて，②共通鍵暗号方式による通信データの暗号化を開始する。これ以降の通信は，全て暗号化される。

〔利用者認証の概要〕

クライアントからサーバへのログインでは，サーバは利用者認証を行う。SSHの利用者認証の方式には，ディジタル署名を用いる“公開鍵認証”とパスワードを用いる“パスワード認証”がある。

“公開鍵認証”では，クライアントの公開鍵を事前にサーバに登録しておき，この登録されている公開鍵に対応する秘密鍵をクライアントがもっていることをサーバが確認する。この確認では，クライアントがセッション識別子などに対するディジタル署名をサーバに送信し，サーバが［ b ］を用いてディジタル署名を検証する。

“パスワード認証”では，クライアントが利用者IDとパスワードを送信し，サーバは受け取ったパスワードが当該利用者のパスワードと一致していることを検証する。

なお，<u>③“パスワード認証”は，“公開鍵認証”に比べて，安全性が低いと考えられている</u>。

設問1　本文中の［　　　］に入れる正しい答えを，解答群の中から選べ。

a，bに関する解答群

ア　安全な通信経路の確立時に合意したセッション鍵

イ　クライアントの公開鍵

ウ　クライアントの秘密鍵

エ　サーバの公開鍵

オ　サーバの秘密鍵

設問2　本文中の下線①によって防ぐことができる攻撃として適切な答えを，解答群の中から選べ。

解答群

ア　DoS攻撃　　イ　SQLインジェクション

ウ　クロスサイトスクリプティング　　エ　総当たり攻撃

オ　中間者攻撃

設問3　本文中の下線②について，通信データの暗号化に公開鍵暗号方式ではなく共通鍵暗号方式を用いる理由として適切な答えを，解答群の中から選べ。

解答群

ア　共通鍵暗号方式は，公開鍵暗号方式よりも暗号処理が高速である。

イ　共通鍵暗号方式は，公開鍵暗号方式よりも解読に時間が掛かる。

ウ　共通鍵暗号方式は，公開鍵暗号方式よりも鍵の再利用が容易である。

エ　共通鍵暗号方式は，公開鍵暗号方式よりも鍵の配布が容易である。

設問4　本文中の下線③のように考えられている理由として適切な答えを，解答群の中から選べ。

解答群

ア　“パスワード認証”では，サーバが攻撃者に乗っ取られていた場合，送信したパスワードを攻撃者に取得されてしまう。

イ　“パスワード認証”では，正当なサーバとは異なるサーバに接続させられてしまっても利用者が気づけない。

ウ　“パスワード認証”では，パスワードだけを用いるが，“公開鍵認証”では，パスワードの他にディジタル署名も用いる。

エ　“パスワード認証”では，利用者のパスワードが平文でネットワーク上を流れるので，盗聴されるとパスワードを取得されてしまう。

演習問題　第２部　第２章　問５

インターネットを利用した受注管理システムのセキュリティに関する次の記述を読んで，設問１～4に答えよ。

(H27 春-FE 午後問 1)

製造業のＫ社では，インターネットを利用した受注管理システムを開発している。受注管理システムは，取引先も利用するので，セキュリティ上の欠陥があった場合，自社だけでなく取引先にも損害を与える可能性がある。そこで，Ｋ社は，セキュリティ診断サービスを行っているＺ社に，受注管理システムの脆弱性診断を依頼した。

〔受注管理システム〕

受注管理システムのアプリケーション（以下，受注管理アプリケーションという）は，Web サーバ上で稼働する。受注や出荷などの情報は，データベース（以下，DB という）サーバ上で稼働する受注情報 DB に格納され，受注管理アプリケーションから，参照，更新される。取引先 PC にダウンロードできるファイルや，取引先 PC からアップロードされたファイルは，Web サーバに接続されているディスクに格納される。受注管理システムの構成を図１に示す。

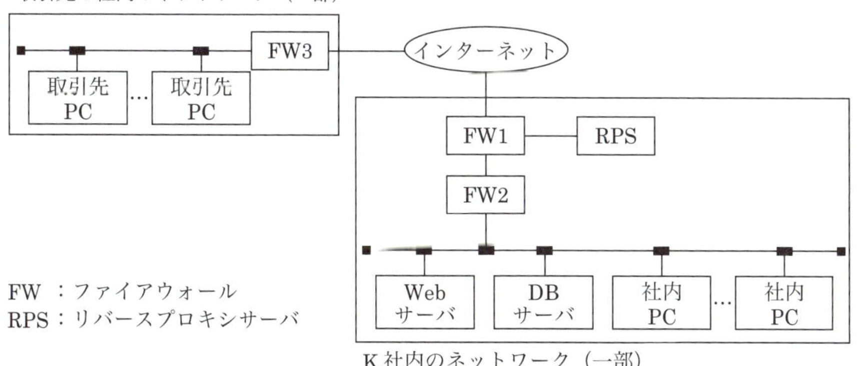

図１　受注管理システムの構成

RPSには，ディジタル証明書を設定しておく。受注管理システムを利用する取引先の担当者は，取引先PCのブラウザからRPSを経由して受注管理アプリケーションにアクセスし，ログイン画面で利用者IDとパスワードを入力してログインする。その際，取引先PCのブラウザからの通信には，HTTP over SSL/TLS（以下，HTTPSという）を使用する。RPSではディジタル証明書を使って，HTTPSからHTTPにプロトコルを変換する。

〔Z社の脆弱性診断の結果〕

受注管理アプリケーションには，想定していない操作をDBサーバに実行させて，DBに不正アクセスするような［　a　］については，対策がされている。しかし，Z社の脆弱性診断の結果，受注管理アプリケーションに対策が必要なセキュリティ上の脆弱性が複数指摘された。表1にZ社からの指摘事項（抜粋）を示す。

表1　Z社からの指摘事項（抜粋）

指摘事項	原因
取引先の担当者が別の取引先の発注情報や出荷情報にアクセス可能である。	
取引先の担当者がWebサーバ上の任意のファイルをダウンロード可能である。	①受注管理アプリケーションでのファイルのダウンロード処理に問題がある。
攻撃者によってWebページ内にスクリプトが埋め込まれてしまう［　b　］の脆弱性があるので，取引先の担当者が他のWebサイトに誘導されて，利用者IDとパスワードを奪取される可能性がある。	
	②取引先の担当者がログイン時にパスワードを連続して間違えても利用者IDがロックされない。

注記　網掛けの部分は表示していない。

K社は，表1中の下線①及び②に対策を行った。さらに，Z社からのその他の指摘事項にも対策を行って，K社は，受注管理システムの運用を開始することにした。

設問1 図1中の通信経路を表2に示す1〜5とした場合，取引先PCからWebサーバにアクセスするときに，HTTPSが通信に使われる通信経路だけを全て示す正しい答えを，解答群の中から選べ。

表2 各機器の間の通信経路

経路番号	通信経路
1	取引先PCとFW3との間
2	FW3とFW1との間
3	FW1とRPSとの間
4	FW1とFW2との間
5	FW2とWebサーバとの間

解答群

ア 1
イ 1，2，3
ウ 1，2，3，4
エ 1，2，3，4，5
オ 2，3，4
カ 2，3，4，5
キ 3，4

設問2 本文中の［　　　］に入れる適切な答えを，解答群の中から選べ。

a，bに関する解答群

ア DoS攻撃
イ SQLインジェクション
ウ クロスサイトスクリプティング
エ 辞書攻撃
オ ディレクトリトラバーサル
カ トラッシング
キ ブルートフォース攻撃
ク ポートスキャン

設問3　表1中の下線①の対策として適切な答えを，解答群から選べ。

解答群

ア　ダウンロードしたいファイルを絶対パスで指定させ，該当ファイルが存在する場合には，ダウンロードの処理を行う。

イ　ダウンロードしたいファイルを相対パスで指定させ，該当ファイルが存在する場合には，ダウンロードの処理を行う。

ウ　ダウンロードしたいファイルのファイル名だけを指定させ，取引先ごとに決められたフォルダ内に該当ファイルが存在する場合には，ダウンロードの処理を行う。

エ　取引先 PC のブラウザに，Web サーバ上の全てのフォルダ構成及びファイルを表示し，ダウンロードしたいファイルを指定させ，ダウンロードの処理を行う。

設問4　表1中の下線②の脆弱性から考えられるセキュリティ事故として適切な答えを，解答群の中から選べ。

解答群

ア　取引先の担当者が誕生日をパスワードにしていると，誕生日を知っている者がログインできてしまう。

イ　パスワードの候補を自動で次々と入力するプログラムを利用することで，ログインできてしまう。

ウ　パスワードを記載したメモを取引先の担当者が落とし，それを拾った者がログインできてしまう。

エ　ログイン操作を背後から盗み見て，パスワードを入手し，ログインできてしまう。

演習問題 ― 第2部　第2章　問6

ファイルの安全な受渡しに関する次の記述を読んで，設問 1～3 に答えよ。

(H29 春-FE 午後問 1)

情報システム会社のX社では，プロジェクトを遂行する際，協力会社との間で機密情報を含むファイルの受渡しを手渡しで行っていた。X 社は，効率化のために，次期プロジェクトからは，インターネットを経由してファイルを受け渡すことにした。

X社で働くAさんは，ファイルを受け渡す方式について検討するように，情報セキュリティリーダであるEさんから指示された。Aさんは，ファイルを圧縮し，圧縮したファイルを共通鍵暗号方式で暗号化した上で電子メール（以下，メールという）に添付して送信し，別のメールで復号用の鍵を送付する方式をEさんに提案した。しかし，Eさんから“①Aさんの方式は安全とはいえない”との指摘を受けた。

Aさんは，暗号化について再検討し，圧縮したファイルを公開鍵暗号方式で暗号化してメールに添付する方式をEさんに提案したところ，“その方式で問題はないが，相手の［　a　］を入手する際には，それが相手のものであると確認できる方法で入手する必要がある点に注意するように”と言われた。

設問1　本文中の下線①でEさんから指摘を受けた理由として，最も適切な答えを，解答群の中から選べ。

解答群

ア　圧縮してから暗号化する方式は，暗号化してから圧縮する方式よりも解読が容易である。

イ　圧縮ファイルを暗号化してもファイル名は暗号化されない。

ウ　共通鍵暗号方式は，他の暗号方式よりも解読が容易である。

エ　ファイルを添付したメールと，鍵を送付するメールの両方が盗聴される可能性がある。

設問2　本文中の［　　］に入れる適切な答えを，解答群の中から選べ。

aに関する解答群

ア　共通鍵	イ　公開鍵	ウ　ディジタル署名
エ　パスワード	オ　秘密鍵	

設問3　次の記述中の ［　　　］ に入れる正しい答えを，解答群の中から選べ。

次期プロジェクトでは，協力会社であるＰ社，Ｑ社，Ｒ社及びＳ社と協業する。プロジェクトの期間は12か月である。Ａさんは，各協力会社との間でファイルを受け渡す方式について，Ｅさんから次のように指示されたので，更に検討を進めることにした。

〔ファイルを受け渡す方式に関するＥさんからの指示〕

(1)　メールを使用する方式以外も検討すること。

(2)　ファイルを受け渡す方式は，協力会社ごとに異なっていてもよい。

(3)　協力会社間ではファイルを受け渡さない。

(4)　ある協力会社との間で，ファイルを受け渡すためにアカウントを登録する必要があるシステムを使う場合，その会社からプロジェクトに参加する社員全員のアカウントを登録すること。

(5)　受け渡すファイルの機密度に合った方式を選択すること。機密度には“低”と“高”の２種類がある。Ｘ社のセキュリティポリシでは，機密度が“高”のファイルを，オンラインストレージサービスを利用して受け渡すことを禁止している。

(6)　費用（初期費用とプロジェクト期間中の運用費用の合計）が最も安い方式を選択すること。

各協力会社の参加人数及び受け渡すファイルの機密度は，表１のとおりである。

表１　協力会社の参加人数及び受け渡すファイルの機密度

協力会社	参加人数（人）	受け渡すファイルの機密度
Ｐ社	10	“低”だけ
Ｑ社	5	“低”と“高”
Ｒ社	50	“低”だけ
Ｓ社	25	“低”と“高”

Ａさんは，ファイルを受け渡す方式として，次の三つの候補を検討した。

〔ファイルを受け渡す方式の候補〕

(1) VPN とファイルサーバ

X 社の拠点と協力会社の拠点との間で VPN 環境を構築し，ファイルを受け渡すためのファイルサーバを X 社に設置する。協力会社ごとに，異なる VPN 環境の構築と異なるファイルサーバの設置を行う。この方式では，一つの協力会社につき，初期費用として VPN 環境の構築とファイルサーバの設置に 100,000 円，運用費用としてファイルサーバの運用及び VPN 利用に，合わせて月額 50,000 円が掛かる。初期費用，運用費用ともに利用者数の多寡による影響はない。

(2) オンラインストレージサービス

インターネット上で提供されているオンラインストレージサービスを利用してファイルを受け渡す。このサービスは，利用者に HTTP over TLS でのアクセスを提供しており，ファイルを安全に受け渡せる。この方式では，初期費用は掛からないが，運用費用として利用者 1 人当たり月額 500 円が掛かる。X 社では，全社員がこのサービスを利用することにしたので，X 社の社員についての運用費用はこのプロジェクトの費用には含めない。

(3) 暗号化機能付きメールソフト

公開鍵暗号方式を使った暗号化機能付きメールソフトを導入し，メールにファイルを添付して受け渡す。この方式を安全に運用するためには，導入時にプロジェクトの参加者全員に対して，メールソフトの利用方法などに関する研修が必要である。この方式では，初期費用として，メールソフトの導入及び研修に，利用者 1 人当たり 30,000 円が掛かるが，運用費用は掛からない。X 社では，全社員がこのメールソフトを利用することにしたので，X 社の社員についての初期費用はこのプロジェクトの費用には含めない。

A さんは，各協力会社との間でファイルを受け渡す方式について，E さんからの指示に基づき協力会社ごとに選択すべき方式を検討した。その結果と，費用（初期費用とプロジェクト期間中の運用費用の合計）を，表 2 に示す。

表２　選択すべき方式とその費用

協力会社	選択すべき方式	費用（円）
P社	オンラインストレージサービス	60,000
Q社	b	
R社		
S社	c	d

注記　網掛けの部分は表示していない。

b，c に関する解答群

ア　VPN とファイルサーバ

イ　オンラインストレージサービス

ウ　暗号化機能付きメールソフト

d に関する解答群

ア　30,000	イ　60,000	ウ　150,000
エ　300,000	オ　700,000	カ　750,000
キ　1,500,000		

演習問題　第２部　第２章　問７

クラウドサービスの利用者認証に関する次の記述を読んで，設問 1，2 に答えよ。

(H31 春-FE 午後問 1)

A 社では現在，Web ベースの業務システムが複数稼働しており，それぞれが稼働するサーバ（以下，業務システムサーバという）を社内 LAN に設置している。A 社のネットワーク構成を，図 1 に示す。

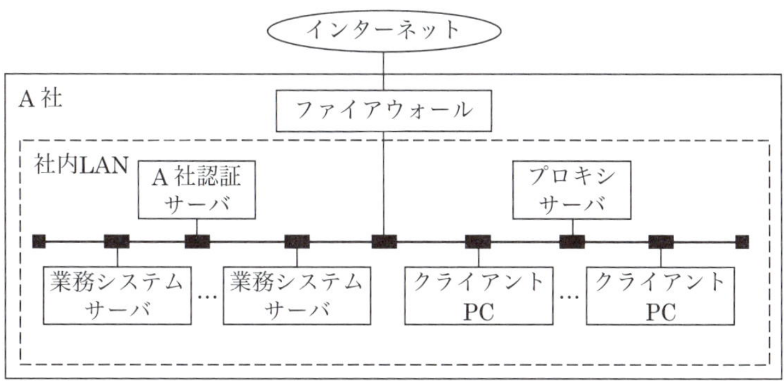

図１　Ａ社のネットワーク構成

利用者は，業務システムを，社内 LAN に設置されたクライアント PC の Web ブラウザから利用する。社外から社内 LAN へのリモートアクセスは禁止されている。業務システムの利用者認証は，A 社認証サーバでの利用者 ID とパスワード（以下，この二つを併せて利用者認証情報という）の検証によって行っており，シングルサインオンを実現している。

社内 LAN からインターネットを介した社外への通信は，クライアント PC からプロキシサーバを経由した，HTTP over TLS（以下，HTTPS という）による通信だけが，ファイアウォールによって許可されている。社外からインターネットを介した社内 LAN への通信は，全てファイアウォールによって禁止されている。ファイアウォールの設定は，A 社のセキュリティポリシに基づき変更しないものとする。

〔クラウドサービスの利用者認証〕

このたび A 社は，業務システムの一つである販売管理システムを，B 社がインターネットを介して提供する販売管理サービス（以下，B 社クラウドサービスという）に移行することにした。利用者認証に関しては，A 社認証サーバと B 社クラウドサービスを連携し，次の(1)～(3)を実現することにした。

(1) B社クラウドサービスをシングルサインオンの対象とする。
(2) A社の利用者認証は，B社クラウドサービスについても，A社認証サーバで行う。
(3) 利用者が本人であることを確認するためにA社認証サーバで用いる［ a ］は，B社クラウドサービスには送信しない。

(1)～(3)を実現するために，A社は，利用者認証を仲介するIDプロバイダ（以下，IdPという）を社内LANに設置することにした。IdPは，認証結果，認証有効期限及び利用者ID（以下，これら三つを併せて認証済情報という）にディジタル署名を付加してから，Webブラウザを介して，B社クラウドサービスに送信する。B社クラウドサービスは，付加されているディジタル署名を使って，受信した認証済情報に［ b ］がないことを検証する。このために，IdPの［ c ］をB社クラウドサービスに登録しておく。

Webブラウザと B社クラウドサービスとの間，及びWebブラウザとIdPとの間の通信には，HTTPSを用いる。IdPとA社認証サーバとの間の通信にはLDAPを用いる。

〔B社クラウドサービスが利用可能になるまでの処理の手順〕

A社の利用者が，利用者認証されていない状態で，B社クラウドサービスを利用しようとした場合に，利用可能になるまでの処理の手順を次の①～⑩に示す。

① 利用者は，WebブラウザからB社クラウドサービスにアクセスの要求を送信する。
② B社クラウドサービスは，アクセスの要求をIdPに転送する指示（以下，転送指示という）を，Webブラウザに返信する。
③ Webブラウザは，②の転送指示に従い，IdPにアクセスの要求を送信する。
④ IdPは，利用者認証情報の入力画面をWebブラウザに返信する。
⑤ 利用者は，Webブラウザで利用者認証情報を入力する。Webブラウザは，入力された利用者認証情報をIdPに送信する。
⑥ IdPは，利用者認証情報をA社認証サーバに送信する。
⑦ A社認証サーバは，利用者認証情報を検証し，認証結果をIdPに返信する。

⑧　IdP は，認証結果が成功の場合に，認証済情報を発行し，当該情報の B 社クラウドサービスへの転送指示とともに，Web ブラウザに返信する。

⑨　Web ブラウザは，⑧の転送指示に従い，認証済情報を B 社クラウドサービスに送信する。

⑩　B 社クラウドサービスは，認証済情報に基づいて，B 社クラウドサービスの利用を許可し，操作画面を Web ブラウザに返信する。

B 社クラウドサービスが利用可能になるまでの処理の流れを，図 2 に示す。図 2 中の①～⑩は，処理の手順の①～⑩と対応している。

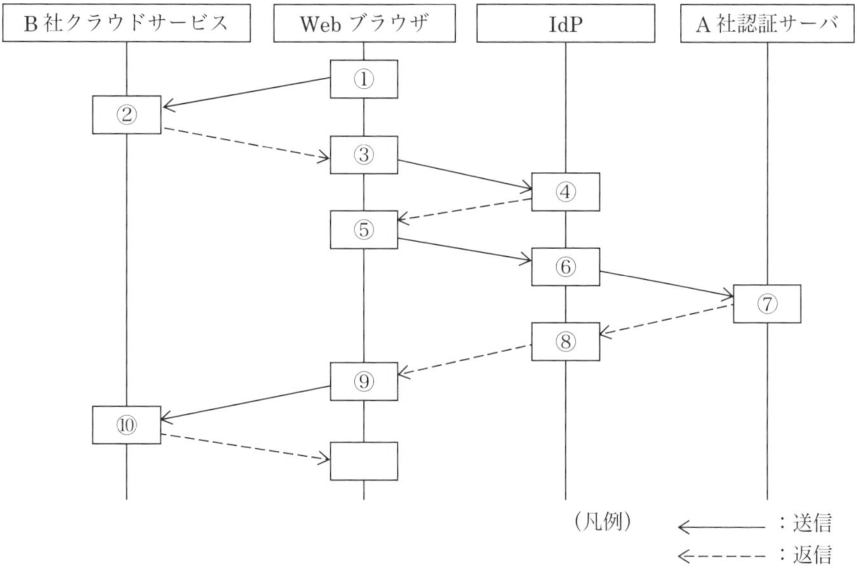

図２　B 社クラウドサービスが利用可能になるまでの処理の流れ

設問１　本文中の ［　　　］ に入れる適切な答えを，解答群の中から選べ。

a～c に関する解答群

ア　PKI	イ　改ざん	ウ　公開鍵
エ　サービス妨害	オ　生体情報	カ　パスワード
キ　秘密鍵	ク　利用者 ID	ケ　漏えい

第2部
第1章
第2章

設問2　次の記述中の [　　] に入れる適切な答えを，解答群の中から選べ。

B社クラウドサービスでは，接続元のIPアドレスをA社のものに限定する機能は提供されていない。しかし，他の業務システムと同様に，B社クラウドサービスを，社内LANからの利用に限定できる。

この理由は，[d] ことが必要であるが，IdPを社内LANに設置するので，社外からB社クラウドサービスを利用しようとしても，図2中の [e] の送信で失敗し，利用者認証されないからである。

dに関する解答群

ア　B社クラウドサービスが，IdPと直接通信する

イ　B社クラウドサービスが，利用者認証情報を検証し，Webブラウザに返信する

ウ　IdPが，利用者に代わって，利用者認証情報をB社クラウドサービスに送信する

エ　Webブラウザが，IdPと通信する

eに関する解答群

ア　①　　イ　③　　ウ　⑤　　エ　⑥　　オ　⑨

2.3　情報セキュリティマネジメント

対策のポイント

情報システムに対する攻撃手法やそれに対応する情報セキュリティ技術が発達するに従い，情報システム自体ではなく，それを利用する利用者，運用する運用者の人為的なミスによって情報セキュリティの脆（ぜい）弱性があらわになることがあります。こうした人的なセキュリティに関して次のポイントを学習しましょう。

(1)　情報のCIA

情報セキュリティとは，次の表に示すように情報のCIAを守ることといえます。

性質	説明	対策
Confidentiality（機密性）	情報が機密になっており，権限のない者が参照できない性質	ファイルや通信内容を暗号化する。
Integrity（完全性）	権限のない者が情報を改ざん・ねつ造できない性質	ディジタル署名を用いる。
Availability（可用性）	必要なときに情報を参照・更新できる性質	物理的に安全な場所で運用する。

暗号化で情報を隠しても，元のデータが改ざん，ねつ造されてしまうことは完全に防ぐことができませんし，暗号化やディジタル署名を十分に施しても，第三者が触れる場所でコンピュータを運用していれば，物理的に破壊されてしまい，情報がなくなってしまうこともあります。

なお，情報セキュリティや内部統制に関する監査の視点としては，情報のCIAに加え，次のポイントが重要になります。

性質	説明	対策
Authenticity（真正性）	権限のない者が情報をねつ造できない性質	ディジタル署名を用いる。
Accountability（責任追跡性）	履歴から，行為を行った主体や時間を追跡できる性質	行為や操作のログを採取・保管する。
Reliability（信頼性）	システムが正常に動作すること	不正アクセスや攻撃に対する防御をする。
Non-repudiation（否認防止）	ある行為を行ったことに対する，否認を防止する	ディジタル署名を用いる。

(2) セキュリティバイデザイン

セキュリティバイデザイン（Security By Design）は，直訳すると「設計によるセキュリティ」となりますが，設計段階からセキュリティを検討し確保するための方策を指します。システムが完成してからセキュリティ機能を追加したり，セキュリティ事故が発生してから対策をしたりするのでは遅すぎます。そのため，設計の基となる要件を決めるシステムの企画の段階からセキュリティ要件を検討し，確保する体制を整備する必要があります。

(3) 様々な攻撃手法

① ブルートフォース攻撃

総当たり攻撃とも呼ばれます。システムへのログインに必要な暗証番号やパスワードを総当たりで試行する手法です。ブルートフォース攻撃を防ぐための対策としては一定回数以上連続して暗証番号やパスワードを間違えた利用者をロックしてしまう方法や，暗証番号やパスワードを間違えるたびに応答をわざと遅らせる方法があります。前者は銀行の ATM やインターネットバンキングで採用されており，いったんロックされてしまうと，銀行窓口に本人が赴く必要が出てきますので，第三者による試行が制限されます。後者は，OS のログイン画面などで見られますが，パスワードを再試行する場合，余計な時間が掛かるようにして，大量のパスワードを試すには時間が膨大に掛かるようにしています。

② 辞書攻撃

ブルートフォース攻撃は，暗証番号やパスワードを総当たりで試行する手法ですが，辞書攻撃はこれを発展させた攻撃です。社内システムのように一定の場所に集まっているシステムはパスワードも同じであることが多いという点を突いた攻撃です。いったん不正ログインできると，そのときのパスワードを辞書に保存しておき，周辺のシステムへも辞書に載っているパスワードから試すことで，省力化する手法です。社内のシステム同士で同じパスワードを使わないといった対策が有効です。

③ DoS 攻撃/DDoS 攻撃

DoS（Denial of Service）攻撃は，主にサーバシステムの脆弱性を突いて，システム停止を引き起こして，サーバシステムが提供しているサービスを停止するという攻撃です。例えば，ある Web サーバのソフトウェアに対して通常では考えられない特殊なデータを送信すると落ちてしまうという脆弱性が見つかると，攻撃者はそこを突いてシステムを停止に追い込もうとします。ここでのシステム停止は，コンピュータが止まってしまうこと以外にも，過負荷になり，無反応あるいは極端な速度低下を引き起こすという状態も含みます。

DoS 攻撃を複数のコンピュータから分散して行う手法を DDoS（Distributed DoS）攻撃と呼びます。

DoS 攻撃や DDoS 攻撃への対策では，OS や各種通信ソフトウェアを常に最新のものにしておき，脆弱性がない状態に保つことが重要です。

④　SQL インジェクション

直訳すると「SQL 挿入」となりますが，主に Web サーバに対する攻撃として有名な手法です。不特定多数からの注文を受け付ける EC サイトをはじめとして，Web ページに何らかの入力欄があり，その後ろ側にデータ格納用のデータベースシステムが稼働しているサイトが標的になります。攻撃者は Web ページ上の入力欄に，特殊な記号などを悪用して，SQL の命令文になるような入力をします。対策が万全でない Web サイトでは，これによって，データベースシステムに対して予期しないデータ操作が行われてしまいます。この結果，パスワードを知らなくてもログインができてしまうといったことや，顧客データの不正参照，データの破壊など深刻な状態に陥ります。

SQL インジェクションへの対策としては，特殊記号を害のない文字に変換してからデータベースに格納する無害化（サニタイジング）と呼ばれる手法や，明らかに攻撃だと分かるパターンの入力があった場合に，通信を遮断してしまう手法が有効です。

⑤　クロスサイトスクリプティング

ある人が書き込んだ内容を，後から別の人が Web ブラウザで参照する掲示板などのような Web サイトで，JavaScript などのスクリプト言語用の不正なプログラムコードを書き込むことで，後から参照した別の人の Web ブラウザが，この不正なプログラムコードを実行してしまう攻撃手法です。これによって個人情報が不正に送信されてしまったり，利用者の知らない間に別の掲示板に脅迫文が書き込まれてしまったりするなどの事件が発生しました。

クロスサイトスクリプティングへの対策としては，SQL インジェクション同様に，入力値の無害化や，攻撃パターンに合致する入力の遮断のほか，Web ページの出力時に無害化をするという方法も有効です。

⑥ ディレクトリトラバーサル攻撃

Web サーバや FTP サーバなど，ファイル送受信機能を提供するサーバに対する攻撃手法です。攻撃者は，サーバに対して不正なファイルパスを指定することで，サーバが本来公開することを想定していないファイルにアクセスしようとします。

例えば，/var/www/html という絶対パスにあるディレクトリを最上位の公開ディレクトリとしてサービス提供している Web サーバに対し，../../../etc/passwd（ここで，../は親階層のディレクトリを示します）というパスにあるファイルへのアクセスが行われると，/etc/password という絶対パスに格納されたシステムユーザの一覧が不正に参照されてしまうといったケースがディレクトリトラバーサル攻撃に当たります。

⑦ パスワードリスト攻撃

SNS 等，インターネット上の Web サービスから情報漏えいや，ブルートフォース攻撃で判明した利用者の ID とパスワードを用いて，別の Web サービスにも不正アクセスを行う攻撃手法です。Web サービスには，ユーザ ID にメールアドレスを設定させる仕様のものもあり，こうした Web サービスの運営元から利用者の ID とパスワードが流出すると，利用者がこのパスワードを用いている別の Web サービスにも不正アクセスできてしまいます。これをパスワードリスト攻撃と呼びます。

⑧ ランサムウェア

ランサムウェアの「ランサム」は「身代金」という意味です。PC やスマートフォン等にランサムウェアが感染すると，勝手にファイルを暗号化し，「パスワードを知りたければ，お金を払え」という主旨の表示を行います。

⑨ 水飲み場型攻撃

水飲み場型攻撃（Watering Hole Attack）は，標的組織の従業員がアクセスしそうな Web サイトに罠を仕掛けて，標的組織がアクセスしたときにだけ，攻撃コードを実行させてマルウェアを送り込むような攻撃です。肉食動物がサバンナの水飲み場で獲物を待つ行動から名付けられました。

⑩ ドライブバイダウンロード攻撃

ドライブバイダウンロード攻撃（Drive By Download）は，悪意ある Web サイトや改ざんされた Web サイト等で，利用者の意図にかかわらずランサムウェア等のマルウェアをダウンロードさせる攻撃手法を指します。

ドライブバイダウンロードの被害を自身のPCやスマートフォン等で受けないような対策が求められるだけでなく，自社のWebサイトが，こうしたドライブバイダウンロードの足がかりとなるような改ざんをされないように，対策をする点も重要になってきます。

(4)　マルウェア発見時の対処手順

マルウェアとは，コンピュータの利用者が想定しない動作を行い，コンピュータに対する不正操作，入出力の盗聴，データの漏えいなど，様々な弊害を引き起こすソフトウェア全般を指す用語です。データを勝手に暗号化して，復号のために金銭を要求するランサムウェアもマルウェアの一種です。

マルウェアを発見した際にはPCをLANから切り離す等，二次被害を最小限に抑えるという点を重視して行動する必要があります。

知識確認問題　必要な知識を確認してみましょう！

問　セキュリティバイデザインの説明はどれか。

(H30春-FE 問42)

ア　開発済みのシステムに対して，第三者の情報セキュリティ専門家が，脆弱性診断を行い，システムの品質及びセキュリティを高めることである。

イ　開発済みのシステムに対して，リスクアセスメントを行い，リスクアセスメント結果に基づいてシステムを改修することである。

ウ　システムの運用において，第三者による監査結果を基にシステムを改修することである。

エ　システムの企画・設計段階からセキュリティを確保する方策のことである。

解説

セキュリティバイデザイン（Security By Design）は，システムの企画・設計段階からセキュリティを検討し確保する方策です。具体的にはシステムの企画や設計段階のレビューやインスペクションのタイミングで，セキュリティ面での検証が行える体制作りが重要になります。したがって，（エ）が正解です。

ア：ペネトレーションテストの説明です。

イ：リスクアセスメントにおける，システム開発ライフサイクルアプローチの導入フェーズの説明です。企画・設計段階で入手できる情報だけでセキュリティ要件が足りるとは限らないので，システム開発ライフサイクル全体でセキュリティリスクを評価するという考え方です。導入フェーズでは，開発したシステムを運用環境下で使用した場合のセキュリティ要件について，実際にシステムを動かしてリスクアセスメントを行います。

ウ：システム監査（セキュリティ監査）の説明です。

解答　エ

問　ドライブバイダウンロード攻撃に該当するものはどれか。

（H30 春-FE 問 36）

ア　PC 内のマルウェアを遠隔操作して，PC のハードディスクドライブを丸ごと暗号化する。

イ　外部ネットワークからファイアウォールの設定の誤りを突いて侵入し，内部ネットワークにあるサーバのシステムドライブにルートキットを仕掛ける。

ウ　公開 Web サイトにおいて，スクリプトを Web ページ中の入力フィールドに入力し，Web サーバがアクセスするデータベース内のデータを不正にダウンロードする。

エ　利用者が公開 Web サイトを閲覧したときに，その利用者の意図にかかわらず，PC にマルウェアをダウンロードさせて感染させる。

解説

ドライブバイダウンロード（Drive By Download）攻撃は，攻撃用の Web サイトなどから，PC のダウンロード機能を自在に操ることです。**具体的な攻撃は，Web サイト閲覧時にマルウェアが自動的にダウンロードされるところから始まります**。したがって，（エ）が正解です。

ア：暗号化を解除する代わりに金銭を要求するランサムウェアに該当します。

イ：ルートキットに該当します。ルートキットは，バックドアの設置，ログの改ざんなど標的に不正侵入した後に使用するツールをまとめたものです。

ウ：SQL インジェクションに該当します。

解答　エ

問　水飲み場型攻撃（Watering Hole Attack）の手口はどれか。

(H29 春-AP 問 40)

ア　アイコンを文書ファイルのものに偽装した上で，短いスクリプトを埋め込んだショートカットファイル（LNK ファイル）を電子メールに添付して標的組織の従業員に送信する。

イ　事務連絡などのやり取りを何度か行うことによって，標的組織の従業員の気を緩めさせ，信用させた後，攻撃コードを含む実行ファイルを電子メールに添付して送信する。

ウ　標的組織の従業員が頻繁にアクセスする Web サイトに攻撃コードを埋め込み，標的組織の従業員がアクセスしたときだけ攻撃が行われるようにする。

エ　ミニブログのメッセージにおいて，ドメイン名を短縮してリンク先の URL を分かりにくくすることによって，攻撃コードを埋め込んだ Web サイトに標的組織の従業員を誘導する。

解説

水飲み場型攻撃（Watering Hole Attack）では，標的組織の従業員がアクセスしそうな Web サイトに罠を仕掛けますが，攻撃を検知されにくくするために，標的組織以外からのアクセス時には攻撃しないという特徴があります。したがって，（ウ）が正解です。

ア：アイコンを偽装したり，ショートカットファイルにスクリプトを埋め込んだりするのは，標的型メール攻撃の手口です。

イ：複数回のやり取りを経て攻撃コードを送り込むのは，標的型攻撃の一種のやり取り型攻撃の手口です。

エ：短縮 URL によって元の URL を隠ぺいする，標的型攻撃などで使われる手口です。

解答　ウ

問　クライアントとWebサーバの間において，クライアントからWebサーバに送信されたデータを検査して，SQLインジェクションなどの攻撃を遮断するためのものはどれか。

（H28春-FE 問43）

ア　SSL-VPN機能　　イ　WAF
ウ　クラスタ構成　　エ　ロードバランシング機能

解説

クライアントとWebサーバの間に設置して，SQLインジェクションやクロスサイトスクリプティングのような攻撃を遮断するのはWAF（Web Application Firewall）です。したがって，（イ）が正解です。通常のファイアウォールでは，パケットのヘッダ部に格納されたIPアドレスやポート番号といったヘッダ情報に基づいて許可・拒否の判定を行いますが，**WAFはHTTPの通信内容をチェックし，SQLインジェクションのパターンや，クロスサイトスクリプティングのパターンを検知し，通信を遮断する**機能をもっています。

ア：SSL-VPN機能はVPNの方式の一つです。Webサーバとクライアントの通信で利用することもありますが，アプリケーション層の送受信データを検査する機能はありません。

ウ：クラスタ構成とは，複数台のコンピュータをまとめることで，処理性能や可用性を向上させる構成のことです。複数台のコンピュータで分散処理を行うことで処理性能を向上させたり，アクティブ-スタンバイ方式で可用性を向上させたりします。Webサーバとクライアントの送受信データを検査する機能とは関係ありません。

エ：ロードバランシング機能とは，クライアントからの要求を複数のサーバに分散させることで，システム全体の処理能力を向上させる機能です。Webサーバとクライアントの間に設置される機能ですが，Webサーバとクライアントの送受信データを検査する機能ではありません。

解答　イ

(5) 個人情報の取扱い

個人情報保護法の施行に伴い，各省庁から個人情報の取扱いに関するガイドラインが示されるようになりました。情報処理産業では，主に経済産業省が定める個人情報保護ガイドラインに基づいた知識が求められています。個人情報収集の際の利用目的の明示や，2015年に成立した改正個人情報保護法で新たに定義された，要配慮個人情報の範囲や，その収集の際に合意を求められる点，また，マイナンバー（個人番号）等の特定個人情報の取扱いに関する制限なども押さえておく必要があります。

(6) リスクマネジメント

リスクマネジメント（リスク管理）は，将来発生し得るリスクを想定し，対策を考えることであり，リスクを見極め，項目として洗い出し，リスクがもたらす損失を最小化するために事前に対策を施すことを指します。情報セキュリティ対策は，リスクとなるような脅威から保護すべきシステムの稼働や，データを守るための手段として，リスクマネジメントの一環として行われていることになります。

① リスクアセスメント

リスクアセスメントでは，事業やシステムにおける様々なリスクを因子という単位に細分化し，それぞれに対し影響度を算定する一連の活動を指します。

・リスク特定：リスク特定は，リスク因子を洗い出す作業に当たります。例えば，システム提供の前提になるコンピュータの各パーツの故障や，停電といった物理的なものや，個人情報の漏えいといった人的なものなど，様々なものがリスク因子となり得ます。

・リスク分析：リスク分析は，リスク特定作業で洗い出された各リスク因子の発生確率や損害の大きさを確認する作業に当たります。直接的な損失だけではなく，組織の信用を損なうなどの間接的な損失も無視できません。リスクを分析するときには，こうした間接的な損失についても考慮する必要があります。

・リスク評価（リスクエバリュエーション）：リスク評価では，リスク分析で洗い出されたリスク因子の発生確率や，影響度の定量的な評価を行います。影響度は多くの場合は金額として算定できますが，信用の失墜といった金額として算定できないものもあります。

②　リスク対策

リスク対策では，リスクアセスメントで算定された個々のリスク因子に対して対応策を検討します。発生確率の低いリスクや，損害が少ないリスクの対策に，多額のコストを掛けるのは適切とはいえません。リスク対応方法は，リスクコントロールとリスクファイナンスに分類できます。

・**リスクコントロール**：リスクそのものを少なくしていくことです。

リスク低減	発生頻度や影響度を下げるための対策を講じる。
リスク回避	発生原因そのものを回避する。
リスク分離	損失を受ける資産を分散させ，影響度を軽減させる。
リスク結合	損失を受ける資産を集中させ，効率的な管理が行えるようにする。

・**リスクファイナンス**：リスクコントロールを行ったとしても残るリスクに対して，資金面での手当てを行うことです。

リスク保有	リスク発生時のために組織内で財務上資金を準備しておく。
リスク移転（共有）	保険などによって第三者にリスクを移転又は共有，分散させる。 ※リスク分離の記述にある「資産を分散させ」と紛らわしいが，ここではリスクを保有する当事者を移転させる。

知識確認問題　必要な知識を確認してみましょう！

問　リスクアセスメントを構成するプロセスの組合せはどれか。

（H29 秋-FE 問 43）

ア　リスク特定，リスク評価，リスク受容
イ　リスク特定，リスク分析，リスク評価
ウ　リスク分析，リスク対応，リスク受容
エ　リスク分析，リスク評価，リスク対応

解説

リスクアセスメントでは，次の順にリスク評価を行います。（イ）が正解です。

・**リスク特定**：リスクを洗い出し，それぞれのリスクの内容を整理する。
・**リスク分析**：各リスクの特質や発生確率，影響度を数値化する。
・**リスク評価**：各リスクに対して，対応の要否を決定する。

解答　イ

問　クライアントPCで行うマルウェア対策のうち，適切なものはどれか。

(H25秋-FE 問42)

ア　PCにおけるウイルスの定期的な手動検査では，ウイルス対策ソフトの定義ファイルを最新化した日時以降に作成したファイルだけを対象にしてスキャンする。

イ　ウイルスがPCの脆(ぜい)弱性を突いて感染しないように，OS及びアプリケーションの修正パッチを適切に適用する。

ウ　電子メールに添付されたウイルスに感染しないように，使用しないTCPポート宛ての通信を禁止する。

エ　ワームが侵入しないように，クライアントPCに動的グローバルIPアドレスを付与する。

解説

マルウェア対策は，予防対策と事後対策に大別できます。この問題は予防対策に関するもので，マルウェアの特徴を前提知識として答えを導き出す必要があります。

マルウェアは，多くの場合PC上で稼働するOSやアプリケーションといったソフトウェアの脆弱性を突いて感染します。OSやアプリケーションで脆弱性が発見されると，多くの場合，脆弱性を解消するための修正パッチというものがOS，アプリケーションの提供元から配布されます。この修正パッチを適用することで，見つかった脆弱性に対する対策を講じることができます。したがって，(イ)が適切な対策です。

ア：ウイルス対策ソフトの定義ファイルを最新化するということは，それまで定義されていなかった新種のウイルス（マルウェア）もチェックの対象にできるということです。しかし，「新種のウイルスは定義ファイルが新しくなる前にはPCに入ってこない」とは言えないので，定義ファイルを最新化した日時以降に作成したファイルだけを対象にするという部分は不適切です。

ウ：「使用しないTCPポート宛ての通信を禁止する」という手法はファイアウォールによるアクセス制御という対策になります。この場合，不要な通信をプロトコルの種類などで遮断することになりますが，電子メールにウイルスが感染しないようにするために，電子メールの通信自体を禁止することはできませんので，不適切です。

エ：グローバルIPアドレスは，インターネット上で使用できるIPアドレスです。このためPCにグローバルIPアドレスを付与することは，不特定多数からの直接通信を許可することになってしまい，危険です。

解答　イ

問　機密ファイルが格納されていて，正常に動作するPCの磁気ディスクを産業廃棄物処理業者に引き渡して廃棄する場合の情報漏えい対策のうち，適切なものはどれか。

（H25春-FE 問41）

ア　異なる圧縮方式で，機密ファイルを複数回圧縮する。
イ　専用の消去ツールで，磁気ディスクのマスタブートレコードを複数回消去する。
ウ　特定のビット列で，磁気ディスクの全領域を複数回上書きする。
エ　ランダムな文字列で，機密ファイルのファイル名を複数回変更する。

解説

PCの磁気ディスクの廃棄が題材になっています。この問題では「正常に動作するPCの」という条件が付いていますが，実際には正常に動作しないPCの磁気ディスクでも断片的に機密情報や個人情報が含まれている可能性があるほか，**データを消去したとしても磁気が微量に残っていることがあるため，専用のツールで復元されてしまう可能性があります**。これに対処するためには，**特定のビット列でデータを上書きするという手法が有効です**。したがって（ウ）が適切です。

ア：圧縮を複数回行うことで，直接的にはデータを隠ぺいできますが，**データがそこにある**以上，時間を掛けて様々な方式での復元を試みられてしまうとデータが読み出されてしまう可能性があります。

イ：マスタブートレコードというのは，コンピュータを起動する際，最初に実行されるプログラムコードが格納されている箇所です。ここを消去するとコンピュータは起動しなくなりますが，**磁気ディスク自体を別のコンピュータに接続すれば，データの格納されたファイルは読み出せてしまいます。**また，マスタブートレコードを修復すれば，同じコンピュータで起動もできるようになってしまいます。

エ：ファイル名だけ変更しても，中身のデータが読み出されてしまえば意味がありません。

解答　ウ

演習問題　第２部　第２章　問８

セキュリティ事故の対応に関する次の記述を読んで，設問 1〜4 に答えよ。

(H24 秋-FE 午後問 4)

自転車用品の中堅通信販売会社の D 社では，顧客からの注文を郵便及び電話で受け付けていた。顧客へのサービスの拡大を目的として，インターネットを利用した会員制のサービスを開始することとした。

会社の紹介だけを掲載していた従来の Web サイトを改修し，Web サイトでの会員情報の登録及び修正，会員に対する Web サイトでの商品の販売並びに会員向けのメールマガジン送付の登録を行う。

なお，Web サイトでの商品の販売における決済手段はクレジットカードだけとする。

改修後の Web サイトは，D 社の DMZ 上に設置された Web サーバと，社内 LAN 内に設置されたデータベースサーバで構成される。データベースサーバのデータは平文で保存しており，会員情報の登録及び修正，商品の販売並びに会員向けのメールマガジン送付の登録を行う際には，SSL によってネットワーク経路の暗号化を行う。

〔会員情報の登録〕

D 社では，Web サイトで取得する個人情報の利用目的を，注文の受付，決済，商品の配送，及びメールマガジンの送付に限定し，会員登録の希望者に対し，登録時に利用目的を通知して同意を得ることとした。同意を得た会員に対しては，会員情報として次の情報を登録してもらうこととした。

【全員に登録してもらう情報】
　利用者 ID，パスワード，メールアドレス，メールマガジン送付の有無
【任意に登録してもらう情報】
　性別，生年月日
【商品を購入する会員に登録してもらう情報】
　氏名，配送先住所，電話番号，クレジットカードの発行会社名，
　クレジットカード番号，クレジットカードの有効期限

〔セキュリティ事故の発生〕

複数の会員から，“D 社のサービスに登録したメールアドレス宛てに迷惑メールが大量に送られてくるようになった”との連絡がお客様相談窓口に入った。さらに，連絡があった会員のうち数名については，迷惑メールの宛先メールアドレスは D 社以外のサービスでは利用していないことが分かった。

この報告を受けて D 社の情報システム部の Y 部長は，会員情報が漏えいしている可能性があると判断した。また，会員情報として登録されているクレジットカード情報が漏えいしていることも考えられると判断した。そこで，情報システム部の Web サイト担当者 Z 氏に対し，Web サイトを停止して調査するよう指示した。

Z 氏の調査の結果，D 社の Web サイトにおいて，会員が利用者 ID とパスワードの入力を行うログインの処理に不備があり，外部から SQL インジェクション攻撃を受けていたことが判明した。

〔セキュリティ事故への対応〕

Z 氏は，一般的な Web サイトにおけるセキュリティ事故に関して考えられる対策と対応を調査し，今回のセキュリティ事故において会員と Web サイトに対して必要と思われる対策と対応を表 1 にまとめて，Y 部長に報告した。

表 1　セキュリティ事故の対策と対応の概要

対象	対策と対応
会員	①　全ての会員に対する謝罪 ②　事故の公表と被害状況の説明 ③　会員への事故対応の依頼
Web サイト	④　被害状況の把握及び原因の特定 ⑤　SQL インジェクション攻撃を防ぐための Web サイトの改修 ⑥　Web サイトへのアクセスの常時監視 ⑦　ネットワークを介した攻撃によるネットワークアクセス負荷上昇に対応するためのネットワーク回線の二重化

Y 部長は，表 1 の⑦は実施を見合わせ，Z 氏に①～⑥の実施を急がせるとともに，更なる情報セキュリティ対策の実施を指示した。

設問1　今回受けたSQLインジェクション攻撃に関する記述として適切な答えを，解答群の中から選べ。

解答群

ア　攻撃者がDNSに登録されたドメインの情報を改ざんすることによって，利用者をフィッシングサイトに誘導し，そこで入手した利用者IDとパスワードを用いて，データベースを不正に操作した。

イ　攻撃者が，D社のWebサイトの入力項目に対し，命令文を送り込むことによって，データベースを不正に操作した。

ウ　攻撃者がD社のデータベースの管理ツールを入手し，管理ツール経由で直接D社のデータベースを不正に操作した。

エ　攻撃者がネットワーク上で情報の盗聴を行い，D社のデータベースの管理者のIDとパスワードを入手し，データベースを不正に操作した。

設問2　表1中の③に関して，今回のセキュリティ事故の対応として適切な答えを，解答群の中から選べ。

解答群

ア　安易なパスワードの設定を防止するために，パスワードは英字，数字，記号が混在する8文字以上のものにするよう会員に依頼する。

イ　攻撃を受けた場合の被害を抑えるために，メールマガジン購読だけを利用する会員の会員情報を格納したデータベースと商品の購入を行う会員の会員情報を格納したデータベースとを分離し，商品の購入を行う会員だけには，利用者ID及びパスワードの変更を依頼する。

ウ　個人情報の目的外利用を避けるために，D社が取得する個人情報の利用目的に事故の対応を追加し，同意を会員に依頼する。

エ　クレジットカード情報が漏えいしている場合の不正利用を防止するために，登録されたクレジットカードの停止及び番号変更の手続を会員に依頼する。

第2部
第1章
第2章

設問3　表1中の⑦に関して，Y部長が実施を見合わせた理由として適切な答えを，解答群の中から選べ。

解答群

ア　Webサーバの増設が必要となる。
イ　稼働中のサービスの停止が必要であり，事業への影響が大きい。
ウ　今回のSQLインジェクション攻撃を防ぐ対策にならない。
エ　セキュリティ事故発生時に攻撃者の侵入経路の特定に時間が掛かる。

設問4　Y部長は，Z氏に事故の再発防止のために更なる情報セキュリティ対策の実施を指示した。次の記述中の［　　　］に入れる適切な答えを，解答群の中から選べ。

〔SQLインジェクション攻撃への追加対策〕

SQLインジェクション攻撃は，システム開発の際にセキュリティを考慮した設計及び実装を行うことで回避できる。例えば，［　a　］ことで，アプリケーション開発時に脆（ぜい）弱性が作り込まれる可能性を減らすこととする。

〔会員情報に対するその他のセキュリティ対策〕

会員情報を格納したデータベースサーバへの不正アクセス対策として，［　b　］こととする。また，情報漏えいが発生した場合の原因の分析や犯人の追跡を行うための証拠の確保には，［　c　］を行うこととする。

aに関する解答群

ア　開発担当者と運用担当者の職務を分離する
イ　開発用の端末と通常利用の端末を分離する
ウ　瑕疵（かし）の発生に備えた保険に加入する
エ　機密保持に関する誓約書を作成する
オ　セキュアプログラミングのルールを作成する
カ　負荷分散装置を設置する

b に関する解答群

ア　Web サーバとデータベースサーバの時刻を同期させる
イ　会員情報を暗号化する
ウ　社内からのインターネット利用時にフィルタリングを実施する
エ　共有 ID を利用する
オ　データベースサーバを RAID 構成にする

c に関する解答群

ア　アクセスログやエラーログの保管
イ　外部記憶媒体の利用禁止を明文化
ウ　業界団体との連携によるセキュリティ事故情報の共有
エ　担当する業務に応じた情報セキュリティ教育の実施
オ　内部不正に対する罰則の強化

演習問題　第2部　第2章　問9

情報資産についてのリスクアセスメントに関する次の記述を読んで，設問 1〜3 に答えよ。

(H26 春-FE 午後問 1)

Z 社は，従業員数が 500 の中堅 SI ベンダである。Z 社では，プロジェクト開始前に，プロジェクトで扱う情報資産について，図 1 に示す自社で定めた手順に従って，リスクアセスメントを実施している。このたび，新規に受注したプロジェクト Y に対して，リスクアセスメントを実施することになった。

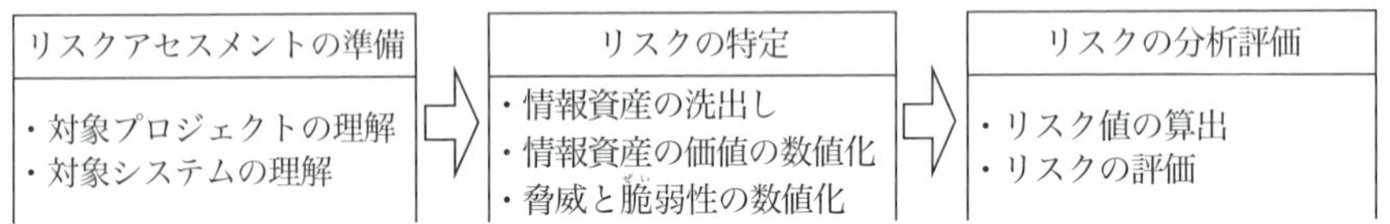

図 1　Z 社のリスクアセスメントの手順

〔プロジェクト Y の説明（抜粋）〕

(1) 顧客が利用する購買システムを開発する。
(2) 開発で利用するテストデータは顧客から提供される。
(3) 顧客のテストデータを格納した顧客の USB メモリを，プロジェクトメンバが顧客から受け取って自社に持ち帰り，顧客のテストデータを開発用サーバに複写後，USB メモリから削除する。
(4) Z 社から顧客の事務所を訪問するのに，電車で 1 時間 30 分ほど要する。
(5) 開発用 PC でプログラムを開発し，適宜，開発用サーバにアップロードする。

〔Z 社の開発環境（抜粋）〕

(1) プログラムの開発には，開発用サーバと開発用 PC を利用する。
(2) 開発用サーバは，施錠されたサーバルームに設置されている。
(3) 開発用サーバは，アクセス管理がされており，プロジェクトメンバとシステム管理者だけがアクセスできる。
(4) 開発用 PC は，プロジェクト開始時にシステム部から各プロジェクトメンバに貸与され，プロジェクト終了時に返却される。

〔Z社の開発標準（抜粋）〕

(1) 開発時，プロジェクトメンバは顧客のテストデータのうち必要なものだけを，開発用サーバから自分の開発用PCにダウンロードし，不要になったら削除する。

(2) プロジェクト終了時に，プロジェクトマネージャは開発用サーバの顧客のテストデータを削除し，全ての開発用PCから顧客のテストデータが削除されていることを確認する。

〔Z社のリスク値算出方法〕

Z社では，各情報資産のリスク値を，次の式で算出する。

リスク値　＝　情報資産の価値×脅威×脆弱性

ここで，“情報資産の価値”とは情報資産が損なわれたときの影響の大きさを意味し，機密性（以下，Cという），完全性（以下，Iという），可用性（以下，Aという）の観点に対して，影響の大きさをそれぞれ1〜3の値で評価する。“脅威”は，発生の可能性の大きさを1〜3の値で評価する。“脆弱性”は，脅威が発生した場合に被害が顕在化する度合いの大きさを1〜3の値で評価する。ここで，各1〜3の値は大きい場合を3，小さい場合を1とする。

C，I，Aごとに算出したリスク値が全て12以下ならばリスクを受容し，そうでないならば追加のリスク対策を実施することにしている。

〔リスクの特定〕

① 情報資産の洗出し

プロジェクトYで扱う情報資産の洗出しを行った。その結果を，表1に示す。

表1　情報資産の洗出し結果

No.	情報資産	作成又は取得	保管場所	廃棄
⋮				
3	開発用サーバ上の開発中のプログラム	プロジェクトメンバが開発用サーバにアップロードする	開発用サーバ	プロジェクト終了時に削除する
4	顧客のテストデータ	顧客のUSBメモリで受領して，開発用サーバに複写する	顧客のUSBメモリ，開発用サーバ及び開発用PC	
⋮				

注記　網掛けの部分は表示していない。“…”は表示の省略を示している。

②　情報資産の価値の数値化

表1の各情報資産に対して，C，I，Aのそれぞれについてその価値を評価した値と評価理由を，表2に示す。

表2　情報資産の価値と評価理由

No.	情報資産	C	I	A	価値の評価理由
⋮					
3	開発用サーバ上の開発中のプログラム	3	3	3	(i)　開発中のプログラムが利用できない場合，プロジェクトの進捗に影響を与える (ii)　社外に漏れた場合，顧客からの信頼を失う (iii)　版管理が行われない場合，不整合によって，プロジェクトの進捗に影響を与える
4	顧客のテストデータ	3	2	1	
⋮					

注記　網掛けの部分は表示していない。"…"は表示の省略を示している。

③　脅威の数値化

表2の情報資産のうち，情報資産No.4（顧客のテストデータ）について，脅威の内容と脅威の値を，表3に示す。

表3　情報資産No.4の脅威の内容と値

No.	脅威ID	脅威の内容	値
4	T1	顧客のテストデータを格納した顧客のUSBメモリを自社に持ち帰る途中で紛失する	3
	T2	開発用サーバが外部から不正アクセスされて顧客のテストデータが盗み出される	1
	T3	ウイルス感染によって顧客のテストデータの破壊又は漏えいが発生する	2
	T4	開発用サーバに複写後，顧客のUSBメモリから顧客のテストデータが漏えいする	3
	T5	テスト終了後，不要になった顧客のテストデータが開発用PCから漏えいする	2
	T6	プロジェクトメンバ又はシステム管理者が顧客のテストデータを開発用サーバから取り出してサーバルームから持ち出す	1
	T7	開発用サーバから顧客のテストデータが滅失する	1

④　脅威に対する脆弱性の数値化

表3の各脅威に対する脆弱性の低減策と脆弱性の値を，表4に示す。脆弱性の値は，システム，規則又は運用で，二つ以上対策済みなら1，一つだけなら2，未対策は3とする。

表4　表3の脅威に対する脆弱性の低減策と値

脅威 ID	脆弱性 ID	脆弱性の低減策	値
T1	Z1	・顧客のUSBメモリに顧客のテストデータを保存するときに暗号化してもらう	2
T2	Z2	・脆弱性に対する対策なし	3
T3	Z3	・開発用サーバと開発用PCにウイルス対策ソフトを導入し，ウイルス定義ファイルを自動更新する ・顧客のUSBメモリをウイルスチェックした後に顧客のテストデータを開発用サーバに複写する	1
T4	Z4	・顧客のUSBメモリから顧客のテストデータが削除されていることをプロジェクトマネージャが確認する	2
T5	Z5	・開発用PCから顧客のテストデータが削除されていることをプロジェクトマネージャが確認する	2
T6	Z6	・社員証による入退室管理を行う ・サーバルームに監視カメラを設置する	1
T7	Z7	・脆弱性に対する対策なし	3

〔リスクの分析評価〕

表2～4を基に情報資産No.4（顧客のテストデータ）のリスクの分析評価を行い，リスク値を算出した結果を，表5に示す。

表5　情報資産No.4のリスク値

No.	情報資産の価値			脅威		脆弱性		リスク値			
	C	I	A	脅威 ID	値	脆弱性 ID	値	リスク値 ID	C	I	A
4	3	2	1	T1	3	Z1	2	R1	18	12	6
				T2	1	Z2	3	R2	9	6	3
				T3	2	Z3	1	R3			
				T4	3	Z4	2	R4			
				T5	2	Z5	2	R5			
				T6	1	Z6	1	R6			
				T7	1	Z7	3	R7			

注記　網掛けの部分は表示していない。

プロジェクトYのプロジェクトマネージャは，リスクの分析評価の結果からリスク対応計画を作成した。その後，リスク対策を実施した。

設問1　表2中の（ii），（iii）は，C，I，Aのいずれかの観点から“情報資産の価値”を評価した際の評価理由である。（ii），（iii）に対応するC，I，Aの組合せとして適切な答えを，解答群の中から選べ。

解答群

	（ii）	（iii）
ア	A	C
イ	A	I
ウ	C	A
エ	C	I
オ	I	A
カ	I	C

設問2　情報資産No.4（顧客のテストデータ）に対するリスクの分析評価の結果，追加のリスク対策が必要になる脅威の数として正しい答えを，解答群の中から選べ。

解答群

ア　1　　イ　2　　ウ　3　　エ　4

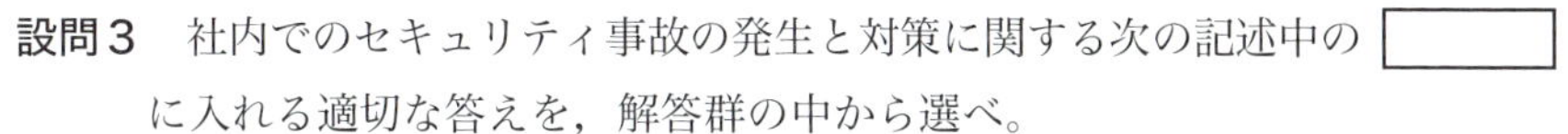

設問３　社内でのセキュリティ事故の発生と対策に関する次の記述中の［　　］に入れる適切な答えを，解答群の中から選べ。

プロジェクトＹの終了後，新たに発足したプロジェクトＸで利用している開発用PCに，プロジェクトＹの顧客のテストデータが格納されている，とシステム部に連絡があった。調査した結果，このPCは，プロジェクトＹで利用していた開発用PCであり，システム部に返却された後に，システム部からプロジェクトＸに貸与されたものであることが判明した。そこで，Ｚ社では，顧客のテストデータの漏えいというリスクに対処するために，［　a　］，［　b　］という対策を追加することにした。

解答群

ア　開発用サーバのアクセスログをシステム部が定期的に確認する

イ　顧客のテストデータを開発用PCにダウンロードして利用する場合は，管理台帳にダウンロード日，削除日，実施者を記入する

ウ　顧客のテストデータを開発用PCに保存する際に，警告メッセージが表示されるようにする

エ　プロジェクトごとに新たに開発用サーバを用意する

オ　プロジェクトメンバが開発用サーバ上の顧客のテストデータにアクセスする権限を参照だけに設定する

カ　返却された開発用PCは，システム部が全データを完全消去する工程を追加する

演習問題　第２部　第２章　問10

Webサーバに対する不正侵入とその対策に関する次の記述を読んで，設問に答えよ。

(H28春-FE 午後問1)

A社は，口コミによる飲食店情報を収集し，提供する会員制サービス業者である。会員制サービスを提供するシステム（以下，A社システムという）を図1に示す。

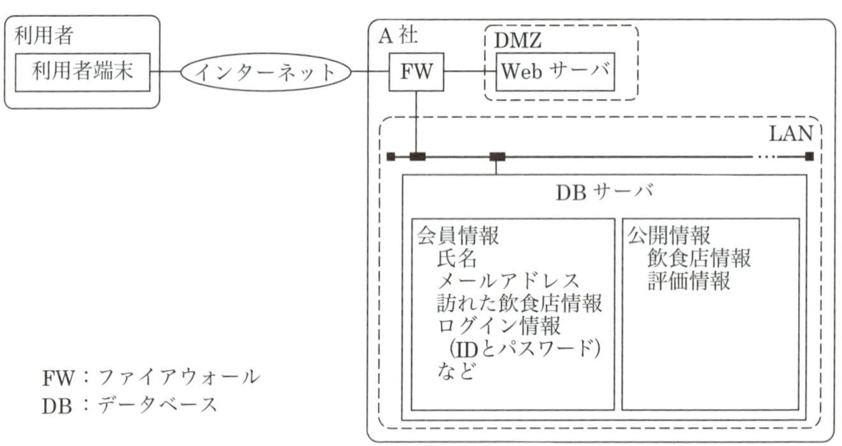

図1　A社システム

(1) FW，Webサーバ及びDBサーバがあり，スマートフォンなどの利用者端末とはインターネットを介して接続されている。

(2) WebサーバはDMZに置かれており，DBサーバはLANに置かれている。また，利用者端末からWebサーバへの接続には，セキュリティを考慮してTLSを用いている。

(3) 会員登録を行った利用者（以下，会員という）には，IDとパスワードが発行される。

(4) DBサーバには，会員情報（氏名，メールアドレス，訪れた飲食店情報，ログイン情報（IDとパスワード）など）と公開情報（飲食店情報，評価情報）が保管されている。

(5) 会員は，公開情報を閲覧することができる。また，Webサーバにログインすることで，DBサーバに保管してある自分の会員情報と自らが書き込んだ公開情報の更新，及び新しい公開情報の追加が行える。

(6) 非会員は，公開情報の閲覧だけができる。

(7) 会員がWebサーバにログインするには，IDとパスワードが必要であり，A社システムはDBサーバに保管してあるログイン情報を用いて認証する。

(8) Webサーバ及びDBサーバでは，それぞれでアクセスログ（以下，ログという）が記録されており，システム管理者が定期的に内容を確認している。また，システム管理者は，通常，LANからWebサーバやDBサーバにアクセスして，メンテナンスを行っている。

なお，外部からTelnetやSSHでWebサーバに接続して，インターネットを介したリモートメンテナンスが行えるようにしてあるが，現在はリモートメンテナンスの必要性はなくなっている。

ある日，システム管理者が，ログの確認において，通常とは異なるログが記録されているのを発見した。そのログを詳しく調査したところ，システム管理者以外の者が管理者IDと管理者パスワードを使ってWebサーバに不正侵入したことが明らかになった。

そこで，システム管理者は上司と相談し，会員制サービスを直ちに停止した。次に，今回の不正侵入に対する被害状況の特定と対策の検討を行った。不正侵入による被害状況と対策の一部を抜粋したものを表1に示す。

表1　不正侵入による被害状況と対策（抜粋）

被害状況	対策
Webサーバへの不正侵入があったことが確認された。秘密鍵への不正アクセスがあったかは確認できなかった。	[a]
FWを経由し，Webサーバに不正侵入され，さらにそこからDBサーバに不正侵入された。	リモートメンテナンス用ポートについて，[b]
一部の会員については会員情報が漏えいしたことが分かっているが，それ以外の会員については漏えいの有無を特定できていない。	パスワードを変更することにし，[c]

また，パスワードの変更に合わせて，パスワードの強度（パスワードの候補数）の検討を行った。これまでパスワードは，英小文字26文字だけを受け付け，長さは6文字だった。これに対し，他の3通りのパスワードの強度を比較した。その比較結果を表2に示す。

表２ パスワードの強度比較（抜粋）

パスワードとして受け付ける文字種と長さ	強度の比較
(a)英小文字，6文字（不正侵入前の設定）	－
(b)英小文字，8文字	(a)と比較して［ d ］倍
(c)英大文字・英小文字，8文字	(b)と比較して［ e ］倍
(d)英大文字・英小文字・数字・記号，8文字	(c)と比較して更に多い

この強度の比較結果を踏まえ，次のようにA社システムを変更し，対策を実施した後に会員制サービスを再開することにした。

(1) パスワードの文字種としては，英大文字と英小文字，数字，記号を受け付ける。

(2) 長さが8文字以上16文字以下から成るパスワードを受け付ける。

(3) 辞書に登録されている文字列など推測されやすいパスワードは受け付けない。

設問 表1，2中の［　　］に入れる適切な答えを，解答群の中から選べ。

aに関する解答群

ア　TLSを使用していても不正侵入が行われたことから，TLSの使用を直ちに中止し，通常のHTTPで通信を行う。

イ　新たな秘密鍵と公開鍵を生成し，その鍵に対する公開鍵証明書の発行手続を行う。

ウ　公開鍵証明書の再発行手続を行い，同じ秘密鍵を使用する。

エ　秘密鍵へのアクセスが確認できていないことから，秘密鍵の変更や公開鍵証明書の再発行は行わず，念のため秘密鍵の保管場所を，ネットワーク経由でアクセスできないディレクトリに変更する。

bに関する解答群

ア　TelnetやSSH以外にHTTPも利用できるようにするために，HTTPのポートを開放する。

イ　インターネットからのアクセスをFWで禁止し，TelnetやSSHのポートは閉じる。

ウ　システム管理者がどこからでもすぐにA社システムのメンテナンスができるように，TelnetやSSHのポートの開放は継続する。

エ　パスワードやA社システムの実装情報の漏えいを防ぐために，Telnetのポートは閉じ，SSHに限定してポートを開放する。

c に関する解答群

ア　管理者パスワードは変更し，全会員にパスワードの変更を依頼する。

イ　管理者パスワードは変更し，漏えいした会員だけにパスワードの変更を依頼する。

ウ　管理者パスワードはそのままにし，全会員にパスワードの変更を依頼する。

エ　管理者パスワードはそのままにし，漏えいした会員だけにパスワードの変更を依頼する。

d に関する解答群

ア　2×8　　イ　26　　ウ　2×26

エ　7×8　　オ　10×26　　カ　26^2

e に関する解答群

ア　2　　イ　2×8　　ウ　26

エ　208　　オ　2^8　　カ　26^8

演習問題　第2部　第2章　問11

ログ管理システムに関する次の記述を読んで，設問1～5に答えよ。

(H27 秋-FE 午後問 1)

中堅の製造業であるB社では，他社で発生した情報漏えい事件を受けて，社内の業務システムへの不正アクセスを早期に検知するための仕組みを強化することになった。B社では，業務システムのアクセスログ（以下，ログという）を一元管理するために，ログ管理システムを構築することにした。ログ管理システムの対象になる業務システムは，図1のネットワーク構成図に示す，勤務管理システム，販売管理システム，生産管理システム及び品質管理システムの四つである。各管理システムには，1台のサーバが割り当てられている。

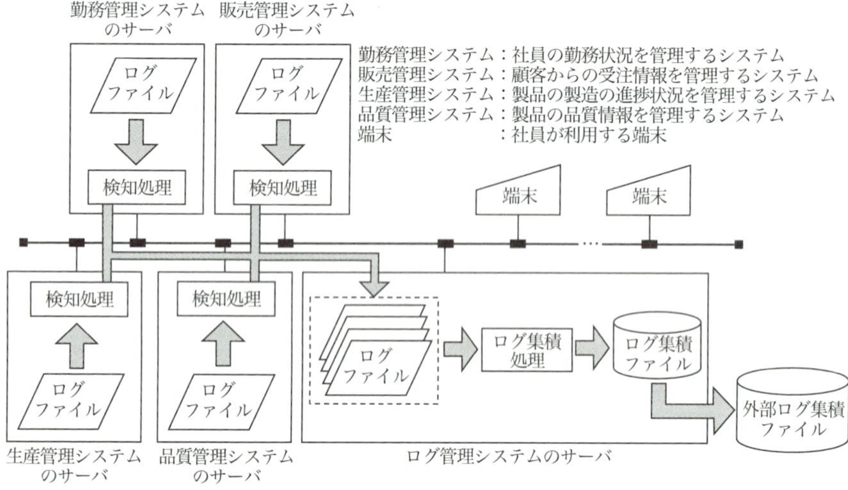

図1　ネットワーク構成図

〔業務システムの利用とログの説明（抜粋）〕

B社の社員は，固定のIPアドレスが設定されている端末から，一意に社員を特定できる社員IDで，業務システムのうちの一つにログインし，“参照”，“更新”，“ダウンロード”の操作を行う。社員が，業務システムにログインしたときに“参照”のログがログファイルに書き込まれる。また，ダウンロードの都度，そのデータ量を記録したログがログファイルに書き込まれる。一人の社員が，同時に複数の業務システムを使わないこと，及び，業務システム全体からデータを1日に5Mバイトを超えてダウンロードしないことを業務システムの利用規程で定めている。

〔ログ管理システムの概要（抜粋）〕

業務システムの各サーバ上のログファイルにログが書き込まれると，各業務システムに組み込まれている検知処理が，ログの書込みを検知し，そのログをログ管理システムのサーバ上の業務システム別のログファイルに書き込む。書き込まれたログは，ログ管理システムのログ集積処理が，各業務システムのログを一元管理するログ集積ファイルに書き込む。ログには，業務システムを識別するための業務IDや，社員が実施した操作を示す，“参照”，“更新”，“ダウンロード”の操作種別などが含まれている。

〔ログ管理システムの要件（抜粋）〕

(1) ログ集積ファイルを基に，いつ，誰が，どの端末からどの業務システムをどのように操作したかが追跡できる。
(2) ログ管理システムのサーバ上のログファイルに書き込む処理は，ログ管理システムへのログインを必要とする。
(3) ログ管理システムの管理者（以下，ログ管理者という）と業務システムの管理者（以下，業務システム管理者という）だけが，ログ集積ファイルを参照できる。
(4) ログ管理者は，ログ集積ファイルをログ管理システムから外部の機器に出力することができる。
(5) ログ管理システムから外部の機器に出力される外部ログ集積ファイルには，改ざんと漏えいを防止する対策を講じる。
(6) 各サーバ間の通信には，公開鍵暗号方式を利用する。
(7) ①ログ集積ファイルに書き込まれたログが一定条件を満たした際には，電子メールでログ管理者に通報する。

〔ログ管理システムの概要（抜粋）〕及び〔ログ管理システムの要件（抜粋）〕を基に，表1のログ管理システムの仕組み（抜粋）と，表2のログ管理システムへのアクセス権限表（抜粋）を作成した。

表1　ログ管理システムの仕組み（抜粋）

No.	要件	仕組み
1	ログ管理システムのログ集積ファイルを基に，いつ，誰が，どの端末からどの業務システムをどのように操作したかが追跡できる。	・業務システムに組み込まれた検知処理が，ログ管理システムのサーバ上のログファイルに書き込む。 ・ログファイルのログをログ集積ファイルに書き込む。 ・［　a　］。
2	ログ管理システムから外部の機器に出力される外部ログ集積ファイルには，改ざんと漏えいを防止する対策を講じる。	・［　b　］。 ・［　c　］。

表2　ログ管理システムへのアクセス権限表（抜粋）

	ログ管理システムへのログイン	ログファイルへのアクセス	ログ集積ファイルへのアクセス
ログ管理者	可		RE
業務システム管理者	可		R
検知処理	［　d1　］	［　d2　］	

注記　網掛けの部分は表示していない。
R は参照，E は外部へ出力，W は書込みを示す。

設問1　表1中の［　　　］に入れる要件を満たす仕組みとして適切な答えを，解答群の中から選べ。

a に関する解答群

ア　各業務システムの稼働状況を監視する

イ　各業務システムの時刻を同期させる

ウ　検知処理のログ管理システムへのアクセスを監視する

エ　ログ集積ファイルへのアクセスを監視する

オ　ログ集積ファイルを圧縮する

b，c に関する解答群

ア　同一内容の複数個のログ集積ファイルを出力する
イ　ログ集積ファイルに電子署名を付加する
ウ　ログ集積ファイルの出力に当たっては，推測しにくい名称を付ける
エ　ログ集積ファイルのログ中の個人情報を削除する
オ　ログ集積ファイルを圧縮する
カ　ログ集積ファイルを暗号化する

設問２　ログ管理システムの要件を満たすために，日時，操作種別以外で全てのログに共通して含むべき項目を全て挙げた適切な答えを，解答群の中から選べ。

解答群

ア　業務 ID，社員 ID
イ　業務システムのサーバの IP アドレス，業務 ID
ウ　業務システムのサーバの IP アドレス，業務 ID，社員 ID
エ　端末の IP アドレス，業務 ID，社員 ID
オ　端末の IP アドレス，社員 ID

設問３　表２中の［　　　　］に入れる適切な答えを，解答群の中から選べ。ここで，d1 と d2 に入れる答えは，解答群の中から組合せとして適切なものを選ぶものとする。

解答群

	d1	d2
ア	可	RE
イ	可	W
ウ	不可	E
エ	不可	RE
オ	不可	RW
カ	不可	W

設問4　業務システムの検知処理はログ管理システムのサーバ上のログファイルへ書き込む。この通信を暗号化するために最低限必要な公開鍵の数として適切な答えを，解答群の中から選べ。

解答群

ア　1　　　イ　4　　　ウ　8　　　エ　12

設問5　ログ集積ファイルを基に，業務システムへの不正アクセスを早期に検知するために，〔ログ管理システムの要件（抜粋）〕の下線①で言及している一定条件として適切な答えを，解答群の中から二つ選べ。ここで，解答群は，同じ社員 ID のログに対する条件とする。

解答群

ア　1日中“参照”のログだけが書き込まれたとき

イ　1日の間に“更新”のログが1回以上，書き込まれたとき

ウ　ある業務システムの連続した“更新”のログの間に，別の業務システムのログが書き込まれたとき

エ　同じ業務システムの“参照”と“更新”のログが連続して書き込まれたとき

オ　業務システムからダウンロードされたデータ量が1日で5Mバイトを超えたとき

カ　特定の業務システムの“参照”のログが15分間，書き込まれていないとき

第3部

知識の応用
（テクノロジ系の選択問題）

Part 3　Chapter 1

第1章 ハードウェア

出題のポイント

ハードウェア分野の問題として，機械語命令（平成 23 年度春期），A/D 変換（平成 23 年度秋期），浮動小数点数（平成 24 年度春期），カラー画像（平成 25 年度春期），論理演算と加算器（平成 25 年度秋期），機械語命令（平成 26 年度春期），JK フリップフロップ（平成 26 年度秋期），浮動小数点数（平成 27 年度春期），温度モニタ（平成 29 年度春期），論理回路（平成 30 年度春期）が出題されています。

出題テーマとしては，「数値・文字・画像・音声の表現」，「アドレス指定方式」，「命令実行方式」，「記憶装置と媒体」，「入出力装置」，「処理装置」，「電子回路」などが挙げられます。CBT 方式の試験では問題は非公開となっていますが，出題範囲等に変更はなく，出題傾向にも変化はないものと考えられます。

(1)　数値の表現

2 進数，10 進数，16 進数の基数変換，固定小数点数の 2 の補数の求め方など，手を動かしていつでも計算できるように訓練しておきましょう。その上で，正規化やげたばき表現など，浮動小数点数の仕組みを修得しましょう。

(2)　データの符号化

データをビット列で表現する際の形式によって，データの格納容量を圧縮する手法などを学習します。

(3)　命令実行方式・アドレス指定方式

機械語の命令の実行方法や，オペランドで示されたアドレス値とアドレス指定方式から，実際の実効アドレスを求める方法を学習します。

(4)　電子回路

コンピュータを構成する CPU やメモリ（主記憶）などを更に細かくしていくと電子回路に行きつきます。ここでは電子回路と種類と役割を学習します。

1.1　数値の表現

対策のポイント

数値の表現は，令和元年度秋期までの基本情報技術者の午前の試験で，必ず出題されていた最重要テーマです。浮動小数点数に関しては午後試験にも出題が予想され，試験の対策として基本事項を理解しておく必要があります。

コンピュータの中では，命令やデータはすべて0と1の組合せ，すなわち2進数で表現します。この表現方法を学ぶ際，2進数，10進数などのn進数，そして，これらの基数（n進数の場合はnを基数という）の変換に関する知識が必要になりますので，理解が十分でない内容は必ず復習してください。

(1)　固定小数点数

コンピュータ内では2進数でデータを表現しますが，コンピュータが扱うことのできる限られたビット数で，正の数だけでなく，負の数も表現する必要があります。固定小数点数は，例えば，小数点の位置をビット列の右端に固定し，左端には符号を識別するためのビットを置くことによって，正の数のほかに負の数も表現することを可能とした表現形式です（小数点の位置をビット列のほかの位置にする方法もあります）。

〔32ビット固定小数点数の例（小数点は右端）〕

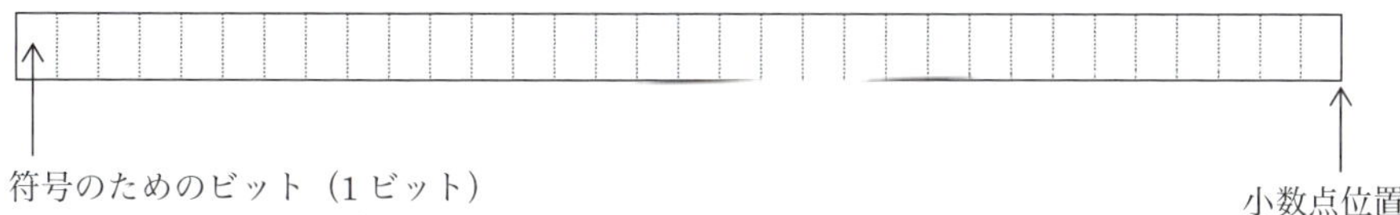

固定小数点数では，負の数を表現するときに，**補数**という考え方を使います。補数は，基準となる数から，ある数を引いた数のことです。

基準となる数　−　ある数　=　ある数の補数

コンピュータは**2の補数表現を使い，減算を加算用の回路で処理**することによって演算回路の構造を単純化しています。

2の補数を求める際には，前述の定義どおりに計算しても構いませんが，次のように考えると簡単です。

2の補数

・ある数Aのビットをすべて反転する。……①
・①で求めた数に1を加える。……②

（例）4ビット固定小数点数である数Aが0101の場合
・Aのすべてのビットを反転した値は1010……①
・①で求めた数に1を加えると1011……②
よって，A=0101の2の補数は1011となります。

負の数を2の補数で表現することで，減算処理を加算回路で行うことができます。例えば，4ビットの固定小数点数を10進数との対応で表現すると，次のようになります。

10進数	2進数表現	10進数	2進数表現
+7	0111	−1	1111
+6	0110	−2	1110
+5	0101	−3	1101
+4	0100	−4	1100
+3	0011	−5	1011
+2	0010	−6	1010
+1	0001	−7	1001
0	0000	−8	1000

（例）5−3の減算を，（+5）+（−3）と考え，加算します。

```
  0101 …（+5）
 +1101 …（−3）
 ─────
 10010   ← あふれたけたは加算回路が捨てます。
   ↓
  0010 …（+2）
```

また，4ビットで固定小数点数を表現すると，$-8〜+7=-2^3〜+2^3-1$ の範囲の値を表現することができます。8ビットの場合は，$-128〜+127=-2^7〜+2^7-1$ と範囲が広がります（一般には，nビットの場合，$-2^{n-1}〜+2^{n-1}-1$）。このように，固定小数点数では使うビット数によって表現できる範囲が異なります。

また，演算の結果がこの範囲を超えた場合，オーバフロー（けたあふれ）が起き，正しい結果を得ることができません。

知識確認問題　必要な知識を確認してみましょう！

問　10進数−5.625を，8ビット固定小数点形式による2進数で表したものはどれか。ここで，小数点位置は3ビット目と4ビット目の間とし，負数には2の補数表現を用いる。

(H23秋-FE 問2)

7	6	5	4	3	2	1	0

↑ 小数点位置（4ビット目と3ビット目の間）

ア　01001100　　イ　10100101　　ウ　10100110　　エ　11010011

解説

負数には2の補数表現を用いるということから，まず与えられた数値−5.625の**絶対値5.625の2進数表示を求めます**。整数部分は，$(5)_{10}=(101)_2$となります。

また，小数部分の0.625は，2倍した結果の整数部分を並べていくと，次のように$(0.101)_2$となります。

$0.625\times2=\underline{1}.25$　$(0.\underline{1})_2$
$0.25\times2=\underline{0}.5$　$(0.1\underline{0})_2$
$0.5\times2=\underline{1}.0$　$(0.10\underline{1})_2$

よって，整数部，小数部ともに4ビットで表すと，$(5.625)_{10}=(0101.1010)_2$となります。これを提示された8ビットの固定小数点形式で表すと，

7	6	5	4	3	2	1	0
0	1	0	1	1	0	1	0

↑ 小数点位置

2の補数を求めるには，「ビットを反転し，1を加算する」ので，

```
   0 1 0 1 1 0 1 0
   ↓ ↓ ↓ ↓ ↓ ↓ ↓ ↓  ビットの反転
   1 0 1 0 0 1 0 1
+)               1  1加算
   ---------------
   1 0 1 0 0 1 1 0
```

（ウ）が正解になります。

解答　ウ

(2)　浮動小数点数

コンピュータ上で数値を取り扱う際には使用するビット数が限られているため，表現できる範囲に限界があります。しかし，実際には小数や非常に大きな数，小さな数も表現する方法が必要です。限られたビット数でこれらの数を表現する方法が，浮動小数点数です。10進数について考えてみると，非常に大きな数や非常に小さい数を表すときには指数を使います。

（例）　$250{,}000{,}000 = 25 \times 10{,}000{,}000 = 25 \times 10^{7}$

$0.000000005 = 5 \times 0.000000001 = 5 \times 10^{-9}$

このように，指数を使うことによって，例えば250,000,000であれば25と7という数（情報）だけで，つまり，少ないけた数で，数を表現することができます。浮動小数点数は，指数を使って，限られたビット数で数字を扱うことのできる表現方法です。

2進数でも同様です。ここで，2進数で100.1011という数を考えてみましょう。

$$
\begin{aligned}
100.1011 &= 10010.11 \times 2^{-2} \\
&= 1001.011 \times 2^{-1} \\
&= 100.1011 \times 2^{0} \\
&= 10.01011 \times 2^{1} \\
&= 1.001011 \times 2^{2} \\
&= 0.1001011 \times 2^{3}
\end{aligned}
$$

←正規化された表現

どれも同じ値ですが，何通りもの方法で表現することができます。コンピュータで扱うために，この表現を統一します。小数第1位に0以外の数が来るように指数を調節すると，表現は一つとなります。このように表現方法を調節することを正規化といいます。データベースでも正規化という用語がありますが，内容は違いますので注意しましょう。前述の例では，最下行の0.1001011×2^{3}が正規化された表現です。

浮動小数点数の考え方をまとめると，次のようになります。

±(仮数)×(基数)$^{(指数)}$

ここで，仮数とは小数点以下の部分のことをいいます。前述の100.1011という数の場合は，

$+(0.1001011) \times 2^{3}$

ということになります。この形式で浮動小数点数を，**符号部**と小数点以下の**仮数部**，**指数部**の三つに分けて記憶します。

表現できる数値の範囲は，記憶するビットの数（32ビット，64ビットの倍精度浮動小数点数など）によって変わります。また，有効けた数は，指数部・仮数部と

してどれだけビットを使うかによって変わります。

どのような表現形式を取るかは，コンピュータによって変わります。例えば，指数部が7ビットの形式は，世界初の汎用機であるIBM社のシステム360で採用されました。一方で，標準規格としては，IEEE 754の中で，指数部が8ビットの単精度浮動小数点形式，指数部が11ビットの倍精度浮動小数点形式があります。試験問題で出題される場合は，どのような形式を前提としているか問題に明記されています。

（浮動小数点数の表示の例：指数部が7ビット）

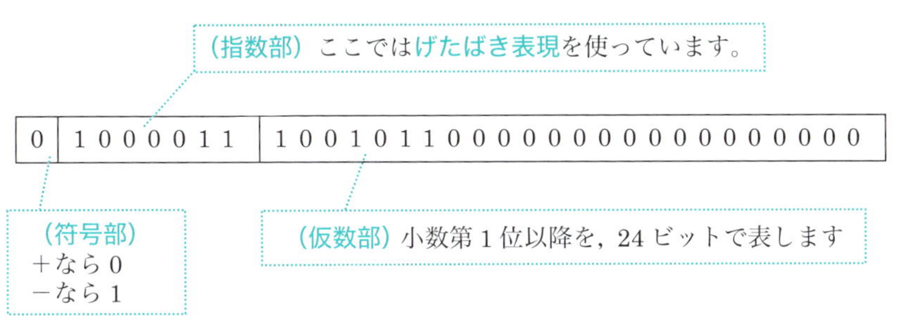

この例のうち，浮動小数点数の指数部の値を表すところで，げたばき表現（イクセス表現）という言葉を使いました。指数部が7ビットの場合で説明すると，この表現では指数の値を2進数で表示するときに，0乗のときを100 0000という数で表現し，この値より大きいとき＋1乗，＋2乗，……，小さいとき－1乗，－2乗，……とします。

7ビットの表現	表現する指数の値
111 1111	＋63
111 1110	＋62
⋮	⋮
100 0010	＋2
100 0001	＋1
100 0000	0
011 1111	－1
011 1110	－2
⋮	⋮
000 0001	－63
000 0000	－64

なお，指数部が固定小数点数のように2の補数で負値を表す，という方式もあります。

それでは，過去の午前問題を解いてみましょう。今まで学習した範囲で解くことができます。

知識確認問題　必要な知識を確認してみましょう！

問　0以外の数値を浮動小数点表示で表現する場合，仮数部の最上位桁が0以外になるように，桁合わせする操作はどれか。ここで，仮数部の表現方法は，絶対値表現とする。

(H29春-FE 問2)

ア　切上げ　　イ　切捨て　　ウ　桁上げ　　エ　正規化

解説

「0以外の数値」というのは，例えば，100や1，あるいは0.0012345といった数値を表しています。0.0012345の場合，**仮数部を「0012345」ともつよりも，「12345」ともった方が有効桁数を広く確保できます。**

その分を指数部で調整し，桁合わせすることを正規化と呼び，CPUで行っています。したがって，（エ）が正解です。

ア：切上げは，ある桁より小さい値がある場合に，その一つ上の桁の値を1加算し，それより小さい桁の値を0とする演算です。

イ：切捨ては，ある桁より小さい値がある場合に，その値を切り捨てて，0とする演算です。

ウ：桁上げは，ある桁の値同士を足し合わせた結果，上位桁に繰り上がることを指します。

解答　エ

(3) 誤差

真の値と測定値や計算値などとの差のことを，誤差といいます。誤差は，現実世界の中にも存在しています。身長を測定したら 165.5cm であったとしても，実際は 165.5cm ちょうどということではなく，それ以上細かく測定できないという場合がほとんどです。

コンピュータの処理でも，誤差が生じる場合があります。例えば，あるときの基本情報技術者試験の午後の平均スコアが 540.6……点であったとします。これを表記するときに，小数第１位を四捨五入して 541 点とすることは，よくあることです。計算を続けることで，更に精度の高い値を求めることができたとしても，実用上差し支えない結果が出たところで処理を打ち切ります。

また，ある計算方法で誤差が発生しても，別の方法で行うと誤差が発生しない場合があります。そのために，処理の中で発生する可能性がある誤差にはどのような種類があって，また，それぞれの誤差を減らすためにどのような工夫をしているかを理解しておきましょう。

知識確認問題　必要な知識を確認してみましょう！

問　桁落ちの説明として，適切なものはどれか。

（H27 春-FE 問 2）

ア　値がほぼ等しい浮動小数点数同士の減算において，有効桁数が大幅に減ってしまうことである。

イ　演算結果が，扱える数値の最大値を超えることによって生じるエラーのことである。

ウ　浮動小数点数の演算結果について，最小の桁よりも小さい部分の四捨五入，切上げ又は切捨てを行うことによって生じる誤差のことである。

エ　浮動小数点数の加算において，一方の数値の下位の桁が結果に反映されないことである。

解説

桁落ちとは，値のほぼ等しい二つの数値の差を求めたときに，有効桁数が減ることによって発生する誤差なので，（ア）の説明が適切です。例えば，有効桁数が 8 桁である $\sqrt{150}$ ＝12.247449，$\sqrt{151}$ ＝12.288206 について，減算を行うと，$\sqrt{151}$ － $\sqrt{150}$ ＝0.040757 となり，実際の有効桁数は 8 桁から 5 桁に減ってしまいます。

有効桁数が減ることと，誤差が生じることとの関係が理解しにくいため補足します。有効桁数とは，0 でない先頭の数字からの桁数なので，減算の結果である 0.040757 を有効桁数 8 桁で表記すると，0.040757000 となります。このときの末尾 3 桁 “000” は，桁数を合わせて表記する都合上，付された値なので，真の値は分かりません。そのため，誤差を含んでいると捉えることができます。

桁落ち対策としては，計算式を変形して，**絶対値のほぼ等しい同符号の二つの数値の減算をできるだけなくすようにする**という手法があります。

$$\sqrt{151}-\sqrt{150}=\frac{(\sqrt{151}-\sqrt{150})(\sqrt{151}+\sqrt{150})}{(\sqrt{151}+\sqrt{150})}$$

$$=\frac{(\sqrt{151})^2-\sqrt{150}\sqrt{151}+\sqrt{150}\sqrt{151}-(\sqrt{150})^2}{\sqrt{151}+\sqrt{150}}$$

$$=\frac{1}{\sqrt{151}+\sqrt{150}}$$

$$=1/24.535655=0.040757013$$

計算結果も有効桁数 8 桁となり，桁落ちを防ぐことができます。また，この結果から，桁落ちした 0.040757000 には誤差が含まれていることが確認できます。

イ：オーバフローの説明です。

ウ：丸め誤差の説明です。

エ：情報落ちの説明です。対策としては，複数個の数値の加減算では，絶対値の小さい順に数値を並べ替えてから加減算を行うようにします。

解答　ア

演習問題　第3部　第1章　問1

浮動小数点数に関する次の記述を読んで，設問1～4に答えよ。

(H27 秋-FE 午後問 2)

$\alpha=0$，又は $1\leqq|\alpha|<2$ を満たす α，及び $-126\leqq\beta\leqq127$ を満たす β を用いて $\alpha\times2^{\beta}$ の形で表記される浮動小数点数を，図1に示す32ビット単精度浮動小数点形式の表現（以下，単精度表現という）で近似する。

31	30 29 28 27 26 25 24 23	22 21 … 0（ビット番号）
符号部	指数部 （8ビット）	仮数部 （23ビット）

図1　32ビット単精度浮動小数点形式

(1) 符号部（ビット番号31）
　α の値が正のとき0，負のとき1が入る。

(2) 指数部（ビット番号30～23）
　β の値に127を加えた値が2進数で入る。

(3) 仮数部（ビット番号22～0）
　$|\alpha|$ の整数部分1を省略し，残りの小数部分が，ビット番号22に小数第1位が来るような2進数で入る。このとき，仮数部に格納できない部分については切り捨てる。

(4) α の値が0の場合，符号部，指数部，仮数部ともに0とする。

なお，値の記述として，単に α と記述した場合は，α は10進数表記であり，$(\alpha)_n$ と記述した場合は α が n 進数表記であることを示す。例えば，$(0.101)_2$ は0.625と同じ値を表す。また，00…0という表記は，0が連続していることを表す。

設問1　0.625を単精度表現したときに指数部に入る値として正しい答えを，解答群の中から選べ。

解答群

ア　$(00)_{16}$　　イ　$(7E)_{16}$　　ウ　$(7F)_{16}$　　エ　$(FE)_{16}$

オ　$(FF)_{16}$

第3部
第1章
第2章
第3章
第4章
第5章

設問2　次の単精度表現された数値として正しい答えを，解答群の中から選べ。

31	30	29	28	27	26	25	24	23	22	21	20	19	18	17	…	0
0	0	1	1	1	1	1	1	0	1	0	0	0	0	0	…	0

解答群

ア　0.125　　イ　0.25　　ウ　0.375　　エ　0.5
オ　0.75　　カ　1.5

設問3　次の記述中の［　　］に入れる正しい答えを，解答群の中から選べ。

二つの浮動小数点数AとBの加算を行う。

Aの単精度表現

31	30	29	28	27	26	25	24	23	22	21	20	19	18	17	…	0
0	1	0	0	0	0	1	0	0	1	0	0	0	0	0	…	0

Bの単精度表現

31	30	29	28	27	26	25	24	23	22	21	20	19	18	17	…	0
1	1	0	0	0	0	0	1	1	1	0	0	0	0	0	…	0

AとBの加算を，次の①，②の手順で行う。

①　指数部の値を大きい方に合わせる。Aが$(1.1)_2 \times 2^5$であることから，Bを$(-($［ a ］$)_2) \times 2^5$とする。

②　加算を行う。

$((1.1)_2 + (-($［ a ］$)_2)) \times 2^5 = (1.1)_2 \times 2^{［b］}$

aに関する解答群

ア　0.001　　イ　0.01　　ウ　0.011　　エ　0.1
オ　0.11　　カ　1.1

bに関する解答群

ア　3　　イ　4　　ウ　5　　エ　6
オ　130　　カ　131　　キ　132

設問４　次の記述中の □ に入れる正しい答えを，解答群の中から選べ。

設問３の A について A×10 の値は，次の①～③の手順で求めることができる。

①　A×8 の値を求める。

$A \times 8 = (1.1)_2 \times 2^5 \times 8 = (1.1)_2 \times 2^5 \times 2^3 = (1.1)_2 \times 2^8$

②　A×2 の値を同様に求める。

③　①と②の結果を加算する。

加算結果を単精度表現すると，［ c ］になる。

c に関する解答群

ア

31	30	29	28	27	26	25	24	23	22	21	20	19	18	17	…	0
0	0	0	0	0	1	0	0	0	1	1	1	0	0	0	…	0

イ

31	30	29	28	27	26	25	24	23	22	21	20	19	18	17	…	0
0	0	0	0	0	1	0	0	0	1	1	1	1	0	0	…	0

ウ

31	30	29	28	27	26	25	24	23	22	21	20	19	18	17	…	0
0	1	0	0	0	0	1	1	1	1	1	1	0	0	0	…	0

エ

31	30	29	28	27	26	25	24	23	22	21	20	19	18	17	…	0
0	1	0	0	0	0	1	1	1	1	1	1	1	0	0	…	0

オ

31	30	29	28	27	26	25	24	23	22	21	20	19	18	17	…	0
0	1	0	0	0	1	0	0	0	1	1	1	0	0	0	…	0

カ

31	30	29	28	27	26	25	24	23	22	21	20	19	18	17	…	0
0	1	0	0	0	1	0	0	0	1	1	1	1	0	0	…	0

1.2　データの符号化

対策のポイント

コンピュータの内部ではすべてのデータが2進数のディジタルデータとして取り扱われます。ディジタルデータをどのようなビット列として表現するか，様々な工夫が考え出されてきました。ここでは，代表的な二つの符号方式として，ランレングス符号と，ハフマン符号を学習します。

(1)　ランレングス符号

ランレングス符号は，**同じ値が連続するデータを，「値」＋「連続回数」といった形で表現する方法**です。例えば，「黒黒黒白白白白黒黒黒黒」といったデータを「黒3白4黒4」のように表現します。FAXで使用される白黒データ等，値の種類が少なく，**同じ値が連続することが多いデータを表現するには最適な符号方式**です。

(2)　ハフマン符号

ハフマン符号は，**出現頻度の高いデータほど短い符号で，出現頻度の低いデータほど長い符号で表現**することによって，全体のデータ長を短くするために考え出された符号化方式です。

知識確認問題　必要な知識を確認してみましょう！

問　2個の文字AとBを使って，長さ1以上7以下の文字列は何通りできるか。

(H20春-FE 問7)

ア　128　　　イ　254　　　ウ　255　　　エ　256

解説

AとBを使って表現できる1文字の文字列は，AとBの2通りです。同様に2文字の文字列は，AA，AB，BA，BBの4通りです。使う文字はAとBの二つなので2進数と同様に考えることができます。2進数の場合，1けたでは2^1通り，2けたでは2^2通り，**nけたでは2^n通りの表現**ができます。問題では，AとBを使って，長さ1以上7以下の文字列が何通りできるかを考えるので，次のようになります。したがって，（イ）が正解です。

$$2^1+2^2+2^3+2^4+2^5+2^6+2^7=2+4+8+16+32+64+128=254$$

解答　イ

問　英字の大文字（A～Z）と数字（0～9）を同一のビット数で一意にコード化するには，少なくとも何ビットが必要か。

（H24 秋-FE 問 4）

ア　5　　イ　6　　ウ　7　　エ　8

解説

文字データをどのようなビットパターンで格納するか，という符号化に関する問題です。英字の大文字（A～Z）の 26 種類と数字（0～9）の 10 種類，合わせて 36 種類を「同一のビット数で一意にコード化する」とあるので，36 種類の値を表現するために必要なビット数，言い換えると 2 進数のけた数を考える必要があります。

2 進数では，

1 けたで 2^1 種類

2 けたで 2^2 種類

3 けたで 2^3 種類

の値が表現できるので，

n けたで 2^n 種類

の値が表現できるという形に一般化できます。

n けたでは 2^n 種類表現できます。$2^5=32$，$2^6=64$ なので，36 種類を表現するためには 2 進数で 6 けたが必要になります。この 2 進数のけた数がビット数になります。したがって，（イ）が正解です。

解答　イ

問　出現頻度の異なるA，B，C，D，Eの5文字で構成される通信データを，ハフマン符号化を使って圧縮するために，符号表を作成した。aに入る符号として，適切なものはどれか。

(H30 秋-FE 問4)

文字	出現頻度（%）	符号
A	26	00
B	25	01
C	24	10
D	13	a
E	12	111

ア　001　　イ　010　　ウ　101　　エ　110

解説

ハフマン符号化（Huffman coding）は，1952年にDavid Huffmanによって提案された符号化方式で，文字列などの可逆圧縮に用いられます。出現頻度が高い値には短いビット列を，出現頻度が低い値には長いビット列を割り当て，メッセージ全体の符号化に使われるデータ量を削減することができます。JPEG，ZIPなどで使われています。

文字列をデータの単位として，可変長のビット列（符号）に対応させる場合，**ある文字に対応するビット列の先頭一部分が，別の文字を表すビット列と一致しないように，符号化のルールを決める必要があります**。例えば，AやBの先頭1ビットである0だけで表現される文字はないようにします。仮にZという文字を0と表現することにしてしまうと，00がAなのか，ZZなのか判断できなくなってしまいます。これを踏まえてDに対応するビット列としてふさわしいものを考えてみましょう。

A　B　C　D　E
00　01　10　xxx　111

001　⇒　A（00）と重なる。
010　⇒　B（01）と重なる。
101　⇒　C（10）と重なる。
110　⇒　どれとも重ならない。

ア：001は，A（00）と先頭2ビットが一致しており，該当しません。
イ：010は，B（01）と先頭2ビットが一致しており，該当しません。
ウ：101は，C（10）と先頭2ビットが一致しており，該当しません。
エ：110は，A，B，C，E（111）のどのビット列とも先頭部分が一致していないので，この（エ）が適切となります。

解答　エ

演習問題　第3部　第1章　問2

カラー画像に関する次の記述を読んで，設問1〜3に答えよ。

(H25春-FE 午後問1)

赤，緑，青の色の光（以下，色という）を，光の3原色という。赤，緑，青の色を発光させて重ね合わせることによって様々な色を表現することができる。緑と青の色を重ね合わせるとシアンに，青と赤の色を重ね合わせるとマゼンタに，赤と緑の色を重ね合わせると黄に，赤緑青全ての色を重ね合わせると白になる。光の3原色のどれも発光していないと黒になる。光の3原色による色の表現を，図1に示す。ここで，図1中の記号は，表1に示す色を表す。

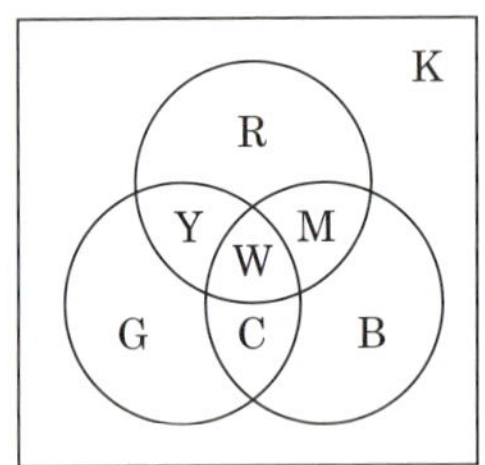

図1　光の3原色による色の表現

表1　記号と色の対応

記号	色
R	赤（Red）
G	緑（Green）
B	青（Blue）
C	シアン（Cyan）
M	マゼンタ（Magenta）
Y	黄（Yellow）
W	白（White）
K	黒（blacK）

設問1　ディスプレイにカラー画像を表示するために，1画素を3ビットで表現することにする。3ビットの先頭（左端）から各ビットに赤，緑，青の色の情報を順に割り当て，2階調（1のとき発光，0のとき非発光）で表現する。この3ビットのビットパターンで8色を表現することができる。色とビットパターンの対応を表2に示す。[　　　]に入れる正しい答えを，解答群の中から選べ。

表2　色とビットパターンの対応

色	ビットパターン
赤（Red）	100
緑（Green）	010
青（Blue）	001
シアン（Cyan）	
マゼンタ（Magenta）	a
黄（Yellow）	
白（White）	111
黒（blacK）	000

注記　網掛けの部分は表示していない。

解答群

ア　011　　イ　101　　ウ　110

設問2　次の記述中の［　　　］に入れる正しい答えを，解答群の中から選べ。

ディスプレイに画像を表示するとき，画像データは，ビデオ RAM（以下，VRAM という）と呼ばれるメモリに格納されている。

カラー画像データを VRAM に格納する方法の一つに，プレーンドアクセス方式がある。プレーンドアクセス方式では，VRAM 上にディスプレイの画素数と同じ数のビットをもつプレーンという区分を複数用意する。各プレーンの先頭に位置するビットをディスプレイの最左上の画素に対応づけ，ディスプレイの左から右，上から下の画素へと順にプレーンのビットを割り当てる。赤，緑，青それぞれの色を 2 階調で表現する場合，色の情報を格納するために，VRAM 上にプレーン 1，プレーン 2，プレーン 3 と呼ぶ，三つの区分を用意する。プレーン 1，プレーン 2，プレーン 3 のそれぞれを，赤，緑，青の色に割り当て，各プレーンの同じ位置のビットを取り出した 3 ビットで，1 画素を表現する。

例えば，プレーン 1 の先頭ビットが 0，プレーン 2 の先頭ビットが 1，プレーン 3 の先頭ビットが 1 のとき，ディスプレイの最左上の画素の色は［　b　］となる。

VRAM の内容が図 2 のとおりであった場合，各プレーンの先頭から数えて 6 番目のビットに対応するディスプレイの画素の色は［　c　］となる。ここで，VRAM の内容は 16 進数で表記している。

先頭ビット ↓

プレーン 1（赤）	23	…	…
プレーン 2（緑）	D2	…	…
プレーン 3（青）	A4	…	…

図 2　VRAM の内容（プレーンドアクセス方式）

解答群

ア　青	イ　赤	ウ　黄
エ　黒	オ　シアン	カ　白
キ　マゼンタ	ク　緑	

設問3　次の記述中の [　　] に入れる正しい答えを，解答群の中から選べ。

設問２のプレーンドアクセス方式では，赤，緑，青それぞれの色に一つのプレーンを用意することによって，８色を表現することができた。一つの色に複数のプレーンを用意することによって，その色の階調数を増やすことができる。その結果，より多くの色を表現することができるようになる。

(1)　VRAM 上に五つの区分を用意し，各区分をプレーン１，プレーン２，…，プレーン５と呼ぶ。各プレーンの同じ位置のビットを取り出した５ビットで，１画素を表現する。プレーン１を赤に，プレーン２とプレーン３を緑に，プレーン４とプレーン５を青に割り当てる。

このとき，赤は２階調，緑と青はそれぞれ [d] 階調となり，この５ビットで [e] 色を表現することができる。

(2)　縦 600×横 800 画素のディスプレイに 16 色を表現するためには，少なくとも [f] k バイトの VRAM が必要である。ここで，1k バイトは 1,000 バイトとする。

解答群

ア　2	イ　4	ウ　8	エ　16	オ　32
カ　60	キ　64	ク　120	ケ　128	コ　240

1.3　命令実行方式・アドレス指定方式

対策のポイント

(1)　命令実行過程

アドレス指定方式の問題を解答するには，処理装置（CPU）の命令実行過程をまず理解しておく必要があります。ここでいう“命令”とは機械語命令を指しています。機械語命令は，主記憶から CPU 内部の命令レジスタに読み込まれ（命令フェッチ），その後，命令デコーダによって命令解読されます。

命令の基本的な構成は，「命令部＋オペランド部」です。オペランド部は基本的には命令によって演算されるデータの位置を示すアドレスですが，命令部が示す命令の種類によって，その表現方法が変わります。

命令部	オペランド部

命令実行過程を 6 段階（ステージ）にまとめました。特に，①命令フェッチ，②命令解読，④オペランド読出し，⑤命令実行という 4 段階は覚えておきましょう。

①命令フェッチ（命令取出し）	プログラムカウンタで示される主記憶上のアドレスにある命令を，命令レジスタに格納する。
②命令解読（デコード）	命令レジスタ内の命令コードを解読し，他の装置に出す制御信号を生成する。
③オペランドのアドレス計算（実効アドレスの計算）	命令レジスタ内のオペランドから，操作対象のデータや結果の格納先であるレジスタや主記憶上のアドレスを求める。
④オペランド読出し（オペランドフェッチ）	③によって求められたアドレスにあるデータをレジスタに格納する。このレジスタは特にデータレジスタ（メモリレジスタ）といわれる。
⑤命令実行	デコーダからの制御信号に従って，命令を実行する。
⑥演算結果の格納	演算結果をレジスタや主記憶に格納する。

知識確認問題　必要な知識を確認してみましょう！

問　図はプロセッサによってフェッチされた命令の格納順序を表している。a に当てはまるものはどれか。

（H30 春-FE 問 9）

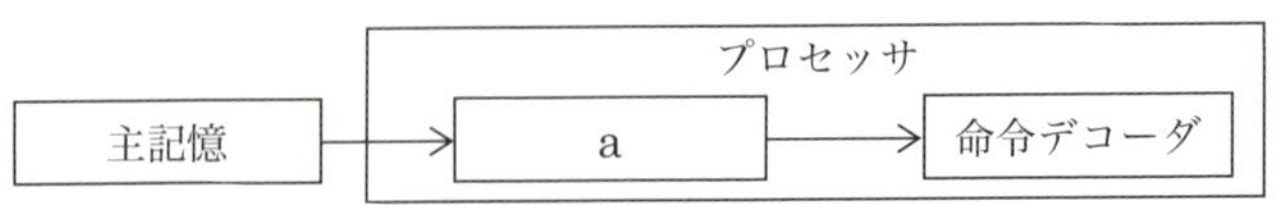

ア　アキュムレータ　　　イ　データキャッシュ

ウ　プログラムレジスタ（プログラムカウンタ）　　　エ　命令レジスタ

解説

a の右側が命令デコーダ（命令解読器）ですが，これは命令レジスタに読み込まれた機械語命令の内容を解読して，実行の準備をする機構です。したがって，a には機械語命令を CPU 内に読込んだ際に格納する機構である（エ）の命令レジスタが入ります。

ア：アキュムレータ（加算器）は，プロセッサにおいて加算を行う演算装置です。

イ：データキャッシュは，キャッシュが命令部分とデータ部分に分かれている場合，データをキャッシュする部分です。

ウ：プログラムレジスタ（プログラムカウンタ）は，主記憶に格納されている機械語命令部（プログラム）おいて，次にフェッチされる命令のアドレス（番地）を格納する。仮想記憶方式のプロセッサの場合は，仮想アドレスです。

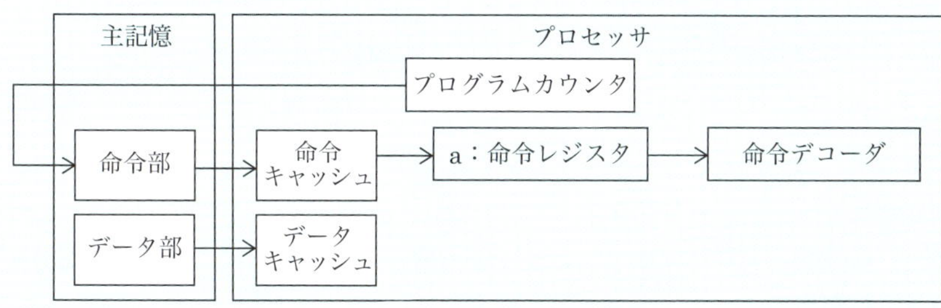

解答　エ

(2)　アドレス指定方式

実効アドレスの計算方法はアドレス指定方式によって異なります。

方式	実効アドレスの計算方法
間接アドレス指定方式	アドレス部の値が指し示す主記憶上の位置に格納された値を実効アドレスとする。
指標アドレス指定方式	アドレス部の値に指標レジスタ（インデックスレジスタ）の値を加えて実効アドレスとする。
相対アドレス指定方式	アドレス部に命令アドレスレジスタ（その命令又は次に実行する命令が格納されているアドレス値が入っている）の値からの相対値をもつ方式である。実効アドレスは，命令アドレスレジスタの値とアドレス部の値を加えた値になる。
直接アドレス指定方式	アドレス部の値が，そのまま参照するデータの実効アドレスになっている方式である。
即値アドレス指定方式	アドレス部の値が，実効アドレスではなく命令の対象となる値そのものになっている方式である。

知識確認問題　必要な知識を確認してみましょう！

問　主記憶のデータを図のように参照するアドレス指定方式はどれか。

（H28 秋-FE 問 9）

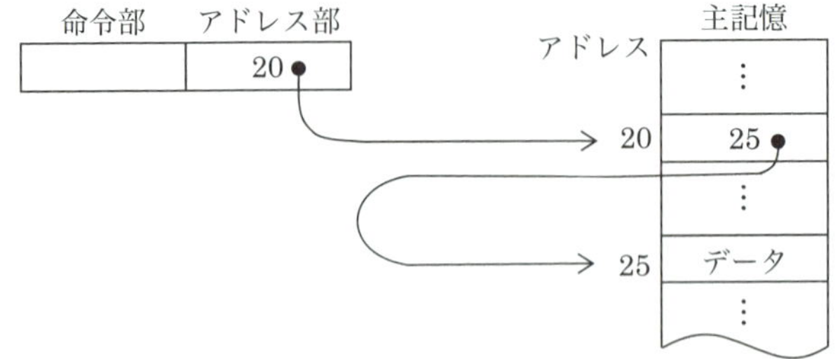

ア　間接アドレス指定　　　イ　指標アドレス指定
ウ　相対アドレス指定　　　エ　直接アドレス指定

解説

機械語命令は，命令コードが入った命令部と，処理対象のデータのアドレス，又は値の入ったアドレス部（オペランド部）から構成されています。多くのCPUでは，命令部の命令の種類ごとにアドレス指定方式が変わり，**アドレス部の解釈の仕方が変わります**。

問題の方式では，命令のアドレス部に指定されている値“20”を基にして，20番地に格納されているデータ“25”を，参照するデータのアドレス（実効アドレス又は有効アドレス）とする。参照するデータは，実効アドレス（25番地）が示す場所に格納されている値になります。**このように主記憶に格納された値をデータのアドレスとして，間接的にデータを参照する方式を間接アドレス指定方式と呼びます**。したがって，（ア）が正解です。

イ：指標アドレス指定とは，アドレス部の内容に指標レジスタ（インデックスレジスタ）の内容を加えて実効アドレスとする方式です。

ウ：相対アドレス指定とは，命令のアドレス部に命令アドレスレジスタ（その命令又は次に実行する命令が格納されているアドレス値が入っている）の値からの相対値をもつ方式です。実効アドレスは，命令アドレスレジスタの値とアドレス部の内容を加えた値になります。

エ：直接アドレス指定とは，アドレス部の値が，そのまま参照するデータの実効アドレスになっている方式です。

解答　ア

演習問題　第3部　第1章　問3

機械語命令に関する次の記述を読んで，設問1，2に答えよ。

(H26春-FE 午後問2)

命令語の形式を，図1に示す。

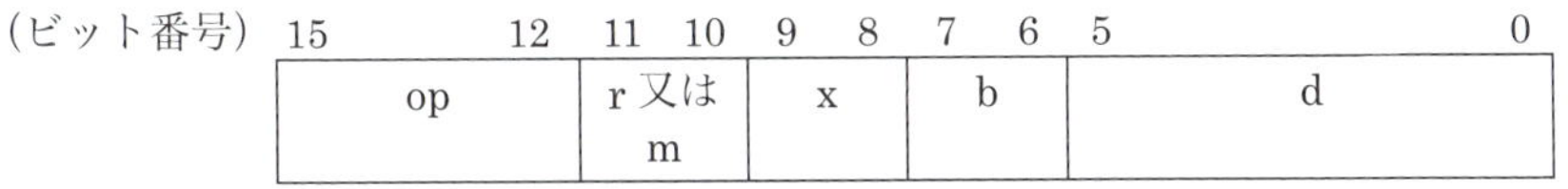

図1　命令語の形式

図1で使用している記号の説明を，表1に示す。数字の末尾にhが付いているものは16進数表記である。

表1　記号の説明

記号	説明
op	命令コード
r	レジスタ番号
m	分岐命令で分岐の判定に使用する値
x	指標レジスタとして使用するレジスタの番号
b	ベースレジスタとして使用するレジスタの番号
d	00h～3Fhで示されるアドレスの変位

(1)　この命令語を実行するコンピュータの1語は16ビットであり，1語長のレジスタを4個（レジスタ番号0～3）と，命令の実行結果によって値が設定される2ビットの条件コードレジスタ（以下，CCという）をもつ。

(2)　実効アドレスは，表2に示す式で算出される。ここで，(x)と(b)は，それぞれxとbで指定されるレジスタに設定されている内容（以下，レジスタの内容という）を示す。

表２　実効アドレスの算出式

x	b	実効アドレス
0	0	d
0	0以外	(b)＋d
0以外	0	(x)＋d
0以外	0以外	(x)＋(b)＋d

(3)　命令コード（一部）を表３に示す。

表３　命令コード（一部）

命令コード	機能	CCの設定
1	実効アドレスに格納されている内容とrで指定されるレジスタの内容の論理和を，rで指定されるレジスタに設定する。	○
2	実効アドレスに格納されている内容とrで指定されるレジスタの内容の論理積を，rで指定されるレジスタに設定する。	○
3	実効アドレスに格納されている内容とrで指定されるレジスタの内容の排他的論理和を，rで指定されるレジスタに設定する。	○
4	mとCCの論理積を求め，結果が00でなければ実効アドレスに分岐する。結果が00であれば，何もしない。	－

注記　○：論理演算の結果が0（全てのビットが0）のときは2進数の10，それ以外のときは2進数の01が設定される。
　　　－：実行前の値が保持される。

設問１　レジスタの内容が図２に示す値のとき，次の命令の実効アドレスとして正しい答えを，解答群の中から選べ。

命令：　1983h

レジスタ番号	内容
0	0004h
1	0003h
2	0002h
3	0001h

図２　レジスタの内容

解答群

ア　0001h　　イ　0002h　　ウ　0003h

エ　0004h　　オ　0008h　　カ　000Ah

設問2　次の記述中の ＿＿ に入れる正しい答えを，解答群の中から選べ。ここで，レジスタと主記憶装置の内容は，図3と図4のとおりとする。

なお，解答は重複して選んでもよい。

レジスタ番号	内容
0	0004h
1	0003h
2	0002h
3	0001h

図3　レジスタの内容

番地	内容
0001h	0001h
0002h	000Fh
0003h	0003h
0004h	0004h
⋮	⋮
0010h	12C0h
0011h	24C0h
0012h	38C2h
0013h	4815h
0014h	4C16h
0015h	18C3h
0016h	28C1h
⋮	⋮

図4　主記憶装置の内容

図3，4に示した状態で，主記憶装置に格納されているプログラムを0010h番地から実行する。

0011h番地の命令を実行した直後のレジスタ番号0の内容は［ a ］になり，レジスタ番号1の内容は［ b ］になる。

0013h番地の分岐命令では［ c ］。0016h番地の命令を実行した直後のレジスタ番号2の内容は［ d ］になる。

a，b，dに関する解答群

ア　0001h　　イ　0002h　　ウ　0003h
エ　0004h　　オ　0005h　　カ　0006h
キ　0007h　　ク　0008h　　ケ　0009h

cに関する解答群

ア　分岐しない　　イ　分岐する

1.4　電子回路

対策のポイント

電子回路に関して出題されやすいテーマとしては，CPU の構成要素である論理演算回路や，算術演算用の半加算器，全加算器，記憶素子である DRAM や SRAM，キャッシュメモリのブロック置換方式の計算や，冗長化システムの稼働率計算などがあります。いずれにしても午後問題で出題される場合は，知識を確認する問題ではなく，回路の組合せや論理演算をしてみるといった考察問題になります。

(1)　半加算器，全加算器

加算器は，2 進数の和を求める回路であり，半加算器と全加算器があります。半加算器は，下位からの桁上がりは入力値として受け取らず，加算対象となる二つの値だけを入力として，その加算結果と桁上がりを出力とする回路です。一方，全加算器は下位桁からの桁上がりと，加算対象となる二つの値という三つの項目を入力として，それらの加算結果と桁上がりを出力とします。

(2)　コンデンサ（キャパシタ）

コンデンサは，電気を一定期間蓄積する部品です。一般的なコンピュータのメモリとして使用される DRAM（Dynamic Random Access Memory）は，このコンデンサから構成される記憶素子です。

(3)　フリップフロップ回路

フリップフロップ回路は，電圧の高い状態と低い状態という二つの状態を安定してもち続けることができる記憶回路で，入力値を一時的に記憶しておくために利用されます。フリップフロップ回路のように，ある瞬間の出力値が，その時点の入力値と内部状態で決まる回路のことを順序回路と呼びます。フリップフロップ回路によって構成されている代表的なものに SRAM（Static Random Access Memory）があります。SRAM はレジスタやキャッシュメモリ，スーパコンピュータのメモリなどに用いられています。

(4)　キャッシュメモリ

キャッシュメモリは CPU に内蔵するバッファメモリで，必要なデータをキャッシュメモリ上に記憶させることで，**CPU と主記憶間のデータ転送の遅さ（ボトルネック）を緩和**します。SRAM などアクセス時間が短い高速な記憶素子を用いて構成されており，例えば，主記憶からのデータ読出しが数十ナノ秒であるのに対して，キャッシュメモリからの場合，10ナノ秒程度で読出しが可能です。ただし，主記憶のように大きな容量をキャッシュメモリで実現することは製造コストや消費電力の面から難しく，通常数百k～数Mバイト程度の容量です。

キャッシュメモリからデータを読み出す場合，目的データがキャッシュメモリにある場合と，ない場合でアクセス時間が変わります。ここで目的データがキャッシュにある確率をヒット率と呼びます。キャッシュメモリを伴う主記憶の実効アクセス時間は，キャッシュメモリのアクセス時間を T_c，主記憶のアクセス時間を T_m，ヒット率を α とすると，次の式で表されます。

$$（実効アクセス時間）= T_c \times \alpha + T_m \times (1 - \alpha)$$

また，キャッシュメモリにデータを書き込む場合，キャッシュメモリと同時に主記憶にも書き込むライトスルー（write through）方式と，ブロックの置換えが発生した場合などに主記憶に書き込むライトバック（write back）方式があります。

(5)　ディスクキャッシュ

キャッシュメモリと同じ考え方で，主記憶装置と磁気ディスク装置のアクセス時間の差を補う方式として，ディスクキャッシュ（disk cache）があります。

知識確認問題　必要な知識を確認してみましょう！

問　アノードコモン型７セグメント LED の点灯回路で，出力ポートに 16 進数で 92 を出力したときの表示状態はどれか。ここで，P7 を最上位ビット（MSB），P0 を最下位ビット（LSB）とし，ポートの出力が０のとき LED は点灯する。

（H28 秋-FE 問 21）

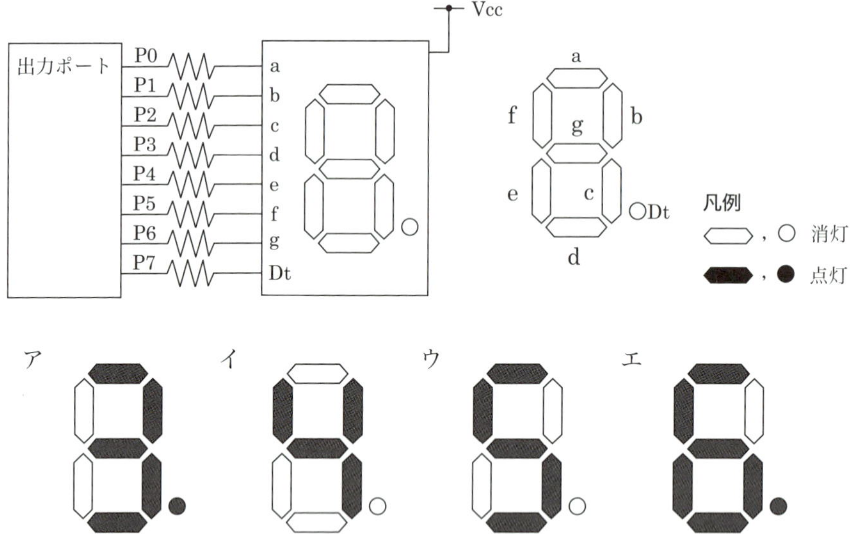

解説

LED の表示パターンという目に見える仕組みのため，解きやすい問題だと思われます。「アノードコモン型」の「アソード」はプラス極を意味し，反対のものとして「カソード」（マイナス極）があります。図のように出力ポートとしてコンピュータが制御する箇所がプラス極側である LED をアソードコモン型といいますが，この部分は問題を解く際には分からなくても大丈夫です。

出力ポートである P0～P7 という八つのポートがありますが，これがそれぞれ１ビットのデータと対応付けられており，対応付けられたデータの中のビットの値が０が点灯であることは，問題に記述されています。このため，ビットの値が１の箇所は消灯です。したがって，次図のように出力ポート値が 16 進数の$(92)_{16}$ ＝$(1001\ 0010)_2$の場合，MSB（最上位ビット）側から順番に，P6，P5，P3，P2，P0 が０となるので，それぞれに対応する７セグメント LED の g，f，d，c， ａの五つのセグメントが点灯します。したがって，（ウ）が正解です。

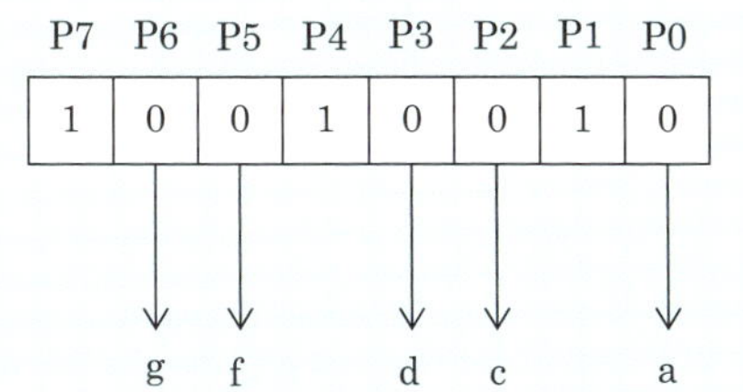

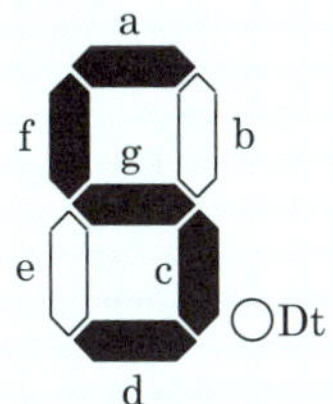

解答　ウ

問　図の NAND ゲートの組合せ回路で，入力 A，B，C，D に対する出力 X の論理式はどれか。ここで，論理式中の“・”は論理積，“＋”は論理和を表す。

（H27 秋-FE 問 23）

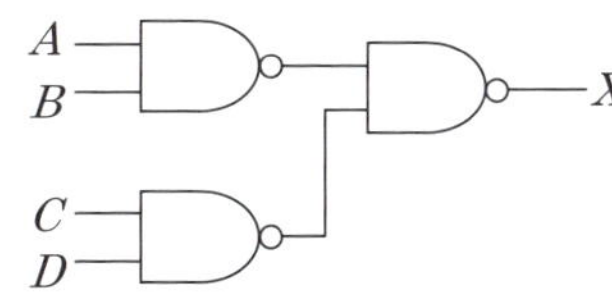

ア　$(A+B)\cdot(C+D)$　　　イ　$A+B+C+D$

ウ　$A\cdot B+C\cdot D$　　　エ　$A\cdot B\cdot C\cdot D$

解説

回路を見るとＡ，Ｂの先には NAND 回路（論理積演算の結果を否定したもの），Ｃ，Ｄの先にも NAND 回路が存在します。全てのバリエーションの入力値に対応する図の回路からの出力値，及び各選択肢の式に対する全てのバリエーションの入力値とその演算結果である出力値を表にして比較すれば，正解を導くことができます。しかし，非常に時間が掛かるので，ド・モルガンの法則を用いて，もう少し簡単に解いてみます。

ド・モルガンの法則を確認しておきましょう。

$$\overline{A\cdot B}=\overline{A}+\overline{B}$$

$$\overline{A+B}=\overline{A}\cdot\overline{B}$$

それぞれの回路を次のように論理式に置き換えます。

回路	論理式
A, *B* → NAND	$\overline{A \cdot B}$
C, *D* → NAND	$\overline{C \cdot D}$

次にこの結果同士を更に NAND 回路で処理した結果が X になっているため，X は次のような式になります。

$$\overline{\overline{A \cdot B} \cdot \overline{C \cdot D}}$$

これをド・モルガンの法則によって変換すると，次の式が導き出されます。

$$A \cdot B + C \cdot D$$

したがって，（ウ）が正解です。

解答　ウ

演習問題　第3部　第1章　問4

論理回路に関する次の記述を読んで，設問1～3に答えよ。

(H30春-FE 午後問2)

主要な論理演算の真理値表を表1に示す。

表1　主要な論理演算の真理値表

入力		出力			
		AND (論理積)	OR (論理和)	NAND (否定論理積)	NOR (否定論理和)
0	0	0	0	1	1
0	1	0	1	1	0
1	0	0	1	1	0
1	1	1	1	0	0

設問1　表1に示した論理演算を行う論理回路を用いて，表2に示すXOR（排他的論理和）の論理演算を行う論理回路を図1のとおり作成した。図1中の［　　］に入れる正しい答えを，解答群の中から選べ。

表2　XOR（排他的論理和）の真理値表

入力		出力
0	0	0
0	1	1
1	0	1
1	1	0

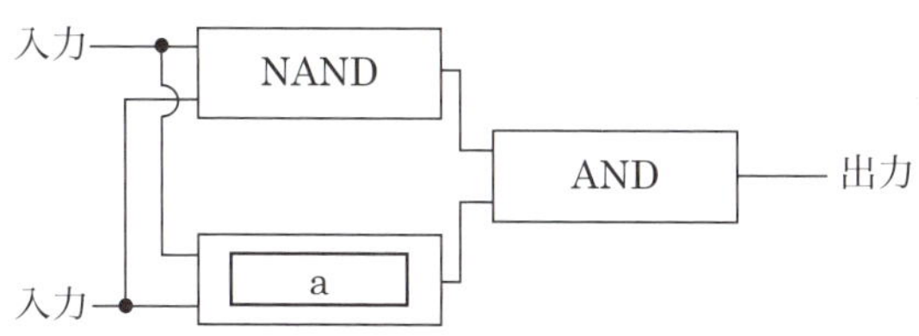

図1　XOR（排他的論理和）の論理回路

a に関する解答群

ア　AND　　　イ　NAND　　　ウ　NOR　　　エ　OR

設問2　1桁の2進数X，Yを入力して，その和の下位桁をZ，桁上がりをCに出力する半加算器の論理回路を図2に示す。図2中の［　　］に入れる正しい答えを，解答群の中から選べ。

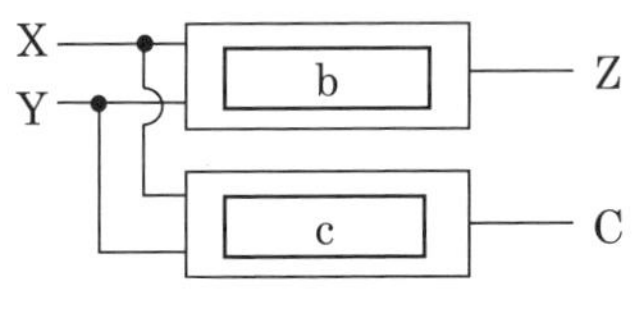

図2　半加算器の論理回路

b，c に関する解答群

ア　AND　　　イ　NAND　　　ウ　NOR　　　エ　OR　　　オ　XOR

設問3　論理回路に関する次の記述中の［　　］に入れる正しい答えを，解答群の中から選べ。

この論理回路は，1ビットの入力X，Yをそれぞれパラメタ Wx，Wy で重み付けして加算した結果を求め，パラメタTをしきい値として，次のとおりに動作する。

$Wx \times X + Wy \times Y \geqq T$　のとき，1をZに出力する。
$Wx \times X + Wy \times Y < T$　のとき，0をZに出力する。

例えば，パラメタ Wx が 0.5，Wy が 0.5，T が 0.3（以下，パラメタ〔0.5，0.5，0.3〕のように表記する）の場合には，表3に示すとおり，この論理回路における入力と出力の関係（以下，入出力関係という）は OR（論理和）になる。

表3　パラメタ〔0.5，0.5，0.3〕の場合の入出力関係

入力		Wx×X＋Wy×Y	T	出力
X	Y			Z
0	0	0.5×0＋0.5×0	0.3	0
0	1	0.5×0＋0.5×1	0.3	1
1	0	0.5×1＋0.5×0	0.3	1
1	1	0.5×1＋0.5×1	0.3	1

同様に，

(1) AND（論理積）になる入出力関係は，パラメタ［　d　］で実現できる。

(2) NAND（否定論理積）になる入出力関係は，パラメタ［　e　］で実現できる。

d，eに関する解答群

ア〔−0.5，−0.5，−0.8〕　イ〔−0.5，−0.5，−0.2〕
ウ〔 0.5， 0.5，−0.5〕　エ〔 0.5， 0.5， 0.2〕
オ〔 0.5， 0.5， 0.8〕　カ〔 0.5， 0.5， 1.5〕

Part 3　Chapter 2

第2章 ソフトウェア

出題のポイント

ソフトウェア分野の問題として，コンパイラの最適化（平成 24 年度春期），プロセスの排他制御（平成 24 年度秋期），仮想記憶方式（平成 25 年度春期），プログラムの並列実行（平成 26 年度春期），OS におけるプロセスのスケジューリング（平成 26 年度秋期），言語処理系（平成 27 年度春期），リストとガーベジコレクション（平成 28 年度春期），コンパイラの字句解析と構文解析（平成 28 年度秋期），プロセスの排他制御（平成 29 年度秋期），プロセスのスケジューリング（平成 30 年度秋期），仮想記憶方式（平成 31 年度春期）が出題されました。出題テーマとしては，プロセス（タスク）の切替りや仮想記憶におけるページングに関するもの，コンパイラ理論に関するものが挙げられます。CBT 方式の試験では問題は非公開となっていますが，出題範囲等に変更はなく，出題傾向にも変化はないものと考えられます。

(1)　仮想記憶とプロセス制御

仮想記憶方式に関する基本事項をしっかり学習してください。仮想記憶のハードウェア機能にかかわるもの（DAT；Dynamic Address Translation：動的アドレス変換，ページ不在割込み）とソフトウェア機能にかかわるもの（LRU などのページ置換えアルゴリズム，スラッシング，ページイン，ページアウトなど）に分けて理解するとよいでしょう。**仮想記憶にかかわるページ置換えアルゴリズムである LRU は，何回も出題される典型的な題材**です。具体的な問題を解けばすぐに理解が深まると思います。

また，一つの CPU 上で同時に複数のプロセスを実行する際に必要になるプロセス制御についても押さえておきましょう。

(2)　コンパイラ

コンパイラは，人間の書いた**自然言語のプログラムコードを翻訳し，コンピュータが実行できる機械語のプログラムコードを生成するソフトウェア**です。

コンパイラの処理過程は，字句解析，構文解析，意味解析，最適化，機械語プログラムコードの生成とつながります。ここでは試験問題として出題される，字句解析，構文解析，意味解析といった部分を学習してください。

2.1　仮想記憶とプロセス制御

対策のポイント

(1)　ページング方式

ページは固定長で，セグメントは論理的に意味のあるかたまりで可変長です。

(2)　ページングアルゴリズム

ページングアルゴリズムとして，LRU は何度も出題されるテーマです。FIFO，LIFO，LFU とともにしっかり理解しておきましょう。これらは，キャッシュメモリにおけるブロック置換方式のアルゴリズムと同じです。

知識確認問題　必要な知識を確認してみましょう！

問　仮想記憶方式のコンピュータにおいて，実記憶に割り当てられるページ数は 3 とし，追い出すページを選ぶアルゴリズムは，FIFO と LRU の二つを考える。あるタスクのページのアクセス順序が

1，3，2，1，4，5，2，3，4，5

のとき，ページを置き換える回数の組合せとして，適切なものはどれか。

(H29 春-FE 問 19)

	FIFO	LRU
ア	3	2
イ	3	6
ウ	4	3
エ	5	4

解説

実記憶に割り当てられた三つのページの状態を図に書いてトレースすると，それぞれ次のようになります。FIFO の場合には，実記憶に入った順番にそのまま記録していけばよいですが，LRU の場合には，参照によって追い出される順番が変わるため，直近に参照されたページが左端に来るように，順番を入れ換えながらトレースしなくてはなりません。実記憶に必要なページがないときには，必要なページを新たに読み込むための空間を実記憶上に確保するために，最も右のページが追い出されます。図の丸付き数字はその際に追い出されるページ番号を表しています。この書き方は一例ですので，自分なりの書き方（整理の仕方）を確立しておくとよいでしょう。

第3部
第1章
第2章
第3章
第4章
第5章

・FIFOの場合の実記憶の状態

(開始)

1→	1			
3→	3	1		
2→	2	3	1	
1→	2	3	1	
4→	4	2	3	→①
5→	5	4	2	→③
2→	5	4	2	
3→	3	5	4	→②
4→	3	5	4	
5→	3	5	4	

(終了)

ページ追出しの回数は3回

・LRUの場合の実記憶の状態

(開始)

1→	1			
3→	3	1		
2→	2	3	1	
1→	1	2	3	
4→	4	1	2	→③
5→	5	4	1	→②
2→	2	5	4	→①
3→	3	2	5	→④
4→	4	3	2	→⑤
5→	5	4	3	→②

(終了)

ページ追出しの回数は6回

FIFOではページの置換えが3回，LRUでは6回なので，（イ）が適切な組合せになります。

解答　イ

(3)　スラッシング

ページング方式において，必要とするページ数に対して，十分な実メモリが割り当てられてないときに，ページフォールト（ページ不在割込み）とページアウト処理が多発し，プログラムの実行が進まなくなる状況を**スラッシング**といいます。

知識確認問題　必要な知識を確認してみましょう！

問　主記憶の管理方式とマルチプログラミングでのプログラムの多重度の組合せで，スラッシングが発生しやすいのはどれか。

(H25春-FE 問19)

	主記憶の管理方式	プログラムの多重度
ア	仮想記憶方式	大きい
イ	仮想記憶方式	小さい
ウ	実記憶方式	大きい
エ	実記憶方式	小さい

解説

スラッシングとは，仮想記憶方式（仮想記憶を使用する主記憶の管理方式）をとるオペレーティングシステムにおいて，実記憶実記憶（主記憶）と仮想記憶（補助記憶）間の**ページの置換え処理が多発する事象**を指します。まず，この事象は仮想記憶をもたない**実記憶方式ではページの置換え自体が発生しない**ので，（ウ），（エ）は候補から外れます。次に，仮想記憶方式において，ページ置換えが発生しやすいのはプログラムの多重度が大きいときか小さいときかを考えます。ページ置換えは実記憶よりも多い記憶容量を使用する場合に発生しますので，**プログラムの多重度が大きいときの方が，小さいときよりもページ置換え発生の可能性は高くなります**。したがって，（ア）の組合せが適切です。

解答　ア

第3部
第1章
第2章
第3章
第4章
第5章

⑷　プロセス制御

一つの CPU 上で，同時に複数のプロセスを実行する際に，オペレーティングシステムは，次の図のようにプロセスの状態を遷移させながら，CPU を交互に利用させます。なお，「事象待ち状態」は「待ち状態」とも呼ばれます。この実行単位であるプロセスはタスクとも呼ばれます。

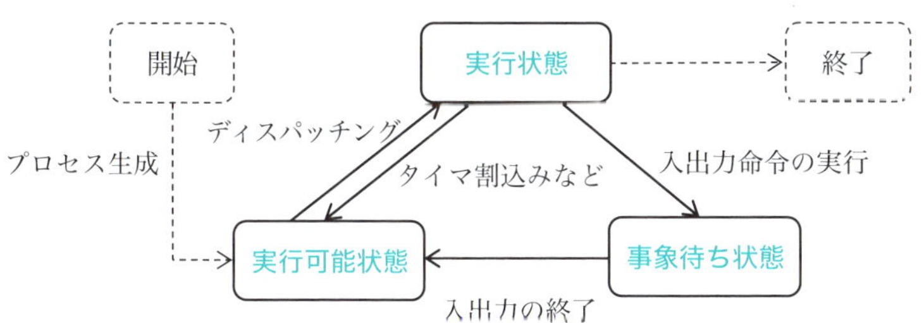

⑸　プリエンプティブとノンプリエンプティブ

マルチタスクを実現する OS は，タスクのスケジューリング方式として，**プリエンプティブな方式を採用しているものと，ノンプリエンプティブな方式を採用しているものに分類**されます。

ノンプリエンプティブな方式では，タスクの切替えは OS による管理ではなく，実行状態のタスク自身が行います。そのため，実行状態のタスクが入出力処理を行うなどして，待ち状態に遷移するか実行を終了するまで，ほかのタスクは CPU を使用することができません。したがって，プログラムの不具合などによって，一つのタスクが永久ループに陥ってしまうと，OS にも制御が戻らなくなり，コンピュータがハングアップしてしまいます。

一方，プリエンプティブな方式では，OS は一定の時間間隔（タイムクウォンタム）ごとに実行中のタスクを強制的に実行可能状態に移して，他のタスクの実行に切り替えます。この強制的に実行可能状態に移す動作をプリエンプションと呼びます。このため，一つのタスクが永久ループに陥ったとしても，OS や他のタスクの実行が脅かされることはありません。PC やサーバで使用される OS のほとんどは，プリエンプティブなスケジューリング方式を採用しています。

(6)　ラウンドロビン方式と優先度順方式

実行可能状態のタスクが複数ある場合に，どのタスクでも公平に実行する方式をラウンドロビン方式，タスクごとに優先度を設定することによって，この優先度が高いタスクを優先的に実行する方式を優先度順方式と呼びます。PC やスマートフォン，サーバ等多くの OS で優先度順方式が採用されています。例えば，音楽を再生するタスクは音飛びが気になるので，事務処理をするタスクより優先度が高いことが一般的です。

更にプリエンプティブ方式であり，優先度順方式でもある環境では，あるタスクが実行中でタイムクウォンタムの途中であっても，より高い優先度のタスクが実行可能状態になると，プリエンプションが発生し，より高い優先度のタスクに実行が即座に移ります。

(7)　スレッド

スレッドは，軽量プロセスとも呼ばれるもので，一つのプロセス（タスクと同義）の中でデータ領域は共有しながらも，並列に処理ができる単位を指します。一つの CPU 上で複数の独立したプログラムを並行して処理するためにプロセスがありますが，一つ一つのプロセスはそれぞれ独立したデータ領域をもっており，お互いのデータ領域にアクセスできません。これによって，例えば，Web ブラウザプログラムが誤動作することで，ワードプロセッサプログラムのデータが壊れるといったことを防いでいます。一方，スレッドは一つの目的をもつ一つのプロセス内で処理を並行化する際に使われます。例えば，メーラプログラムにて，ユーザが新しいメールを編集している裏で，新たなメールを受信するといった動作は，このスレッドの仕組みによって実現されています。

知識確認問題　必要な知識を確認してみましょう！

問　ノンプリエンプティブなスケジューリング方式の説明として，適切なものはどれか。

(H27春-FE 問19)

ア　新しいタスクが実行可能状態になるたびに，各タスクの残りの実行時間を評価し，その時間が短いものから順に実行する。
イ　実行状態としたタスクが決められた時間内に待ち状態に遷移しないときに，そのタスクを中断して実行待ち行列にある次のタスクを実行状態とする。
ウ　実行状態としたタスクが自ら待ち状態に遷移するか終了するまで，他のタスクを実行状態とすることができない。
エ　タスクが実行可能状態になったときに，そのタスクの優先度と，その時，実行状態であるタスクの優先度とを比較して，優先度が高い方のタスクを実行状態とする。

解説

ノンプリエンプティブなスケジューリング方式では，タスクの切替えがタスク自身に委ねられています。そのため，**実行状態のタスクが入出力処理を行うなどして，待ち状態に遷移するか実行を終了するまで，ほかのタスクは CPU を使用することができません**。したがって，（ウ）が正解です。
ア：処理時間順の説明です。
イ：ラウンドロビンの説明です。
エ：優先度順の説明です。

解答　ウ

第3部
第1章
第2章
第3章
第4章
第5章

演習問題　第3部　第2章　問1

プログラムの並列実行に関する次の記述を読んで，設問1～3に答えよ。

（H26春-FE 午後問3）

プログラムを並列に実行する方法として，スレッドを使用した並列実行がある。スレッドを使用した並列実行では，プログラムの中で並列実行が可能な部分を抽出して複数の処理に分割し，分割した処理を別々のスレッドとして同時に実行する。

スレッドによる並列実行の例を，図1に示す。プログラムAは，一つのプロセスとして実行され，データ作成，計算処理，結果出力の順に処理が行われる。ここで，計算処理はn個の処理に分割して並列実行が可能であり，分割した処理を異なるスレッドで並列に実行した結果は，スレッドを使わずに計算処理した実行結果と同じであるとする。計算処理では，スレッドの生成と実行を行い，全てのスレッドの終了を同期処理で待つ。各スレッドでは，分割した計算処理（部分計算処理）を行う。

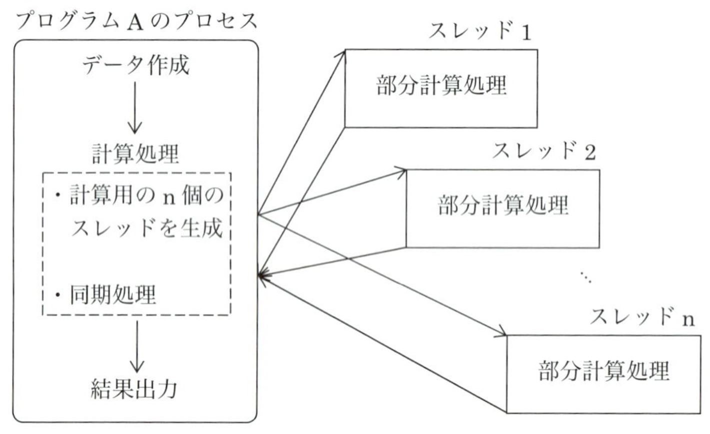

図1　スレッドによる並列実行の例

プログラムAを実行するコンピュータの構成は，性能が同じである複数のCPUと各CPUからアクセス可能な共有メモリで構成されているマルチプロセッサとする。生成された複数のスレッドは，異なるCPUに割り当てられて同時に実行され，各スレッドは共有メモリでデータを共有する。マルチプロセッサにおけるスレッドとCPU，共有メモリの関係を，図2に示す。ここで，データを転送するバスの競合は無いものとする。

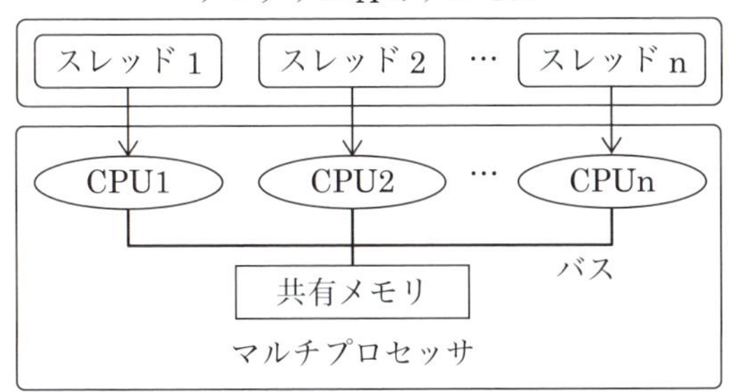

図2　マルチプロセッサにおけるスレッド実行

設問1　次の記述中の ＿＿＿ に入れる正しい答えを，解答群の中から選べ。

マルチプロセッサによる並列実行で得られる理想的な高速化率 E は，次の式で求められる。

$$E = \frac{1}{1 - r + \left(\frac{r}{n}\right)}$$

n：CPUの数（$n \geqq 1$）

r：対象とする処理のうち，並列実行が可能な部分の処理時間の割合（$0 \leqq r \leqq 1$）

図1のプログラムAにおいて，データ作成，計算処理，結果出力の処理時間の割合が7：90：3の場合，単一のCPUで実行したときと比べた高速化率を5以上にするには，CPUが最低 [a] 個必要である。ここで，スレッドの生成処理などの並列実行に伴うオーバヘッドは考慮しない。

aに関する解答群

ア　5	イ　6	ウ　7
エ　8	オ　9	カ　10

設問2　次の記述中の ＿＿＿ に入れる正しい答えを，解答群の中から選べ。

プログラムの一部を複数の処理に分割して並列に実行するためには，プログラムの中から並列実行が可能な部分を抽出する必要がある。並列実行が可能なループの例を，図3に示す。図3は，`i` のループに関してループを四つに分割し，分割したそれぞれのループの処理をスレッドとして並列実行する場合である。ここで，配列のデータはスレッド間で共有され，変数 **i** はスレッドごとに確保されるものとする。

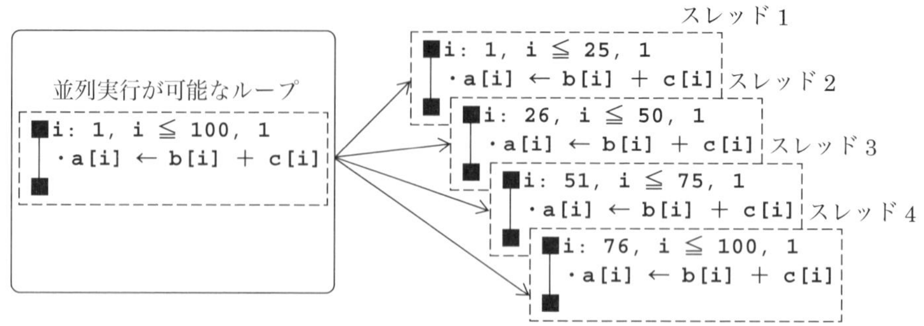

図３　並列実行が可能なループの例

プログラムの中から並列実行が可能な部分を抽出する場合，並列に実行してもデータの更新と参照の順序が変化しないことを保証する必要がある。図4に示すプログラム1〜3を，**i** のループに関して複数のループに分割し，分割したそれぞれのループの処理を並列に実行する場合の並列実行可能性について考える。ここで，配列は十分に大きいものとする。

プログラム1は，ループの中で［　b　］，並列実行できない。プログラム2は，ループの中で［　c　］，並列実行できない。プログラム3は，**m** の値が不明の場合には並列実行できないが，［　d　］であることが保証されていれば並列実行は可能である。

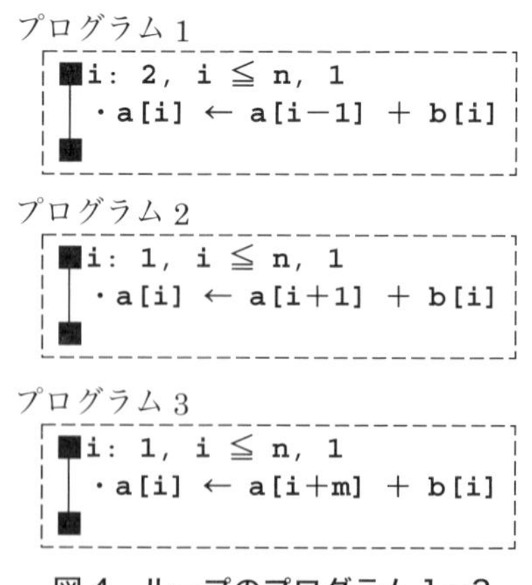

図４　ループのプログラム1〜3

b，c に関する解答群

ア　更新した値が次の繰返しで参照されるので

イ　更新した値が次の繰返しで再び更新されるので

ウ　参照した値が次の繰返しで更新されるので

エ　参照した値が次の繰返しで再び参照されるので

d に関する解答群

ア　**m ≧ 0**　　イ　**m ≧ n**　　ウ　**m ≦ 0**　　エ　**m ≦ n**

設問3　図５に示すプログラム４は，配列 **a** で更新する要素を示すインデックスの値が配列 **ip** で間接的に決定される。この配列 **a** のような更新を含むプログラムは，配列 **ip** の値によっては並列実行できない場合があるので注意が必要である。プログラム４を，図５のように **i** のループに関して複数のループに分割し，分割したそれぞれのループの処理をスレッドで並列実行するとき，並列実行可能な **ip[i] (i＝1,2,…,20)** の値として適切な答えを，解答群の中から選べ。

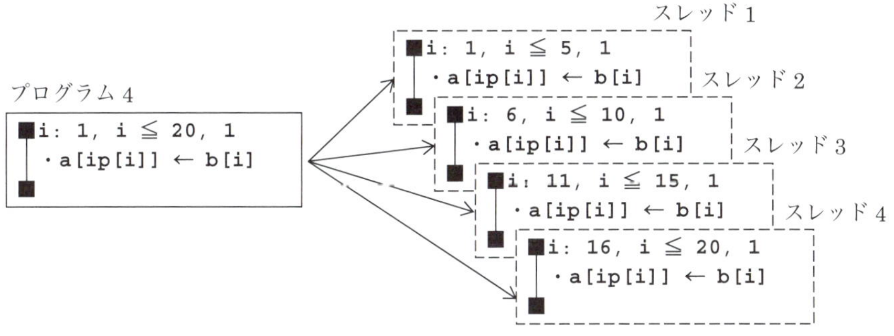

図５　プログラム４の並列実行

解答群

	ip																			
i	1	2	3	4	5	6	7	8	9	10	11	12	13	14	15	16	17	18	19	20
ア	1	2	3	4	5	1	2	3	4	5	1	2	3	4	5	1	2	3	4	5
イ	2	17	14	10	7	19	16	13	9	6	20	15	12	8	5	18	1	11	3	4
ウ	10	5	8	13	4	8	3	17	2	3	15	13	15	13	1	6	11	18	16	3
エ	20	17	14	10	7	19	16	13	9	6	18	15	12	8	5	17	14	11	7	4

2.2　コンパイラ

対策のポイント

(1)　状態遷移表とコンパイラによる構文解析

コンパイラは人間が書いたプログラムコードを，上の行から下の行に，左から右に読んでいくものが一般的です。このとき，プログラム言語ごとに決められた構文に合致しているかどうかをチェックする際に，状態遷移表というものを用います。

状態遷移表は次の例のように，現在の状態と新たな出来事（この表では次の文字種）から次の状態がどうなるかを表します。この例では，「変数名読込み中」に「次の文字種」として「空白文字」が出現すると，次の状態が「次の単語区切り探索中」になることを表しています。

次の文字種 現在の状態	英大文字 英小文字	数字	空白文字	演算子
変数名読込み中	変数名読込み中	変数名読込み中	次の単語区切り探索中	演算子読込み中
次の単語区切り探索中	変数名読込み中	エラー	次の単語区切り探索中	演算子読込み中
⋮	⋮	⋮	⋮	⋮

(2)　コンパイラによる構文解析

コンパイラによって，プログラムコードの翻訳を行う際には，構文の解析を行う構文解析や，構文の意味を解釈する意味解析というフェーズを経る必要があります。このときに重要な知識は，構文ルールに基づくコードの読込みロジックや，演算子の優先順位に基づく計算ロジックといったものです。演算子の優先順位を（）を付けずに表現する方法に，逆ポーランド表記法があります。**逆ポーランド表記法では式が「左の項，右の項，演算子」と並びます**。左の項，右の項は，数値，変数のほか，入れ子の式である場合もあります。

逆ポーランド表記法の例：

AB×CD－＋　⇒　(A×B)＋(C－D)　⇒　(A×B)＋C－D

AB×C－D＋　⇒　((A×B)－C)＋D　⇒　(A×B)－C＋D

コンパイラによる演算式の解釈後の内容を格納する形式に，四つ組形式という形式があります。四つ組形式では，加減乗除の演算子を先に記述し，演算対象の変数である被演算子 1，被演算子 2，結果を表す変数の順に記述します。そして，その結果は式ごとにスタックに収められ，次の式で使用する場合に利用されます。つまり，先にスタックに収められた結果が，演算において先に計算する（　）の中の実行に相当し，これによって複雑な計算式にも対応できます。

> 四つ組形式の書式例：
> 　（演算子，被演算子 1，被演算子 2，結果）

(3) オートマトン

オートマトン（automaton）とは，入力に対して内部の状態に応じた処理結果を出力する仮想的な機械のことです。オートマトンのうち，有限の状態をもち（状態の種類が決まっている)，現在の状態と入力から出力と次の状態を決めて動作するものを有限オートマトンと呼びます。有限オートマトンの動作は状態遷移図で表すことができます。

コンパイラを有限オートマトンとして捉えることで，プログラムのソースコードの１命令文に構文エラーがあるかどうかを判断するロジックの整理を状態遷移図を用いて整理することができます。

第3部
第1章
第2章
第3章
第4章
第5章

知識確認問題　必要な知識を確認してみましょう！

問　入力記号，出力記号の集合が {0, 1} であり，状態遷移図で示されるオートマトンがある。0011001110 を入力記号とした場合の出力記号はどれか。ここで，S_1 は初期状態を表し，グラフの辺のラベルは，入力／出力を表している。

（H30 春-FE 問 4）

〔状態遷移図〕

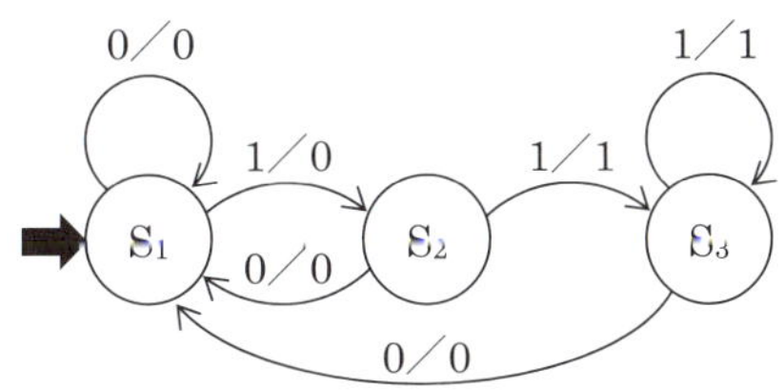

ア　0001000110　　　イ　0001001110

ウ　0010001000　　　エ　0011111110

解説

有限オートマトンの動作を示した状態遷移図を確認しましょう。図の S_1 は初期状態を表し，グラフの辺のラベル（0／0 など）は，入力／出力を表します。

0011001110 を入力記号とあるので，このビット列を左から順に入力した場合の状態遷移と出力値を見て行きます。なお，本問では，入力記号のビット列を左から順番に入力するという記述はなく，多くの場合左側から先に処理するのが暗黙の了解に近いです。本来であれば，その記述も必要ではないかと思われます。

				ラベル	次の状態	出力
①	0011001110	S_1	→	(0／0)	S_1	0
②	0011001110	S_1	→	(0／0)	S_1	0
③	0011001110	S_1	→	(1／0)	S_2	0
④	0011001110	S_2	→	(1／1)	S_3	1
⑤	0011001110	S_3	→	(0／0)	S_1	0
⑥	0011001110	S_1	→	(0／0)	S_1	0
⑦	0011001110	S_1	→	(1／0)	S_2	0
⑧	0011001110	S_2	→	(1／1)	S_3	1
⑨	0011001110	S_3	→	(1／1)	S_3	1
⑩	0011001110	S_3	→	(0／0)	S_1	0

このように出力記号は，上から順番に 0001000110 となります。したがって，（ア）が正解です。

解答　ア

問　コンパイラで構文解析した結果の表現方法の一つに四つ組形式がある。

（演算子，被演算子 1，被演算子 2，結果）

この形式は，被演算子 1 と被演算子 2 に演算子を作用させたものが結果であることを表す。次の一連の四つ組は，どの式を構文解析したものか。ここで，T_1，T_2，T_3 は一時変数を表す。

（＊，B，C，T_1）
（／，T_1，D，T_2）
（＋，A，T_2，T_3）

（H27 秋-FE 問 19）

ア　A＋B＊C／D　　　　イ　A＋B＊C／T_2

ウ　B＊C＋A／D　　　　エ　B＊C＋T_1／D

解説

コンパイラの構文解析で用いられる四つ組形式の問題です。問題文に「この形式は，被演算子１と被演算子２に演算子を作用させたものが結果であることを表す」とあるので，一連の四つ組形式を中置記法で表してみましょう。そして，その過程でT_1やT_2はＢやＣ，Ｄを用いた計算式に展開可能なので，その部分を展開しながらトレースしてみましょう。

（＊，Ｂ，Ｃ，T_1）　→　T_1＝Ｂ＊Ｃ
（／，T_1，Ｄ，T_2）→　T_2＝T_1／Ｄ＝Ｂ＊Ｃ／Ｄ　（下線部はT_1を展開）
（＋，Ａ，T_2，T_3）→　T_3＝Ａ＋T_2＝Ａ＋Ｂ＊Ｃ／Ｄ　（下線部はT_2を展開）

したがって，（ア）が正解です。

解答　ア

問　手続型言語のコンパイラが行う処理のうち，最初に行う処理はどれか。

（H30 秋-FE 問 19）

ア　意味解析　　イ　構文解析　　ウ　最適化　　エ　字句解析

解説

手続型言語のコンパイラが行う処理は，次のような順番で行われます。

①　字句解析

ソースプログラムのファイルに記載された文字列から字句（英文でいうところの単語に当たる部分）を見つけ，切り分ける。

②　構文解析

切り分けた字句それぞれを，変数，予約語，定数，記号，改行文字と判別するとともに複数の字句から成る構文として成立しているかどうかを解析する。また，算術式の構造も調べる。

③　意味解析

それぞれの字句が相互に正しい関係になっているかを調べる。例えば，算術式の場合には，数値を扱うデータ型の変数，定数，算術記号，カッコだけが使われているかなどを調べる。

④　最適化

目的プログラムの実行時間や大きさが小さくなるように，プログラムを変更する。例えば，式を簡略化したり，定数をあらかじめ計算したりしておく。

⑤　コード生成

機械語の目的プログラムを生成する。

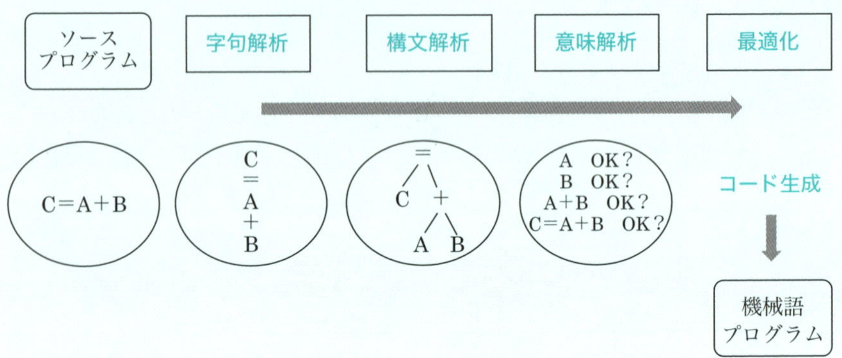

この内容から，最初に行う処理は（エ）の字句解析となります。

解答　エ

演習問題　第３部　第２章　問２

コンパイラの字句解析と構文解析に関する次の記述を読んで，設問 1，2 に答えよ。

(H28 秋-FE 午後問 2)

コンパイラの字句解析では，原始プログラムを文字列として読み込んで，文字列中の文字の並びが字句として認識できるかどうかを解析し，その結果を字句の並びとして出力する。字句とは，原始プログラム中の名前や定数など，構文規則で規定されている文字の並びの最小単位である。構文解析では，字句解析が出力した字句を読み込みながら，字句の並びが構文規則で規定されている文法に合っているかどうかを解析し，その結果を構文木などの中間表現で出力する。

設問１　字句解析の処理について，次の記述中の [　　　] に入れる正しい答えを，解答群の中から選べ。

123.や 123.4e－1 など，構文規則で規定されている符号なし浮動小数点定数を例として字句解析の処理を考える。

“→”は，左側の構文要素が右側で定義されることを示す。
“｜”は，“又は”を意味する。
“[”と“]”で囲まれた部分は，省略可能を意味する。

〔符号なし浮動小数点定数の構文規則〕

符号なし浮動小数点定数	→	小数点定数 [指数部] ｜ 数字列 指数部
小数点定数	→	[数字列]. 数字列 ｜ 数字列.
指数部	→	e [符号] 数字列
数字列	→	数字 ｜ 数字列　数字
符号	→	＋ ｜ －
数字	→	0 ｜ 1 ｜ 2 ｜ 3 ｜ 4 ｜ 5 ｜ 6 ｜ 7 ｜ 8 ｜ 9

構文規則は，状態遷移図で表現することもできる。符号なし浮動小数点定数の構文規則に対する状態遷移図を，図 1 に示す。字句解析では，文字の並び中の文字を読み込みながら初期状態から状態を遷移させて，文字の並びを読み終えたときの状態が最終状態ならば，その文字の並びは符号なし浮動小

数点定数であると判定する。ここで，円の中の数字は状態番号を示す。初期状態の状態番号は 0 であり，最終状態は二重円で示している。また，文字の並びは左から右に向けて 1 文字ずつ処理される。

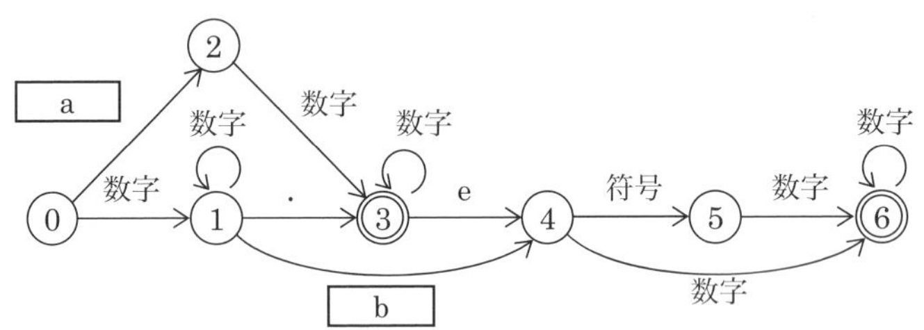

図 1　符号なし浮動小数点定数の構文規則に対する状態遷移図

a，b に関する解答群

ア　.　　イ　e　　ウ　指数部

エ　数字　　オ　符号

設問 2　構文解析の処理について，次の記述中の ［　　　］ に入れる正しい答えを，解答群の中から選べ。

構文規則で規定されている式を例として，構文解析の処理を考える。式の構文解析では，式を構成する演算子や名前などの字句を，式の左から右に読み込みながら，字句の並びが構文規則で規定されている文法に合っているかどうかを解析し，その結果を構文木として出力する。例えば，2 項演算子 op，名前 v，w，x を構成要素とする式 v op w op x は，次の演算順序①，②になるように解釈され，その結果は，図 2 に示す 2 分木で表現する構文木として出力される。図 2 の構文木では，深さ優先でたどりながら，帰り掛けに節の演算子を評価する。

〔演算順序〕

① v と w に対して演算 op を施す。

② ①の結果と x に対して演算 op を施す。

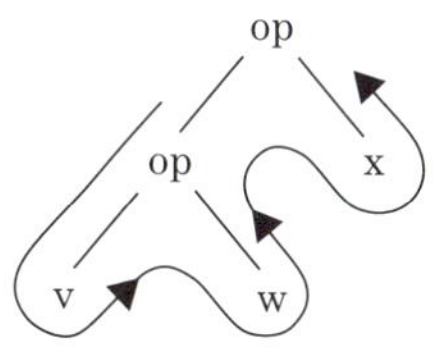

図 2　式の構文木と演算順序の例

式の構文規則では，式の構文を規定するだけではなく，演算子の優先順位も規定する。2 項演算子 op1 と op2，名前 v，w，x，y，z を構成要素とする式の構文規則を定義する。ここで，“演算子 op1 の優先順位は，演算子 op2 の優先順位よりも高い”とする。これを規定する場合，式の構文規則は次のとおりになる。この構文規則で受理される式の例を，例 1 に示す。

〔式の構文規則〕

式　→　項 | [c]

項　→　因子 | 項 op1 因子

因子　→　名前

名前　→　v | w | x | y | z

例 1：　v op2 w op1 x

さらに，式の構文に括弧を追加し，“括弧を含む式では，演算の優先順位は，括弧内の演算の方が高い”とする。これを規定する場合，因子の構文規則は次のとおりになる。この構文規則で受理される式の例を，例 2 に示す。

〔因子の構文規則〕

因子　→　名前　｜（ d ）

例2：　v op2 w op1 (x op2 y) op1 z

例2で示す式を解析したとき，出力される構文木は e となる。

cに関する解答群

ア　式　　　イ　式 op2 因子

ウ　式 op2 項　　　エ　式 op2 名前

dに関する解答群

ア　因子　　イ　項　　ウ　式　　エ　名前

eに関する解答群

ア

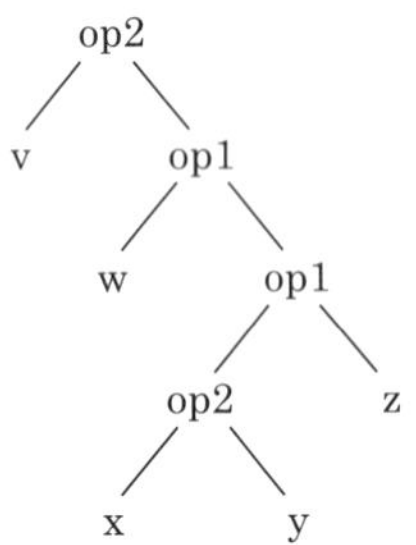

イ

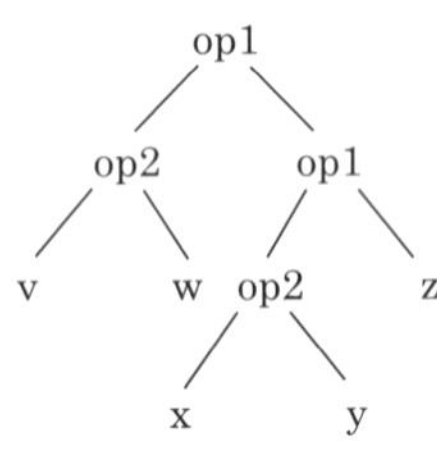

ウ

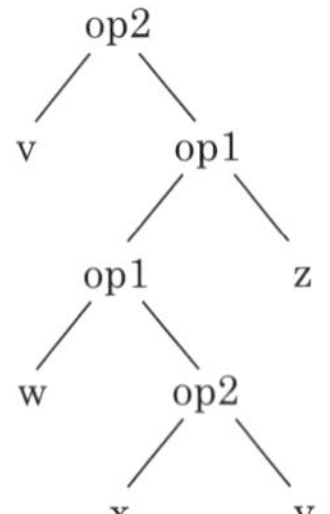

エ

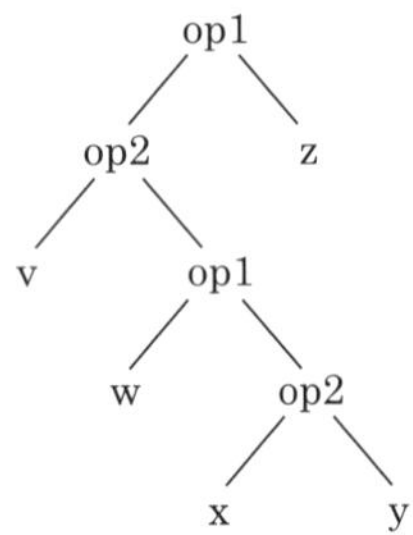

Part 3　　Chapter 3

第3章 データベース

出題のポイント

データベース分野の問題として，過去には，自治会員の情報を管理する関係データベースの設計及び運用（平成 27 年度春期），電子部品の出荷データを管理する関係データベースの運用（平成 27 年度秋期），遊園地の入園者情報を管理する関係データベース（平成 28 年度春期），従業員の通勤情報を管理する関係データベース（平成 28 年度秋期），住民からの問合せに回答するためのデータベース（平成 29 年度春期），会員制通信販売事業者における会員販売データ管理（平成 29 年度秋期），小学生を対象とした，ある子供会の名簿を管理する関係データベース（平成 30 年度春期），コンサートチケット販売サイトの関係データベースの設計及び運用（平成 30 年度秋期），定期健康診断のデータが登録されているデータベース（平成 31 年度春期）など，正規化の知識を前提としたデータベース設計（テーブル定義の設計）や，SQL 操作がテーマとして取り上げられています。トランザクション制御等データベース管理システムの動作内容をテーマにした問題も稀に登場しますので，こうした点も押さえておきましょう。CBT 方式の試験では問題は非公開となっていますが，出題範囲等に変更はなく，出題傾向にも変化はないものと考えられます。

(1)　正規化と SQL

データベース分野の午後問題のほとんどは，データベースの表定義における正規化や，データ抽出のための SQL を問う問題です。データを矛盾なく効率的に格納する表形式や，WHERE 句，GROUP BY 句，ORDER BY 句を使った SQL 文，結合や副問合せを使った SQL 文に慣れておく必要があります。

(2)　DBMS（データベース管理システム）

DBMS がもつトランザクション機能，つまり同時実行制御と回復処理のための機能をテーマとした問題も，平成 23 年度春期（特別試験）以降の出題がないのですが，DBMS の運用に必要な知識でもあるため，こちらについても本書では紹介をしていきます。

第3部
第1章
第2章
第3章
第4章
第5章

3.1　正規化とSQL

対策のポイント

(1)　第1正規化

繰返し項目を排除します。社員の保有資格という表を考えた場合，例えば，次の非正規形では，東京花子さんが，英検2級と簿記3級を保有していること等が記録されていますが，2行目だけを抽出した場合には，誰が保有している簿記3級なのか分からなくなってしまいます。データの重複があっても，次に示す第1正規形のように各行が単独で意味が分かるデータにします。

・非正規形

社員保有資格管理

社員NO	社員名	部門コード	部門名	入社年月日	資格コード	資格名	資格取得年
2002	東京花子	S02	庶務2課	2008-04-01	E02	英検2級	2010
					B03	簿記3級	2011
2006	川崎一郎	K03	開発3課	2005-10-01	E02	英検2級	2010
					J01	基本情報技術者	2011
					J05	システム監査技術者	2013
2008	横浜晴子	K01	開発1課	2010-04-01	J01	基本情報技術者	2013

・第1正規形

社員保有資格管理

社員NO	社員名	部門コード	部門名	入社年月日	資格コード	資格名	資格取得年
2002	東京花子	S02	庶務2課	2008-04-01	E02	英検2級	2010
2002	東京花子	S02	庶務2課	2008-04-01	B03	簿記3級	2011
2006	川崎一郎	K03	開発3課	2005-10-01	E02	英検2級	2010
2006	川崎一郎	K03	開発3課	2005-10-01	J01	基本情報技術者	2011
2006	川崎一郎	K03	開発3課	2005-10-01	J05	システム監査技術者	2013
2008	横浜晴子	K01	開発1課	2010-04-01	J01	基本情報技術者	2013

注　下線部分が主キーです。主キーとはレコードを一意（ただ一つ）に特定するためのキーです。この表では社員NOと資格コードから資格取得年が一意に取得できます。

(2) 第２正規化

主キーの一部に従属（部分関数従属といいます）する項目を別の表に分けます。例えば，一つ前の第１正規形では，主キーの一部，つまり社員NOや，資格コードだけから決まる社員表や資格表が別の表として分離されます。

・第２正規形

社員

社員NO	社員名	部門コード	部門名	入社年月日
2002	東京花子	S02	庶務２課	2008-04-01
2006	川崎一郎	K03	開発３課	2005-10-01
2008	横浜晴子	K01	開発１課	2010-04-01

保有資格

社員NO	資格コード	資格取得年
2002	E02	2010
2002	B03	2011
2006	E02	2010
2006	J01	2011
2006	J05	2013
2008	J01	2013

資格

資格コード	資 格 名
E02	英検２級
B03	簿記３級
J01	基本情報技術者
J05	システム監査技術者

(3) 第３正規化

主キー以外の項目に関数従属（推移的関数従属といいます）する項目を別の表に分けます。例えば，一つ前の第２正規形では，社員NOが決まれば特定される部門コードは主キーではありませんが，部門名を導き出すための項目となっています（社員NO→部門コード→部門名）。したがって，この部分を部門表として別の表に分離します。

・第３正規形

社員

社員NO	社員名	部門コード	入社年月日
2002	東京花子	S02	2008-04-01
2006	川崎一郎	K03	2005-10-01
2008	横浜晴子	K01	2010-04-01

部門

部門コード	部門名
S02	庶務２課
K03	開発３課
K01	開発１課

保有資格

社員NO	資格コード	資格取得年
2002	E02	2010
2002	B03	2011
2006	E02	2010
2006	J01	2011
2006	J05	2013
2008	J01	2013

資格

資格コード	資 格 名
E02	英検２級
B03	簿記３級
J01	基本情報技術者
J05	システム監査技術者

知識確認問題　必要な知識を確認してみましょう！

問　6 行だけから成る“配送”表において成立している関数従属はどれか。ここで，$X \rightarrow Y$ は，X は Y を関数的に決定することを表す。

(H28 秋-FE 問 27)

配送

配送日	部署 ID	部署名	配送先	部品 ID	数量
2016-08-21	300	第二生産部	秋田事業所	1342	300
2016-08-21	300	第二生産部	秋田事業所	1342	300
2016-08-25	400	第一生産部	名古屋工場	2346	300
2016-08-25	400	第一生産部	名古屋工場	2346	1,000
2016-08-30	500	研究開発部	名古屋工場	2346	30
2016-08-30	500	研究開発部	川崎事業所	1342	30

ア　配送先 → 部品 ID　　　イ　配送日 → 部品 ID
ウ　部署 ID → 部品 ID　　エ　部署名 → 配送先

解説

関数従属（性）とは，例えば，**部署 ID が決まれば部署名が決まるというような従属関係**のことをいい，この場合「部署名は部署 ID に関数従属する」，あるいは「部署 ID は部署名を関数的に決定する」といいます。問題文の「$X \rightarrow Y$」の書式に沿うと「部署 ID→部署名」という表現になります。

問題の“配送”表に格納されたデータをみると，配送先ごとに配送する部品 ID が 1 種類に留まっており，**同じ配送先に違う部品 ID の部品を配送することがない**と分かります。つまり「配送先→部品 ID」という関数従属が見られます。したがって，（ア）が正解です。

イ：配送日→部品 ID に関して，(2016-08-21，1342)，(2016-08-25，2346)，(2016-08-30，2346)，(2016-08-30，1342) があり，配送日と部品 ID は 1 対多の関係となり，関数従属は成立しません。

ウ：部署 ID→部品 ID に関して，(300，1342)，(400，2346)，(500，2346)，(500，1342) があり，部署 ID と部品 ID は 1 対多の関係となり，関数従属は成立しません。

エ：部署名→配送先に関して，(第二生産部，秋田事業所)，(第一生産部，名古屋工場)，(研究開発部，名古屋工場)，(研究開発部，川崎事業所) があり，部署名と配送先は１対多の関係となり，関数従属は成立しません。

解答　ア

問　属性ａの値が決まれば属性ｂの値が一意に定まることを，ａ → ｂで表す。例えば，社員番号が決まれば社員名が一意に定まるということの表現は，社員番号 → 社員名である。この表記法に基づいて，図の関係が成立している属性ａ ～ ｊを，関係データベース上の三つのテーブルで定義する組合せとして，適切なものはどれか。

(H29 春-FE 問 25)

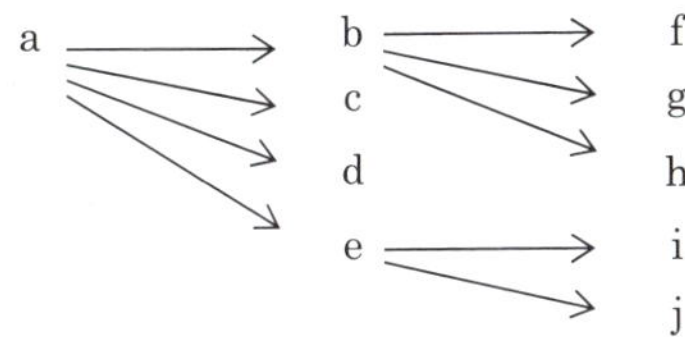

ア　テーブル１（a）
　　テーブル２（b，c，d，e）
　　テーブル３（f，g，h，i，j）

イ　テーブル１（a，b，c，d，e）
　　テーブル２（b，f，g，h）
　　テーブル３（e，i，j）

ウ　テーブル１（a，b，f，g，h）
　　テーブル２（c，d）
　　テーブル３（e，i，j）

エ　テーブル１（a，c，d）
　　テーブル２（b，f，g，h）
　　テーブル３（e，i，j）

解説

項目ａの値が決まれば項目ｂの値が一意に定まる（a→b）関係にあるとき，項目ｂは項目ａに関数従属しているといいます。関係データベースのテーブルを設計する場合，主キーと主キーに関数従属する項目によってテーブルが構成されるようにテーブルを定義していくことで，**一事実一か所**でのデータ格納が実現でき，データの不整合を排除できます。

これを踏まえて問題文にある図から，**主キーと主キーに関数従属する項目として切り出せる部分**を抽出していきます。

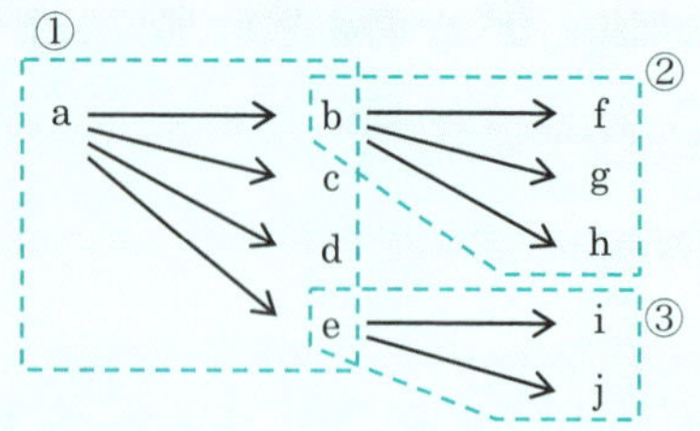

① 項目aの値が決まれば項目b，c，d，eの値が一意に定まる（b，c，d，eはaに関数従属している）ことを表しているので，一つ目のテーブルとして（a，b，c，d，e）と定義できます。

② 項目bの値が決まれば項目f，g，hの値が一意に定まる（f，g，hはbに関数従属している）ことを表しているので，二つ目のテーブルとして（b，f，g，h）と定義できます。

③ 項目eの値が決まれば項目i，jの値が一意に定まる（i，jはeに関数従属している）ことを表しているので，三つ目のテーブルとして（e，i，j）と定義できます。

したがって，（イ）が適切です。

解答　イ

(4)　単純問合せ

一つの表の問合せをするSELECT文を単純問合せといいます。単純問合せは，すべての問合せの基本になります。

(5)　グループ化

グループ化は，複数行から成る結果を集計する処理です。GROUP BY句が使われます。

(6)　結合

結合とは，二つ以上の表を共通する項目で横方向に連結する抽出処理です。例えば，（社員番号，氏名，部署番号）という表と（部署番号，部署名）という二つの表から部署番号が一致する行同士を連結し，（社員番号，氏名，部署番号，部署名）という形で行を取得するといった抽出処理が結合です。

知識確認問題　必要な知識を確認してみましょう！

問　“得点”表から，学生ごとに全科目の点数の平均を算出し，平均が 80 点以上の学生の学生番号とその平均点を求める。a に入れる適切な字句はどれか。ここで，実線の下線は主キーを表す。

(R1 秋-FE 問 26)

得点（学生番号，科目，点数）

〔SQL 文〕

```
SELECT 学生番号, AVG(点数)
FROM 得点
GROUP BY [    a    ]
```

ア　科目 HAVING AVG(点数) >= 80

イ　科目 WHERE 点数 >= 80

ウ　学生番号 HAVING AVG(点数) >=80

エ　学生番号 WHERE 点数 >= 80

解説

学生ごとの全科目の平均点を求めるので，平均を求める集合関数 AVG を用いて，GROUP BY でまとめた学生単位で点数の集計を行う必要があることは分かると思います。これに基づいて選択肢を見ると，GROUP BY に続く字句として「科目」を指定する（ア）と（イ）はふさわしくないことが分かります。

残る（ウ）と（エ）の違いは，「GROUP BY 学生番号」の後です。「平均が 80 点以上」という条件を SQL 文にする場合，集合関数 AVG を使う必要がある点は冒頭でも触れました。集合関数のようにデータ抽出時の計算処理によって決まる値に対して条件指定をする場合，WHERE 句は使えず，HAVING 句を使うことになります。これらの点を踏まえると，（ウ）が正解になります。

```
SELECT 学生番号, AVG(点数)
FROM 得点
GROUP BY [学生番号 HAVING AVG(点数) >=80]
```

解答　ウ

問　関係XとYを結合した後，関係Zを得る関係代数演算はどれか。

(H28春-FE 問27)

X

学生番号	氏名	学部コード
1	山田太郎	A
2	情報一郎	B
3	鈴木花子	A
4	技術五郎	B
5	小林次郎	A
6	試験桃子	A

Y

学部コード	学部名
A	工学部
B	情報学部
C	文学部

Z

学部名	学生番号	氏名
情報学部	2	情報一郎
情報学部	4	技術五郎

ア　射影と選択　　イ　射影と和　　ウ　選択　　エ　選択と和

解説

問題文では，関係Xや関係Yと抽象的に表現していますが，強いて例えると関係Xは学生表，関係Yは学部表と表現することができます。そして関係Zは，学部に所属する学生の一覧です。

学生表である関係Xには各学生の所属する学部が学部コードとして格納されているため，これを結合キーにして，学部表である関係Yと結合していることが分かります。

その際，**結合キーとして使用された学部コードは，関係Zにありません。つまり射影によって抽出対象の属性が絞り込まれています。**

次に抽出されたタプル（レコード）をみると，**情報学部に所属する学生だけが抽出されています。これは選択です。**このように射影と選択の組合せであると分かります。したがって，（ア）が正解です。

X

学生番号	氏名	学部コード
1	山田太郎	A
2	情報一郎	B
3	鈴木花子	A
4	技術五郎	B
5	小林次郎	A
6	試験桃子	A

Y

学部コード	学部名
A	工学部
B	情報学部
C	文学部

結合結果（網掛け部分が実行結果 Z）

学生番号	氏名	学部コード	学部名
1	山田太郎	A	工学部
2	情報一郎	B	情報学部
3	鈴木花子	A	工学部
4	技術五郎	B	情報学部
5	小林次郎	A	工学部
6	試験桃子	A	工学部

選択

射影

解答　ア

(7)　HAVING 句

HAVING 句はグループに対する選択条件を指定するもので，GROUP BY 句とペアで用います。HAVING 句で指定する条件式は，グループを代表する値，言い換えると合計値や平均値などでなければならないので，通常は集合関数を指定します。例えば，次の表 A，B において，「部署ごとの平均給料が 25 万円以上である部署ごとの平均給料を得る」という SQL 文は次のようになります。

元の表

A

名前	所属コード	給料
伊藤幸子	101	200,000
斉藤栄一	201	300,000
鈴木裕一	101	250,000
本田一弘	102	350,000
山田五郎	102	300,000
若山まり	201	250,000

B

部署コード	部署名
101	第一営業
102	第二営業
201	総務

```
SELECT 部署コード, 部署名, AVG(給料) FROM A, B
    WHERE A.所属コード = B.部署コード
    GROUP BY 部署コード, 部署名
    HAVING AVG(給料) >= 250000
```

この SELECT 文を実行した結果で，平均給料が 25 万円以上の部署コード 102 の第二営業と 201 の総務のデータが得られます。

出力結果

部署コード	部署名	AVG（給料）
102	第二営業	325,000
201	総務	275,000

(8)　副問合せ

副問合せは，単純問合せや結合問合せに比べると少し難しくなりますが，今後も副問合せの出題は続くと予想されます。次の問題は，副問合せとしては基本的な問題です。

知識確認問題　必要な知識を確認してみましょう！

問　次のSQL文によって，“社員の居室”表及び“部屋の管理部門”表から新たに得られる表はどれか。

(H10 秋-NW 問 45)

社員の居室

社員番号	社員名	所属	居室番号
001	田中	A1	110
002	鈴木	A1	111
003	佐藤	A1	203
004	福田	A2	201
005	渡辺	A2	202

部屋の管理部門

部屋番号	部門
110	A1
111	A1
201	A2
202	A2
203	A2

〔SQL文〕

```
SELECT  社員名
FROM    社員の居室
WHERE  居室番号 NOT IN
       (SELECT  部屋番号
        FROM   部屋の管理部門
        WHERE  部門 = 'A1')
```

ア

社員名
佐藤

イ

社員名
田中
鈴木

ウ

社員名
福田
渡辺

エ

社員名
佐藤
福田
渡辺

解説

WHERE 句の中で SELECT 文を指定することを副問合せといいます。この問題の副問合せでは，部門がA1の部屋番号を選択しています。具体的には，‘110’，‘111’が選択した部屋番号になります。NOT IN 指定によって，主問合せは**これらの部屋番号でない居室番号**の社員を選ぶことになりますから，主問合せで選択されるのは，居室番号が‘203’，‘201’，‘202’の社員である佐藤，福田，渡辺となります。

この問題は，副問合せで結果を得ていますが，同じ結果を結合問合せでも得ることができます。

ただし，どんな副問合せも結合問合せで書けるとは限りません。居室番号は，部屋番号を参照する外部キーとします。

```
SELECT  社員名
FROM  社員の居室，部屋の管理部門
WHERE  居室番号 = 部屋番号 AND 部門 <>'A1'
```

解答　エ

(9)　相関副問合せ

通常の副問合せの形式では，副問合せを先に評価してから主問合せを実行しますが，**相関副問合せでは主問合せの１行ごとに副問合せを評価**します。

相関副問合せは副問合せの一種ですが，**主問合せの問合せ結果を副問合せで参照する形式**です。問合せの中では最も難しいものですが，副問合せとの違いを確認してください。

先ほどの知識確認問題の SQL 文を，相関副問合せの形式で記述してみます。ただし，この場合は，あえて相関副問合せにする必要性はありません。

```
SELECT  社員名
FROM  社員の居室
WHERE  'A1'  NOT IN (SELECT  部門  FROM  部屋の管理部門
                 WHERE  部屋の管理部門.部屋番号  =  社員の居室.居室番号)
```

WHERE 句の「社員の居室.居室番号」は，**主問合せの１行１行の値を意味します。**この副問合せの中から主問合せの問合せ結果を参照するのが，相関副問合せの特徴です。この例では，社員の居室から居室番号を順番に得て，部屋の管理部門の部屋番号を検索します。

この相関副問合せの副問合せ部分の実行結果をトレースすると，次のようになります。

1 回目……A1（居室番号 110 と一致する部屋番号の部門）
2 回目……A1（居室番号 111 と一致する部屋番号の部門）
3 回目……A2（居室番号 203 と一致する部屋番号の部門）
4 回目……A2（居室番号 201 と一致する部屋番号の部門）
5 回目……A2（居室番号 202 と一致する部屋番号の部門）

このトレース結果を見ると 3，4，5 回目が A2 となり，A1 と一致しないので，WHERE 句の探索条件が真となり，佐藤，福田，渡辺が検索結果となって知識確認問題の副問合せと同じ結果になることが分かります。

IN や NOT IN に似たものに EXISTS や NOT EXISTS があります。NOT EXISTS を使って前述の SQL 文を記述すると，次のようになります。

```
SELECT　社員名
      FROM　社員の居室
      WHERE　NOT EXISTS (SELECT　*　FROM　部屋の管理部門
                    WHERE　部屋の管理部門.部屋番号　=　社員の居室.居室番号
                          AND 部屋の管理部門.部門 ='A1')
```

この場合にも，NOT IN を使った場合と同じ結果が得られます。

(10)　表定義とビュー定義

新たな表を作成するには，CREATE TABLE 文を使用します。例えば，商品表を作るには，次のような CREATE TABLE 文を指定します。

```
CREATE　TABLE　商品
(商品番号　INT　NOT NULL,
 商品名　　CHAR(20)　NOT NULL,
 価格　　　INT,
 PRIMARY KEY(商品番号))
```

この例では，商品番号を主キーとしています。主キーは必ず NOT NULL で NULL 値は許されません。NULL 値は，区別がつかないので主キーの役目を果たせないからです。主キーを定義する PRIMARY KEY 指定は，必ずしもなくてもよいのですが，重複行を許さない場合には必ず指定します。

今度は，商品表を参照する注文表を作成します。この表は，商品表と少し違い，参照している親の表（商品表）が存在します。外の表（又は自身の表）の主キーを参照している表の列を外部キーといいます。外部キーの定義は，FOREIGN KEY 指定で行います。

```
CREATE　TABLE　注文
(注文番号　INT　NOT NULL,
 商品番号　INT　NOT NULL,
 顧客氏名　CHAR(20)　NOT NULL,
 注文日　　DATE,
 PRIMARY KEY(注文番号),
 FOREIGN KEY(商品番号) REFERENCES　商品)
```

主キーと外部キーでの表間の参照関係を参照制約といいます。**参照制約とは，外部キーの値は，参照している表の主キーのどれかの値か，NULL 値でなければならない**という制約のことです。

CREATE TABLE 文で作成する表は，物理的にディスクに存在するため実表（ベーステーブル）といいます。これに対して，物理的に存在しない仮想の表をビュー又はビュー表といいます。ビューは，表の一部を取り出したもの，あるいは複数の表を結合したものです。データベース利用者からは，あたかも一つの表と同じように扱えます。ビューは，仮想の表ですが，実際にはビュー定義そのものがディスクに格納されています。ビューを用いる利点は，次のとおりです。

・実表に必要な部分だけを利用者に見せるので，機密保護に役立つ。
・実表の余分な情報を知らなくてもビューを通じて必要な情報にアクセスすることができる。

実際のビューの作成は，CREATE VIEW 文で行います。例えば，注文表から，商品ごとの注文を一覧表としてビューに定義します。

```
CREATE  VIEW  商品注文数
AS  SELECT  商品番号，COUNT(*)
    FROM  注文表
    GROUP  BY  商品番号
```

なお，ビューは読取り専用に作られることが多いのですが，更新用 SQL 文（UPDATE 文，INSERT 文，DELETE 文）で使用されることもあります。ただし，ビュー定義に次のような SELECT 文があると，元の表のどのレコードを更新するのか判断がつかないのでビューの更新はできません。

・DISTINCT を含む。
・集合関数，計算を含む。
・結合を含む。
・副問合せを含む。
・GROUP BY 句，HAVING 句を含む。

(11)　各種制約

主な制約は次のとおりです。

・**非 NULL 制約**：レコードの値が NULL（空値）であってはいけないという制約です。NOT NULL と指定します。
・**UNIQUE 制約（一意制約）**：値が一意でなければならない，同じ値であってはいけないという制約です。UNIQUE 句で指定します。

・CHECK 制約（検査制約）：値が満たさなければならない条件を指定します。CHECK 句で，例えば，男女区分の場合，CHECK（男女区分 IN（'男'，'女'））などと定義します。
・主キー制約：主キーの値は一意であり，かつ NULL であってはいけないという制約です。つまり UNIQUE 制約＋非 NULL 制約と言えます。PRIMARY KEY 句で指定します。
・参照制約：外部キー定義を用いて，他の表の列の値を参照する制約です。他の表に存在しない値を設定できなくなります。

知識確認問題　必要な知識を確認してみましょう！

問　SQL 文において FOREIGN KEY と REFERENCES を用いて指定する制約はどれか。

（H29 秋-FE 問 27）

ア　キー制約　　イ　検査制約　　ウ　参照制約　　エ　表明

解説

SQL 文において FOREIGN KEY と REFERENCES を用いて指定する制約は（ウ）の「参照制約」です。例として，商品マスタを保持する商品表と，商品の販売実績を保持する商品販売表を定義する CREATE 文を次に示します。

```
CREATE TABLE 商品表(
  商品番号 char(8)    PRIMARY KEY,
  商品名称 char(20)
 );
CREATE TABLE 商品販売表(
  販売番号 char(12)   PRIMARY KEY,
  販売日付 datetime,
  商品番号 char(8)    FOREIGN KEY REFERENCES 商品表(商品番号),
  販売数量 int(6)
 );
```

この CREATE 文では，FOREIGN KEY と REFERENCES を用いて，商品販売表の商品番号が，商品表の商品番号を参照する外部キーであることを定義しています。参照制約を定義すると，商品販売表に存在する商品番号と一致する商品表の行の削除や，商品表に存在しない商品番号をもつ商品販売表の行の追加が制限され，データの不整合の発生を防止することができます。

ア：キー制約は，UNIQUE を用いて指定します。キー制約（候補キー制約のこと）のうち，特に主キー制約は，PRIMARY KEY を用いて指定します。

・UNIQUE……一意性制約だけ（候補キーの値は一意でなければならない）

・PRIMARY KEY……一意性制約＋NOT NULL 制約（主キーの値は一意で，かつ NULL 値であってはならない）

イ：検査制約は，CHECK を用いて指定します。

エ：表明は，ASSERTION を用いて指定します。SQL 標準にはありますが，2020 年時点では実装している RDBMS はありません。

解答　ウ

問　“商品”表，“在庫”表に対する次の SQL 文の結果と同じ結果が得られる SQL 文はどれか。ここで，下線部は主キーを表す。

(H26 春-FE 問 28)

```
SELECT 商品番号 FROM 商品
    WHERE 商品番号 NOT IN (SELECT 商品番号 FROM 在庫)
```

商品

商品番号（下線）	商品名	単価

在庫

倉庫番号（下線）	商品番号（下線）	在庫数

ア
```
SELECT 商品番号 FROM 在庫
    WHERE EXISTS (SELECT 商品番号 FROM 商品)
```

イ
```
SELECT 商品番号 FROM 在庫
    WHERE NOT EXISTS (SELECT 商品番号 FROM 商品)
```

ウ
```
SELECT 商品番号 FROM 商品
    WHERE EXISTS (SELECT 商品番号 FROM 在庫
                      WHERE 商品.商品番号 = 在庫.商品番号)
```

エ
```
SELECT 商品番号 FROM 商品
    WHERE NOT EXISTS (SELECT 商品番号 FROM 在庫
                      WHERE 商品.商品番号 = 在庫.商品番号)
```

解説

問題に示されている SQL 文,

```
SELECT 商品番号 FROM 商品
    WHERE 商品番号 NOT IN (SELECT 商品番号 FROM 在庫)
```

は，副問合せと呼ばれる検索方法であり，**まず，括弧内の SELECT 文が実行され，在庫表から商品番号が全て抽出されます**。そして，「NOT IN」指定は，その商品番号リスト（抽出された商品番号）に含まれないという指定ですから，結果として，**在庫表に存在しない商品番号が商品表から抽出（検索）される**ことになります。

一方，他の選択肢の各 SELECT 文も副問合せですが，EXISTS 述語を使用する方法は相関副問合せと呼ばれ，まず，外側の SELECT 文から 1 件抽出し，その内容を括弧内の SELECT 文の条件に含めたとき，**EXISTS の場合は，1 件でも該当のレコードが存在すれば抽出対象とし，NOT EXISTS の場合は，1 件も該当レコードが存在しないときに抽出対象とする**ものです。具体的な相関副問合せは，次の WHERE 句で指定されています。

「WHERE 商品.商品番号 = 在庫.商品番号」の左側（商品.商品番号）は，主問合せから 1 行ずつ渡される商品表の商品番号を示します。

ア，イ：在庫表に存在しないレコードを抽出したいので，「FROM 在庫」となっている限り，問題に示されている SQL 文と同じ結果を求めることはできません。

ウ：外側の SELECT 文によって，商品表から 1 件ずつ商品番号が取り出されます。その商品番号を括弧内の SELECT 文の選択条件に加味して，条件を満たすレコードが 1 件でも存在した場合，外側の SELECT 文で取り出した商品番号が抽出対象となります。1 件も存在しないときは，抽出されません。したがって，在庫表に存在する商品表の商品番号が抽出されます。

エ：NOT EXISTS ですから，（ウ）の逆です。存在しないときに抽出対象となるので，**商品表の商品番号のうち，在庫表に存在しないものが抽出対象となります**。したがって，これが問題に示された SQL 文と同じ結果が得られる SQL 文として正解です。

解答　エ

例　題 ― 応用力を身につけましょう！

問　次の表は，営業担当者のある年度の販売実績である。この表の第 1 期から第 4 期の販売金額の平均が 4,000 万円以上で，どの期でも 3,000 万円以上販売している営業担当者の名前を求める SQL 文として，適切なものはどれか。ここで，金額の単位は千円とする。

（H23 春-FE 問 30）

販売実績

番号	名前	第 1 期	第 2 期	第 3 期	第 4 期
123	山田　一郎	29,600	31,900	36,600	41,500
594	鈴木　太郎	43,500	45,300	30,400	46,400
612	佐藤　花子	49,600	39,400	42,300	51,100
⋮	⋮	⋮	⋮	⋮	⋮

ア
```
SELECT 名前 FROM 販売実績
    WHERE (第1期 + 第2期 + 第3期 + 第4期) / 4 >= 40000 OR
          第1期 >= 30000 OR 第2期 >= 30000 OR
          第3期 >= 30000 OR 第4期 >= 30000
```

イ
```
SELECT 名前 FROM 販売実績
    WHERE (第1期 + 第2期 + 第3期 + 第4期) >= 40000 AND
          第1期 >= 30000 AND 第2期 >= 30000 AND
          第3期 >= 30000 AND 第4期 >= 30000
```

ウ
```
SELECT 名前 FROM 販売実績
    WHERE 第1期 > 40000 OR 第2期 > 40000 OR
          第3期 > 40000 OR 第4期 > 40000 AND
          第1期 >= 30000 OR 第2期 >= 30000 OR
          第3期 >= 30000 OR 第4期 >= 30000
```

エ
```
SELECT 名前 FROM 販売実績
    WHERE (第1期 + 第2期 + 第3期 + 第4期) >= 160000 AND
          第1期 >= 30000 AND 第2期 >= 30000 AND
          第3期 >= 30000 AND 第4期 >= 30000
```

解答と解説

（解答）

エ

（解説）

販売実績表から，販売金額に関する条件を満たす営業担当者の“名前”を抽出するための SQL 文を選択する問題で，一見簡単に見えますが，「第１期から第４期の販売金額の平均が 4,000 万円以上」という条件①と，「どの期でも 3,000 万円以上」という条件②の二つを満たす必要があるので，ここが難しいところです。

どの選択肢も WHERE 句の前までは同じなので，WHERE 句の内容を比べていきます。SQL 文中の金額単位は千円なので 40000 が 4,000 万円を表しています。これを踏まえて各選択肢の WHERE 句の条件を調べてみます。

```
ア：SELECT 名前 FROM 販売実績
    WHERE (第１期 + 第２期 + 第３期 + 第４期) / 4 >= 40000 OR
          第１期 >= 30000 OR 第２期 >= 30000 OR
          第３期 >= 30000 OR 第４期 >= 30000
```

実線の下線部は条件①を表しています。しかし，点線部と OR でつながっていることと，条件②に対応する点線部もすべての期で 3,000 万円以上ということから，条件が OR でなく AND でつながる必要があるため，適切ではありません。

```
イ：SELECT 名前 FROM 販売実績
    WHERE (第１期 + 第２期 + 第３期 + 第４期) >= 40000 AND
          第１期 >= 30000 AND 第２期 >= 30000 AND
          第３期 >= 30000 AND 第４期 >= 30000
```

条件①に対応する下線部が，平均ではなく，第１期から第４期までの“合計”が 4,000 万円以上という条件式になってしまっているので，適切ではありません。

```
ウ：SELECT 名前 FROM 販売実績
    WHERE 第１期 > 40000 OR 第２期 > 40000 OR
          第３期 > 40000 OR 第４期 > 40000 AND
          第１期 >= 30000 OR 第２期 >= 30000 OR
          第３期 >= 30000 OR 第４期 >= 30000
```

下線部は，第１期から第３期のどこかで 4,000 万円を超える販売金額になっている，あるいは第４期が 4,000 万円を超え，第１期が 3,000 万円以上の販売金額になっているかどうかを判定する条件式になっていて，条件①と合致しません。また，AND 以降も OR（二重下線部）が並んでおり，どの期でも 3,000 万円以上という②の条件を表していないので，適切ではありません。

エ：
```
SELECT 名前 FROM 販売実績
    WHERE (第1期 + 第2期 + 第3期 + 第4期) >= 160000 AND
          第1期 >= 30000 AND 第2期 >= 30000 AND
          第3期 >= 30000 AND 第4期 >= 30000
```

第１期から第４期の平均が 4,000 万円以上ということは，合計が 4,000 万円×4＝16,000 万円以上でもあるので，実線下線部は条件①を表しています。続く AND 以降の点線下線部も②の条件を表しており，適切です。

したがって，（エ）が正解です。

なお，AND 演算子と OR 演算子が混在しますが，AND 演算子の方が OR 演算子よりも優先順位が高いので注意が必要です。

演習問題　第3部　第3章　問1

コンサートチケット販売サイトの関係データベースの設計及び運用に関する次の記述を読んで，設問1～4に答えよ。

(H30 秋-FE 午後問3)

D社は，Web上で会員制のコンサートチケット販売サイトを運営している。販売サイトのシステムは販売サブシステムと席予約サブシステムから構成され，販売サブシステムで購入申込み及び決済を処理し，席予約サブシステムで座席指定を処理する。本問では，販売サブシステムだけを取り扱う。

販売サブシステムで利用しているデータベースの表構成とデータの格納例を図1に示す。下線付きの項目は主キーである。

会員表

<u>会員ID</u>	氏名	電子メールアドレス
K00001	情報太郎	taro@example.com
⋮	⋮	⋮

商品表

<u>コンサートID</u>	コンサート情報	開催日時
C00001	クリスマスコンサート2018 in 東京　出演:Xバンド…	2018-12-24 18:00:00
⋮	⋮	⋮

商品詳細表

<u>コンサートID</u>	<u>席種</u>	価格	発売席数
C00001	S	6000	500
⋮	⋮	⋮	⋮

決済表

<u>販売ID</u>	決済日	決済額
H000001	2018-09-29	12000
⋮	⋮	⋮

販売表

<u>販売ID</u>	会員ID	コンサートID	席種	席数	販売日	販売額	決済期限日
H000001	K00001	C00001	S	2	2018-09-02	12000	2018-10-01
⋮	⋮	⋮	⋮	⋮	⋮	⋮	⋮

図1　販売サブシステムで利用しているデータベースの表構成とデータの格納例

〔コンサートの席の説明〕

(1) コンサートの席種には，S，A及びBがある。

(2) 各席種の価格（常に有料）及び発売席数は，コンサートごとに異なる。

〔販売サブシステムの説明〕

(1) 販売サブシステムは取り扱うコンサートの席種ごとの販売可能な席数を管理する。

(2) 会員が購入申込みを行うと，販売サブシステムは一意な販売 ID を生成して販売表にレコードを追加する。

(3) 会員が支払手続を行うと，決済処理として販売サブシステムは販売 ID を主キーとするレコードを決済表に追加する。ここで，決済日はレコードを追加した日とする。

(4) 販売サブシステムは決済期限日の翌日に，決済期限日を過ぎた販売表中のレコードと販売 ID が同じレコードが決済表にない場合，その購入申込みは取り消されたものとして，バッチ処理によって決済表に当該販売 ID を主キーとするレコードを追加する。このレコードの決済日は NULL で，決済額は−1 とする。

(5) バッチ処理は，毎夜 0〜4 時の販売サイトのシステムのメンテナンス時間帯に行う。

(6) 会員が購入を申し込んだ席数が，その時点で販売可能な席数を上回る場合には，販売サブシステムは“販売終了”と表示し，この購入申込みを受け付けない。

設問１　データベースのデータの整合性を保つために DDL で制約をつけている。図１の表構成において，列名とその列に指定する制約の正しい組合せを，解答群の中から選べ。

解答群

	表名.列名	制約
ア	決済表.決済額	検査制約
イ	決済表.決済日	非 NULL 制約
ウ	商品詳細表.席種	参照制約
エ	販売表.会員 ID	一意性制約

設問２　“販売終了”の表示判定を行うために，販売できない席数を求める必要がある。販売できない席数を出力する SQL 文の [　　] に入れる正しい答えを，解答群の中から選べ。ここで，コンサート ID は C00001，席種は S である。a1 と a2 に入れる答えは，a に関する解答群の中から組合せとして正しいものを選ぶものとする。

```
SELECT SUM(販売表.席数)
  FROM 販売表 [ a1 ] 決済表 ON 販売表.販売 ID = 決済表.販売 ID
  WHERE 販売表.コンサート ID = 'C00001'
     AND 販売表.席種 = 'S'
     AND [ a2 ]
```

a に関する解答群

	a1	a2
ア	INNER JOIN	決済表.決済額 = -1
イ	INNER JOIN	決済表.決済額 >= 0
ウ	LEFT OUTER JOIN	(決済表.決済額 IS NULL OR 決済表.決済額 = -1)
エ	LEFT OUTER JOIN	(決済表.決済額 IS NULL OR 決済表.決済額 >= 0)
オ	RIGHT OUTER JOIN	(決済表.決済額 IS NULL OR 決済表.決済額 = -1)
カ	RIGHT OUTER JOIN	(決済表.決済額 IS NULL OR 決済表.決済額 >= 0)

設問３　決済期限日まで残り３日となっても支払手続が行われていない購入申込みがある会員に，支払手続を促す電子メールを送る。この会員の氏名，電子メールアドレス及び販売 ID を出力する SQL 文の [　　] に入れる正しい答えを，解答群の中から選べ。NOW は SQL を実行した日の日付を返すユーザ定義関数であり，DATEDIFF はともに日付である二つの引数を受け取って第１引数から第２引数を引いた日数を整数値で返すユーザ定義関数である。

```
SELECT 会員表.氏名,会員表.電子メールアドレス,販売表.販売 ID
    [ b ]
```

b に関する解答群

ア
```
FROM 会員表,販売表
WHERE DATEDIFF(販売表.決済期限日, NOW()) = 3
   AND 販売表.会員ID = 会員表.会員ID
   AND 販売表.販売ID NOT IN (SELECT 販売ID FROM 決済表)
```

イ
```
FROM 会員表,販売表
WHERE DATEDIFF(販売表.決済期限日, NOW()) = 3
   AND 販売表.会員ID = 会員表.会員ID
   AND 販売表.販売ID IN
     (SELECT 販売ID FROM 決済表 WHERE 決済額 >= 0)
```

ウ
```
FROM 会員表,販売表,決済表
WHERE DATEDIFF(販売表.決済期限日, NOW()) = 3
   AND 販売表.会員ID = 会員表.会員ID
   AND 販売表.販売ID = 決済表.販売ID
```

エ
```
FROM 会員表,販売表,決済表
WHERE DATEDIFF(販売表.決済期限日, NOW()) = 3
   AND 販売表.会員ID = 会員表.会員ID
   AND 販売表.販売ID = 決済表.販売ID
   AND 決済表.決済額 <> -1
```

設問4　会員への優待サービスのために，ポイント制度を導入する。そのために修正した会員表，決済表及び販売表の表構成を図2に示す。ポイント制度を導入するときに追加した列は0で初期化する。

会員表

会員ID	氏名	電子メールアドレス	ポイント残高

決済表

販売ID	決済日	決済額	付与ポイント

販売表

販売ID	会員ID	コンサートID	席種	席数	販売日	販売額	決済期限日	使用ポイント

図2　修正した会員表，決済表及び販売表の表構成

会員は購入申込み時に，1ポイント1円としてポイント残高の範囲で，販売額に充当するポイント数を指定する。販売サブシステムは，指定したポイント数を使用ポイントに格納し，ポイント残高から減じる。会員は，販売額から使用ポイントを差し引いた金額を決済額として支払う。販売額の全額にポイントを充当した場合は，販売サブシステムは購入申込み時に支払手続が行われたものとし，決済処理として，決済表にレコードを追加する。

ポイント制度の導入時に追加したバッチ処理によって，前日に決済処理された販売 ID ごとに，その決済額が 20,000 円以上，10,000 円以上 20,000 円未満，10,000 円未満の場合に，それぞれ 3%，2%，1%のポイントを付与する。付与したポイント数は，付与ポイントに格納し，ポイント残高に加える。

決済表の付与ポイントを更新する正しい SQL 文を，解答群の中から選べ。NOW，DATEDIFF は設問 3 で使用したユーザ定義関数と同じであり，FLOOR は引数の値以下で最大の整数値を返す関数である。

解答群

ア
```
INSERT INTO 決済表( 付与ポイント )
   SELECT IF 決済額 >= 20000 THEN FLOOR(決済額 * 0.03)
      ELSEIF 決済額 >= 10000 THEN FLOOR(決済額 * 0.02)
      ELSE FLOOR(決済額 * 0.01) END
         WHERE DATEDIFF(NOW(), 決済日) = 1
```

イ
```
UPDATE 決済表 SET 付与ポイント = (
   CASE 決済額 >= 20000 THEN FLOOR(決済額 * 0.03)
   WHEN 決済額 >= 10000 THEN FLOOR(決済額 * 0.02)
   ELSE FLOOR(決済額 * 0.01) END )
      WHERE DATEDIFF(NOW(), 決済日) = 1
```

ウ
```
UPDATE 決済表 SET 付与ポイント = (
   CASE WHEN 決済額 >= 20000 THEN FLOOR(決済額 * 0.03)
   WHEN 決済額 >= 10000 THEN FLOOR(決済額 * 0.02)
   ELSE FLOOR(決済額 * 0.01) END )
      WHERE DATEDIFF(NOW(), 決済日) = 1
```

エ
```
UPDATE 決済表 SET 付与ポイント = (
   IF 決済額 >= 20000 THEN FLOOR(決済額 * 0.03)
   ELSEIF 決済額 >= 10000 THEN FLOOR(決済額 * 0.02)
   ELSE FLOOR(決済額 * 0.01) END )
      WHERE DATEDIFF(NOW(), 決済日) = 1
```

演習問題　第３部　第３章　問２

住民からの問合せに回答するためのデータベースに関する次の記述を読んで，設問 1～3 に答えよ。

(H29 春-FE 午後問 3)

W 市役所の生活環境課では，職員は住民からのごみの出し方に関する問合せがあったとき，対象物（ごみ）を検索条件としてルール表を検索し，出し方のルールを回答する業務を行っている。

問合せごとに一意な受付 No を割り当て，受付日，回答日，回答したルールの区分 ID 及び対象物 ID を入力したレコードを問合せ記録表に登録する。問合せがあった対象物が対象物表になかった場合，回答日，区分 ID 及び対象物 ID は NULL にして，メモ欄に当該対象物をテキストで入力したレコードを登録する。後日，問合せ記録表から，回答日，区分 ID 及び対象物 ID が NULL のレコードを選択し，メモ欄に入力されている当該対象物の分別区分を決定し，一意な対象物 ID を割り当て，対象物表に新たな対象物のレコードを登録する。ルール表に新たなルールのレコードを登録して，問合せ記録表の選択したレコードに，追加したルールの区分 ID と対象物 ID を設定する。

データベースの表構成とデータ格納例は，図 1 のとおりである。下線付きの項目は主キーを表す。

区分表

<u>区分 ID</u>	分別区分
L0008	可燃物

対象物表

<u>対象物 ID</u>	対象物
S0123	植木の枝

ルール表

<u>区分 ID</u>	<u>対象物 ID</u>	更新日	出し方のルール
L0008	S0123	2015-03-01	乾燥させ，ひもで束にする。

問合せ記録表

<u>受付 No</u>	受付日	回答日	区分 ID	対象物 ID	メモ欄
C003456	2016-05-14	NULL	NULL	NULL	自転車のタイヤチューブ

図 1　データベースの表構成とデータ格納例

業務を行っている過程で幾つかの課題が明らかになった。これらのうちから対策すべき課題を選び，それを実現するために，データベースの表構成の見直し案を作成した。その結果を，表1に示す。

表1　対策する課題とデータベースの表構成の見直し案

課題	表構成の見直し案
同じ対象物でも，大きさなどによって出し方を分ける必要が出てきた。	ルール表に主キーとしてルールIDの項目を追加し，区分IDと対象物IDの項目を主キーではなくする。問合せ記録表にルールIDの項目を追加する。
新たに登録したルールについて，不都合があり，修正などをしたことが何度かあった。	ルール表に登録状態の項目を追加する。登録状態の項目の値は，“未公開”，“公開”のいずれかである。 理由は，ルール表に新たなルールを追加する場合，住民からの問合せに対する検索の対象とならない（未公開）状態で一旦登録し，課内でレビューした後，問題がなければ検索の対象（公開）とするためである。

設問1　ルールIDの項目を追加する理由として適切な答えを，解答群の中から選べ。

解答群

ア　同じ区分IDの同じ対象物IDに対する出し方のルールを複数件登録できるようにする。

イ　同じ区分IDの異なる対象物IDに対する出し方のルールを登録できるようにする。

ウ　異なる区分IDの同じ対象物IDに対する出し方のルールを登録できるようにする。

設問2　次の記述中の［　　　］に入れる適切な答えを，解答群の中から選べ。

ルール表のレコードを特定するために，問合せ記録表にルールIDの項目を追加するとき，ルールIDを外部キーとしたルール表に対する［　a　］制約を設定する。追加するルールIDの項目には，［　b　］。

aに関する解答群

ア　非NULL	イ　NULL	ウ　UNIQUE
エ　参照	オ　検査	カ　主キー

第3部
第1章
第2章
第3章
第4章
第5章

b に関する解答群

ア　非 NULL 制約は適用できない　　イ　UNIQUE 制約を適用する
ウ　更新操作を行うことはできない　　エ　主キー制約を適用する

設問3　ルール表作成用 DDL の見直しについて，次の記述中の [　　] に入れる適切な答えを，解答群の中から選べ。

図 2 に示す，ルール ID の項目と登録状態の項目追加後のルール表作成用 DDL のレビュー時に，[c] は削除すべきとの指摘を受けた。また，登録状態の項目に対する制約が不足しているとの指摘もあり，[d] を追加することになった。

```
CREATE TABLE ルール (
  ルール ID CHAR(6) PRIMARY KEY,
  区分 ID CHAR(5) NOT NULL,
  対象物 ID CHAR(5) NOT NULL,
  登録状態 VARCHAR(10) NOT NULL,
  更新日 DATE NOT NULL,
  出し方のルール VARCHAR(2048),
  FOREIGN KEY (区分 ID) REFERENCES 区分 (区分 ID),
  FOREIGN KEY (対象物 ID) REFERENCES 対象物 (対象物 ID),
  UNIQUE (区分 ID, 対象物 ID)
)
```

図 2　ルール表作成用 DDL

c に関する解答群

ア　区分 ID の項目及び対象物 ID の項目の UNIQUE 制約
イ　対象物 ID の項目の非 NULL 制約
ウ　対象物 ID の項目の参照制約
エ　ルール ID の項目の主キー制約

d に関する解答群

ア　CHECK(登録状態 IN('未公開','公開'))
イ　CHECK(登録状態 IS NULL)
ウ　UNIQUE('未公開','公開')
エ　WHERE 登録状態 IN('未公開','公開')

演習問題　第３部　第３章　問３

小学生を対象とした，ある子供会の名簿を管理する関係データベースに関する次の記述を読んで，設問 1～4 に答えよ。

(H30 春-FE 午後問 3)

D 子供会は，小学校に入学するときに入会を受け付け，小学校を卒業したら退会する。D 子供会では，会員名簿を管理するためのデータベースを構築して，会の運営に活用している。

このたび，児童のイベントへの参加実績を記録するために，活動表とイベント表を追加した。

データベースの表構成とデータ格納例を図 1 に示す。下線付きの項目は，主キーを表す。

保護者表

<u>保護者番号</u>	保護者氏名	電話番号	住所
12021	情報花子	03-1111-2222	東京都○○区□□□
⋮	⋮	⋮	⋮

児童表

<u>児童番号</u>	児童氏名	学年	保護者番号
12027	情報一郎	6	12021
14021	情報二郎	4	12021
⋮	⋮	⋮	⋮

活動表

<u>児童番号</u>	<u>イベント番号</u>
12027	18001
14021	18001
12027	18002
⋮	⋮

イベント表

<u>イベント番号</u>	イベント名	開催日
18001	歓迎会	20180407
18002	地域清掃	20180414
⋮	⋮	⋮

図１　データベースの表構成とデータ格納例

設問1　6 年生を対象に実施するイベントの案内を配布するために，6 年生の保護者の氏名と住所を抽出する。ここで，同一の保護者は重複して抽出しない。また，同じ住所に氏名が同じ保護者は，複数人いないものとする。正しい SQL 文を，解答群の中から選べ。

解答群

ア
```
SELECT DISTINCT 保護者表.保護者氏名, 保護者表.住所
  FROM 保護者表
  WHERE 保護者表.保護者番号 NOT IN
        (SELECT 児童表.保護者番号 FROM 児童表 WHERE 児童表.
         学年 = 6)
```

イ
```
SELECT DISTINCT 保護者表.保護者氏名, 保護者表.住所
  FROM 保護者表, 児童表
  WHERE 児童表.学年 = 6
  GROUP BY 保護者表.保護者氏名, 保護者表.住所
```

ウ
```
SELECT DISTINCT 保護者表.保護者氏名, 保護者表.住所
  FROM 保護者表, 児童表
  WHERE 保護者表.保護者番号 = 児童表.保護者番号 AND 児童表.
        学年 = 6
```

エ
```
SELECT 保護者表.保護者氏名, 保護者表.住所
  FROM 保護者表, 児童表
  WHERE 保護者表.保護者番号 = 児童表.保護者番号
  GROUP BY 保護者表.保護者氏名, 保護者表.住所 HAVING 児童表.
           学年 = 6
```

設問2　イベント番号が 18001 のイベントに参加した児童のうち，1 年生である児童の保護者の保護者番号と氏名を抽出する。ここで，同一の保護者は重複して抽出しない。次の SQL 文の [　　] に入れる正しい答えを，解答群の中から選べ。

```
SELECT DISTINCT 保護者表.保護者番号, 保護者表.保護者氏名
        [                    a                    ]
```

aに関する解答群

ア
```
FROM 児童表, 保護者表, イベント表
WHERE 児童表.学年 = 1 AND
      イベント表.イベント番号 = 18001
```

イ
```
FROM 児童表, 保護者表, イベント表
WHERE 児童表.保護者番号 = 保護者表.保護者番号 AND
      児童表.学年 = 1 AND
      イベント表.イベント番号 = 18001
```

ウ
```
FROM 児童表, 活動表, 保護者表
WHERE 児童表.児童番号 = 活動表.児童番号 AND
      児童表.保護者番号 = 保護者表.保護者番号 AND
      活動表.イベント番号 = 18001
GROUP BY 児童表.児童氏名 HAVING 児童表.学年 = 1
```

エ
```
FROM 児童表, 活動表, 保護者表
WHERE 児童表.児童番号 = 活動表.児童番号 AND
      児童表.保護者番号 = 保護者表.保護者番号 AND
      児童表.学年 = 1 AND
      活動表.イベント番号 = 18001
```

設問３　イベント名と，そのイベントに参加した児童の数を表示する。次のSQL文の［　　］に入れる正しい答えを，解答群の中から選べ。ここで，イベント名は全て異なるものとする。

```
SELECT イベント表.イベント名, [    b    ]
  FROM 活動表, イベント表
  WHERE 活動表.イベント番号 = イベント表.イベント番号
  GROUP BY イベント表.イベント名
```

bに関する解答群

ア　AVG(活動表.イベント番号)

イ　COUNT(*)

ウ　MAX(活動表.イベント番号)

エ　SUM(活動表.イベント番号)

設問4　年度の切替えのために，次に示す手順で表を更新する。(1)，(2)は入会前の準備のために3月31日に実行し，(3)〜(7)は6年生が退会した4月1日に実行する。次のSQL文の［　　　］に入れる正しい答えを，解答群の中から選べ。

〔手順〕

(1)　新入会児童の保護者のうち，未登録の保護者を登録する。

(2)　新入会児童を登録する。このとき，学年の値は0とする。

(3)　活動表のレコードを全て削除する。

(4)　児童表の全ての児童に対して，学年の値に1を加える。

(5)　児童表から，学年の値が7の児童を削除する。

(6)　次のSQL文を実行して，保護者表から，在籍する児童がいなくなった保護者を削除する。

```
DELETE FROM 保護者表
  WHERE [            c            ]
```

(7)　イベント表のレコードを全て削除してから，新年度の計画に合わせてイベントを登録する。

cに関する解答群

ア　保護者表.保護者番号 = NULL

イ　保護者表.保護者番号 IN
　　(SELECT 児童表.保護者番号 FROM 児童表 WHERE 児童表.学年 = 7)

ウ　保護者表.保護者番号 IN
　　(SELECT 児童表.保護者番号 FROM 児童表)

エ　保護者表.保護者番号 NOT IN
　　(SELECT 児童表.保護者番号 FROM 児童表)

3.2　DBMS(データベース管理システム)　対策のポイント

(1)　同時実行制御（排他制御）

データベースの同時更新に対して，矛盾を生じさせないための制御を同時実行制御（並行制御）といいます。同時実行制御には，いろいろな方式がありますが，最もよく使用されているのがロック制御です。あるプログラムがデータを更新している最中は，そのデータをロックし，ほかのプログラムにはアクセスさせないようにする方法です。同時実行制御のことを，データをプログラムに対して排他的にアクセスさせるという意味で，排他制御ともいいます。

(2)　トランザクションとコミット，ロールバック

多数の利用者が同時にデータベースにアクセスしても矛盾を発生させない仕組みが，(1)の同時実行制御（排他制御）ですが，このときのデータアクセスの主体をトランザクションと呼びます。トランザクションは一連のデータアクセスを伴う処理でもあり，次のACID特性を実現する上で重要な概念になります。

コミットは，トランザクションが行った一連のデータアクセス（特に更新処理）を確定する操作です。一方のロールバックは，トランザクションが行った一連のデータアクセス（特に更新処理）を全て取消す操作です。

(3)　ACID特性

分割できない処理単位であるトランザクションは，次の四つの特性を備えていることが必要です。これら特性の四つの英語の頭文字を取ってACID特性といいます。

① Atomicity（原子性）：トランザクションは，コミットやロールバックを用いてすべての処理が完了するか，何も行われないかのどちらか一方の状態で終了することで，このAtomicityを実現します。

② Consistency（一貫性）：処理の状態にかかわらず，データベースの内容に矛盾がないことです。

③ Isolation（隔離性）：複数のトランザクションを同時実行させた場合と，順番に実行した場合との処理結果が一致することです。二つのトランザクションをX，Yとした場合，X→Yの順番とY→Xで処理結果が異なる場合がありますが，どちらかに一致するという意味です。

④ Durability（耐久性）：トランザクションが実行を終了すれば，更新結果などの処理結果が，ソフトウェアエラー及びハードウェアエラーによって損なわれないことです。

回復処理は，データベースシステムに障害が発生したときに，元の状態に戻すことでしたが，トランザクションのACID特性のうち，A（Atomicity）とD（Durability）を実現します。

(4) デッドロック

排他制御のためのロック制御は，通常トランザクション単位で行いますが，トランザクションのAtomicity保証のためには，トランザクション中にロックを開始したデータは，コミット（全ての更新内容を確定），あるいはロールバック（全ての更新内容を取消し）が行われるまでロックされたままになります。

すると，複数のデータを別々の順番にロックするトランザクションが同時に実行されてしまった場合に，お互いのロック解放を永遠に待ち続けてしまい，処理が進まなくなるという事象が発生します。これを**デッドロック**と呼びます。

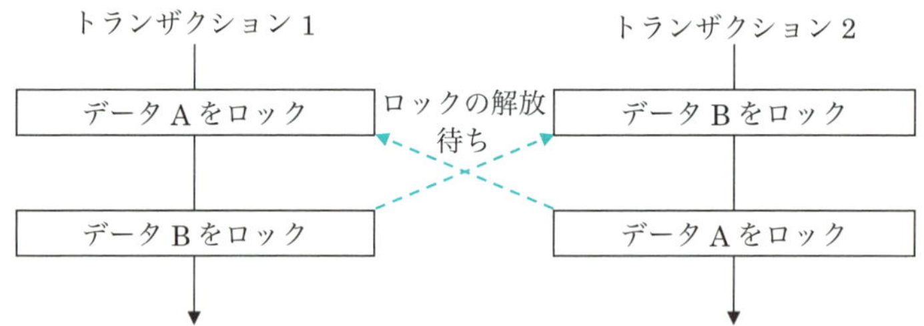

この例では，トランザクション1は，データBをロックしようとした際に，トランザクション2を待つことになりますが，トランザクション2もデータAをロックしようとしてトランザクション1を待ってしまい，お互いがお互いを待つ状態になってしまいます。

知識確認問題　必要な知識を確認してみましょう！

問　RDBMS のロックの粒度に関する次の記述において，a，b の組合せとして適切なものはどれか。

(H30 春-FE 問 30)

並行に処理される二つのトランザクションがそれぞれ一つの表内の複数の行を更新する。行単位のロックを使用する場合と表単位のロックを使用する場合とを比べると，ロックの競合がより起こりやすいのは［　a　］単位のロックを使用する場合である。また，トランザクション実行中にロックを管理するための RDBMS のメモリ使用領域がより多く必要になるのは［　b　］単位のロックを使用する場合である。

	a	b
ア	行	行
イ	行	表
ウ	表	行
エ	表	表

解説

ロックは，データベース内のデータの整合性を保つため，**複数トランザクションによる同一データへの同時アクセス防止のための仕組み**です。RDBMS やそれ以外の DBMS が一般にもつ機能です。具体的にいうと，あるトランザクションがある行（レコード）を更新し，トランザクションが未完了である間，その行を他のトランザクションが更新しようとすると待ちに入る仕組みが，このロックの一例です。

ロックの粒度とはロックする対象データの範囲を示す単位で，行単位，表単位，データベース単位などがあります。問題では，「並列に処理される二つのトランザクションがそれぞれ一つの表内の複数の行を更新する」とあります。表単位でロックを行った場合，一方のトランザクションが継続している間，他のトランザクション同じ表にアクセスしようとすると，アクセスの競合となり，待ちに入ってしまいます。一方，**ロックの粒度が行単位である場合，同一行を更新処理しない限り競合は発生しません**。複数行をロックする場合は，RDBMS がロックのために使用するメモリは行数分必要になりますが，**表単位でロックを使用した場合は**

一つ分で済むためメモリの使用量は少なくなります。これらを勘案すると，「ロックの競合がより起こりやすいのは［表］単位のロックを使用する場合である。また，トランザクション実行中にロックを管理するための RDBMS のメモリ使用領域がより多く必要になるのは［行］単位のロックを使用する場合である」となります。したがって，（ウ）が正解です。

解答　ウ

問　DBMS が，データベースの更新に対して保証すべき原子性（atomicity）の単位はどれか。

（H24 秋-FE 問 30）

ア　DBMS の起動から停止まで
イ　チェックポイントから次のチェックポイントまで
ウ　データベースのバックアップ取得から媒体障害の発生時点まで
エ　トランザクションの開始からコミット又はロールバックまで

解説

原子性（atomicity）とは，それ以上細かく分解することができない性質を指す言葉です。データベースへの更新処理における原子性とは，**全ての更新処理が完了するか，何も行われていないかのどちらかの状態でなければならない**ということを指します。

このための単位をトランザクションといい，**トランザクションの開始からコミット（正常終了）又はロールバック（異常終了）までを単位とします**。言い換えるとトランザクション内で複数の更新処理があった場合，次図のように最終的に全部あったことにするか，全部なかったことにするか，の選択となり，中途半端な更新はできないようにする性質が原子性です。したがって，（エ）が正解です。

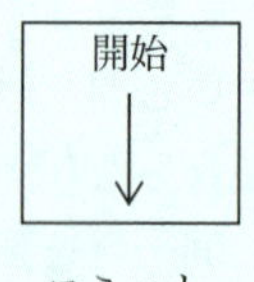

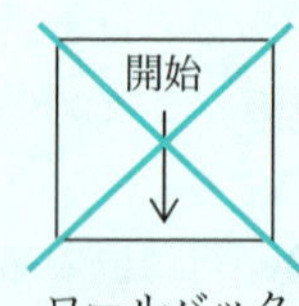

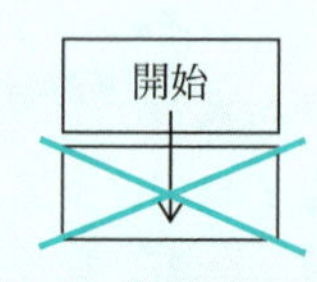

図　トランザクションの原子性

ア：単純にDBMSが利用可能な時間帯を指しており，DBMSが保証すべき原子性とは無関係な記述です。

イ：チェックポイントとは，主記憶上にあるデータベースバッファの更新内容をディスクに書き込むことですが，最後のチェックポイント以降に，コミットされたデータも別途ログとしてディスクに書き込まれます。このためログファイルが保管されるディスクに障害が発生しない限り，更新内容は保証されます。

ウ：媒体障害というのは，DBMSが各種ファイルを格納する補助記憶装置の障害を指します。データベースファイルとログ，バックアップをそれぞれ別の補助記憶装置に格納して運用することで，どれか一つだけに媒体障害が発生してもデータを復旧できるように運用します。

解答　エ

(5)　チェックポイント

データベースの内容は，ディスク上のデータベースファイルに格納されていますが，このデータベースファイルのデータ量は一般的に大きいため，トランザクションを実行するたびにデータベースファイル自体を更新することはありません。

トランザクションによるデータベースへの更新内容は，トランザクションごとに**ログファイル**に格納されます。ログファイルには，トランザクションの状態や更新対象のデータ項目の更新前の値，更新後の値などが格納されています。

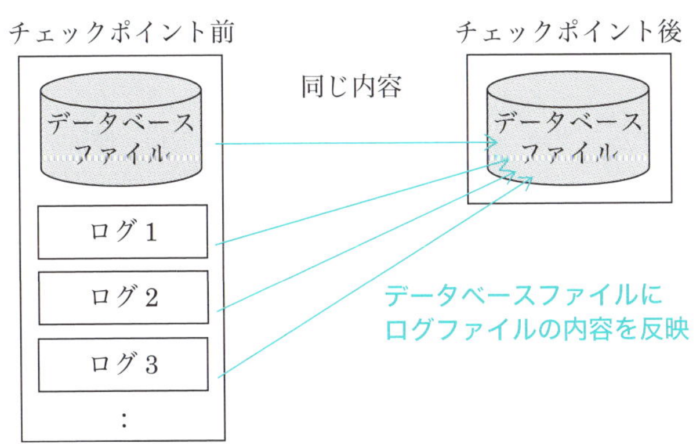

ログファイルの内容は，ある程度の時間をおいてデータベースファイル自体に反映されます。その後ログファイルは不要となり削除されます。これを行わないと，

ログファイルはたまる一方となってしまうため，格納領域がなくなってしまいます。
この一連の処理を**チェックポイント**と呼びます。

知識確認問題　必要な知識を確認してみましょう！

問　DBMSにおけるログファイルの説明として，適切なものはどれか。

（H24春-FE 問32）

ア　システムダウンが発生したときにデータベースの回復処理時間を短縮するため，主記憶上の更新データを定期的にディスクに書き出したものである。

イ　ディスク障害があってもシステムをすぐに復旧させるため，常に同一データのコピーを別ディスクや別サイトのデータベースに書き出したものである。

ウ　ディスク障害からデータベースを回復するため，データベースの内容をディスク単位で複写したものである。

エ　データベースの回復処理のため，データの更新前後の値を書き出してデータベースの更新記録を取ったものである。

解説

DBMS（データベース管理システム）におけるログファイルは，ジャーナルファイルとも呼ばれ，**データベースに対する更新が発生するたびに更新履歴（更新前情報，更新後情報）を採取し，時系列で記録したもの**です。したがって，（エ）が適切です。

ア：通常のDBMSでは，更新されたデータをいったんメモリ上のデータベースバッファに蓄えておき，一定周期ごとに一括してディスクに書き出します。このタイミングのことをチェックポイントと呼びます。システムダウン後の回復処理では，最新チェックポイントを基準に回復処理を行い，時間の短縮を図っています。

イ：ミラーリングに関する記述です。データベースなどのデータをミラーリングするために設置された別サイトを，ミラーサイトと呼びます。

ウ：データベースのバックアップファイルに関する記述です。

解答　エ

問　トランザクションTはチェックポイント取得後に完了したが，その後にシステム障害が発生した。トランザクションTの更新内容をその終了直後の状態にするために用いられる復旧技法はどれか。ここで，チェックポイントの他に，トランザクションログを利用する。

(H28 秋-FE 問 30)

ア　2相ロック　　イ　シャドウページ

ウ　ロールバック　　エ　ロールフォワード

解説

データベースの復旧処理のために，データベース管理システムはログ（トランザクションログ）を採取しています。ログには，トランザクションの開始点，データの更新前情報と更新後情報が記録されます。また，チェックポイントを設定し，ログの書出し，実行中のトランザクション識別子（トランザクションを識別するための情報）の書出し，その時点の変更内容のデータベースへの書出しを行います。トランザクションTの処理中にチェックポイントが取得されているので，チェックポイント取得時点までの変更内容はデータベースへ書き出されています。したがって，データベースをトランザクションTの終了直後の状態に戻すには，**更新後情報に記録されているチェックポイント取得以降トランザクション完了までの更新処理を，再度実行してデータベースへ書き出す必要があります**。処理を再度実行する復旧技法はロールフォワードです。（エ）が正解です。

ア：2相ロックは，2相ロッキング（2PL；Two Phase Locking）とも呼び，ロックを確保するフェーズ（成長相）とロックを解放するフェーズ（縮退相）に分けることです。トランザクションの実行に際し，ロックが必要な場合，同じデータを同時にロックする他のトランザクションが存在する場合は，その同じデータの整合性を保つためには，都度ロック・アンロックを行うのではなく，一度ロックを掛けたら，書込みが終了するまでロックを維持する必要があります。

イ：シャドウページは，ログを用いないデータベースの復旧技法です。データベースの更新はページ（ブロック）単位に行われますが，ログを採る代わりに，更新されたページはディスク内に別のページを確保してそこに書き込みます。新たに確保するページをカレントページ，更新前のページをシャドウページと呼びます。トランザクションがコミットするとき，シャドウページを捨てれば，更新データが反映されます。逆にトランザクションがアボート（異常終了）したときは，カレントページを捨てれば更新前のデータが残ります。シャドウページは原理的には単純ですが，更新のたびに新たなページをディスク上に確保し，コミットのたびにシャドウページを捨てることから，ディスク上に不連続な空きページが増える傾向があります。参考までに，シャドウページはデータベース管理システムではほとんど使われることはありませんが，UNIX のファイル共有システムの NFS（Network File System）で使われた実績があります。

ウ：ロールバックは，更新前情報を用いてデータベースをトランザクション開始前の状態に戻す復旧技法です。

解答　エ

演習問題　第３部　第３章　問４

データベースのトランザクション管理に関する次の記述を読んで，設問 1～4 に答えよ。

(H23 春-FE 午後問 3)

個人向けに，画材をインターネット販売する会社が運営する Web サイトがある。

この Web サイトが在庫管理に利用しているデータベースでは，絵の具の在庫数は色別に個々のデータとして管理されており，処理に応じて次の 3 種類のトランザクションが生成される。

① 1 回の商品注文に対して，一つの出荷トランザクションが生成される。
② 1 回の商品入荷に対して，一つの入荷トランザクションが生成される。
③ 1 回の在庫照会に対して，一つの照会トランザクションが生成される。

なお，一つのトランザクションで，複数の色の絵の具を処理することができる。

設問１ ACID 特性に関する次の記述中の ［　　］ に入れる正しい答えを，解答群の中から選べ。

ACID 特性とは，データベースの一貫性を保証するために必要な特性で，原子性，一貫性，独立性，耐久性の四つがある。このうち，一貫性や独立性を保証するためにトランザクション管理では排他制御が必要となる。例えば，白絵の具の在庫数が 50 だった場合，表 1 に示すトランザクション T1 と T2 が同時に実行されたとき，排他制御を行わないと実行後の在庫数は 55 とならず，在庫数が ［ a ］ 又は ［ b ］ となってしまう可能性がある。

なお，各トランザクションは，図 1 の①～③の順で在庫数データを処理する。

表１　トランザクション T1，T2 の処理内容

トランザクション	処理内容
出荷トランザクション T1	白絵の具 5 本の出荷
入荷トランザクション T2	白絵の具 10 本の入荷

第3部
第1章
第2章
第3章
第4章
第5章

トランザクション T1 の処理順序	トランザクション T2 の処理順序
①白絵の具の在庫数データを読み込む。 ②白絵の具の在庫数データ＝ 　白絵の具の在庫数データ－5 ③白絵の具の在庫数データを書き込む。	①白絵の具の在庫数データを読み込む。 ②白絵の具の在庫数データ＝ 　白絵の具の在庫数データ＋10 ③白絵の具の在庫数データを書き込む。

図1　トランザクション T1，T2 の処理順序

解答群

ア　40　　イ　45　　ウ　50　　エ　60　　オ　65

設問2　入荷トランザクション及び出荷トランザクションを処理する場合は対象データを占有ロックし，照会トランザクションを処理する場合は共有ロックする。

なお，このデータベースを管理する DBMS では，あるトランザクションが共有ロックしているデータを，ほかのトランザクションからロックする場合，共有ロックの要求は成功するが，占有ロックの要求は共有ロックが解除されるまで待ち状態となる。

表2に示すトランザクション T3〜T6 を，図2に示すとおりに実行し，ロックを要求した場合，それぞれのトランザクションの状態について正しい説明を，解答群の中から選べ。

表2　トランザクション T3〜T6 の処理内容

トランザクション	処理内容
照会トランザクション T3	白絵の具の在庫数照会
入荷トランザクション T4	白絵の具 10 本の入荷
出荷トランザクション T5	白絵の具 5 本の出荷
照会トランザクション T6	白絵の具の在庫数照会

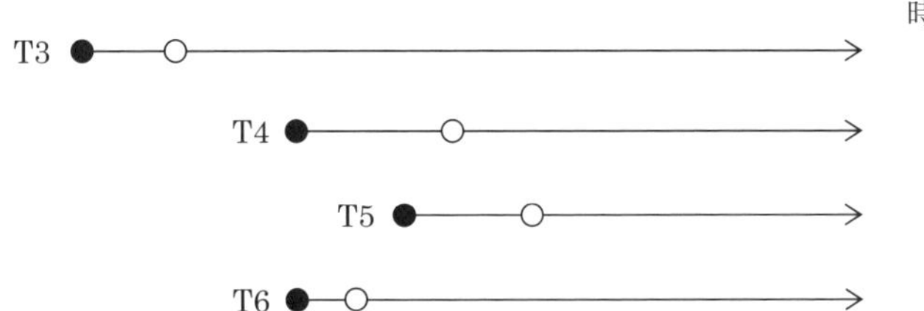

注　“●→”はトランザクションの実行開始と時間経過を，
“○”は白絵の具の在庫数データのロック要求を表す。

図2　トランザクション T3〜T6 の実行例

解答群

ア　T4，T5，T6 とも待ち状態となる。

イ　T4，T5，T6 とも待ち状態とならない。

ウ　T4，T5 は待ち状態となるが，T6 は待ち状態とならない。

エ　T4 は待ち状態となるが，T5，T6 は待ち状態とならない。

オ　T6 は待ち状態となるが，T4，T5 は待ち状態とならない。

設問3　出荷トランザクションT7の処理内容を表3に示す。次の記述中の［　　　］に入れる正しい答えを，解答群の中から選べ。

なお，トランザクションT7は，図3の①〜⑧の順で在庫数データを処理する。

表3　トランザクションT7の処理内容

トランザクション	処理内容
出荷トランザクションT7	白絵の具5本と赤絵の具3本の出荷

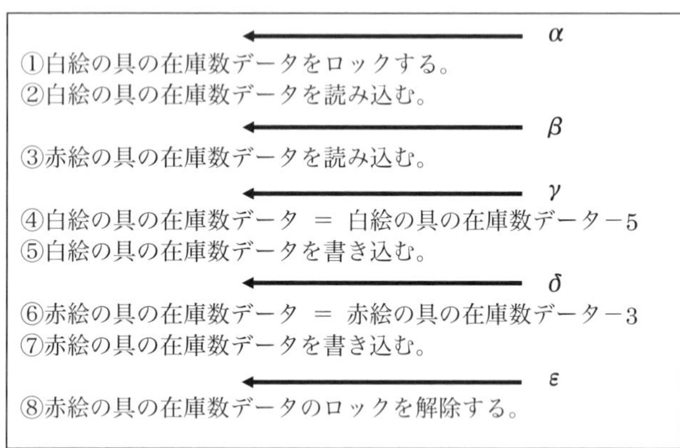

図3　トランザクションT7の処理順序

データをロックしている時間を最も短くするためには，“赤絵の具の在庫数データをロックする。”を挿入すべき適切な位置は［　c　］で，“白絵の具の在庫数データのロックを解除する。”を挿入すべき適切な位置は［　d　］である。

なお，ほかのトランザクションとのデッドロックの発生に対する考慮は不要とする。

解答群

ア　α　　イ　β　　ウ　γ　　エ　δ　　オ　ε

設問4　表4に示すトランザクションT8～T11のうち，解答群の組合せの中から，同時に処理された場合にデッドロックが発生する可能性のある組合せを選べ。

なお，トランザクションT8～T11では，各絵の具の在庫数データをどのような順番で処理するかは，分からないものとする。

表4　トランザクションT8～T11の処理内容

トランザクション	処理内容
出荷トランザクションT8	白絵の具5本と赤絵の具5本の出荷
入荷トランザクションT9	赤絵の具10本と青絵の具10本の入荷
出荷トランザクションT10	青絵の具2本と白絵の具5本の出荷
入荷トランザクションT11	青絵の具10本と黒絵の具10本の入荷

解答群

ア　T8，T9　　イ　T8，T9，T10　　ウ　T9，T10，T11
エ　T10，T11

Part 3　　Chapter 4

第4章 ネットワーク

出題のポイント

ネットワーク分野の問題として，過去には，ホスト名の衝突（平成 27 年度春期），Web サイトにおけるセッション管理（平成 27 年度秋期），イーサネットを介した通信（平成 28 年度春期），Web 画面の表示に要するデータ転送時間（平成 28 年度秋期），無線 LAN におけるデータの送信（平成 29 年度春期），コールセンタ設備の構成案及び必要となるオペレータ数の検討（平成 29 年度秋期），クラウドサービス上でのシステム構築（平成 30 年度春期），ネットワークの障害分析と対策（平成 30 年度秋期），e ラーニングシステムの構成変更（平成 31 年度春期）など，伝送速度や伝送制御，通信プロトコルだけでなくキャパシティ計画もテーマとして取り上げられています。CBT 方式の試験では問題は非公開となっていますが，出題範囲等に変更はなく，出題傾向にも変化はないものと考えられます。

(1)　データ伝送

データ伝送のテーマとしては，データ伝送速度や回線利用率，データの符号化，誤り検知，フロー制御，回線の信頼性計算などが挙げられます。

(2)　インターネットとイントラネット

最近のネットワーク環境では，イントラネット（インターネットに接続されたLAN 環境）においても，インターネットにおいても，同じ通信仕様が使われるようになりました。インターネットとイントラネットのテーマとしては，TCP/IP の各種プロトコルに関する知識とその応用が挙げられます。例えば，LAN 上での IP アドレスの設定や，DNS の仕組み，メールや Web で利用されるプロトコルなどが出題ポイントになっています。

4.1　データ転送

対策のポイント

(1)　応答時間

ネットワークシステムに要求されている性能を考える際に重要なことは，応答時間（レスポンスタイム）です。ネットワークシステムを使っていて「遅い」と感じることは，ユーザからのシステムに対する評価が下がることにつながります。

応答時間は，次のように求めることができます。

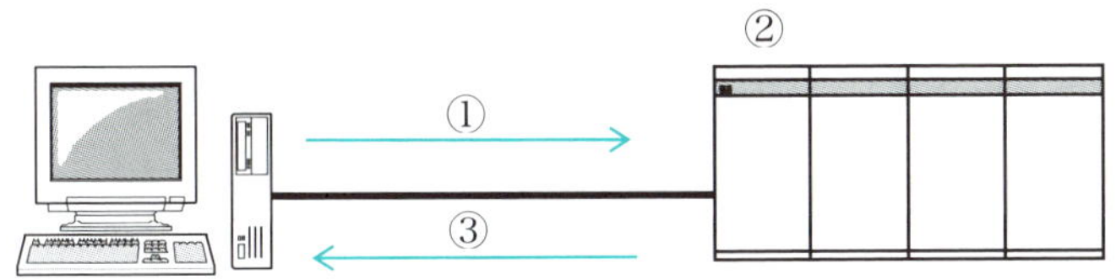

応答時間 ＝ ①処理要求の伝送時間 ＋ ②処理時間 ＋ ③処理結果の伝送時間

実際には，通信に関する装置（ルータなど）の伝送処理時間，待ち時間といった要素もあり，前述のように単純ではないのですが，試験問題では，最後に“ただし書き”として，「○○に要する時間は無視できるものとする」という記述がある場合が多いので，この場合，細かいことは無視できます。ただし，考慮しなければならない値は忘れないように注意してください。このような図を描いて，問題文の条件を整理するとよいでしょう。

伝送時間(秒)＝伝送データ量(ビット)÷通信速度(ビット/秒)

このことも，復習しておきましょう。この式を使う上で注意しなければいけないのは，単位に気を付けるという点です。

- 「バイト」か「ビット」か？
- 時間の単位は，「時」，「分」，「秒」のどれか？
- 「k ビット，M ビット」のような補助単位は付いているか？

この点に気付かずに（単位を合わせずに）求めた誤答は，解答群の中に必ずといってよいほど用意されています。計算式を考えるとき，問題冊紙の空いている部分を使って，後で見直しやすいように単位などをしっかり記述することも，ミスを減らすポイントといえます。

(2)　回線容量の決定

ネットワークの設計においては，適切な回線容量を選択することが非常に重要なテーマの一つです。(1)でユーザがネットワークの性能を評価する大きなポイントが応答時間と説明しました。回線速度の速い回線を導入すれば，応答時間を短くすることができますが，通信料金，又は通信機器の値段が高くなります。つまり，スピード，性能と通信料金のバランスを考えてネットワークを設計することが大切です。そのため，求められる応答時間を満たすために必要な回線速度を見積もります。また，**回線容量に関する問題の中には，伝送効率やオーバヘッドという文言が出てくる場合もあるので注意が必要です。**この場合，実際の伝送速度は，仕様上の伝送速度×伝送効率となったり，オーバヘッドの場合は伝送すべきデータにオーバヘッド部分を加えたりするため，計算が若干面倒になりますが，純粋に係数として掛けるだけなので，実際に過去に出題された問題を解いて慣れておきましょう。

知識確認問題　必要な知識を確認してみましょう！

問　800×600 ピクセル，24 ビットフルカラーで 30 フレーム/秒の動画像の配信に最小限必要な帯域幅はおよそ幾らか。ここで，通信時にデータ圧縮は行わないものとする。

（H26 秋-FE 問 25）

ア　350k ビット/秒　　イ　3.5M ビット/秒
ウ　35M ビット/秒　　エ　350M ビット/秒

解説

動画像の配信に最小限必要な帯域幅を求める問題です。通信時にデータ圧縮は行わないとあるので，1 秒当たりに必要なデータ量を問題文の動画像の仕様から，そのまま計算します。

まず，動画像の 1 フレーム（1 コマ）当たりの**ピクセル（画素）数は 800×600＝480,000** ピクセルです。次に **1 ピクセル当たりのビット数 24 ビットをこれに掛ける**ことで，1 フレーム当たりのデータ量（ビット数）が分かります。

計算すると，480,000(ピクセル)×24(ビット)なので，11,520,000 ビット（約 11.5M ビット）になります。これが **1 秒間に 30 フレームあるので，30 を掛けると，約 345M ビット/秒**となります。したがって，最小限必要な帯域幅は，(エ)の 350M ビット/秒になります。

解答　エ

問　10 M バイトのデータを 100,000 ビット／秒の回線を使って転送するとき，転送時間は何秒か。ここで，回線の伝送効率を 50％とし，1M バイト＝10^6 バイトとする。

(H30 春-FE 問 31)

ア　200　　イ　400　　ウ　800　　エ　1,600

解説

転送時間は，転送に要する時間なので，**転送するデータ量を伝送速度で割った時間**として導くことができます。この問題文では，転送するデータの単位はバイト，伝送速度の単位はビット／秒として表現されているので，**1 バイト＝8 ビットの変換**が必要である点に注意しましょう。また，伝送効率は 50％なので，**実際の伝送速度は 100,000 ビット／秒に 0.5 を掛けたもの**になります。

$$\frac{10\times10^6(\text{バイト})\times8(\text{ビット})}{100{,}000(\text{ビット／秒})\times0.5} = 1{,}600(\text{秒})$$

したがって，（エ）が正解です。

解答　エ

例　題 ― 応用力を身につけましょう！

問　クラウドサービス上でのシステム構築に関する次の記述を読んで，設問 1，2 に答えよ。

(H30 春-FE 午後問 4)

G 社は，J 社が運営するクラウドサービス上で，写真投稿サービス及び写真検索サービスを構築することにした。

(1) 写真投稿サービスは，利用者から投稿された写真を受け付け，自動で分類し，保管するサービスである。

(2) 写真検索サービスは，利用者から指定された条件に合致する写真を，保管されている写真の中から検索し，表示させるサービスである。

(3) 利用者は，PC，スマートフォンなど（以下，クライアントという）を用いてサービスを利用する。

システム構成を図 1 に示す。図 1 中の矢印の向きはアクセスの方向を示している。

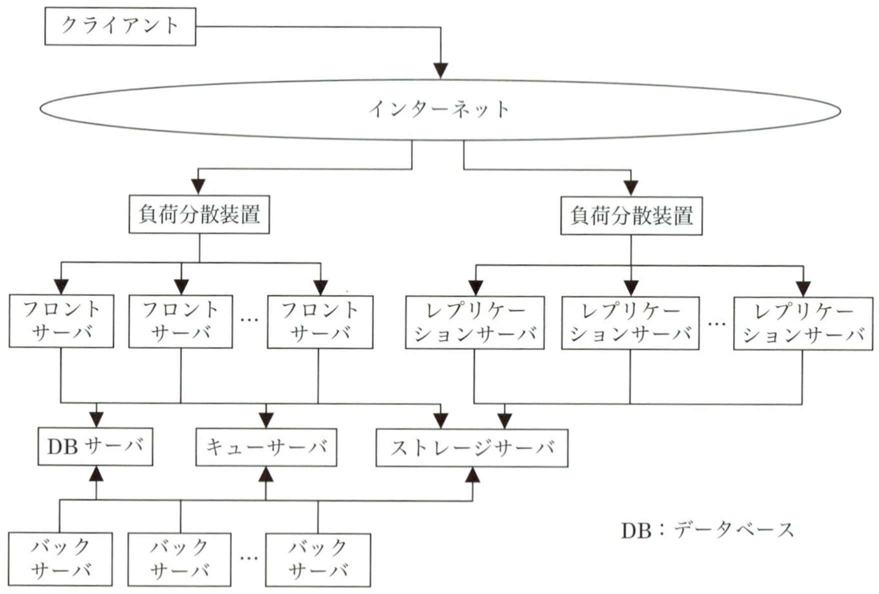

図 1　システム構成

写真投稿サービスにおける処理の概要は，次のとおりである。

(1) フロントサーバは，クライアントから写真を受け取り，一意な ID を写真に割り当て，ストレージサーバに保存する。
(2) フロントサーバは，写真の ID，ストレージサーバ上での写真の保存場所などを，その写真の属性情報として DB サーバに登録する。
(3) フロントサーバは，キューサーバに写真の ID を格納する。
(4) バックサーバは，キューサーバから写真の ID を取得する。
(5) バックサーバは，(4)で取得した ID に該当する写真の属性情報を DB サーバから検索し，ストレージサーバから写真を取得する。
(6) バックサーバは，(5)で取得した写真をあるアルゴリズムによって分類し，分類結果を DB サーバのその写真の属性情報に付加する。
(7) レプリケーションサーバは，ストレージサーバに定期的にアクセスし，新規に保存された写真を取得して自サーバ上に保存する。レプリケーションサーバ上の写真の保存場所は，ストレージサーバ上のそれと一意に対応付けられるように，あらかじめ定めてある規則に従って決定する。

写真検索サービスにおける処理の概要は，次のとおりである。

(1) フロントサーバは，クライアントから検索要求を受け取り，条件に合致する写真の属性情報を DB サーバから検索する。
(2) フロントサーバは，検索された写真の属性情報から，レプリケーションサーバに保存された写真にアクセスするための URL を作成する。
(3) フロントサーバは，作成した URL を含む HTML データを生成してクライアントに返す。
(4) クライアントは，フロントサーバから返された HTML データに基づきレプリケーションサーバにアクセスし，写真を取得して表示する。

なお，クライアントは，インターネットと負荷分散装置を介して，フロントサーバとレプリケーションサーバにアクセスする。

サーバは仮想マシン上で稼働させる。フロントサーバ及びバックサーバを稼働させる仮想マシンの主記憶容量やディスク容量は十分にあり，負荷に応じて台数を増減できる。

計算処理能力やネットワーク処理能力に着目すると，仮想マシンには幾つかのタイプがある。仮想マシンのタイプを表１に示す。

表1 仮想マシンのタイプ

タイプ	計算処理能力	ネットワーク処理能力	コスト（円／時間）
A	1	1	10
B	2	1.5	18
C	4	2	34
D	8	2	60

表1中の計算処理能力は，タイプAの計算処理能力を1としたときの相対的な値である。ネットワーク処理能力は，タイプAのネットワーク処理能力を1としたときの相対的な値である。

“1秒の計算処理量”とは，タイプAの仮想マシン1台を計算処理能力の100%で1秒間使用したときの処理量をいう。また，“1秒のネットワーク処理量”とは，タイプAの仮想マシン1台をネットワーク処理能力の100%で1秒間使用したときの処理量をいう。

フロントサーバにおいては，1要求当たり，計算処理量は0.1秒，ネットワーク処理量は0.07秒である。

クライアントからの要求が非常に多いとき，フロントサーバのコストを最も低く抑えることができる仮想マシンのタイプは［ a ］である。ここで，各仮想マシンの計算処理能力とネットワーク処理能力の平均の使用率は，それぞれ50%以下に抑えることとする。

バックサーバにはタイプDの仮想マシンを使用する。

バックサーバの写真1枚当たりの計算処理量は，25秒である。1時間当たり4,000枚の写真の投稿があるとき，計算処理能力の平均の使用率を50%以下とするのに最低限必要な仮想マシンの台数は［ b ］台である。ここで，ネットワーク処理能力は足りているものとする。

図1中の各サーバ及び負荷分散装置（以下，サーバ類という）は表2に示すいずれかのグループに属しており，グループごとに他のグループやインターネットからのアクセス許可を設定することができる。サーバ類が受け付けるプロトコルを表3に示す。

表2　グループとグループに属するサーバ類との対応

グループ	グループに属するサーバ類
1	負荷分散装置
2	フロントサーバ
3	DB サーバ，キューサーバ
4	バックサーバ
5	ストレージサーバ
6	レプリケーションサーバ

表3　サーバ類が受け付けるプロトコル

サーバ類	プロトコル	ポート番号
フロントサーバ	HTTP	80
キューサーバ	独自	15672
バックサーバ	無し	無し
ストレージサーバ	HTTP	80
DB サーバ	独自	15432
レプリケーションサーバ	HTTP	80
負荷分散装置	HTTP over TLS	443

各グループが許可するアクセスを必要最低限とすることにした結果，［　c　］が許可するアクセスは一致する。また，グループ 3 が許可するアクセスは表 4 に示すとおりになった。

表 4 は，グループ 3 に属するサーバ類が，アクセス元に指定したグループに属するサーバ類からの，指定したポート番号のポートを介してのアクセスを許可することを示している。

表4　グループ3が許可するアクセス

アクセス元	ポート番号
グループ 2	15432 と 15672
グループ 4	15432 と 15672

設問1　本文中の［　　　　］に入れる正しい答えを，解答群の中から選べ。

aに関する解答群

ア　A　　　イ　B　　　ウ　C　　　エ　D

bに関する解答群

ア　4　　　イ　7　　　ウ　28　　　エ　56

cに関する解答群

ア　グループ1，2，5及び6　　　イ　グループ2，5及び6

ウ　グループ2及び6　　　エ　グループ5及び6

設問2　クライアントからの写真へのアクセスを，ストレージサーバがインターネットを介して直接受ける方法も考えられるが，この方法ではなく，図1のように負荷分散装置を介し，レプリケーションサーバが受けることの利点として適切な答えを，解答群の中から二つ選べ。

解答群

ア　クライアントからの写真へのアクセスが増加しても，ストレージサーバの負荷は高まらない。

イ　クライアントと写真へのアクセスに応答するサーバとの間に介在するサーバ類の台数が少ないので，ネットワーク遅延が小さい。

ウ　ストレージサーバに障害が発生しても，写真検索サービスの提供を継続できる。

エ　ストレージサーバに障害が発生しても，写真投稿サービスの提供を継続できる。

オ　全てのフロントサーバに障害が発生しても，写真検索サービスの提供を継続できる。

解答と解説

（解答）

［設問1］　a－イ，b－イ，c－ウ

［設問2］　ア，ウ

（解説）

クラウドサービス上でのシステム構築に関して，処理能力の違いによる仮想マシンタイプの選定や想定されるトランザクション量等に焦点を当てた問題です。トランザクション量に応じた仮想マシンの必要台数の計算といったキャパシティ管理の観点や，必要な通信をアクセス元と宛先のポート番号単位で必要最低限に絞るといったセキュリティ管理の側面ももった問題です。クラウドサービスを利用する際には，インターネットを経由して通信を行うモデル，インターネット上でVPNを用いて通信を行うモデル，完全な閉域網を用いて通信を行うモデルが想定されますが，本問では，公開サービスということもあり，インターネットを経由して通信を行うモデルが取り上げられています。こうしたモデルにおいて通信とセキュリティは切っても切れない関係です。ネットワーク分野の問題であっても，セキュリティに関する基礎的な知識は必要になってきますので，しっかりとおさえておきましょう。

第3部
第1章
第2章
第3章
第4章
第5章

［設問1］

J社が運営するクラウドサービスでは計算処理能力やネットワーク処理能力によって仮想マシンのタイプを選択して利用する形態となっています。

・空欄 a：フロントサーバで選択すべき仮想マシンのタイプを解答します。フロントサーバにおいては，空欄aの前の段落に「1要求当たり，計算処理量は0.1秒，ネットワーク処理量は0.07秒である」という記述があるので，これを前提にしつつ，コストを最も低く抑えることができる仮想マシンのタイプを考えてみましょう。なお，参照すべき項目は仮想マシンの計算処理能力とネットワーク処理能力という二つになる点に注意が必要です。仮想マシンのタイプごとに計算処理能力とネットワーク処理能力のバランスが異なっています。

1秒当たり500要求あると仮定して，それぞれの仮想マシンのタイプごとに必要な仮想マシンの台数を，実際に計算してみましょう。

表A　仮想マシンのタイプ

タイプ	計算処理能力	ネットワーク処理能力
A	1	1
B	2	1.5
C	4	2
D	8	2

1要求当たりの計算処理量は0.1秒なので500要求／秒で50の計算処理能力が必要となります。仮想マシンの処理能力の**平均の使用率は「50%以下に抑える」**必要があるので，**必要な計算処理能力を2倍の100**として計算します。

同様にネットワーク処理量は0.07秒なので500要求／秒で35のネットワーク処理能力が必要となり，**平均の使用率を「50%以下に抑える」**必要があるので，こちらも**必要なネットワーク処理能力は2倍の70**になります。

計算処理能力とネットワーク処理能力から仮想マシンのタイプごとに必要な台数とコストを求めると表Bとなります。

表Bからもタイプ「B」が最もコストを抑えることができると分かるので，（イ）が正解です。

表B　1秒当たり500要求ある場合に必要な仮想マシンの台数とコスト

タイプ	計算処理能力に対して必要な台数	ネットワーク処理能力に対して必要な台数	仮想マシンの必要台数とコスト（左記の台数の多い方）
A	100÷1＝100台	70÷1＝70台	100台×10円／時間＝1,000円／時間
B	100÷2＝50台	70÷1.5＝46.7台	50台×18円／時間＝900円／時間
C	100÷4＝25台	70÷2＝35台	35台×34円／時間＝1,190円／時間
D	100÷8＝12.5台	70÷2＝35台	35台×60円／時間＝2,100円／時間

注記　計算処理能力の100を100台，ネットワーク処理能力の70を70台とする。

・空欄b：「バックサーバの**写真1枚当たりの計算処理量は，25秒**である。1時間当たり 4,000 枚の写真の投稿があるとき，計算処理能力の平均の使用率を50%以下とするのに最低限必要な仮想マシンの台数」を求めます。なお，「**ネットワーク処理能力は足りているものとする**」という条件があるので，ネットワークの処理能力については計算不要です。

1時間当たりに必要な計算処理量は，次のようになります。

4,000枚×25秒＝100,000

これに対してタイプDの仮想マシンの1時間（3,600秒）当たりの計算処理能力は，次のようになります。

8×3,600秒＝28,800

計算処理能力の使用率を50％以下で考える必要があるので，必要となる仮想マシンの台数をn台とすると次の式になります。

100,000÷（28,800×n）≦50％

14,400×n≧100,000

n≧100,000÷14,400

n≧6.944……

nは整数なので最低限必要な仮想マシンの台数は（イ）の「7」台が正解です。

・空欄c：クラウドサービスの利用においては，幾つかのサーバをまとめてグループ化し，アクセス制御ができるようにすることがあります。サーバとグループの対応，及びサーバが受け付けるプロトコルなどが表2～4で示されており，各グループが許可するアクセスを整理すると表Cのようになります。

ここで許可するアクセスが一致するグループは「グループ2及び6」となるので，空欄cは（ウ）が正解です。

表C　各グループが許可するアクセス

アクセス先	アクセス元	ポート番号
グループ1（負荷分散装置）	（インターネット）	443
グループ2（フロントサーバ）	グループ1（負荷分散装置）	80
グループ3（DBサーバ，キューサーバ）	グループ2（フロントサーバ）	15432と15672
	グループ4（バックサーバ）	15432と15672
グループ4（バックサーバ）	なし	
グループ5（ストレージサーバ）	グループ2（フロントサーバ）	80
	グループ4（バックサーバ）	80
	グループ6（レプリケーションサーバ）	80
グループ6（レプリケーションサーバ）	グループ1（負荷分散装置）	80

［設問２］

G 社が提供する写真投稿／写真検索サービスは，クライアントからの写真へのアクセスをレプリケーションサーバが受ける仕組みになっています。ここでレプリケーションサーバは，定期的にストレージサーバの写真情報を自身のサーバに同期させ写真の情報を提供する役割を担っています。レプリケーションサーバが写真へのアクセスを受ける利点として適切なものを解答群の中から選択します。

ア：「クライアントからの写真へのアクセスが増加しても」レプリケーションサーバがその役割を担っているので，「ストレージサーバの負荷は高まらない」ことになります。したがって，正しい記述です。

イ：ストレージサーバが直接受ける場合でもクライアントとサーバの間に介在するサーバの台数は変わらず，ネットワーク遅延も変わりません。したがって，誤った記述です。

ウ：「ストレージサーバに障害が発生しても」，レプリケーションサーバが保持している写真の情報で「写真検索サービスの提供を継続できる」ので，正しい記述です。

エ：ストレージサーバに障害が発生した場合，写真投稿サービスの(1)のフロントサーバがストレージサーバに写真を保存する処理ができなくなるので，写真投稿サービスの提供を継続できません。したがって，誤った記述です。

オ：全てのフロントサーバに障害が発生した場合，写真検索サービスの(1)のフロントサーバの検索要求の受取りができなくなるので，写真検索サービスの提供を継続できなくなります。したがって，誤った記述です。

これらから，（ア）と（ウ）が適切な答えになります。

演習問題　第3部　第4章　問1

ネットワークにおけるスループットの改善に関する次の記述を読んで，設問 1，2 に答えよ。

(H26 春-FE 午後問 4)

X 社は，東京に本社を，札幌，大阪，広島に営業所をもっている。X 社は，広域 Ethernet を利用した企業ネットワークを構築済みである。X 社のネットワーク構成を図 1 に示す。ここで，本社と営業所との間のファイル転送時間に注目し，本社内及び営業所内のファイル転送時間は考慮しない。

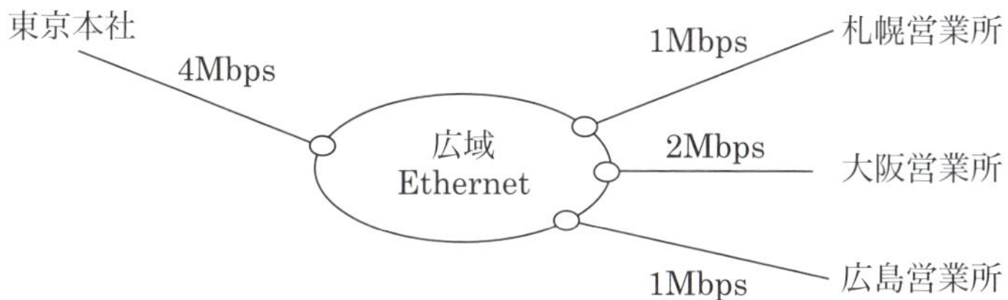

図 1　X 社のネットワーク構成

〔X 社のファイル転送〕

X 社では，各業務システムにおいて，東京本社内にあるファイルサーバ上のファイルを各営業所内の利用者 PC（以下，PC という）から利用している。各営業所からファイルサーバには広域 Ethernet 経由でアクセスしている。①広域 Ethernet はデータリンク層で接続するサービスであり，各営業所内の LAN は広域 Ethernet にアクセスポイントで接続している。

ファイルサーバと PC との間でファイル転送を行う際には，図 2 に示すように，PC からファイルサーバに対して読出し要求を行う。ファイルサーバは，ファイルを固定サイズのブロック（以下，データブロックという）に区切って，PC へ送信することを繰り返す。2 回目以降は，PC からの読出し要求に確認応答が含まれており，ファイルサーバは，PC から確認応答が届くまで次のデータブロックを送信することができない。PC が読出し要求をファイルサーバへ送出し始めてから，ファイルサーバの送信したデータブロックが届き始めるまでを応答時間と呼ぶ。この応答時間は，札幌又は広島営業所と東京本社との間が 45 ミリ秒，大阪営業所と東京本社との間が

24 ミリ秒であった。ここで，通信障害による再送はないものとする。

このネットワーク構成では，広島営業所内の PC と東京本社のファイルサーバ間で，1M バイトのファイルをブロック長が 4k バイトのデータブロックで転送するには，[a] 秒掛かる。

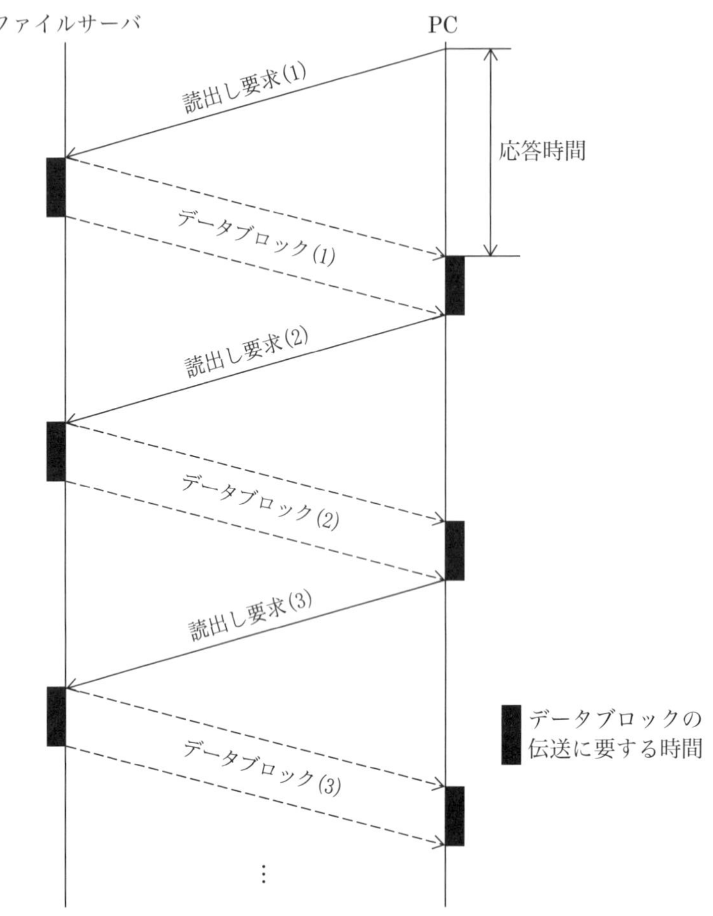

図2　ファイルサーバと PC 間の通信シーケンス

〔接続装置の検討〕

図 3 に示すように，ファイル転送の高速化のために，広域 Ethernet への接続装置の導入を検討することになった。接続装置は，本社と各営業所にそれぞれ設置され，広域 Ethernet を挟んで対向して使用される。

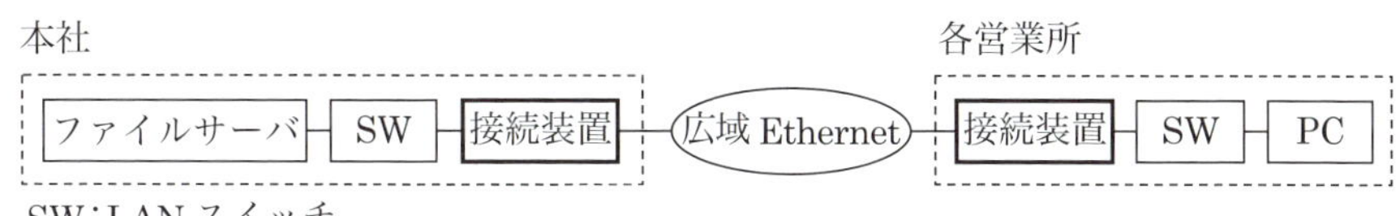

図３　本社と営業所間における接続装置の設置

この接続装置は，PC に代わって読出し要求をファイルサーバへ送ることができ，ファイルサーバは連続してデータブロックを送信できるようになる。この接続装置を利用した場合のファイル転送の通信シーケンスを図４に示す。

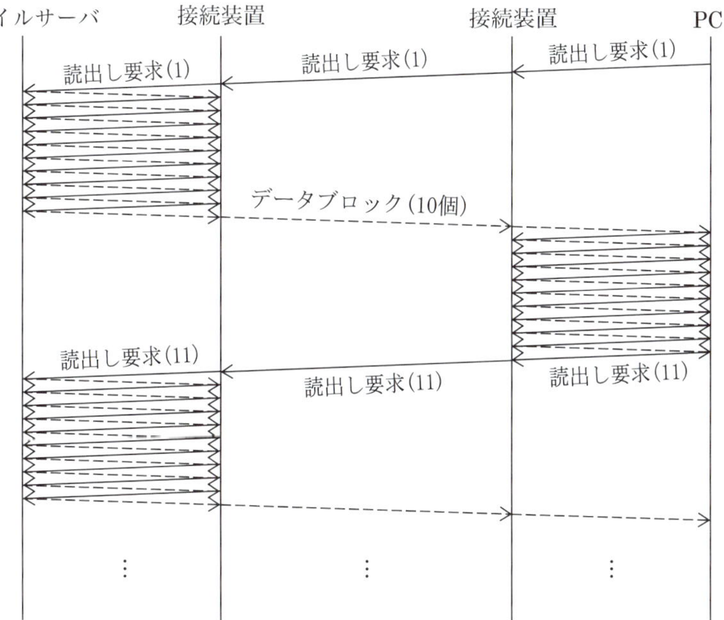

注記　接続装置は，データブロック 10 個をまとめて送ることができる。

図４　接続装置を利用したファイル転送の通信シーケンス

接続装置を導入すると，札幌営業所内の PC と東京本社のファイルサーバとの間で，1M バイトのファイルをブロック長が 4k バイトのデータブロックで転送するには，[b] 秒掛かる。ここで，ファイルサーバと接続装置との間及び PC と接続装置との間の，読出し要求とデータブロックの転送時間は考慮しない。

〔アクセス回線速度の検討〕

X社では，業務の都合から，大阪営業所内のPCにおいて1Mバイトのファイルをブロック長が4kバイトのデータブロックで，8秒以内に転送する必要がある。接続装置を導入しない場合，大阪営業所のアクセス回線速度は最低でも，［　c　］Mbpsで広域Ethernetの契約をする必要があることが分かった。

設問1　X社のネットワーク構成において，本文中の下線①の説明文として適切な答えを，解答群の中から選べ。

解答群

ア　広域Ethernetのアクセスポイントへは，各営業所及び本社からネットワーク層の機能をもつ装置を経由して接続しなければならない。

イ　サーバやPCなど，全ての接続機器のネットワーク層のアドレス設定を同一にする必要がある。

ウ　社内の業務システムにおいて，様々な通信プロトコルをネットワーク層で利用することができる。

エ　X社では，TCP/IP以外のプロトコルを使うことができない。

設問2　本文中の［　　］に入れる正しい答えを，解答群の中から選べ。ここで，1Mバイト＝1,000kバイトとし，小数第3位を四捨五入する。

aの解答群

ア　8.00　　イ　10.00　　ウ　11.25　　エ　19.25

bの解答群

ア　3.14　　イ　5.50　　ウ　9.13　　エ　13.40

cの解答群

ア　3　　イ　4　　ウ　8　　エ　10

演習問題　第3部　第4章　問2

Web画面の表示に要するデータ転送時間に関する次の記述を読んで，設問に答えよ。

(H28 秋-FE 午後問 4)

D社は，自社のWebサイトをインターネット上に公開している。

D社では，Web画面1ページを構成する全データの転送に掛かる時間を，5秒以内に収めるよう基準を定めている。個々のデータの転送に掛かる時間は，D社が定めたデータ転送時間計算モデルを基に算出する。

D社が定めたデータ転送時間計算モデルは，次のとおりである。

(1) ターンアラウンドタイム（ブラウザ，サーバ間で短いメッセージが往復するのに掛かる時間）t＝0.005（秒），実効転送速度（サーバ，ブラウザ間におけるデータ転送の速さ）$e=1\times10^6$（バイト／秒）とする。

(2) ブラウザはキャッシュ機能をもっている。Web画面を表示する際に，必要なデータがブラウザにキャッシュされているときは，サーバに当該データの再転送の要否確認を要求する。再転送が必要な場合は，応答として当該データが転送される。

(3) ブラウザが，サーバに対して要求を送信し始めてから，要求に対する結果の受信が完了するまでに掛かる時間を，表1に示す。

(4) 表1に関わる通信処理は逐次実行され，複数の通信処理が並行して行われることはない。また，表1で示した時間以外は無視する。

表1　要求に対する結果の受信が完了するまでに掛かる時間

データの状態	要求	結果	時間（秒）
キャッシュされていない	データの転送	該当データ（vバイト）の受信	$3\times t+v\div e$
キャッシュされている	データの再転送の要否確認	<再転送が不要な場合> 再転送が不要であるとの応答	t
		<再転送が必要な場合> 該当データ（vバイト）の受信	$3\times t+v\div e$

D社では，自社が取り扱う商品の情報を画像付きで一覧表示する機能（以下，一覧表示機能という）を，Webサイトに付加することにした。

一覧表示機能を実現するに当たり，商品情報を一覧表示するWeb画面（以下，一覧表示画面という）1ページで表示する商品情報の最大数を，一覧表示画面を構成するデータの転送に掛かる時間を基に決定したい。一覧表示画面は，表示する商品の数にかかわらずに必要になるデータ（以下，固定データという）と，表示する商品の数に応じてデータサイズや個数が変動するデータ（以下，変動データという）で構成される。

固定データは，JavaScript ファイルやスタイルシート，画面の装飾に使う画像データなど合計 100 個あり，固定データ 1 個の平均サイズは 5×10^3 バイトである。

変動データは，一つの HTML 文書データと，表示する商品 n 個分の画像データから成る。HTML 文書データのサイズは，$10^4+500\times n$ バイトである。商品の画像データ 1 個の平均サイズは 25×10^3 バイトである。

固定データの全てがブラウザにキャッシュされているとき，それぞれのデータごとにデータの再転送の要否確認をサーバに要求したところ，全てに再転送が不要であるとの応答を受け取った。最初の要求をしてから最後の要求に対する応答を受け取るまでに掛かる時間は［ a ］秒である。

固定データのいずれもがブラウザにキャッシュされていないとき，これらの固定データの総転送時間は［ b ］秒である。このとき，一覧表示画面 1 ページを構成するデータの転送時間が D 社の基準を満たす商品情報の最大数 n は，次式を解くことによって求めることができる。ここで，変動データもブラウザにキャッシュされていないものとする。

［ b ］$+3\times t+$［ c ］$+(3\times t+$［ d ］$)\times n\leqq5$

設問　本文中の［　　］に入れる正しい答えを，解答群の中から選べ。

a，b に関する解答群

ア　0.005　　イ　0.015　　ウ　0.02　　エ　0.5

オ　0.515　　カ　1　　キ　1.5　　ク　2

c，d に関する解答群

ア　10^4+500　　イ　$10^4+500\times n$

ウ　25×10^3　　エ　$25\times10^3\times n$

オ　$\dfrac{10^4+500}{e}$　　カ　$\dfrac{10^4+500\times n}{e}$

キ　$\dfrac{25\times10^3}{e}$　　ク　$\dfrac{25\times10^3\times n}{e}$

4.2　インターネットとイントラネット　対策のポイント

(1)　OSI 基本参照モデルとプロトコル

通信ネットワークの学習をする上で，プロトコル（protocol；通信規約）という言葉がよく使われます。一つ例を出して説明します。

A さんが B さんに電話を掛けて，「もしもし」と話し始めたときに，B さんが「Good Bye」といってしまったら，会話はできません（A さんは日本語で会話を始めようとしているのに対し，B さんは英語で会話を終わらせようとしています）。人間同士でも会話をするには，共通の言語のほか，挨拶から始まって，用件を伝えてから，お互いの意見を出し合うといった手順があります。プロトコルとはコンピュータ同士で会話（通信）を行う際の言語と手順に関する規約です。

コンピュータによるデータ通信が発展するにつれ，複数のメーカのコンピュータやシステムを相互に接続したシステムが求められるようになりました。ここで，プロトコルとしてメーカ独自のものを利用しているために相互接続できないことが課題となり，ISO（国際標準化機構）によって OSI 基本参照モデルが発表されました。

表　OSI 基本参照モデルと郵便システムの対比　（太字はキーワードです）

<table>
<tr><th>層の名前</th><th>説　明</th><th>TCP/IP では
(およそ，この層)</th><th colspan="3">職場での郵便にたとえると</th></tr>
<tr><td>アプリケーション層</td><td>情報の意味内容の制御</td><td>ブラウザ（IE, Chorme など）</td><td>契約・請求など，業務ごとにある規定</td><td rowspan="3">手紙に関する層</td><td rowspan="4">会社内事務にかかわる層</td></tr>
<tr><td>プレゼンテーション層</td><td>情報の表現形式の制御</td><td>HTML，GIF など</td><td>文書のフォーマットや言語など</td></tr>
<tr><td>セション層</td><td>送信権，同期などの会話の制御</td><td>HTTP</td><td>一連の文書のやり取りの順序</td></tr>
<tr><td>トランスポート層</td><td>送受信システム間の確実な情報伝達</td><td>TCP，UDP</td><td colspan="2">受取人社内でのあて先部署によるディスパッチ
（担当部署同士のやり取り）</td></tr>
<tr><td>ネットワーク層</td><td>経路選択と情報の転送</td><td>IP</td><td colspan="2">郵便番号や住所による郵便局間の転送</td><td rowspan="3">郵便にかかわる層</td></tr>
<tr><td>データリンク層</td><td>隣接する 2 者間での確実なデータ伝送</td><td>PPP など</td><td colspan="2">発送人と郵便局，郵便局と受取人との間の郵便物伝送</td></tr>
<tr><td>物理層</td><td>ビット列を伝送するための回線の物理的・電気的制御</td><td></td><td colspan="2">道路，配達用の車</td></tr>
</table>

OSI 基本参照モデルは，よりシンプルな TCP/IP が登場したことなどもあって，あまり普及しませんでした。しかし，OSI 基本参照モデルによる「プロトコルの階層化」という考え方はとても重要なため，基本情報技術者試験でもこれに関連した問題が過去には頻繁に出題されています。

(2)　TCP/IP（Transmission Control Protocol / Internet Protocol）

インターネットをはじめ，ネットワークを構築する際の通信プロトコルとして，最も多く用いられており，デファクトスタンダード（業界標準）となっています。アプリケーション層，トランスポート層，インターネット層，ネットワークインタフェース層の 4 階層からなります。

TCP/IP	OSI	
アプリケーション層	アプリケーション層	第 7 層
	プレゼンテーション層	第 6 層
	セション層	第 5 層
トランスポート層	トランスポート層	第 4 層
インターネット層	ネットワーク層	第 3 層
ネットワーク インタフェース層	データリンク層	第 2 層
	物理層	第 1 層

図　TCP/IP（4 階層）と OSI（7 階層）の対応

①　TCP

OSI 基本参照モデルの第 4 層に相当するプロトコルです。後から説明する IP の通信路上にあるコンピュータ間でアプリケーションごとに通信相手を識別し，データを確実に送受信する役割を担っています。具体的には，ある Web サーバあてにブラウザを介してアクセスし，複数のウィンドウを開いている状態を考えます。このとき，インターネット層の（互いを IP アドレスで特定し合った）1 組の通信路の上で，各プロセスの対応（ここではウィンドウ一つごとに相当）を管理するための番号が OS によって付与されます。この番号を“ポート番号”と呼びます。

一般的には，クライアント側の OS が，1024 番から 65535 番の範囲で「送信元ポート番号」を割り振り，（サーバなどの）送信先に望む処理ごとにあらかじめ決められたポート番号（これを“ウェルノウンポート番号”と呼び，TELNET（23 番）や，HTTP（80 番），POP3（110 番）などが有名）を指定して，コネクション確立要求を行います。主な機能としては，コネクションの確立と解放，パケットの分割・

組立て，誤り制御，フロー制御などがあります。

②　IP

OSI 基本参照モデルの第 3 層に相当します。ネットワークインタフェース層の機能を用いてデータを転送します。主な機能としては，データのフラグメンテーション（分割化）と再組立て，IP アドレス（IPv4 アドレス，IPv6 アドレス）によるアドレッシング，経路選択です。

③　IPv4 アドレス

TCP/IP で接続されているノード（コンピュータやネットワーク機器）やネットワークを識別するアドレスです。32 ビットのアドレスフィールドをもちます。また，32 ビットのアドレスフィールドは，更に「ネットワーク部」と「ホスト部」に分けて処理され，「どこのネットワークのどのホストか」を識別することができます。なお，TCP/IP における「ホスト」とは，「接続されたノード」を指します。IPv4 アドレスは 8 ビットごとに区切って，ピリオドで区切られた 4 組の 10 進数で表現されます。

11001100	00100100	10001000	00000011	
204	36	136	3	← 10 進数

204.36.136.3　←　IPv4 アドレスの表記

現在，主に使用されている IPv4 アドレスは，ネットワークの規模によって A，B，C，D，E の五つのクラスに分けられています。IPv4 アドレス全体は，32 ビットで構成されており，クラスの違いでその使い方が異なります。

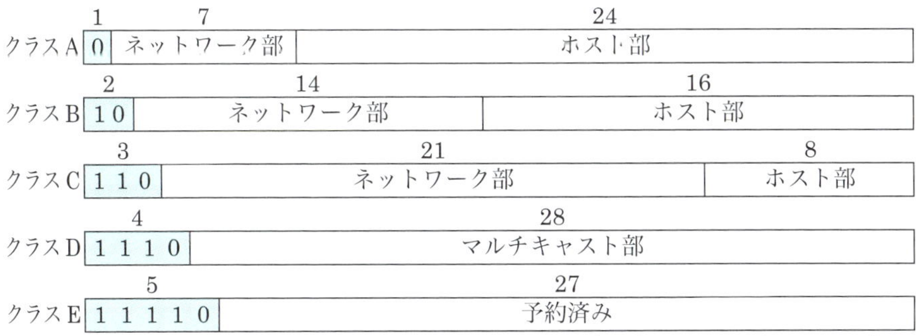

注　上の数字は各フィールドのビット数

・クラス A：最初の 8 ビットをネットワーク部，残りの 24 ビットをホスト部とします。
・クラス B：最初の 16 ビットをネットワーク部，残りの 16 ビットをホスト部とします。
・クラス C：最初の 24 ビットをネットワーク部，残りの 8 ビットをホスト部とします。

クラス A は大規模なネットワーク向け，クラス C は小規模向けとなっています。

・クラス D：クラス A〜C までのいずれのクラスにも該当しない特殊なクラスで，マルチキャスト（同報通信）に使われています。これは最初の 4 ビットが「1110」で始まります。
・クラス E：クラス A〜C までのいずれのクラスにも該当しない特殊なクラスで，予約済みとなっています。これは最初の 5 ビットが「11110」で始まります。

⑶　IPv4 のネットワークアドレス

IPv4 アドレスのうち，ホスト部のビットがすべて 0 のアドレスを，ネットワークアドレスと呼びます。ネットワークアドレスは，ネットワーク自体を表すアドレスで，ルータの設定等であて先や送信元のネットワーク範囲を指定して使いますが，パケットの宛先としては使えません。

⑷　IPv4 のブロードキャストアドレス

IPv4 アドレスのうち，ホスト部のビットがすべて 1 のアドレスを，ブロードキャストアドレスと呼びます。ブロードキャストアドレスは，同じネットワーク部をもつコンピュータすべてを指すアドレスです。ブロードキャストアドレスを宛先としたパケットは，同じネットワークセグメント（ルータで区切られていないネットワークの範囲）のすべてのコンピュータやルータが受信します。

⑸　IPv4 のサブネットマスク

IPv4 アドレスの設定では，⑵③で説明されているクラス分けによって，ホストアドレスとして利用可能なアドレス数が決まってきます。すると，特にクラス C では，ホスト部が 8 ビットとなっており，最大で 256 通りのアドレスを表現できますが，このうち，ネットワークアドレスとブロードキャストアドレスを除いた，254 個がホストに割当て可能なアドレスとなります。この数は多いように感じられますが，実際には，200 人程度の事務所の社内 LAN に割り当てる場合，IP 通信を行うコンピュータが 1 人 1 台を超えてくると，逼迫（ひっぱく）してきます。

このため，考えられたものが，CIDR（Classless Inter-Domain Routing）と呼ばれる仕組みで，(2)③で説明されたネットワーク部，ホスト部の区分け定義にかかわらず，ネットワーク部とホスト部を自由に設定で決めることを可能とするものです。この CIDR では，ネットワーク部が先頭からどこまでかを表す設定値として，**サブネットマスク**という値を設定します。サブネットマスクの値は，ネットワーク部としたい部分（左から連なるビット列）に 1 を，ホスト部としたい部分に 0 をセットした IPv4 アドレスと同じ形式の値です。このため，表記も IPv4 アドレス同様，8 ビットずつ，ピリオドで区切った 10 進数で表します。

例えば，255.255.255.0 というサブネットマスク値は，クラス C の定義どおりのネットワーク部，ホスト部を指すことになります。

(6)　IPv6 アドレス

IPv6 は，インターネットの普及によって IPv4 のアドレスの枯渇問題の対策として策定されました。**IPv4 のアドレス長が 32 ビットであるのに対し，IPv6 のアドレス長はその 4 倍の 128 ビット**です。アドレスは，IPv4 が 8 ビットずつ四つに区切って 10 進数で表記するのに対し，**IPv6 は 16 ビットずつ八つに区切って 16 進数で表記します**。IPv6 のアドレス表記法は複数あり，その中の一つは，アドレスの 16 進数表記を 4 文字（16 ビット）ずつ“：”（コロン）で区切って表します。IPv6 では，IPv4 のグローバルアドレスに当たる，インターネットでユニークなアドレスをグローバルユニキャストアドレス，IPv4 のプライベートアドレスに当たる，組織内でユニークなアドレスをユニークローカルユニキャストアドレスと呼びます。

IPv6 アドレスも，プレフィックス，インタフェース ID に区分けされます。これは IPv4 アドレスのネットワーク部とホスト部に相当します。IPv4 アドレスのネットワーク部の長さが可変であるのと同様，IPv6 アドレスのプレフィックスの長さ（プレフィックス長）も可変です。このため，プレフィックス長もアドレスと併せて表記する必要があります。

このとき，**IPv6 アドレスでは，プレフィックス部のビット数をアドレスの後にスラッシュ（/）で区切り，10 進数で表記します。**

知識確認問題　必要な知識を確認してみましょう！

問　TCP/IP ネットワークにおいて，TCP コネクションを識別するために必要な情報の組合せはどれか。

(H27 秋-FE 問 35)

ア　IP アドレス，セッション ID　　イ　IP アドレス，ポート番号
ウ　MAC アドレス，セッション ID　　エ　ポート番号，セッション ID

解説

TCP コネクションは，通信の当事者になっている一対のプログラムにおいて 1 本以上確立されます。このため通信を行っているコンピュータ 1 台 1 台を識別するための IP アドレスだけでなく，プログラムを識別するためのポート番号も，TCP コネクションを識別する際に必要です。

IP パケットのヘッダ部には，送信元 IP アドレス，宛先 IP アドレス，また TCP のヘッダ部には，送信元 TCP ポート番号，宛先 TCP ポート番号の各フィールドがあり，この四つの要素によって，各 TCP コネクションを識別することができます。したがって，（イ）が正解です。

ア，エ：TCP にはセッションという概念はなく，セッション ID も存在しません。
ウ：TCP は，必ずしもイーサネット上で利用されることを前提としていません。
このためイーサネットのアドレスである MAC アドレスは利用しません。

解答　イ

(7) TCP/IP プロトコル群

さて，ここまでのところは午後対策を行う上で必要とされる（午前の試験に出題される）知識で，ここからが午後のポイントとなります。

重要なプロトコルですから，理解しておきましょう。

・PPP（Point-to-Point Protocol）

物理的に接続された回線上で利用者 ID とパスワードによる利用者の認証を行った上で，IP 通信を行わせるためのプロトコルです。

・ARP（Address Resolution Protocol）

通信相手のもつ IP アドレスから，その通信相手のネットワークアダプタに固有のデータリンク層アドレスである MAC アドレス（Media Access Control Address）を問い合わせるためのプロトコルです。利用者の意識しないところで

使われているプロトコルですが，LAN などの Ethernet 方式の通信回線では必須で利用されています。

・DHCP（Dynamic Host Configuration Protocol）

IP アドレスやサブネットマスクなどの自動設定を行うプロトコルです。各クライアントに対して，起動時（要求時）に IP アドレスを自動的に割り当てることによって，各コンピュータに手動で IP アドレスを設定する手間を省きます。ベースのプロトコルとして，UDP を利用します。

・DNS（Domain Name System）

ドメイン名から IP アドレスを辞書引きするためのプロトコルです。問合せを行う側を DNS リゾルバ，問合せに応答する側を DNS サーバと呼びます。ベースのプロトコルとして，UDP，又は TCP を利用します。

・SMTP（Simple Mail Transfer Protocol）

インターネット上で，電子メールを転送する際に使われるプロトコルです。メールサーバ間のメールの転送，及びパソコンからメールサーバへのメールの転送で利用されます。ベースのプロトコルとして，TCP を利用します。

・POP（Post Office Protocol）

メールサーバに受信した電子メールをパソコンなどに取り出す際に使われるプロトコルです。現在の POP は，バージョン 3 で，POP3 といいます。ベースのプロトコルとして，TCP を利用します。

・IMAP（Internet Message Access Protocol）

略さない名称を読んでのとおり，メールサーバにアクセスしてメールを操作するプロトコルです。ベースのプロトコルとして，TCP を利用します。

・HTTP（HyperText Transfer Protocol）

Web サーバと Web クライアントの間で，ホームページを記述したファイル（HTML ファイルや画像ファイルなど）のやり取りをします。ベースのプロトコルとして，TCP を利用します。

・TELNET（Telecommunication Network）

仮想端末機能を提供するプロトコルです。近年では暗号化版である SSH（Secure Shell）が代替プロトコルとして広く使われています。TELNET も SSH も，ベースのプロトコルとして，TCP を利用します。

・SNMP（Simple Network Management Protocol）

ネットワーク管理情報をやり取りするためのプロトコルです。ベースのプロトコルとして，UDP を利用します。

・MIME（Multipurpose Internet Mail Extensions）

SMTPやPOPなど英数字と一部の記号しか送受信できないプロトコルの上で，日本語の文字列や，写真など様々な形式のデータ送受信を行うことができるようにするためのプロトコルです。

Aさんが B さんにメールを送信するときに，SMTP と POP もしくは IMAP の使われている場所は，図のとおりです。

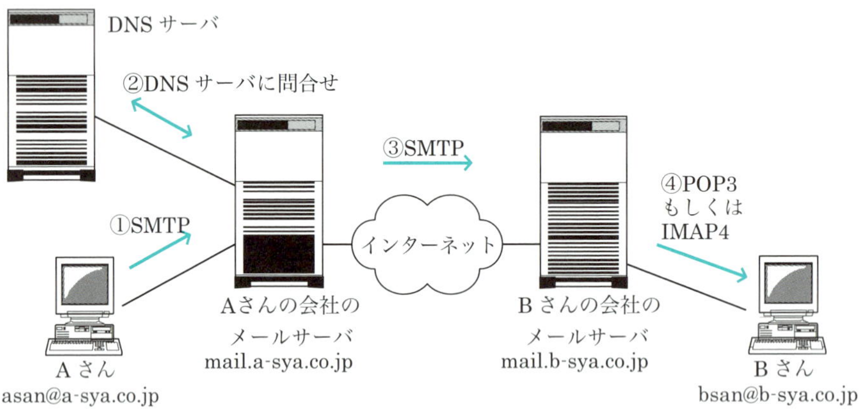

＊図中にはメールサーバのドメイン名に対応するIPアドレスを
問い合わせるための DNS の通信も含まれています。

知識確認問題　必要な知識を確認してみましょう！

問　IPv6 アドレスの特徴として，適切なものはどれか。

（H26 春-FE 問 32）

ア　アドレス長は 96 ビットである。

イ　全てグローバルアドレスである。

ウ　全ての IPv6 アドレスと IPv4 アドレスを，1 対 1 に対応付けることができる。

エ　複数のアドレス表記法があり，その一つは，アドレスの 16 進数表記を 4 文字（16 ビット）ずつコロン“:”で区切る方法である。

解説

IPv4のアドレス長が32ビットであるのに対し，IPv6のアドレス長はその4倍の128ビットです。IPv6のアドレスを表記する際のルールでは，16ビットずつ八つに区切って16進数で表記する形式が定められています。その際に，16進数表記を4文字（16ビット）ずつ“：”（コロン）で区切って表すこととされています。したがって，（エ）が適切です。

解答　エ

問　LANに接続されているプリンタのMACアドレスを，同一LAN上のPCから調べるときに使用するコマンドはどれか。ここで，PCはこのプリンタを直前に使用しており，プリンタのIPアドレスは分かっているものとする。

(H30春-FE 問33)

ア　arp　　イ　ipconfig　　ウ　netstat　　エ　ping

解説

プリンタのIPアドレスは分かっているとありますので，IPアドレスからMAC（Media Access Control）アドレス[注1]を調べるコマンドを使用すればよいことが分かります。IPアドレスからMACアドレスを調べるために使用されるプロトコルにARP（Address Resolution Protocol）があり，このARPプロトコルのキャッシュテーブルの情報参照や，各種操作を行うコマンドにarpコマンドがあります。[注2]

したがって，（ア）が正解です。また，「PCはこのプリンタを直前に使用しており」とあり，IPアドレスとMACアドレスのペアはARPキャッシュテーブルに格納されていることも読み取ることができます。

（注1）ネットワークデバイスごとに割り振られている6桁（48ビット）の固有の番号。上位3桁（24ビット）が製造メーカの識別番号。

（注2）一般にプロトコル名はARPのように大文字で表記し，コマンド名はarpのように小文字で表記する。

イ：ipconfigはPCでネットワークの設定情報を調べるコマンドです。なお，ipconfigはWindowsのコマンド，UNIX系ではifconfigコマンドあるいはip addrコマンドです。

ウ：netstatはPCでTCP/IPを使ってどのような通信を行っているかを調べるコ

マンドです。

エ：ping は IP パケットが宛先まで正しく届いているかを確認するコマンドです。

解答　ア

問　Web サーバに対するアクセスがどの PC からのものであるかを識別するために，Web サーバの指示によってブラウザにユーザ情報などを保存する仕組みはどれか。

（H19 秋-FE 問 36 改）

ア　CGI　　イ　cookie　　ウ　SSL/TLS　　エ　URL

解説

HTTP プロトコルは，1 回のデータのやり取りでセッションを解放することが基本です。このため，ある PC から**連続して行われる一連の Web 通信を，一つのセッションとして Web サーバが認識**するには，HTTP 独自の仕組みが必要になります。cookie は，ブラウザと Web サーバ間だけで共有される共通情報なので，**cookie を使って Web 通信のセッションに関するデータ，あるいはセッションの識別子を共有**することで，一連の流れをもつサービス処理を行えるようにする手法が一般的です。したがって，（イ）が正解です。

ア：CGI（Common Gateway Interface）は，ブラウザ側からの要求によって，Web サーバ側に準備されたプログラム（CGI プログラム）を実行し，その結果をブラウザに返すインタフェースです。ユーザからの入力や操作によって動的に表示内容を変更する Web サイト等で利用されています。

ウ：SSL（Secure Sockets Layer）/TLS（Transport Layer Security）は，暗号化通信を実現する仕組みであり，昨今の Web サイトでは，これを利用することが推奨されています。

エ：URL（Uniform Resource Locator）は，インターネット上の情報資源の場所を示すための記述方式です，プロトコル名，ドメイン名，ファイルパスなどで構成されています。

解答　イ

演習問題　第３部　第４章　問３

イーサネットを介した通信に関する次の記述を読んで，設問 1，2 に答えよ。

(H28 春-FE 午後問 4)

IP ネットワークにおいて，あるホストが別のホストと通信する場合，通信相手のホストの IP アドレスを指定して通信する。下位層にイーサネットを用いるときには，通信相手のホストの MAC アドレス，又は通信相手のホストに到達可能なルータの MAC アドレスが必要になる。しかし，IP ネットワークで通信を行うアプリケーションでは，通信相手の IP アドレスやホスト名を明示的に指定することはあっても，MAC アドレスを明示的に指定することはない。したがって，IP アドレスを手掛かりとして必要な MAC アドレスを得るために，IP ネットワークでは ARP（アドレス解決プロトコル）というプロトコルが用いられる。

〔MAC アドレスに関する説明〕

イーサネットと IP を OSI 基本参照モデルに当てはめた場合，イーサネットは物理層とデータリンク層に該当し，IP はネットワーク層に該当する。つまり，IP ネットワークでの通信で取り扱う IP データグラムを，下位層のイーサネットで送信するためには，IP データグラムを［ a ］したイーサネットフレームを送信する。このとき，イーサネットフレームの宛先を表すアドレスとして用いられるのが MAC アドレスである。MAC アドレスの長さは 48 ビットであり，表現可能なアドレスの個数は［ b ］個となる。

なお，ここでは MAC アドレスを表記する際，8 ビットごとに 2 桁の 16 進数 00～FF で表し，それぞれの間はコロンで区切る。例えば，00:53:00:12:C5:8A のように表す。

〔ARP の機能の説明〕

IP アドレスを基に MAC アドレスを得る ARP の機能は，問合せとして“ARP 要求”を送信し，それに対する回答として“ARP 応答”を受け取ることで実現される。

例えば，セグメント 10.1.1.0/24 において，ホスト A（IP アドレス 10.1.1.10，MAC アドレス 00:53:00:DA:C7:0B）がホスト B（IP アドレス 10.1.1.20，MAC アドレス 00:53:00:EC:17:27）宛てに IP データグラムを送信しようとしたとき，ホスト B の MAC アドレスは ARP によって，次のようにして得られる。

(1)　ホストAは，IPアドレス10.1.1.20に対するARP要求を送信する。このとき，ARP要求は［　c　］される。

(2)　ARP要求を受け取ったホストBは，そのARP要求が自分のIPアドレスに対する問合せであることを確認すると，自分のIPアドレス10.1.1.20とMACアドレス00:53:00:EC:17:27を格納したARP応答を送信する。同じARP要求を受け取ったその他のホストは，それが自分のIPアドレスに対する問合せではないので，無視する。

(3)　ホストAは，ホストBが送信したARP応答を受け取ることによって，IPアドレス10.1.1.20に対応するMACアドレスが00:53:00:EC:17:27であることが分かる。

ホストAは，ホストBのIPアドレスと得られたMACアドレスの対応付けをキャッシュする。キャッシュが破棄されるまで10.1.1.20宛てのIPデータグラムを送る際，イーサネットフレームの宛先MACアドレスとして00:53:00:EC:17:27を使用する。

設問1　本文中の［　　　］に入れる正しい答えを，解答群の中から選べ。

aに関する解答群

ア　宛先として格納　　イ　送信元として格納
ウ　データ部に格納　　エ　プリアンブルに格納
オ　ヘッダ部に格納

bに関する解答群

ア　48　　イ　254　　ウ　256
エ　2^{32}　　オ　2^{48}

cに関する解答群

ア　TCPセグメントとして送信　　イ　UDPデータグラムとして送信
ウ　ブロードキャスト　　エ　ホストBのMACアドレス宛てに送信
オ　ユニキャスト

設問２　次の記述中の ［　　］ に入れる正しい答えを，解答群の中から選べ。

図１は，ある企業の社内ネットワークの構成（一部）である。

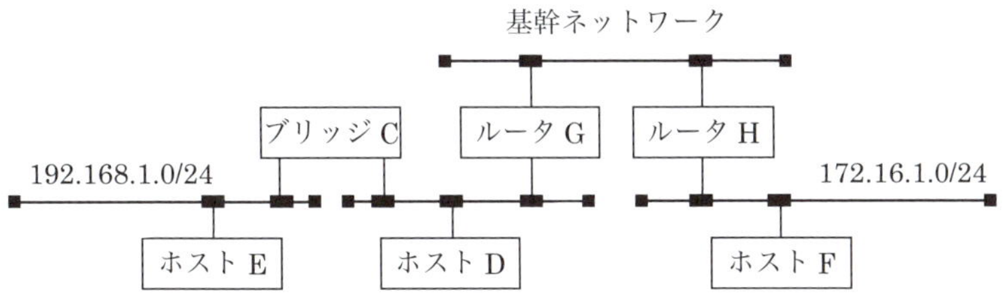

図１　ある企業の社内ネットワークの構成（一部）

このネットワークにおいて，ホストDが，幾つかの宛先にIPデータグラムを送信しようとするとき，ホストDはARPによって送信に必要なMACアドレスを得る。ここで，ホストDがIPデータグラムを送信しようとしたとき，宛先のMACアドレスはホストDにキャッシュされていないものとする。

ホストEに対してIPデータグラムを送信しようとするとき，ホストDは ［ d ］ のIPアドレスに対するARP要求を送信する。

ホストFに対してIPデータグラムを送信しようとするとき，ホストDは ［ e ］ のIPアドレスに対するARP要求を送信する。

解答群

ア　ブリッジC　　イ　ホストD　　ウ　ホストE

エ　ホストF　　オ　ルータG　　カ　ルータH

演習問題　第3部　第4章　問4

Web サイトにおけるセッション管理に関する次の記述を読んで，設問 1～4 に答えよ。

(H27 秋-FE 午後問 4)

セッションとは，一連の処理の始まりから終わりまでを表す概念である。例えば，あるショッピングサイトでは，会員がログインし，その後，商品の選択，注文，決済など，何度も Web サイトへのアクセスを繰り返しながら商品を購入し，最後にログアウトする。このときの，ログインからログアウトまでが同じ一つのセッションである。

Webサイトへのアクセスに使うプロトコルであるHTTPではセッションの扱いについての規定はないが，Web サイトと Web ブラウザの間でセッション ID を送受信することで，一連の通信を一つのセッションとして管理できる。ここで，セッション ID とはセッションごとに割り振られた一意の文字列である。

Web サイトは，セッションの開始とともにセッション ID を生成し，Web ブラウザに送る。Web ブラウザは，Web サイトから受信したセッション ID を含めた HTTP リクエストを Web サイトに送る。Web サイトは，同じセッション ID をもつ HTTP リクエストを，同一セッションの一連の HTTP リクエストとみなす。一般に，会員 ID や選択された商品の情報などのセッションに関係する情報は，Web サイト側がセッション ID に関連付けて管理する。

セッション ID は注意して取り扱う必要がある。例えば，セッション ID の有効期間をできるだけ短くしたり，セッション ID を推測しにくい文字列にしたり，セッション ID の送受信を暗号化されている通信路で行ったりするなど，セキュリティ上のリスクを抑える工夫をする。

セッション ID の送受信には，主に次に挙げる方法が用いられている。

(1) HTTP リクエストの拡張ヘッダや Web サイトが Web ブラウザに送信する HTTP レスポンスの拡張ヘッダに，クッキーの値としてセッション ID を記載する。このとき，Web ブラウザでクッキーの管理が有効になっている必要がある。

(2) HTML 中のリンク先やフォームの送信先を示す URL の中にセッション ID を埋め込む（次の例では下線の箇所）。

例：`<a href="https://www.example.com/?sid=セッション ID">top</a>`

(3) HTML 中のフォームでフィールド hidden にセッション ID を埋め込む（次の例では下線の箇所）。

例：`<input type="hidden" name="sid" vaLue="セッションID">`

設問1　次の記述中の［　　］に入れる適切な答えを，解答群の中から選べ。

ショッピングサイト A での商品購入の流れは図1のとおりである。注文と決済に必要な情報をセッション ID に関連付けて管理するため，ショッピングサイト A では，閲覧者が［　a　］にセッション ID を生成し，ログアウト時に破棄することとした。

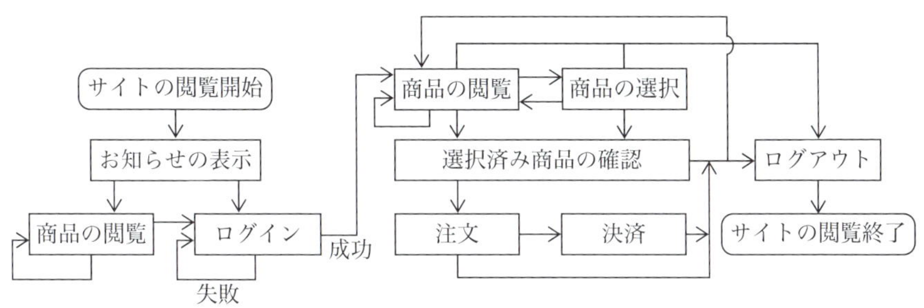

図1　ショッピングサイト A での商品購入の流れ

a に関する解答群

ア　サイトの閲覧を開始したとき　　イ　商品を閲覧するたび
ウ　商品を選択するたび　　エ　ログインに成功したとき

設問2　セッション ID として使う文字列として適切な答えを，解答群の中から選べ。

解答群

ア　会員 ID と同じ文字列
イ　会員 ID と通し番号を連結した文字列
ウ　十分に長いランダムな文字列
エ　通し番号を示す文字列

設問3　次に示す表は，(A)〜(C)の特徴と，本文中のセッション ID を送受信する(1)〜(3)の方法の組合せを示したものである。表中の ［　　］ に入れる適切な答えを，解答群の中から選べ。

	特徴	方法
(A)	Web ブラウザのアドレスバーに表示される URL の中にセッション ID が含まれる。	［b］
(B)	Web ブラウザの設定次第で利用できないことがある。	
(C)	タグ<a>で指定されたリンクのクリックではセッション ID が送信されない。	

b に関する解答群

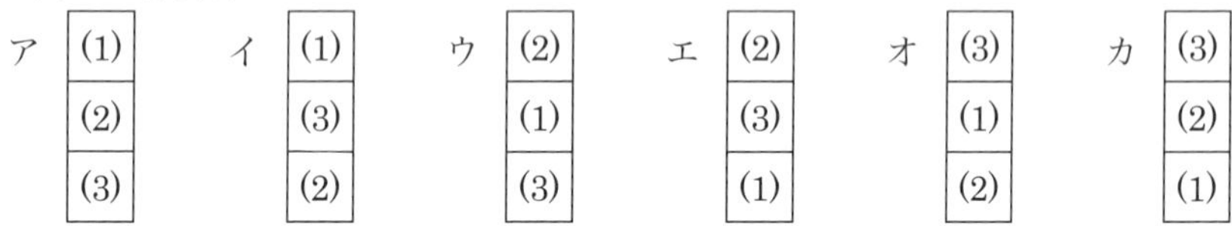

設問4　次の記述中の ［　　］ に入れる正しい答えを，解答群の中から選べ。

クッキーは名前と値の組であり，Web サイトと Web ブラウザでそれぞれ管理される。Web サイトは，Web ブラウザに管理させたいクッキーを，Web ブラウザに送信する HTTP レスポンスの拡張ヘッダに記載する。Web ブラウザは，Web サイトから受信したクッキーを，その Web サイトに送信する HTTP リクエストの拡張ヘッダに記載する。

クッキーの値としてセッション ID を記載することで，Web サイトと Web ブラウザの間で，セッション ID を送受信することができる。

Web サイトは，HTTP レスポンスに記載するクッキーに，付加情報として送信先ドメイン名の指示を加えることができる。これは，Web ブラウザに対し，当該クッキーをどのドメイン又はホスト宛ての HTTP リクエストに記載すべきかを指示するもので，HTTP レスポンスの送信元ホスト名か，より上位のドメイン名が指示されているクッキーだけが有効である。例えば，ホスト www.example.com の上位のドメインは example.com と com である。ただし，多くの組織の上位ドメインとなる com や org などは有効とはみなさない。Web ブラウザは，有効でないドメイン名が指示されたクッキーを管理しない。

Webブラウザは，管理しているクッキーを，指示されたドメイン名と等しいホストか，より下位ドメインのホスト宛てに送信するHTTPリクエストに記載する。例えば，送信先ドメイン名として，example.comが指示されているクッキーは，example.comの下位ドメインのホストである，www.example.comやwww.foo.example.com宛てに送信するHTTPリクエストに記載される。

送信先ドメイン名として example.com が指示されたクッキーをwww.example.comから受け取ったWebブラウザは，www.example.comの他，www2.example.comなどのexample.comの下位ドメインのホストへ送信するHTTPリクエストにも，当該クッキーを記載する。

クッキーを受け入れる設定であって，かつ，クッキーを一つも管理していないWebブラウザからhttp://www.foo.example.com/index.htmlにアクセスし，その応答として受け取ったHTTPレスポンスには，表1に挙げる名前をもつクッキーが含まれており，それぞれに，送信先ドメイン名の指示が付加されていた。Webブラウザは，このうちの［ c ］個のクッキーを管理する。この直後に，同じWebブラウザからhttp://www.bar.example.com/index.htmlにアクセスするときにHTTPリクエストに記載されるクッキーは，［ d ］である。

表1　クッキーの名前と送信先ドメイン名の指示

名前	送信先ドメイン名の指示
c1	example.com
c2	foo.example.com
c3	www.foo.example.com
c4	www.example.com
c5	www.bar.example.com

cに関する解答群

ア　1　　イ　2　　ウ　3　　エ　4　　オ　5

dに関する解答群

ア　c1　　イ　c1とc2　　ウ　c1とc5　　エ　c4とc5　　オ　c5

第3部
第1章
第2章
第3章
第4章
第5章

Part 3　Chapter 5

第5章
ソフトウェア設計

出題のポイント

この分野の出題範囲には，ソフトウェア要件定義，ソフトウェア方式設計，ソフトウェア詳細設計，構造化設計，モジュール設計，オブジェクト指向設計，Webアプリケーション設計，テスト計画，ヒューマンインタフェースなどの内容が含まれています。

出題範囲はこのようにシステム開発のソフトウェア要件定義以降の作業になっていますが，実際に出題されている内容としては，ソフトウェア方式設計とソフトウェア詳細設計，オブジェクト指向設計が中心になります。このうち，ソフトウェア方式設計とソフトウェア詳細設計をテーマとした問題では，ファイル処理を題材とした突合せ処理や集計処理などが出題されているので，典型的な処理方法を理解しておく必要があります。なお，最後に問題が公開された令和元年度秋期試験までの出題傾向として，オブジェクト指向をテーマとした問題も増えてきているので，基礎知識のほか，UML のクラス図，シーケンス図を理解できるようにしておく必要があります。このほか，設問単位では処理内容やアルゴリズム（流れ図）の空欄穴埋め，テストデータの作成，データの処理結果を求めるものがあります。問われる内容としては，ソフトウェア設計に関する用語や技術を知っているかどうかではなく，問題を解くために必要な知識や条件を読んで，具体的な事例に適用した場合にどういう処理をするか，どのような結果になるか，というものがほとんどです。

問題に取り組む上で必要な知識は，午前の試験のシステム開発分野の問題に対応できる程度で十分です。「長い問題文を効率良く読み，その中から解答の根拠を見つけていく」のがこの分野の問題を解くポイントです。本書では，こうした考え方に基づいて，例題や演習問題の解説をしています。この解説をよく読んで，解答のためのアプローチを身に付けるようにしてください。

令和元年度秋期までの試験問題は，過去に出題された問題に類似したテーマで出題されることが多くなっていました。このため，過去問題を確実に解けるようにすることが大切です。「知識より読解力や考え方を問う」という午後の試験の大きな目的を理解して，ここで取り上げた問題や過去の試験問題に取り組みましょう。

5.1　ファイル処理

対策のポイント

ソフトウェア設計で出題される事例として，以前はファイル処理が多く出題されていました。取り上げられるファイルは先頭のレコードから順に読み書きする順ファイル（順編成ファイル）が多く，キーを指定して特定レコードを読み出す直接アクセスが可能なファイル（索引順編成ファイルなど）は少ないですが，それぞれの特徴を理解してください。

ソフトウェア設計問題の解法力を付けるため，まず，順ファイルの処理に関する基本事項を理解する必要があります。この順ファイルの特徴を整理します。

(1)　先頭のレコードから順番にしか処理できない

順ファイルですから当たり前ですが，順ファイルのレコードを先頭から読み込んで集計するような処理では，集計の元になるデータ順に並べ替えが済んでいる必要があります。また，並べ替えが行われていない場合はファイル内のレコードの整列処理を行う必要があります。

（集計処理の例）

商品コード順にレコードが並んでいる商品売上ファイルの先頭からレコードを読み込み，商品コードが同じ間は売上を足して合計を求める。商品コードが変わったら合計を０にして，同様に商品コードが同じ間，売上を足す。

（ファイル）
（先頭レコード）
順に読み込む

商品コード	売上
A001	500
A001	1,000
A001	300
B010	2,000
B010	1,600
C005	700
D100	2,500
D100	1,000
:	:

集計

商品コード	売上
A001	1,800
B010	3,600
C005	700
D100	3,500
:	:

図　集計処理のイメージ

次に，台帳に相当するマスタファイルが順ファイルの場合，このマスタファイルの内容を更新するためのレコードを集めたファイル（トランザクションファイルといいます）を使って更新処理をする場合は，それぞれ同じキーの順に並べ替えが済んでいる必要があります。二つのファイルからレコードを読み込んで，キーを照合して突き合わせ，等しければ処理をするので「突合せ処理」と呼びます。

（突合せ処理の例）

商品マスタファイルの定価をトランザクションファイルのレコードで更新する処理を行う。各ファイルは商品コード順にレコードが並んでいる。各ファイルからレコードを順に読み込み，二つのキーが一致すれば更新処理を行い，それぞれ次のレコードを読み込む。一致しなければ，この場合はマスタファイルの次のレコードを読み込み，キーが一致するか調べる（一致するまでレコードを読み込む）。

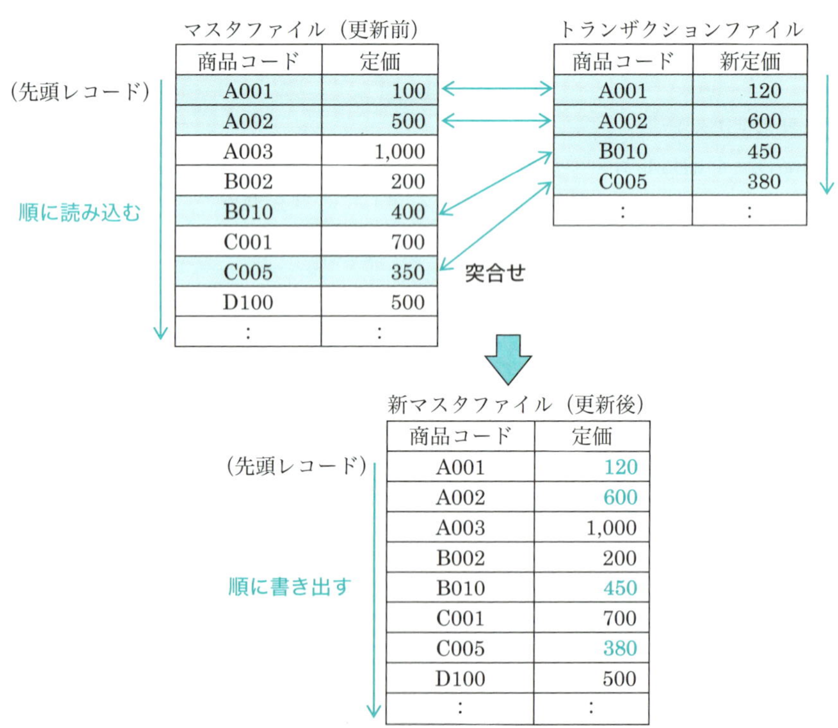

マスタファイル（更新前）

商品コード	定価
A001	100
A002	500
A003	1,000
B002	200
B010	400
C001	700
C005	350
D100	500
:	:

トランザクションファイル

商品コード	新定価
A001	120
A002	600
B010	450
C005	380
:	:

新マスタファイル（更新後）

商品コード	定価
A001	120
A002	600
A003	1,000
B002	200
B010	450
C001	700
C005	380
D100	500
:	:

図　突合せ処理（更新処理）のイメージ

これら，順ファイルのレコードを集計する処理とファイルの突合せ処理による更新処理はよく出題されていましたので，基本事項として理解しておいてください。

(2)　処理する順にレコードが格納されていない場合は整列処理が必要

集計処理や二つのファイルの突合せ処理を行う場合，処理内容に応じてファイル内のレコードは整列されている必要があります。試験問題でも処理の前に必要な整列処理の内容として，並べ替えのためのキーとなる項目名や，どのように並べ替えるか（昇順か？降順か？）を問う設問がよく出題されています。

昇順は後のレコードほどキーが大きくなるように整列させる方法で，降順は後のレコードほどキーが小さくなるように整列させる方法です。

以上のファイル処理が，ソフトウェア方式設計，ソフトウェア詳細設計でよく取り上げられる内容です。

(3)　索引順編成ファイルについて

必ず出題されるというわけではありませんが，索引順編成ファイルについて補足しておきます。

索引順編成ファイルでは，キーを指定して特定のレコードを読み込む直接アクセスだけでなく，順ファイルと同じようにキー順にレコードを読み込む順アクセスも可能です。問題で索引順編成ファイルが出題された場合には，キーを指定した直接アクセス，キー順に読み込む順アクセスのどちらの呼出し方法を使うかということに注意してください。

なお，問題によっては，“索引順編成”というファイル編成の名前を出さずに，「キーを指定してファイルからレコードを読み込む」という表現で，暗に索引順編成ファイル，又は直接アクセス可能なファイルを指す場合があります。

ここでは，まず，順ファイルの処理を行う例題を通じて，処理内容と整列の必要性などを理解しましょう。索引順編成ファイルの処理については演習問題の中で実際の例を使って学習します。

例　題　応用力を身につけましょう！

問　部品の棚卸金額計算に関する次の記述を読んで，設問1〜5に答えよ。

(H22 秋-FE 午後問 5)

製造業が，製品製造のために購入する部品は，同じ部品であっても，その調達時期によって購入時の単価（以下，購入単価という）が変動する場合がある。したがって，期末時点で在庫となっている部品の棚卸金額を求める場合，個々の購入単価と数量を使って計算する。

しかし，大量生産を行う製造業のT社では，必要な部品の種類と数量が非常に多い。購入した部品を受け入れて在庫とし，在庫から部品を払い出して製品を製造するまで，部品の一つ一つを管理することは難しく，実際に在庫となっている個々の部品の購入単価から金額を計算することは困難である。

部品を受け入れた日付を受入日付，受け入れた数量を受入数量，払い出した日付を払出日付，払い出した数量を払出数量という。

T社では，先入先出法によって，購入した部品の棚卸金額を計算している。先入先出法とは，受入日付が最も古い部品から順に払出しが行われたものとみなして，購入した部品の棚卸金額を計算する方法である。

〔棚卸金額計算の処理〕

図1に，T社が購入した部品の棚卸金額計算処理の流れを示す。この処理で扱うファイルは，すべて順ファイルである。

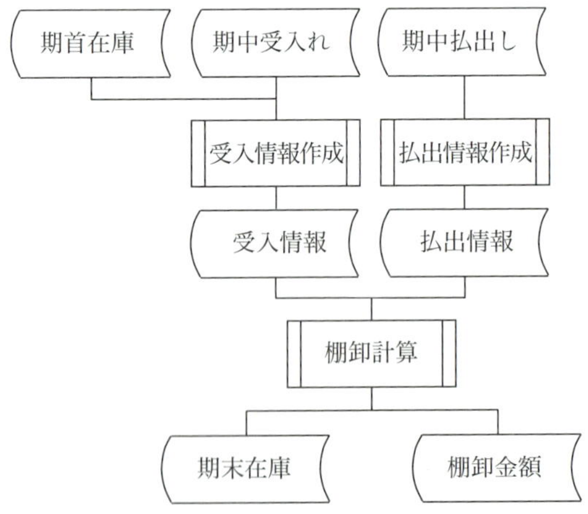

図1　T社が購入した部品の棚卸金額計算処理の流れ

⑴　受入情報作成処理では，期首在庫ファイルと，期中の部品の受入れを記録した期中受入れファイルの二つを整列して併合し，受入情報ファイルとして出力する。

受入情報ファイルのレコード様式は，次のとおりである。部品は，部品番号で管理している。

部品番号	受入日付	購入単価	受入数量

図2　受入情報ファイルのレコード様式

なお，T社の場合，同じ部品を同じ日に複数回受け入れることはない。

⑵　払出情報作成処理では，期中の部品の払出しを記録した期中払出しファイルを用いて払出数量の集計を行い，払出情報ファイルを出力する。

⑶　棚卸計算処理では，突合せを行い，期末在庫ファイルと棚卸金額ファイルを作成する。

図3に，棚卸計算処理の流れを示す。

受入情報ファイルと払出情報ファイルとの突合せによって，払出情報ファイルのレコードの払出数量分を，受入情報ファイルの受入日付が古いレコードから順に引き当てていく。引き当てられずに残った受入情報ファイルのレコードの数量と購入単価を使って，期末在庫ファイルと棚卸金額ファイルのレコードを作成する。

数量が0となった受入情報ファイルのレコードは，期末在庫ファイルには出力しない。また，期末在庫ファイルは，次期の期首在庫ファイルとなる。期末在庫ファイルと期首在庫ファイルは，受入情報ファイルと同じレコード様式である。

設問1　図1中の受入情報作成処理では，期首在庫ファイル及び期中受入れファイルを昇順に整列して併合し，受入情報ファイルとして出力する。整列に最低限必要なキー項目とその並びとして正しい答えを，解答群の中から選べ。ただし，解答群の項目の並びは，左の項目の方が整列の優先度が高い。

解答群

ア　受入日付　　イ　受入日付，受入数量
ウ　受入日付，部品番号　　エ　部品番号
オ　部品番号，受入日付　　カ　部品番号，購入単価

第3部
第1章
第2章
第3章
第4章
第5章

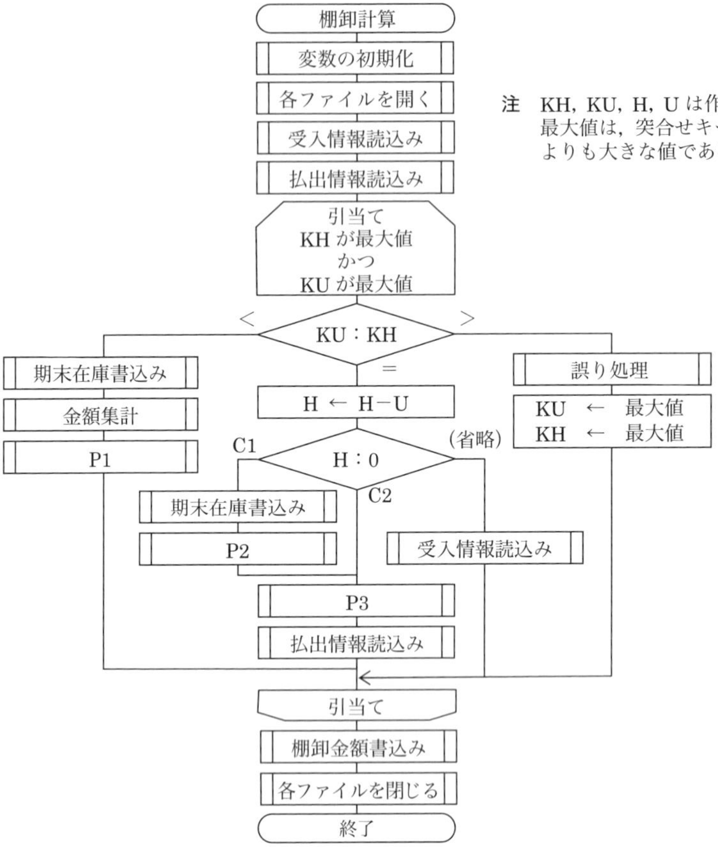

棚卸計算
変数の初期化
各ファイルを開く
受入情報読込み
払出情報読込み
引当て
KH が最大値
かつ
KU が最大値
KU：KH
＜
期末在庫書込み
金額集計
P1
＝
H ← H－U
H：0
C1
期末在庫書込み
P2
C2
P3
払出情報読込み
(省略)
受入情報読込み
＞
誤り処理
KU ← 最大値
KH ← 最大値
引当て
棚卸金額書込み
各ファイルを閉じる
終了

注　KH，KU，H，U は作業領域である。
最大値は，突合せキーが取り得る値よりも大きな値である。

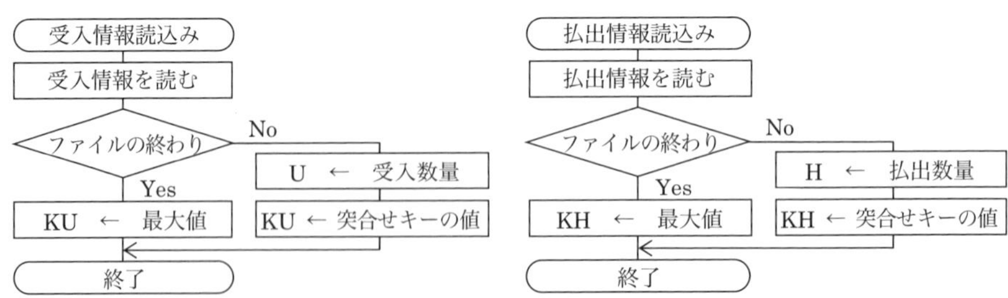

図3　棚卸計算処理の流れ

設問2　図1中の払出情報ファイルに最低限必要な項目として正しい答えを，解答群の中から選べ。

解答群

ア　受入日付，払出数量
イ　受入日付，払出数量，払出日付
ウ　受入日付，払出数量，部品番号
エ　払出数量，払出日付
オ　払出数量，払出日付，部品番号
カ　払出数量，部品番号

設問3　図1中の払出情報作成処理では，払出数量の集計を行う。この集計処理に最低限必要なキー項目として正しい答えを，解答群の中から選べ。

解答群

ア　受入日付
イ　受入日付，払出日付
ウ　受入日付，部品番号
エ　払出日付
オ　払出日付，部品番号
カ　部品番号

設問4　図3中のP1～P3のうち，“受入情報読込み”が入るすべての箇所の組合せとして正しい答えを，解答群の中から選べ。

解答群

ア　P1
イ　P2
ウ　P3
エ　P1，P2
オ　P1，P3
カ　P2，P3
キ　P1，P2，P3

設問5　図3中の条件C1，C2に入れる組合せとして正しい答えを，解答群の中から選べ。

解答群

	C1	C2
ア	＝	＜
イ	＝	＞
ウ	＜	＝
エ	＜	＞
オ	＞	＝
カ	＞	＜

解答と解説

（解答）

［設問1］　オ

［設問2］　カ

［設問3］　カ

［設問4］　オ

［設問5］　ウ

（解説）

部品の棚卸金額を計算する問題です。部品の棚卸しとは，製品を製造するために購入した部品が，使用されずにどのくらい在庫として残っているかを確認する作業です。通常，半期や年度などの期間を決めて，期間の最終日における在庫数と金額を計算します。

棚卸金額の計算方法には，先入先出法や後入先出法，総平均法など幾つかの方法があります。部品の購入単価は仕入れ先や購入日などで変わりますが，大量にある部品を個々に条件を変えて金額を計算するのは非常に手間がかかるので，一般には，あらかじめ決められている方法の中から計算方法を選択します。この問題では，先入先出法を使っています。

棚卸金額計算の処理の概要を示したのが図1です。本来は処理の説明中に，受入情報ファイルと払出情報ファイルのレコード様式などが記述されているべきですが，それを考えさせるところが，ソフトウェア設計の問題の特徴といえます。処理概要としては，まず，期の初めに在庫があった部品のレコードを格納した期首在庫ファイルに，期中（期の開始日から終了日まで）で在庫として受け入れた部品のレコードを格納した期中受入れファイルをまとめて（併合して）一つの受入情報ファイルを作成します。一方で，期中で払い出した（出庫した）部品の情報をまとめて払出情報ファイルを作成します。最後に，作成した二つのファイルを突き合わせて，棚卸し金額を計算し，期末在庫ファイルと棚卸金額ファイルを作成します。

問題文の終わりに，「期末在庫ファイルと期首在庫ファイルは，受入情報ファイルと同じレコード様式である」とあり，図2の受入情報ファイルのレコード様式の項目は，解答する際に重要な情報になります。

図3の「棚卸計算処理の流れ」は処理概要を表していますが，二つの順ファイルの突合せ処理をしている事務処理アルゴリズムの定番（マッチング処理）と分かります。順ファイルで突合せすることから，レコードを同じキーの順番で整列させて

おく必要があります。ファイル処理のポイントをもう一度確認しておきましょう。

整列処理の四つの目的

① **ファイルの突合せ（マッチング）のため**：順編成ファイル同士のマッチングを行うためには，それぞれのファイルがマッチングキーについて，同じ順番に並んでいる必要があります。この前準備として整列を行います。

② **集計のため**：同じ顧客番号，同じ日付といったある一定のグループでの合計を求めたい場合，同じグループのデータはまとまっている必要があります。このために，グループ分けのキーとなる項目によって整列を行います。

③ **順位付けのため**：順位付けを行うためには，その順位の基準となる項目について，１位から順に並んでいる必要があります。このために，整列を行います。

④ **帳票の出力のため**：帳票出力では，基本的に入力ファイルの順番に必要な内容を印字します。この前準備として，帳票の出力順に合うように整列します。

［設問１］

順ファイルである期首在庫ファイルと期中受入れファイルを併合して，受入情報ファイルとして出力するには，突合せ処理のためのキー（突合せキー）で入力ファイルが整列されている必要があります。また，受入情報ファイルのレコードの並びはこの突合せキーの順（この問題では昇順）に並ぶことになります。問題から期首在庫ファイルと受入情報ファイルは同じレコード様式ですから，図２の項目の中からキーとなるものを考えます。期中受入れファイルの様式は示されていませんが，キー項目を含めて図２とほぼ同じと考えると解答を考えやすくなります。なお，**整列するのに使うキーが複数ある場合は，左の項目の方が整列の優先度が高いキーという意味で並べます**。

受入情報ファイルは後で払出情報ファイルと突合せ処理を行うので，まず部品番号順にレコードが並んでいる必要があります。そして，次の棚卸計算処理では，「受入情報ファイルの受入日付が古いレコードから順に引き当てていく」とあるので，同じ部品番号のレコードでも受入日付の順に処理できる並びになっている必要があります。このことから，期首在庫ファイルと期中受入れファイルは部品番号で整列させ，更に部品番号が同じレコードは受入日付順に整列させればよいことが分かります。したがって，（オ）の部品番号，受入日付が正解です。

［設問２］

払出情報ファイルに最低限必要な項目を考えます。入力となる期中払出しファイルの内容は，期中にどの部品をいつ何個使ったかを示すレコードが格納されていると考えることができます。

購入単価の変動を考慮した棚卸し金額の計算は，次の棚卸計算処理で受入情報ファイルの内容を基に行うので，この払出情報ファイルにはどの部品を何個使ったかという情報として，部品番号と払出数量が最低限あればよいことになります。したがって，（カ）の払出数量，部品番号が正解です。

［設問３］

払出情報ファイルは順ファイルなので，ファイルを作成する手順は，集計処理と集計結果のファイル出力の繰返しです。ここでは，ファイルの先頭から順にレコードを読み込み，同じ部品番号の払出数量を合計して出力する処理になります。したがって，集計処理に必要なキーは部品番号となり，（カ）が正解です。

［設問４］

図３の棚卸計算は，受入情報ファイルと払出情報ファイルとを突き合わせて，払出情報ファイルのレコードの払出数量分を受入情報ファイルの受入日付が古いレコードから順に引き当てる処理でした。引き当てた結果，在庫が残っている部品については，期末在庫ファイルに書き込み，並行して，棚卸金額を計算して棚卸金額ファイルに書き込みます。

この問題では，受入情報ファイルと払出情報ファイルから１件ずつレコードを読み込み，部品番号を比較して処理を振り分けます。部品番号が一致すれば引当てを行い，一致しなかった場合は在庫の情報を期末在庫ファイルに書き込んで次のレコードを読み込むか，誤り処理を行います。このことを踏まえ，流れ図を見ていきます。

突合せ処理の中心部分となる「H：0」の条件分岐の部分で行っている処理を整理すると，まず「H ← H－U」の処理で，払出数量－受入数量を計算し，新たに払出数量としています。ここでは，払出数量から受入数量を引いていることに注意してください。結果の正負が関係してくる設問５の解答で計算結果を考える必要があります。

引算結果から次の処理を行うと見当をつけることができます。このとき，図３の流れ図「H：0」の判定で，C1，C2 に分岐した場合，P3 の処理が共通して実行されることに注意します。

・払出数量－受入数量 ＞ 0 のとき

引き当てられていない数量があるので，受入日付の違う受入情報のレコードで引当て処理を続けます。流れ図中で（省略）に分岐する処理といえます。

・払出数量－受入数量 ＜ 0 のとき

払い出した分をすべて引き当てでき，在庫が残っているので，期末在庫ファイルに書き出すとともに，棚卸金額を計算し，次の受入情報，払出情報のファイルのレコードで処理を継続する。期末在庫ファイルに在庫数を書き出すことから，C1 に分岐する場合といえます。

・払出数量－受入数量 ＝ 0 のとき

払い出した分をすべて引き当てられたが，在庫がなくなったので，期末在庫ファイルには書き出さない。棚卸金額を計算して，次の受入情報，払出情報のファイルのレコードで処理を行う。C2 に分岐する場合といえます。

以上の結果として，P3 が“受入情報読込み”が入り，P2 は棚卸金額を計算する“金額集計”が入ります。

また，突合せキーの比較で「KU ＜ KH」となった場合（受入情報ファイルのレコードのキーが，払出情報のレコードのキーよりも小さい）に実行される P1 は，受入情報のレコードが払出情報のレコードに対応していないので，次の受入情報ファイルのレコードを読み込む必要があります。つまり，P1 も“受入情報読込み”処理になり，（オ）の P1，P3 が正解になります。

［設問５］

設問 4 で解説したとおり，「払出数量－受入数量 ＜ 0」のとき C1 に分岐して，「払出数量－受入数量 ＝ 0」のとき C2 に分岐するので，C1 が“＜”，C2 が“＝”となる（ウ）が正解です。

参考として，次のテストデータを基に，棚卸計算処理の流れを見ておきましょう。

受入情報ファイル

部品番号	受入日付	購入単価	受入数量
0001	2012-04-05	100	300
0001	2012-05-15	110	200
0002	2012-09-20	50	400
0002	2012-09-28	40	500
0003	2012-09-28	120	100
0005	2012-06-03	95	320

①　②　③　④　⑤　⑥

払出情報ファイル

部品番号	払出数量
0001	500
0002	300
0004	450

	KU：KH	H←H－U	H：0	該当する処理
①	0001＝0001	200←500－300 （まだ引当て必要）	200＞0	（省略）に分岐，受入情報読込み
②	0001＝0001	0←200－200 （在庫 0，期末在庫出力なし）	0＝0	C2 に分岐，（P3），払出情報読込み
③	0002＝0002	－100←300－400 （引当てより受入れが多い）	－100＜0 （在庫あり）	C1 に分岐，0002 の期末在庫書込み，（P2），C2 に合流，（P3），払出情報読込み
④	0002＜0004	－ （これ以上，0002 の引当てはない）	－	“＜”に分岐，0002 の期末在庫書込み，金額集計，（P1）
⑤	0003＜0004	－ （0003 の引当てはない）	－	“＜”に分岐，0003 の期末在庫書込み，金額集計，（P1）
⑥	0005＞0004	－ （0004 の受入がない）	－	“＞”に分岐，誤り処理，KU，KH に最大値を代入，引当処理終了

図　テストケースのデータと検証結果

演習問題　第3部　第5章　問1

通信講座を提供している企業の受講管理システムに関する次の記述を読んで，設問1，2に答えよ。

(H24 秋-FE 午後問 5)

A 社では資格を取得するための通信講座を提供している。資格には上級，中級，初級の 3 種類があり，各講座の修了判定で合格すると合格証が発行され，資格取得となる。上級資格向けの講座を受講するには，中級資格を取得している必要がある。A 社通信講座の概要を表 1 に示す。

表 1　A 社通信講座の概要

資格区分	受講期間	受講条件
上級資格	12 か月	中級資格を取得していること
中級資格	10 か月	なし
初級資格	6 か月	なし

〔通信講座運用の概要〕

A 社では，受講者の受講状況や成績を，受講管理システムを使って管理し，修了判定を行っている。通信講座運用の概要を次に示す。

(1)　各講座は毎月初めに開始する。

(2)　テキストと課題が，受講期間中の毎月初めに受講者に到着するように送付される。

(3)　学習後の受講者から，課題に対する答案が A 社に提出される。答案の提出期限は，受講者が課題を受け取った月の 25 日とする。

(4)　A 社に答案が到着した日を提出日として，受講管理システムに入力する。

(5)　到着から 3 日以内に，答案を添削して 100 点満点で採点し，添削済み答案と模範解答を受講者に返送する。

(6)　点数と返送日を受講管理システムに入力する。

提出された答案の処理の流れを，図 1 に示す。

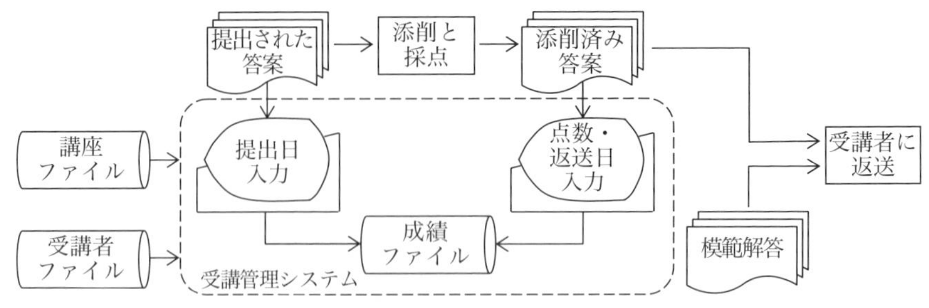

図１　提出された答案の処理の流れ

〔初級，中級資格向けの講座の修了判定処理の概要〕

(1)　毎月初めに，前月で受講期間が終了した受講者を対象に，答案の提出回数と平均点を算出し，修了判定処理を行う。平均点は，全ての答案の合計点を受講期間の月数で除算して求める。答案が未提出の場合，及び提出期限を過ぎて答案が到着した場合は，提出回数に含めず，点数は0点とする。

(2)　判定区分には，優秀，合格，不合格の3種類がある。

(3)　初級資格向けの講座では，4回以上答案を提出し，かつ，平均点が60点以上の受講者を合格と判定する。

(4)　中級資格向けの講座では，7回以上答案を提出し，かつ，平均点が60点以上の受講者を合格と判定する。

(5)　全ての答案を提出し，かつ，平均点が90点以上の受講者は優秀と判定する。

(6)　(3)，(4)の条件を満たさない受講者は，不合格と判定する。

(1)〜(6)の処理は，成績ファイルと講座ファイルを修了判定プログラムに入力して行われる。

〔初級，中級資格向けの講座の修了判定後の処理の概要〕

(1)　合格者には合格証を発行する。

(2)　優秀者には優秀者用の合格証を発行する。優秀者は，修了判定した月の翌月1日（以下，起算日という）から24か月間，上位の講座（初級資格向けの講座の場合は中級資格向けの講座，中級資格向けの講座の場合は上級資格向けの講座）を半額で受講することができる。優秀者には優秀者用の合格証と併せて割引受講案内を送付する。

(3)　不合格者には，起算日から12か月間，同じ講座を半額で再受講することができる割引受講案内を送付する。

(1)〜(3)の処理は，修了判定処理の結果に基づき，受講者ファイルと成績ファイルを参照して行われる。

受講者ファイル，講座ファイル，成績ファイルのレコード様式を，図２〜４に示す。各ファイルは，全て索引順編成ファイルである。初級，中級資格向けの講座の修了判定プログラムの流れを図５に，主なモジュールの処理内容を表２に示す。

受講者コード	受講者名	住所	電話番号

注記　下線はキー項目を表す。

図２　受講者ファイルのレコード様式

講座番号	講座名称	開始年月日	終了年月日	受講期間の月数	答案１の提出期限	…	答案ｎの提出期限

注記　下線はキー項目を表す。

図３　講座ファイルのレコード様式

受講者コード	講座番号	判定区分	起算日	答案１			…	答案ｎ		
				提出日	点数	返送日		提出日	点数	返送日

注記１　下線はキー項目を表す。
注記２　判定区分の初期値には空白が設定されている。
注記３　提出日の初期値には提出期限の翌日の日付が設定されている。
注記４　点数の初期値には０点が設定されている。

図４　成績ファイルのレコード様式

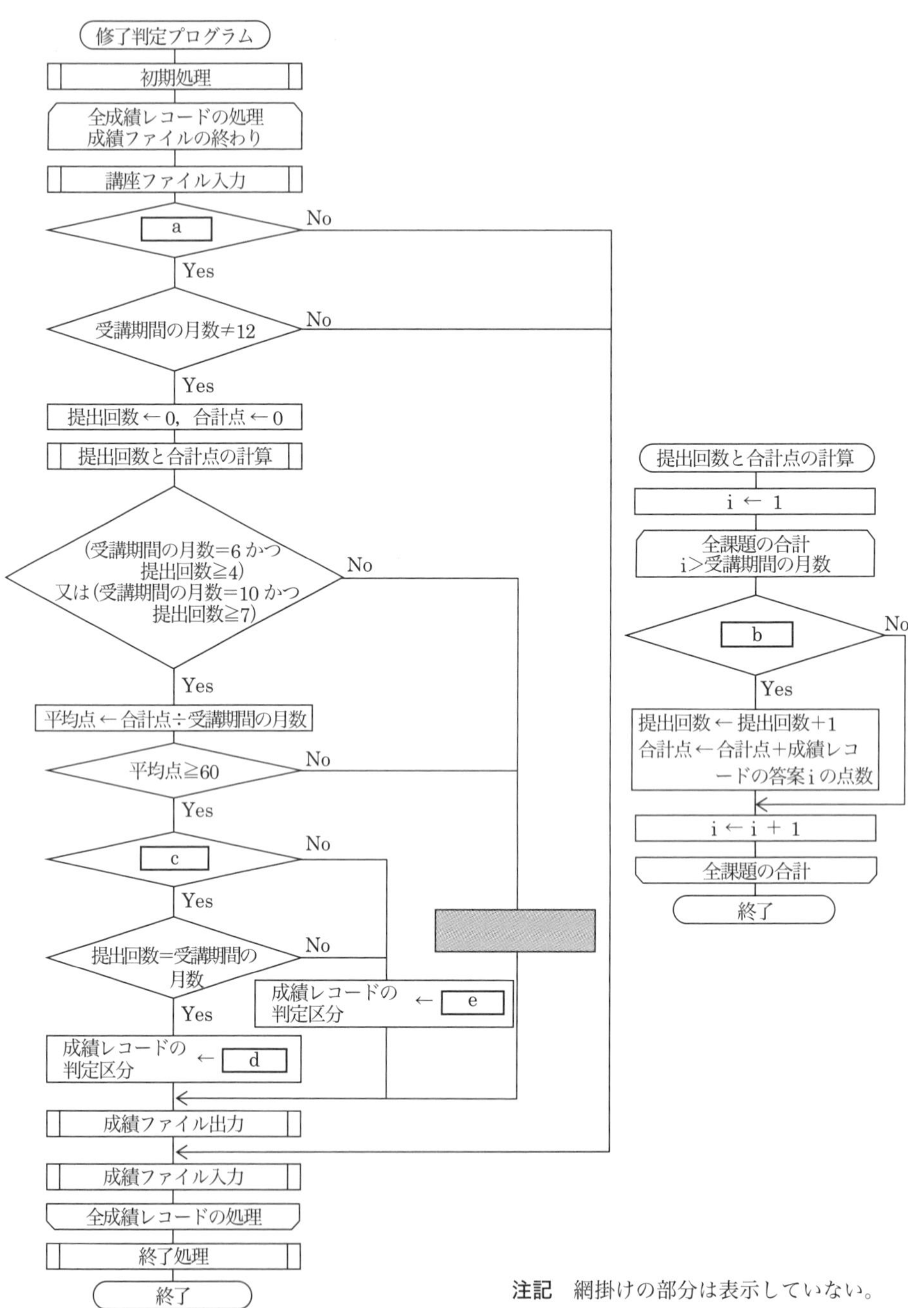

注記　網掛けの部分は表示していない。

図5　初級，中級資格向けの講座の修了判定プログラムの流れ

表２　主なモジュールの処理内容

モジュール名	処理内容
初期処理	各ファイルを開く（成績ファイルは順次アクセスする）。 成績ファイルを読む（判定区分が空白以外のレコードは，読み飛ばす）。
講座ファイル入力	成績レコードの講座番号をキーとして，講座ファイルを読む。
成績ファイル出力	成績レコードを，成績ファイルに書き込む。
成績ファイル入力	成績ファイルを読む（判定区分が空白以外のレコードは，読み飛ばす）。
終了処理	各ファイルを閉じる。

設問１　図５中の［　　　］に入れる正しい答えを，解答群の中から選べ。ここで，日付については早い方が小さい数として扱われる。

aに関する解答群

ア　講座レコードの開始年月日＜現在日付
イ　講座レコードの答案ｉの提出期限＜現在日付
ウ　講座レコードの終了年月日＜現在日付
エ　成績レコードの答案ｉの提出日＜現在日付
オ　成績レコードの答案ｉの返送日＜現在日付

bに関する解答群

ア　成績レコードの答案ｉの提出日＝講座レコードの答案ｉの提出期限
イ　成績レコードの答案ｉの提出日≠講座レコードの答案ｉの提出期限
ウ　成績レコードの答案ｉの提出日＞講座レコードの答案ｉの提出期限
エ　成績レコードの答案ｉの提出日≦講座レコードの答案ｉの提出期限
オ　成績レコードの答案ｉの提出日の前日＞講座レコードの答案ｉの提出期限

cに関する解答群

ア　平均点＝60　　イ　平均点＜60　　ウ　60＜平均点＜90
エ　平均点＞90　　オ　平均点≧90

d，eに関する解答群

ア　“合格”　　イ　“不合格”　　ウ　“優秀”

設問２　割引を使用した受講の利用率を向上させるために，割引対象期間の残り月数（以下，割引残存期間という）が少なくなっている受講者に，ダイレクトメールを発送することになった。割引を使用した受講の利用状況を調べるために，割引対象受講者と割引残存期間を全て抽出し，結果ファイルに書き込む，割引残存期間抽出プログラムを作成する。割引対象期間を過ぎている場合，割引残存期間に 99 を入れる。結果ファイルのレコード様式を図６に，割引残存期間抽出プログラムの流れを図７に示す。［　　　］に入れる正しい答えを，解答群の中から選べ。

受講者コード	講座番号	割引残存期間

注記　下線はキー項目を表す。

図６　結果ファイルのレコード様式

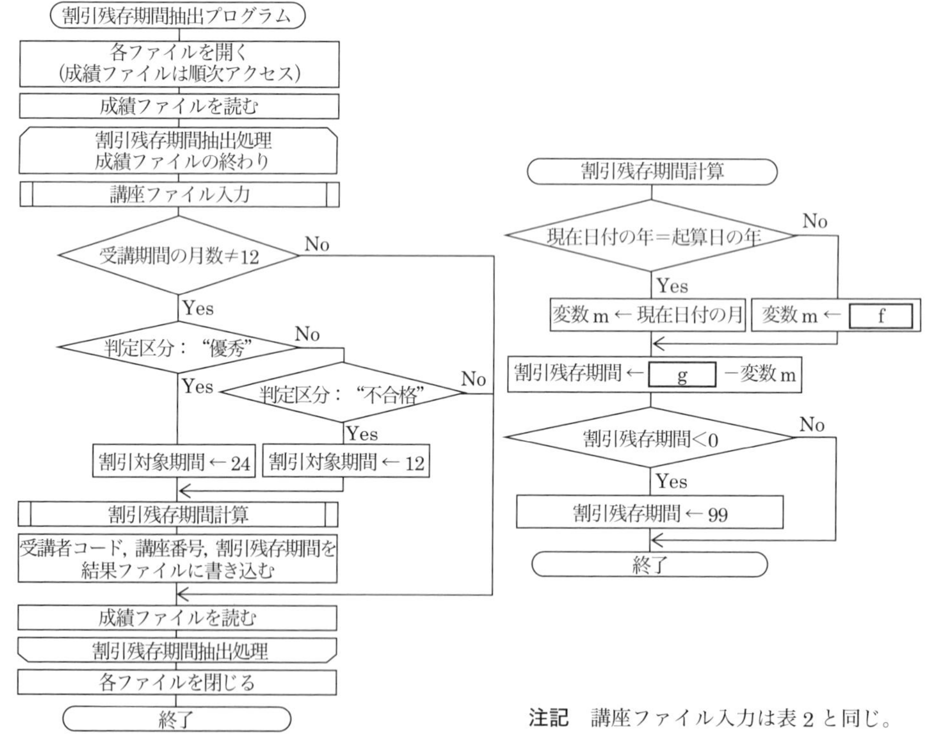

図７　割引残存期間抽出プログラムの流れ

fに関する解答群

ア　起算日の月＋(起算日の年－現在日付の年)×12

イ　起算日の月＋(現在日付の年－起算日の年)×12

ウ　現在日付の月＋(起算日の年－現在日付の年)×12

エ　現在日付の月＋(現在日付の年－起算日の年)×12

オ　現在日付の月－(現在日付の年－起算日の年)×12

gに関する解答群

ア　起算日の月

イ　起算日の月－割引対象期間

ウ　割引対象期間

エ　割引対象期間＋起算日の月

オ　割引対象期間－起算日の月

5.2　テスト

対策のポイント

テストは，プログラム中にバグが潜んでいないか，また仕様どおりに動作するかどうかを確認する作業です。テスト作業は，一般に，小さいモジュール単位からプログラム，システムという単位で進めていきますが，テストの種類と開発工程の対応はおおよそ次のようになります。テストの中に適格性確認テストがありますが，これは要件定義の内容を確認するテストと考えてください。

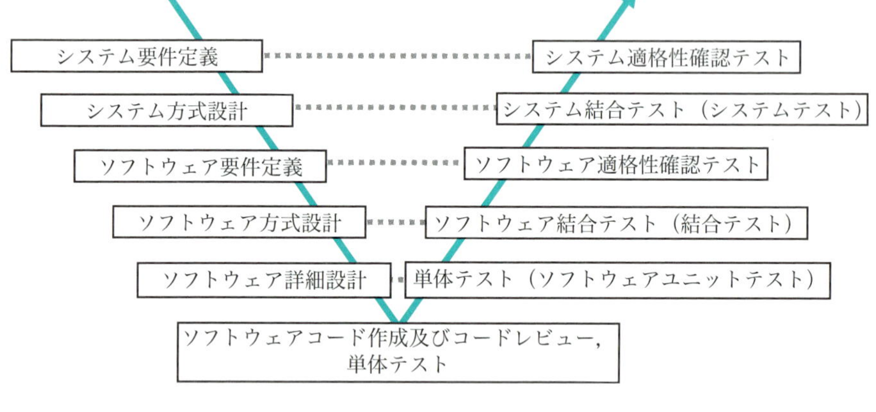

図　開発工程とテストの対応

テスト手法としては，**ホワイトボックステスト**と**ブラックボックステスト**に分かれますが，ホワイトボックステストは，主として内部構造（内部仕様）に基づく単体テストに使用されます。一方，ブラックボックステストは，主として外部仕様に基づくテストで，単体テストから運用テストまで広く行われます。

テストに関する午後問題としては，ブラックボックステスト，ホワイトボックステスト，それぞれの特徴や技法に関する知識から，具体的なテストケースやテストデータの設計を行うことが求められます。したがって，これらの知識に基づいたテスト設計能力を養っておく必要があります。また，**単体テスト**，**結合テスト**，**システムテスト**などのテストの種類や，結合テストの手法（**トップダウン**，**ボトムアップ**など）の知識，プログラムを修正したときに修正箇所以外に影響を与えていないかをテストする**レグレッションテスト**（**退行テスト**）などがポイントとなります。基本的な知識を整理しておきましょう。

(1) ブラックボックステストとホワイトボックステスト

システムテストや運用テストでは，プログラムやモジュールの内部構造をブラックボックスとして，仕様上の機能が正しく実行されることや，要件として挙げられた性能などが満足されていることを確認します。内部構造をブラックボックスとして扱うので，ブラックボックステストと呼ばれます。

一方，モジュールの内部構造に着目するということは，モジュールをホワイトボックスとして扱うことなので，単体テストなど利用されるテスト設計の方法は，ホワイトボックステストと呼ばれます。

(2) ブラックボックステストの手法

ブラックボックステストの手法ということで少し仰々しく感じます。しかし，実際は手法というよりも，仕様の内容に基づいて，どういう観点でテストケースを設計すれば効果的なテストが行えるか，という考え方といえます。ソフトウェア工学のテキストや情報処理技術者試験の問題では，同値分割や限界値分析という名称で出ています。用語の意味とテストデータ作成方法について整理しておきましょう。

(3) ホワイトボックステストの手法

ホワイトボックステストでは，モジュール内部の論理（制御）構造に注目してテストを行います。具体的には，モジュールのソースコードやモジュール設計書のチャートなどを参照しながら，「ここに選択（IF 文）があるから，条件となっているデータ項目の値をテストデータにしよう」とか，「繰返し（DO 文や FOR 文など）があるから，何回繰り返すようなテストデータを作成する」などといった具合です。このときの指針となるのが，網羅率という考え方です。基本的には，単体テストが終了した段階で，テスト対象モジュールのソースコードにあるすべての命令を実行しなければなりません。ホワイトボックステストでは，こうした基準を参考として，テストの充足性（テストが十分か）が判断されます。

ホワイトボックステストのテストケース作成方法としては，命令網羅，判定条件網羅，条件網羅，判定条件／条件網羅，複数条件網羅などの網羅基準があります。

① 命令網羅……すべての命令を少なくとも１回実行するようにテストケースを選択（設計）します。

② 判定条件網羅……プログラムのすべての判定条件で，真と偽の結果を少なくとも１回以上実行するようにテストケースを選択します。判定条件の真・偽というのは，複合条件（複数条件）かどうかにかかわらず，最終的な結果，つまり，IF 文の THEN（真）の方向への分岐，ELSE（偽）の方向への分岐を行うというこ

とです。この基準は，テストとして最低限確保されるべきものとされています。別名，分岐網羅とも呼ばれますが，こちらの名称の方が内容を理解しやすいかもしれません。

（例）判定条件が「A or B」の場合
例えば，「A が真かつ B が偽」と「A が偽かつ B が偽」というテストケースを設定します。この二つのテストケースで，判定条件の真と偽が実行されることになります。この場合，B が真という条件がなくてもよいことに注意してください。

③　条件網羅……プログラムのすべての判定条件で，各条件の真と偽のすべての組合せを満たすようにテストケースを選択します。こちらでは，判定条件でなく，単に条件と呼んでいます。これは，最終結果として，真と偽の双方向への分岐ということではなく，判定条件が複合条件の場合に，個別の条件に注目することになります。

（例）判定条件が「A or B」の場合
条件 A が真，偽となる場合と，条件 B が真，偽となる場合がテストケースに現れるようにします。例えば「A が真かつ B が偽」と「A が偽かつ B が真」というテストケースを設定します。この結果，判定条件として，偽の方向への分岐が実行されませんが，この基準ではそのことは問題となりません。

④　判定条件／条件網羅……判定条件網羅と条件網羅の両方の基準を満たすようにテストケースを選択します。

（例）判定条件が「A or B」の場合
条件 A が真，偽となる場合と，条件 B が真，偽となる場合がテストケースに現れ，かつ，判定条件として，真と偽の両方向に分岐するようにします。例えば「A が真かつ B が真」と「A が偽かつ B が偽」というテストケースを設定します。

⑤　複数条件網羅……判定条件が複合条件の場合，すべての条件について，すべての真と偽の組合せが現れるようにテストケースを選定することです。

（例）判定条件が「A or B」の場合
「A が真かつ B が真」，「A が真かつ B が偽」，「A が偽かつ B が真」，「A が偽かつ B が偽」というテストケースを設定します。真と偽ということだけに注目すれば，これ以外の組合せはありません。

基本情報技術者試験では，これ以上の詳しい内容が出題されることはないと思われます。テストデータの作成方法については理解しておきましょう。

実際の午後の試験では，ここまで整理してきたテストに関する知識を前提として，具体的な事例を使ってテストケースやテストデータの設計能力が問われます。知識確認問題，例題，演習問題を通して，こうした問題の解答方法について学びましょう。

知識確認問題　必要な知識を確認してみましょう！

問　出力帳票の1ページごとにヘッダと30件分のレコードを出力するプログラムをテストしたい。このプログラムを限界値分析によってテストするための最少のテストデータを用意するとき，レコード件数の組合せとして，適切なものはどれか。

(H23秋-SA 問8)

ア　0，1，31　　　イ　0，1，20，31
ウ　0，1，30，31　　　エ　0，1，20，30，31

解説

限界値分析は，**プログラムの仕様で正常値といえる範囲の限界値と，その周辺の正常でない値をテストデータとする**ブラックボックステストの手法です。

問題の記述から，帳票1ページに出力されるレコードは1〜30件の範囲になります。また，0件の場合はヘッダを出力せず終了，31件以上の場合は改ページしてヘッダと残りのレコードを出力していくことが想定できます。

したがって，1件と30件が限界値，0件と31件が限界値の周辺の値となり，テストデータとすればよいことになります。したがって，（ウ）が適切です。

なお，これらのデータに正常な範囲の値20を加えた（エ）でも誤りではないのですが，「最少のテストデータを用意するとき」とあるので，除外されます。

限界値分析の基になるグループ分けを同値分割と呼びます。同値分割では，正常な値とみなすグループを有効同値クラス（この問題の1以上30以下），正常でない値（エラー）とみなすグループを無効同値クラス（0以下，及び31以上）と呼びます。**同値分割によるテストでは有効同値クラス，無効同値クラスの両方から代表値を選んでテストデータとします。**

このときの代表値として，境界値を採用するのが限界値分析ですから，限界値分析は，同値分割を一歩進めたテスト技法といえます。

解答　ウ

問　プログラムの流れ図で示される部分に関するテストデータを，判定条件網羅（分岐網羅）によって設定した。このテストデータを複数条件網羅による設定に変更したとき，加えるべきテストデータのうち，適切なものはどれか。ここで，（ ）で囲んだ部分は，一組のテストデータを表すものとする。

（H20 春-FE 問 48）

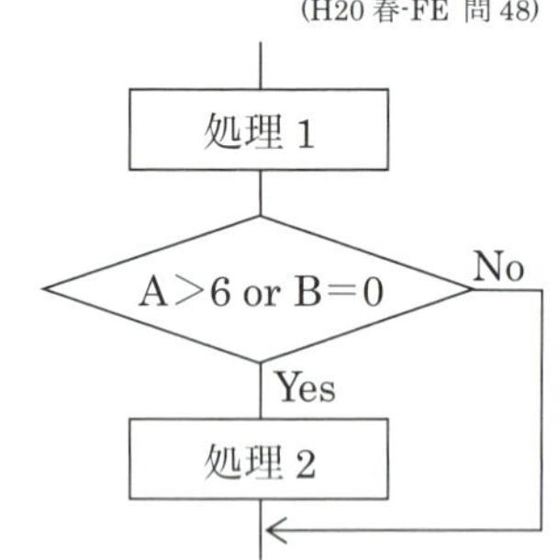

・判定条件網羅（分岐網羅）によるテストデータ
　（A＝4，B＝1），（A＝5，B＝0）

ア　（A＝3，B＝0），（A＝7，B＝2）
イ　（A＝3，B＝2），（A＝8，B＝0）
ウ　（A＝4，B＝0），（A＝8，B＝0）
エ　（A＝7，B＝0），（A＝8，B＝2）

解説

判定条件網羅は，別名を分岐網羅と呼ぶことからも分かるように，分岐方向に着目した網羅性で，プログラム中のすべての判定において真と偽の両方向への分岐を網羅するテストを行うことです。この問題では，判定条件網羅のテストデータ（A＝4，B＝1）によって偽（No）の方向への分岐を，（A＝5，B＝0）によって真（Yes）の方向への分岐をテストしています。

次に複数条件網羅とは，最も厳しい網羅基準で，すべての条件について可能な組合せをすべて網羅するようにテストします。問題の処理では，条件が二つあるので，可能なすべての組合せは，次の四つになります。

条件	①	②	③	④
A＞6	真	真	偽	偽
B＝0	真	偽	真	偽

判定条件網羅による二つのテストデータは，条件③と④の場合に当たるので，残りの①と②のテストデータを追加すればよいことになります。その場合，追加するテストデータは，どちらも「A＞6」という条件が真になるデータでないといけません。このことから選択肢の内容を見ると，（A＝7，B＝0）は①，（A＝8，B＝2）が②に相当し，（エ）だけが条件を満たしています。

解答　エ

例　題　応用力を身につけましょう！

問　あて先作成プログラムに関する次の記述を読んで，設問 1～3 に答えよ。

(H23 春-FE 午後問 5)

通信販売会社の Z 社では，顧客に対して顧客番号を発行し，顧客マスタファイルで管理している。

このたび，2011 年 5 月 10 日から 6 月 20 日までの販売促進キャンペーン期間中（以下，期間中という）の顧客の購入状況に応じて，懸賞応募券（以下，応募券という）と催物招待券（以下，招待券という）を郵送することになった。そこで，売上伝票ファイルから応募券と招待券を送る顧客を選び，あて先ファイルを出力するあて先作成プログラムを作成することにした。

このプログラムに必要な機能は，次のとおりである。

(1)　顧客ごとの応募券の枚数は，この販売促進キャンペーンの対象商品である商品コード A001～A199 の商品を期間中に購入した個数と同数とする。

(2)　顧客ごとの招待券の枚数は，期間中に購入したすべての商品の購入金額の合計が 5 万円以上の顧客に対して 1 枚とする。

(3)　応募券又は招待券を送る顧客ごとに，あて先ファイルに 1 件のレコードを作成する。応募券と招待券の両方を送る場合でも 1 顧客に対して 1 件のレコードを作成する。

(4)　応募券の総枚数，招待券の総枚数及びあて先ファイルのレコードの件数を，合計表に印字する。

顧客マスタファイル，売上伝票ファイル，あて先ファイルは順ファイルである。これらのレコード様式を，図 1 に示す。

顧客マスタファイル

顧客番号	顧客住所	顧客氏名

売上伝票ファイル

購入日付	顧客番号	商品コード	購入個数	購入金額

あて先ファイル

顧客番号	顧客住所	顧客氏名	応募券枚数	招待券枚数	購入金額合計

図 1　各ファイルのレコード様式

顧客マスタファイルは，顧客番号の昇順に整列されている。売上伝票ファイルを，顧客番号の昇順に整列した作業ファイルを作り，このプログラムに入力する。

このプログラムの入出力関連を図2に，プログラムの流れを図3に，主なモジュールの処理内容を表1に示す。また，このプログラムのテストに用いる作業ファイルのテストデータを表2に，このテストデータを用いた場合の合計表の出力結果を図4に示す。

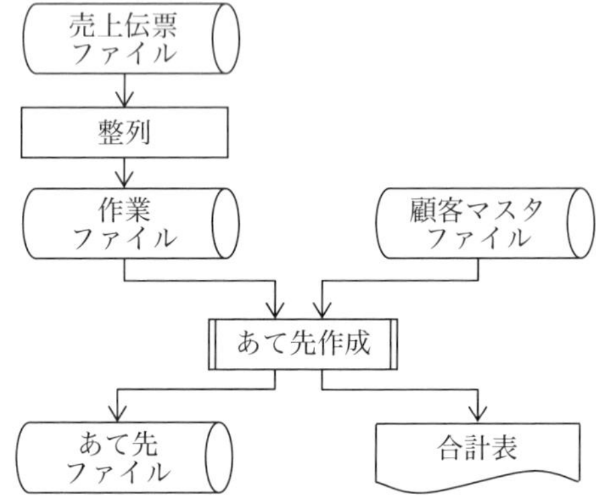

図2　あて先作成プログラムの入出力関連

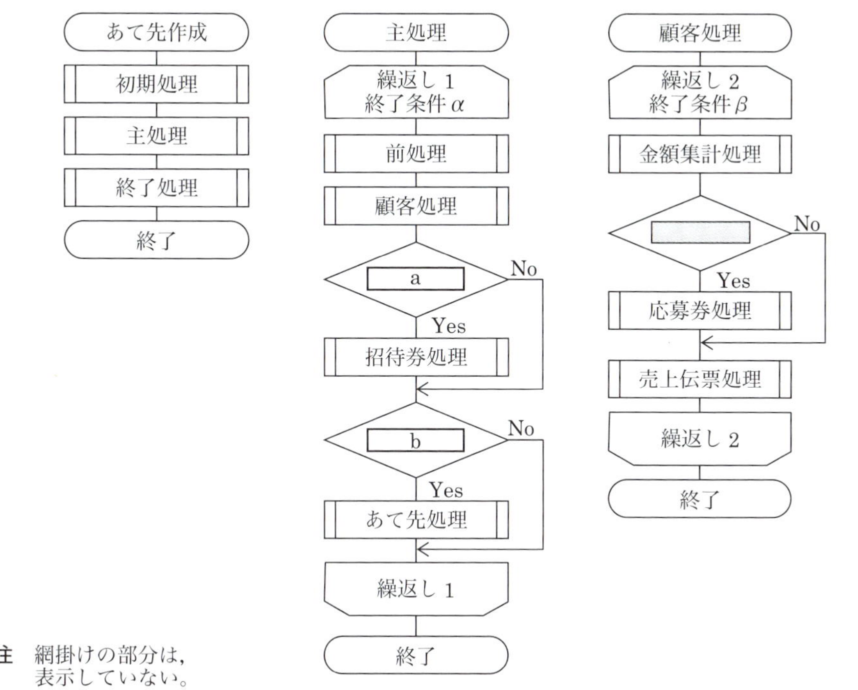

図３　あて先作成プログラムの流れ

表1　主なモジュールの処理内容

モジュール名	処理内容
初期処理	各ファイルを開く。 応募券総枚数←0，招待券総枚数←0，あて先ファイルレコード件数←0 作業ファイルを読む（期間中以外のレコードは，読み飛ばす）。
前処理	応募券枚数←0，招待券枚数←0，購入金額合計←0， W 顧客番号←作業ファイルレコードの顧客番号
金額集計処理	購入金額合計を求める。
応募券処理	応募券枚数 ← [　　　　]
売上伝票処理	作業ファイルを読む（期間中以外のレコードは，読み飛ばす）。
招待券処理	招待券枚数を求めるための計算を行う。
あて先処理	顧客マスタファイルを読む（顧客番号の値が W 顧客番号の値と異なる場合は，読み飛ばす）。 あて先ファイルのレコードを編集し，あて先ファイルに出力する。 応募券総枚数を求めるための計算を行う。 招待券総枚数を求めるための計算を行う。 あて先ファイルレコード件数を求めるための計算を行う。
終了処理	合計表を出力する。 各ファイルを閉じる。

注　応募券枚数，招待券枚数，購入金額合計，W 顧客番号，応募券総枚数，招待券総枚数及びあて先ファイルレコード件数は作業領域である。

表2　作業ファイルのテストデータ

購入日付			顧客番号	商品コード	購入個数	購入金額（円）
年	月	日				
2011	5	8	001	A008	3	60000
2011	5	25	001	A180	8	44000
2011	6	3	002	B150	5	25000
2011	6	18	002	B125	5	20000
2011	5	25	005	A007	1	50000
2011	4	29	010	B001	1	45000
2011	5	25	010	B150	12	60000
2011	6	3	081	A201	2	52000
2011	6	12	081	B002	2	60000
2011	6	20	081	A006	2	20000
2011	7	16	081	A200	5	48000
2011	5	10	258	B003	1	2500
2011	5	18	386	A182	1	25000
2011	6	18	386	A198	2	20000
2011	6	21	386	A108	1	50000

合計表

懸賞応募券総枚数	
催物招待券総枚数	c
あて先ファイルレコード件数	d

注　網掛けの部分は，表示していない。

図４　表２のテストデータを用いた場合の合計表の出力結果

設問１　図３中の ＿＿＿ に入れる正しい答えを，解答群の中から選べ。

a に関する解答群

ア　A001≦作業ファイルレコードの商品コード≦A199
イ　A001≦作業ファイルレコードの商品コード≦A199　又は
　　購入金額合計≧50000
ウ　購入金額合計≧50000
エ　作業ファイルレコードの購入個数＞0
オ　招待券枚数＞0

b に関する解答群

ア　A001≦作業ファイルレコードの商品コード≦A199
イ　A001≦作業ファイルレコードの商品コード≦A199　かつ
　　作業ファイルレコードの購入金額≧50000
ウ　A001≦作業ファイルレコードの商品コード≦A199　又は
　　作業ファイルレコードの購入金額≧50000
エ　応募券枚数＞0
オ　応募券枚数＞0　かつ　招待券枚数＞0
カ　応募券枚数＞0　又は　招待券枚数＞0
キ　作業ファイルレコードの購入金額≧50000
ク　作業ファイルレコードの購入個数＞0

設問2　表 1 中の ＿＿＿ に入れる正しい答えを，解答群の中から選べ。解答群中の[ ]はガウス記号であり，[x]は，x を超えない最大の整数値を表す。

解答群

ア　[作業ファイルレコードの購入金額／50000]
イ　1
ウ　応募券枚数＋[作業ファイルレコードの購入金額／50000]
エ　応募券枚数＋1
オ　応募券枚数＋作業ファイルレコードの購入個数
カ　作業ファイルレコードの購入個数

設問3　図 4 中の ＿＿＿ に入れる正しい答えを，解答群の中から選べ。

c に関する解答群

ア　1	イ　2	ウ　3	エ　4	オ　5
カ　6	キ　7	ク　8	ケ　9	コ　10

d に関する解答群

ア　3	イ　4	ウ　5	エ　7	オ　9
カ　10	キ　11	ク　12	ケ　13	コ　14

解答と解説

（解答）

［設問１］　a－ウ，b－カ

［設問２］　オ

［設問３］　c－ウ，d－ウ

（解説）

通信販売会社のあて先作成プログラムに関して，処理のアルゴリズムとテスト結果の予測値を答える問題です。ソフトウェア設計の問題というよりは事務処理アルゴリズムの問題といってもよい内容です。

あて先作成プログラムの機能は，売上伝票ファイルから決められた条件を満たす顧客に応募券と招待券を送るためのあて先ファイルと処理結果の合計表の作成です。**このために必要な機能は，問題文の(1)～(4)で記述されていて，設問を考えるときの根拠になります。**

プログラムが使用するファイルの内容は図１に，処理とファイルの関連は図２に示されています。プログラムがどのようなモジュールで構成され，どの順番で実行しているかを示す流れ図が図３で，処理に必要な機能をモジュールごとに示したものが表１です。表２のデータはプログラムを実行した結果（図４）を考えるためのものです。

ここまで問題文の構成をざっと確認してから，設問の検討に入るようにします。

［設問１］

図３の「あて先作成プログラムの流れ」について空欄 a，b の処理内容を考えます。あて先作成プログラムの入力ファイルは，図２の「あて先作成プログラムの入出力関連」から，作業ファイルと顧客マスタファイルで，どちらも顧客番号の昇順に整列されています。**これは，顧客ごとに購入した商品のデータを順番に入力し，応募券と招待券の枚数を計算するためと予測できます**。また，出力するのは，あて先ファイルと合計表ですが，あて先ファイルの作成については設問では問われていません。

ここで，プログラムに必要な機能として問題文の(1)～(4)で記述されている内容のポイントをまとめておくと，次のようになります。

(1)　顧客ごとの応募券の枚数は，販売促進キャンペーン対象商品である商品コード A001～A199 の商品を期間中に購入した個数。

(2) 顧客ごとの招待券の枚数は，販売促進キャンペーン期間中に購入したすべての商品の購入金額の合計が5万円以上の顧客に対して1枚。

(3) 応募券又は招待券を送る顧客ごとに，あて先ファイルに1件のレコードを作成する。応募券と招待券の両方を送る場合も1顧客に対し1件のレコードを作成。

(4) 応募券の総枚数，招待券の総枚数及びあて先ファイルのレコードの件数を，合計表に印字する。

図3の流れ図から，プログラムは初期処理，主処理，終了処理のモジュールがこの順番に実行され，主処理のモジュールでは，顧客処理を含む更に幾つかのモジュールを実行していることが分かります。**これらの処理の流れを把握するときには，表1で示される処理内容も合わせて見る**ようにします。

初期処理は図4で示されている結果を求めるための変数（応募券総枚数と招待券総枚数，あて先ファイルレコード件数）の初期設定と，作業ファイルの1件目のレコードを読む処理を行っています。ちなみに，作業ファイルのレコード読取りは購入日付がキャンペーン期間中の2011年5月10日から6月20日までのときだけ行われ，そのほかの購入日付のレコードは読み飛ばします。

主処理に入ると，最初に実行する前処理では，応募券枚数と招待券枚数，購入金額合計の初期設定を行い，**作業ファイルレコードの顧客番号を変数“W顧客番号”に退避している**ことから，顧客ごとに応募券と招待券の枚数を求める準備と分かります。

続く顧客処理では，図3の右側の流れ図と表1から，金額集計処理で購入金額合計を求め（購入金額のたし込み），網掛けになっている条件を満たしたときに応募券処理を行っています。表1でもこの応募券処理の内容が空欄になっており，設問内容になっていることが分かります。この後，売上伝票処理で作業ファイルの次のレコードを読みますが，“繰返し2”でこれらの処理を繰り返していることから，**顧客処理では顧客番号が変るまで，商品の購入個数から計算される応募券枚数の計算を行っていると考えられます**。また，この段階では断定できませんが，網掛けになっている条件は，機能の(1)にある，キャンペーン対象商品の商品コードA001〜A199かどうかの判定と予想できます。

顧客処理の次に行うのは空欄aを条件とする判定処理です。顧客処理を終了するのは繰返し2の最後に読んだ作業ファイルの顧客番号が退避している顧客番号と異なるときになるので（なると予想できるので），**顧客ごとに1回だけ行う処理を行うことになります**。空欄aの条件がYesのとき招待券処理で招待券の枚数計算をしているので，空欄aは機能の(2)にある，商品の購入金額の合計が5万円以上かどうかの判定と予想でき，（ウ）の「購入金額合計≧50000」が正解です。

続く空欄bを条件とする判定処理では，条件がYesのとき，あて先処理を行っています。表1から，この処理で行うことはたくさんありますが，まず，処理中の顧客番号に対応するレコードを顧客マスタファイルから読み，あて先ファイルのレコードを編集し出力することです。あて先ファイルのレコードの編集というのは，図1のあて先ファイルの項目である顧客住所と顧客氏名，それとここまでに計算した応募券枚数と招待券枚数及び購入金額合計の値を出力レコードに代入することに当たります。そして，応募券総枚数と招待券総枚数，あて先ファイルレコード件数を求めるための値のたし込みも行います。これらのあて先処理を行うのは，機能の(3)にある，応募券又は招待券をもらえる顧客の場合ですから，空欄bは「応募券枚数＞0　又は　招待券枚数＞0」の（カ）が正解です。

［設問2］

この設問では，応募券処理における応募券枚数の計算方法が問われています。応募券処理は図3で網掛けになっている条件に入ると考えられる「対象商品である商品コードA001～A199のとき」がYesのときに実行されます。機能の(1)から，応募券は対象商品を購入した個数と同じ枚数を送るので，対象商品の個数（購入個数）をたし込んでいけばよいことになります。購入個数は作業ファイルに読み込まれた項目を使うので，

応募券枚数 ← | 応募券枚数＋作業ファイルレコードの購入個数 |

となり，（オ）が正解です。解答群には整数値を求めるためにガウス記号[]を使ったものがありますが，50000という値は招待券を計算するときに使うもので，ここの応募券処理には関係ありませんから，排除して考えるようにしましょう。

［設問3］

表2「作業ファイルのテストデータ」のテストデータでプログラムを実行したときの出力結果"合計表"（図4）の内容を答える設問です。見出しの懸賞応募券総枚数（応募券総枚数のこと）は網掛けになっていて解答の必要はなく，催物招待券総枚数（招待券総枚数のこと）とあて先ファイルレコード件数を考えます。

実際に解答を考える場合を想定して，表2の内容から関係ないデータを消していきます。このときのポイントは，販売促進キャンペーン期間外のデータは対象外として読み飛ばされるので，期間中の2011年5月10日から6月20日までのデータだけを対象にすることと，応募券だけをもらった顧客もあて先ファイルに出力する

ので，キャンペーン対象の商品コード A001〜A199 の購入があるかどうかも調べる必要があることです。

まず，表 2 から期間外のデータを消すと次に示す“期間×”の 4 件が減ります。そして，キャンペーン対象でない商品を消すと 6 件がさらに減ります。残りのデータを顧客ごとに招待券の枚数を調べると，合計 3 枚になるので，空欄 c は（ウ）の 3 になります。最後に，応募券か招待券が送られる顧客を調べると 5 件の顧客が該当するので，空欄 d は（ウ）の 5 になります。なお，解答の必要はありませんでしたが，応募券総枚数を計算すると 14 枚になります。

	購入日付 年	月	日	顧客番号	商品コード	購入個数	購入金額(円)	応募券	招待券	あて先ファイル
期間×	~~2011~~	~~5~~	~~8~~	~~001~~	~~A008~~	~~3~~	~~60000~~			
	2011	5	25	001	A180	8	44000	8	0	○
	2011	6	3	002	~~B150~~	~~5~~	25000	0	0	×
	2011	6	18	002	~~B125~~	~~5~~	20000			
	2011	5	25	005	A007	1	50000	1	1	○
期間×	~~2011~~	~~4~~	~~29~~	~~010~~	~~B001~~	~~1~~	~~45000~~			
	2011	5	25	010	~~B150~~	~~12~~	60000	0	1	○
	2011	6	3	081	~~A201~~	~~2~~	52000	2	1	○
	2011	6	12	081	~~B002~~	~~2~~	60000			
	2011	6	20	081	A006	2	20000			
期間×	~~2011~~	~~7~~	~~16~~	~~081~~	~~A200~~	~~5~~	~~48000~~			
	2011	5	10	258	~~B003~~	~~1~~	2500	0	0	×
	2011	5	18	386	A182	1	25000	3	0	○
	2011	6	18	386	A198	2	20000			
期間×	~~2011~~	~~6~~	~~21~~	~~386~~	~~A108~~	~~1~~	~~50000~~			
							合計	14（網掛け）	3 空欄 c	5 空欄 d

演習問題　第３部　第５章　問２

購買システムにおける注文書出力処理に関する次の記述を読んで，設問 1〜3 に答えよ。

(H29 春-FE 午後問 5)

電気製品を製造しているＪ社では，製造部門が要求する電子部品（以下，商品という）を購買部門が発注する際に利用する購買システムの構築が進行中である。購買システムを利用するには，Web ブラウザを使用する。Ｊ社の購買部門の社員（以下，購買担当者という）は社内ネットワーク経由で，仕入先の営業員はインターネット経由で，それぞれ購買システムを利用する。

〔購買システムを利用した発注業務の説明〕

(1) 発注する全ての商品は，商品ごとに一意になる商品番号で管理する。商品ごとに，仕入先は１社に定まっている。

(2) 購買部門は三つのグループ（以下，購買グループという）に分かれており，購買グループごとに取り扱う商品が異なる。

(3) 各購買担当者は，自グループが取り扱う商品について，製造部門からの要求を取りまとめ，仕入先ごとに分類し，発注登録を行う。このとき，仕入先ごとに，一意の注文番号が割り当てられ，商品ごとに 001 から始まる注文枝番が連番で割り当てられる。

購買担当者の発注登録，仕入先の営業員の注文書出力及び購買システムの関係は，図１のとおりである。

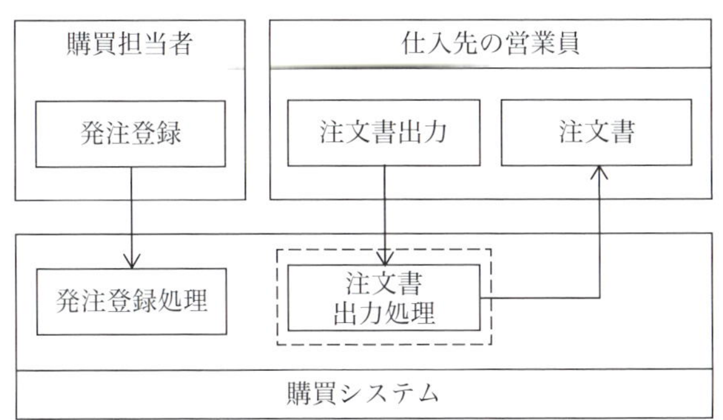

図１　購買担当者の発注登録，仕入先の営業員の注文書出力及び購買システムの関係

購買システムの構築プロジェクトのメンバK君は，図1の破線で囲まれた注文書出力処理の開発を担当することになった。注文書出力処理は，仕入先の営業員が購買システムからJ社の注文書を出力するための処理である。

〔注文書出力処理の説明〕

(1) 仕入先の営業員が注文書を出力する操作の流れを，図2に示す。

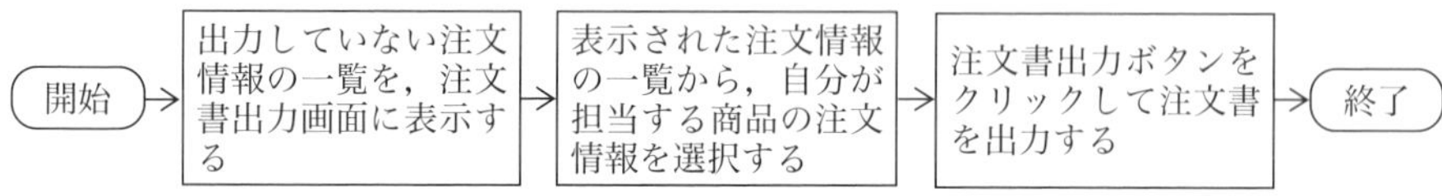

図2　注文書を出力する操作の流れ

(2) 仕入先の端末の注文書出力画面には，まだ注文書として出力していない注文情報だけが，図3に示すように注文番号ごとの注文枝番ごとに一覧で表示される。

(3) 購買システムから出力される注文書は，購買グループごとに作成され，注文情報が希望納期，注文番号，注文枝番の昇順に並んでいる。注文書の各ページには，最大5件の注文情報が含まれる。注文情報は，購買グループ名，希望納期，注文番号，注文枝番，商品番号，数量，納品場所，購買担当者などを要素としてもつ。

注文書出力画面と注文書の例を，それぞれ図3と図4に示す。

注文書出力画面

［注文書出力］

選択	注文番号	注文枝番	商品番号	商品名	数量	希望納期	購買グループ名	購買担当者
□	A20170427001	001	X01SS001	XXXXXX	3	2017-04-27	Aグループ	情報太郎
□	A20170427001	002	Y01ZZ002	YYYYYY	1	2017-04-27	Aグループ	情報太郎
⋮								
□	C20170512001	001	Z01ZZ001	ZZZZZZ	3	2017-05-12	Cグループ	試験五郎

図3　注文書出力画面の例

注文書　XXXX-XX-XX

取引先名　XX 部品製造株式会社
住所　東京都新宿区 XX-XX

J 株式会社
購買グループ名　A グループ

連絡先　03-9999-9999

注文番号 注文枝番	購買担当者	商品番号	数量	希望納期
		商品名	単価（円）	納品場所
A20170427001 001	情報太郎	X01SS001	3	2017-04-27
		XXXXXX	300	AREA-01
⋮				

最大５件

- 1 -

図４　注文書の例

K 君は，注文書出力画面で注文書出力ボタンがクリックされたときに実行する処理の一つである出力準備処理の流れ図を作成した。作成した流れ図を，図５に示す。

出力準備処理とは，注文書に含める注文情報を出力順に並べて出力ワーク領域に格納するものである。出力ワーク領域は，１ 回の注文書出力処理で出力される注文書に含まれる注文情報を格納する２次元配列である。出力ワーク領域[i][j]は，i が注文書のページを表し，j は注文書のページ内での出力順を表している。i も j も 1 から始まる。

出力準備処理は処理を開始するとき，注文書出力画面で選択された注文情報を，購買グループ名，希望納期，注文番号，注文枝番の順にそれぞれ昇順に整列して格納した１次元配列である注文データ[]と，注文情報件数を引数で受け取る。ここで，注文データ[1]には，注文書の１ページ目の第１番目に出力する注文情報が格納されている。

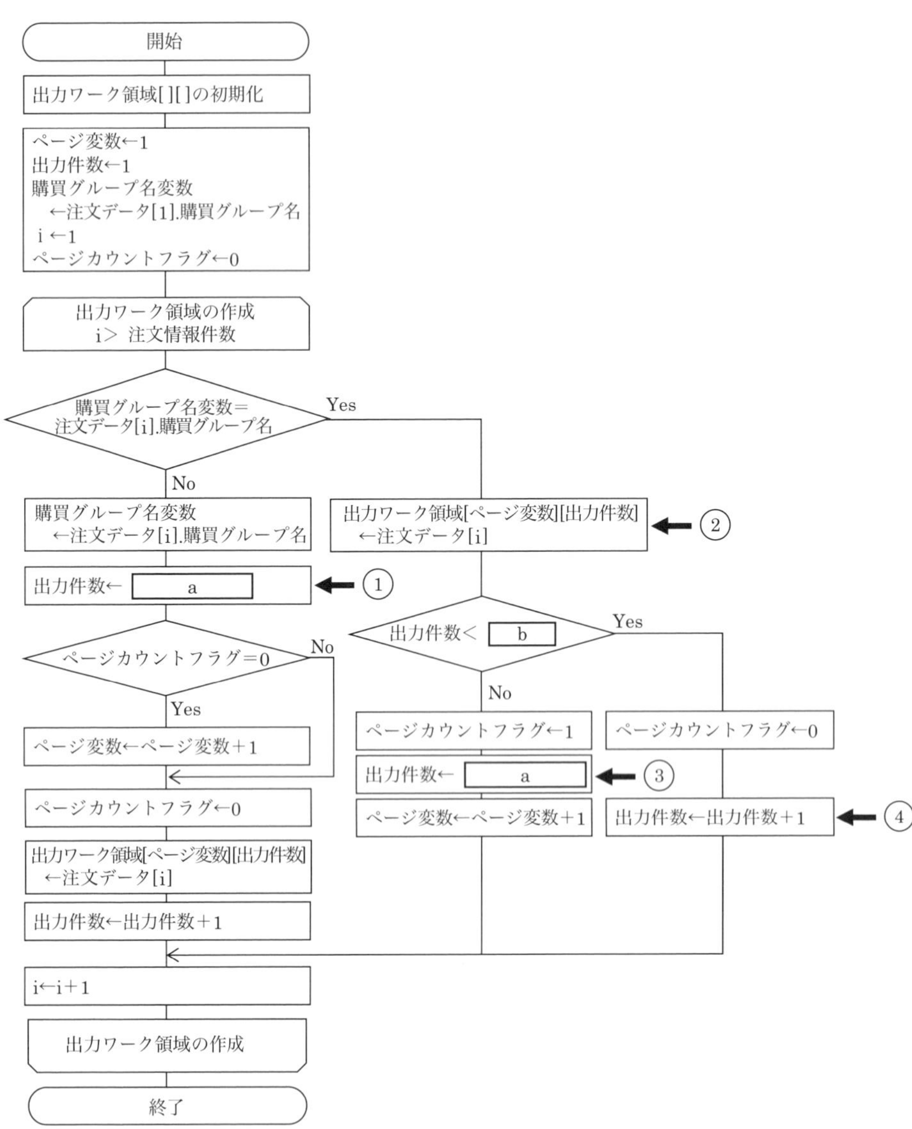

注記　流れ図中の“注文データ[i].xxx”や“出力ワーク領域[i][j].xxx”という記述で，それぞれの配列に格納された注文情報の要素 xxx の値を表す。ページカウントフラグは，ページ変数を制御するフラグである。

図５　出力準備処理の流れ図

設問1　図5中の[　　　]に入れる正しい答えを，解答群の中から選べ。

a，b に関する解答群

ア　0　　イ　1　　ウ　2　　エ　3

オ　4　　カ　5　　キ　50

設問2　K 君は，出力準備処理のホワイトボックステストを実施するために，図6に示す注文データのテストデータを作成した。次の記述中の[　　　]に入れる正しい答えを，解答群の中から選べ。

	購買グループ名	希望納期	注文番号	注文枝番	商品番号	数量	購買担当者
注文データ[1]	A グループ	2017-04-27	A20170427001	001	X01SS001	3	情報太郎
注文データ[2]	A グループ	2017-04-27	A20170427001	002	Y01ZZ002	1	情報太郎
注文データ[3]	A グループ	2017-04-30	A20170430001	001	D01SS001	3	情報太郎
注文データ[4]	B グループ	2017-05-10	B20170510001	001	V01ZZ002	1	技術花子
注文データ[5]	B グループ	2017-05-11	B20170511001	001	V01ZZ002	1	技術花子
注文データ[6]	C グループ	2017-05-12	C20170512001	001	Y01ZZ001	3	試験五郎

注記　注文情報の一部の要素は省略してある。

図6　注文データのテストデータ

図6の注文データのテストデータを利用して，出力準備処理をテストしたときに，図5の[　c　]の処理が行われなかった。K 君は，全ての処理を実行するために，[　d　]。

c に関する解答群

ア　①　　イ　②　　ウ　③　　エ　④

d に関する解答群

ア　購買グループ名が A グループである注文情報を1件追加した

イ　購買グループ名が B グループである注文情報を3件追加した

ウ　購買グループ名が C グループである注文情報を2件追加した

エ　購買グループ名が C グループである注文情報を3件追加した

設問3　出力準備処理のブラックボックステストを行う場合，K 君が実施すべきこととして適切な答えを，解答群の中から選べ。

解答群

ア　流れ図の全ての分岐処理が実行されたことを確認する。

イ　入力として渡した引数の注文データ，注文情報件数の内容が仕様どおりであることを確認する。

ウ　入力として渡した引数の内容に対して出力ワーク領域の内容が仕様どおりであることを確認する。

5.3　オブジェクト指向

対策のポイント

オブジェクト指向をテーマとして出題される問題は，特定のシステムを事例として分析及び設計した内容を問うものが中心になります。

オブジェクト指向分析・設計の表記技法として，統一モデリング言語の UML（Unified Modeling Language）があり，クラス図，オブジェクト図，コンポーネント図，ユースケース図，アクティビティ図，ステートマシン図，シーケンス図，コミュニケーション図などがあります。この中で，午後の試験でよく出題されるのが，クラス図とシーケンス図です。オブジェクト指向の基礎知識を理解して，これらの図で記述されていることの意味が分かるようにしてください。

オブジェクト指向の基本概念としてはオブジェクトとは何か，クラスとインスタンスの関係，クラス間の関係（汎化－特化や継承など）が挙げられます。

(1)　クラスの概念

オブジェクト指向の基本概念の中で最初につまずくのがクラスという概念です。一般に，クラスは「同じ種類のオブジェクトの集合」といわれますが，**「オブジェクト（インスタンス）のテンプレート」**と考えた方が理解しやすいかもしれません。テンプレートとは，流れ図やチャートなどを書くときに使う定規のような道具ですが，テンプレートを使って書いた記号や文書・資料は，そのままでは完成したものといえません。流れ図などの記号にはそれぞれに条件や処理を，また，文書や資料には具体的な内容を加えることによって意味をもち，完成します。

クラスとオブジェクトの関係も同じです。
クラスには，内部に保有する**データを入れる場所（属性）**，そして，その**データを操作するメソッド**が定義されます。そのクラスに，具体的な値（例えば，学生というクラスなら，学生番号や名前など）を設定して，A 君とか，B さんなどと具体的なものにしたものがオブジェクトです。

同じテンプレートから作られたので，学生番号，氏名などの具体的な値は違っても，学生という意味では同じ種類のオブジェクトになります（右図を参照）。この考え方から，「クラスは同じ種類のオブジェクトの集合」というとらえ方になります。

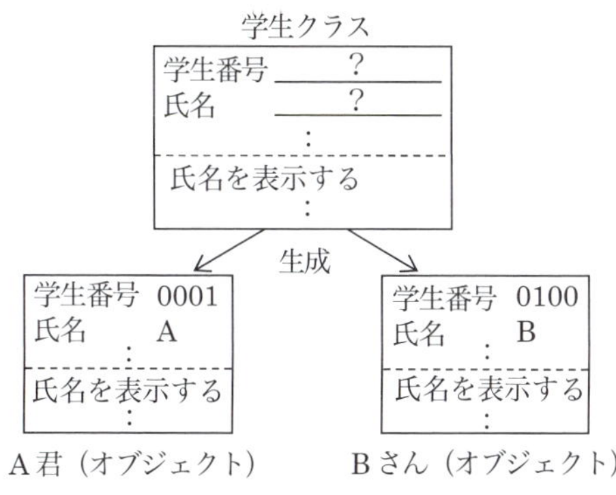

(2)　クラス間の関係

クラスとオブジェクトの関係が分かったところで，今度はクラス間の関係について説明します。クラスとクラスの間には関係を定義できます。クラス間の関係としては，**汎化－特化（is-a）の関係と，集約－分解（part-of）の関係**が代表的です。この二つの関係についてしっかりと理解しておきましょう。

汎化とは，似ているクラスについて，その共通部分を抽出して更に上位のクラスを定義することです。そして，**特化**というのはその逆です。例えば，乗用車，トラックをまとめると自動車となりますから，自動車は，乗用車やトラックを汎化したものと考えることができます。逆に自動車を細分化して，乗用車やトラックといった種類に分けるのが特化です。

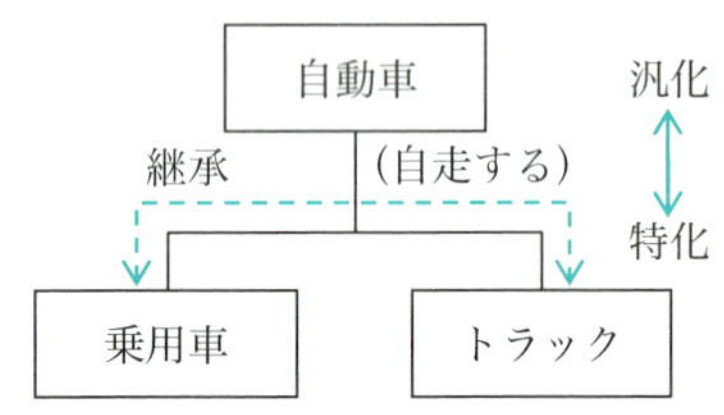

さて，この関係を考える（定義する）メリットはどこにあるのでしょうか。

自動車と呼ばれるものは，エンジンとタイヤによって自走するものです。そして，トラックは荷物を運ぶ自動車です。自動車としての共通の特性（自走する）ということが明らかになっていれば，自動車の一種であるトラックについては，自動車としての特性には触れる必要がないのです。この例では，あまりメリットは感じられないかもしれません。しかし，これをクラス間の関係に適用するとメリットがあります。

クラスとは，オブジェクトのテンプレートです。つまり，クラスの内容を基に，オブジェクトが作成されます。このためにクラスには，オブジェクトを作成するために必要なデータを入れる場所やメソッドに関する記述が必要となります。具体的には，変数の定義や各メソッドに応じたアルゴリズムをプログラム言語で記述します。このとき，似たクラスを見つけて，その共通部分だけを記述したクラスを作成します。そして，それを共用すれば，特化（細分化）したサブクラスには，そのクラス独自の内容だけを記述すればよく，クラスの作成が楽になります。これが，汎化－特化関係を使うメリットになります。分析や設計の工程では，複数のクラスをまとめて扱えるというメリットがありますが，コーディングが楽になるというメリットが分かりやすいと思います。

汎化－特化の関係では，汎化された上位のクラスを**スーパクラス**，また，特化された下位クラスを**サブクラス**といいます。そして，下位のクラスが，上位のクラスからデータ構造やメソッドを引き継ぐことを，**継承（インヘリタンス）**といいます。

一方の，**集約ー分解の関係とは，全体と部分の関係**です。例えば，自動車は，ハンドルやタイヤ，エンジンなどから構成されていますから，自動車（集約）－ハンドル，タイヤ，エンジン（分解）という関係を見い出せます。この関係は，オブジェクトをまとめるために利用されます。

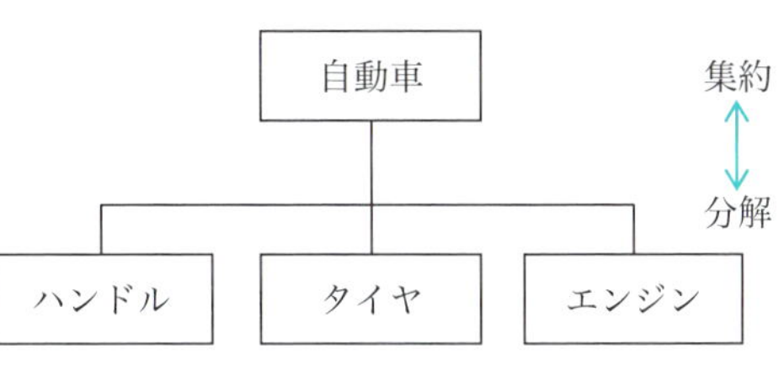

知識確認問題　必要な知識を確認してみましょう！

問　オブジェクト指向におけるカプセル化を説明したものはどれか。

（H28 秋-FE 問 47）

ア　同じ性質をもつ複数のオブジェクトを抽象化して，整理すること
イ　基底クラスの性質を派生クラスに受け継がせること
ウ　クラス間に共通する性質を抽出し，基底クラスを作ること
エ　データとそれを操作する手続を一つのオブジェクトにして，データと手続の詳細をオブジェクトの外部から隠蔽すること

解説

データとそれを操作する手続を一つのオブジェクトにして，データと手続の詳細（実装方法）をオブジェクトの外部からに隠蔽することを，カプセル化といいます。カプセル化によって，外部にはオブジェクトに対する操作（メソッド）だけを見せることになるので，（エ）が正解です。

ア：同じ性質をもつ複数のオブジェクトを抽象化することは汎化です。
イ：基底クラス（親クラス，スーパクラス）の性質を派生クラス（子クラス，サブクラス）に受け継がせることは，継承（インヘリタンス）です。
ウ：クラス間に共通する性質を抽出し，基底クラスを作ることは汎化です。

解答　エ

問　次のクラス図におけるクラス間の関係の説明のうち，適切なものはどれか。

(H25 秋-NW 問 25)

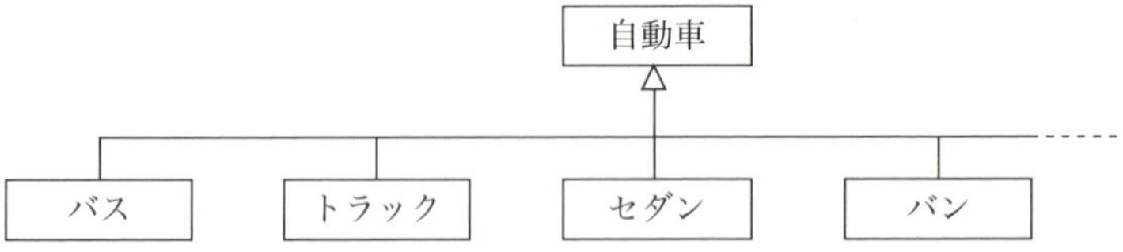

ア　“バス”，“トラック”などのクラスが“自動車”クラスの定義を引き継ぐことを，インスタンスという。

イ　“バス”，“トラック”などのクラスの共通部分を抽出し“自動車”クラスとして定義することを，汎化という。

ウ　“バス”，“トラック”などのクラスは，“自動車”クラスに対するオブジェクトという。

エ　“バス”，“トラック”などのそれぞれのクラスの違いを“自動車”クラスとして定義することを，特化という。

解説

汎化－特化の関係では，子供のクラスに共通する内容を抽出して親のクラスに定義することを「汎化」といいましたから，（イ）が適切な説明です。

ア：親のクラス“自動車”で定義された属性や操作を子供のクラス“バス”や“トラック”に引き継ぐことは，インヘリタンス（継承）でした。インスタンスは，クラスに具体的な属性などを設定した個々のオブジェクトのことです。

ウ：親のクラスはスーパクラス，子供のクラスはサブクラスと呼びました。したがって，“バス”，“トラック”などのクラスは，親の“自動車”クラスに対するサブクラスとなります。オブジェクトとは各クラスの内容を構成する要素（対象物）そのもので，クラスはオブジェクトを集合体にとらえた概念です。

エ：特化とは，“自動車”クラスの違いに基づいて“バス”，“トラック”などの子供のクラスを定義することです。つまり，特化は“バス”，“トラック”などのクラスを“自動車”のサブクラスとして定義するものです。

解答　イ

問　UMLのクラス図において，集約の関係にあるクラスはどれか。

(H18春-FE 問39)

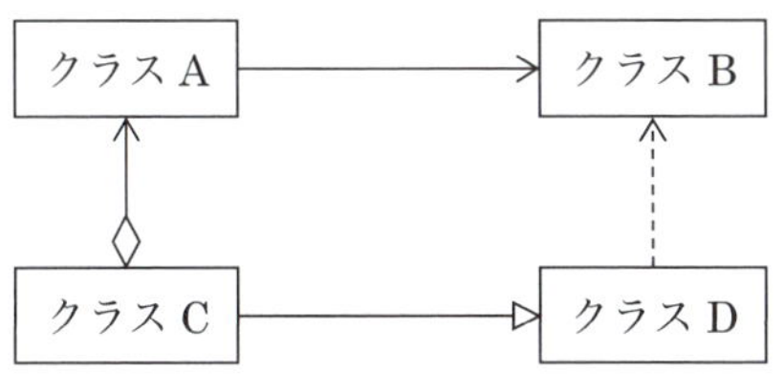

ア　クラスAとクラスB　　イ　クラスAとクラスC

ウ　クラスBとクラスD　　エ　クラスCとクラスD

解説

クラス間の関連で，「全体－部分」の関係にある場合を集約といい，UMLでは全体側のクラスにひし形をつけます。よって，（イ）が正解です。

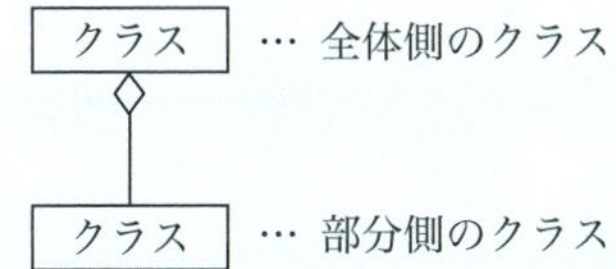

UMLで使われる他の記号についても説明します。

・クラスの継承関係で，一般的な要素のクラス（スーパークラス）と，それを除いた特殊な要素のクラス（サブクラス）の関係を表したものを汎化と呼びます。

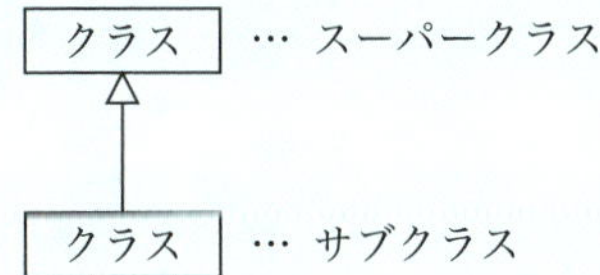

UMLでは一般的な要素のクラス（スーパークラス）側に三角を付けて表す。

・関連しているクラスに対して，メッセージや情報を参照できる関係を誘導可能性と呼びます。

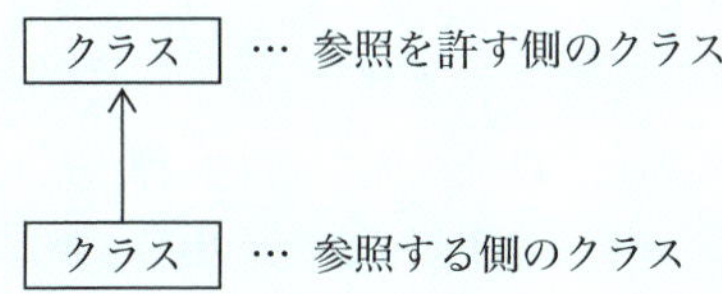

UMLでは参照を許す側に実線で矢印を付けて表す。

・依存されるクラスの要素を変更した場合，依存するクラスの要素の変更を必要とする場合のようなクラス間の意味的な関係を依存関係と呼びます。

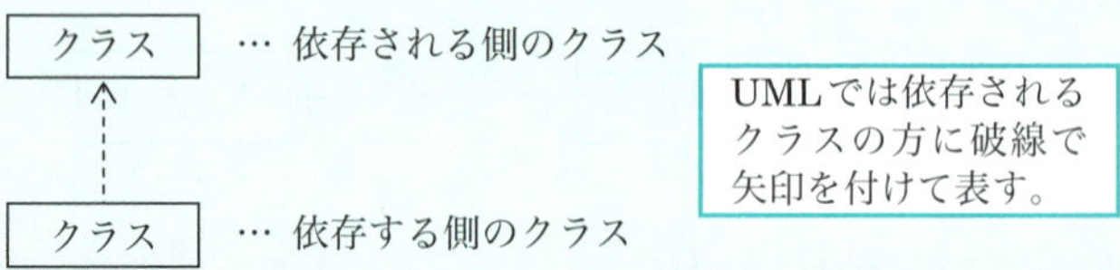

これらの記号を組み合わせてクラス図は記述されます。

解答　イ

問　図において，“営業状況を報告してください”という同じ指示（メッセージ）に対して，営業課長と営業部員は異なる報告（サービス）を行っている。オブジェクト指向において，このような特性を表す用語はどれか。

(H24 秋-SA 問 6)

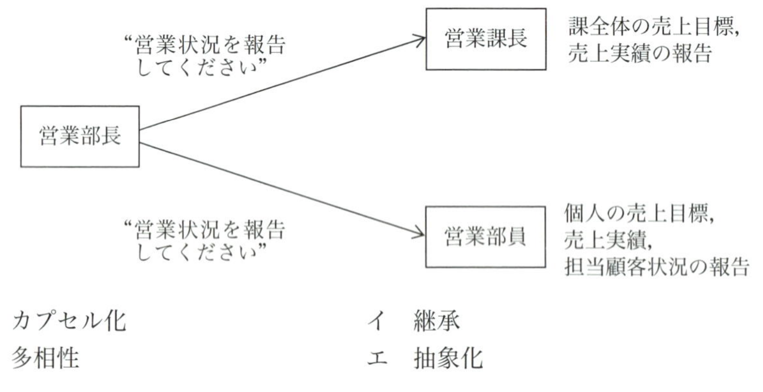

ア　カプセル化　　　イ　継承
ウ　多相性　　　エ　抽象化

解説

同一のメッセージを異なったオブジェクトに通知した場合に，オブジェクトの種類によって異なるメソッドが起動される形態を多相性（polymorphism；ポリモーフィズム）と呼びます。したがって，（ウ）が正解です。

「営業部長」オブジェクトから通知された同一の「営業状況を報告してください」というメッセージが，「営業課長」オブジェクトと「営業部員」オブジェクトに通知された場合に，「営業課長」は課全体の売上目標，売上実績を報告しているのに対して，「営業部員」は個人の売上目標，売上実績，担当顧客状況を報告しています。これが多相性です。

ア：カプセル化とは，データと手続を一体化して外部から隠蔽することです。
イ：継承（インヘリタンス）とは，上位のクラスで定義されたデータの属性とメソッドを下位のクラスが引き継ぐことです。
エ：抽象化とは，実世界の「もの」や「役割」などの事象から共通した本質的なものだけを取り出すことです。クラス間に共通する性質を抽出して基底クラス（スーパクラス）を作る汎化も抽象化の考え方です。

解答　ウ

問　オブジェクト指向プログラミングにおける，多相性を実現するためのオーバーライドの説明はどれか。

(H29 秋-FE 問 7)

ア　オブジェクト内の詳細な仕様や構造を外部から隠蔽すること
イ　スーパークラスで定義されたメソッドをサブクラスで再定義すること
ウ　同一クラス内に，メソッド名が同一で，引数の型，個数，並び順が異なる複数のメソッドを定義すること
エ　複数のクラスの共通する性質をまとめて，抽象化したクラスを作ること

解説

多相性（ポリモーフィズム）は，同じメッセージを受け取ってもクラスによってメソッド（処理）が異なる性質のことです。例えば，「時刻を記入せよ」というメッセージを送ったときに，遅刻届なら出勤時刻，早退届なら退社時刻を記入することに該当しますが，オーバライドは，このようにスーパクラスのメソッドをサブクラスで定義し直すことなので，（イ）が正解です。

オーバライドによって，サブクラスの違いを意識せずに処理を指定できるのでプログラムが単純になりますが，対応するクラスによって振舞いが異なるので，スーパクラスのメソッドと引数の数・型・戻り値は同じでなければいけません。

ア：カプセル化の説明です。
ウ：オーバロード（多重定義）の説明です。一つのクラス内に，名前が同じで引数の個数や型，並び順が違うメソッドを複数定義することができます。
エ：共通する性質をまとめて，抽象化したクラスを作ることは汎化の説明です。

解答　イ

問　UML を用いて表した図のデータモデルの多重度の説明のうち，適切なものはどれか。

（H23 春-FE 問 29）

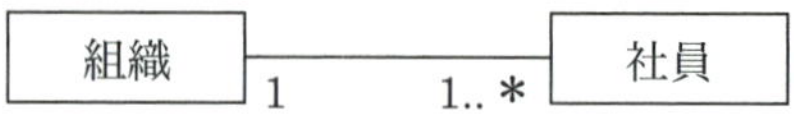

ア　社員が 1 人も所属しない組織は存在しない。

イ　社員は必ずしも組織に所属しなくてもよい。

ウ　社員は複数の組織に所属することができる。

エ　一つの組織に複数の社員は所属できない。

解説

多重度はクラスが取り得るインスタンスの数を示したもので，「下限値..上限値」という形式で表します。

問題の UML の図（クラス図）を組織から見ると，社員の多重度は「1..＊」なので，下限値が 1 で組織には必ず最低 1 人の社員がいます。また，多重度の上限値が“＊”となっているので，所属する社員がいる場合，「人数は決まっていないが複数人になる」場合があることを示しています。

次に，社員から見ると，組織の多重度は 1 なので，社員は必ず一つの組織に所属していることを表していますから，（ア）の「社員が 1 人も所属しない組織は存在しない」が適切です。

解答　ア

例　題　応用力を身につけましょう！

航空券発券システムに関する次の記述を読んで，設問1〜3に答えよ。

(H21秋-FE 午後問5)

オブジェクト指向分析／設計を用いて，航空券発券システムの設計を行う。
航空券発券業務の分析から，図1の分析クラス図を作成した。

〔航空券発券業務の内容〕

(1) 航空会社の航空券販売担当者（以下，販売担当者という）は，顧客が窓口で申し込んだ内容を基に，航空券発券システムで空席確認及び発券を行う。

(2) 顧客が窓口で申し込む内容は，出発日時，出発地及び到着地となる空港名，便名，グレード（ファースト，エコノミー），人数，席種（窓側，中間，通路側）である。すべての便は直行便である。

(3) 販売担当者は(2)で受け付けた申込み内容を確認し，その情報をシステムに入力する。システムはその便の空席状態を確認する。空席があれば(4)に進み，なければ，顧客は申込み内容を変更して再度申込みをする。

(4) 販売担当者は顧客が希望しているグレードと席種の座席を確保し，顧客情報を登録して航空券を発券する。

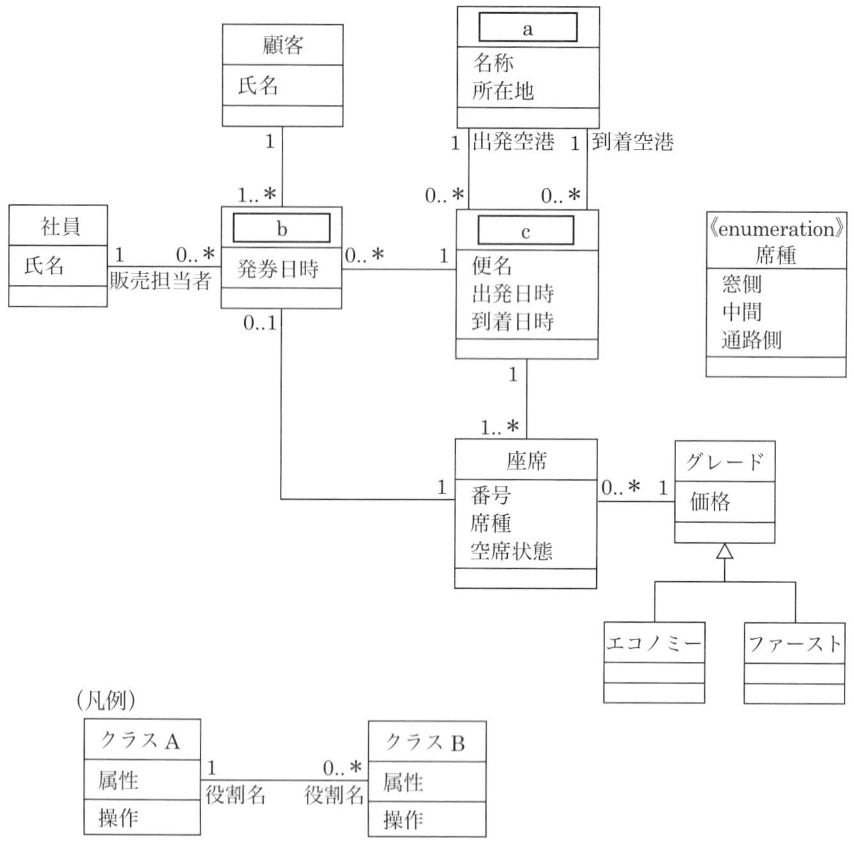

長方形はクラスを表す。クラス間を結ぶ直線は，クラス間の関連を表す。
クラス間の多重度は直線の上又は左に示す。この凡例では，クラスAの1個のオブジェクトが，クラスBの0個以上のオブジェクトと関連することを表す。
各クラスの近くで多重度の反対側に役割名が書かれることがある。

図1　分析クラス図

設問1　図1中の［　　　］に入れる適切なクラス名を，解答群の中から選べ。

解答群

ア　空港　　イ　航空会社　　ウ　航空機
エ　航空券　　オ　航空券発券システム　　カ　便

図１の分析クラス図に，実装を考慮して次の二つのクラスを追加した後，操作を洗い出すために，図２の販売担当者とシステムのオブジェクトとの関係のシーケンス図を作成した。

〔追加したクラス〕

①　航空券発券画面：データを入力する画面クラス

②　航空券発券管理：航空券を発券するための管理クラス

設問２　図２中の［　　　］に入れる正しい答えを，解答群の中から選べ。ただし，図２中の［　c　］には設問１の正しい答えが入っているものとする。

d，e に関する解答群

ア　空席を確認する　　　　イ　航空券を発券する

ウ　顧客情報を登録する　　エ　出発日時を問い合わせる

オ　出発日時を登録する　　カ　発券可否を確認する

設問３　航空券発券画面クラスと航空券発券管理クラスを図３に示す。図３の操作中の［　　　］に入れる正しい答えを，解答群の中から選べ。ただし，図３中の［　d　］には設問２の正しい答えが入っているものとする。

航空券発券画面
出発日時，出発地及び到着地となる空港名，便名，グレード，人数，席種を入力し，発券可否を確認する。 座席を確保する。 航空券を発券する。 ［　f　］。 ［　g　］。

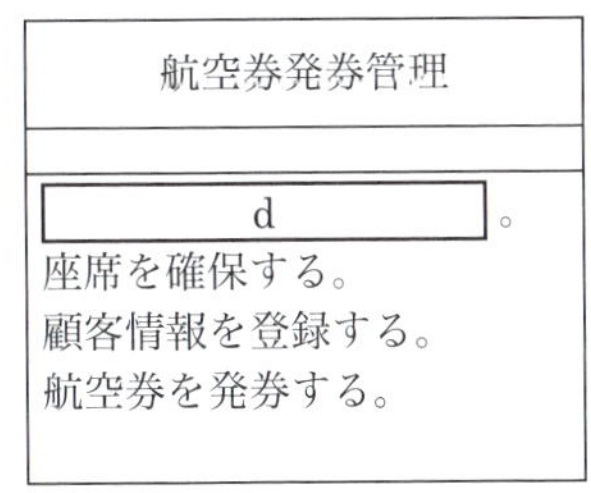

図３　航空券発券画面クラスと航空券発券管理クラス

f，g に関する解答群

ア　空席を確認する　　　　イ　顧客情報を登録する

ウ　出発日時を登録する　　エ　発券可否を確認する

オ　発券可否を表示する　　カ　便の座席数を確認する

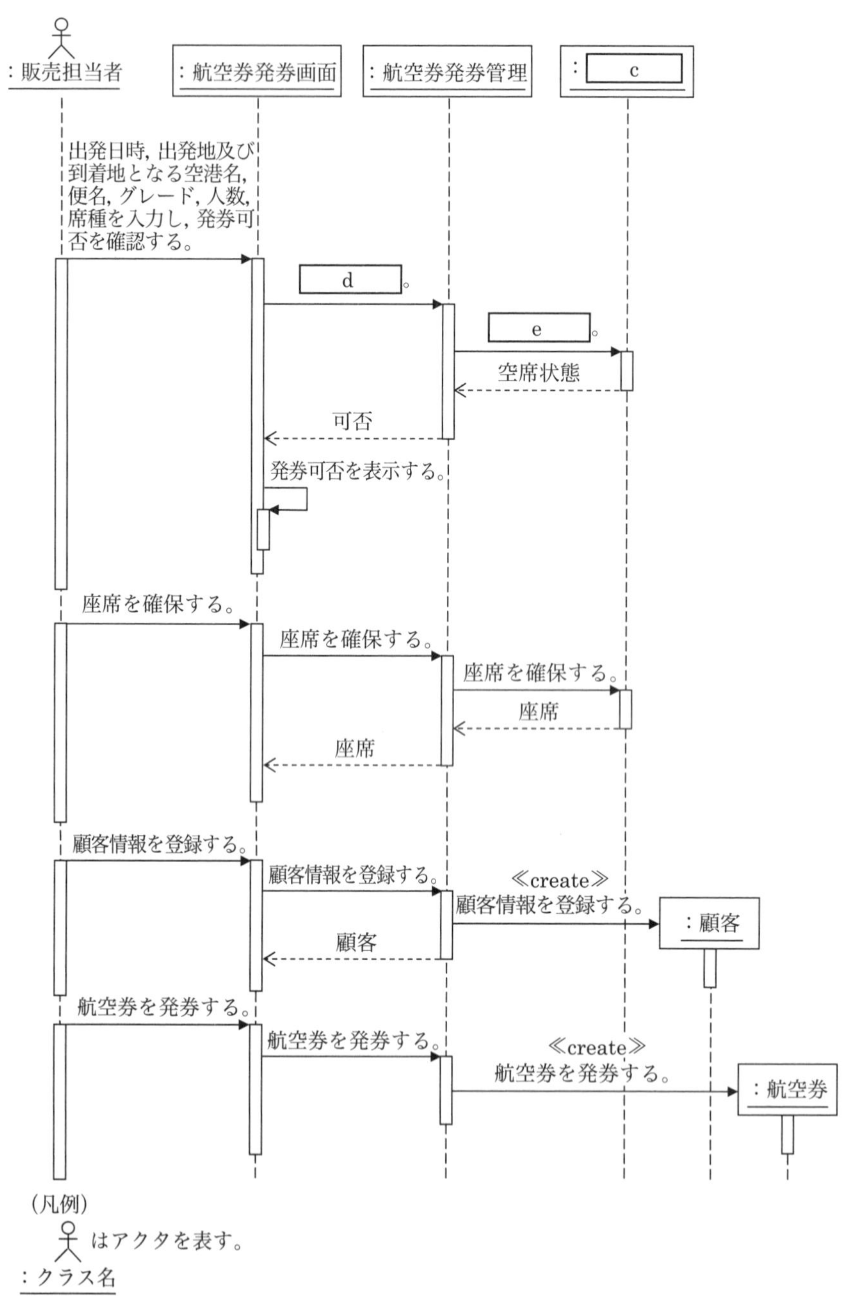

図２　販売担当者とシステムのオブジェクトとのシーケンス図

解答と解説

（解答）

［設問１］　a－ア，b－エ，c－カ

［設問２］　d－カ，e－ア

［設問３］　f－イ，g－オ（f，g は順不同）

（解説）

航空券発券システムのソフトウェア設計に関する問題です。オブジェクト指向技法として UML のクラス図とシーケンス図を用いた問題となっています。設問 1 はクラス図のオブジェクトや数的対応の考え方，設問 2 はモジュール構造図やモジュール間インタフェースなどの考え方と共通する部分もあり，UML の理解が不十分でも問題文から解答を導くことが可能です。

［設問１］

分析クラス図中のクラス名に関する設問です。**「席種」にある《enumeration》は示された値のどれかになることを表しています（列挙型）。クラス間の関連や属性，役割名を中心に考えていきます。**ポイントとしては，空欄 b→空欄 c→空欄 a の順番で考えるとよいでしょう。図 A に穴埋め後の分析クラス図の一部と各クラスの対応関係を示します。

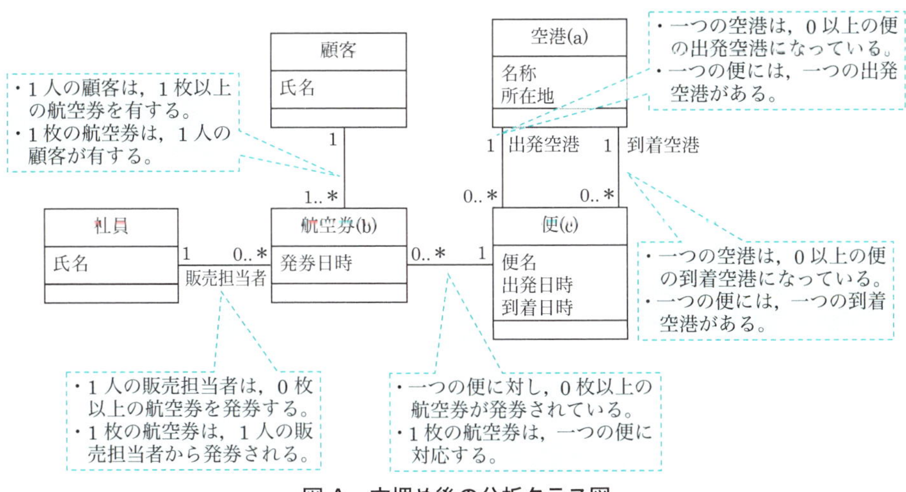

図 A　穴埋め後の分析クラス図

第3部
第1章
第2章
第3章
第4章
第5章

・空欄 b：社員クラスの役割名に「販売担当者」とありますが，これは〔航空券発券業務の内容〕(1)にあるとおり，「航空券販売担当者」のことです。また，属性の「発券日時」からこのクラスが「航空券」であると判別できます。したがって，（エ）が正解です。
・空欄 c：属性に「便名」とあるので，「便」と分かります。（カ）が正解です。
・空欄 a：「出発空港」，「到着空港」という役割名から，解答群の中の「空港」が適切であると判別できます。このとき，属性の「名称」は空港の名称を，「所在地」は空港の所在地を表すことからも納得がいきます。（ア）が正解です。

このような考え方から空欄を埋め，各クラスの関連を再度検討し，矛盾がないことを確認しておくとよいでしょう。

［設問２］

シーケンス図中のメッセージの内容に関する設問です。**対応するリターンや前後のメッセージの内容を中心に考える**とよいでしょう。
・空欄 d：対応するリターンは「可否」です。また，このリターンの後の自己呼出しのメッセージの内容が「発券可否を表示する」となっています。また，連鎖して呼び出されている空欄 e のリターンが「空席状態」であることから，空席状況を確認し，「可否」として受け取る内容であると分かります。よって，「発券可否を確認する」となり，（カ）が正解です。
・空欄 e：対応するリターンは「空席状態」です。よって，「空席を確認する」であると判別できます。したがって，（ア）が正解です。

［設問３］

「航空券発券画面」クラスの操作の内容に関する設問です。**シーケンス図において，メッセージによって操作が起動される**ことを理解していれば，図２及び図３から解答を導くことができます。
・空欄 f，g：シーケンス図では，操作はメッセージによって起動されます。また，シーケンス図では起動された操作は活性区間として表現されます。つまり，「航空券発券画面」クラスには五つの操作があり，販売担当者及び自己呼出しによって操作が起動されていることが分かります（図 B の点線で囲んだ部分がメッセージによる操作の起動を表します）。よって，空欄 f，g は「顧客情報を登録する」と「発券可否を表示する」であると判別できます。したがって，（イ）と（オ）が正解です（順不同）。

なお，シーケンス図のメッセージのうち，説明の上に《create》と記載がある部分は，新しいクラスのインスタンスの生成を意味しています。この問題の例では，航空券発券管理クラスが，顧客クラス，航空券クラスのインスタンスを一つずつ生成することが分かります。

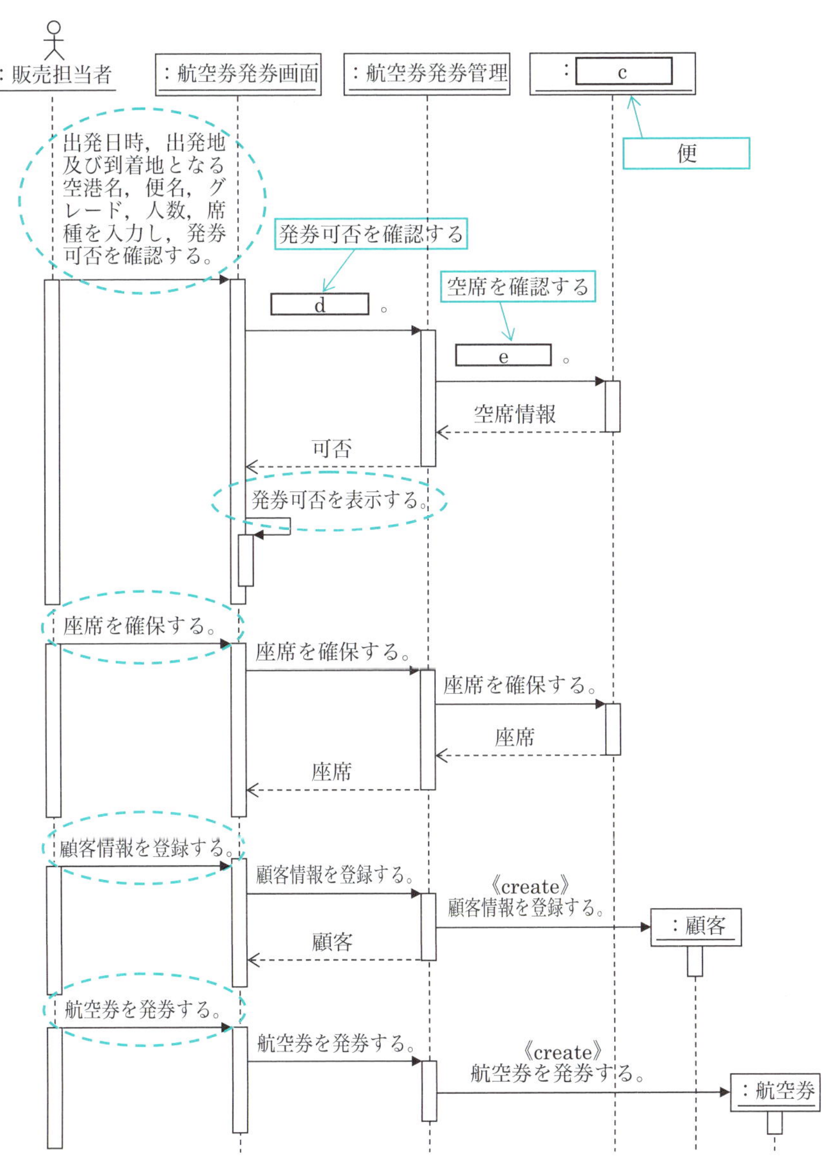

図Ｂ　「航空券発券画面」クラスの操作

演習問題 ― 第3部　第5章　問3

レンタル業務システムの設計に関する次の記述を読んで，設問 1〜3 に答えよ。

(H28 秋-FE 午後問 5)

E 社は，レンタル業務システムを利用して，CD，DVD，書籍などの貸出し用の各種資産（以下，レンタル商品という）をレンタルするサービスを行っている。レンタル業務システムによるレンタル業務の概要は，次のとおりである。

〔レンタル業務の概要〕

(1)　会員登録の手順

①　担当者は，サービスの利用希望者から入会申込書を受け取り，氏名，住所，生年月日及び電話番号を，会員情報としてレンタル業務システムに登録する。

②　レンタル業務システムは，利用希望者に会員 ID を割り当て，会員 ID が印字された会員カードを発行する。会員情報の属性である登録年月日と最終来店年月日に本日日付を，累計支払額と貸出中延滞数に初期値として 0 を登録する。ここで，累計支払額は会員登録時からの支払額の累計（延滞料金を含む）であり，貸出中延滞数は現時点で返却予定年月日を過ぎているレンタル商品の件数である。

③　担当者は，レンタル業務システムから発行された会員カードを利用希望者に渡して，会員登録が完了する。

(2)　レンタル商品の貸出し手順

E 社は，全てのレンタル商品のそれぞれに，一意となる識別子として資産管理番号を割り当てている。また，同じ種類のレンタル商品の情報（以下，商品情報という）ごとにも一意となる識別子として商品コードを割り当てている。図 1 は商品名が“オブジェクト指向設計”である 3 冊の書籍のレンタル商品に対して，資産管理番号を三つ，商品コードを二つ，それぞれ割り当てた例である。

商品コード：<u>商品コード 1</u> 商品名:オブジェクト指向設計 著者名：試験太郎 資産管理番号:<u>資産管理番号 1</u>	商品コード：<u>商品コード 1</u> 商品名:オブジェクト指向設計 著者名：試験太郎 資産管理番号:<u>資産管理番号 2</u>	商品コード：<u>商品コード 2</u> 商品名:オブジェクト指向設計 著者名：情報花子 資産管理番号:<u>資産管理番号 3</u>

図 1　資産管理番号と商品コードを割り当てた例

① 会員は，会員カードと貸出しを希望するレンタル商品を担当者に渡す。E 社では，会員が 1 回の貸出し手順で借り出せるレンタル商品は最大 10 件までとしている。

② 担当者は，会員が提示した会員カードの会員 ID をレンタル業務システムに入力して会員情報を画面に表示する。

③ 担当者は，会員が貸出しを希望するレンタル商品に貼付された資産管理番号のバーコードをレンタル業務システムに読み込ませ，希望する貸出期間を会員から聞いて，レンタル業務システムに入力する。ここで，貸出期間は 1 日，2 日，1 週間のいずれかである。この作業を入力操作と呼ぶ。

④ レンタル業務システムは，入力操作が行われる都度，レンタル商品の商品コード，貸出期間，商品名，商品概要，返却予定年月日，貸出料金及び貸出料金合計を画面に表示する。貸出料金はレンタル商品の種類ごとに貸出期間によって設定されている単価から，返却予定年月日は貸出期間と本日日付から自動計算する。

⑤ 担当者は，会員から貸出しを希望するレンタル商品の数だけ入力操作を繰り返す。4 件の入力操作を行った後の画面の表示例を，図 2 に示す。

⑥ 担当者が，会員から貸出料金を受領した後，図 2 に示す確定ボタンを押すと，レンタル業務システムは，貸し出すレンタル商品ごとに貸出明細番号を割り当てて貸出明細の情報として登録する。さらに，返却予定年月日ごとにまとめて，伝票番号を割り当てて貸出の情報として登録する。図 2 の例では，貸出は 3 件，貸出明細は 4 件を登録する。加えて，貸出明細とレンタル商品を関連付けて，レンタル商品の貸出可否状態を“貸出中”にする。同時に会員情報の内容も更新する。その後，伝票番号ごとに貸出番号ごとに貸出伝票を出力する。

⑦ 担当者が，貸出しを希望するレンタル商品と貸出伝票を会員に渡すことで，レンタル商品の貸出しが完了する。

貸出年月日：2016-10-16

商品コード	貸出期間	商品名	商品概要	返却予定年月日	貸出料金
C529157	1 日	音楽 CD01	編曲者 A，63 分	2016-10-17	130 円
D700557	2 日	映画 DVD01	監督 B，主演 C，122 分	2016-10-18	200 円
B905668	2 日	UML 基礎編	著者 X，100 ページ，ISBN-xxxx	2016-10-18	100 円
B905669	1 週間	データベース応用編	著者 Y，240 ページ，ISBN-yyyy	2016-10-23	150 円
				貸出料金合計	580 円

確定

図２　４件の入力操作を行った後の画面の表示例

(3)　レンタル商品の返却手順

レンタル商品の返却では，貸出中の全てのレンタル商品が返却される場合と，貸出中のレンタル商品の一部だけが返却される場合とがある。

①　担当者は，会員が返却するレンタル商品を受け取り，レンタル商品に貼付された資産管理番号のバーコードをレンタル業務システムに読み込ませる。

②　レンタル業務システムは，伝票番号，商品コード，商品名及び返却予定年月日を画面に表示する。返却予定年月日を過ぎている場合は，返却されるレンタル商品ごとに延滞料金を表示し，延滞料金の合計も表示する。

③　延滞料金が表示された場合，担当者は，会員から延滞料金を受領する。

④　担当者がレンタル商品の返却の確定ボタンを押すと，レンタル業務システムは，貸出明細に関連付けたレンタル商品の貸出可否状態を“貸出可”にする。同時に貸出明細と会員情報の内容を更新する。これによって，レンタル商品の返却が完了する。

(4)　貸出中のレンタル商品のチェック処理

レンタル業務システムは，閉店後に毎日，貸出中のレンタル商品の延滞チェックを行っており，延滞が発生した場合は，会員情報の貸出中延滞数を更新する。

〔レンタル業務システムのUML図〕

図3はレンタル業務システムのクラス図，図4はレンタル商品の貸出し手順における③の操作が行われたときのシーケンス図である。

なお，図3のクラス図には，エンティティクラスだけを記載している。

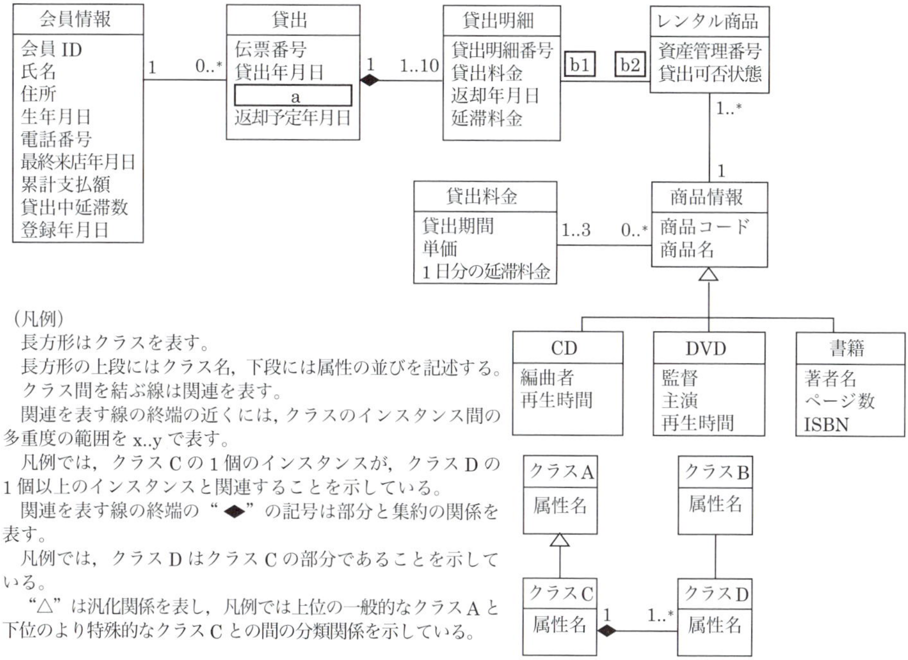

会員情報
会員 ID
氏名
住所
生年月日
電話番号
最終来店年月日
累計支払額
貸出中延滞数
登録年月日
1
0..*
貸出
伝票番号
貸出年月日
a
返却予定年月日
1
1..10
貸出明細
貸出明細番号
貸出料金
返却年月日
延滞料金
b1
b2
レンタル商品
資産管理番号
貸出可否状態
1..*
1
貸出料金
貸出期間
単価
1 日分の延滞料金
1..3
0..*
商品情報
商品コード
商品名
CD
編曲者
再生時間
DVD
監督
主演
再生時間
書籍
著者名
ページ数
ISBN
(凡例)
長方形はクラスを表す。
長方形の上段にはクラス名，下段には属性の並びを記述する。
クラス間を結ぶ線は関連を表す。
関連を表す線の終端の近くには，クラスのインスタンス間の多重度の範囲を x..y で表す。
凡例では，クラス C の 1 個のインスタンスが，クラス D の 1 個以上のインスタンスと関連することを示している。
関連を表す線の終端の“◆”の記号は部分と集約の関係を表す。
凡例では，クラス D はクラス C の部分であることを示している。
“△”は汎化関係を表し，凡例では上位の一般的なクラス A と下位のより特殊的なクラス C との間の分類関係を示している。
クラス A
属性名
クラス B
属性名
クラス C
属性名
1
1..*
クラス D
属性名

図３　レンタル業務システムのクラス図

担当者
画面
:貸出処理
:貸出
:貸出明細
:レンタル商品
:商品情報
:貸出料金
入力操作
貸出情報を取得する（資産管理番号，貸出期間，本日日付）
返却予定年月日を計算する（ c ）
レンタル商品を取得する（資産管理番号）
商品情報を取得する
商品情報
商品概要を取得する
商品概要
α
貸出料金を取得する（ d ）
省略
省略
貸出料金
省略
画面を表示する

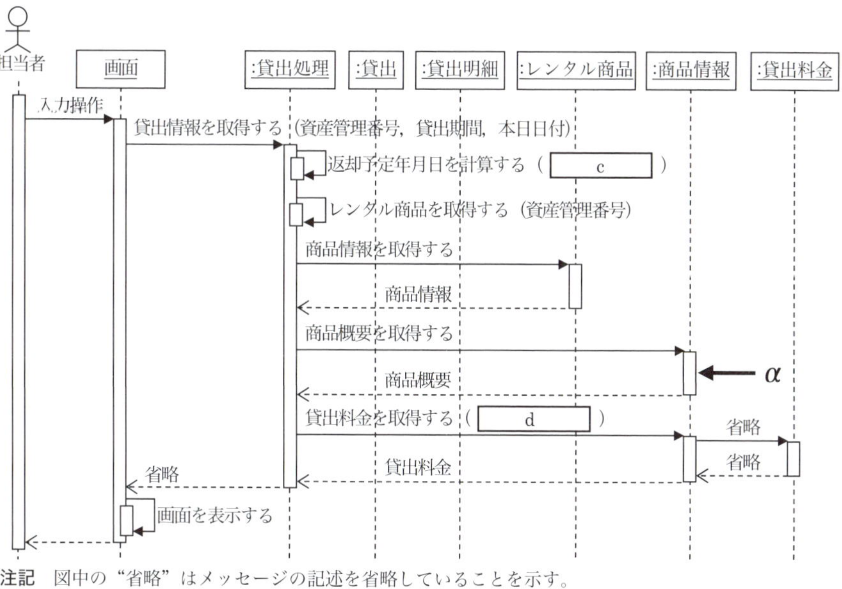

注記　図中の“省略”はメッセージの記述を省略していることを示す。

図４　入力操作が行われたときのシーケンス図

設問1　図 3 中の ＿＿＿＿ に入れる正しい答えを，解答群の中から選べ。ここで，b1 と b2 に入れる答えは，b に関する解答群の中から組合せとして正しいものを選ぶものとする。

a に関する解答群

ア　延滞日数　　イ　延滞料金　　ウ　貸出期間　　エ　貸出料金
オ　登録年月日

b に関する解答群

	b1	b2
ア	0	1
イ	0	1..*
ウ	0..1	1
エ	0..1	1..*
オ	1	0
カ	1	0..*
キ	1..*	1
ク	1..*	1..*

設問2　図 4 中の ＿＿＿＿ に入れる正しい答えを，解答群の中から選べ。

c，d に関する解答群

ア　貸出期間　　イ　貸出期間，単価
ウ　貸出期間，単価，本日日付　　エ　貸出期間，本日日付
オ　単価，返却予定年月日　　カ　単価，返却予定年月日，本日日付

設問3　次の記述中の［　　　］に入れる適切な答えを，解答群の中から選べ。ここで，e1 と e2 に入れる答えは，e に関する解答群の中から組合せとして適切なものを選ぶものとする。

CD クラス，DVD クラス，書籍クラスは商品情報を特化して実現しているので，商品情報クラスを［　e1　］している。図 4 中の α の部分は，貸出処理クラスから商品情報クラスに対する商品概要を取得する要求のメッセージである。商品概要とは，CD ならば編曲者と再生時間，DVD ならば監督，主演及び再生時間，書籍ならば著者名，ページ数及び ISBN から生成する当該商品の商品概要を表現する文字列である。商品概要を取得するためのメッセージを受信した商品情報インスタンスは，クラスに応じて異なる処理が実行される。一方，貸出処理クラスはクラスや処理の違いを意識せず，全てを商品情報として取り扱うことができる。この性質を［　e2　］という。

e に関する解答群

	e1	e2
ア	インヘリタンス	カプセル化
イ	インヘリタンス	ポリモーフィズム
ウ	カプセル化	インヘリタンス
エ	カプセル化	ポリモーフィズム
オ	ポリモーフィズム	インヘリタンス
カ	ポリモーフィズム	カプセル化

第4部

知識の応用（マネジメント系・ストラテジ系の選択問題）

Part 4　Chapter 1

第1章 マネジメント系

出題のポイント

令和2年度から午後の試験の問5はマネジメント系，ストラテジ系のどちらかの分野から1問が出題されることになりました。CBT方式の試験となったため，問題は非公開です。

マネジメント系の問題が，どのようなサイクルで出題されるかは決まっているわけではありませんが，IPAから発表されている項目は次のとおりです。出題範囲とされる項目はしっかりと確認しておきましょう。

① プロジェクトマネジメント
　プロジェクト全体計画（プロジェクト計画及びプロジェクトマネジメント計画），プロジェクトチームのマネジメント，スケジュールの管理，コストの管理，リスクへの対応，リスクの管理，品質管理の遂行，見積手法　など

② サービスマネジメント
　サービスマネジメントシステム（サービスレベル管理，供給者管理，容量・能力管理，変更管理，リリース及び展開管理，インシデント管理，サービス要求管理，問題管理，サービス可用性管理，サービス継続管理ほか），サービスの運用（システム運用管理，運用オペレーション，サービスデスク）など

プロジェクトマネジメントでは，プロジェクトの実績管理を題材とした進捗管理，工数見積り，品質管理，コスト管理などがオーソドックスなテーマで出題されやすいといえます。午前の試験で出題される知識を応用した出題になりますので，基本的な知識は整理しておきましょう。問題文を読んで理解ができれば解答もできる設問が多いので，短時間で迷わず解答するためにも知識の整理が重要です。

サービスマネジメントでは，出題範囲の改訂で，サービスマネジメントのJISの改正（JIS Q 20000-1:2020 情報技術－サービスマネジメント－第1部：サービスマネジメントシステム要求事項）に基づき，この分野に含まれる構成や表記が大きく変更されています。分野構成や表記は見直されていますが，試験で問われる知識・技能の範囲そのものが変わったわけではありません。問題事例を短時間に理解するためにも，これらの項目に関する知識を確実なものにしておきましょう。

1.1　プロジェクトマネジメント

対策のポイント

プロジェクトを進めていく上で重要なことは，一般に，“人”，“もの”，“カネ”，“時間”といわれます。特に開発費用が赤字になるのを防ぐためのコスト管理とスケジュール管理が重要ですから，ここでは，コスト管理として見積手法とアーンドバリューマネジメント（EVM），スケジュール管理と，品質管理について学習しておきましょう。

なお，米国プロジェクトマネジメント協会（PMI）で標準化されたプロジェクトマネジメントに関する知識体系のガイドライン PMBOK（Project Management Body Of Knowledge）の内容を基にした事例が出題される可能性もありますので，次のことを理解しておきましょう。

- プロジェクトマネジメントのプロセス（立上げプロセス，計画プロセス，実行プロセス，監視コントロールプロセス，終結プロセス）で行うこと
- プロジェクトマネジメントのプロセスのうち，計画・実行・監視コントロールのプロセスがPDCAサイクルで繰り返し実施されること
- 関連用語（ステークホルダ，スコープ，WBS，アクティビティ）の意味

(1)　コスト管理

日程管理，工程管理に対応する内容です。アローダイアグラムで示されたスケジュールについて，クリティカルパスを求めたり，個々の結合点や作業ごとの最早及び最遅開始時刻，余裕時間を求めたりする計算が出題ポイントになります。午前問題でも定番として出題される内容ですから，確実に理解しておきましょう。

①　ファンクションポイント法

入出力データ，ファイルなどのデータ要素と処理の複雑さによる重み付けから得られるデータに基づいて，ソフトウェアの開発規模を見積もる手法です。

ファンクションポイント法では，外部入力の数，外部出力の数，マスタファイルの数（内部論理ファイル），外部インタフェースファイル，画面の数（外部照会）によってファンクション数を決め，このファンクション数に処理の複雑度を加味して，ファンクションポイントを求めていきます。

②　COCOMO・その他

伝統的な見積り手法です。類似のシステム開発実績から開発ステップ数を見積もり，このステップ数を基にシステム特性やシステム難易度を加味して，開発コストを算出します。

知識確認問題　必要な知識を確認してみましょう！

問　あるソフトウェアにおいて，機能の個数と機能の複雑度に対する重み付け係数は表のとおりである。このソフトウェアのファンクションポイント値は幾らか。ここで，ソフトウェアの全体的な複雑さの補正係数は 0.75 とする。

(H30 春-FE 問 54)

ユーザファンクションタイプ	個数	重み付け係数
外部入力	1	4
外部出力	2	5
内部論理ファイル	1	10

ア　18　　イ　24　　ウ　30　　エ　32

解説

ファンクションポイント法とは，開発するソフトウェアに含まれる機能の数（入出力の処理数やデータ操作の数）を基にソフトウェアの規模を算出する手法です。

まず，機能を，**外部入力**，**外部出力**，**内部論理ファイル**，**外部インタフェースファイル**，**外部照会**の五つに分類し，それぞれの機能を数えます。次に，機能ごとに過去の実績などから定めた重み付けを行い，測定した個数にそれぞれの**重み付け係数を掛けて合計**を求めます。そして，その合計に，**システムの制約条件（システム形態やデータ量など）の項目から算出した複雑さの補正係数を掛ける**ことによって，ファンクションポイント数が求められます。

問題の条件では外部インタフェース，外部照会の機能はなく，三つの機能のファンクションポイント数は次のようになります。

$$(1\times4+2\times5+1\times10)\times0.75=18$$

したがって，（ア）が正解です。

通常は，五つの機能別に機能の数を測定する際には，難易度によって，難，中，易と更に 3 段階に分けて数を算出し，それぞれ（計 15 分類）に応じた重み付け係数を掛けることが多いですが，本問では，そこまでの細分化は行われていないので，問題の条件に従って計算しましょう。

解答　ア

問　全部で100画面から構成されるシステムの画面を作成する。100画面を規模と複雑度で分類したときの内訳は次のとおりである。

規模が“小”で，複雑度が“単純”である画面数：30
規模が“中”で，複雑度が“普通”である画面数：40
規模が“大”で，複雑度が“普通”である画面数：20
規模が“大”で，複雑度が“複雑”である画面数：10

全ての画面を作成する総工数を，表の作成工数を用いて見積もると何人日になるか。ここで，全部の画面のレビューと修正に5人日を要し，作業の管理にはレビューと修正の工数を含めた作業工数の20%を要するものとする。

(H29秋-FE 問52)

画面当たりの作成工数

単位　人日

規模＼複雑度	単純	普通	複雑
小	0.4	0.6	0.8
中	0.6	0.9	1.0
大	0.8	1.0	1.2

ア　80　　イ　85　　ウ　101　　エ　102

解説

分解した各作業に表の作成工数を割り当てて，行う作業分を合算します。この問題では，4種類の画面作成作業があり，次の表の網掛け部分がその作業日数に該当します。

① 規模が“小”で，複雑度が“単純”である画面数：30
② 規模が“中”で，複雑度が“普通”である画面数：40
③ 規模が“大”で，複雑度が“普通”である画面数：20
④ 規模が“大”で，複雑度が“複雑”である画面数：10

規模＼複雑度	単純	普通	複雑
小	**0.4**	0.6	0.8
中	0.6	**0.9**	1.0
大	0.8	**1.0**	**1.2**

画面作成作業の工数を計算していきます。

① 30×0.4＝12　② 40×0.9＝36　③ 20×1.0＝20　④ 10×1.2＝12

①～④を足します。

12＋36＋20＋12＝80 人日

画面のレビューと修正に 5 人日を要しますので，これを加えた作業工数は，次のようになります。

80＋5＝85 人日

作業の管理にはレビューと修正の工数含めた作業工数の 20%を要します。

85×0.2＝17 人日

したがって，全体の作業工数は 85＋17＝102 人日となり，（エ）が正解です。

解答　エ

演習問題　第4部　第1章　問1

プロジェクトの要員計画に関する次の記述を読んで，設問1，2に答えよ。

(H29春-FE 午後問6)

A社では，社内で使用する新システムの構築に関するプロジェクトの検討を進めてきた。プロジェクトは，システム開発が大規模になるので，要員の確保と納期遵守の観点から，一期開発と二期開発から成る2段階の開発とした。開発チームは，A社の要員と，協力会社B社の要員で編成することにした。

〔プロジェクトの説明〕

(1) 開発規模は，一期開発及び二期開発ともに同一である。

(2) 開発は，ウォータフォールモデルに基づいて，外部設計，内部設計，プログラム開発（単体テストを含む），結合テスト及び総合テストの五つの工程に分ける。

(3) 一期開発は2017年4月に開始する。二期開発は，一期開発のプログラム開発の開始月に開始する。

(4) 各工程での月別要員計画の前提条件は，次のとおりである。

① 業務ノウハウ蓄積の観点から，外部設計工程の要員には，A社の要員を80%以上割り当てる。

② ①の条件を満たす最少の人数をA社の要員数とし，全期間を通して一定の人数とする。すなわち，A社の要員には，各月とも，全員が必ず担当する工程があるものとする。

③ プログラム開発工程には，一期開発及び二期開発ともに，B社の要員だけを割り当てる。

④ プログラム開発工程を除き，各月の必要要員については，まずA社の要員を割り当て，A社の要員だけでは不足する場合に，B社の要員を割り当てる。

⑤ 一期開発と二期開発の作業が重なる期間については，A社の要員を，一期開発に優先して割り当てる。

⑥ 一人が一期開発と二期開発の作業を同一月に行うことはない。

設問１　要員数に関する次の記述中の［　　　］に入れる適切な答えを，解答群の中から選べ。

一期開発及び二期開発における各工程の工数及び配分月数を，表１のとおりに設定した。ここで，配分月数とは，あらかじめ各工程に配分した開発期間（月数）である。二期開発は，一期開発における成果が活用できることから，一期開発よりも，工数を削減することを目標とした。

表１　一期開発及び二期開発における各工程の工数及び配分月数

段階	区分	工程				
		外部設計	内部設計	プログラム開発	結合テスト	総合テスト
一期開発	工数（人月）	42.0	70.0	140.0	52.5	42.0
	配分月数（月）	3	3		2	3
二期開発	工数（人月）	38.1	63.0	127.2	48.0	38.1
	配分月数（月）	3	3		2	3

注記　網掛けの部分は表示していない。

一期開発，二期開発それぞれにおける各工程の各月の要員数は次式で算出する。ここで，各月の要員数は，小数点以下を切り上げた整数値とする。

$$\text{各月の要員数（人）} = \frac{\text{各工程の工数（人月）}}{\text{各工程の配分月数（月）}}$$

A社要員数は，〔プロジェクトの説明〕(4)の前提条件に基づき［　a　］人になる。一期開発の外部設計工程では，B社の要員数は，各月ともに［　b　］人になる。一期開発及び二期開発の全工程について，要員数を求めた結果，各月でB社の要員数がばらついていることが分かった。そこで，各月のB社の要員数をできるだけ平準化するために，プログラム開発工程の配分月数を調整することにした。ここで，納期などの制約から，プログラム開発工程で許容される配分月数は，3～5である。

プログラム開発工程の配分月数を一期開発及び二期開発ともに４にする開発スケジュール案を表２に示す。この案の場合，2018年［　c　］が，〔プロジェクトの説明〕(4)の条件②を満たせないことが分かった。これは，プログラム開発工程の配分月数を，“［　d　］”又は“一期開発を５に，二期開発を４にする”ことで解消できる。

表2　プログラム開発工程の配分月数を一期開発及び二期開発ともに4にする開発スケジュール案

年			2017									2018											
月			4	5	6	7	8	9	10	11	12	1	2	3	4	5	6	7	8	9	10	11	12
工程	一期開発		外部設計			内部設計			プログラム開発				結合テスト		総合テスト								
	二期開発								外部設計			内部設計			プログラム開発				結合テスト		総合テスト		
要員数（人）	一期開発	A社							0	0	0	0											
		B社							35	35	35	35											
	二期開発	A社													0	0	0	0					
		B社													32	32	32	32					

注記　網掛けの部分は表示していない。

a，b に関する解答群

ア　2　　イ　3　　ウ　11　　エ　12
オ　14　　カ　42

c に関する解答群

ア　5月　　イ　6月　　ウ　7月　　エ　8月

d に関する解答群

ア　一期開発を 3 に，二期開発を 4 にする
イ　一期開発を 3 に，二期開発を 5 にする
ウ　一期開発を 4 に，二期開発を 3 にする
エ　一期開発を 4 に，二期開発を 5 にする

設問2　要員計画に関する次の記述中の [　　　] に入れる適切な答えを，解答群の中から選べ。

プログラム開発工程の配分月数を，“一期開発を5に，二期開発を4にする”案を選択した。その上で，更に要員計画策定中にユーザ部門から二期開発の追加要件を受けて見直した開発スケジュール案を表3に示す。

表3　見直した開発スケジュール案

年			2017									2018											
月			4	5	6	7	8	9	10	11	12	1	2	3	4	5	6	7	8	9	10	11	12
工程	一期開発		外部設計			内部設計			プログラム開発					結合テスト		総合テスト							
	二期開発								外部設計			内部設計			プログラム開発				結合テスト		総合テスト		
要員数（人）	一期開発	A社							0	0	0	0	0										
		B社							28	28	28	28	28	15	15	2	2	2					
	二期開発	A社												0	0	0	0	0					
		B社												22	33	33	33	33					

注記　網掛けの部分は表示していない。

各月のB社の総要員数（B社の一期開発及び二期開発の要員数の合計）は，ピーク時の2018年4月に他の月よりも突出する。ピーク時のB社の総要員数を減らし，3月から5月の3か月間の各月のB社の総要員数を等しくしたい。そのためには，この3か月間に実施する各工程の月ごとの要員数は一定ではなくなるが，4月の一期開発の要員のうち [　e　] 人を3月に移動し，二期開発の要員のうち [　f　] 人を5月に移動すればよい。

e，fに関する解答群

ア　1　　イ　2　　ウ　3　　エ　4

オ　5　　カ　6

③　アーンドバリューマネジメント（EVM）

アーンドバリューマネジメント（EVM；Earned Value Management）は，プロジェクトの進捗や達成度を，金銭的な尺度であるアーンドバリューによって，定量的に測定・分析するプロジェクト管理手法です。

EVMでは，次の値を用いて分析を行います。

- アーンドバリュー（EV；Earned Value）：EVは評価時点での出来高（成果物の価値）のことであり，その段階までに実際に実施された作業のための予算上のコストである。
- プランドバリュー（PV；Planned Value）：PVは評価時点までに完了予定の作業高（完了予定の価値）で，評価時点までに計画されていた作業の予算上のコストです。
- 実コスト（AC；Actual Cost）：ACは評価時点までに実際に消費した実績コストです。

EVMによる分析では，スケジュール差異（SV；Schedule Variance）とコスト差異（CV；Cost Variance）という指標を使用します。それぞれ，次の式で求めます。

- スケジュール差異（SV）＝EV－PV

  SVはスケジュールの進み遅れを表し，作業が先行している場合はプラスの値，作業が遅延している場合はマイナスの値となります。
- コスト差異（CV）＝EV－AC

  CVはコストの超過や未達を表し，予算に対して実コストが少ない場合はプラス，予算に対して実コストが超過している場合はマイナスの値となります。

知識確認問題　必要な知識を確認してみましょう！

問　プロジェクトの進捗管理を EVM（Earned Value Management）で行っている。コストが超過せず，納期にも遅れないと予想されるプロジェクトはどれか。ここで，それぞれのプロジェクトの開発の生産性は現在までと変わらないものとする。

（H26 秋-SM 問 16）

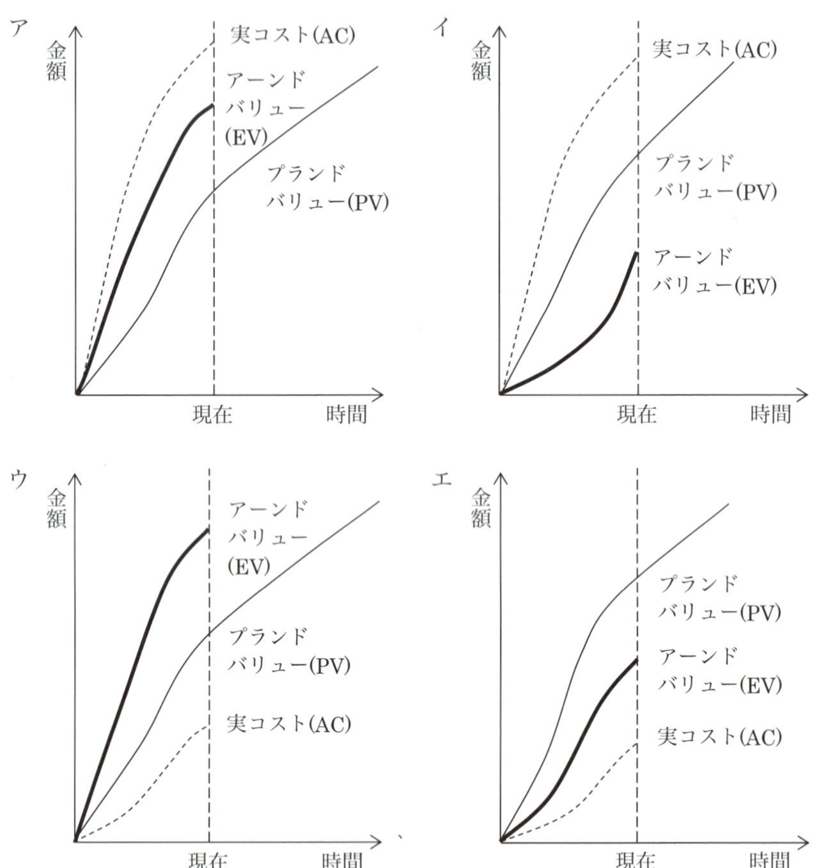

解説

EVM（Earned Value Management）は，プロジェクトの実績を計画と対比しながら定量的にプロジェクトの進捗を管理する方法です。

ここでは，三つの基本的な数値が使用されているので，その概念を再度確認しておきましょう。

・Planned Value（PV；出来高計画値，予定作業予算コスト，プランドバリュー）：所定期間において予定されていた作業の予算コストを指します。すなわち，予定作業を完了するために割り当てられている承認済みの予算案です。

・Earned Value（EV；出来高実績値，完了作業予算コスト，アーンドバリュー）：所定期間において実際に完了した作業に対する予算コストを指します。この値を計画と対比すれば作業の進捗度を判断することができます。

・Actual Cost（AC；コスト実績値，実コスト）：所定期間において実際に費やされたコスト実績値を指します。アーンドバリューの値の根拠となる完了作業に対応する実績費用であり，これをアーンドバリューと対比すればコストの増加や減少の傾向を判断できます。

ここでのポイントは「コストが超過せず，納期にも遅れないと予想されるプロジェクト」を選ぶということになります。

それをPV，EV，ACの言葉を使用して言い換えてみると……

・コストが超過していないということは，EVよりもACの方が小さいはずです。

・進捗に遅れがないということは，PVよりもEVの方が大きいはずです。

この二つのポイントを満足する図は，（ウ）であることが分かります。

ア：ACがPV，EVのいずれよりも大きいので予算オーバになっている状態です。なお，EVがPVよりも大きいため進捗はほぼ予定どおりです。

イ：（ア）と同様，予算オーバになっている上，EVがPVよりも小さいため，進捗も遅れていることが分かります。

エ：EVがPVよりも小さいため，進捗が遅れています。なお，EVよりもACが小さいのでコストは予算以内に収まって進捗しています。

解答　ウ

演習問題　第4部　第1章　問2

EVM（Earned Value Management）手法を用いたプロジェクト管理に関する次の記述を読んで，設問1～3に答えよ。

(H30 春-FE 午後問6)

S社では，クライアントサーバシステムとして構築されている既存の営業システムを，Webシステムに刷新するプロジェクト（以下，刷新プロジェクトという）を立ち上げた。Webシステムとして構築する営業システムを，新営業システムと呼ぶ。

N社は，この刷新プロジェクトにおける外部設計から結合テストまでを受注した。

〔刷新プロジェクトへのN社の対応〕

(1) S社から提示された刷新プロジェクトの結合テストまでのスケジュールは，図1のとおりである。

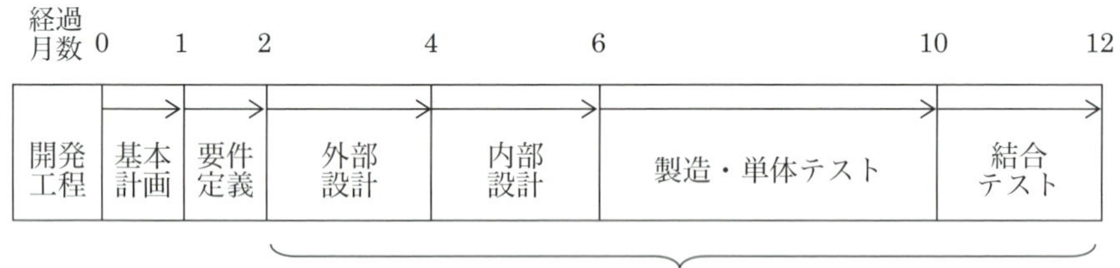

図1　刷新プロジェクトの結合テストまでのスケジュール

(2) 新営業システムは，サブシステムS1（以下，S1という），サブシステムS2（以下，S2という）及び共通機能の三つのサブシステムで構成される。N社はこの構成に合わせて外部設計から結合テストまでを実施するプロジェクト（以下，プロジェクトという）体制を構築し，プロジェクトマネージャは，システム企画部に所属するY君が担当する。

(3) N社では，新営業システムと類似するWebシステムの開発をこれまで複数案件行っており，組織のプロセス資産として各開発工程の生産性のデータを保有している。N社が保有する各開発工程の生産性を，表1に示す。Y君は，要件定義の成果物である要件定義書とN社の過去の開発実績を参考にして，表2に示すとおりに新営業システムの開発規模を見積もった。ここで，KLOC（Kilo Lines Of Code）は，ソースコード1,000行を単位とする指標である。

表1　各開発工程の生産性

単位　KLOC／人月

開発工程	生産性
外部設計	8.00
内部設計	6.40
製造・単体テスト	3.20
結合テスト	8.00

表2　新営業システムの開発規模

単位　KLOC

サブシステム	開発規模
S1	200.00
S2	240.00
共通機能	80.00

Y君は，(1)～(3)を前提に，各開発工程を完了させるために必要となる計画時点の工数（以下，計画工数という）を算出してプロジェクト計画を作成した。ここで，1か月の作業日数は20日とする。各開発工程における計画工数は，作業する各月に対して均等に割り当てる。例えば，外部設計を10.00人月と見積もった場合，外部設計の期間は2か月なので，各月に5.00人月を割り当てる。

設問1　外部設計と内部設計のサブシステムごとの計画工数を，表3に示す。表3中の［　　］に入れる正しい答えを，解答群の中から選べ。

表3　外部設計と内部設計のサブシステムごとの計画工数

単位　人月

サブシステム	外部設計	内部設計
S1	25.00	a
S2	30.00	
共通機能	10.00	
合計	65.00	

注記　網掛けの部分は表示していない。

aに関する解答群

ア　25.75　　イ　30.00　　ウ　31.25　　エ　37.50

設問2　次の記述中の［　　　］に入れる正しい答えを，解答群の中から選べ。

N 社では，進捗遅延やコスト超過を早期に検出することを目的として，EVM 手法を用いたプロジェクト管理を行っている。EVM 手法では，プロジェクトの計画と実績について，定量的な情報を用いて進捗状況やコスト状況を分析し，評価する。EVM 手法で使う各指標（以下，EVM 指標という）のN 社での意味を，表 4 に示す。

表４　EVM 指標のＮ社での意味

指標	名称	意味
BAC（人月）	完了までの総予算	プロジェクト計画時点に見積もったプロジェクト完了までの予定総工数のこと。
PV（人月）	出来高計画値	プロジェクト計画時点において，プロジェクト状況の評価時点までの予定作業に割り当てていた予定工数のこと。プロジェクト完了時点における PV は BAC と同じ値になる。
EV（人月）	出来高実績値	プロジェクト状況の評価時点までに完了した作業に対して，プロジェクト計画時点において割り当てていた予定工数のこと。
AC（人月）	コスト実績値	プロジェクト状況の評価時点までに完了した作業に対して，実際に必要となった工数のこと。
SV（人月）	スケジュール差異	プロジェクト状況の評価時点における EV と PV の差のこと。スケジュール面から見た差異を示す。
CV（人月）	コスト差異	プロジェクト状況の評価時点における EV と AC の差のこと。コスト面から見た差異を示す。
SPI	スケジュール効率指数	SPI＝EV／PV スケジュール面から見た効率のこと。1 未満の場合，進捗遅延していることを示す。
CPI	コスト効率指数	CPI＝EV／AC コスト面から見た効率のこと。1 未満の場合，コスト超過していることを示す。

外部設計を開始してから 35 作業日（1.75 か月）が経過した時点での，外部設計工程のサブシステムごとの EVM 指標値を，表 5 に示す。ここで，表 5 の EVM 指標値は，小数点第 3 位を四捨五入した値である。

表５　外部設計工程のサブシステムごとのEVM指標値

単位　人月

サブシステム	外部設計終了時点	外部設計を開始してから1.75か月が経過した時点		
	PV（出来高計画値）	PV（出来高計画値）	EV（出来高実績値）	AC（コスト実績値）
S1	25.00	21.88	21.15	21.60
S2	30.00	26.25	26.25	26.55
共通機能	10.00	8.75	8.75	8.10

次の(1)～(6)の記述のうち，表５のEVM指標値から予測した，外部設計が終了する時点での見通しとして適切な組合せは，［　　　］である。ここで，予測に当たってSPI及びCPIは，表５の実績と同等であるものとする。

(1) S1については，ACが外部設計終了時点のPVを超過しない。また，外部設計はスケジュール遅延せずに完了する。
(2) S1については，ACが外部設計終了時点のPVを超過する。また，外部設計はスケジュール遅延せずに完了する。
(3) S2については，外部設計はスケジュール遅延する。
(4) S2については，ACが外部設計終了時点のPVを超過する。また，外部設計はスケジュール遅延せずに完了する。
(5) 共通機能については，外部設計はスケジュール遅延する。
(6) 共通機能については，ACが外部設計終了時点のPVを超過しない。また，外部設計はスケジュール遅延せずに完了する。

解答群

ア　(1)と(4)　　イ　(1)と(5)　　ウ　(2)と(3)　　エ　(2)と(4)
オ　(3)と(5)　　カ　(3)と(6)　　キ　(4)と(5)　　ク　(4)と(6)

設問3　次の記述中の［　　　］に入れる正しい答えを，解答群の中から選べ。ここで，e1〜e3 に入れる答えは，e に関する解答群の中から組合せとして正しいものを選ぶものとする。

図２は，外部設計を開始した時点から，結合テストを開始して１か月が経過した時点までの，各経過月末時点の EVM 指標値をグラフにしたものである。Y 君は，このグラフを用いてプロジェクトの現状分析を行うことにした。

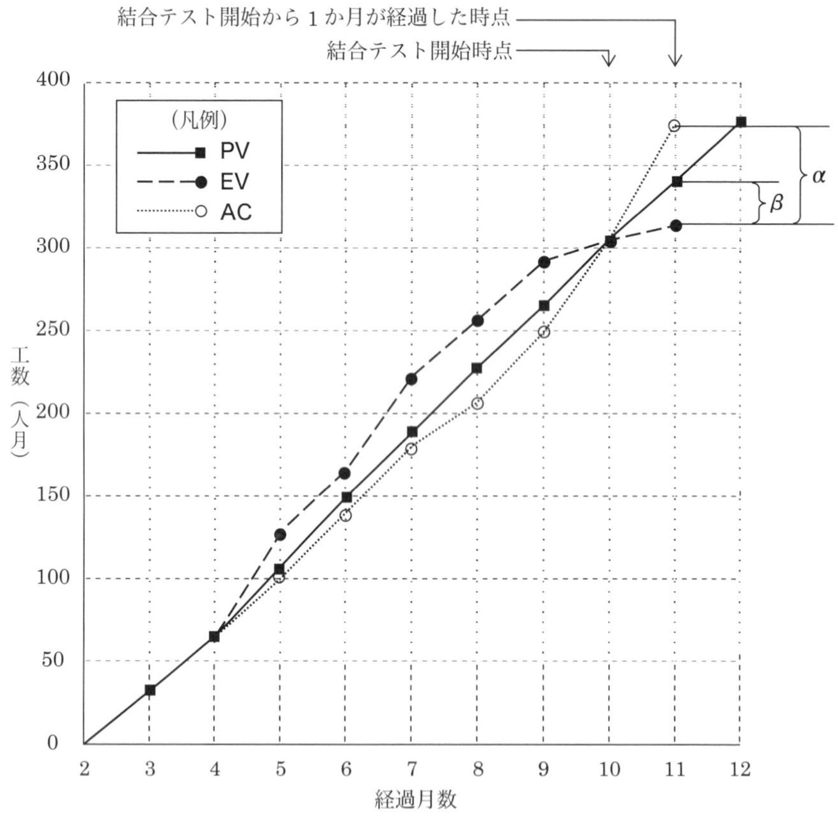

図２　各経過月末時点の EVM 指標値

結合テスト開始後，［ b ］であることがグラフから読み取れる。また，αは［ c ］を表し，βは［ d ］を表している。

次に，未完了である残作業の作業工数（以下，残作業工数という）を式“［ e1 ］－［ e2 ］”で求めた。この残作業工数は，プロジェクト計画時点の見積りに基づいているが，今後の作業は計画どおり進捗するものとして，この残作業工数に［ e3 ］を加算し，プロジェクトの全ての作業が完了したときの総工数の予測値を見直した。

b に関する解答群

ア　進捗状況とコスト状況のどちらも悪化傾向
イ　進捗状況とコスト状況のどちらも改善傾向
ウ　進捗状況は改善傾向，コスト状況は悪化傾向
エ　進捗状況は悪化傾向，コスト状況は改善傾向

c，d に関する解答群

ア　BAC（完了までの総予算）　　イ　PV（出来高計画値）
ウ　EV（出来高実績値）　　エ　AC（コスト実績値）
オ　SV（スケジュール差異）　　カ　CV（コスト差異）

e に関する解答群

	e1	e2	e3
ア	BAC	AC	EV
イ	BAC	EV	AC
ウ	BAC	PV	EV
エ	PV	AC	EV
オ	PV	BAC	EV
カ	PV	EV	AC

(2) スケジュール管理

日程管理，工程管理に対応する内容です。アローダイアグラムで示されたスケジュールについて，クリティカルパスを求めたり，個々の結合点や作業ごとの最早及び最遅開始時刻，余裕時間を求めたりする計算が出題ポイントになります。午前問題でも定番として出題される内容ですから，確実に理解しておきましょう。

①　アローダイアグラム

先行作業，後続作業のつながりを分かりやすく表現できる図です。

・最早結合点時刻：その結合点から始まる作業が**最も早く開始できる**時刻です。

・最遅結合点時刻：その結合点から始める作業が後続作業に影響を与えず**最も遅く始められる**時刻です。

同じ考え方で，作業ごとの最早開始時刻，最遅開始時刻があります。

・余裕時刻：最遅結合点時刻－最早結合点時刻で求めます。

・**クリティカルパス**：時間的に余裕がない作業をつなげた経路です。クリティカルパス上の作業は遅れが許されないため，重点的に管理されます。

・**リード**と**ラグ**：依存関係のある作業（アクティビティ）間の時間的なずれを表しています。

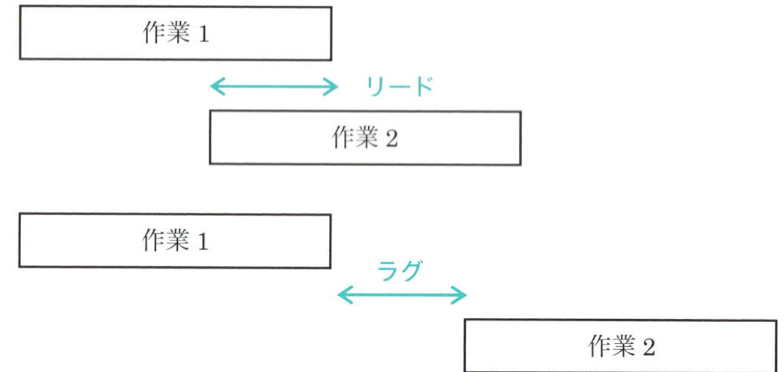

②　マイルストーンチャート

プロジェクトの節目となる重要な出来事をマイルストーン（目標）として，設定します。計画した工期ごとに実作業がマイルストーンに達しているかどうか判断される進捗管理手法です。

③　ガントチャート

アローダイアグラムは，作業を矢印で示しつないでいきますが，ガントチャートでは縦軸に作業項目，横軸に時間をとって作業を表に並べていきます。また，作業の予定と実績を別の色で表し，進捗状況を把握するためにも使用されています。

④　スケジュール短縮技法

- ファストトラッキング：プロジェクトのスコープを変更しないで，並行作業による期間短縮を行います。
- クラッシング：要員やコストの追加による期間短縮を行います。

知識確認問題　必要な知識を確認してみましょう！

問　図のアローダイアグラムで表されるプロジェクトは，完了までに最短で何日を要するか。

(H29春-FE 問51)

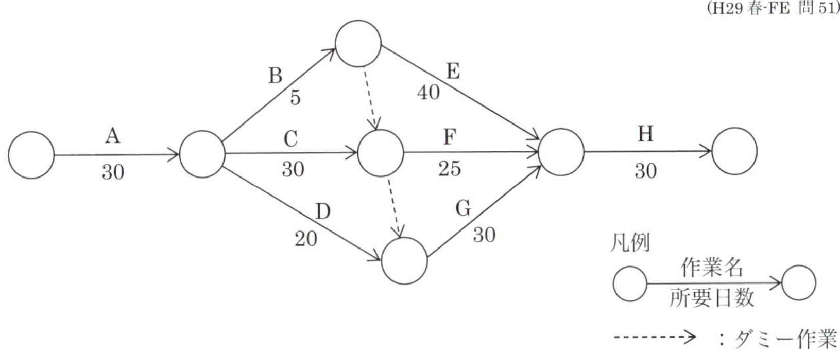

ア　105　　イ　115　　ウ　120　　エ　125

第4部
第1章
第2章

解説

アローダイアグラムでは，作業工程の順番と作業の所要日数を表しています。結合点を①～⑦として解説します。

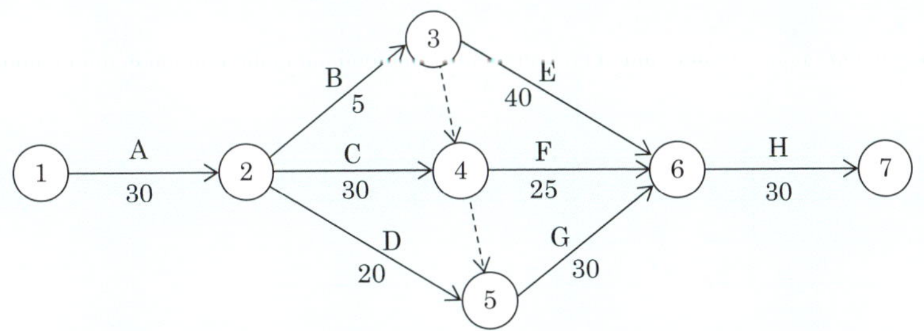

作業工程を結合点①から結合点⑦まで行うには，何通りかの作業経路があります。

その作業経路ごとに作業の所要日数を加算した値が，最も大きい経路がクリテ

ィカルパスとなり，**その値がプロジェクト全体の作業日数**となります。このクリティカルパス上の作業の所要日数を短縮しなければ，プロジェクト全体の作業日数を短縮することはできません。プロジェクト完了までに最短で必要な日数は，クリティカルパス上の作業日数となります。破線の矢印はダミー作業を表しており，作業の所要日数は 0（作業が発生しない）ですが，矢印元の結合点までの作業が終了しないと，矢印先の結合点の作業の開始ができないことを意味しています。

全ての作業経路

①→②→③→⑥→⑦の作業経路：30＋5＋40＋30＝105(日)
①→②→③→④→⑥→⑦の作業経路：30＋5＋0＋25＋30＝90(日)
①→②→③→④→⑤→⑥→⑦の作業経路：30＋5＋30＋30＝95(日)
①→②→④→⑥→⑦の作業経路：30＋30＋25＋30＝115(日)
①→②→④→⑤→⑥→⑦の作業経路：30＋30＋0＋30＋30＝120(日)
①→②→⑤→⑥→⑦の作業経路工程：30＋20＋30＋30＝110(日)

この中から，作業の所有日数を加算した値が，最も大きい①→②→④→⑤→⑥→⑦の作業経路がクリティカルパスであり，（ウ）の 120 日が正解となります。

解答　ウ

問　表は，あるプロジェクトの日程管理表であり，図は，各作業の工程と標準日数を表している。このプロジェクトの完了日程を 3 日間短縮するためには，追加費用は最低何万円必要か。

(H23 秋-AP 問 51)

作業	標準日数（日）	短縮可能な日数（日）	1 日短縮するのに必要な追加費用（万円）
A	5	2	2
B	10	4	3
C	6	2	4
D	3	1	5
E	5	2	6

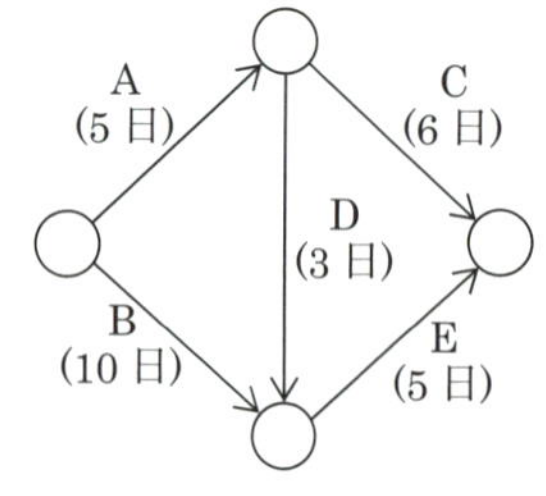

ア　9　　イ　11　　ウ　12　　エ　14

解説

このプロジェクトの完了までには，A→C，A→D→E，B→E の三つのルートがあり，最も長く日数がかかるのは，B（10 日）→E（5 日）の 15 日です。

最長日数のルートを短縮しないと全体日数は短縮できないので，この B→E のルートを 3 日短縮して 12 日にすることを考えます。このルートには作業 B と E があり，3 日短縮する方法として，「B だけを 3 日短縮する」，「B を 2 日，E を 1 日短縮する」，「B を 1 日，E を 2 日短縮する」の三つの場合があります。

「B だけを 3 日短縮する」場合，B は 7 日になりますが，A→D のルートが 1 日オーバするので，A 又は D も 1 日短縮する必要が出てきます。この場合，A の短縮費用の方が安いので，A を 1 日短縮したとすると，B：3 万円×3 日，A：2 万円×1 日で合計 11 万円必要となります。

次に，「B を 2 日，E を 1 日短縮する」場合，B：3 万円×2 日，E：6 万円×1 日で，合計 12 万円必要となります。

最後に「B を 1 日，E を 2 日短縮する」場合，B：3 万円×1 日，E：6 万円×2 日で，合計 15 万円必要となります。

以上から，11 万円が追加費用の最低となり，（イ）が正解です。

解答　イ

⑶　品質管理

プロジェクトの品質を高めるために行う品質マネジメント活動などが出題範囲に含まれる内容になりますが，実際に出題される題材として，ソフトウェア開発におけるバグ抽出件数などによる品質管理手法が想定されます。

品質管理手法として，成長曲線（バグ曲線），バグ管理図などの知識を理解しておきましょう。また，レビューやテスト技法などと合わせた設問も考えられますので，これらの内容も理解しておきましょう。

ソフトウェアのテスト経過時間と発見された総エラー数（累積バグ件数）との関係は，右のような成長曲線を描きます。この曲線は単にバグ曲線とも呼ばれます。

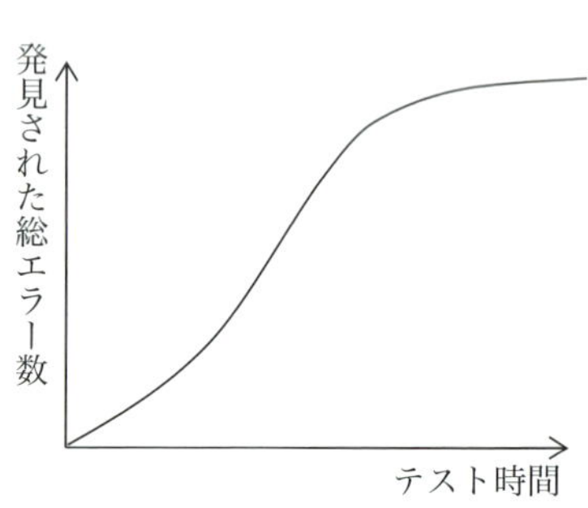

知識確認問題　必要な知識を確認してみましょう！

問　エラー埋込法において，埋め込まれたエラー数を S，埋め込まれたエラーのうち発見されたエラー数を m，埋め込まれたエラーを含まないテスト開始前の潜在エラー数を T，発見された総エラー数を n としたとき，S，T，m，n の関係を表す式はどれか。

（R1 秋-FE 問 47）

ア　$\dfrac{m}{S}=\dfrac{n-m}{T}$　　イ　$\dfrac{m}{S}=\dfrac{T}{n-m}$

ウ　$\dfrac{m}{S}=\dfrac{n}{T}$　　エ　$\dfrac{m}{S}=\dfrac{T}{n}$

解説

エラー埋込法は，テスト対象プログラムにエラーを埋め込み，埋め込まれたエラーの発見割合からテストの進捗度を評価するテスト技法です。エラー埋込法では意図的にエラーを対象プログラムに埋め込み，検査でのエラー検出状況から残存エラー数を推定します。

検査によって発見されるエラーには，次の２種類があります。

・検査のために意図的に**埋め込まれたエラー**

・埋め込まれたエラーを含まないテスト開始前からある**潜在エラー**

ここでは，エラー数を次のように表します。

埋め込まれたエラー数……S

埋め込まれたエラーのうち発見されたエラー数……m

埋め込まれたエラーを含まないテスト開始前の潜在エラー数……T

発見された総エラー数……n

埋め込まれたエラー数（S）に対して，埋め込まれたエラーのうち発見されたエラー数（m）の割合は，$\frac{m}{S}$ となります。

一方，発見された潜在エラー数は，発見された総エラー数（n）から，埋め込まれたエラーのうち発見されたエラー数（m）を引いたもので，$n-m$ となります。このため，埋め込まれたエラーを含まないテスト開始前の潜在エラー数（T）に対して，発見された潜在エラー数（$n-m$）の割合は，$\frac{n-m}{T}$ となります。

両方の割合が同じなので，$\frac{m}{S}=\frac{n-m}{T}$ となります。

したがって，（ア）が正解です。

解答　ア

演習問題　第4部　第1章　問3

販売管理システム開発の結合テストにおける進捗及び品質管理に関する次の記述を読んで，設問1～3に答えよ。

(R1秋-FE 午後問6)

製造業のP社では，販売管理システムを構築するプロジェクト（以下，Qプロジェクトという）を進めており，情報システム部門のRさんがプロジェクトマネージャを担当している。P社では，結合テスト工程において，バグ管理図を用いて，テストの進捗とソフトウェアの品質を評価している。本問におけるバグ管理図とは，横軸に結合テスト期間の経過率を，縦軸に未消化テスト項目数及び累積バグ検出数を表したグラフのことである。

P社では，過去のシステム構築の実績値を基に，テスト項目数及びバグ検出数の標準値を定めており，Qプロジェクトの結合テストで用いる，テスト項目1件当たりのバグ検出数の標準値は，0.02件である。Qプロジェクトにおける結合テスト期間の経過率ごとの未消化テスト項目数及び累積バグ検出数の計画値を，表1に示す。

Qプロジェクトでは，未消化テスト項目数，消化済テスト項目数及び累積バグ検出数の計画値と実績値から進捗と品質を評価する。また，結合テスト工程では，累積バグ検出数の実績値が，消化済テスト項目数の実績値に基づいて算出した累積バグ検出数の計画値の±25%の範囲内の場合，品質に問題はないと判断する。

表1　結合テスト期間の経過率ごとの未消化テスト項目数及び累積バグ検出数の計画値

結合テスト期間の経過率（%）	0	20	40	60	80	100
未消化テスト項目数　（件）	3,500	3,000	2,200	1,400	900	0
累積バグ検出数　（件）	0	10	26	42	52	70

表1を基にしたバグ管理図を，図1に示す。Rさんは，図1に示すバグ管理図に，結合テスト期間の60%が経過した時点（以下，60%経過時点という）の未消化テスト項目数及び累積バグ検出数の実績値をプロットして進捗と品質を評価することにした。結合テストの担当者は，検出したバグの原因調査と修正も行う。結合テストの担当者A～Eそれぞれのテスト項目数の計画値と60%経過時点での消化済テスト項目数及び累積バグ検出数の実績値を，表2に示す。60%経過時点での結合テスト全体の未消化テスト項目数の実績値は図1の［　a　］，累積バグ検出数の実績値は図1の［　b　］。Rさんはプロットした結果を基に，結合テストは計画ど

おりには進捗していないと判断した。また，担当者A～Eの60%経過時点での累積バグ検出数の実績値の合計値は，担当者A～Eの60%経過時点での消化済テスト項目数の実績値の合計値に，バグ検出数の標準値である0.02を乗じて算出した累積バグ検出数の［ c ］と判断した。

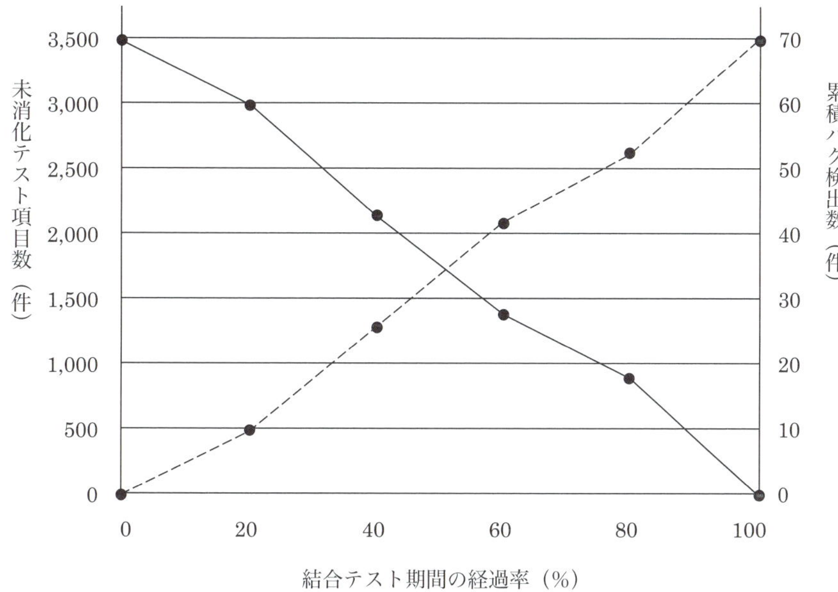

注記　実線の折れ線は未消化テスト項目数の計画値の推移を，破線の折れ線は累積バグ検出数の計画値の推移を表す。

図1　表1を基にしたバグ管理図

表2　担当者A～Eが担当するテスト項目数の計画値と60%経過時点での実績値

単位　件

担当者	A	B	C	D	E
担当するテスト項目数（計画値）	500	700	700	800	800
60%経過時点での消化済テスト項目数（実績値）	210	390	400	450	300
60%経過時点での累積バグ検出数（実績値）	4	9	8	11	13

設問1　本文中の［　　］に入れる適切な答えを，解答群の中から選べ。

a に関する解答群

ア　実線の折れ線が示す未消化テスト項目数の値より大きく
イ　実線の折れ線が示す未消化テスト項目数の値と等しく
ウ　実線の折れ線が示す未消化テスト項目数の値より小さく

b に関する解答群

ア　破線の折れ線が示す累積バグ検出数の値より大きい
イ　破線の折れ線が示す累積バグ検出数の値と等しい
ウ　破線の折れ線が示す累積バグ検出数の値より小さい

c に関する解答群

ア　計画値の 75%未満なので，品質に問題がある
イ　計画値の 75%以上 100%未満なので，品質に問題はない
ウ　計画値の 100%以上 125%以下なので，品質に問題はない
エ　計画値の 125%を超えているので，品質に問題がある

設問2　次の記述中の［　　］に入れる適切な答えを，解答群の中から選べ。

R さんは，更に結合テストの担当者ごとの進捗を評価することにした。60%経過時点での担当者ごとの消化済テスト項目数の計画値は，次の式で求める。

$$\text{担当するテスト項目数の計画値} \times \frac{\text{60\%経過時点での消化済テスト項目数の計画値}}{\text{結合テスト全体のテスト項目数の計画値}}$$

60%経過時点での消化済テスト項目数の計画値は，表 1 で示す未消化テスト項目数の計画値に基づいて算出した値である。60%経過時点での担当者ごとの消化済テスト項目数の計画値を，表 3 に示す。

表3　60%経過時点での担当者ごとの消化済テスト項目数の計画値

単位　件

担当者	A	B	C	D	E
消化済テスト項目数	300	［d］		480	480

注記　網掛けの部分は表示していない。

Q プロジェクトでは，結合テスト工程において，消化済テスト項目数の実績値が計画値の±10%の範囲内の場合，進捗に問題はないと判断する。B さん，C さん，D さんの消化済テスト項目数の実績値は計画値の±10%の範囲内であり，累積バグ検出数の実績値も 60%経過時点での消化済テスト項目数の実績値に基づいて算出した累積バグ検出数の計画値の±25%の範囲内なので，進捗及び品質に問題はないと判断した。

A さんが担当するテストの進捗とソフトウェアの品質に基づく判断は，次のとおりである。

・進捗：消化済テスト項目数の実績値が計画値の 90%未満なので，進捗は遅れている。

・品質：バグの検出及び検出したバグの原因調査と修正は，順調に行われている。60%経過時点での消化済テスト項目数の実績値に基づいて算出した累積バグ検出数の計画値は 4.2 件であり，累積バグ検出数の実績値は計画値の±25%の範囲内なので，品質に問題はない。

R さんは，A さんが担当するテストの進捗が遅れているので，A さんの作業に問題がないかどうかを確認した。テスト項目の内容及びテスト手順は正しく，報告書も適切に記載されていたが，結合テストデータの作成に時間を要していることが分かった。そこで，R さんは A さんの進捗遅れに対して，［　e　］という対応を実施することにした。

d に関する解答群

ア　280　　イ　300　　ウ　360　　エ　420

e に関する解答群

ア　テスト項目を再度洗い出す
イ　テスト要員を追加する
ウ　テストデータを再作成する
エ　テスト証跡の記載を一部省略する
オ　テストの結果を A さんの結合テスト完了後に確認する

設問3　次の記述中の［　　　］に入れる適切な答えを，解答群の中から選べ。

Rさんは，60%経過時点でのEさんの消化済テスト項目数の実績値が計画値の90%未満であり，累積バグ検出数の実績値が消化済テスト項目数の実績値に基づいて算出した累積バグ検出数の計画値よりも大きくなっていたので，原因を調査することにした。Eさんは，Eさん以外の担当者が単体テストまでを行った機能1～5の結合テストを担当している。各機能は独立してテストが可能であり，機能1から順番にテストを行う計画である。

調査の結果，Eさんは機能1のテストは順調に完了したが，機能2のテストがはかどっていないことが分かった。理由を確認すると，機能2はバグの検出数が多く，バグの原因調査に時間を要したからであった。そこで，これまでに機能2で検出されたバグの原因を調査した結果，“詳細設計書の論理誤り”が多く見受けられた。Rさんは，更に，機能2の詳細設計を担当した者（以下，機能2担当者という）が詳細設計を担当した他の機能について，その結合テストの進捗を確認したところ，いずれの機能も結合テストの開始前であった。いずれの機能も，機能2と同じように問題が発生するおそれがあるので，Rさんは，販売管理システムに精通した要員を追加して，［　f　］を実施することにした。

fに関する解答群

ア　Eさんがテストを担当した機能の詳細設計書の再レビュー
イ　機能2担当者が担当した機能の詳細設計書の再レビュー
ウ　全機能の詳細設計書の再レビュー
エ　販売管理システムの要件を理解するための勉強会

1.2　サービスマネジメント

対策のポイント

情報システムを利用するに当たっては，システムを安定的かつ効率的に運用し，利用者に対するサービスの品質を維持・向上させる活動が必要になります。そのための運用管理方法として IT サービスマネジメントがあります。午後の出題範囲では「サービスマネジメント」という表記になりましたが，「IT サービスマネジメント」を意味していることに変わりはありません。

サービスマネジメントの考え方として大切なことは，IT 関連の業務を「IT サービス」ととらえて体系化し，サービスの提供や効率化を図り，可用性をはじめとするサービスの品質を高める運用管理方法がサービスマネジメントといえます。

午後問題としては，サービスマネジメントシステムとして，サービスレベル管理，供給者管理，容量・能力管理，変更管理，リリース及び展開管理，インシデント管理，サービス要求管理，問題管理，サービス可用性管理，サービス継続管理ほか)，サービスの運用（システム運用管理，運用オペレーション，サービスデスクなど）に関連した出題が予想されます。

また，サービスマネジメント分野の出題範囲では，JIS Q 20000 に対応させて，従来のサービスサポート及びサービスデリバリがサービスマネジメントプロセスとして構成されています。サービスレベル管理（SLM）は，顧客とサービス提供者の間でサービスレベルを定義し，サービス品質向上を図っていく一連の活動です。各プロセスの活動内容や管理内容を把握しておきましょう。

(1)　サービスマネジメント

①　サービスマネジメント

IT サービスマネジメントは，IT 部門の業務を利用者視点で“IT サービス”としてとらえ，体系化することで IT 運用の効率化を図り，適切なコストで可用性をはじめとするサービスの品質を高めるための運用管理方法です。

②　ITIL®

ITIL®（Information Technology Infrastructure Library）は，英国の政府機関が策定した IT サービス管理，IT 運用管理に関するベストプラクティス集（ガイドブック）で，実質的な世界標準として世界各国で採用されています。ITIL® では，IT サービスマネジメントライフサイクルに沿って，戦略計画，設計，構築，運用，改善という観点で構成しています。2019 年には，最新版として ITIL® 4 がリリースされています。なお，ITIL は，AXELOS Limited の登録商標です。

③　JIS Q 20000

ISO/IEC 20000 は，IT サービスマネジメントの国際規格であり，これを翻訳したものが JIS Q 20000 です。この規格は，要求事項である「JIS Q 20000-1 第 1 部」と適用の手引きである「JIS Q 20000-2 第 2 部」で構成されています。サービスマネジメントの出題分野は，この JIS Q 20000-1 の内容になっています。

(2)　サービスマネジメントシステムの運用

サービスマネジメントシステムでは，次に挙げる管理項目が主なものとなります。

①　サービスレベル管理（SLM）

ユーザとサービスレベルの合意を得て，導入後のモニタリング，サービスレベルの維持・向上のための改善，報告などの一連の活動（プロセス）をします。

②　サービス可用性管理，サービス継続管理

災害やシステム障害などの緊急時の業務継続性を維持します。また，可用性とは，必要なときに IT サービスが使用できるかどうかの能力を指します。可用性管理とは，IT サービスの可用性や信頼性を維持するために，リソース（資源）を管理します。

③　容量・能力管理

IT システムのリソースを管理し，適正なコストで最適な容量・能力を提供します。キャパシティ管理とも呼ばれます。

④　インシデント管理，サービス要求管理

インシデント（障害や事故のほか，サービス品質を低下させるすべての出来事）を速やかに分析し，サービスを復旧させる暫定措置を実施します。

⑤　問題管理

インシデントの根本原因を分析し，恒久的な再発防止策を実施します。

⑥　構成管理

組織やサービスに含まれる IT 資産や構成を明確にして，ほかのサービスマネジメントプロセスを支援します。

⑦　変更管理

変更を確実に効率的に行い，変更に起因するインシデントの影響を最小化します。

⑧　リリース及び展開管理

変更管理において許可された変更を確実に実施します。

⑨　供給者管理

サービスの計画，設計，移行，提供などに関して契約を結ぶ組織の外部の関係者（外部供給者）や，サービス内容に関して合意文書を結ぶ関係者（内部供給者）のパフォーマンス（効果，実力，満足度など）を監視します。

知識確認問題　必要な知識を確認してみましょう！

問　次の条件でITサービスを提供している。SLAを満たすことができる，1か月のサービス時間帯中の停止時間は最大何時間か。ここで，1か月の営業日数は30日とし，サービス時間帯中は，保守などのサービス計画停止は行わないものとする。

(H30秋·FE 問57)

〔SLAの条件〕
・サービス時間帯は，営業日の午前8時から午後10時までとする。
・可用性を99.5%以上とする。

ア　0.3　　イ　2.1　　ウ　3.0　　エ　3.6

解説

SLA（サービスレベルアグリーメント）条件に含まれている**可用性の指標となるものは，全サービス時間に対するサービス提供時間の比率**であり，次の式で求めることができます。

$$可用性=\frac{サービス提供時間}{全サービス時間}=\frac{全サービス時間-サービス停止時間}{全サービス時間}$$

これにSLAの条件に記載のある1日の全サービス時間＝14時間（午前8時～午後10時），可用性＝0.995以上，1か月＝30日を適用すると，次のように計算できます。

$$0.995\leqq\frac{14時間\times30日-サービス停止時間}{14時間\times30日}$$

⇒0.995×420時間≦420時間－サービス停止時間
⇒サービス停止時間≦420時間×(1－0.995)＝420時間×0.005＝2.1時間

すなわち，サービス停止時間が最大でも2.1時間以内であればよいということになり，（イ）が正解です。

解答　イ

問　IT サービスマネジメントにおける問題管理プロセスにおいて実施することはどれか。

（H31 春-AP 問 54）

ア　インシデントの発生後に暫定的にサービスを復旧させ，業務を継続できるようにする。
イ　インシデントの発生後に未知の根本原因を特定し，恒久的な解決策を策定する。
ウ　インシデントの発生に備えて，復旧のための設計をする。
エ　インシデントの発生を記録し，関係する部署に状況を連絡する。

解説

問題管理プロセスは，システムダウンなどのインシデント発生後に**未知の根本原因を究明し，抜本的でかつ恒久的な対策を施して，インシデントの再発を未然に防止する**ことを目的とするプロセスです。したがって，（イ）が正解です。

ア：暫定的にサービスを復旧させ，業務を継続できるようにするのは，インシデント及びサービス要求管理プロセスで実施されます。

ウ：インシデントの発生に備えて，復旧のための設計をするのは，サービス継続及び可用性管理プロセスで実施されます。

エ：インシデントの発生を記録し，関係部署に状況を連絡するのはインシデント管理で実施されます。

解答　イ

演習問題　第4部　第1章　問4

インシデント及び問題の管理に関する次の記述を読んで，設問に答えよ。

(H21 秋-FE 午後問 6)

流通業のF社では，システム部が受注システムを運用している。このシステムは，F社とその関連会社が利用している。

ある日，朝から受注システムが使えないという状況が発生した。これを知った関連会社の社員がF社の担当窓口に問い合わせたところ，受注システムでアプリケーション障害が発生しており，それが関連会社に通報されていないことが分かった。

サービスの回復後にシステム部で通報ミスの原因を調べたところ，障害時の連絡先一覧表が古く，連絡先には関連会社が含まれていないことが分かった。システム部では，インシデント管理及び問題管理のプロセスが有効に機能しなかったことを反省し，リスク管理部の監査担当者の協力を得て，プロセス全体の見直しを実施した。

監査担当者は，見直しで発見された管理上の問題点とそれらに対する改善勧告を表1のようにまとめて，システム部長に報告した。

なお，F社ではインシデントの発生から問題の分析・解決までを，障害管理データベース（以下，DBという）で管理している。DBの項目は，次のとおりである。

① 障害管理番号（連番）　② 障害の発生日時
③ システム名　④ コンポーネント名
⑤ 障害の状況（文章で記述）　⑥ 解決の方法（文章で記述）
⑦ 解決担当者名　⑧ 解決日時

表1　見直しで発見された管理上の問題点とそれらに対する改善勧告

項番	管理上の問題点	改善勧告
1	障害発生時の関係部門への通報プロセスが有効に機能していない。	障害発生時の通報とフォローについて，体制とプロセスを見直すこと。
2	DB中に，インシデント対応は完了しているが，問題の解決が完了していないことを示す，解決日時が空欄のものが多数ある。	問題の解決を確認するプロセスを整備すること。
3	DBの現在の項目では不足がある。また，DBが十分に活用されていない。	DBの項目を見直し，不足項目を追加すること。また，DBの有効活用を図ること。
⋮	⋮	⋮

管理上の問題点は多数あったが，システム部では，重要と判断した項番1～3について早急に改善することにした。

設問　次の記述中の［　　　］に入れる正しい答えを，解答群の中から選べ。

(1) 通報とフォローのプロセスについては，表2の内容で改善することにした。

表2　通報とフォローのプロセスの改善内容

項番	改善勧告	改善内容（概要）
1	障害発生時の通報とフォローについて，体制とプロセスを見直すこと。	運用責任者が［ a ］を判断。 ・レベル3以上：役員と関連会社に通報し，社内Webに利用者向け状況を掲載。（発生時，発生後1時間ごと） ・レベル2：システム部長が通報先を判断して通報。（発生時，発生後適時） ・レベル1：システム部外への通報はしない。

DBに二つの項目を追加する。まず，障害時に最初に判断すべき項目として，項目［ a ］を設け，そのレベルを事前に定義しておく。障害発生時は，そのレベルに応じた通報を行う。また，項目［ b ］を設け，これまで重大障害時にホワイトボードなどに記録していた対応状況や回復状況の内容をDBに記録し，システム部員が状況を共有できるようにする。

(2) 解決日時が空欄の問題があることについては，表3の内容で改善することにした。

表3　解決日時が空欄の問題があることの改善内容

項番	改善勧告	改善内容（概要）
2	問題の解決を確認するプロセスを整備すること。	①　毎週の問題管理委員会でその週に解決予定の問題の解決状況を確認。 ②　長い間未解決のままの問題は毎月1回その処置を検討。

解決日時が空欄の問題を調査したところ，実際に未解決のものと解決日時の登録漏れとが混在していた。そこで，DBに項目［ c ］を設け，これを基準に問題の解決状況を問題管理委員会で毎週フォローする。問題管理委員会は実務担当者で構成し，決定事項をシステム部長に後日報告する。

なお，未解決の問題のうち，長期間残ってしまう［ d ］などは，月1回問題管理委員会で終了扱いとするかどうかを決定する。

また，解決日時の登録漏れの原因として，次のことが分かった。すなわち，解決方針が決まった問題は，問題管理を離れて，その解決のための作業を［ e ］のプロセスとして実施している。そのため，DB中の解決日時の更新を，つい忘れてしまう。そこで，問題の解決作業の場合は，該当する障害管理番号を［ e ］に引き継いで双方の管理が連動するよう，手続を変更する。

(3) DBの項目と使いやすさについては，表4の内容で改善することにした。

表4　DBの項目と使いやすさの改善内容

項番	改善勧告	改善内容（概要）
3	DBの項目を見直し，不足項目を追加すること。また，DBの有効活用を図ること。	① 今回は項番1，2の対応で設けた項目だけを追加。 ② システム管理者向けにDBの表示順序を変更。

不足項目について，今回は項番1，2の対応に必要な項目の追加にとどめる。

次に，現在のDBの内容の表示順序は，障害管理番号の降順で，重要な問題を見分けにくい。そこで，今回追加する項目を含めて表示の順序を見直し，システム管理者向けに，未解決の問題を重要なものから順に表示するため，［ f ］が空欄の問題を［ a ］の降順に並べて表示する機能を追加する。

a〜c，fに関する解答群

ア　解決日時　　　イ　解決方法の詳細（記述形式）
ウ　解決予定日時　　　エ　障害対応の経緯（追記形式）
オ　障害の影響度　　　カ　障害の発生日時

dに関する解答群

ア　原因が特定できず，その後再発しない問題
イ　システム部にスキルのある担当者がいないので，解決できない問題
ウ　放置しておいても，業務に大きな支障がない問題
エ　予算不足で，システム変更作業ができない問題

eに関する解答群

ア　キャパシティ管理　　　イ　構成管理
ウ　サービスレベル管理　　　エ　変更管理

(3)　容量・能力管理

容量・能力管理（キャパシティ管理）は，合意されたサービスレベルを維持するために，ITシステムのリソースを管理し，適正なコストで最適な容量・能力を提供することを目的としています。ここでは，容量・能力管理として出題されやすいポイントに絞って，プロセッサの性能及びトランザクション処理量に関して学習しましょう。

①　プロセッサの性能

CPUは制御装置，演算装置，レジスタで構成され，主記憶装置から取り込んだ命令を解読し命令の実行を行います。この命令の実行に必要な動作の同期をとるために，CPUは一定間隔でクロック信号を発生させ，このクロック信号にタイミングを合わせて動作を開始します。一般に，このクロック信号が速くなるほどCPUの動作は速くなります。クロック信号が1秒間に何回発生するかを示す値をクロック周波数といいます。

コンピュータの性能を表すものにCPU実行時間があります。CPU実行時間とは処理のためにCPUが実際に費やした時間で，その計算式は次のように表されます。

CPU実行時間＝実行命令数×CPI×クロックサイクル時間

CPI（Cycles Per Instruction）は，1命令を実行するのに必要な平均クロックサイクル数（クロック信号の数）です。また，クロックサイクル時間は，クロック発生から次のクロック発生までの時間のことで，クロック周波数の逆数になります。

②　性能評価指標

コンピュータシステムの性能を比較，評価するための目安となる指標として，次のものがあります。

・MIPS（Million Instructions Per Second）
　CPUが1秒間に何百万回の命令を実行できるかを表したもの。
　　$1\text{MIPS}=1\times10^6$　命令/秒

・GIPS（Giga Instructions Per Second）
　CPUが1秒間に何十億回の命令を実行できるかを表したもの。
　　$1\text{GIPS}=1\times10^9$　命令/秒

・MFLOPS（Million Floating Point Operations Per Second）
　CPUが1秒間に何百万回の浮動小数点演算命令を実行できるかを表したもの。
　　$1\text{MFLOPS}=1\times10^6$　浮動小数点演算命令/秒

③　トランザクション処理量

トランザクションとは，意味のある一つのまとまった処理のことで，トランザクション処理量とは，単位時間当たりに処理できるトランザクションの数をいいます。

トランザクション処理量を求めるには，1 件のトランザクションの処理に必要な時間を求め，**「単位時間」を「1 件のトランザクションの処理に必要な時間」で割る**ことで，その時間で処理できるトランザクション数を求めることができます。

トランザクションの処理時間とトランザクション処理量を求める問題を続けて解いてみましょう。

知識確認問題　必要な知識を確認してみましょう！

問　IT サービスマネジメントのキャパシティ管理プロセスにおける，オンラインシステムの容量・能力の利用の監視についての注意事項のうち，適切なものはどれか。

（H28 春-FE 問 57）

ア　応答時間や CPU 使用率などの複数の測定項目を定常的に監視する。
イ　オンライン時間帯に性能を測定することはサービスレベルの低下につながるので，測定はオフライン時間帯に行う。
ウ　キャパシティ及びパフォーマンスに関するインシデントを記録する。
エ　性能データのうちの一定期間内の最大値だけに着目し，管理の限界を逸脱しているかどうかを確認する。

解説

IT サービスマネジメントとは，システム運用管理部門の業務を利用者の立場から“IT サービス”としてとらえ，体系化することで効率化を図り，適切なコストでサービスの品質を高める運用管理方法です。運用管理方法としては，**日常的なサービスをサポートする IT サービスサポート**と，**中長期的な運用計画を管理する IT サービスデリバリ**の二つから構成されています。つまり，日々の運用管理だけでなく，中長期的な IT サービスの PDCA として回していかなければなりません。

このうち，IT サービスデリバリは五つのプロセス（サービスレベル管理，キャパシティ管理，可用性管理，IT サービス継続性管理，IT サービス財務管理）で構成されており，さらにキャパシティ管理は，その管理対象として事業，サービス，コンポーネントの三つのサブプロセスが定義されています。

キャパシティ管理（容量・能力管理）は，ユーザが必要としているサービスレ

ベルに対して，組織及びシステムが現在及び将来において備えていることが求められる各種リソース（システムのパフォーマンス，サポート体制，ハードウェアの能力など）を管理するプロセスです。そのため，応答時間や CPU 使用率などの複数の測定項目を定常的に監視することは，キャパシティ管理におけるコンポーネントキャパシティ管理として適切な管理内容です。したがって，（ア）が正解です。

イ：キャパシティ管理においては，実務における稼働中の状態を的確に把握・管理することが求められるため，オンライン時間帯にも測定します。

ウ：インシデントの記録は，インシデント管理における対応です。

エ：キャパシティ管理において，管理の限界を逸脱しているかどうかの確認は不可欠ですが，一定期間内の最大値データだけに着目するのではなく，稼働中の平均値や最低値など関連するデータを必要ある範囲で収集し，総合的に判断することが求められます。

解答　ア

演習問題　第4部　第1章　問5

インターネット予約システムのキャパシティ管理に関する次の記述を読んで，設問1〜3に答えよ。

(811427)

Y社は首都圏を中心に貸し会議室の運営を行っている。Y社の会議室は一般の人が誰でも予約することができる。電話や各会議室の窓口で予約ができるとともに，インターネット経由で予約することも可能になっている。インターネットでの会議室予約を行うためには，インターネット上で利用者登録を行い，発行された会員IDでログインする必要がある。

Y社はこれまでZ社が開発したシステムを利用してきたが，現在のシステムではサービスが不十分なところもあり，システムを新しく作り直したいと考えていた。Y社は新しいシステムを開発してサービスを向上させることで，利用者を増やしていくこともねらっている。そのため，新システム開発計画と合わせて，会議室の利用者増大計画も検討している。

このシステムを開発するために，Y社は幾つかのベンダに提案を求め，ソフトウェア開発及び運用を業務としているX社がY社の会議室のインターネット予約システムの開発・運用業務を受託した。

〔キャパシティ計画〕

X社ではY社のインターネット予約システムを開発するに当たり，まず必要な性能に関するキャパシティ計画を実行することにした。X社はこれまでのシステムの利用実態から必要なキャパシティを予測したいと考え，利用実態に関するデータをY社に提示するよう求めた。Y社は過去6年間のインターネット予約サイトを訪れた利用者数を示す1日当たりの平均訪問者数と，インターネット予約サイトの中で表示されたページの数を示す1日当たりの平均ページビュー数のデータを表のようにまとめ，年度ごとの推移を示す図1のグラフと合わせてX社に提出した。

表　現行システムの利用実態データ

年度	1日当たりの平均訪問者数 (単位：人)	1日当たりの平均ページビュー数 (単位：ページビュー)
2007年	500	4,000
2008年	600	5,200
2009年	700	6,800
2010年	850	8,000
2011年	950	9,000
2012年	1,000	10,000

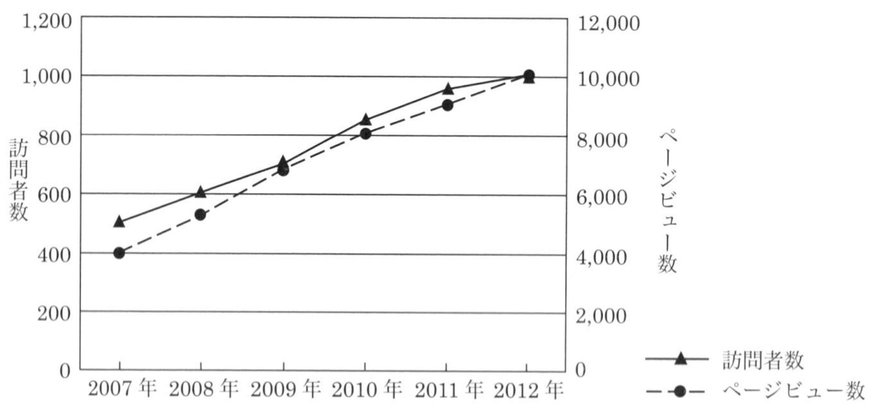

図1　現行システムの訪問者数とページビュー数の推移

X社は表のデータを基にしてシステムの利用状況に関する現状を把握し，システムに必要とされる処理能力を予測することにした。処理能力を予測するに当たって，X社は表のデータでは不十分だと考え，追加情報をY社に要求した。

また，新システムの利用年数は最低でも6年を想定し，6年間の利用に耐えられるシステムのキャパシティを確保することが求められた。そのため，キャパシティの目標値を設定し，6年間の利用に耐えられるシステムとすることにした。

〔キャパシティ管理機能の設計〕

新システムの開発に合わせて，キャパシティ管理が適切にできるように，キャパシティ管理機能も新システムに取り込むことにした。システム管理者は，管理画面を開くことで，新システムにおけるキャパシティの現状を把握できるようになる。

ただし，Y 社はシステムの管理にそれほど人員を割けないため，管理者が頻繁にキャパシティ管理画面を開くことは困難と考えていた。そこで，キャパシティ不足でシステムがダウンしないように，事前に［ e ］を設定して，この値を超えたときには警告メッセージを管理者の携帯電話にメールで送信することにした。

キャパシティの不足が生じたからといって，急にシステムのキャパシティを増強することは困難であるとY社は判断し，一時的なキャパシティの不足が発生したら，新規ログインできるユーザ数を制限するログインユーザの抑制を行うことで，システムの利用を抑えることにした。そこで，新システムの設計には，システム管理者の操作によって，ログインユーザの抑制ができる機能も盛り込むことにした。

なお，新インターネット予約システムの構成は図2のとおりである。

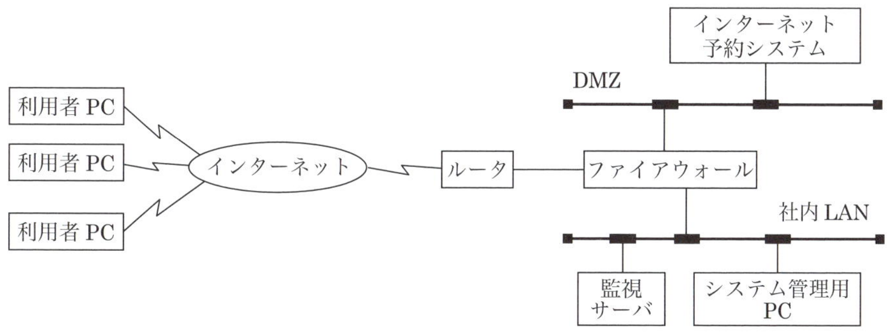

図2　新インターネット予約システムの構成

設問1　〔キャパシティ計画〕について，(1)〜(3)に答えよ。

(1)　本文中の下線について，表のデータでは不十分なためX社がY社に要求した追加情報を，解答群の中から選べ。

a に関する解答群

ア　インターネット以外の手段で予約している人のデータ

イ　他社の貸し会議室を利用している人のデータ

ウ　年間の平均訪問者数と平均ページビュー数のデータ

エ　利用のピーク時における平均訪問者数と平均ページビュー数のデータ

(2) 次の記述中の [　　] に入れる正しい答えを，解答群の中から選べ。

平均訪問者数と平均ページビュー数が2007年度から2012年度までの伸び率で今後も推移すると予測した場合，2017年度の平均訪問者数は [b]，平均ページビュー数は [c] と予測できる。ここでいう伸び率は，2007年度と2012年度を比較した増加率を示している。

bに関する解答群

ア　1,313人　　イ　1,500人　　ウ　1,900人
エ　2,000人　　オ　2,488人　　カ　7,594人

cに関する解答群

ア　14,000ページビュー　　イ　22,500ページビュー
ウ　25,000ページビュー　　エ　40,000ページビュー
オ　37,130ページビュー　　カ　53,782ページビュー

(3) Y社は最低6年間の利用を想定しているため，6年間の利用に耐えられるキャパシティ目標値を設定しようとしている。この場合のキャパシティ目標値の設定方法として適切な記述を，解答群の中から選べ。

dに関する解答群

ア　GDP（国内総生産）などの経済指標に基づいて目標値を設定する。
イ　最近5年間の利用状況の推移の傾向から目標値を設定する。
ウ　ハードウェアの性能向上の予測に基づいて目標値を設定する。
エ　利用状況の推移とY社の利用者数増大計画を反映して目標値を設定する。

設問2　〔キャパシティ管理機能の設計〕の [e] に入れる最も適切な答えを，解答群の中から選べ。

eに関する解答群

ア　期待値　　イ　しきい値　　ウ　絶対値
エ　デフォルト値　　オ　平均値　　カ　偏差値

設問３　新システムが稼働して，Y 社では新システムのキャパシティ管理をシステム管理者が実施するようになった。数年が経過したある日，システム管理者の携帯電話にインターネット予約システムのキャパシティ不足を警告するメッセージを受信した。そこで，システム管理者である K 氏が対策を実施することにした。

このキャパシティ不足に対する対処に関する次の記述中の［　　］に入れる正しい答えを，解答群の中から選べ。

K 氏は携帯電話でキャパシティ不足を警告するメッセージを受信したとき，キャパシティ不足によってシステムダウンが発生するなどの大規模な障害とならないよう，影響を極小化することを考えた。そこで，まず一時的な対応として［　f　］ことを実施した。

一時的な対応を実施した後，K 氏はシステムの状況を詳細に把握し，今後，同様のキャパシティ不足が生じる可能性がないかを評価することにした。評価した結果，再発が懸念されるのであれば，不足しているシステム資源の増強を行う予定でいる。K 氏が調査した結果，利用者の増加によってスワップアウトが多発し，ディスクの入出力が異常に増加したために，処理待ちが増加した状況になっていたことが判明した。

この状況を改善するために，K 氏は［　g　］を増強することが必要だと判断した。

f に関する解答群

ア　一時的にサーバを停止させて，メモリを増強し，再起動する
イ　サーバをネットワークから切り離し，隔離する
ウ　利用されていないサーバを社内で探し，サーバの台数を増やす
エ　ログインユーザを抑制し，利用者数を制限する

g に関する解答群

ア　CPU　　イ　ディスク　　ウ　ネットワーク
エ　メモリ　　オ　ルータ

(4) サービス可用性管理，サービス継続管理

サービス継続管理の目的は，自然災害などの非日常的な要因でシステムが停止した場合の対策を立てて，ビジネスへの影響を許容範囲内に収めていくことです。また，合意された期間内に確実に IT サービスを復旧させていくためのプロセスともいえます。企業における BCP（Business Continuity Plan；事業継続性計画）や BCM（Business Continuity Management；事業継続性管理）と密接なかかわりがあり，災害が発生することを前提とした準備プロセスともいえます。

サービス可用性管理が日常的に発生する障害など，発生頻度が高い事象を管理しますが，サービス継続管理は，発生頻度が低く，影響度の高い事象に対応することが求められます。

① RASIS の評価尺度

RASIS は，信頼性に関する尺度の頭文字を取ったもので，次の五つの信頼性尺度を示しています。

R（Reliability）……………………… 信頼性
A（Availability）…………………… 可用性
S（Serviceability）………………… 保守（容易）性
I（Integrity）………………………… 保全性，完全性
S（Security）………………………… 安全性

これらのうち，定量的な指標で表せる RAS について詳しく学習しましょう。

・R（Reliability）：MTBF（Mean Time Between Failures；平均故障間隔）

信頼性の指標です。平均故障間隔とは，システムが故障なく稼働している時間（故障と故障の間の時間）の平均をいいます。一定期間のうち，稼働していた合計時間を故障回数で割った値です。

・S（Serviceability）：MTTR（Mean Time To Repair；平均修理時間）

保守性の指標です。平均修理時間とは，システムの修理中又は故障時間の平均をいいます。一定期間のうち，修理に要した合計時間を故障回数で割った値です。

・A（Availability）：稼働率＝MTBF／(MTBF＋MTTR)

可用性の指標です。

② 稼働率の計算

稼働率とは，システムの全運用時間に対する稼働時間の比率をいいます。

平均稼働時間を全運用時間（稼働時間＋修理時間）で割った値です。

例えば，次のような稼働履歴をもつシステムの稼働率計算は次のようになります。

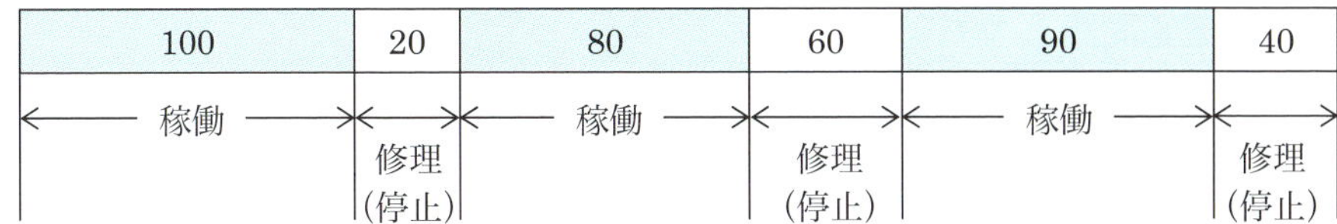

$$\text{MTBF}=\frac{100+80+90}{3}=90\text{時間}$$

$$\text{MTTR}=\frac{20+60+40}{3}=40\text{時間}$$

$$\text{稼働率}=\frac{90}{90+40}=\frac{90}{130}\fallingdotseq 0.69$$

③　システムの稼働率

複数システムからなるシステムの稼働率は，そのシステムが直列システムか並列システムかで計算方法が異なります。構成要素であるシステム 1，システム 2 の稼働率を A1，A2 とするとき，システム全体の稼働率 A は，次のようになります。

・直列システム

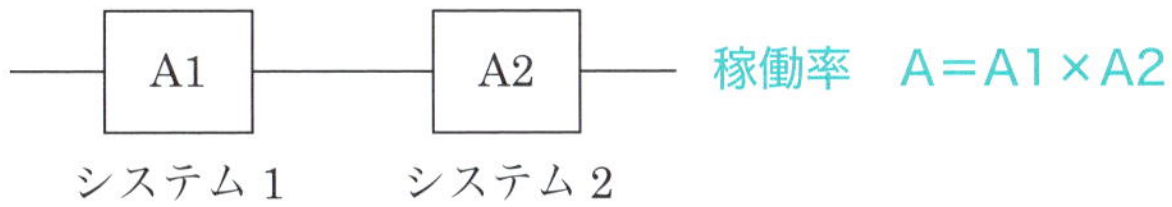

・並列システム

知識確認問題　必要な知識を確認してみましょう！

問　ITILでは，可用性管理における重要業績評価指標（KPI）の例として，保守性を表す指標値の短縮を挙げている。この指標に該当するものはどれか。

（H28秋-FE 問57）

ア　一定期間内での中断の数
イ　平均故障間隔
ウ　平均サービス・インシデント間隔
エ　平均サービス回復時間

解説

ITIL®（Information Technology Infrastructure Library）における**可用性管理とは，事業と顧客に利益を提供できるように，費用対効果の高い方法でIT環境の信頼性や稼働率を維持すること**です。可用性とは，利用者が必要なときに必要な情報を確実に利用できるソフトウェアやサービスの特性であり，可用性管理では，利用者がサービスを利用したいときに利用可能な状態であるように保証することです。よって，サービスを利用できない時間が短ければ短いほど，その活動は業績として評価されます。そのためには，保守によってサービスが停止している時間を短縮すればよいことになります。**サービスが停止してから利用者が利用できるようになるまでの平均時間**を，ITIL® では，**平均サービス回復時間**と呼びます。したがって，（エ）が正解です。

ア：サービスの中断回数が下がったとしても，1回当たりの中断時間が長ければ保守性が低いと言えます。

イ：平均故障間隔はハードウェア又はシステムが次に故障するまでの時間です。平均修理時間が一定の場合，平均故障時間が長ければ長い程，システムの可用性は高くなりますが，これは保守性とは関係しません。

ウ：平均サービス・インシデント間隔はサービスに関する障害が次に発生するまでの時間，つまりサービスが利用可能な時間です。（イ）同様，保守性とは関係しません。

解答　エ

問　図のように，1台のサーバ，3台のクライアント及び2台のプリンタがLANで接続されている。このシステムはクライアントからの指示に基づいて，サーバにあるデータをプリンタに出力する。各装置の稼働率が表のとおりであるとき，このシステムの稼働率を表す計算式はどれか。ここで，クライアントは3台のうち1台でも稼働していればよく，プリンタは2台のうちどちらかが稼働していればよい。

(H28春-FE 問14)

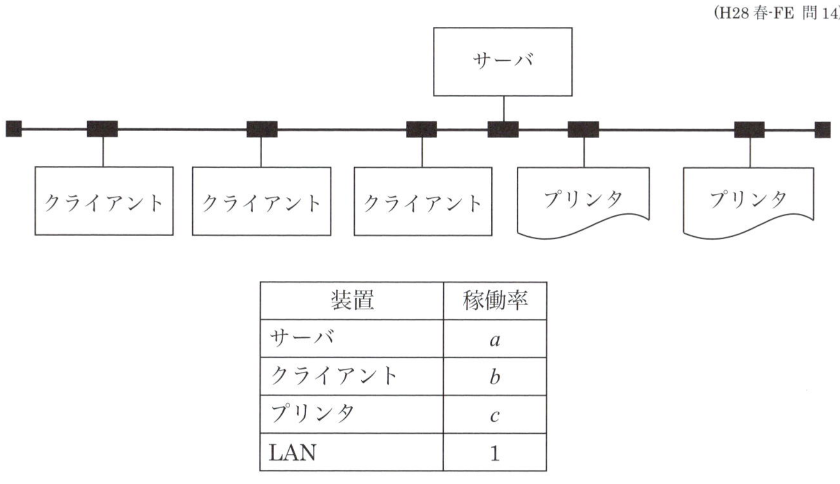

装置	稼働率
サーバ	a
クライアント	b
プリンタ	c
LAN	1

ア　ab^3c^2　　　　イ　$a(1-b^3)(1-c^2)$

ウ　$a(1-b)^3(1-c)^2$　　　　エ　$a(1-(1-b)^3)(1-(1-c)^2)$

解説

このシステムの構成は，次の図のような並列と直列を組み合わせた構成と考えると分かりやすくなります。3台のクライアント部分は並列，2台のプリンタ部分も並列，これらとサーバが直列に接続されています。

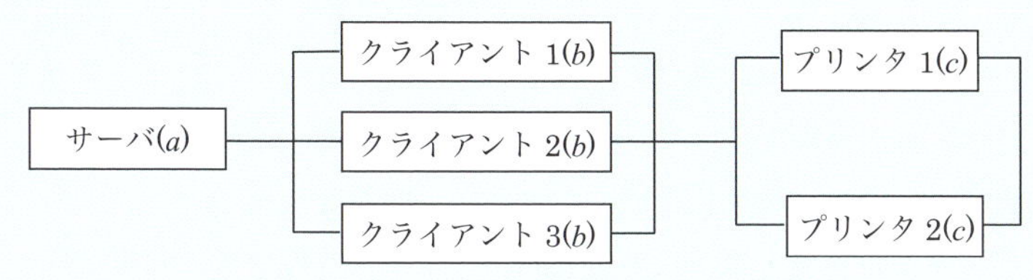

クライアント部分は，**3 台全てが稼働していないときだけ，システム全体としても稼働しません**。1 台が稼働していない確率は，$1-b$ であるから，**3 台全てが稼働していない確率は$(1-b)^3$** となります。それ以外のときは稼働しているとみなしますので，**稼働率は $1-(1-b)^3$** で表されます。

プリンタ部分は，**2 台とも稼働していないときだけ，システム全体も稼働していません**。その確率は$(1-c)^2$ となります。それ以外のときは稼働しているとみなすのですから，**稼働率は $1-(1-c)^2$** で表されます。

したがって，システム全体の稼働率は，（エ）の $a(1-(1-b)^3)(1-(1-c)^2)$となります。

解答　エ

(5)　サービスの運用

システムライフサイクルの中では開発期間よりもシステムが稼働している期間の方が長く，この期間のコストがシステムにかかる総コストの 6〜7 割に達しています。IT サービスを安定して運用するための一連のプロセスであるサービスの運用でのポイントとなる事項をまとめると次のようになります。

①　システムの運用サービス基準

・SLA（Service Level Agreement；サービスレベル合意書）：運用サービス水準を提供者とユーザの間で取り決める。

・サービスデスク：サービスデスク（ヘルプデスク）は，サービス利用者からの問合せ，トラブル，サービス要求などに対応する単一窓口を提供します。問題を早く解決するために記録，解決プロセスの管理，進捗状況の把握を行い，利用者に報告します。

②　資源管理……システムの資源を把握する

・ハードウェア資源管理：ハードウェア構成，性能（レスポンス，処理能力）を把握

・ソフトウェア資源管理：バージョンや格納場所の管理，不正コピー防止　など

・データ資源管理：データの完全性確保や機密保護，データのバックアップ　など

・ネットワーク資源管理：ネットワーク構成機器の管理，通信回線の管理

③　障害管理……障害が発生した場合にすばやく回復する

・処理手順：障害の発見・報告→障害記録作成→障害分析→障害回復処理→システム復旧処理

・ 障害回復処理：ハードウェア（バックアップ機器へ切替え），ソフトウェア（再起

動，バグ修正等），データ（問題データの修正，ロールバック，ロールフォワード），ネットワーク（う回路の利用）

④　セキュリティ管理……システムの不正な使用や情報の漏えいを防ぐ
- ・ユーザ管理：必要なユーザにだけIDとパスワードを発行，パスワード管理の徹底
- ・アクセス管理：必要なサービス・必要なデータにだけアクセスできるよう制限

⑤　コスト管理……課金を行う（平成29年度秋期試験 出題テーマ）
- ・初期コスト：システムのハードウェアとソフトウェアの購入費，開発費 など
- ・ランニングコスト：レンタルやリース費用，通信回線料金，光熱費，プリンタのトナーや用紙などの消耗品 など
- ・TCO（Total Cost of Ownership）：導入から運用，教育なども含め，システムにかかる総経費

(6)　ファシリティマネジメント

システムを最善の状態で継続して利用するためには，コンピュータやネットワークなどのシステム環境や建物などの施設，電源や空調などの設備を管理し，保全する（要求機能を維持する）システム環境整備が，重要な活動になります。ファシリティマネジメントは，企業がシステム環境を最良の状態に保つための活動の一つで，建物や設備などの資源を管理することです。

- ・UPS（Uninterruptible Power Supply）：商用電源の短時間の停電対策に適している無停電電源装置です。バッテリを内蔵しており，停電，瞬断と同時に電源を供給します。
- ・SPD（Surge Protective Device）：雷などによって生じる過電圧の被害から機器を防御します。JISでサージ保護デバイス（SPD）という呼称に統一されています。

知識確認問題　必要な知識を確認してみましょう！

問　サービスデスク組織の構造とその特徴のうち，ローカルサービスデスクのものはどれか。

(H30 春-FE 問 56)

ア　サービスデスクを 1 拠点又は少数の場所に集中することによって，サービス要員を効率的に配置したり，大量のコールに対応したりすることができる。

イ　サービスデスクを利用者の近くに配置することによって，言語や文化が異なる利用者への対応，専門要員による VIP 対応などができる。

ウ　サービス要員が複数の地域や部門に分散していても，通信技術の利用によって単一のサービスデスクであるかのようにサービスが提供できる。

エ　分散拠点のサービス要員を含めた全員を中央で統括して管理することによって，統制のとれたサービスが提供できる。

解説

サービスデスクとは，サービスの利用者に対する単一の窓口として提供者側に設置される機能組織です。この組織の構造としては，ローカルサービスデスク，中央サービスデスク，バーチャルサービスデスクなどの種類があります。

このうち**ローカルサービスデスクは，その対象となるユーザと同じ場所又は物理的に近い場所に設置されているサービスデスク**のことです。ローカルサービスデスクでは利用者の地域の特殊性に即したきめの細かい対応が可能となり，利用者側にとって特に重要な問題点に対しては，専門的な要員を配置して有効なサービス継続をすることができます。したがって，（イ）が正解です。

ア：中央サービスデスクの特徴です。

ウ：バーチャルサービスデスクの特徴です。

エ：拠点が少なければ中央サービスデスクの一つの形態であり，拠点が多ければローカルサービスデスクを統一的に管理する体制をとることができます。この説明はローカルサービスデスクの特徴とはいえません。

解答　イ

問　落雷によって発生する過電圧の被害から情報システムを守るための手段として，有効なものはどれか。

(H28 春-FE 問 58)

ア　サージ保護デバイス（SPD）を介して通信ケーブルとコンピュータを接続する。
イ　自家発電装置を設置する。
ウ　通信線を，経路が異なる２系統とする。
エ　電源設備の制御回路をディジタル化する。

解説

サージ保護（防護）デバイス（Surge Protective Device）は，過電圧及び過電流を抑制する装置です。これによって，落雷によって発生する過電圧の被害から情報システムを守ることができます。通信ケーブルにも落雷による過電圧がかかる可能性があるため，コンピュータの通信デバイスの保護のためサージ保護デバイスを利用する利点があります。したがって，（ア）が正解です。

イ：自家発電装置は停電対策として電気を供給する装置であり，過電圧対策にはなりません。
ウ：通信線を経路が異なる２系統とすることによって，情報システムのネットワーク障害対策とはなるが，過電圧対策にはなりません。
エ：電源設備の制御回路をディジタル化しても，過電圧からの防御とはなり得ません。

解答　ア

演習問題　第4部　第1章　問6

サービスデスクにおける問合せ対応に関する次の記述を読んで，設問 1～3 に答えよ。

（H26 秋-FE 午後問 6）

S 社では，販売情報システムを更新する（以下，システム更新という）とともに，自社のサービスデスクを利用して販売情報システムに関する社員からの問合せに対応する。サービスデスクは，社員からの問合せの内容を表 1 に示す区分に従って分類し，ログインと操作に関する問合せについては自ら回答する。ログインと操作以外の問合せについては，受付日時などの記録を行い，担当部門に引き継ぐ。引継ぎを受けた担当部門は問い合わせた社員に回答するとともに，回答の内容や回答を完了した日時をサービスデスクに報告する。

問合せの受付日時，回答完了日時，回答内容などについては，サービスデスクが問合せ台帳で管理する。

表 1　問合せの区分及び担当部門

問合せの内容	区分	担当部門
ログイン ID とパスワードに関する問合せ	ログイン	サービスデスク
メニュー，ボタンなどの操作方法に関する問合せ	操作	サービスデスク
販売情報システムの起動に関する問合せ	接続	システム課
販売目標データに関する問合せ	目標管理	企画課
販売実績データに関する問合せ	販売実績	営業課
上記以外の問合せ	その他	営業課

サービスデスクでは，過去の類似の事例を参考にして，システム更新後 1 週間の問合せ総数を 300，そのうちサービスデスクが回答する問合せ（以下，サービスデスク問合せという）数を 90 と見積もり，問合せ対応のために臨時に要員を 1 名増員することにした。過去の類似の事例から，問合せ総数は時間の経過とともになだらかに減少することが分かっているので，1 週間の問合せ総数が 150 以下かつ 1 週間のサービスデスク問合せ数が 30 以下になった場合（以下，問合せ数条件という）は，その翌週から要員を 1 名減らして，元の要員数に戻すことにした。ただし，システム更新後第 5 週に新機能の追加導入（以下，システム追加導入という）を予定しており，それに伴って第 5 週の問合せ数が増えると想定されるので，第 4 週になって初めて問合せ数条件を満たしたとしても第 5 週は第 4 週と同じ要員数とし，第 5 週

以降に問合せ数条件を満たした段階でその翌週に元の要員数に戻すことにした。

また，サービスデスクでは，サービスデスク問合せについては問合せの受付から30分以内で回答を完了することを目標（以下，サービスデスク目標という）とした。

設問1　表2は，システム更新後のある日の午前中にあった販売情報システムに関する問合せを対象に，問合せ台帳から抽出したものである。表2のサービスデスク目標の達成率（サービスデスク目標を達成したサービスデスク問合せ数÷サービスデスク問合せ数）を，解答群の中から選べ。ここで，達成率は小数第3位を四捨五入し，パーセントで表している。

表2　販売情報システムに関する問合せ

受付番号	受付日時	回答完了日時	区分	問合せ内容	担当部門	…
11842	2014/10/4 8:35	2014/10/4 8:38		パスワードを変更するにはどうすればよいか		…
11844	2014/10/4 8:44	2014/10/4 8:53		販売情報システムが起動できない		…
11860	2014/10/4 10:24	2014/10/4 10:50	操作	メニュー画面への戻り方が分からない		…
11863	2014/10/4 11:02	2014/10/4 11:41	目標管理	販売目標データが最新になっていない		…
11865	2014/10/4 11:34	2014/10/4 12:25	ログイン	ログインIDを他の社員と共有して使ってよいか		…
11866	2014/10/4 11:55	2014/10/4 12:07		販売情報システムにログインしようとしたが，パスワードを忘れた	サービスデスク	…

注記　網掛けの部分は表示していない。

解答群

ア　25　　イ　33　　ウ　50　　エ　67　　オ　75　　カ　100

設問２　表３に示すシステム更新後の問合せ数に関する次の記述中の［　　　］に入れる正しい答えを，解答群の中から選べ。ここで，ログインと操作の行にある下段の括弧内の数字は，ログインと操作の当該週における問合せ数のうち，サービスデスク目標を達成した数である。

表３　販売情報システムに関する問合せ数

区分	第１週	第２週	第３週	第４週
ログイン	40 (28)	20 (15)	5 (4)	3 (3)
操作	25 (20)	22 (17)	18 (16)	20 (17)
接続	12	8	2	12
目標管理	90	45	55	48
販売実績	82	38	10	4
その他	15	11	9	8
合計	264	144	99	95

システム更新の当初は問合せ数が多かったものの，第４週の問合せ数が第１週と比べて半数以下となった区分は，［　a　］である。

担当部門別に見ると，第４週の問合せ数が最も多いのは［　b　］である。

販売情報システムに関する問合せのためのサービスデスクの要員は，［　c　］。

また，週別，区分別に計算したサービスデスク目標の達成率は，［　d　］。

aに関する解答群

ア　操作と販売実績　　　　イ　操作と目標管理
ウ　目標管理と販売実績　　エ　ログインと操作
オ　ログインと販売実績　　カ　ログインと目標管理

bに関する解答群

ア　営業課　　　　　　　イ　企画課
ウ　サービスデスク　　　エ　システム課

c に関する解答群
ア　第３週から元の要員数に戻している
イ　第４週から元の要員数に戻している
ウ　第５週から元の要員数に戻す
エ　第５週も１名増員したままである

d に関する解答群
ア　ログイン，操作とも毎週上がっている
イ　ログイン，操作とも週によって上がり下がりがある
ウ　ログインは週によって上がり下がりがあるものの，操作は毎週上がっている
エ　ログインは毎週上がっているものの，操作は週によって上がり下がりがある

設問３　次の記述中の ［　　　］ に入れる正しい答えを，解答群の中から選べ。

サービスデスクでは，回答を完了するまでに掛かる時間（以下，回答完了時間という）を短縮するために，サービスデスク問合せ以外の問合せで過去に同種の問合せがあった場合は，担当部門に連絡するのではなく，問合せ台帳を基にサービスデスクで回答すること（以下，サービスデスク改善という）を検討している。表４は，第４週の問合せ数と，そのうちで過去に同種の問合せがあった数を示している。

表４　第４週の問合せ数と，そのうちで過去に同種の問合せがあった数

区分	第４週の問合せ数	過去に同種の問合せがあった数
ログイン	3	1
操作	20	12
接続	12	5
目標管理	48	16
販売実績	4	4
その他	8	2
合計	95	40

サービスデスクでは，システム追加導入後の第 5 週の問合せの状況を次のように仮定した。

(1) 第 5 週の操作，目標管理及び販売実績に区分される問合せ数は第 4 週の25%増である。
(2) 第 5 週のログイン，接続及びその他に区分される問合せ数は第 4 週と同数である。
(3) 過去に同種の問合せがあった数の割合は第 5 週と第 4 週で同じである。
(4) サービスデスク改善によって，サービスデスクで回答することになる問合せについて，1 件当たりの回答完了時間を平均 10 分短縮できる。

このとき，第 5 週の想定される問合せ総数は [e] であり，第 5 週の回答完了時間はサービスデスク改善によって [f] 分短縮できる。

サービスデスクでは，よくある問合せとその解決策を FAQ として整備し，社員に対して利用を推奨することにした。第 5 週に想定される過去と同種の問合せの 50%が FAQ の対象として整備されたものに該当し，さらに FAQ として整備されたものは問合せ数が 50%に減らせると仮定すると，FAQ の利用によって第 5 週の問合せ総数のうち，減らせる数は [g] であると想定できる。

e に関する解答群

ア　95　　イ　108　　ウ　111　　エ　113　　オ　116　　カ　119

f に関する解答群

ア　320　　イ　330　　ウ　400　　エ　470　　オ　480　　カ　500

g に関する解答群

ア　8　　イ　12　　ウ　16　　エ　24　　オ　32　　カ　48

Part 4　第2章　Chapter 2

ストラテジ系

出題のポイント

令和2年度から午後の試験の問5はマネジメント系，ストラテジ系のどちらかの分野から1問が出題されることになりました。CBT方式の試験となったため，問題は非公開です。

ストラテジ系の問題が，どのようなサイクルで出題されるか分かりません。出題範囲に含まれる内容は非常に多岐にわたるので，すべての範囲について十分な対策をするのは難しいですが，ポイントとなる内容についての基礎知識は理解しておきましょう。IPAから発表された出題内容としては，次の項目が挙げられています。

① システム戦略
　情報システム戦略（全体システム化計画，業務モデルほか），業務プロセスの改善（BPRほか），ソリューションビジネスなど

② 経営戦略・企業と法務
　経営戦略手法（アウトソーシング，競争優位，SWOT分析ほか），マーケティング（マーケティング理論，マーケティング手法ほか），企業活動，会計・財務，法務，標準化関連 など

システム戦略で出題される内容は，コンサルタントや専門家が行うような難しい分析や検討などではなく，経営戦略に沿ったシステム戦略の検討やシステムの効果，業務改善，システム企画としての要件定義などが主な内容になります。

また，経営戦略・企業と法務では具体的な手法による企業の分析やマーケティング戦略を立てるために必要なデータ分析，線形計画法やゲーム理論などの内容のほか，損益分岐点分析や原価管理などの会計知識が主な内容になります。

ストラテジ系分野の午後問題は他に比べると，テーマに関する知識がなくても解答できる問題が多く，午前レベルの知識を土台にして正解を導き出すことができ，解答時間を短縮することもできます。ストラテジ系分野として出題される基本的な用語の意味・内容や計算方法などしっかり理解しておいてください。

2.1　システム戦略

対策のポイント

(1)　情報システム戦略

企業はそれぞれ独自の経営理念と経営目標をもっています。この経営目標と経営理念を基本として，実際にそれらを実現させ，長期間にわたって存続・発展させるための経営上の決定が経営戦略です。企業はこの経営戦略を基にシステム戦略を立て，システムへの要求をまとめます。続いて，システム企画段階でこの要求の中から，実際にシステムの機能として実現すべきもの・実現可能なものを検討して，システム要件として定義します。

「システム戦略」分野の午後問題としては，情報システムの効果見積り，子会社の業績評価など，どちらかといえば計算問題が多く，もう一つの分野の「経営戦略・企業と法務」と複合したテーマになっています。計算方法が問題文で示される場合もありますが，売上や利益など計算方法は午前試験レベルの知識で知っていることが前提になっていることもあります。やはり，関連する分野の知識はできるだけ理解しておくようにしましょう。

(2)　業務プロセス

企業が行っている業務は，幾つか紹介されている成功事例どおりにはできません。その企業の経営環境や状況，又はその時点での経済環境，顧客や利用者ニーズの変化などで，刻一刻と変わっていますので，常に問題点を探り，問題が見つかれば業務改善していくサイクル（PDCA や PDS）が大切です。

業務プロセスの改善は新しいシステム戦略の中で実施されることも多く，企業にとって非常に重要な位置付けになります。企業では，様々な業務プロセスがありますが，基本情報技術者試験で問われることは，業務プロセスのモデリング手法やソリューションサービスを使用した業務改善策です。問題点の明確化，調査の留意点，改善のステップ，モデリング手法などについて基本的な知識と流れを理解するとともに，業務・システムの最適化を図る考え方も理解しておきましょう。

ストラテジ系の午後問題は，財務会計などの決まった計算を除いて，定石があるわけではありません。問題文で与えられた記述や数値を分析して，設問に解答していくことになります。

ここでは業務プロセスの改善に関する問題を幾つか解いて，この分野の準備としましょう。

知識確認問題　必要な知識を確認してみましょう！

問　情報システム戦略の策定内容を評価する際の着眼点はどれか。

(H23 秋-FE 問 67 改)

ア　教育及び訓練に必要な資源を明確にしていること
イ　経営戦略への貢献を明確にしていること
ウ　システム保守手順に基づきプログラムの変更を行っていること
エ　人的資源の外部からの調達方針を明確にしていること

解説

情報システム戦略の策定内容を評価するに当たって，まず考慮しなければならないものは経営戦略です。システム管理基準（平成 30 年 4 月改訂）においても，「経営陣は，経営計画で示した事業の方針及び目標に基づいて，情報システム戦略を評価していること」とあり，その主旨として，「情報システム戦略は，事業の方針及び目標に基づいて策定され，経営戦略と整合している必要がある」と記述されています。経営戦略と整合させる目的は，経営戦略に貢献することといえるので，（イ）が正解です。

システム管理基準は，「どのような組織体においても情報システムの管理において共通して留意すべき基本的事項を体系化・一般化したもの」と位置付けられ，必要に応じて，情報セキュリティ管理基準などを活用して，独自の管理基準を策定することが望ましいとしています。

ア：「教育・訓練」の内容を評価する際に関連する着眼点です。
ウ：「保守の実施」の内容を評価する際に関連する着眼点です。
エ：「人的資源管理の方針」の内容を評価する際に関連する着眼点です。

解答　イ

問　システム化計画の立案において実施すべき事項はどれか。

（H30 秋-FE 問 64）

ア　画面や帳票などのインタフェースを決定し，設計書に記載するために，要件定義書を基に作業する。

イ　システム構築の組織体制を策定するとき，業務部門，情報システム部門の役割分担を明確にし，費用の検討においては開発，運用及び保守の費用の算出基礎を明確にしておく。

ウ　システムの起動・終了，監視，ファイルメンテナンスなどを計画的に行い，業務が円滑に遂行していることを確認する。

エ　システムを業務及び環境に適合するように維持管理を行い，修正依頼が発生した場合は，その内容を分析し，影響を明らかにする。

解説

IPA が発行している「共通フレーム」は，ソフトウェアの構想から開発，運用，保守，廃棄に至るまでのライフサイクルを通じて必要な作業項目，役割などを包括的に規定した共通の枠組みであり，「IT システム開発の作業規定」です。

「システム化計画の立案」は，システム化構想を具体化するために，対象業務について運用や効果などの実現性を考慮したシステム化計画及びプロジェクト計画を具体化し，利害関係者の合意を得るプロセスです。

ここでは，新業務モデル策定，その実現可能性と費用対効果の明確化，プロジェクト推進体制の決定を行います。したがって，（イ）が正解です。

ア：「画面や帳票などのインタフェースを決定し，設計書に記載するために，要件定義書を基に作業する」ことは，新たに構築するシステム化の範囲を明確にし，システムがもつべき要件を列挙・検討して利害関係者間で合意する目的を有する「要件定義プロセス」で実施すべき事項です。

ウ：「システムの起動・終了，監視，ファイルメンテナンスなどを計画的に行い，業務が円滑に遂行していることを確認する」ことは，完成したシステムが意図された環境で安定して稼働するための「運用プロセス」で実施すべき事項です。

エ：「システムを業務及び環境に適合するように維持管理を行い，修正依頼が発生した場合は，その内容を分析し，影響を明らかにする」ことは，システムを改善・変更する作業である「保守プロセス」で実施すべき事項です。

解答　イ

演習問題　第4部　第2章　問1

製造業における情報システムの統合に関する次の記述を読んで，設問 1〜3 に答えよ。

(H31 春-FE 午後問 7)

T 社は，大手家電製品メーカであり，製品の設計及び需要予測は事業部ごとに行っている。各製造工場は，一つ以上の事業部の製品を製造している。

2018 年度に各製造工場が製造した製品の事業部別取扱高を，表 1 に示す。

表 1　2018 年度に各製造工場が製造した製品の事業部別取扱高

単位　億円

製造工場	事業部			
	P 事業部	Q 事業部	R 事業部	S 事業部
H 製造工場	−	200	−	50
I 製造工場	500	−	−	−
J 製造工場	−	−	−	150
K 製造工場	−	−	300	−
L 製造工場	−	200	−	−
M 製造工場	−	−	−	100
合計	500	400	300	300

注記　“−”は，当該製造工場が当該事業部の製品を製造していないことを示す。

T 社は，事業部と製造工場ごとに情報システムを整備してきた経緯があり，設計システムには三つ，需要予測システムには三つ，調達システムには四つのシステムがある。各事業部が利用している設計システム及び需要予測システムを表 2 に，各製造工場が利用している調達システムを表 3 に示す。システムの名称が同一の場合は，事業部又は製造工場が同じシステムを共用していることを意味している。例えば，P 事業部と S 事業部は，設計システムとして A システムを共用している。

表2　各事業部が利用している設計システム及び需要予測システム

事業部	設計システム	需要予測システム
P事業部	Aシステム	Eシステム
Q事業部	Bシステム	Fシステム
R事業部	Cシステム	Fシステム
S事業部	Aシステム	Gシステム

表3　各製造工場が利用している調達システム

製造工場	調達システム
H製造工場	Vシステム
I製造工場	Wシステム
J製造工場	Xシステム
K製造工場	Yシステム
L製造工場	Xシステム
M製造工場	Xシステム

T社では情報システムの運用保守コストの削減が求められており，本社の情報システム部門の主導によってプロジェクトを立ち上げ，設計システム，需要予測システム及び調達システムのそれぞれについて，複数のシステムを統合することとした。

設問1　データの受渡し（以下，データ連携という）に関する次の記述中の［　　］に入れる正しい答えを，解答群の中から選べ。

調達システムは，製品の製造に必要な部品の在庫管理と発注処理を行っている。各製造工場が利用している調達システムは，その工場が製造する製品を担当している事業部が利用している設計システム及び需要予測システムとデータ連携している。設計システムと需要予測システムとの間のデータ連携はない。

表1〜3によれば，最も多くの調達システムとデータ連携している設計システムは［　a　］システムであり，そのデータ連携先の調達システム数は［　b　］である。また，調達システムの中で，データ連携している設計システム数と需要予測システム数の合計が最も多いのは，［　c　］システムと［　d　］システムである。

a に関する解答群

ア　A　　イ　B　　ウ　C

b に関する解答群

ア　2　　イ　3　　ウ　4

エ　5　　オ　6

c，d に関する解答群

ア　V　　イ　W　　ウ　X　　エ　Y

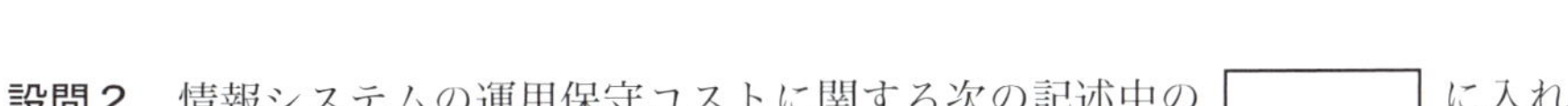

設問２　情報システムの運用保守コストに関する次の記述中の ［　　　］ に入れる正しい答えを，解答群の中から選べ。

本社の情報システム部門による調査の結果，情報システムの運用保守コストとして，設計システムのそれぞれには年間 2 億円，需要予測システムのそれぞれには年間 3 億円，調達システムのそれぞれには年間 1 億円が掛かっていることが分かった。

それらに加えて，調達システムのそれぞれには，各製造工場が製造する製品の年間の取扱高の 0.1%分の運用保守コストが掛かっていることが分かった。

また，システム間のデータ連携のための経路（以下，データ連携経路という）の運用保守コストとして，データ連携経路一つ当たり年間 0.1 億円が掛かっていることが分かった。今後においても，今までデータ連携していないシステム間に新たなデータ連携経路を一つ作成した場合，データ連携経路の運用保守コストは年間 0.1 億円増加する。

2018 年度の T 社の設計システム，需要予測システム，調達システム及びデータ連携経路の年間の運用保守コストの合計は ［　e　］ 億円であった。設計システム，需要予測システム及び調達システムを全社でそれぞれ一つに統合できれば，これらのシステム及びデータ連携経路の年間の運用保守コストの合計は ［　f　］ 億円となる。ここで，取扱高などの前提条件は変わらないものとする。また，一つのシステムを複数の事業部や製造工場で共用する場合でも，共用するシステムの運用保守コストは一つの事業部や製造工場が単独で利用する場合と変わらないものとする。

eに関する解答群

ア　19.0　　イ　20.2　　ウ　21.7　　エ　25.2

fに関する解答群

ア　6.0　　イ　6.2　　ウ　7.7　　エ　9.7

設問3　G システムの廃棄に関する次の記述中の［　　］に入れる適切な答えを，解答群の中から選べ。

本社の情報システム部門は，G システムの保守サポート期間の終了が迫っているので，G システムを廃棄し，他の需要予測システムによって代替できるかどうかを検討した。

新たなデータ連携経路を作成することなくGシステムとの代替が可能な需要予測システムは［　g　］。

gに関する解答群

ア　Eシステムだけである　　イ　Fシステムだけである

ウ　Eシステム及びFシステムである　　エ　ない

(3)　システム開発の費用対効果

情報システムの開発について，費用と効果を分析してその妥当性を検討します。開発費用の計算やシステムの費用対効果の分析では次の点に留意します。

① 開発費用を算出する際の主な留意点

・投資金額は，初期費用とランニング費用に分けて算出する。
・期待効果を定性的なものと定量的なものとに分けて算出する。
・定性的な期待効果についても，レベル分けなどによってできるだけ定量的に表現する。

② 費用対効果分析の主な留意点

・費用対効果の定量的な比較だけに偏らないこと。
・戦略的な効果などの定性的な効果を十分に比較すること。
・情報システム稼働後を一定期間に区切って比較する。

知識確認問題　必要な知識を確認してみましょう！

問　総合評価落札方式を用い，次の条件で調達を行う。A～D 社の入札価格及び技術点が表のとおりであるとき，落札者はどれか。

(H27 秋-FE 問 66)

〔条件〕

(1) 価格点（100 点満点）及び技術点（100 点満点）を合算した総合評価点が最も高い入札者を落札者とする。
(2) 予定価格を 1,000 万円とする。予定価格を超える入札は評価対象とならない。
(3) 価格点は次の計算式で算出する。
　［1－（入札価格／予定価格）］×100

〔A～D 社の入札価格及び技術点〕

	入札価格（万円）	技術点
A 社	700	50
B 社	800	65
C 社	900	80
D 社	1,100	100

ア　A 社　　イ　B 社　　ウ　C 社　　エ　D 社

解説

問題で示されている条件に従って，計算過程を順に進めていきます。まず，〔条件〕(2)で「予定価格を超える入札は評価対象とならない」とされていることから，〔A～D 社の入札価格及び技術点〕において予定価格が 1,100 万円である D 社は除外し，残る A～C 社について，それぞれの総合評価点を算出します。

A 社：〔1－700／1,000〕×100＝3／10×100＝30
30＋50＝80
B 社：〔1－800／1,000〕×100＝2／10×100＝20
20＋65＝85
C 社：〔1－900／1,000〕×100＝1／10×100＝10
10＋80＝90

ここから，価格点（100 点満点）及び技術点（100 点満点）を合算した総合評価点が最も高い入札者は C 社であることが分かります。したがって，(ウ) が正解です。

解答　ウ

演習問題　第4部　第2章　問2

購買管理システムの導入による業務改善効果に関する次の記述を読んで，設問1，2に答えよ。

(H29 秋-FE 午後問 7)

日用品メーカのC社では，ソフトウェアパッケージを用いた購買管理システムの導入を進めており，システムの要件定義を終えたところである。定義された要件には，ソフトウェアパッケージの機能を活用できる要件と，追加でシステム開発が必要な要件（以下，システム要件という）がある。全てのシステム要件を実現すると，開発費が当初の予算を超えることが分かった。そこで，各システム要件を実現した場合に削減される1年間のコスト（以下，年間効果という）と必要な開発費とを併せて評価し，実現するシステム要件を決定することにした。この決定に当たっては，購買管理システムの保守運用費は考慮しないものとする。

C社は，システム要件8件について評価することにした。

設問1　システム要件を実現（以下，システム化という）するための開発費と年間効果の試算に関する次の記述中の [　　　] に入れる正しい答えを，解答群の中から選べ。ここで，c1とc2に入れる答えは，cに関する解答群の中から組合せとして正しいものを選ぶものとする。

(1) システム化するための開発費と年間効果を試算する。また，各システム要件を，“必ず実現したい”という要件（以下，必須要件という）と，“できれば実現したい”という要件（以下，要望要件という）に分類する。

(2) 必須要件の一つである“仕入先からの注文請書（うけしょ）を購買管理システムで処理できるようにする”の年間効果を試算する。購買管理システムは仕入先も利用するものとし，システム化によって，C社での注文請書の確認と再提出依頼の作業は次のようになる。

① 仕入先からファックスで送付されてきた注文請書の内容と注文書の内容の目視での照合に代えて，購買管理システム上のデータチェックで照合を行う。

② データチェックで誤りが見つかったときに，仕入先への注文請書の再提出の依頼をWeb画面で行う。

③ 再提出された注文請書の内容と注文書の内容の照合（以下，再照合という）も購買管理システムで行う。

上記①〜③の年間効果を試算するために，注文請書の確認と再提出依頼の作業状況を調査して条件を設定した。その結果を，表 1 に示す。将来値はシステム化後の作業状況を想定して設定した値である。ここで，再照合時に誤りは発生しないものとする。

表 1　　年間効果を試算するための条件

試算条件	現状値	将来値
注文書に対して提出される注文請書枚数（枚／日）	200	200
注文請書の誤りの発生枚数（枚／日）	18	3
注文請書と注文書との目視での照合及び再照合の作業に要する時間（分／枚）	5	0
誤りが見つかった注文請書の再提出の依頼作業に要する時間（分／枚）	10	5
作業に要する人件費（円／時間）	1,400	1,400

(3)　表 1 の将来値を設定するに当たり，注文請書と注文書との目視での照合及び再照合の作業に要する時間は，システム化によって［ a ］と想定した。また，仕入先が Web を介して注文書の確認と注文請書の送信を行うことによって，注文請書の誤りの発生枚数は［ b ］と想定した。

1 年当たりの稼働日数を 240 日とすると，現状で注文請書の確認，再提出依頼及び再照合の作業に要する年間費用は［ c1 ］千円であり，システム化された場合は［ c2 ］千円となって，この差額が年間効果となる。

全てのシステム要件に対する年間効果の試算と分類の結果を，表 2 に示す。

表２　システム要件に対する年間効果の試算と分類の結果

単位　千円

要件 ID	システム要件	開発費	年間効果	分類
SYS901		5,800	4,800	必須要件
SYS902		6,200	7,320	必須要件
SYS903		1,200	670	要望要件
SYS904	仕入先からの注文請書を購買管理システムで処理できるようにする	12,400		必須要件
SYS905		2,750	1,640	要望要件
SYS906		4,300	520	要望要件
SYS907		1,630	1,280	要望要件
SYS908		1,800	2,160	要望要件

注記　網掛けの部分は表示していない。

a，b に関する解答群

ア　増加する　　　　イ　減少するがゼロにならない

ウ　不要になる　　　エ　変わらない

c に関する解答群

	c1	c2
ア	6,608	84
イ	6,608	6,524
ウ	7,028	6,524
エ	7,112	84
オ	7,112	7,028

設問２　開発費と年間効果の評価に関する次の記述中の ＿＿＿ に入れる正しい答えを，解答群の中から選べ。

表２に示した三つの必須要件については全て採用するものとし，五つの要望要件については開発費と年間効果を評価して，採用，不採用を決定することにした。

必須要件を含めて購買管理システムのシステム化のための開発費が予算の

30,000 千円に収まるように要望要件を選択することにした。

選択に当たり，開発費に対する年間効果の割合（以下，効果率という）も選択条件とした。要望要件に分類したシステム要件の年間効果と効果率を，図 1 に示す。

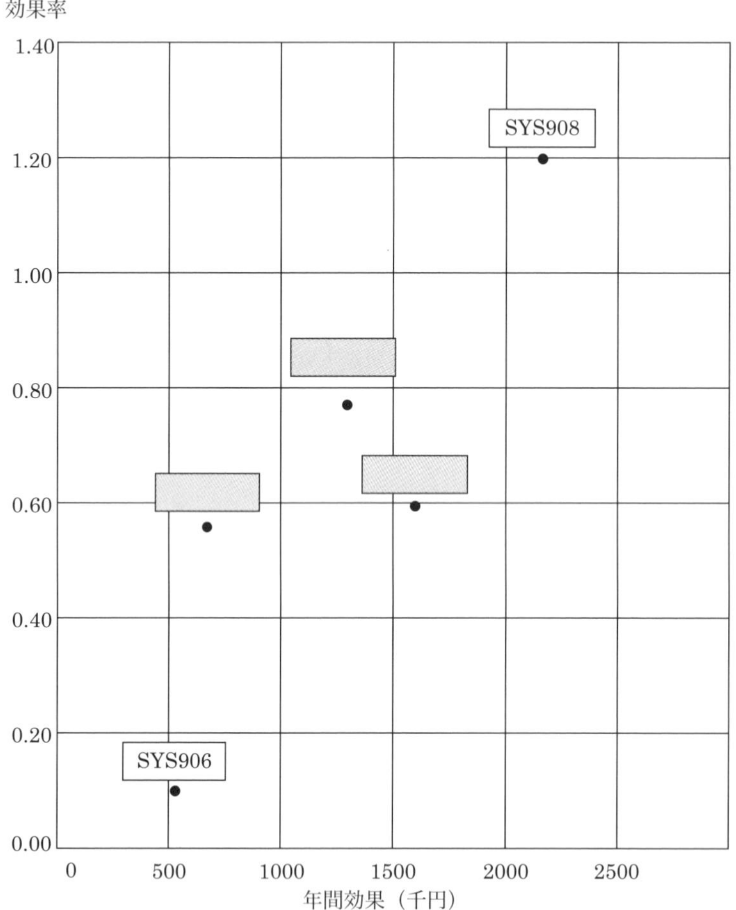

注記　網掛けの部分は表示していない。

図 1　要望要件に分類したシステム要件の年間効果と効果率

(1) SYS908 は，効果率も年間効果も最も大きく，開発費が予算に収まるので，採用とした。また，効果率も年間効果も最も小さい SYS906 は不採用とした。

(2) 続いて，残りの三つの要望要件から，開発費が予算に収まり，年間効果が最大になるような選択を行うこととした。

① SYS905 を採用したとき，開発費の予算を考えると［ d ］。この場合，開発費の総額は 28,950 千円となり，年間効果は 22,948 千円となる。

② 一方，SYS907 を採用したとき，開発費の予算を考えると［ e ］。この場合，開発費の総額は 29,030 千円となり，年間効果は 23,258 千円となる。

(1)，(2)の評価の結果，開発費が予算に収まり，年間効果を最大にするには，要望要件は SYS908 に加えて［ f ］を採用すればよい。

d に関する解答群

ア　SYS903 も SYS907 も採用できる
イ　SYS903 も SYS907 も採用できない
ウ　SYS903 は採用できるが，SYS907 は採用できない
エ　SYS907 は採用できるが，SYS903 は採用できない

e に関する解答群

ア　SYS903 も SYS905 も採用できる
イ　SYS903 も SYS905 も採用できない
ウ　SYS903 は採用できるが，SYS905 は採用できない
エ　SYS905 は採用できるが，SYS903 は採用できない

f に関する解答群

ア　SYS903 と SYS905　　イ　SYS903 と SYS907
ウ　SYS905　　エ　SYS907

2.2　経営戦略・企業と法務

対策のポイント

(1)　経営戦略

経営戦略では，企業自体の弱み強みを分析したり，売れ筋商品や他社に比べて弱い商品などを分析したりして，その結果を次の経営戦略や商品開発戦略に活かします。次の代表的な手法については必ず理解しておきましょう。

①　SWOT分析

SWOTは，自社の強み（Strengths），弱み（Weaknesses），機会（Opportunities），脅威（Threats）の頭文字を取った略語で，この四つの要素を経営の外部環境と内部環境から分析して自社の強みを維持し，弱みを克服する手法です。次のようなマトリックスを用います。

	好影響	悪影響
内部環境	強み（Strengths）	弱み（Weaknesses）
外部環境	機会（Opportunities）	脅威（Threats）

②　プロダクトポートフォリオマネジメント（PPM）

PPM（Product Portfolio Management）は，製品を市場成長率と市場占有率のマトリックスに位置付け，企業全体として最も資金効率の高い投資を行う経営戦略手法です。

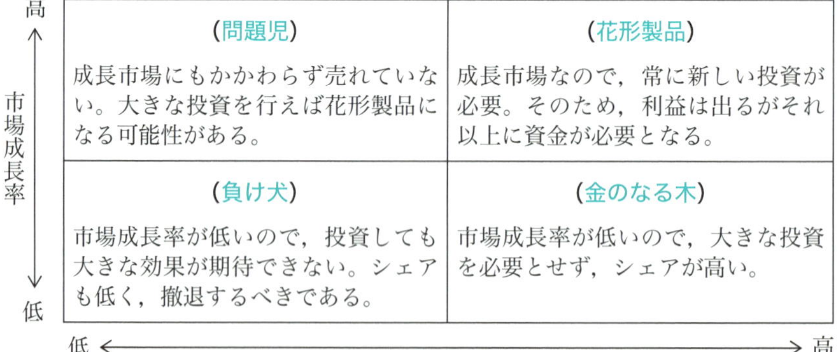

③　競争の基本戦略

マイケル・E・ポータが提唱したもので，他社に対する競争優位性創出するために，次の三つの戦略があります。

・コストリーダシップ戦略：コストや価格を下げる。
・差別化戦略：他社とは違う商品やサービスを提供する。
・集中戦略：特定の市場や製品などに資源を集中する。

④　ファイブフォース分析

市場（業界）における競争環境を形成する要因となる，次の五つの力についての状況を分析します。

競合者間の敵対関係	同業他社との関係
新規参入の脅威	市場への新規参入企業の可能性
代替品の脅威	既存の製品に代わる全く新しい製品
買い手の交渉力	顧客と自社との力関係
供給者の支配力	仕入先と自社との力関係

⑤　バリューチェーン分析

バリューチェーン分析は，製品やサービスを提供する企業活動を，購買物流，製造，出荷物流，マーケティングと販売，サービスの五つの主活動と，主活を支援する調達活動，技術開発，人的資源管理，全般管理の四つの支援活動に分類し，各活動が生み出す価値と各活動に要するコストを把握して，活動と価値の関係から価値の全体像を明確にする分析手法です。

⑥　デジタルトランスフォメーション（DX；digital transformation）

デジタルトランスフォーメーションとは「ITの浸透が，人々の生活をあらゆる面でより良い方向に変化させる」という概念です。デジタル時代を支える，IT活用の進展やITインフラの整備，高度なデータ活用などによって引き起こされる“デジタルトランスフォーメーション”や“デジタル革命”と呼ばれる変化は，ビジネスや社会の在り方に大きな影響を及ぼしています。例えば，自動車の自動運転の技術開発，VR（Virtual Reality）による手術のシミュレーション，RPA（Robotic Process Automation）による定型作業の自動化などもデジタルトランスフォーメーションのモデルです。

知識確認問題　必要な知識を確認してみましょう！

問　ある工場では表に示す 3 製品を製造している。実現可能な最大利益は何円か。ここで，各製品の月間需要量には上限があり，また，製造工程に使える工場の時間は月間 200 時間までで，複数種類の製品を同時に並行して製造することはできないものとする。

(H28 秋-FE 問 71)

	製品 X	製品 Y	製品 Z
1 個当たりの利益（円）	1,800	2,500	3,000
1 個当たりの製造所要時間（分）	6	10	15
月間需要量上限（個）	1,000	900	500

ア　2,625,000　　イ　3,000,000　　ウ　3,150,000　　エ　3,300,000

解説

問題文及び表から，制約式を作成していきます。

月間需要量上限を踏まえた上で，製品 X，Y，Z の製造個数を x，y，z とすると，

$0 \leqq x \leqq 1{,}000$ 個

$0 \leqq y \leqq 900$ 個

$0 \leqq z \leqq 500$ 個

となります。製造工程に使える**製造能力の制約は，月間 200 時間**です。

X の製造所要時間＋Y の製造所要時間＋Z の製造所要時間

≦ **200 時間**（＝200×60＝**12,000 分**）

表には各製品 1 個当たりの利益と製造所要時間が示されているので，1 個製造した場合に得られる利益を 1 個の製造所要時間で割って，**製造作業 1 分当たりに得られる利益**に換算してみます。

製品 X：300 円／分

製品 Y：250 円／分

製品 Z：200 円／分

前述の分当たりの利益から，**製品 X，Y，Z の順に製造できる上限分製造すると，最大利益が得られる**ことが分かります。

x=1,000 個とした場合，製造所要時間=6,000 分，利益=1,800,000 円……①

製造能力の制約は 12,000 分なので，残り 6,000 分（＝12,000 分－6,000 分）となります。

y＝900個とすると，製造所要時間＝9,000分となり，製造能力の制約（残り6,000分）を超えてしまうので，**製品Yは6,000分÷10分＝600個**しか製造できません。

y＝600個の利益＝1,500,000円……②

したがって，**①＋②＝3,300,000円**が最大利益となり，（エ）が正解となります。

解答　エ

問　バリューチェーンによる分類はどれか。

（H30秋-AP 問68）

ア　競争要因を，新規参入の脅威，サプライヤの交渉力，買い手の交渉力，代替商品の脅威，競合企業という五つのカテゴリに分類する。

イ　業務を，購買物流，製造，出荷物流，販売・マーケティング，サービスという五つの主活動と，人事・労務管理などの四つの支援活動に分類する。

ウ　事業の成長戦略を，製品（既存・新規）と市場（既存・新規）の2軸を用いて，市場浸透，市場開発，製品開発，多角化という4象限のマトリックスに分類する。

エ　製品を，市場の魅力度と自社の強みの2軸を用いて，花形，金のなる木，問題児，負け犬という4象限のマトリックスに分類する。

解説

バリューチェーンとは，業務を**五つの主活動と四つの支援活動に分類し，個々の活動が付加価値（バリュー）を生むという考え**に基づいたフレームワークです。

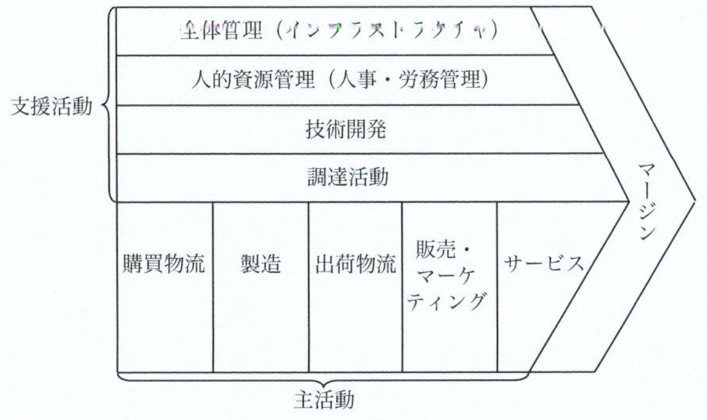

（イ）が正しい記述です。

個々の活動で生んだ付加価値とコストの差が利益（マージン）となります。

ア：5F（Five Force）分析による分類です。業界内の競争関係を五つのカテゴリ（要因）に分類し，分析する手法です。

ウ：アンゾフの製品－市場成長マトリックスによる分類です。4 象限のマトリックスに分類し，どのような成長戦略をとるのかを分析します。

エ：PPM（Product Portfolio Management）による分類です。4 象限のマトリックスに分類し，製品の位置付けを分析し経営資源の配分を検討するために用います。

解答　イ

演習問題　第4部　第2章　問3

販売データの分析に関する記述を読んで，設問1，2に答えよ。

(H28 春-FE 午後問 7)

B社は，洋菓子を店舗販売する小売店である。B社は，来期の事業方針として，顧客が自社の商品を繰り返し購入する回数を増やすことによって，売上を増加させることを考えた。そのために，効果的な販売促進活動につなげることを目的として，既に導入しているID-POSを利用して，顧客一人一人の購買履歴を分析した。

ID-POSは，各顧客に顧客IDを設定し，顧客IDとその顧客の商品の購買履歴を管理するシステムであり，誰が，いつ，何を，幾つ購入したのかが分かる仕組みである。

設問1　顧客の購買履歴の分析に関する次の記述中及び図中の [　　　] に入れる適切な答えを，解答群の中から選べ。

B社は，ID-POSの購買履歴を活用し，ある商品カテゴリーを対象に，商品を購入した顧客と，その顧客が同じ商品を再び購入する傾向にあるかどうかの分析を行った。分析の方法として，購入人数と延べ購入回数からリピート率を算出した。

購入人数は，対象期間中に同一顧客が複数回購入したときも1人としてカウントした場合の人数であり，延べ購入回数は，顧客が購入した延べの回数である。例えば，ある対象期間中に5回購入した顧客が2人，3回購入した顧客が1人，1回だけ購入した顧客が3人いた場合，購入人数は6人，延べ購入回数は16回となる（図1参照）。

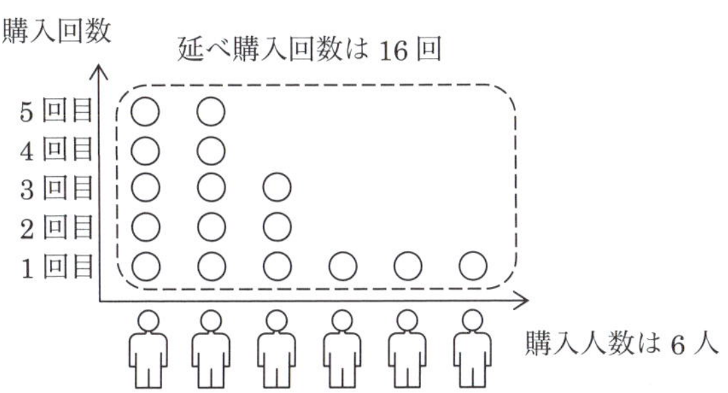

図1　購入人数と延べ購入回数の説明

ここで，リピート率の算出式は，

リピート率 ＝（延べ購入回数 － 購入人数）÷ 延べ購入回数 × 100

とする。リピート率は，延べ購入回数に対して，2 回目以降の延べ購入回数（＝ 延べ購入回数 － 購入人数）の割合を示す指標である。図 1 の例では，延べ購入回数が 16 回であり，2 回目以降の延べ購入回数は図 2 に示すように 10 回であるので，リピート率は 62.5%となる。

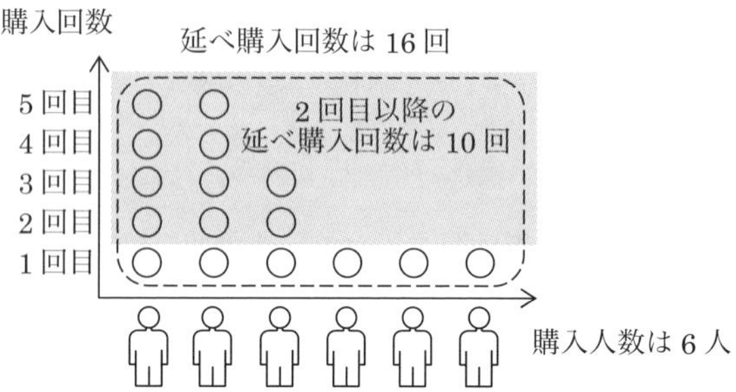

図 2　2 回目以降の延べ購入回数の説明

B 社の商品のうちで日常的に販売されている商品 S〜X について，顧客は，1 回の購入で平均して同一商品を 2 個購入している。また，限られた一部の顧客だけが購入を繰り返すというような購入回数の大きな偏りはなかった。各商品の購入人数と延べ購入回数，売上金額は表 1 のとおりである。

表 1　各商品の購入人数，延べ購入回数，売上金額

商品	購入人数(人)	延べ購入回数(回)	売上金額(千円)
S	4,782	5,217	2,400
T	1,321	1,729	951
U	1,312	3,465	2,079
V	4,732	24,121	4,824
W	3,100	4,013	1,605
X	1,689	2,712	1,356

これらの商品の購買履歴の分析を行うために，図 3 のバブルチャートを作成した。ここで，バブルの大きさは，売上金額を表す。

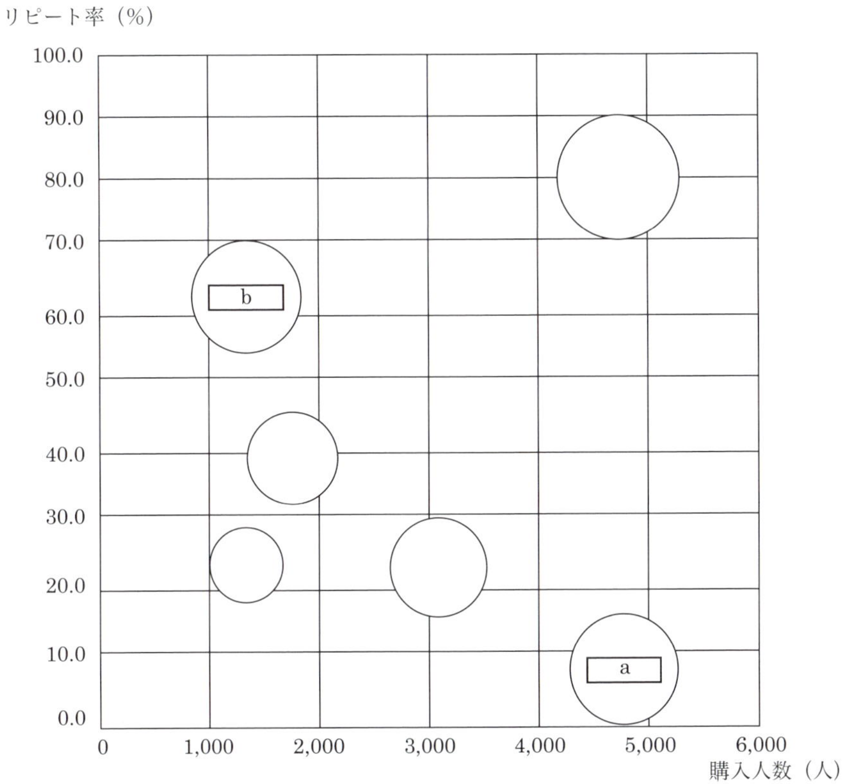

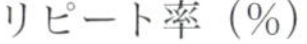

図３　購買履歴の分析結果

今回分析した商品の中で，商品Ｖは，購入人数が多くリピート率も高いことから，商品Ｖを繰り返し購入してくれる顧客が多いと考えられる。商品［ a ］は，購入人数は多いが，リピート率が低いので，商品そのものに魅力がないと考えられ，売上を増加させるためには，［ c ］必要がある。商品［ b ］は，購入人数は少ないが，リピート率が高いので，限られた顧客に人気が高い商品と考えられる。したがって，試食会を開催するなどして，［ d ］ことによって［ e ］，売上の増加が見込まれる。

a，b に関する解答群

ア Ｓ　　イ Ｔ　　ウ Ｕ　　エ Ｗ　　オ Ｘ

c，d に関する解答群

ア　商品が欠品しないようにする
イ　商品の素材や味を見直す
ウ　商品の認知度を高める
エ　より価格が高い商品を勧める

e に関する解答群

ア　価格を上げれば　　　　　　イ　購入人数が増えれば
ウ　来店客数が増えれば　　　　エ　リピート率が上がれば

設問2　売上拡大の施策に関する次の記述中の［　　］に入れる適切な答えを，解答群の中から選べ。

B 社では，広告を行って新規顧客を開拓し，その新規顧客にも繰り返し購入してもらうことで売上の増加を図る計画を立て，商品 U について効果を見積もってみた。費用と効果の見積りを表 2 に示す。

商品 U の価格は 300 円，1 回の購入で商品 U を平均 2 個購入するものとする。また，効果見積りは，過去 1 年間の実績値に対する値とする。

ここで，効果額は，売上金額の増加額から広告費用を引いた額とする。投資効果は，広告費用に対する効果額の割合であり，その割合が 1 よりも大きければ，投資効果があると評価する。

表2　費用と効果の見積り

費用	広告費用	300 千円
効果	購入人数の増加	600 人
	延べ購入回数の増加	1,240 回

この施策によって，商品 U の［　f　］となる。したがって，この施策は，商品 U に関しては［　g　］すると考えられる。

fに関する解答群

ア　売上金額は1,147千円となり，効果額は444千円
イ　売上金額は1,412千円となり，効果額は−968千円
ウ　売上金額は2,439千円となり，効果額は60千円
エ　売上金額は2,823千円となり，効果額は444千円

gに関する解答群

ア　投資効果はあるが，リピート率は低下
イ　投資効果はないが，リピート率は向上
ウ　投資効果はあり，リピート率も向上
エ　投資効果はなく，リピート率も低下

(2) マーケティング

マーケティングでは，市場調査や製品の需要予測など，実際に調査をしてデータを収集し，分析する問題が予想されます。計算に関連する設問が多くなりますので，一つずつ丁寧に計算を進めるようにしましょう。まずは，製品ポートフォリオ，コモディティ化やカニバリゼーションなどの製品戦略としての考え方をしっかりと理解しておくとともに，価格戦略におけるコストプラス法，バリュープライシング，サブスクリプションモデルなどの考え方とその効果についても認識しておきましょう。また，3C 分析，マーケティングミックスなどの基本的な考え方及び代表的なマーケティング手法の概略を理解しておきましょう。また，ビジネス戦略における分析手法として，CSF 分析，バランススコアカードなども言葉としてだけではなく，何を導き出していくものなのかをしっかりと理解しておきましょう。

知識確認問題　必要な知識を確認してみましょう！

問　売手の視点であるマーケティングミックスの 4P に対応する，買手の視点である 4C の中で，図の a に当てはまるものはどれか。ここで，ア～エは a～d のいずれかに対応する。

（H28 秋-FE 問 68）

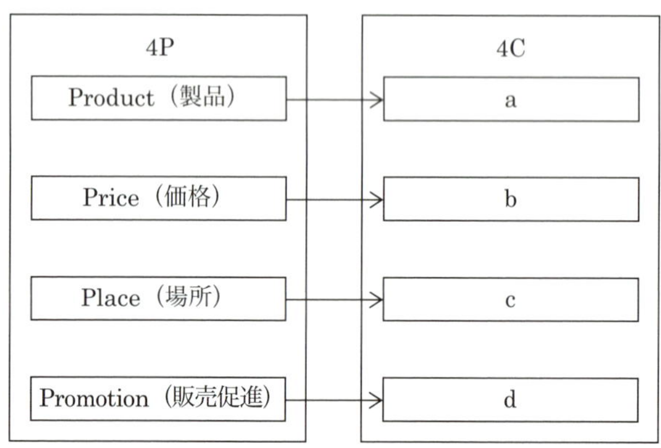

ア　Communication（顧客との対話）
イ　Convenience（顧客の利便性）
ウ　Cost（顧客の負担）
エ　Customer Value（顧客にとっての価値）

解説

マーケティングミックスとは，商品販売に際して展開されるブランド戦略やサービス，製品の輸送，在庫管理や宣伝広告といったあらゆる**営業活動を総合的に検討し，事前に十分な販売戦略を練ることによって，効果的なマーケティング展開を実現させるための諸活動**を指します。マーケティングミックスでは次の表のように供給者側の視点（4P）及び購買者側の視点（4C）のそれぞれの段階において適切な分析・検討を行います。

マーケティングミックスにおける 4P と 4C

要素	4P（供給者側の視点）	4C（購買者側の視点）
製品	Products （製品そのものの品質・魅力）	Consumer Value （購買者にとっての価値）　（エ）
価格	Price （製品価格）	Cost （購買者の負担する費用）　（ウ）
流通	Place （販売方法・販売場所）	Convenience （購入方法の簡便さ）　（イ）
プロモーション	Promotion （広告宣伝・販売促進）	Communication （情報伝達）　（ア）

問題の図の a に当てはまるものは，Customer Value（顧客にとっての価値）です。したがって，（エ）が正解です。

ア：Communication（顧客との対話）に対応するものは，Promotion です。

イ：Convenience（顧客の利便性）に対応するものは，Place です。

ウ：Cost（顧客の負担）に対応するものは，Price です。

解答　エ

問　バランススコアカードの内部ビジネスプロセスの視点における戦略目標と業績評価指標の例はどれか。

(R1 秋-FE 問 67)

ア　持続的成長が目標であるので，受注残を指標とする。

イ　主要顧客との継続的な関係構築が目標であるので，クレーム件数を指標とする。

ウ　製品開発力の向上が目標であるので，製品開発領域の研修受講時間を指標とする。

エ　製品の製造の生産性向上が目標であるので，製造期間短縮日数を指標とする。

解説

内部ビジネスプロセスの視点における戦略目標と業績評価の例としては，製品の製造の生産性向上が目標で，製造期間短縮日数が指標となります。したがって，（エ）が正解です。

バランススコアカード（BSC；Balanced Score Card）は，業績評価システム，戦略的経営立案システムの代表的な手法の一つとされます。この手法は，財務指標に特に着目する従来の業績管理方法には限界があるという観点から，顧客満足度や社員の士気（やるき）まで含めた幅広い評価基準によって企業活動を分析する点に特徴があります。評価基準は，財務の視点，顧客の視点，内部ビジネスプロセスの視点，学習と成長の視点の四つです。

ア：受注残は，受注したものの，まだ顧客に納品をしていない商品・サービスですので，財務の視点に相当します。

イ：クレーム件数は，顧客の視点に相当します。

ウ：研修受講時間は，学習と成長の視点に相当します。

解答　エ

演習問題　第4部　第2章　問4

新システム稼働による業績改善に関する次の記述を読んで，設問 1，2 に答えよ。

(H27 秋-FE 午後問 7)

消費財メーカのZ社は，営業支援とコスト管理のための新システムを開発している。Z社には五つの事業部があり，各事業部の 2015 年度の売上高と営業利益の見込みは表 1 のとおりである。各事業部は，2016 年度初日からの新システム稼働によって，2016 年度に表 2 の業績改善を期待している。ここで，営業利益率は売上高に対する営業利益の比率である。

Z社は，表 1，2 を基に，各事業部の 2016 年度の業績について予想することにした。ここで，2016 年度の売上高と営業利益が 2015 年度から変動する要因は，新システム稼働による業績改善だけとする。

表 1　各事業部の 2015 年度の売上高と営業利益の見込み

単位　億円

事業部	売上高	営業利益
P	180	14
Q	100	12
R	60	1
S	50	4
T	10	−1
合計	400	30

表 2　各事業部の 2016 年度に期待する業績改善（対 2015 年度）

事業部	売上高	利益の改善
P	影響なし	営業利益を 10%増加
Q	5%増加	営業利益率を維持
R	10%増加	営業利益を 20%増加
S	影響なし	営業利益率を 10%に引上げ
T	50%増加	営業利益を 3 億円増加

設問1　2016 年度の業績の予想に関する次の記述中の［　　］に入れる適切な答えを，解答群の中から選べ。

表 1，2 を基に各事業部の 2016 年度の売上高と営業利益を予想した結果，及び売上高の事業部構成比と各事業部の営業利益率を表 3 に示す。

表3　各事業部の売上高と営業利益

事業部	2015 年度				2016 年度			
	売上高（億円）	構成比（%）	営業利益（億円）	営業利益率（%）	売上高（億円）	構成比（%）	営業利益（億円）	営業利益率（%）
P	180	45.0	14.0	7.8	180	43.3		
Q	100	25.0	12.0	12.0			12.6	12.0
R	60	15.0	1.0	1.7			1.2	1.8
S	50	12.5	4.0	8.0	50	12.0		
T	10	2.5	−1.0	−10.0			2.0	13.3
合計	400	100.0	30.0	7.5	416	100.0	36.2	8.7

注記　網掛け部分は表示していない。
営業利益率は小数第 2 位を四捨五入している。

表 3 から，新システム稼働による売上高への効果は，16 億円を期待できる。また，2015 年度から 2016 年度に掛けて売上高の増加額が最も大きいのは［　a　］事業部である。2015 年度と 2016 年度それぞれの売上高の事業部構成比を多重円グラフに表すと，図 1 のとおりになる。ここで，多重円グラフの内側が 2015 年度の構成比，外側が 2016 年度の構成比である。

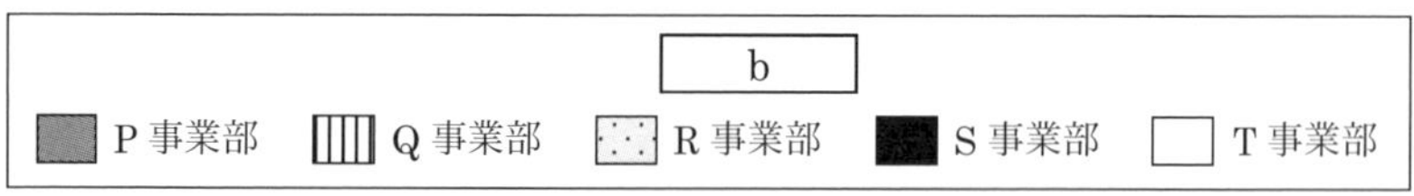

図1　2015 年度と 2016 年度の売上高の事業部構成比

表 3 から，2016 年度の期待する営業利益率が最も大きいのは，［　c　］事業部である。また，2016 年度の各事業部の期待する営業利益をパレート図に表すと，図 2 のとおりになる。

d

図２　2016 年度の各事業部の営業利益（パレート図）

a，c に関する解答群

ア　P　　イ　Q　　ウ　R　　エ　S　　オ　T

b に関する解答群

ア
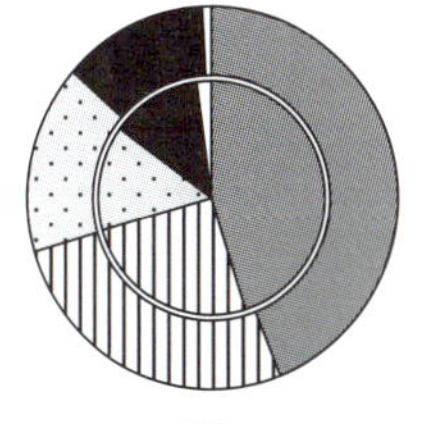

イ
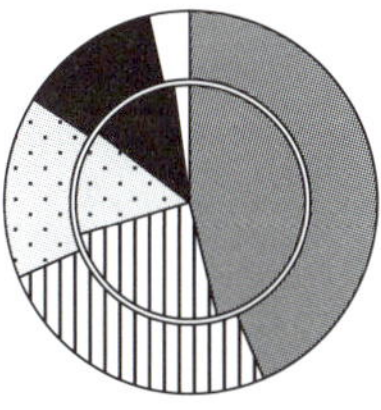

ウ
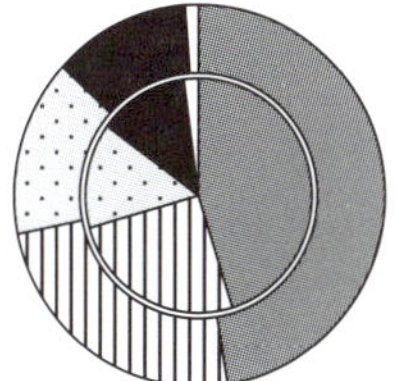

エ
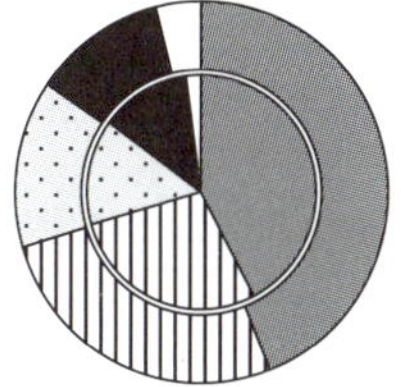

d に関する解答群

ア
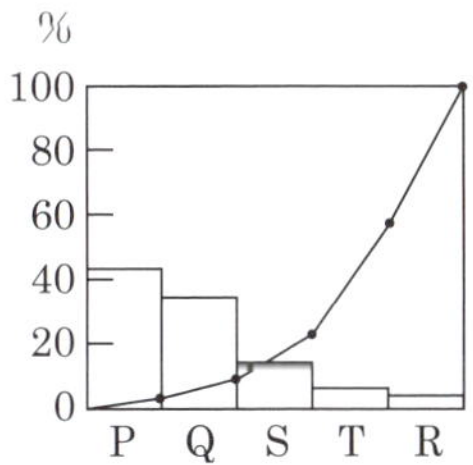

イ
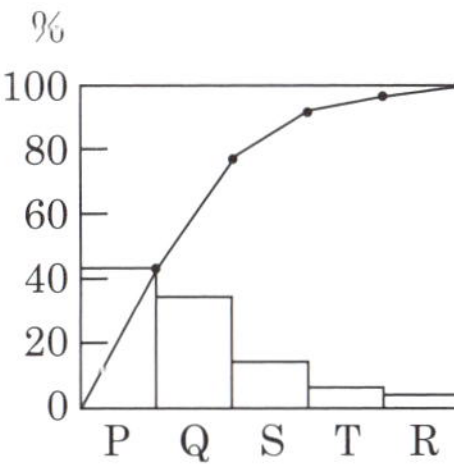

ウ
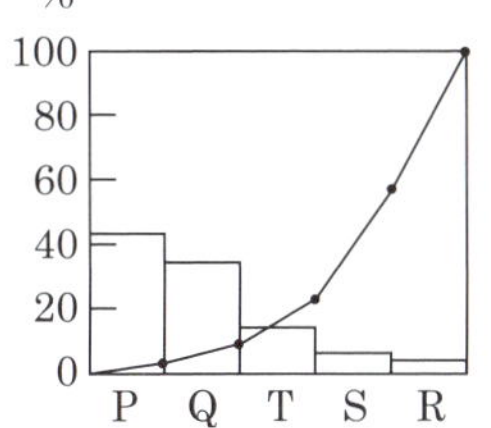

エ
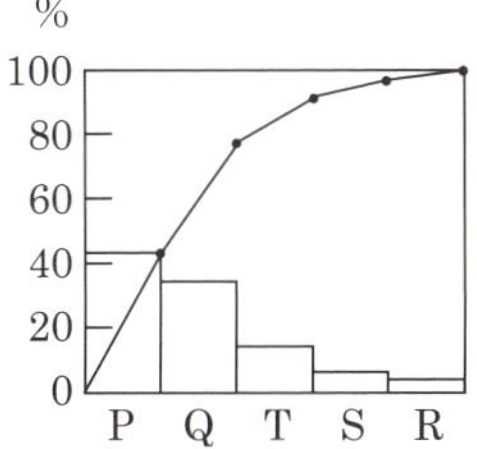

設問2　Z 社では，現在開発している新システムの稼働開始が遅延するリスクと，期待している効果が見込みよりも小さくなるリスクを考慮して，2016 年度の業績を予想することにした。確率を考慮した業績の予想に関する次の記述中の［　　　］に入れる正しい答えを，解答群の中から選べ。

Z 社が想定した，新システムが稼働する時期と効果の実現度合いは，図 3 に示す決定木のとおりである。

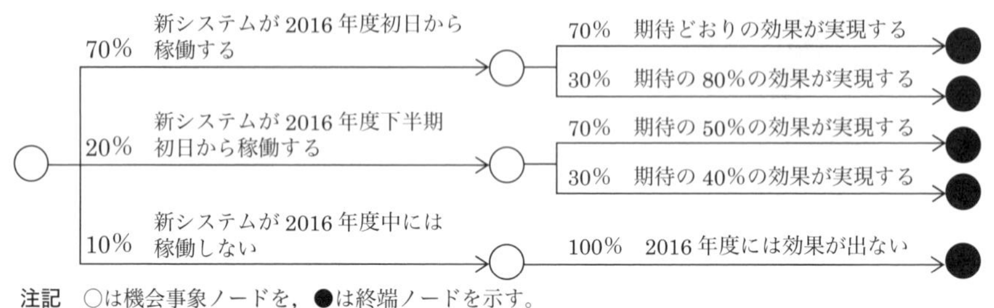

図 3　新システムが稼働する時期と効果の実現度合いに関する決定木

図 3 から，新システムが予定どおり 2016 年度初日から稼働して，期待どおりの効果を実現する確率は，［　e　］。

同様に，新システムが稼働する時期と効果の実現度合いそれぞれの確率を考慮すると，2016 年度の事業部の売上高合計の期待値を千万円の単位で四捨五入した額は，［　f　］億円になる。

e に関する解答群

ア　50%を上回る

イ　70%以上である

ウ　期待どおりの効果が実現できない確率よりも低い

エ　期待の 40%以下の効果しか実現しない確率よりも低い

オ　期待の 50%以下の効果しか実現しない確率の 2 倍以上である

f に関する解答群

ア　300　　イ　312　　ウ　404　　エ　408　　オ　412

(3)　企業活動

企業活動で出題される内容としては，CRM（Customer Relationship Management）やSCM（Supply Chain Management）といった経営管理システムや在庫管理や線形計画法などのオペレーションズリサーチ，さらに生産計画といった内容まで含まれます。午前問題が解答できるレベルの知識を理解しておくと，出題者の意図が分かり，短時間で解答できることが多いので，基本事項は理解しておきましょう。

①　線形計画法

与えられた条件の中で，最大利益などを求めるときに使われる方法です。条件を制約条件として表し，その範囲内で利益を表す目的関数の値が最大となる変数を見つけます。

知識確認問題　必要な知識を確認してみましょう！

問　製品X及びYを生産するために2種類の原料A，Bが必要である。製品1個の生産に必要となる原料の量と調達可能量は表に示すとおりである。製品XとYの1個当たりの販売利益が，それぞれ100円，150円であるとき，最大利益は何円か。

(H25秋-FE 問75)

原料	製品Xの1個当たりの必要量	製品Yの1個当たりの必要量	調達可能量
A	2	1	100
B	1	2	80

ア　5,000　　イ　6,000　　ウ　7,000　　エ　8,000

解説

「グラフによる連立方程式の解法」で，解を求めていきます。

製品Xの生産量をxとし，製品Yの生産量をyとすると，表の条件を利用して次の二つの条件式ができます。ただし $0 \leqq x$，$0 \leqq y$ です。これらは，グラフ上では三角形の範囲を示しています。

$2x + y \leqq 100$

$x + 2y \leqq 80$

また，利益をxとyの関数 $f(x, y)$ で表すと，次の式になります。

$$f(x, y) = 100x + 150y$$

これは，グラフ上では上下に移動する直線群です。

二つの方程式の範囲を満たす領域のうち，f(x, y)が最大となるのは，次の連立方程式を満たすx，yの組合せです。

$$2x + y = 100$$
$$x + 2y = 80$$

↓　（yの係数をそろえてxを導き出す）

$$4x + 2y = 200 \quad \cdots \quad ①$$
$$x + 2y = 80 \quad \cdots \quad ②$$

↓　（①から②を引くと）

$$3x = 120$$
$$x = 40$$

x＝40を①の式に代入し，yを求めます。

$$(4 \times 40) + 2y = 200$$
$$2y = 200 - 160 = 40$$
$$y = 20$$

この連立方程式の解はx＝40，y＝20となり，その解をf(x, y)を求める式に代入すると，最大利益は7,000と求められます。したがって，（ウ）が正解です。

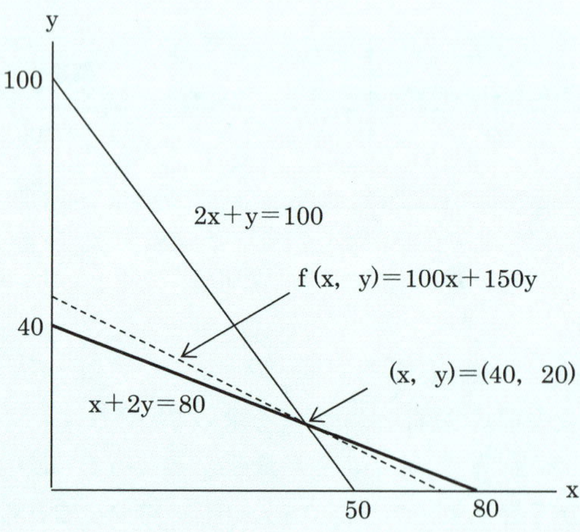

解答　ウ

②　在庫管理，生産計画

これらのテーマも線形計画法と同様に，与えられた条件から補充する在庫数を求めたり，生産数を決めたりする問題が出題されます。問題で取り上げるテーマが身近でなく難しそうに見える場合もありますが，多くは問題文に必要な説明があり，知識を知らないだけで不利にならないように配慮されています。

知識確認問題　必要な知識を確認してみましょう！

問　ある期間の生産計画において，図の部品表で表される製品Aの需要量が10個であるとき，部品Dの正味所要量は何個か。ここで，ユニットBの在庫残が5個，部品Dの在庫残が25個あり，他の在庫残，仕掛残，注文残，引当残などはないものとする。

(H27春-AP 問71)

レベル0		レベル1		レベル2	
品名	数量（個）	品名	数量（個）	品名	数量（個）
製品A	1	ユニットB	4	部品D	3
				部品E	1
		ユニットC	1	部品D	1
				部品F	2

ア　80　　イ　90　　ウ　95　　エ　105

解説

正味所要量は，生産に必要な部品数から在庫数を減算した値で，新たに必要となる部品数量を指しています。

製品Aの需要量が10個なので，ユニットBが10×4＝40（個），ユニットCが10×1＝10（個）必要になります。しかし，ユニットBの在庫残が5個あるため，新たに生産する必要のあるユニットBは40－5＝35（個）となります。

ユニットBを35個生産するためには，35×3＝105（個）の部品Dが必要となります。また，ユニットCを10個生産するためには，10×1＝10（個）の部品Dが必要となり，必要な部品Dは105＋10＝115（個）です。しかし，部品Dの在庫残が25個あるため，部品Dの正味所要量は，115－25＝90（個）（イ）です。

解答　イ

③　ゲーム理論

ゲーム理論とは，競争環境下において将来の状態を考慮して，自らにとって最も有利となる戦略（手段）を選択するために利用される手法です。例えば，企業が幾つかの商品を開発し，その中からどの商品を発売するかを決定するような場合，天候や経済情勢，同業者の販売戦略などによってそれぞれの商品の売上が左右されることになります。ゲーム理論では，ビジネスにおいて，複数ある戦略の中から最適な方法を選択します。選択のときに用いられるのが利得表です。また，戦略の考え方として次のようなものがあります。

- ラプラス原理：予測される将来の状態がそれぞれ同じ程度に起こり得ると考え，得られる利得の期待値が最大になる戦略を選択します。
- マクシミン原理：利得表によって max（min）を考え，括弧内の最小の利得が最大となる戦略を選びます。つまり，最悪の場合を想定し，そのときの利得が最大となるような戦略を選択するというもので，悲観的戦略の部類に入ります。
- マクシマックス原理：利得表によって max（max）を考え，括弧内の最大の利得が最大となる戦略を選びます。つまり，最良の場合を想定し，そのときの利得が最大となるような戦略を選択するというもので，楽観的戦略の部類に入ります。

知識確認問題　必要な知識を確認してみましょう！

問　ゲーム理論を使って検討するのに適している業務はどれか。

（H24 秋-ST 問 21）

ア　イベント会場の入場ゲート数の決定
イ　売れ筋商品の要因の分析
ウ　競争者がいる地域での販売戦略の策定
エ　新規開発商品の需要の予測

解説

ゲーム理論とは，競争環境下で他者の意思決定を勘案して，自らの意思決定を行うもので，互いに相手よりも有利な立場に立つための手段を選択するための手法です。例えば，企業内部の利益計画に従って戦略商品を発売する場合に，それが市場に受け入れられるかどうかが同業者の類似商品の販売戦略によって左右されるという競争の問題などがあり，選択肢の中では，（ウ）の記述がこれに該当します。

ア：イベント会場の入場ゲート数の決定は，予測の問題です。

イ：売れ筋商品の要因の分析には，問題解決などで使われる因果関係分析の手法が用いられます。

エ：新規開発商品の需要の予測は，経営予測における利益計画の問題であり，競争者は存在しないケースとなります。

解答　ウ

演習問題　第4部　第2章　問5

ゲーム理論を活用した出店戦略に関する次の記述を読んで，設問1，2に答えよ。

(H23 春-FE 午後問 7)

A社はドラッグストアチェーンで，地方都市X市を中心に20店舗を展開している。A社の店舗には，駅ビル内店舗と，郊外ショッピングモール内店舗の2種類がある。

A社のライバルであるB社は，同じく地方都市X市を中心に12店舗を展開しているドラッグストアチェーンである。B社の店舗には，駅ビル内店舗と，駅前商店街店舗の2種類がある。A社とB社の各店舗の種類と立地は，表1のとおりである。

なお，A社とB社が各店舗で取り扱う商品には，大きな相違点はない。

表1　店舗の種類と立地

店舗の種類	立地
駅ビル内店舗	駅に直結する建物内
駅前商店街店舗	駅前の商店街
郊外ショッピングモール内店舗	郊外にあるショッピングモール内

X市内のY地区は，私鉄のY駅を中心に開発が活発に進められている地区である。従って，表1に示すどの種類の店舗でも出店のための店舗スペースの確保が十分可能である。A社は来年度の事業展開としてY地区への1店舗の出店を計画している。A社は出店の方針として，駅ビル内店舗又は郊外ショッピングモール内店舗の2種類の店舗に絞っている。A社はY地区について，どちらの種類の店舗を出店すべきか戦略を立案することになった。

A社は，Y地区への出店に関して外部の調査機関に依頼して，Y地区に店舗を出店した場合の売上見込みなどの調査結果を得た。

〔市場環境〕

購買動機などの基準によって，消費者全体を幾つかの独立した小部分に区分したものを消費者セグメントと呼ぶ。Y地区における，ドラッグストアを利用する消費者全体を，利用する店舗の種類で四つの独立した消費者セグメントに区分した。それぞれのセグメントに対する月間売上見込みと，各セグメントが利用する店舗の種類を表2に示す。例えば，セグメント2に対する月間売上見込みは，駅ビル内店舗と駅前商店街店舗との合計で1,000万円となる。

表2　Y地区の消費者セグメント別の売上見込みと利用する店舗の種類

消費者セグメント	セグメントに対する月間売上見込み	利用する店舗の種類		
		駅ビル内店舗	駅前商店街店舗	郊外ショッピングモール内店舗
セグメント1	2,000万円	○	×	×
セグメント2	1,000万円	○	○	×
セグメント3	1,000万円	×	○	○
セグメント4	1,000万円	×	×	○

注　○：対象となる消費者セグメント　×：対象とならない消費者セグメント

Y地区における競合環境に関して，次のような情報が得られている。

〔競合環境〕

(1) X市のY地区は，これまでドラッグストアチェーン店が出店したことはない。しかし，最近のY地区の人口増加傾向を受けて，A社のライバルであるB社も来年度，Y地区に駅ビル内店舗又は駅前商店街店舗のいずれか1店舗を出店する可能性が高い。B社がどちらの種類の店舗を出店するのか，又は出店しないのかに関しての情報は入手できていない。

(2) A社とB社が競合する他地区での売上実績から推測して，Y地区でA社とB社の店舗が同じ消費者セグメントを対象として販売する場合，対象とする消費者セグメントに対する売上は，双方の店舗で50%ずつ獲得するものと予想される。

設問1　調査結果に基づいて，Y地区へのA社が採り得る出店戦略とB社が採り得る出店戦略との組合せによって，売上高がどうなるかの予測に関する次の記述中の［　　］に入れる正しい答えを，解答群の中から選べ。

(1) ［　a　］出店した場合，セグメント1及びセグメント2で見込まれる売上はB社が，セグメント3及びセグメント4で見込まれる売上はA社が独占して獲得する。

(2) ［　b　］出店した場合，セグメント1及びセグメント2で見込まれる売上の合計額を，両社が50%ずつ獲得する。

解答群

ア　A社が駅ビル内店舗を，B社が駅前商店街店舗を

イ　A社が郊外ショッピングモール内店舗を，B社が駅ビル内店舗を

ウ　A社が郊外ショッピングモール内店舗を，B社が駅前商店街店舗を

エ　A社，B社ともに駅ビル内店舗を

A社では，Y地区への出店戦略の検討に当たって，B社との競合が発生する可能性があることから，B社が採り得る出店戦略を考慮した上で，A社の売上を最大化すべく，ゲーム理論を活用することとした。そこで，調査結果に基づいて，A社が採り得る出店戦略とB社が採り得る出店戦略との組合せによって，売上がどうなるか利得行列を使って整理した。

利得行列とは，ゲームの要素である“プレイヤ”，“戦略”，“利得”の3要素を，表3のような行列の形で表したものである。例えば，プレイヤAが戦略A-1，プレイヤBが戦略B-1を採ったときのプレイヤA及びプレイヤBの利得は，網掛け部分で表される。

表3　利得行列

プレイヤB／プレイヤA	戦略B-1	戦略B-2
戦略A-1	（プレイヤAの利得，プレイヤBの利得）	（プレイヤAの利得，プレイヤBの利得）
戦略A-2	（プレイヤAの利得，プレイヤBの利得）	（プレイヤAの利得，プレイヤBの利得）

設問2　市場環境及び競合環境の記述に基づいて作成された，表4の利得行列の中，及び次の記述中の [　　] に入れる正しい答えを，解答群の中から選べ。

表4　Y地区のA社並びにB社の月間売上高予測の利得行列

単位　百万円

A社＼B社	駅ビル内店舗	駅前商店街店舗	出店しない
駅ビル内店舗	(15，15)	([c] ，15)	([d] ，0)
郊外ショッピングモール内店舗	(20，30)	([e] ，15)	(20，0)

ゲーム理論では，相手がどのような戦略を採ったとしても，自分にとって最も有利となる戦略を支配戦略と呼ぶ。表4で予測した利得行列をB社の立場からみると，A社がどの戦略を採った場合でも，B社は [f] ことによって自社の売上を最大とすることができる。

そこで，B社が自社の売上を最大とすることができる戦略である [f] ことを仮定した場合，A社として自社の売上を最大とすることができる戦略は [g] ことであることが分かる。

c〜eに関する解答群

ア　0　　イ　5　　ウ　10
エ　15　　オ　20　　カ　25
キ　30

f，gに関する解答群

ア　駅ビル内店舗を出店する
イ　駅前商店街店舗を出店する
ウ　郊外ショッピングモール内店舗を出店する
エ　Y地区への出店を見送る

(4)　企業会計

会計に関しては売上一費用＝利益といった基本的な関係から，営業利益，経常利益，純利益の違い，売上総利益率や資本回転率，流動比率や固定比率などの経営分析指標，損益分岐点の求め方，減価償却費の計算などを理解しておくと，いろいろな事例で出される応用問題の解答が楽になります。午前問題でも出題される内容なので，基本事項は理解しておく必要があります。

知識確認問題　必要な知識を確認してみましょう！

問　資料は今年度の損益実績である。翌年度の計画では，営業利益を 30 百万円にしたい。翌年度の売上高は何百万円を計画すべきか。ここで，翌年度の固定費，変動費率は今年度と変わらないものとする。

(R2-AP 問 77)

〔資料〕　　**単位**　百万円

＜今年度の損益実績＞	
売上高	500
材料費（変動費）	200
外注費（変動費）	100
製造固定費	100
粗利益	100
販売固定費	80
営業利益	20

ア　510　　イ　525　　ウ　550　　エ　575

解説

この表では売上高から材料費，外注費，製造固定費を引いて粗利益を求め，更にこの粗利益から販売固定費を引いて営業利益を求めています。

営業利益とは，売上高から原価を引いたものですが，**原価は，売上高に比例する変動費と，常に一定である固定費に分かれます。**

表から**変動費は材料費と外注費**であり，**固定費は製造固定費と販売固定費**であることが分かります。売上高からこれらを減じて営業利益が出るということから翌年度の売上高を考えてみましょう。

ここで，翌年度の計画売上高をX（百万円）とおいて，式を立ててみます。

翌年の固定費＝今年の固定費＝(100＋80)＝180

翌年の変動費＝今年の変動費×(翌年の売上高／今年の売上高)

＝(200＋100)×(X／500)＝0.6 X

翌年の営業利益＝翌年の売上高－(翌年の変動費＋翌年の固定費)

＝X－(0.6X＋180)

翌年の営業利益を30（百万円）にするためには，次の式によって，売上高（X）を求めます。

30＝X－(0.6X＋180)

30＝0.4X－180

0.4X＝210

X＝525

式を展開し，解いていくと翌年度の売上高は525百万円と計画すべきことが分かります。したがって，（イ）が正解となります。

解答　イ

問　表のような製品A，Bを製造，販売する場合，考えられる営業利益は最大で何円になるか。ここで，機械の年間使用可能時間は延べ15,000時間とし，年間の固定費は製品A，Bに関係なく15,000,000円とする。

(H27秋-AP 問77)

製品	販売単価	販売変動費／個	製造時間／個
A	30,000円	18,000円	8時間
B	25,000円	10,000円	12時間

ア　3,750,000　　　イ　7,500,000

ウ　16,250,000　　　エ　18,750,000

解説

A，B の二つの製品に関する最大営業利益を考えるために，次のような計算を考えていきます。

① 固定費が A，B とも共通なので，それぞれについて販売単価から販売変動費を引いた**仮の個別利益**を求めます。

製品 A　30,000－18,000＝12,000

製品 B　25,000－10,000＝15,000

② 機械の年間使用可能時間から，A，B それぞれの**製造可能個数**を求めます。

製品 A　15,000÷8＝1,875

製品 B　15,000÷12＝1,250

③ 個別利益と製造可能個数を掛け合わせて，それぞれの**利益額**を求めます。

製品 A　12,000×1,875＝22,500,000

製品 B　15,000×1,250＝18,750,000

④ 以上の計算から**利益額が大きいのは製品 A で，これを限度いっぱいに製造するときに最大営業利益が得られる**ことが分かります。

③の**製品 A の利益額から固定費を引くと，求める営業利益**となります。

22,500,000－15,000,000＝7,500,000

したがって，（イ）が正解です。

解答　イ

演習問題　第4部　第2章　問6

収益の検討に関する次の記述を読んで，設問1〜3に答えよ。

(H30春-FE 午後問7)

小規模な部品メーカであるR社は，部品Tだけを生産して大手機械メーカに販売している。

設問1　次の記述中の [　　] に入れる適切な答えを，解答群の中から選べ。

利益計画を策定するために，部品Tの販売数について2通りの検討を行った。表1は，部品Tの販売数を1,000千個見込むケースXと，1,200千個見込むケースYについての収益検討表である。両ケースの，売上高に対する変動費の比率（以下，変動費率という）は等しく，固定費は同額である。

表1　収益検討表

ケース	X	Y
販売数（千個）	1,000	1,200
売上高（千円）	200,000	240,000
変動費（千円）		
固定費（千円）		
利益　（千円）	16,000	26,000

注記　網掛けの部分は表示していない。

表1から，変動費率は [a] %，固定費は [b] 千円である。よって，利益が0になる売上高（以下，損益分岐点売上高という）は，[c] 千円となる。

R社では，販売先から値下げ要求があることを想定して，販売数及び変動費を変えずに販売単価を下げた場合の値下げ率（値下げ額÷値下げ前の販売単価）と利益の計算を行った。利益がマイナスにならない最大の値下げ率は，ケースXでは [d] %であり，ケースYではケースX [e] 。

aに関する解答群

ア　25　　イ　40　　ウ　60　　エ　75　　オ　80

第4部
第1章
第2章

b に関する解答群

ア　16,000　　イ　34,000　　ウ　64,000　　エ　104,000　　オ　134,000

c に関する解答群

ア　45,333　　イ　64,000　　ウ　85,333　　エ　136,000　　オ　256,000

d に関する解答群

ア　4　　イ　8　　ウ　10　　エ　12　　オ　16

e に関する解答群

ア　と変わらない　　イ　よりも大きい　　ウ　よりも小さい

設問2　R 社は，変動費と固定費の合計（以下，費用という）と売上高の関係を他の3社と比較して，分析した。その結果，変動費率はR社が他社と比べて最も高いことが分かった。売上高と費用の関係を示したグラフを，図1に示す。図1のグラフ①～④のうち，R社に該当するものを，解答群の中から選べ。

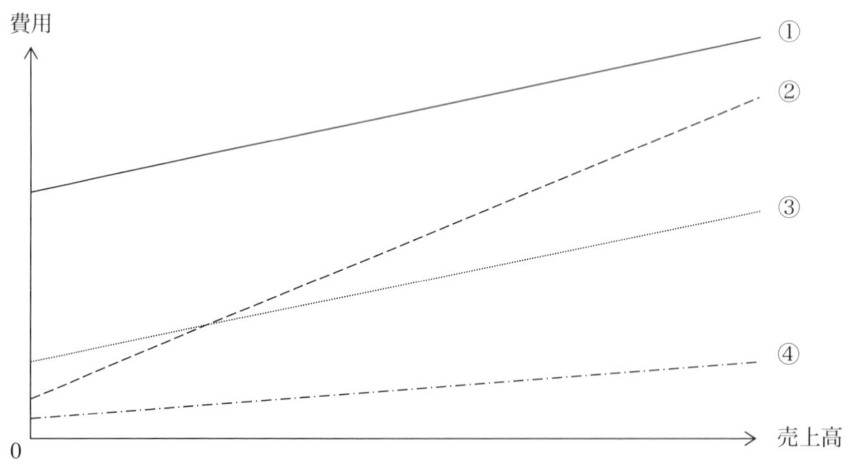

図1　4社の売上高と費用の関係を示したグラフ

解答群

ア　①　　イ　②　　ウ　③　　エ　④

設問３　R 社は，変動費率を下げる取組みを開始した。次の記述中の ［　　　］ に入れる適切な答えを，解答群の中から選べ。

R 社は，固定費を変えずに変動費率だけを下げることによって，損益分岐点売上高を ［ f ］ こととした。そのために，［ g ］ 取組みを開始した。

f に関する解答群

ア　上げる　　イ　下げる　　ウ　0 にする

g に関する解答群

ア　原材料の単価を下げる
イ　社員の給与を上げる
ウ　販売数を増やす
エ　販売単価を下げる

第5部

データ構造とアルゴリズム（必須問題）

Part 5　Chapter 1

第1章 アルゴリズム問題への取組み方

出題のポイント

アルゴリズムに関する問題は，午後の試験の出題範囲「データ構造及びアルゴリズム」として出題されます。午後の試験の必須問題として出題されていることから分かるように，最も重要な内容といえます。配点もプログラム言語の問題とともに25点になり，配点比率が高くなっているので，確実に得点できるように解法力を身に付ける必要があります。

(1)　擬似言語と流れ図

出題形式としては，擬似言語のプログラムとして出題されます。処理を表す記号は種類も少なく分かりやすいものです。午後の試験では冒頭に記述形式の説明がありますが，記号の意味が見てすぐ分かるようによく理解しておきましょう。

「**擬似言語**」か「**流れ図**」かという表記法の違いについては，見た感じがかなり異なりますが，あくまでも**アルゴリズムの表記法**であって，アルゴリズムの本質ではないことを理解してください。午前の試験では流れ図を使ってアルゴリズムが表現されますので，どちらの表記法で出題されても，落ち着いて解答できるように，それぞれの表記法に慣れておく必要があります。しかし，本来は，「擬似言語」，「流れ図」といった表記法に惑わされているようでは，アルゴリズムについて，基本情報技術者に期待される水準に達していないといえます。表記法を気にせず，自信をもってアルゴリズム問題に取り組めるように，問題演習で訓練してください。

(2)　問題の出題パターン

アルゴリズム問題の出題パターンとしては，最初に処理の概要の説明があり，続いてプログラムの説明，設問という順番になっていることが多いです。以前は1ページを超える長いプログラムもありましたが，比較的短く，内容を把握しやすいものになっているといえます。

設問内容としては，プログラム中の空欄に入る処理や条件を考えるものが最も一般的で，これに加えて，具体的なデータでプログラムを実行したときの結果を調べたり，プログラムの仕様を変更したときの修正内容を考えさせたりするものが多いといえます。なお，プログラムを空欄なしですべて出し，処理内容や結果を問う問題も出題されています。

限られた時間で解答するためには，処理内容と設問で聞かれていることを素早く把握して，プログラムについて考える時間を少しでも多く取るように心がける必要があります。このとき，解答群の内容を先に見て，問われていることの概要を把握すると効率的です。何も分からない状態でいきなりプログラムを見るよりも，解答群の内容からある程度，処理内容の察しを付けてから見た方が分かりやすく，効率的に読み進めることができます。

(3)　過去に出題されたテーマ

問題が公開されていた令和元年度秋期試験までに出題されたテーマとして，文字列操作，図形の操作，集計表の印刷，技術計算，ビット処理など様々な内容が取り上げられています。また，出題されるテーマも毎回変わるので，過去に出題された問題を解くだけでは，実際の試験で正解を導く力はなかなか付きません。出題される問題は，代表的なアルゴリズムに関する知識を問う目的ではなく，問題に書かれた処理内容の読解能力，プログラムのトレース能力を問うことが目的となっています。このため，基本的なアルゴリズムに対する知識と理解は必要ですが，学習で得た知識だけで解答しようという姿勢ではなく，問題文をどう読むか，流れ図や擬似言語で表記されたアルゴリズムの流れを，どうつかむかという練習が大切なのです。

(4)　第５部の構成

第５部は，この章に続いて「第２章　擬似言語によるアルゴリズムの表記」「第３章　基本アルゴリズム（整列・探索)」，「第４章　配列処理，文字列処理」，「第５章　アルゴリズムの解法力」という章で構成しています。

まず，「第２章　擬似言語によるアルゴリズムの表記」で表記の概要を理解してください。次の「第３章　基本アルゴリズム（整列・探索)」では，多くのアルゴリズムに共通して使われる整列と探索についての理解と，アルゴリズムの組立て方を中心に学習します。次の「第４章　配列処理，文字列処理」では，テーマを問わず利用される配列の使い方，添字の変化などについて，どのようにその使い方を把握していけばよいかを中心に学習した後，文字列処理のアルゴリズムを学習します。「第５章　アルゴリズムの解法力」では，アルゴリズム問題のすべてのテーマに共通する，解答を導き出す方法・考え方について学習し，演習問題を通じて本試験問題で正解できる実力を身に付けます。

なお，アルゴリズムの表記は始め流れ図を使っていますが，擬似言語による表現も，ところどころ加えてあります。初めて学習する方は擬似言語の表記に徐々に慣れていってください。

(5)　第５部の解説についての考え方

過去に出題された問題を題材として解説していますが，各問題（例題，演習問題）の解説は，その問題だけの固有の解説ではなく，それぞれの学習目標が達成できるようなポイントを含めた解説となっています。したがって，提示された問題が解けたからといって，解説を飛ばすのではなく，解説をよく読んで，アルゴリズム問題で正解を導き出す方法・考え方を理解してください。

アルゴリズム問題に限らず，学習した内容を自分の知識・能力として定着させるためには，モチベーション（動機付け）が必要だとされています。モチベーションの基本は“必要性”です。解説を読まされているというのでは，学習の効果は期待できません。必ず，自力で問題を解き，どこが分かって，どこが分からなかったかということをはっきりさせます。そして，「分からなかったことを解決するために解説を読む」ことが，モチベーションとなります。また，正解を導けた部分でも，自分の解答方法や考え方と違う方法が解説されているかもしれません。このような自分の考え方と違う解答方法を理解すれば，それが，アルゴリズムについての問題解決能力の幅をさらに広げることにつながります。

(6)　アルゴリズム問題を解く心構え

アルゴリズムは，最終的には変数などを使った抽象的な表現になるので，「頭の中だけで抽象的に考えなくてはいけない」という誤解があるのではないかと思います。しかし，本来は具体的な例を使って，図や表に整理するといった，メモを取りながらの作業が必要となるのです。問題とにらめっこをしていても，解答は思い浮かびません。気が付いたことや注意が必要だと思ったことをとにかくメモすること，処理されたデータや結果を実際に書いて処理の流れを追うこと，このような作業を積極的に行ってください。

問題を解くときも，また解説を読むときも，今一つ理解に苦しむときにはメモを取りながら考える努力が必要となります。そして，その作業の積み重ねで正解を出す力が付き，実際の試験でアルゴリズム問題を解くときに生きてくるのです。第５部の学習は，メモ用紙と鉛筆を用意して，手を動かしながら行いましょう。

Part 5　Chapter 2

第2章 擬似言語によるアルゴリズムの表記

出題のポイント

午後の試験では，アルゴリズムの表記法として「擬似言語」が用いられます。言語といっても非常に簡潔な表記方法で，通常の英語表現で行う言語を記号で表現することから“擬似言語”と表現しています。

情報処理技術者試験で使われる擬似言語は，何回か仕様が変わりましたが，新試験制度になってからは次ページにある仕様になっています。プログラム言語で選択処理として使われる if は上下の▲と▼で処理をはさんで表し，繰返し処理として使われる while や perform は上下の■で処理をはさんで表します。

ソフトウェア開発に携わっている方にとっては，「擬似言語」自体は，構造化チャートと呼ばれる種々の表記法と似ていますから，違和感のない方も多いと思いますが，ソフトウェア開発に携わったことのない方は，まずは流れ図による表現を習得してください。その後で擬似言語の表記法を理解し，問題を解くとよいでしょう。第５部では流れ図と擬似言語の両方を示しているので，自然に理解できるようになると思います。

また，過去問題で出題された流れ図などを，「擬似言語」で書き換える練習をすると早く慣れることができます。注意点としては，JIS 規格の流れ図の繰返し処理では「終了条件」を書きますが，擬似言語では「繰返し条件」を書きます。また，代入文について，流れ図では“A → B”のように“代入するデータ → 代入先”ですが，擬似言語では左右反対で，“代入先 ← 代入するデータ”として “B ← A”のように書きます。

「擬似言語」の表記方法は，以前は出題年度によって細かい違いがありましたが，本書に収録している過去問題のプログラムの仕様は，次ページに掲載した擬似言語の記述形式に合わせて修正してあります。

〔宣言，注釈及び処理〕

	記述形式	説明
○		手続，変数などの名前，型などを宣言する。
/* 文 */		文に注釈を記述する。
処理	・変数 ← 式	変数に式の値を代入する。
	・手続(引数, …)	手続を呼び出し，引数を受け渡す。
	▲ 条件式 処理 ▼	単岐選択処理を示す。 条件式が真のときは処理を実行する。
	▲ 条件式 処理 1 ――― 処理 2 ▼	双岐選択処理を示す。 条件式が真のときは処理 1 を実行し，偽のときは処理 2 を実行する。
	■ 条件式 処理 ■	前判定繰返し処理を示す。 条件式が真の間，処理を繰り返し実行する。
	■ 処理 ■ 条件式	後判定繰返し処理を示す。 処理を実行し，条件式が真の間，処理を繰り返し実行する。
	■ 変数: 初期値, 条件式, 増分 処理 ■	繰返し処理を示す。 開始時点で変数に初期値（式で与えられる）が格納され，条件式が真の間，処理を繰り返す。また，繰り返すごとに，変数に増分（式で与えられる）を加える。

〔演算子と優先順位〕

演算の種類	演算子	優先順位
単項演算	＋, －, not	高
乗除演算	×, ÷, %	↑
加減演算	＋, －	
関係演算	＞, ＜, ≧, ≦, ＝, ≠	
論理積	and	↓
論理和	or	低

注　整数同士の除算では，整数の商を結果として返す。%演算子は，剰余算を表す。

〔論理型の定数〕

true, false

擬似言語には，手続の記述として上から下への“順接”（順番），条件の判定結果による“選択”，前判定繰返し処理による“反復”の三つの制御構造だけが定義されており，gotoに当たる分岐はありません。まさに，構造化プログラミングです。

過去に出題された流れ図の問題では，「反復」構造を「判定」と矢印による分岐で表現した，あまり好ましくない制御構造によって，受験者を惑わせるものがありました。しかし，擬似言語には分岐の記号がないのでこうした記述はできません。ただし，通常の構造化チャートと比べると，記号で表現している分，直感的に分かりにくいと思う人もいるかもしれません。このような人は，なるべく**全体を見渡すマクロ的な視点を心掛け，自分でプログラム（アルゴリズム）の構造を，大まかにとらえるようにしてください**。字下げによって構造を分かりやすく表すようにしていますが，一連の手続のまとまりを丸で囲んではっきりさせ，処理の概要をメモするなどの工夫をするとよいでしょう。

「擬似言語」の表記で注意が必要なのは，プログラム中の「手続」の宣言です。C言語の関数宣言に似ていますが，ここで，宣言された手続は，流れ図におけるサブルーチンと同様に，ブラックボックス的（内部アルゴリズムを考えずに，機能だけに注目すればよい）に扱われます。処理の中に突然現れることもありますが，このような場合は，その手続によってどんな結果が得られるのか（どんな処理が行われるのか）ということだけを考えるようにします。

流れ図の終了条件と擬似言語の繰返し条件について

第５部のアルゴリズムの解説では，流れ図と擬似言語の両方を示しています。流れ図の終了条件が複合条件の場合，これを繰返し条件にするには終了条件の否定を求めればよいのですが，このとき便利なのがド・モルガンの法則です。

（ド・モルガンの法則）

$\overline{A \text{ and } B} = \overline{A} \text{ or } \overline{B}$

$\overline{A \text{ or } B} = \overline{A} \text{ and } \overline{B}$

例えば，終了条件が「i＞100　and　k＝0」のとき，これを繰返し条件にするには否定を求めます。このとき，ド・モルガンの法則を次のように使います。

$\overline{\texttt{i>100 and k=0}} = \overline{\texttt{i>100}} \texttt{ or } \overline{\texttt{k=0}} = \texttt{i} \leqq \texttt{100 or k} \neq \texttt{0}$

もう一つ例として，終了条件が「A[i]＞1　or　k＜0」のとき，これを繰返し条件にするために否定を求めると，次のようになります。

$\overline{\texttt{A[i]>1 or k<0}} = \overline{\texttt{A[i]>1}} \texttt{ and } \overline{\texttt{k<0}} = \texttt{A[i]} \leqq \texttt{1 and k} \geqq \texttt{0}$

Part 5　Chapter 3

第3章 基本アルゴリズム（整列・探索）

出題のポイント

基本アルゴリズムとして，整列（ソート）と探索（サーチ）の代表的なアルゴリズムを学習します。具体的には，交換法と選択法及び挿入法による整列アルゴリズム，逐次探索と2分探索のアルゴリズムです。

これらのアルゴリズムの考え方については，午前の試験でも出題されているので，既に学習していると思います。ここでは，考え方の説明は簡単にして，その考え方をどのようにアルゴリズムとしてまとめていくかということを中心に解説していきます。そして，ここで解説している論理的な考え方が身に付けば，午後の試験のアルゴリズム対策の基礎訓練は終了です。

基本アルゴリズム自体が，午後の試験の出題テーマになることは少ないですが，整列と再帰処理の考え方を応用したマージソートやクイックソートの問題が出題されたことがあり，今後もアレンジした形で出題される可能性があります。

このような応用問題でも整列の考え方を理解していて，トレース（処理の追跡）が落ち着いてできれば，解答を導き出すことができますので，心配する必要はありません。また，整列や探索処理は，一般的なアルゴリズムの中の一部の処理として用いられていることもあるので，しっかり理解しておきましょう。

ここで説明するアルゴリズムの組立て方・考え方は，整列や探索だけに限定したものではありません。今後の学習の基礎となる大切な内容ですから，じっくり解説を読んで，しっかり理解してください。

3.1　交換法（バブルソート）

対策のポイント

まずは，過去の午前の試験に出題された問題で，バブルソート（交換法）の基本的な考え方を整理しましょう。次の問題を例にして考えてみます。

知識確認問題　必要な知識を確認してみましょう！

問　次の6個の要素をもつ配列を，右から左へのバブルソートのアルゴリズムによって昇順に整列（ソート）するとき，3回目のスキャン後の配列はどれか。

(H7 秋-NW 問 40 改)

整列前の配列：10　8　52　17　3　31

ア	3	8	10	17	31	52
イ	3	8	10	17	52	31
ウ	3	8	52	17	10	31
エ	3	10	8	52	17	31

解説

バブルソートでは，端から順に隣り合う要素の値を比較し，整列したい並び方（昇順，降順）に対して大小が逆であれば，交換していく方法です。ここでは配列の右端から順番に比較処理を行いますが，これをスキャン（scan）といいます。日本語なら走査といいます。

この問題の場合，右から左へスキャンするので，整列の過程は次のようになり，1回目から5回目のスキャンを行うことによって整列が完了します。なお，枠で囲ってある数字は，比較の結果，交換が必要な部分を表します。

問われているのは3回目のスキャンが終わった後の内容ですから，（ア）が正解となります。

解答　ア

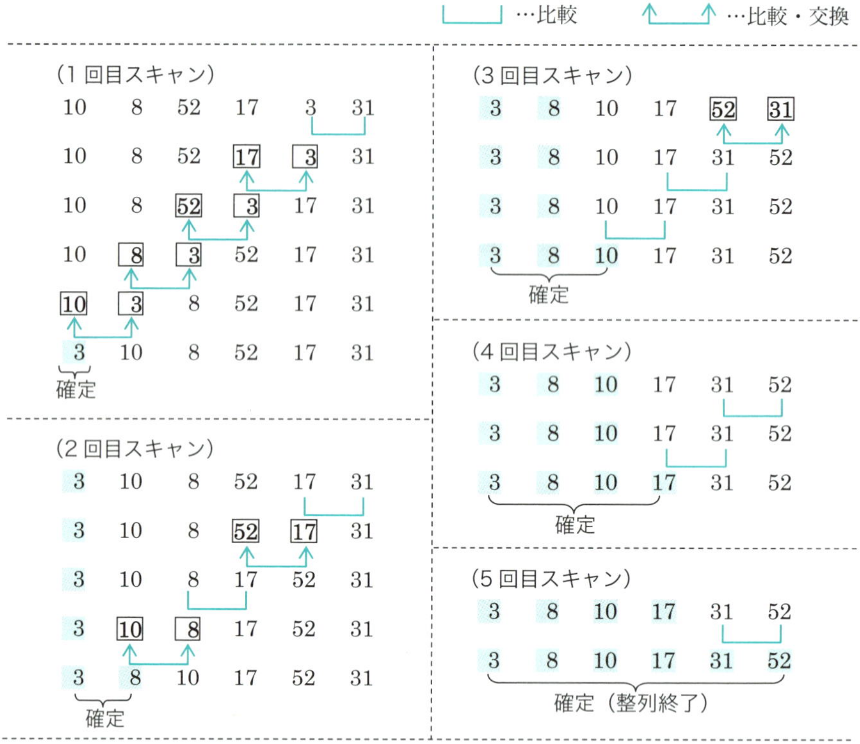

└─┘…比較　↑─↑…比較・交換

（1回目スキャン）

10　8　52　17　3　31
10　8　52　17　3　31
10　8　52　3　17　31
10　8　3　52　17　31
10　3　8　52　17　31
3　10　8　52　17　31

確定

（2回目スキャン）

3　10　8　52　17　31
3　10　8　52　17　31
3　10　8　17　52　31
3　10　8　17　52　31
3　8　10　17　52　31

確定

（3回目スキャン）

3　8　10　17　52　31
3　8　10　17　31　52
3　8　10　17　31　52
3　8　10　17　31　52

確定

（4回目スキャン）

3　8　10　17　31　52
3　8　10　17　31　52
3　8　10　17　31　52

確定

（5回目スキャン）

3　8　10　17　31　52
3　8　10　17　31　52

確定（整列終了）

二つの要素の比較と交換を繰り返すことによって，全体が整列されていく様子が理解できたでしょうか。もう少しよく観察すると，3回目のスキャン終了時点で，全体の整列も完了していることが分かります。このデータの並び方では，3回目のスキャンで終了しましたが，必ずこうなるわけではありません。

知識確認問題によって，バブルソートの考え方が理解できたと思います。それでは，このバブルソートを実行するアルゴリズムを組み立てていきましょう。データは，配列Aに格納されていて，その個数はN個であるとします。いきなり，アルゴリズムを流れ図で表現してください，といわれてもどこから手をつけたらよいのか戸惑うかもしれません。アルゴリズムを組み立てる場合には，おおまかな構造を考える視点（**マクロ的視点**）と，おおまかな構造としてとらえた各部分について，それぞれを詳細に考える視点（**ミクロ的視点**）の二つの視点を上手に組み合わせていきます。ミクロ的視点では，全体のことは忘れてしまいましょう。その部分だけに集中して考えることが大切です。

まずは，マクロ的視点でおおまかな構造を考えます。先ほどの問題の解説にある処理の流れを見ると「隣り合う要素の値を比較して，順番が逆（左の要素の値の方が大きい）の場合には，要素の値を交換する」という操作を，配列の右端から左端まで順番に行っています。そして，このスキャンを，配列の左端を一つずつ減らしながら，最後は二つの要素になるまで繰り返します（1〜5 回目のスキャン）。したがって，おおまかな構造は，1〜N，2〜N，3〜N，…というように，範囲を狭めながら，スキャンを繰り返しているととらえることができます。そして，この中で繰り返されるスキャンとは，範囲の右端から，順次，一つ前（左）の要素と値の大小を比較し，左の要素の値の方が大きい場合には，交換するという操作を行うということになります。

今度は逆に，ミクロ的視点からアルゴリズムを組み立てていきます。範囲を変えながらスキャンを行うのですから，スキャンの部分に注目して，この部分だけのアルゴリズムを考えます。スキャンというのは，範囲の右端から，順次，一つ前（左）の要素と値の大小を比較し，左の要素の値の方が大きい場合には交換するという操作でした。これも，範囲の右端から左端への繰返しとなりますから，**まずは，その中で繰り返される二つの要素の値の比較と交換の部分にだけポイントを絞ります。** 例えば，3 番目の要素とその前（2 番目）の要素の値の大小を比較するということを流れ図の記号を使って表現すると，次のようになります。

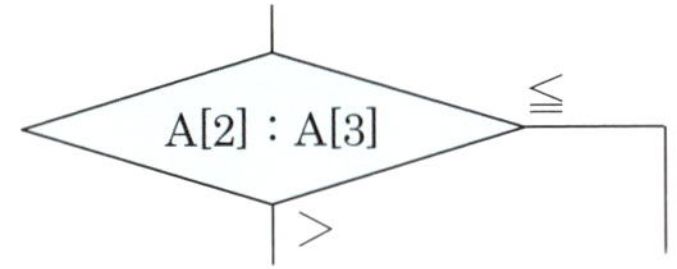

そして，この比較の結果 A[2]>A[3] の場合には，要素の値の交換，そうでなければ何もしないので，とりあえず，交換を一つの箱として考えると，次のようになります。

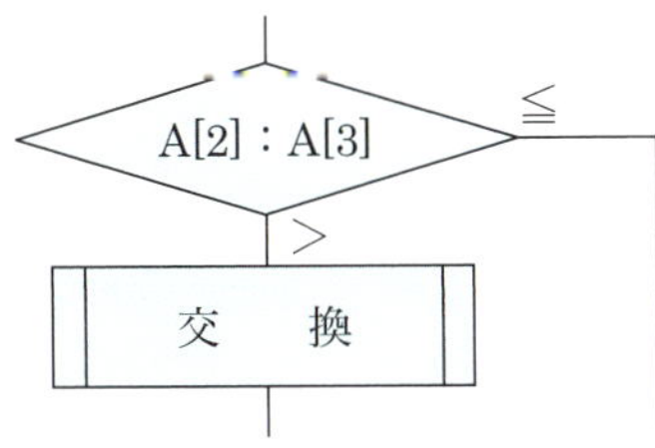

この「交換」の部分をどう実現するかを考えます。単純に考えれば，A[3] → A[2]，A[2] → A[3]とすればよいように思いますが， A[2] → A[3] を行う時点では，その前の A[3] → A[2] によって，A[2]に A[3]の値が設定されているので，うまくいきません。

この場合，どちらかの値をいったん別の変数に移すことによって解決できます。この変数を W とすると， A[2] → W ，A[3] → A[2]，W → A[3] というようになります。これで，最も基本的な操作である比較・交換のイメージができました。

余談になりますが，作業用の変数に名前を付けるとき，この例のように W とか WK がよく使われます。これは作業用の場所（作業領域）のことを Working Area というので，この単語の Work の文字を使うと意味が分かりやすいからです。

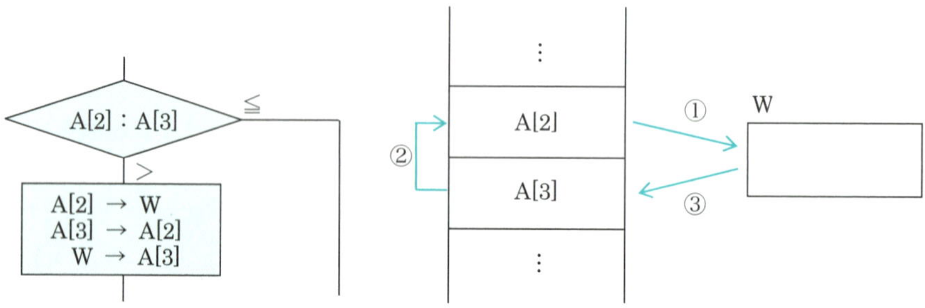

次に，この操作を範囲の右端から左端まで順次繰り返すことが，1 回のスキャンとなります。まず，範囲として次のように 1 番目～3 番目だけで考えてみましょう。具体的には，3 番目の要素の値と 2 番目の要素の値，2 番目の要素の値と 1 番目の要素の値の比較交換を行えばよいことになります。

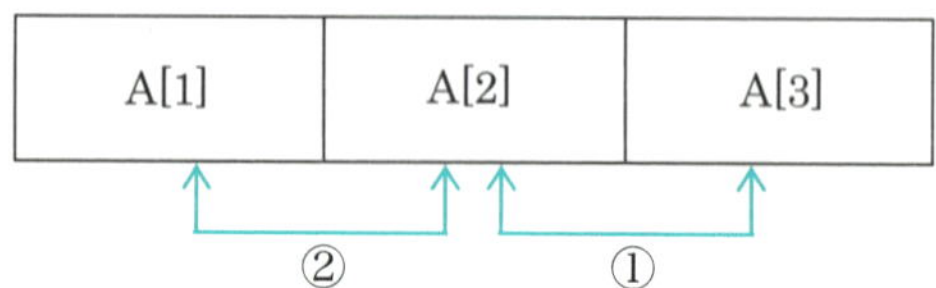

これを流れ図の記号を使って表現します。たった 2 回の繰返しなので，繰返し構造を用いずに，操作をそのまま 2 回書いてもよいのですが，最終的には，1 番目～N 番目というように，どんな場合でも使えるよう汎用的にしたいので，繰返し構造を使って実現しましょう。

さて，この繰返しでは，比較する要素の位置（配列の添字）を変化させながら値の比較・交換を行うことになります。また，そのときの考え方として，左側の要素，右側の要素どちらを基準に考えてもよいのですが，今回は右端から比較するので，右側の要素を基準に考えます。つまり，右側の要素を A[j]だとすれば，左側の要素は A[j−1]ということになります。そして，右側の要素が基準となりますから，1 番目～3 番目の比較・交換の開始は，右側の要素として 3 番目，左側の要素として 2 番目の二つの値の比較を行えばよいことになります。これを，流れ図の記号を用いて表現すると，次のようになります。

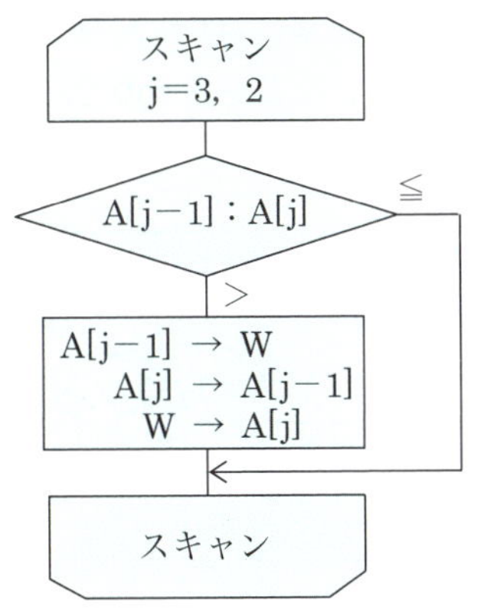

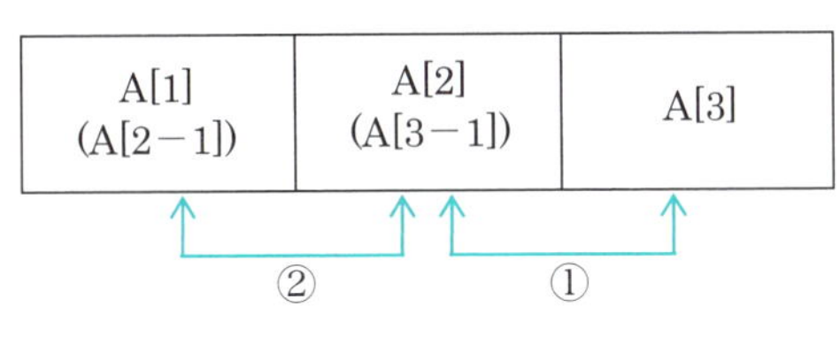

実際に，スキャンで行うのは１番目〜N 番目の比較・交換なので，右側の要素としては，N 番目，N−1 番目，…，２番目というように変わっていきます（最後が１番目でなく，２番目になります）。この内容を流れ図で表すと，繰返しの条件部分が変更されて，次のようになります。

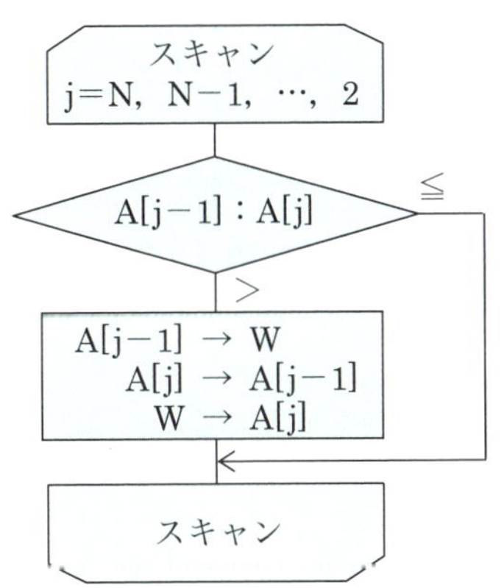

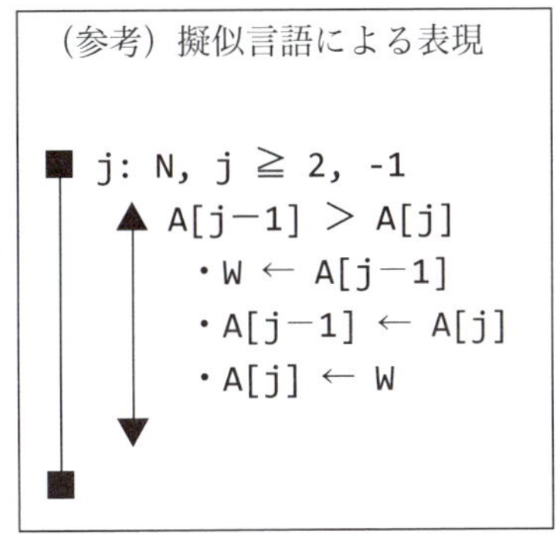

注：擬似言語では処理を繰り返す条件（j≧2）を書きます。

ここまでで，内側の繰返し（スキャン）の部分にめどがたちました。次は，外側の繰返し，つまり，範囲の左端を一つずつ狭めながら繰り返す部分を考えます（このとき，スキャンの部分は中身を隠してまとめ，一つの箱として考えるのがポイントです）。さて，この繰返しでは，区間の左端を変えて範囲を狭めていくのですが，これは，具体的には，1，2，3，…，N−1 というように数字を増やしていくことになります。**最後が N ではなく，N−1 となります**（右端は N なので，左端も N の場合，要素が一つになり比較する対象がありません）。

外側の繰返しでは，実際に繰り返し行われる「スキャン」処理に対して，左端を与えることになります。アルゴリズムでは，値を示すために，変数を使うので，変数 i を使って左端を示すとすれば，この部分は次のようになります。

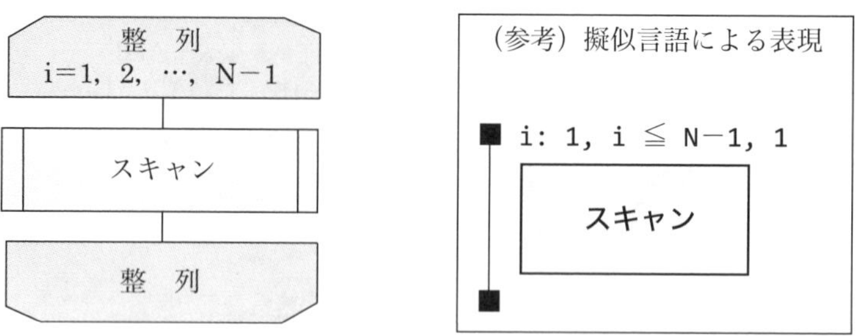

ここまでくると，バブルソートを行うためのアルゴリズムの部品が揃いましたから，部品の間（インタフェース）を調整して組み立てれば完成です。

先ほど考えた部品「スキャン」は，1 番目～N 番目の要素について比較・交換を行うものでした。しかし，実際の区間は，外側の繰返しを行うたびに狭まっていきます。そして，その左端は，変数 i によって与えられるのでした。したがって，この変数を使って，i 番目～N 番目の要素に対する比較・交換を考えればよいことになるので，右側の要素は，N 番目，N−1 番目，…，i+1 番目と変わりますね。これを流れ図で表現すると，次のようになります。もう説明は十分と思われる方は，理解しているということですから，自信をもってください。

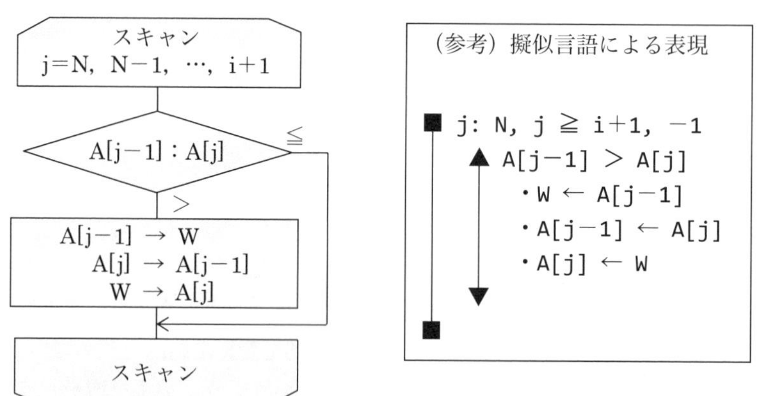

この部品を，先ほどの「スキャン」の箱に置き換えれば流れ図の完成です。

〔バブルソート（交換法）　昇順〕

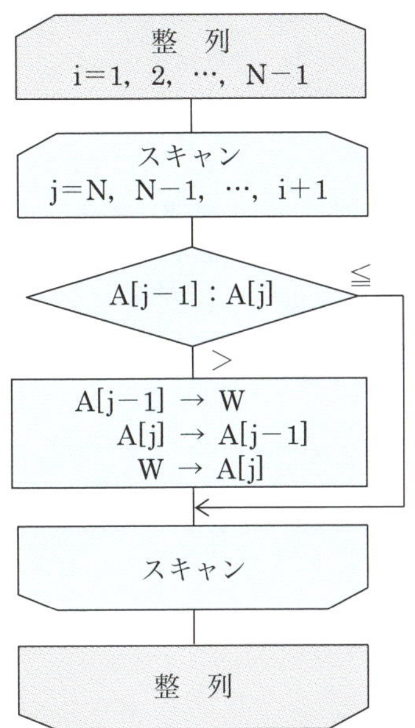

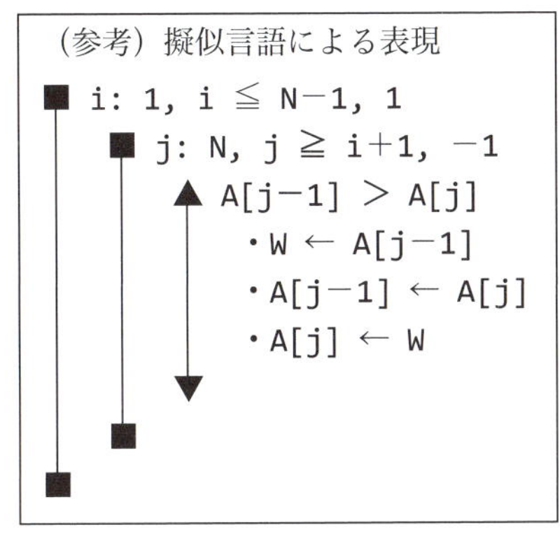

さて，バブルソートの流れ図が完成しましたが，今度はこの流れ図を降順に整列するように改造してみましょう。

前の流れ図は昇順に整列するものでしたから，A[j−1]>A[j] の場合に，要素の値を交換しました。

今度は降順ですから，A[j−1]<A[j] の場合に，要素の値を交換すればよいことになります。したがって，右のようになりますが，比較処理の分岐する条件が変わったこと以外は同じです。

〔バブルソート（交換法）　降順〕

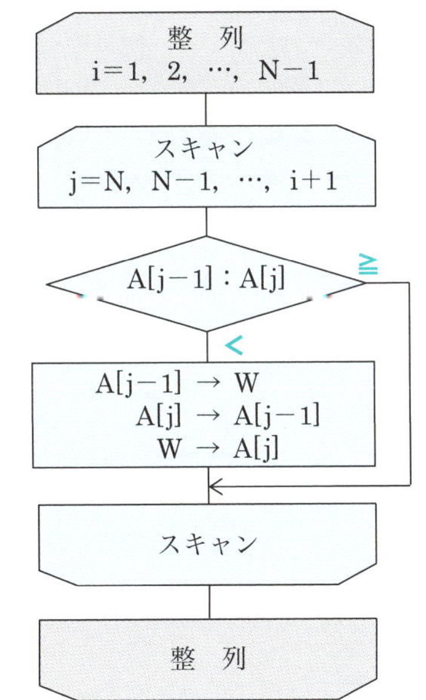

3.2　選択法

対策のポイント

整列の対象となるデータは，3.1 の問題と同じです。今度は選択法による整列の過程を考えてみましょう。次の問題を例にして考えてみます。

知識確認問題　必要な知識を確認してみましょう！

問　次の 6 個の要素をもつ配列を，選択法のアルゴリズムによって昇順に整列（ソート）するとき，3 回目のスキャン後の配列はどれか。ただし，左端から順に要素が確定していくようにする。

(H7 秋-NW 問 40 改)

整列前の配列：10　8　52　17　3　31

ア　3　8　10　17　31　52
イ　3　8　10　17　52　31
ウ　3　8　10　31　17　52
エ　3　8　10　31　52　17

解説

バブルソートでは，配列の端から隣り合う要素の値を比較しましたが，選択法では，区間中の値を一つずつ比較して最小の値を選択し，その値を区間要素位置の端（この場合は左端）と取り替えて，これを順次繰り返していく方法です。

言葉で説明してもなかなかイメージしにくいので，先ほどと同じように，整列の過程を一つずつ見ていくことにします。次ページ以降の比較処理の内容を確認してください。この結果から，3 回目のスキャン後の配列は（イ）が正解になります。

解答　イ

↑…比較・代入　　…比較　　↑↑…交換

（１回目スキャン）

[1]	[2]	[3]	[4]	[5]	[6]	最小値	要素番号	
10	8	52	17	3	31	10	[1]	（左端の 10 をとりあえず最小値とする）
10	8	52	17	3	31	8	[2]	
10	8	52	17	3	31	8	[2]	
10	8	52	17	3	31	8	[2]	
10	8	52	17	3	31	3	[5]	
10	8	52	17	3	31	3	[5]	
10	8	52	17	3	31	3	[5]	（左端と最小値 3 を取り替え，1 番目とする）
3	8	52	17	10	31			
確定								

（２回目スキャン）

[1]	[2]	[3]	[4]	[5]	[6]	最小値	要素番号	
3	8	52	17	10	31	8	[2]	（区間内左端の 8 をとりあえず最小値とする）
3	8	52	17	10	31	8	[2]	
3	8	52	17	10	31	8	[2]	
3	8	52	17	10	31	8	[2]	
3	8	52	17	10	31	8	[2]	
3	8	52	17	10	31	8	[2]	（区間内左端の最小値 8 を 2 番目とする）
3	8	52	17	10	31			
確定								

（３回目スキャン）

[1]	[2]	[3]	[4]	[5]	[6]	最小値	要素番号	
3	8	52	17	10	31	52	[3]	（区間内左端の 52 をとりあえず最小値とする）
3	8	52	17	10	31	17	[4]	
3	8	52	17	10	31	10	[5]	
3	8	52	17	10	31	10	[5]	
3	8	52	17	10	31	10	[5]	（区間内左端と最小値 10 を取り替え，3 番目とする）
3	8	10	17	52	31			
確定								

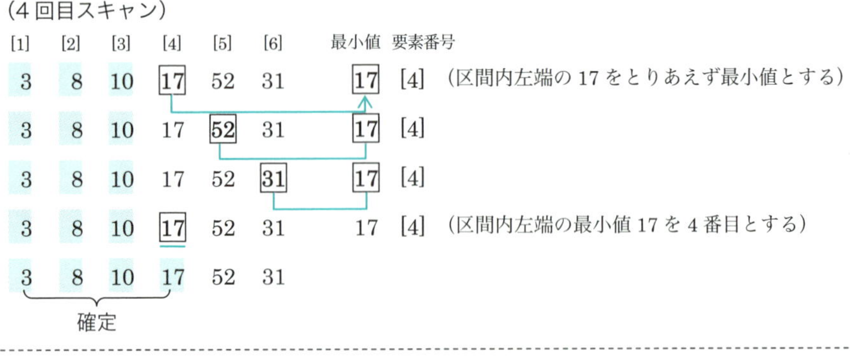

（5 回目スキャン）

[1]	[2]	[3]	[4]	[5]	[6]	最小値	要素番号	
3	8	10	17	52	31	52	[5]	（区間内左端の 52 をとりあえず最小値とする）
3	8	10	17	52	31	31	[6]	
3	8	10	17	52	31	31	[6]	（区間内左端と最小値 31 を取り替え，5 番目とする）
3	8	10	17	31	52			

確定（整列終了）

選択法は，バブルソート（交換法）と並んで，基本整列法と呼ばれているアルゴリズムの一つです。選択法のアルゴリズムを流れ図で表現してみましょう。

基本的な構造は，バブルソートと似ています。スキャンを行う区間の左端を一つずつ狭めながら，「スキャン処理」を繰り返すことになり，次のようになります。ここでも，**区間の左端は，N までではなく N−1 となります。**

ここで，最小値を一時的に格納する変数 W と，最小値の配列の要素番号を格納する k を利用して考えます。スキャンをする前に，区間の左端の値をとりあえず最小値としますので，「A[i] → W」，その要素番号の情報を格納するために「i → k」の処理が行われます。

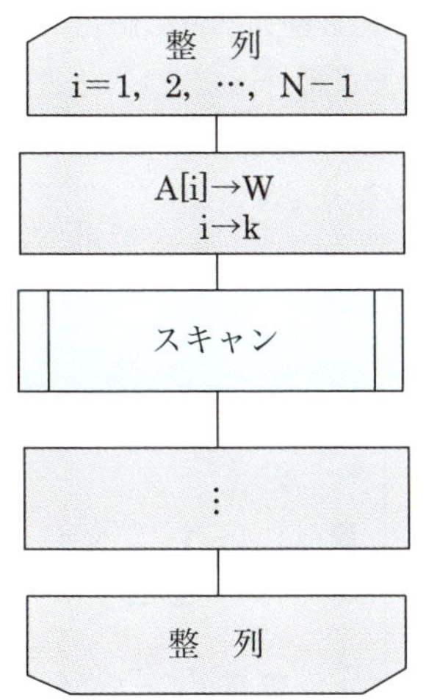

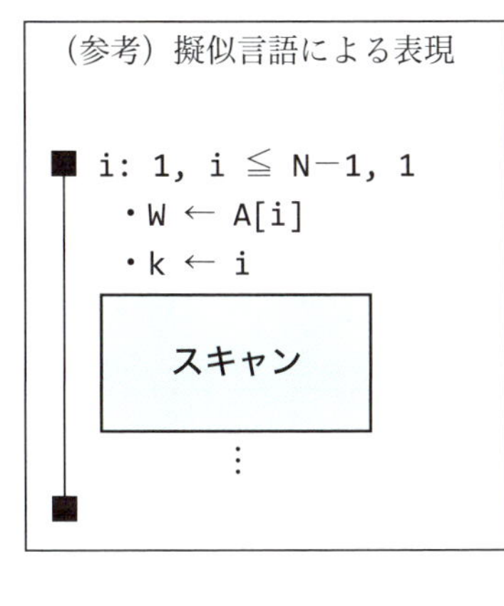

次は，スキャンの部分です。今度は，いきなり i 番目〜N 番目の区間で考えましょう。比較・交換の対象の一方は，最小値の値が入る変数 W です。そして，もう一方は，i+1 番目，i+2 番目，…，N 番目までです。この位置を変数 j で示すことにすると，j の値を，i+1〜N まで 1 ずつ増やしながら，変数 W と値の大小の比較をしていけばよいことになります。

値の整列は昇順なので，W＞A[j] の場合に，変数 A[j]の値を変数 W に代入し，また変数 j の値を変数 k に代入します。この内容を流れ図で表すと，次のようになります。

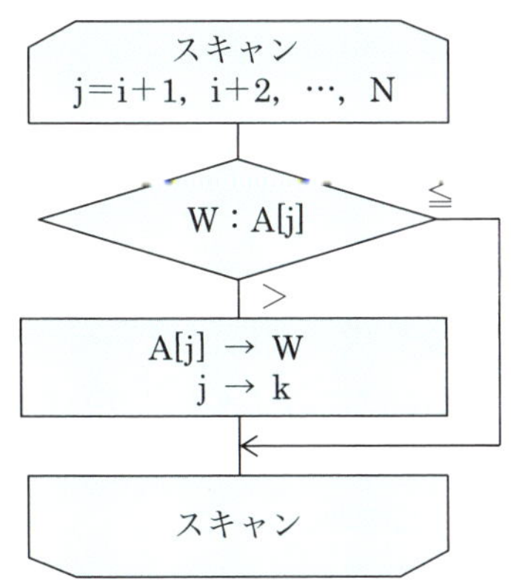

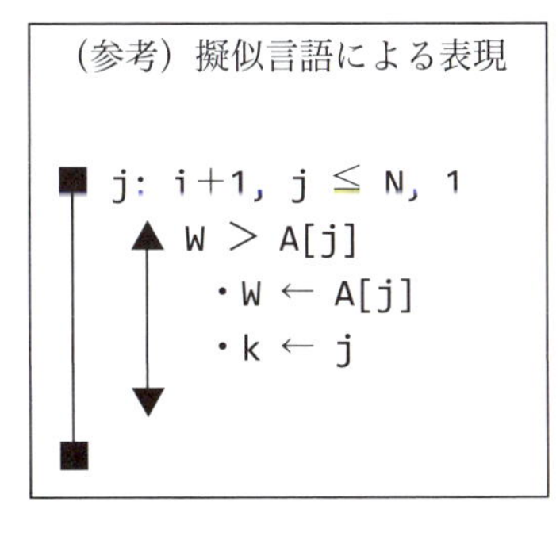

このスキャン処理が終わったら，区間の最小値の配列部分の値と，区間の左端の値を交換します。最小値の場所を示す配列Ａの要素番号は変数ｋに格納されるので，A[i] → A[k] と W → A[i] の処理を加え，入替えを行います。この処理と「スキャン」の箱の部分に当てはめた流れ図は次のとおりです。

〔選択法〕

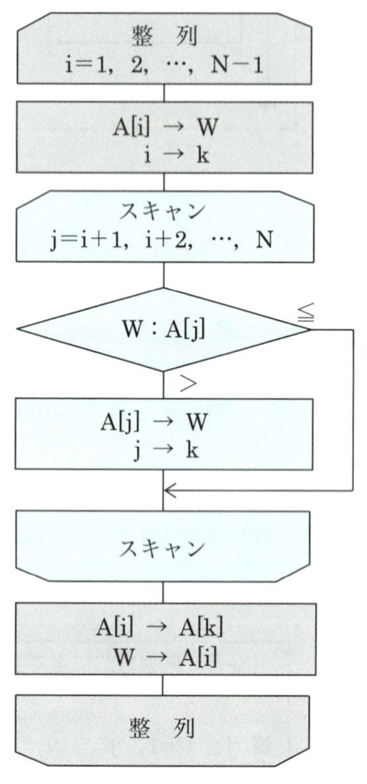

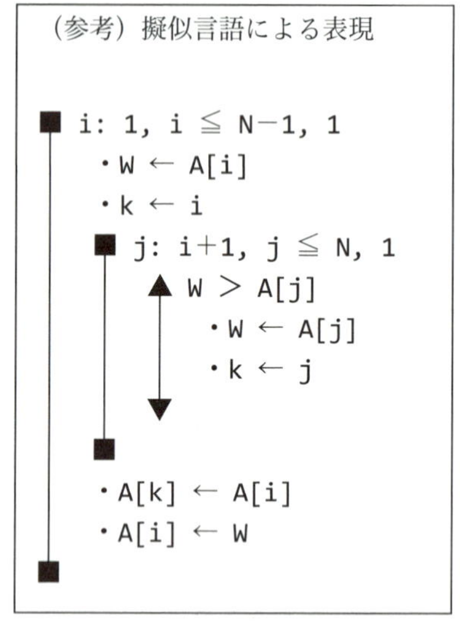

さて，この流れ図では，最小値を格納する変数Ｗを利用しています。しかしこの場合，最小値が確定するまでの間，何度も変数Ｗに A[j] の代入が行われるため，あまり効率がよいとはいえません。最小値の配列番号が変数ｋに格納されれば，その都度，変数Ｗに最小値を格納しなくても同じ処理ができます。

その手順をまとめると次のようになります。先ほど例として考えた問題の場合と比較してみてください。

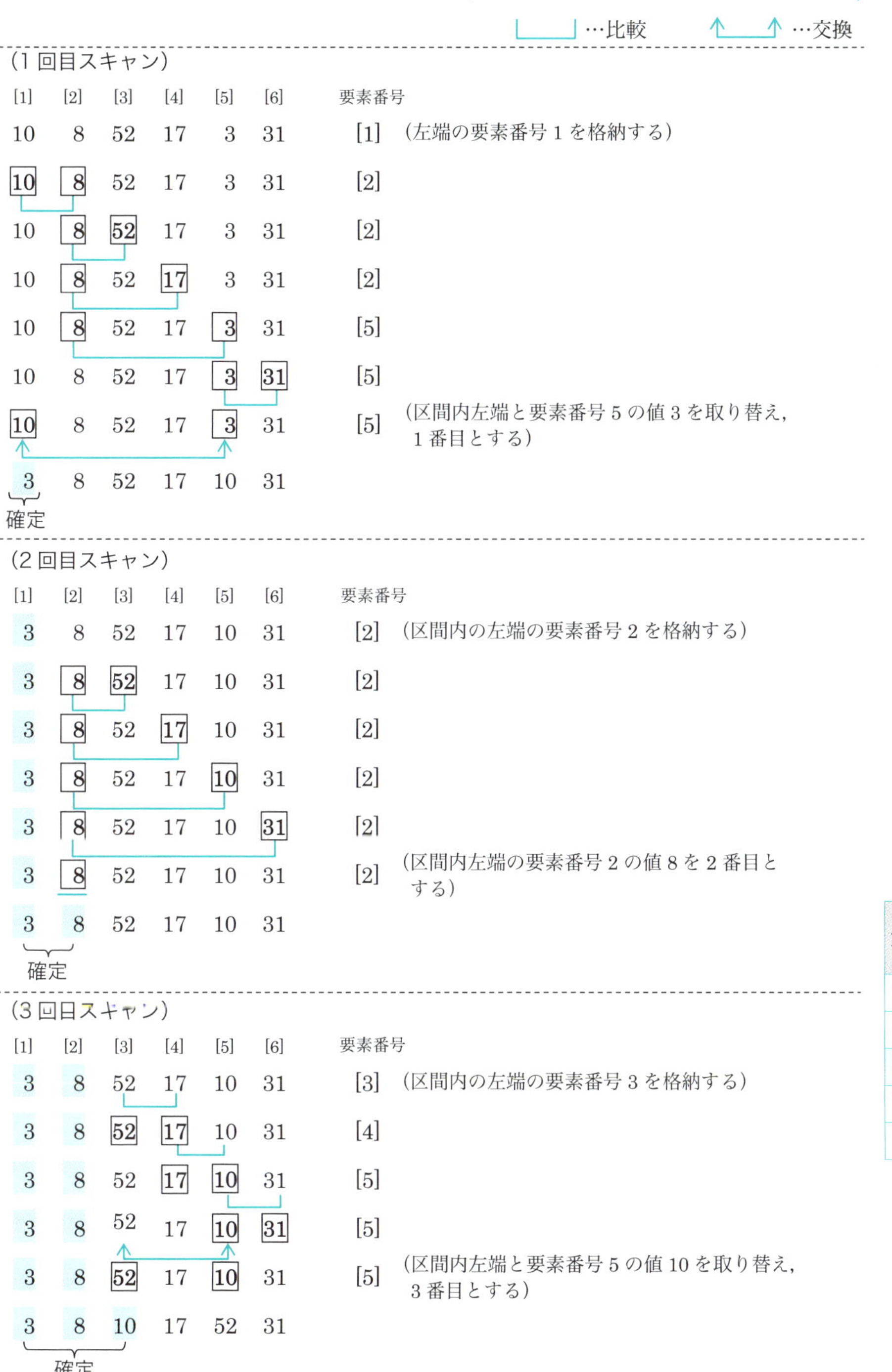

…比較
…交換
(1 回目スキャン)
[1] [2] [3] [4] [5] [6] 要素番号
10 8 52 17 3 31 [1] (左端の要素番号 1 を格納する)
10 8 52 17 3 31 [2]
10 8 52 17 3 31 [2]
10 8 52 17 3 31 [2]
10 8 52 17 3 31 [5]
10 8 52 17 3 31 [5]
10 8 52 17 3 31 [5] (区間内左端と要素番号 5 の値 3 を取り替え，1 番目とする)
3 8 52 17 10 31
確定
(2 回目スキャン)
[1] [2] [3] [4] [5] [6] 要素番号
3 8 52 17 10 31 [2] (区間内の左端の要素番号 2 を格納する)
3 8 52 17 10 31 [2]
3 8 52 17 10 31 [2]
3 8 52 17 10 31 [2]
3 8 52 17 10 31 [2]
3 8 52 17 10 31 [2] (区間内左端の要素番号 2 の値 8 を 2 番目とする)
3 8 52 17 10 31
確定
(3 回目スキャン)
[1] [2] [3] [4] [5] [6] 要素番号
3 8 52 17 10 31 [3] (区間内の左端の要素番号 3 を格納する)
3 8 52 17 10 31 [4]
3 8 52 17 10 31 [5]
3 8 52 17 10 31 [5]
3 8 52 17 10 31 [5] (区間内左端と要素番号 5 の値 10 を取り替え，3 番目とする)
3 8 10 17 52 31
確定

（4回目スキャン）

[1]	[2]	[3]	[4]	[5]	[6]	要素番号	
3	8	10	17	52	31	[4]	（区間内の左端の要素番号 4 を格納する）
3	8	10	17	52	31	[4]	
3	8	10	17	52	31	[4]	
3	8	10	17	52	31	[4]	（区間内左端の要素番号 4 の値 17 を 4 番目とする）
3	8	10	17	52	31		

確定

（5回目スキャン）

[1]	[2]	[3]	[4]	[5]	[6]	要素番号	
3	8	10	17	52	31	[5]	（区間内の左端の要素番号 5 を格納する）
3	8	10	17	52	31	[6]	
3	8	10	17	52	31	[6]	（区間内左端と要素番号 6 の値 31 を取り替え，5 番目とする）
3	8	10	17	31	52		

確定（整列終了）

以上の手順に沿って作成した選択法の流れ図は右のようになります。

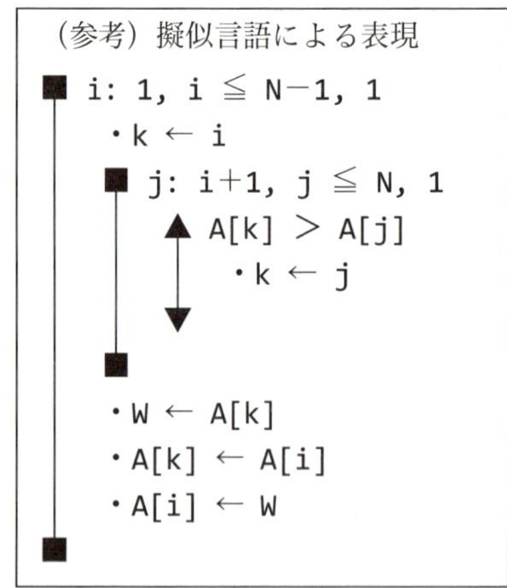

〔選択法〕

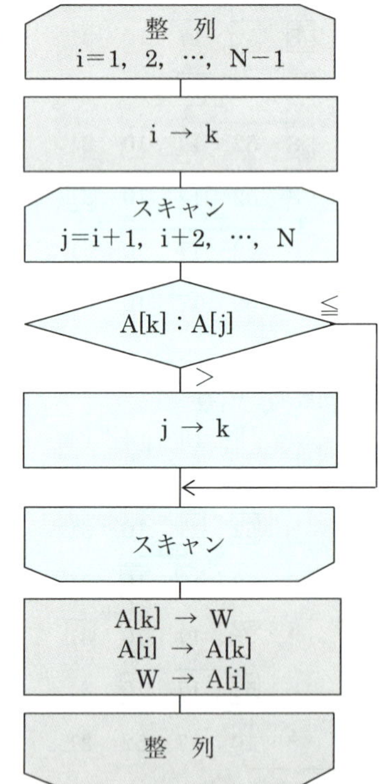

3.3　逐次探索

対策のポイント

整列にはもう一つ挿入法がありますが，この挿入法の中で出てくる考え方として，基本アルゴリズムの探索があります。探索とは，たくさんのデータの中から目的のデータを探すことです。コンピュータではデータを変数に入れて扱いますが，たくさんのデータを扱うため，配列の各要素にデータを格納して，先頭の要素から順番にデータの値をチェックしながら目的のデータを探します。この単純な探索方法は逐次探索又は線形探索と呼ばれます。まず，この探索法について理解しましょう。

(1)　逐次探索のアルゴリズム

データの入った配列をＡとします。また，探索したいデータが変数Ｂに設定されているとすると，配列の先頭の要素 A[1]から順に A[2]，A[3]，…と変えながら，変数Ｂの値と比較していきます。そして，変数Ｂの値と一致する要素が見つかったときに，探索は終了します。この比較は順次行われるので，繰返し構造となります。そして，繰返しのたびに，配列の参照位置（添字）を変化させ，変数Ｂとの一致を調べていくので，このアルゴリズムを流れ図で表現すると次のようになります。

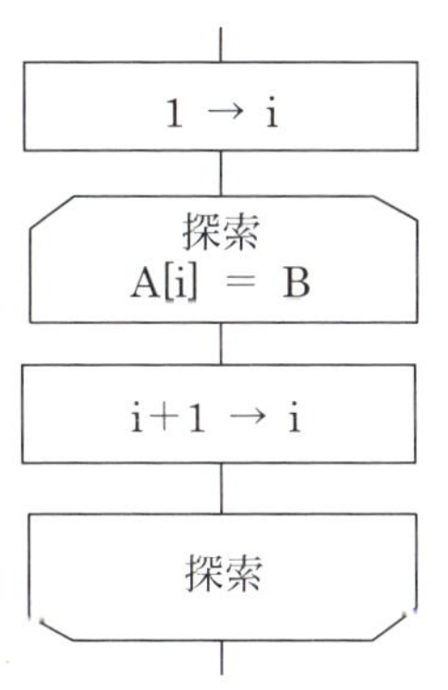

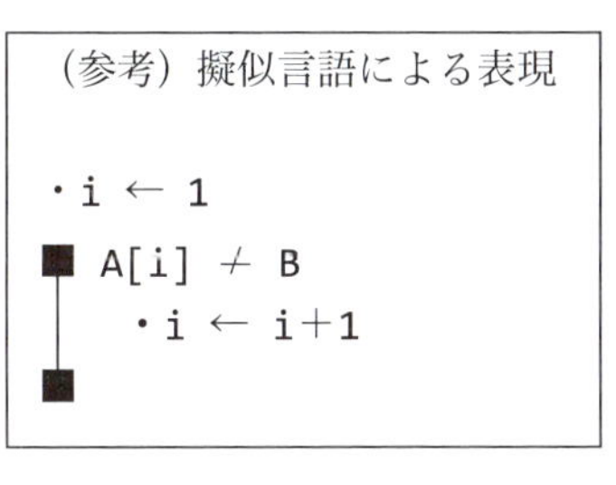

注：流れ図では処理を終了する条件（A[i] ＝ B）を書きますが，擬似言語では処理を繰り返す条件（A[i] ≠ B）を書きます。

この探索の流れ図では A[i]＝B ，つまり，**目的のデータが見つかった**ということを条件にして，探索のための繰返しを終了します。したがって，配列中に目的のデータがなかった場合，永遠に探索を続けることになります（実際のプログラムでは，配列の大きさに制限があるので，一定のところでプログラムが異常終了します）。

配列中に目的のデータが存在しない場合を想定すると，存在しないことが明らかになった時点で，探索を終了すべきです。したがって，探索の終了条件は，「目的のデータが見つかった」又は「目的のデータが存在しないことが明らかになった」とすべきであることが分かります。「目的のデータが見つかった」という条件は，既に見たように A[i]＝B です。ではもう一方の「目的のデータが存在しないことが明らかになった」という条件は，どのように記述したらよいのでしょうか。

「目的のデータが存在しないことが明らかになる」のは，配列のすべての要素との比較が終了した時点です。配列 A の各要素と変数 B との比較は，配列 A の先頭の要素 A[1]から順に，A[2]，A[3]，…と行われていくので，配列の最後の要素 A[N]と比較をした時点で，変数 B と値が一致しなかったら，目的のデータが存在しないと判断できます。それでは，A[N]までの比較が終了したことは，どのように判定すればよいのでしょうか。

比較の対象となる配列の参照位置（添字）は，変数 i に設定されています。この値に注目して比較の対象位置が判定できるので，「最後の要素 A[N]との比較が終わった後，変数 i の値は N になっているはずなので，このことを利用すればチェックできそうだ」というめどをつけます。ところが，この判定を i＝N とすべきなのか，i＞N とすべきなのかという細かい部分で迷ってしまうことが多いのではないでしょうか。

このように迷っても，そのときに無理に決めないことが大切です。最終的には決めないといけませんが，この段階で決める必要性はありません。**未解決の問題として保留にしておき，具体例を使ったトレースによって最終決定をすればよい**のです。実際には，このような細かい部分で迷って，多くの時間が費やされてしまうことが多いようです。これは，あまり得策とはいえません。

この条件を加えた流れ図は，次のようになります。

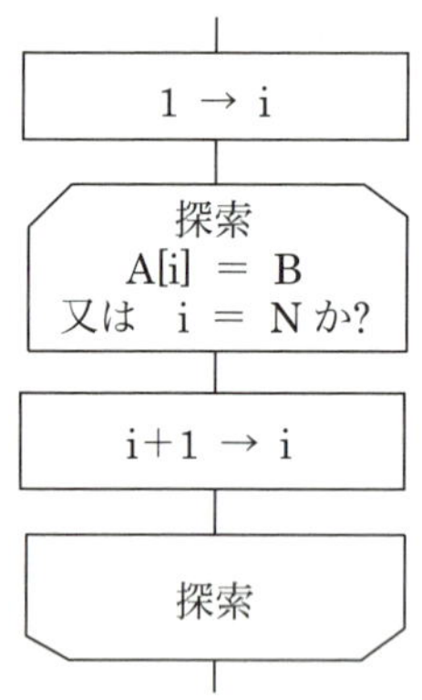

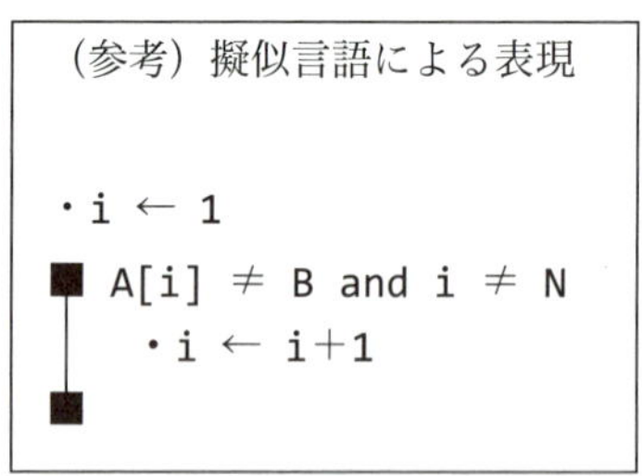

注：終了条件「A[i] ＝ B 又は i ＝ N」を繰返し条件にするには，条件全体を否定して，「A[i] ≠ B and i ≠ N」となります。

探索の終了条件がまだ保留になっていますが，流れ図の形はできていますので，具体例を用いて“トレース”していきます。トレースの目的は，目的のデータが存在しなかった場合の変数ｉとＮの関係ですから，変数ｉの値の変化を中心にトレースします。アルゴリズムで変数を用いるのは，値を固定せずに汎用的に使えるようにするためなので，その変数の値が幾つであっても正しいアルゴリズムでなくてはいけません。したがって，確認を行うには小さな値で十分なので，Ｎ＝２としてトレースしてみましょう。

変数ｉの初期値は１ですから，A[1]＝Ｂの比較が行われ，値が不一致なので変数ｉに１加算され２となって，次の探索に入ります。次に，A[2]＝Ｂの比較が行われ，これも値が不一致ですが，ｉ＝Ｎとなるため探索は終了します。A[2]＝Ｂの判定が行われ，最後の要素までチェックされたので，この終了条件でよいことが確信できます。

探索の終了条件は分かりましたが，このままでは，目的のデータが見つかって探索を終了したのか，目的のデータが存在しないことが判明したので探索を終了したのか分かりません。実際には，探索が終了したら，どちらの理由で終了したのかを判別し，その理由に応じて処理を振り分けなければなりません。

これを判別するには，終了条件として指定した二つの条件のうちの一方を改めて判定すれば可能です。A[i]＝Ｂという条件が成り立っている場合には，見つかって終了したことになりますし，成り立っていない場合には，もう一方のｉ＝Ｎによって終了したので，見つからなかったために終了したことになるのです。

一般には，こうした二つの条件は排他的（どちらか一方しか成り立たない）になることが多いのですが，このアルゴリズムの場合，最終要素で一致すると，二つの条件が同時に成立します。したがって，ｉ＝Ｎという条件が成立したからといって，見つからなかったという判定をしないように注意してください。

〔逐次探索〕

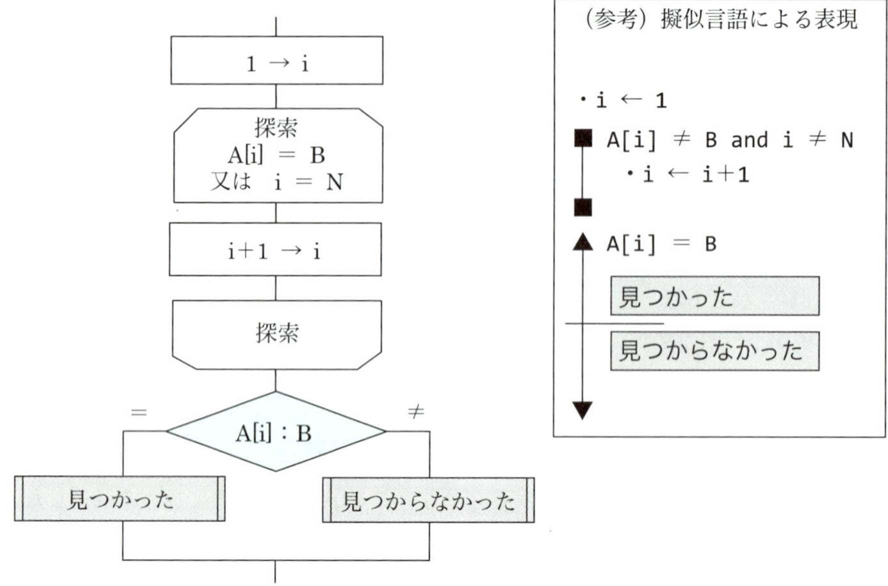

さて，これまでアルゴリズムを考えてきた過程で，大切なポイントがあります。それは，何をすべきか（what to do）という視点で考えることです。アルゴリズムを考えるのがあまり得意でない方が，最初から変数を使ってアルゴリズムを組み立てようとするのはあまりよい方法とはいえません。まずは，そこの部分で何をしたいのか，何を判定したいのか，ということを理解する必要があります。その内容が理解できたら，次に，そのためにはどうしたらよいのか（how to do）という視点に切り替えるのです。やりたいこと，目的がきちんと理解できていないのに，その方法が考えられるはずはありません。このことを肝に銘じてください。

まずは，自分が手作業で行う場合などを想定した上で，手順を考えてみるとよいと思います。このときにはまだ，配列や変数などで考えてはいけません。最終的に，その内容をコンピュータに指示するために，コンピュータによる制限として変数や配列を使った手順で組み立て直せばよいのです。慣れてくれば，自分の手作業の手順を省略して，いきなりコンピュータ寄りの手順で考えられるようになってきます。慣れるまでは，面倒でも自分の手順（what to do）→コンピュータにさせるための手順（how to do）という置換えをしてみましょう。

(2)　番兵の活用

本題に戻って，逐次探索についてもう少し考えていきましょう。これまでに考えた探索の終了判定は「目的のデータが見つかった“A[i]＝B”」又は「最後まで探したけれど見つからなかった“i＝N”」という二つの条件によって行いましたが，この終了条件をもう少し単純にする方法があります。

それは**番兵**（sentinel）と呼ばれる方法で，探索範囲 A[1]～A[N] の後ろ，すなわち最後の要素 A[N] の次の位置 A[N＋1] に，目的の変数 B の値を探索前に入れておくものです。こうすることで，A[1]～A[N＋1]を探索範囲とすれば，必ず目的の変数 B と同じ値の要素が見つかることになります。したがって，探索の終了判定として「最後まで探したけれど見つからなかった“i＝N”」という条件を省くことができるのです。つまり，**探索の終了判定を「目的のデータが見つかった“A[i]＝B”」だけにすることができる**のです。このとき，探索前に A[N＋1]に入れた変数 B の値が，配列の範囲を超えて探索を続けないように監視する番兵の役割を果たすことになります。

それではアルゴリズムを組み立てていきましょう。基本的にはこれまでの方法と同じですが，探索前に番兵を配置すること，探索の終了判定が「目的のデータが見つかった“A[i]＝B”」だけになることが違う点です。でもそれだけでよいのでしょうか。

実はもう１点，見つかったかどうかの判定条件を変えなくてはいけません。これまでの判定条件は，探索の終了条件を受けて「目的のデータが見つかった“A[i]＝B”」，「最後まで探したけれど見つからなかった“i＝N”」のどちらの条件で探索が終わったのかを判定して，見つかったか見つからなかったかを判断していました。しかし，番兵を配置することによって，探索終了時には「目的のデータが見つかった“A[i]＝B”」という条件が必ず成立します。今度はどうしたらよいでしょう？

“A[i]＝B” 条件が番兵によって成立している場合には「もともとの探索範囲に目的のデータが見つからなかった」，そうでない場合には「もともとの探索範囲に目的のデータが見つかった」ということになります。

これを変数で考えます。番兵とは A[N＋1]の要素のことですから，A[i]＝B が成立したときの添字 i の値に注目すれば，番兵かどうかが分かります。つまり，A[i]＝B が成立したときの添字 i の値が N＋1 であれば番兵であり（見つからなかった），そうでなければ番兵ではない（見つかった）ということになります。これで番兵を使った逐次探索のアルゴリズムは完成です。その内容を流れ図で示すと次のようになります。番兵を使わなかったときの流れ図と比べておきましょう。

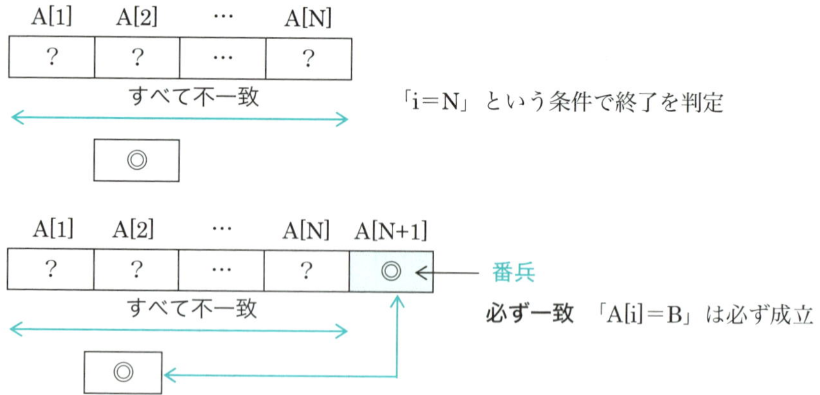

〔逐次探索（番兵を使った方法）〕

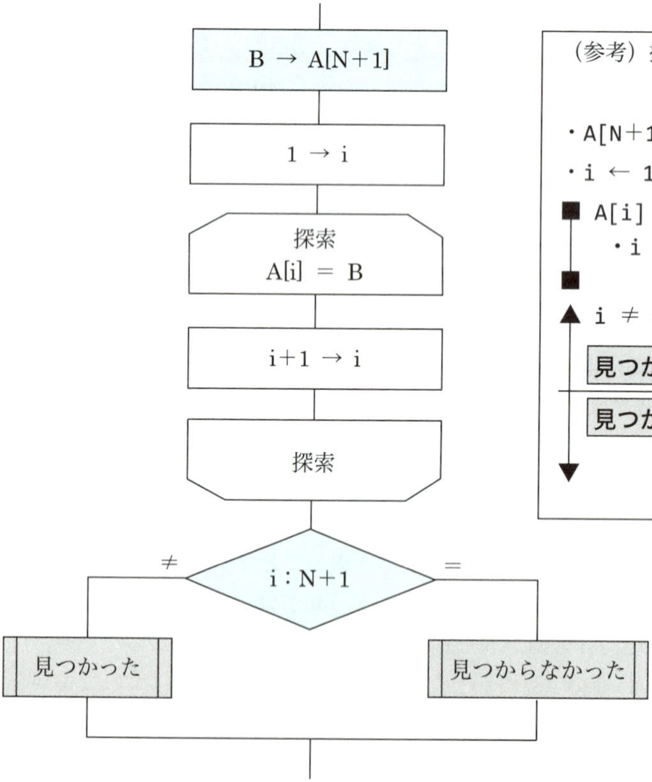

B → A[N＋1]

1 → i

探索
A[i] ＝ B

i＋1 → i

探索

i：N＋1

≠：見つかった

＝：見つからなかった

（参考）擬似言語による表現

```
・A[N＋1] ← B
・i ← 1
■ A[i] ≠ B
  ・i ← i＋1
■
▲ i ≠ N＋1
  見つかった
  ―――
  見つからなかった
▼
```

3.4　挿入法

対策のポイント

逐次探索の学習をしたところで，整列の挿入法について学習しましょう。挿入法の基本的な考え方は，整列が済んでいる要素に対して，一つの要素を追加するという操作を繰り返すことで,最終的にすべての要素を整列済みにするというものです。

「要素の値を追加する」といいましたが，先頭や最後に追加するのではなく，整列の順序関係が満たされるような適切な位置に追加（挿入）すれば，追加後の要素全体も整列済みとなります。そして，この繰返しで処理が行われれば，最終結果も整列済みとなります。

挿入法では，最初に一つの要素を整列済みとして扱います。一つの要素だけの場合は並べようがないので，整列の順番が昇順であっても降順であっても整列済みとみなすことができます。そしてこの要素としては，整列対象の要素が入った配列の1番目の要素が通常使われます。次に2番目の要素の値を1番目の要素の前か後の適切な方へ挿入すれば，二つの要素が整列済みとなります。そして，次は3番目の要素の値を適切な位置に挿入します。こうして4番目，5番目，…と要素の値を適切な位置に挿入して整列済みの範囲を広げていけば，最終的に全体が整列されるのです。

言葉で説明してもなかなかイメージしにくいので，これまでと同じように，整列（挿入）の過程を見ていくことにします。

例としては，これまでと同様に「10　8　52　17　3　31」という五つの要素の配列について考えてみます。

<u>10</u>　8　52　17　3　31　　　（始め）

次の図で下線が引かれている部分が，整列済みの範囲です。そして枠で囲ってある要素が，新たに整列済みの要素群に挿入する数値です。

10　8　52　17　3　31	←　（始め）
10　[8]　52　17　3　31	←　整列済みの要素群に 8 を追加（挿入）します。 （8 の挿入位置を探します）
8　10　[52]　17　3　31	←　8 は 10 の前に挿入されます。 （52 の挿入位置を探します）
8　10　52　[17]　3　31	←　52 は 10 の後に挿入されます。 （17 の挿入位置を探します）
8　10　17　52　[3]　31	←　17 は 52 の前に挿入されます。 （3 の挿入位置を探します）
3　8　10　17　52　[31]	←　3 は 8 の前に挿入されます。 （31 の挿入位置を探します）
3　8　10　17　31　52	←　31 は 52 の前に挿入されます。 これで整列は完了です。

要素の値を一つずつ適切な位置に挿入して，整列済みの範囲を広げていくことで，最終的に全体が整列されていく様子が分かると思います。この時点では，要素の値を追加するための「挿入位置を探す」，「挿入する」という部分については，まだ詳しくは考えていません。とりあえず，この二つの処理をまとめて「挿入処理」と呼ぶことにしましょう。この時点で「挿入処理」の詳細について考えるのは，あまり得策ではありません。とりあえず，マクロ的に「挿入処理」としておいて，全体の骨組みを完成させましょう。

(1)　全体の骨組みを考える

これまでの内容からは，2 番目の要素，3 番目の要素と順に追加する要素を替えながら，最後は N 番目の要素まで「挿入処理」を繰り返すということになります。追加する要素の位置を変数 i で表すとすれば，変数 i の値を 2～N まで 1 ずつ増加させながら「挿入処理」を繰り返すということになります。

これをそのまま流れ図で表現すると，次のようになります。この部分は，これまで考えてきたほかの整列とほぼ同じ内容です。

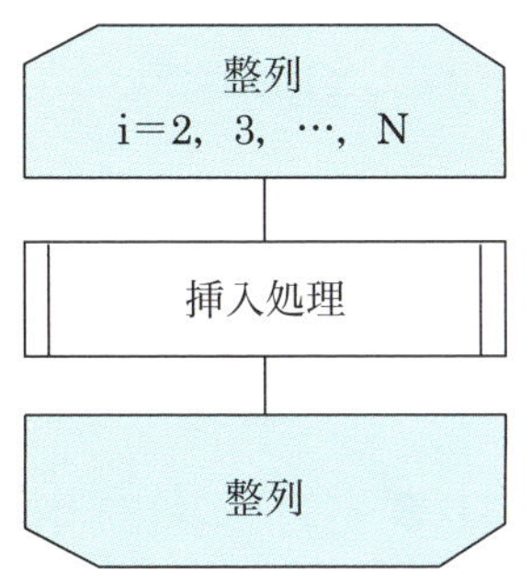

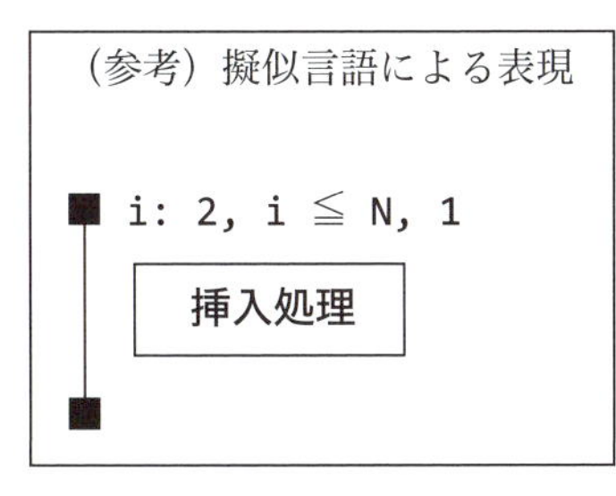

⑵　挿入処理の構造を考える

次に，全体の構造はひとまず置いておき，「挿入処理」の部分だけに集中します。そもそも「挿入処理」とは，整列済みの要素群に対して新しい要素を一つ適切な位置に挿入するためのもので，

①　**挿入位置を探す。**

②　**その位置に新しい要素の値を挿入する。**

という流れで行われる処理のことです。つまり「挿入位置の探索」，「要素の値の挿入」の二つの処理からなります。まず，挿入位置の探索について考えてみます。

⑶　挿入位置をどのようにして探すか？

挿入位置とはどんな位置でしょうか。例えば，小さい順に並んだ数枚のトランプに，新しいトランプを１枚加えることを考えてみましょう。ただし，新しいトランプは，加えた後も小さい順になるように適切な位置に加えなくてはいけないことにします。どこに入れてもよいのであれば，何も考えずに一番上とか一番下とか好きな位置に加えればよいのですが，小さい順というルールがあるので，そうはいきません。手元にトランプがあれば，実際にやってみるとよいでしょう。しかし，トランプを手元において勉強している人もなかなかいないでしょうから，なければ頭の中で想像してみましょう。

整列済みのトランプの先頭から１枚ずつ取り出し，新しいトランプと比べます。そして，新しいトランプより大きな数字が出てきたら，そのトランプの前に新しいトランプを加えればよいことが分かると思います。このことから挿入位置は，追加する要素の値より大きな値をもつ要素の直前ということになります。したがって，**追加する要素の値より大きな値をもつ要素を探せばよい**ことが分かります。

探す方法については，先に学習した逐次探索という方法を利用しますが，少し注意が必要です。逐次探索では，同じ値の要素を探しましたが，今度は追加する要素より大きな値をもつ要素を探します。したがって，番兵は使えません。探索するのはA[i]より大きな値の要素で，探索範囲は A[1]～A[i－1]として逐次探索のアルゴリズムを組み立ててみます。

流れ図で表現すると，次のようになります。

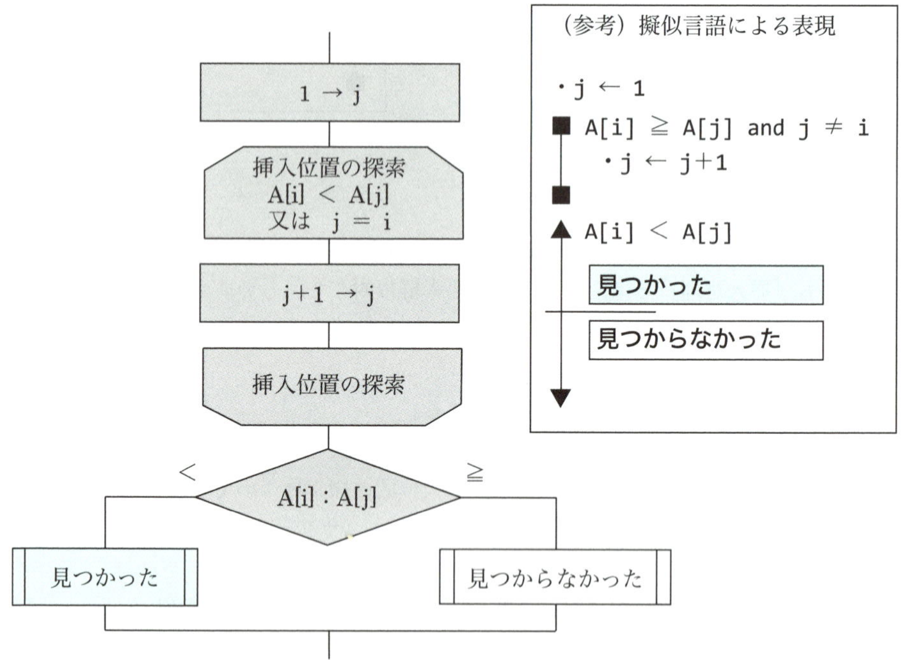

A[i] ＜ A[j] という条件が成立して，探索を終了した（見つかった）場合には，追加する要素A[i]をA[j]の位置に挿入すればよいことになります。また，そうでない場合，整列済みの範囲には追加する要素の値よりも大きいものは存在しないということですから，追加する要素の値は，整列済みの要素群の最後尾ということになります。整列済みの範囲はA[1]～A[i－1]でしたから，最後尾とはA[i]です。しかし，追加する要素の値はもともとこの場所にあったので，何もしなくてもよいことになります。

さて，ここまででアルゴリズムがおおかた片付いてきました。あとは挿入の部分だけです。先ほどの流れ図の「見つかった」の部分に挿入処理（「要素の値の挿入」）を入れてあげればよいのですが，「見つからなかった」には何もしなくてよかったので，もう一度流れ図をまとめると，次のようになります。

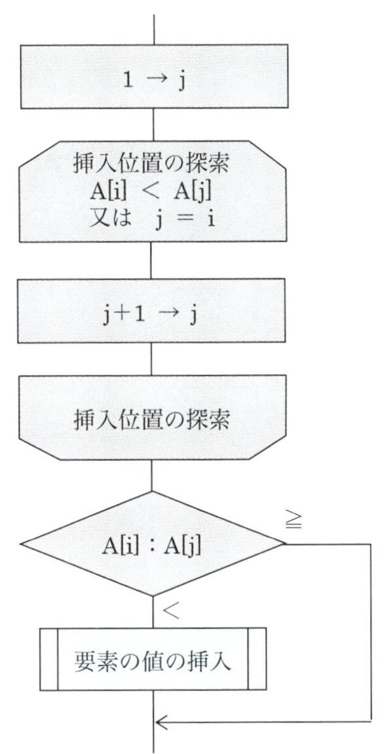

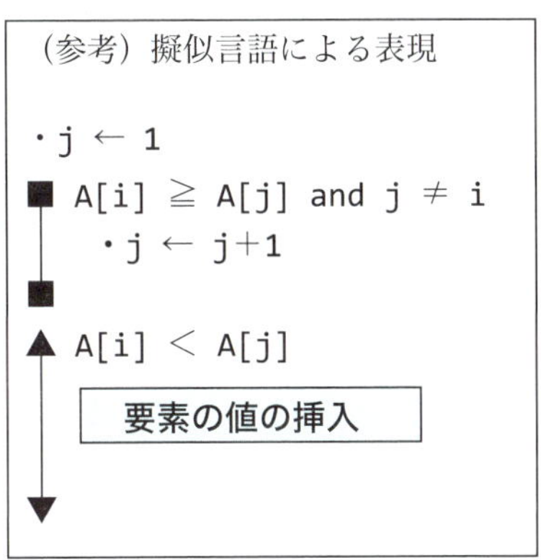

(4)　要素をどのようにして挿入するか？

いよいよ「要素の値の挿入」について考えます。無理に抽象的に考える必要はないので，具体例を使います。どんな例でもよいのですが，整列済みの要素の並びの真ん中あたりに挿入されるものがよいので，「1　2　4　5」という整列済みの要素に，新たな要素の値として「3」を加えることを考えましょう。これまで考えてきたアルゴリズム（挿入位置の探索）によって，挿入位置は「4」の前，つまり，A[3]であるところまでは突き止めることができます（この位置は変数 j の値となる）。この位置に“3”を挿入すると「1　2　3　4　5」というようになります。これを配列要素である A[1]〜A[5]について行うためにはどうしたらよいかを考えなくてはいけません。

まず，新たな要素の値“3”を配列の最後に加えて A[5]＝3 とします。挿入位置である A[3]に，いきなり新たな要素の値（A[5]＝3）を挿入してしまったらどうなるでしょうか。

第5部
第1章
第2章
第3章
第4章
第5章

この場合は，「1　2　3　5　3」となってしまい，挿入前のA[3]の値が消えてしまいます。これではいけません。挿入する前に，挿入位置にある要素の値をずらし，上書きされても困らないようにします。この挿入によって，挿入位置より後ろにある要素の値（4 と 5）は，それぞれ後ろに一つずれます。これを挿入よりも先にしないといけません。配列操作で行うとすると，A[3] → A[4]，A[4] → A[5]が，後ろへ一つずらす処理になります。

A[1]	A[2]	A[3]	A[4]	A[5]
1	2	4	5	3
1	2	4	4	5

これでよいでしょうか。実はここに落とし穴があります。上の図は同時に行われたときの様子を示しています。ところが，実際には一つずつ順番に行われるのでA[4] → A[5]より先にA[3] → A[4]が行われます。この結果A[4] → A[5]を行う時点では，A[4]には直前に移動したA[3]の値である“4”が入っているので，A[5]にも“4”が入るという結果になってしまうのです。

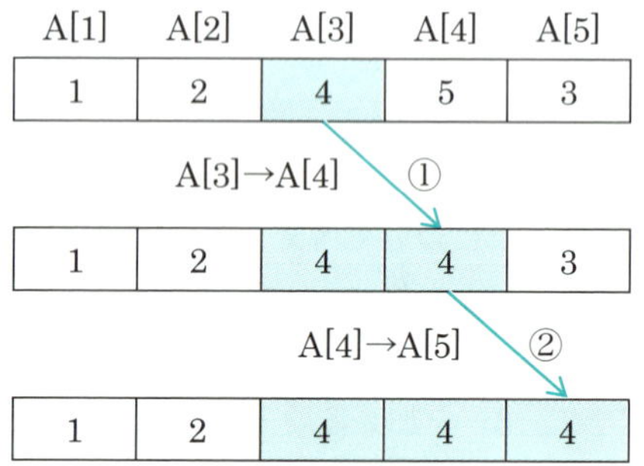

このことには，初めのうちは自分で気が付かなくてもよいでしょう。この内容は，コンピュータのアルゴリズム特有のものなので，ほとんどの人が最初は間違えてしまいます。どちらかというと間違えてもらおうと思って示した内容です。これを機会に理解しておきましょう。この問題を解決するにはどうしたらよいでしょうか。**後ろから先にずらせばよい**のです。つまり，「A[4] → A[5]」，「A[3] → A[4]」という順序にします。

A[1]	A[2]	A[3]	A[4]	A[5]
1	2	4	5	3

A[4] → A[5]　①

1	2	4	5	5

A[3] → A[4]　②

1	2	4	4	5

しかし，まだ問題があります。それは，挿入する要素 A[5]の値“3”が上書きされ消えてしまっていることです。これについては，順番を変えても解決しないので，ずらす操作①，②の前に作業用の変数に退避させておく必要があります。したがって，作業用変数を，W とでもすれば，要素の値を挿入する処理は次のようになります。

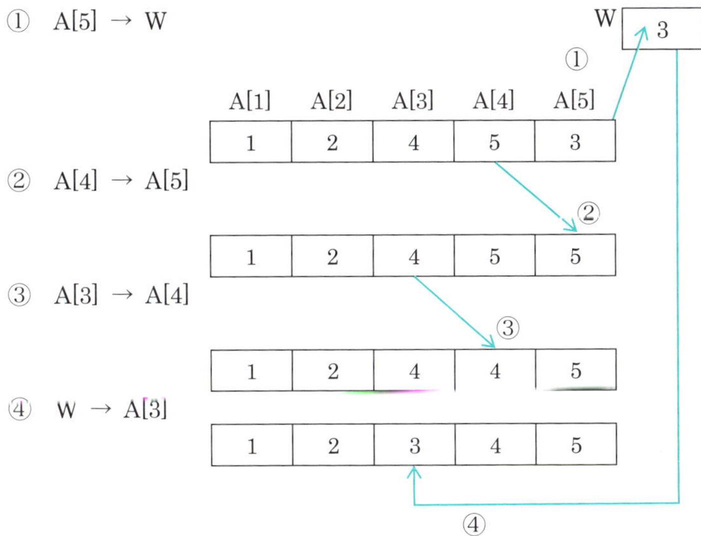

(5)　挿入処理を一般化して考える

具体例での手順が分かったら，次は一般化です。このアルゴリズムは，整列済みの要素数が100個でも1,000個でも正しく動作しなくてはいけません。そのためには変数と配列によってアルゴリズムを組み立てます。いきなり流れ図というのも大変ですから，まずは，前述の具体例について，変数を使って考え直してみます。

まず，①の A[5]→W の部分ですが，挿入する要素の値はA[i]に入っていたので，A[i]→W となります。次に②の A[4]→A[5] ですが，これは整列済み要素群の最後の要素の値を，一つ後ろにずらす処理です。整列済み要素群の最後は A[i－1]でしたから，この処理は A[i－1]→A[i] です。③の A[3]→A[4] は，挿入位置の要素の値を一つ後ろにずらすためのものです。挿入位置は，この前に行われる「挿入位置の探索」によって A[j]であることが突き止められています。したがって，A[j]→A[j＋1] です。また，④の W→A[3] は， W→A[j] となります。

これで一般化が済んだように思えますが，まだまだ，そう甘くはありません。具体例では，ずらす要素の値が二つだけでした。しかし，一般的には一つのこともあるし，数百ということもあります。これに対応しなくてはいけません。最初にずらすのは，整列済み要素群の最後の要素A[i－1] の値です。そして，次はその前の要素 A[i－2] の値というように，一つずつ前の要素を対象としていきます。そして，最後が挿入する位置の要素A[j]です。対象の要素位置を変数kとして表すことにしましょう。すると，この k の値を，i－1（整列済み要素群の最後）から j（挿入位置）まで－1 ずつ変化させていけばよいことになります。ちなみに，A[k]の一つ後ろはA[k＋1]ですから，一つ後ろにずらすというのは A[k]→A[k＋1] ということになります。これを流れ図で表現すると，次のようになります。

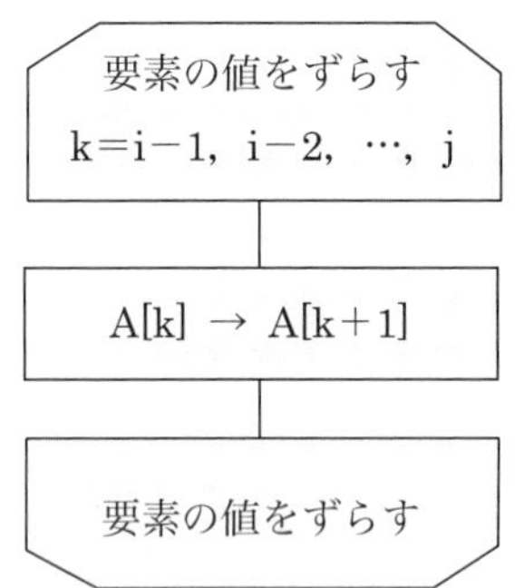

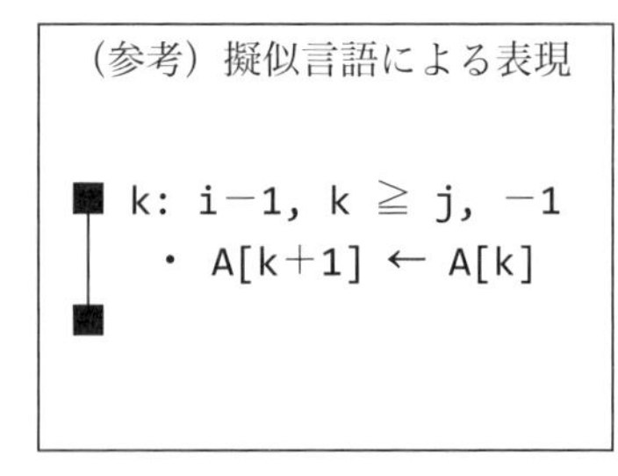

これに最初の追加要素の値の退避 A[i] → W と，最後の追加要素の値の挿入 W → A[j] を加えれば，「要素の値の挿入」は完成です。ついでなので「要素の値をずらす」の繰返し条件 k=i−1，i−2，…，j を，終了条件に書き換えてみます。 k ＝ j のときは A[k] → A[k+1] をしなくてはいけませんから，終了条件は k ＜ j となります。繰返しの都度，変数 k の値は 1 ずつ減っていくのですから，終了条件を k ＝ j −1 としてもよいのですが，アルゴリズムの慣例として k ＜ j とすることが多いようです。これは， k ＝ j−1 という条件が成立しなくても，繰返し（ループ）が終了するようにするためです。また，終了条件とした場合には，繰返しに入る前に添字の初期化，この場合は i−1 → k をすることと，繰返しの中で添字を変化させることを忘れてはいけません。「要素の値の挿入」の部分を流れ図で表すと次のようになります。

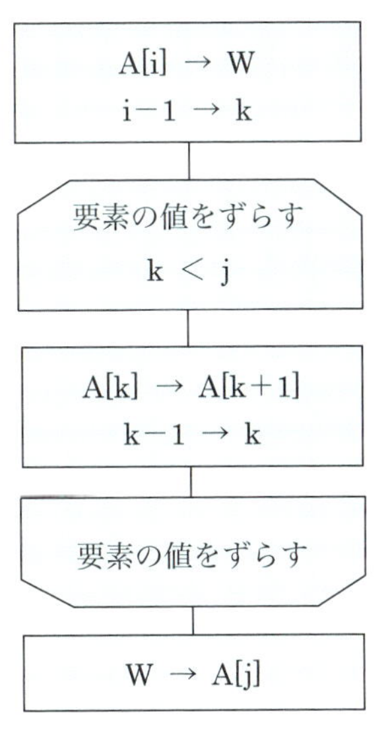

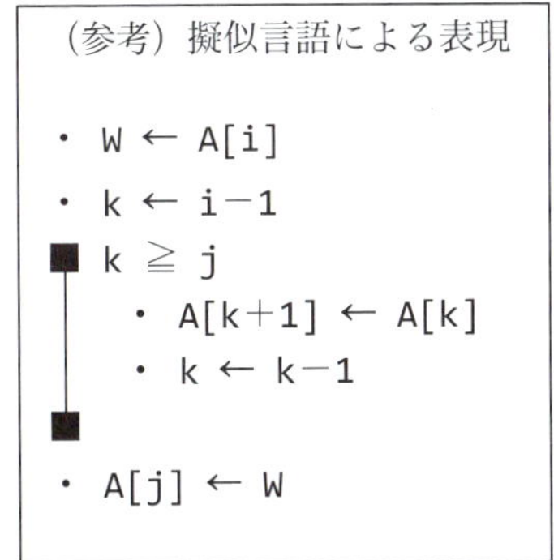

注：流れ図の終了条件「k ＜ j」を，擬似言語の繰返し条件にするには，条件を否定して「k ≧ j」とします。

とりあえず，これで挿入法による整列の流れ図は完成です。「挿入処理」や「要素の値の挿入」といったサブルーチンの内容が数十ステップに及ぶものならば，このままの形でよいのですが，それぞれ数ステップの小さいものなので，三つの流れ図をまとめて一つにしておいた方がよいでしょう。一つにまとめると，次のようになります。

〔挿入法〕

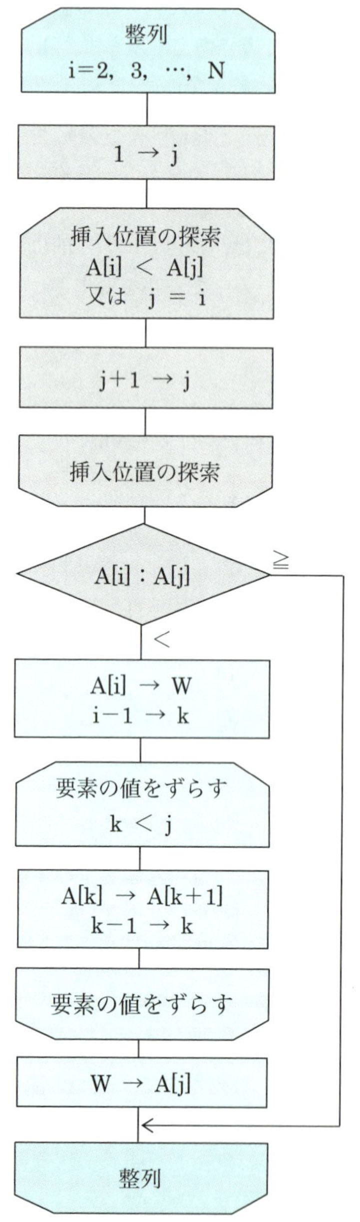
整列
i=2, 3, …, N
1 → j
挿入位置の探索
A[i] < A[j]
又は　j = i
j+1 → j
挿入位置の探索
A[i] : A[j]
≧
<
A[i] → W
i−1 → k
要素の値をずらす
k < j
A[k] → A[k+1]
k−1 → k
要素の値をずらす
W → A[j]
整列

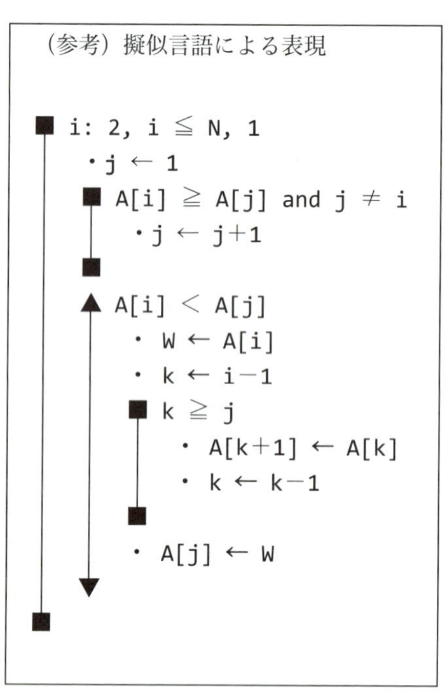
（参考）擬似言語による表現
■ i: 2, i ≦ N, 1
・j ← 1
■ A[i] ≧ A[j] and j ≠ i
・j ← j+1
■
▲ A[i] < A[j]
・ W ← A[i]
・ k ← i−1
■ k ≧ j
・ A[k+1] ← A[k]
・ k ← k−1
■
・ A[j] ← W
▼
■

挿入法は，これまでに紹介してきた交換法，選択法，逐次探索と比べると少し複雑なアルゴリズムですが，マクロ的な視点を利用して，部分ごとにアルゴリズムを作成し，最後に組み立てるという手順で行えば完成に至ります。それぞれの部分はあまり複雑ではありません。しつこいようですが，慣れるまではこうした手順を踏むようにしましょう。

どんな大きなプログラムも，小さな部分の組合せから構成されます。複雑だなと思ったら部分に分ける，これがプログラミング（アルゴリズム設計）のコツです。

(6)　挿入法のアルゴリズムを洗練させる

挿入法のアルゴリズムは，一応完成しました。完成したアルゴリズム（流れ図）を眺めて，更に洗練できるところはないか考えてみましょう。

実は「探索」の後で，目的のデータが見つかったかどうかを判定して後続の処理を分けていますが，これは不要です。挿入位置が見つからなかったときは j ＝ i となっているので，「要素の値をずらす」ループに入るときの変数 k の初期値は，i－1＝j－1 となるのです。

このため，既に k(＝j－1) ＜ j という終了条件を満たしているので，このループは実行されません。また，ループの前後にある A[i] → W と W → A[j] の部分ですが， i ＝ j なので，A[j]の値は何もしなかったときと変わりません。したがって，少し無駄な部分が残りますが，判定による処理の振分けという構造を取り除いてシンプルにすることができます。

流れ図で表すと次のようになりますが，前述のアルゴリズムを比べて，どちらがよいかというと難しいところです。前述のアルゴリズムの方は，「挿入位置の探索」，そして，その結果を受けて「見つかった」，「見つからなかった」の処理の振分けを行うという，一般的に考えて素直な流れとなります。一方，こちらの洗練された方は，振分け構造を一つ省ける分だけ，全体の構造がシンプルになります。

実際のプログラム開発でどちらを採用するかは，ほかのプログラムに合わせて考えればよいでしょう。しかし，試験に出題される問題としては，振分け構造を省略した方のアルゴリズムが採用されることもあります。

皆さんは，どちらがお好みでしょうか？

〔挿入法（洗練させた改良型）〕

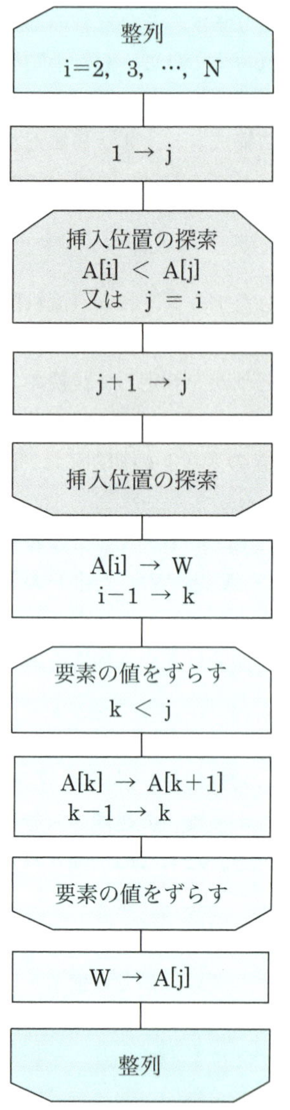

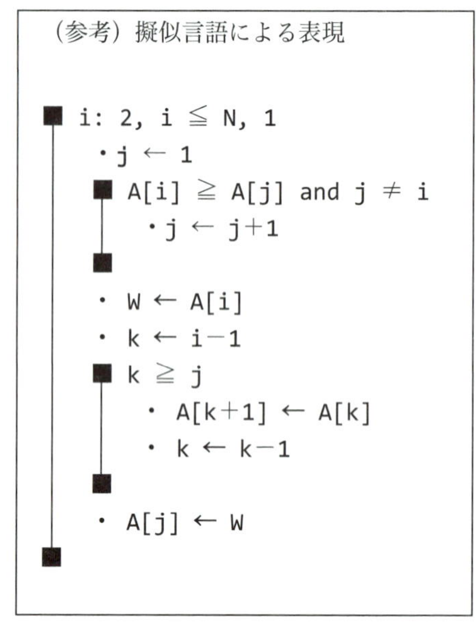
（参考）擬似言語による表現

```
■ i: 2, i ≦ N, 1
    ・j ← 1
    ■ A[i] ≧ A[j] and j ≠ i
      ・j ← j+1
    ■
    ・W ← A[i]
    ・k ← i−1
    ■ k ≧ j
      ・A[k+1] ← A[k]
      ・k ← k−1
    ■
    ・A[j] ← W
■
```

演習問題　第５部　第３章　問１

次のプログラムの説明及びプログラムを読んで，設問１，２に答えよ。

(H19 春-FE 午後問４改)

〔プログラムの説明〕

整数型の１次元配列の要素 A[0]，…，A[N]（N>0）を，挿入ソートで昇順に整列する副プログラム InsertSort である。

(1) 挿入ソートの手順は，次のとおりである。

① まず，A[0]と A[1]を整列し，次に A[0]から A[2]までを整列し，その次に A[0]から A[3]までというように，整列する区間の要素を一つずつ増やしていき，最終的に A[0]から A[N]までを整列する。

② 整列する区間が A[0]から A[M]（1≦M≦N）までのとき，A[M]を既に整列された列 A[0]，…，A[M−1]中の適切な位置に挿入する。その手順は次のとおりである。

(a) A[M]の値を，作業領域 Tmp に格納する。

(b) A[M−1]から A[0]に向かって Tmp と比較し，Tmp よりも大きな値を順次隣（要素番号の大きい方）に移動する。

(c) (b)で最後に移動した値の入っていた配列要素に Tmp の内容を格納する。(b)で移動がなかった場合には A[M]に格納する。

(2) 副プログラム InsertSort の引数の仕様を表に示す。

表　InsertSort の引数の仕様

引数	データ型	入力／出力	意味
A[]	整数型	入出力	整列対象の１次元配列
N	整数型	入力	整列する区間の最後の要素番号

〔プログラム〕

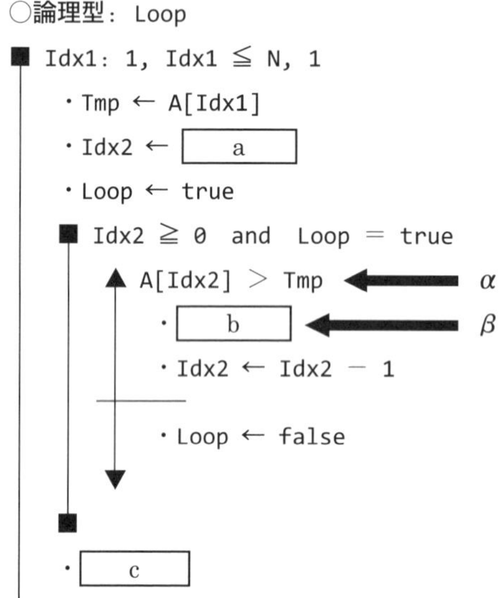

設問１　プログラム中の ［　　　］ に入れる正しい答えを，解答群の中から選べ。

aに関する解答群

ア　Idx1　　イ　Idx1 ＋ 1　　ウ　Idx1 − 1

b，cに関する解答群

ア　A[Idx2] ← A[Idx2＋1]
イ　A[Idx2] ← A[Idx2−1]
ウ　A[Idx2] ← Tmp
エ　A[Idx2＋1] ← A[Idx2]
オ　A[Idx2＋1] ← Tmp
カ　A[Idx2−1] ← A[Idx2]
キ　A[Idx2−1] ← Tmp

設問２　次の記述中の ［　　　］ に入れる正しい答えを，解答群の中から選べ。

１次元配列 A[]の内容例を図に示す。

プログラム中のβの行が実行される回数は，図の例１では ［　d　］ 回，例２では ［　e　］ 回となる。

また，プログラム中のαの条件式を A[Idx2] ≧ Tmp とした場合，例３のように配列要素の中に同じ値が複数含まれるときには ［　f　］。

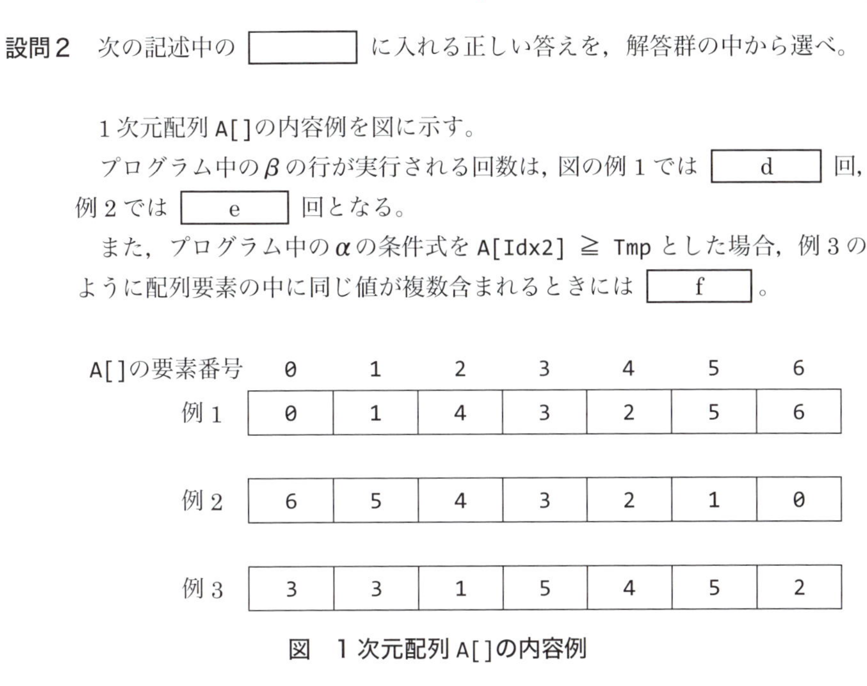

A[]の要素番号	0	1	2	3	4	5	6
例１	0	1	4	3	2	5	6
例２	6	5	4	3	2	1	0
例３	3	3	1	5	4	5	2

図　１次元配列 A[]の内容例

d，e に関する解答群

ア　2　　　イ　3　　　ウ　4

エ　19　　　オ　20　　　カ　21

f に関する解答群

ア　整列が正しく行われなくなる

イ　整列は正しく行われ，元の条件式の場合と比べて実行ステップ数は多くなる

ウ　整列は正しく行われ，元の条件式の場合と比べて実行ステップ数は変わらない

エ　整列は正しく行われ，元の条件式の場合と比べて実行ステップ数は少なくなる

3.5　２分探索

対策のポイント

探索の代表的なアルゴリズムには，逐次探索のほかに２分探索があります。２分探索では，前提としてデータが規則的に（昇順又は降順）に並んでいる必要がありますが，この前提さえ満たしていれば，非常に効率良く探索できます。２分探索のアルゴリズムについて，次の問題を例にして考え方を理解しましょう。

例　題

応用力を身につけましょう！

問　データが昇順にソートされた配列 $X[i]$ $(i=0,\ 1,\ \cdots,\ n-1)$ を２分探索する。流れ図中の □ に入れるものとして，適切なものはどれか。ここで，流れ図中の割り算は小数点以下を切り捨てるものとする。

（H23 秋-AP 問 8 改）

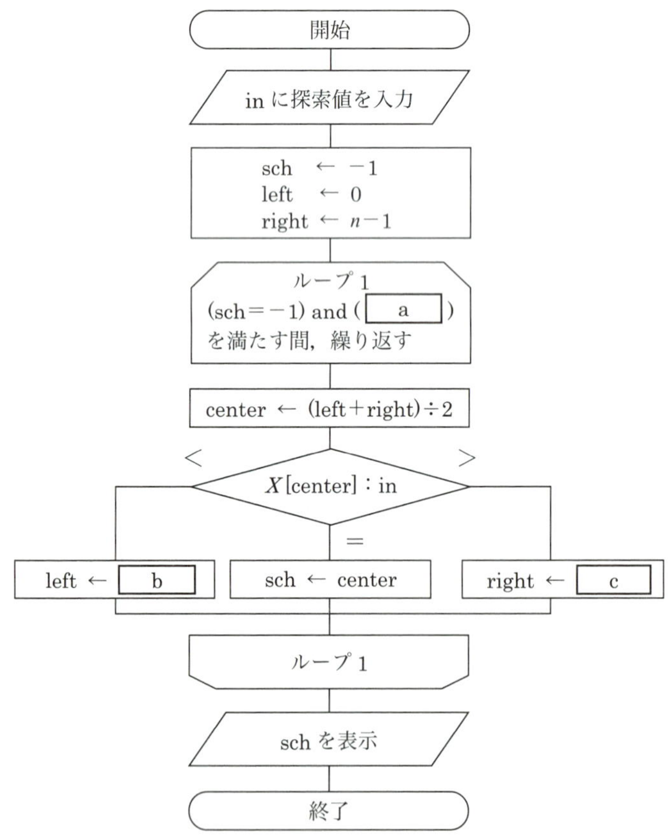

a に関する解答群

ア　left ＜ right　　イ　left ≦ right

ウ　left＋1 ＜ right　　エ　left＋1 ≦ right

b，c に関する解答群

ア　center　　イ　center＋1

ウ　center－1　　エ　center÷2

解答と解説

（解答）

a－イ，b－イ，c－ウ

（解説）

2 分探索を行うために，あらかじめデータが昇順にソートされた配列 $X[i]$を用いることがポイントです。また，流れ図の割り算は小数点以下を切り捨てていることにも注意します。流れ図で使用する変数の用途は次のとおりです。

変数名	説明
in	探索値
sch	探索値が見つかった場合，その値が格納されている添字 初期値は－1 であり，見つからない間は初期値のまま
left	探索対象となる配列の左端の添字
right	探索対象となる配列の右端の添字
center	探索対象となる配列の中央位置の添字

流れ図は，次の三つの部分から構成されています。

①初期設定：探索値の入力，変数 sch に－1，変数 left に 0，変数 right に n－1 の初期値設定を行う。

②探索処理：sch＝－1（探索値がまだ見つかっていない），かつ空欄 a の条件を満たす間，ループ 1 を繰り返す。

③結果表示：見つかったときは探索値の位置を示す配列の添字を，見つからなかったときは－1 を表示する。

選択肢の内容から分かるように，空欄 a には，変数 left と変数 right の大小関係の条件を設定します。2 分探索では，探索値が存在する可能性がある範囲を半分ずつに狭めながら，探索対象範囲の中央位置のデータと比較することで探索を進めていきます。途中，探索値が見つかったとき（sch ← center の処理によって−1 以外の値になったとき）は探索終了となり，繰返し処理を抜けて sch を表示します。

また，探索範囲を半分に狭めていった結果，探索対象範囲がなくなったときにも探索を終了する必要があります。変数 left は探索対象範囲の左端を，変数 right は右端を表すので，探索範囲に要素があるときの大小関係は left ＜ right となります。このとき，例えば，図 A のように 10 個の要素からなる配列に対して，網掛け部分のデータ（配列位置 6）を探索する場合には，最後に left ＝ right のときも処理をする必要があるので，left ≦ right である間は探索処理を行う必要があります。

次に，探索対象範囲を変える処理の後，left ＞ right となったときには，探索対象範囲がもうないという意味で探索処理を終了します。したがって，空欄 a は left ≦ right（イ）が正解です。

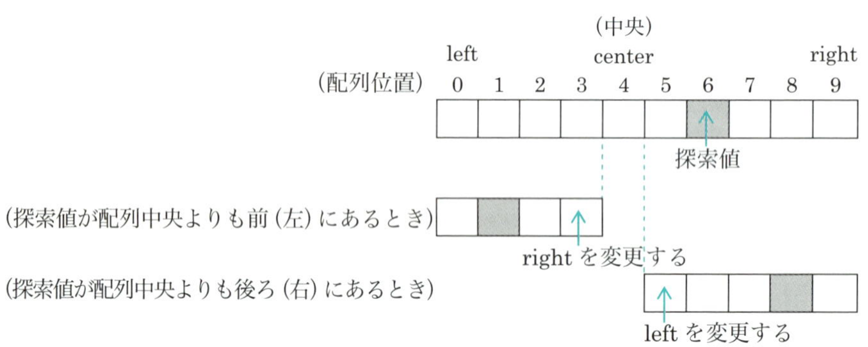

図 A　探索対象範囲の変更

次に空欄 b，c について，X[center]＜in となるときは探索値が配列中央よりも右（後ろ）にあることになるので，探索対象範囲の左端 left を配列中央の右隣の位置に変更するので，空欄 b は center＋1（イ）になります。

また，X[center]＞in のときは探索値が配列中央よりも左（前）にある場合なので，探索対象範囲の右端 right を変更し配列中央の左隣の位置にするので，空欄 c は center−1（ウ）になります。

演習問題　第５部　第３章　問２

次のプログラムの説明，擬似言語の記述形式の説明及びプログラムを読んで，設問１，２に答えよ。

(H12 春-2K 午後問 4 改)

〔プログラムの説明〕

英単語帳ファイル（レコード数≧1）を更新するプログラムである。利用者が英単語と日本語の訳語を入力し，英単語帳ファイルにその英単語があれば訳語を書き換え，なければその英単語と訳語を追加する。

(1) 英単語帳ファイルの内容を，英単語の配列 eitan と訳語の配列 yaku に読み込む。

(2) 英単語帳ファイルの単語数は，ファイルを読み込んだときに変数 n に代入される。

(3) 入力データとして英単語（E）と訳語（J）を入力し，E を２分探索法を用いて検索する。

(4) E が配列 eitan 中にあれば，その訳語を J に置き換える。なければ，配列 eitan と yaku の内容をそれぞれ配列の最後尾から順にずらしていき，E と J を正しい位置に挿入する。

(5) E が空白文字のとき，データ入力処理を終了し，配列 eitan と yaku の内容を英単語帳ファイルに書き出す。

第5部
第1章
第2章
第3章
第4章
第5章

〔プログラム〕

```
  ○ 文字型： E, J
  ○ 整数型： H, L, i, k, n
  ○ 文字型： eitan[100], yaku[100]    /*eitan[n]：n番目の要素を示す*/
  ○ ファイル： file-A
  ○ ファイル入力(file-A, eitan, yaku, n)
              /*ファイル file-A の内容を配列 eitan, yaku に読み込む手続*/
              /*n には読み込んだ単語数が代入される*/
  ○ ファイル出力(file-A, eitan, yaku, n)
              /*配列 eitan, yaku の内容をファイル file-A に書き込む手続*/
              /*n には書き込む単語数を指定する*/
  ○ データ入力(E, J)
              /*入力データの英単語と日本語の訳語を E, J に読み込む手続*/
  ・ ファイル入力(file-A, eitan, yaku, n)
  ・ データ入力(E, J)
  ■ E ≠ 空白文字
  |  ・ H ← n, L ← 1
  |  ・ k ← int((H＋L)／2)      /*int( )は，小数点以下を切り捨てる関数*/
  |  ■ (H ≧ L かつ E ≠ eitan[k])
  |  |  ▲ E ＜ eitan[k]
  |  |  | ・H ← k－1
  |  |  ▼
  |  |  ▲ E ＞ eitan[k]
  |  |  | ・L ← k＋1
  |  |  ▼
  |  |  ・ k ← int((H＋L)／2)
  |  ■
  |  ▲ E ＝ eitan[k]
α ====> ・ yaku[k] ← J
  |  |-------------
  |  |  ・ i ← n
  |  |  ■ i ≧ L
β =======> ・ eitan[i＋1] ← eitan[i]
  |  |  |  ・ yaku[i＋1] ← yaku[i]
  |  |  |  ・ i ← i－1
  |  |  ■
γ ====> ・ eitan[L] ← E
  |  |  ・ yaku[L] ← J
  |  |  ・ n ← n＋1
  |  ▼
  |  ・ データ入力(E, J)
  ■
  ・ファイル出力(file-A, eitan, yaku, n)
```

設問１　ファイル入力処理を実行した直後の eitan と yaku の配列として，このプログラムで正しく処理されるものを，解答群の中から選べ。

解答群

ア

eitan	yaku
bread	パン
cat	猫
head	頭
kitchen	台所
mountain	山
program	計画
water	水

イ

eitan	yaku
bread	パン
head	頭
mountain	山
water	水
program	計画
kitchen	台所
cat	猫

ウ

eitan	yaku
mountain	山
water	水
cat	猫
head	頭
bread	パン
kitchen	台所
program	計画

エ

eitan	yaku
water	水
program	計画
mountain	山
kitchen	台所
head	頭
cat	猫
bread	パン

設問2　設問1の正しい配列を用いて，表の入力データを順に読み込むとき，［　　］に入れる正しい答えを，解答群の中から選べ。

表　入力データ

	英単語	訳語
①	program	プログラム
②	computer	コンピュータ
③	zoo	動物園

プログラム中のα～γの処理のうち，表の入力データ①ではαだけが実行され，入力データ②では［ a ］が実行され，入力データ③では［ b ］が実行される。また，入力データ②が挿入される位置は，配列の［ c ］である。

a，b に関する解答群

ア　α～γのすべて
イ　αとβだけ
ウ　αとγだけ
エ　αだけ
オ　βとγだけ
カ　βだけ
キ　γだけ

c に関する解答群

ア　先頭
イ　1番目と2番目の間
ウ　2番目と3番目の間
エ　3番目と4番目の間
オ　4番目と5番目の間
カ　5番目と6番目の間
キ　6番目と7番目の間
ク　末尾

Part 5　　第４章　　Chapter 4

配列処理，文字列処理

出題のポイント

アルゴリズム問題の直接的なテーマは，図形処理，文字列処理，集計，技術計算など様々な種類がありますが，ほとんどの問題で共通して使われているデータ構造が配列です。アルゴリズムの中で使われている配列の意味を，短時間で理解できるかどうか，そして，添字を間違えずに使えるかどうかが問われます。このことから考えて，配列の使い方に慣れることは，アルゴリズム問題の解法力を付けるために，必須の事項といえます。

4.1　配列処理

対策のポイント

配列処理を理解するには，添字を変数として扱う前に，必ず具体的な数字で処理結果を考えることがポイントです。**添字の初期値を０とする場合と，１とする場合があるので注意する必要があります。**このため，配列要素数の上限が添字の上限になるのですが，添字の初期値によって，添字の上限が次のように変わります。

（配列要素数が 10 のときの添字の上限）

・添字の初期値が 0 のとき，上限は 9

A[0]	A[1]	A[2]	A[3]	A[4]	A[5]	A[6]	A[7]	A[8]	A[9]

・添字の初期値が 1 のとき，上限は 10

A[1]	A[2]	A[3]	A[4]	A[5]	A[6]	A[7]	A[8]	A[9]	A[10]

また，**２次元配列では行と列の指定をする添字を間違えて逆に指定しやすい**ことなど，注意すべき点が多くあります。これらのことを含めて，例題と文字列処理の演習問題を通して，配列の扱い方をマスターしてください。なお，配列は以前“配列名（添字)”と表現しましたが，現在は“配列名[添字]”というように[]を使いますので，過去の問題における表記もこれに合わせて修正しています。

例　題 ― 応用力を身につけましょう！

問　次の流れ図の説明及び流れ図を読んで，設問1～3に答えよ。

(H6秋-2K 午後問1改)

〔流れ図の説明〕

(1)　9×9の2次元配列Aに入っているイメージデータを，時計回りに90度回転し，配列Bへ移す流れ図である。

(2)　流れ図によって表されるアルゴリズムの実行例を図1に示す。

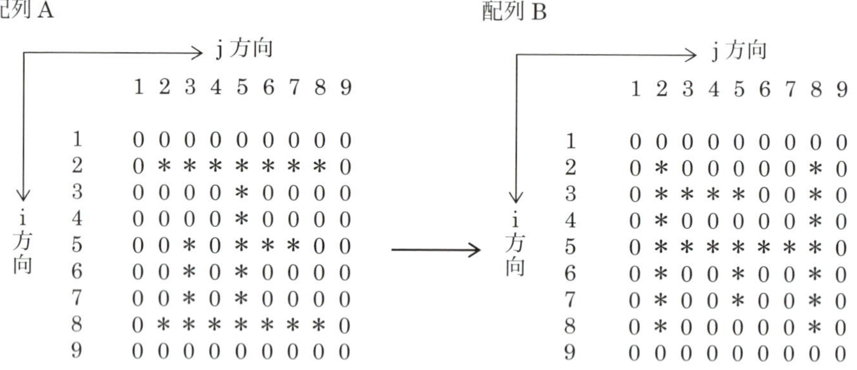

図1　流れ図によって表されるアルゴリズムの実行例

(3)　配列Aと配列Bの要素は，上からi番目，左からj番目のものをそれぞれA[i，j]，B[i，j]とする。

〔流れ図〕

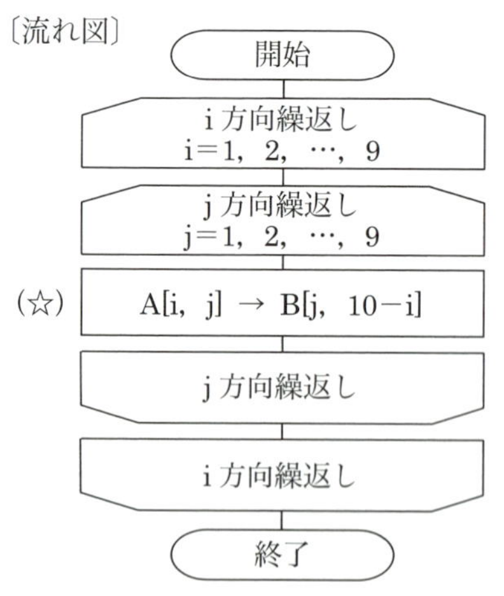

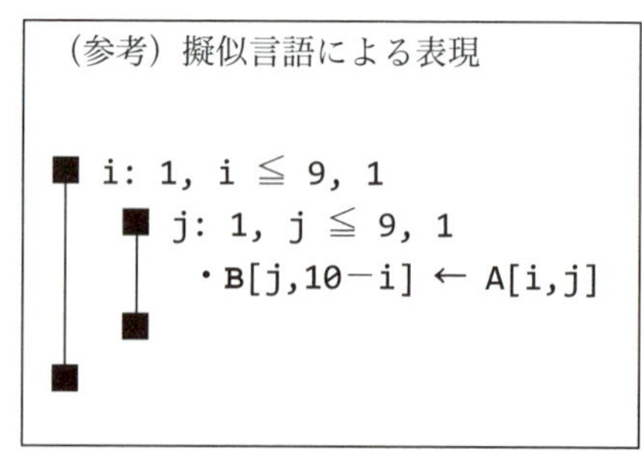

設問１　反時計回りに 90 度回転するには（つまり，A[1，1] → B[9，1]，…），流れ図中の（☆）をどう変更したらよいか。正しい答えを解答群の中から選べ。

設問２　180 度回転するには，流れ図中の（☆）をどう変更したらよいか。正しい答えを解答群の中から選べ。

設問３　図２のように，左右方向に反転するには，流れ図中の（☆）をどう変更したらよいか。正しい答えを解答群の中から選べ。

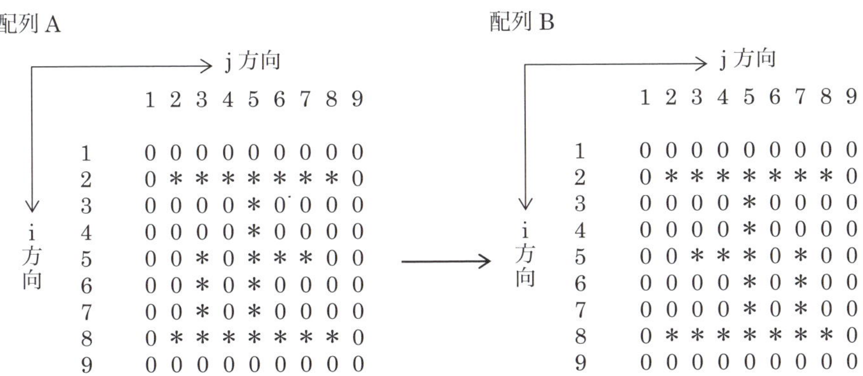

図２　左右方向に反転する例

解答群

ア　A[i，j] → B[10−i，10−j]　　イ　A[i，j] → B[10−i，j]

ウ　A[i，j] → B[10−j，10−i]　　エ　A[i，j] → B[10−j，i]

オ　A[i，j] → B[i，10−i]　　カ　A[i，j] → B[i，10−j]

キ　A[i，j] → B[i，j]　　ク　A[i，j] → B[j，10−i]

ケ　A[i，j] → B[j，10−j]　　コ　A[i，j] → B[j，i]

解答と解説

（解答）

〔設問1〕　エ
〔設問2〕　ア
〔設問3〕　カ

（解説）

9×9の2次元配列Aにイメージデータ（画像データ）を，時計回りに90度回転し，配列Bへ移す流れ図ですが，行っていることは2次元配列Aの各要素A[i, j]を，時計回りに90度回転した位置にある配列Bの要素に移すということです。**イメージデータということにこだわらず，配列処理として考えていきましょう。**

問題の〔流れ図〕には，2重の繰返しが含まれています。外側の繰返し処理はi方向（i=1, 2, …, 9），内側の繰返し処理はj方向（j=1, 2, …, 9）です。このあたりから頭が混乱させられてしまうので具体的に考えます。問題に示されている配列Aは9×9ですから，A[1, 1]～A[9, 9]までの要素を含みます。そして，図1によると，j方向が横方向，i方向が縦方向となっています。また，〔流れ図〕の☆印の部分にあるように，A[i, j]として扱われることに注意しましょう。

この流れ図の実行過程を簡単に具体化すると，A[1, 1], A[1, 2], …, A[1, 9], A[2, 1], …A[2, 9], …, A[9, 1], …, A[9, 9]というように，☆印の部分が9×9=81回実行されていくことがイメージできるでしょうか。これがポイントです。処理内容がイメージできるくらいまで，具体例を書いてみましょう。2次元配列については，添字の扱い方がイメージしにくいので，よく出題されます。ケアレスミスをしないように，必ず具体的に考えてください。

問題の流れ図では，☆印の部分がA[i, j] → B[j, 10−i]となっていますが，これも具体的に考えます。9×9の81通りも具体化していたのでは，時間がなくなってしまうので，まずは，特徴的な四隅（A[1, 1], A[1, 9], A[9, 1], A[9, 9]）について考えてみればよいでしょう。

① A[1, 1]（i=1, j=1）→ B[1, 10−1]=B[1, 9]
② A[1, 9]（i=1, j=9）→ B[9, 10−1]=B[9, 9]
③ A[9, 9]（i=9, j=9）→ B[9, 10−9]=B[9, 1]
④ A[9, 1]（i=9, j=1）→ B[1, 10−9]=B[1, 1]

この四つの要素について，図に表すと次のようになります。確かに時計回りに90度回転していることが分かります。

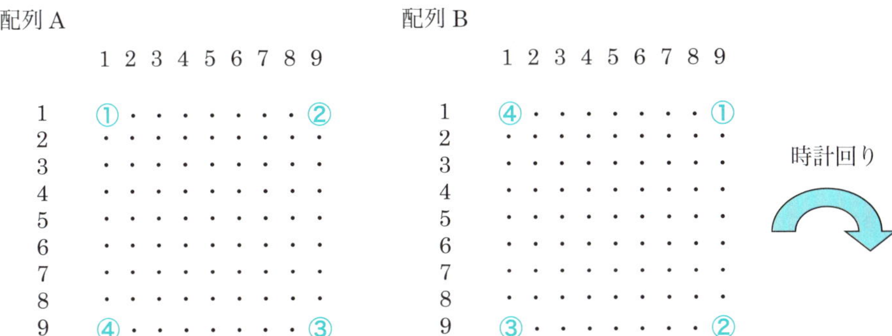

［設問１］

反時計回りに 90 度回転ですから，四隅については次のようになります。

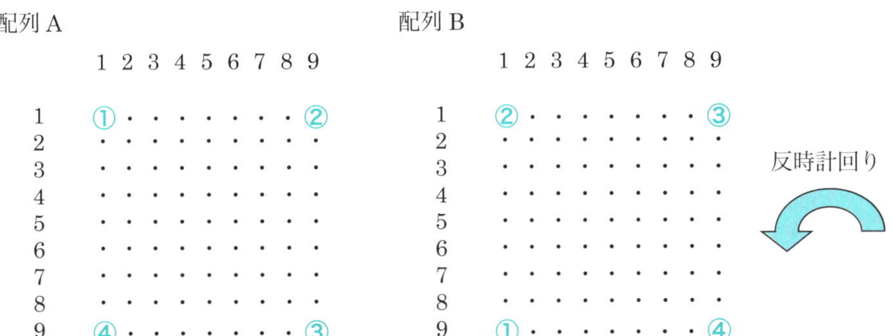

① A[1, 1] → B[9, 1]

② A[1, 9] → B[1, 1]

③ A[9, 9] → B[1, 9]

④ A[9, 1] → B[9, 9]

さて，この四つの具体例から規則性を導きますが，直感的に見い出せる方は A[i, j] → B[10−j, i] であることが分かるでしょう。規則性がすぐに見い出せない方は，①〜④について，i, j それぞれの観点でグループ分けしてみましょう。

- ①と②は i=1，③と④は i=9 と，それぞれ，i の値が共通しています。そして，対応する B を見ると，こちらも j の値がそれぞれ同じで，A の i と同じ値となっています。
- ①と④は j=1，②と③は j=9 と，それぞれ，j の値が共通しています。そして，対応する B を見ると，こちらも i の値が同じになっています。しかし，こちらはAのjとは同じ値とはなっていません。しかし，前述の時計回り90度の例を参考に考えると，i＝10−jとなっているように思われます。

以上から A[i, j] → B[10−j, i] という関係がありそうだなという予想ができると思います。これを確認するために，四隅以外を具体的に考えてみます。どこでもよいのですが，端の方が回転をイメージしやすいので，A[2, 8]あたりを例にしてみます（◎の位置）。

配列A

	1	2	3	4	5	6	7	8	9
1	①	・	・	・	・	・	・	・	②
2	・	・	・	・	・	・	・	◎	・
3	・	・	・	・	・	・	・	・	・
4	・	・	・	・	・	・	・	・	・
5	・	・	・	・	・	・	・	・	・
6	・	・	・	・	・	・	・	・	・
7	・	・	・	・	・	・	・	・	・
8	・	・	・	・	・	・	・	・	・
9	④	・	・	・	・	・	・	・	③

配列B

	1	2	3	4	5	6	7	8	9
1	②	・	・	・	・	・	・	・	③
2	・	◎	・	・	・	・	・	・	・
3	・	・	・	・	・	・	・	・	・
4	・	・	・	・	・	・	・	・	・
5	・	・	・	・	・	・	・	・	・
6	・	・	・	・	・	・	・	・	・
7	・	・	・	・	・	・	・	・	・
8	・	・	・	・	・	・	・	・	・
9	①	・	・	・	・	・	・	・	④

この図から， A[2, 8] → B[2, 2] であり，この要素でも A[i, j] → B[10−j, i] という関係が満たされていることが分かるので，正解は（エ）となります。

これでもなお不安という方は，解答群のしらみつぶしという作戦があります。

A[1, 1] → B[9, 1] ですから，まずは，この関係が満たされるかどうかを，すべての選択肢について調べます。

ア：B[10−1, 10−1]＝B[9, 9]　×

イ：B[10−1, 1]＝B[9, 1]　○

ウ：B[10−1, 10−1]＝B[9, 9]　×

エ：B[10−1, 1]＝B[9, 1]　○

オ：B[1, 10−1]＝B[1, 9]　×

カ：B[1, 10−1]＝B[1, 9]　×

キ：B[1, 1]　×

ク：B[1, 10−1]＝B[1, 9]　×

ケ：B[1, 10−1]＝B[1, 9]　×

コ：B[1, 1]　×

これだけで，（イ）か（エ）に絞ることができます。次に A[1, 9] → B[1, 1]であることを（イ），（エ）について調べると，

イ：B[10−1, 9]＝B[9, 9]　×

エ：B[10−9，1]＝B[1，1]　○
となり，（エ）が正解であることが分かります。実際には，規則性について考えているよりもこちらの方が解答を導くには早いかもしれません。基本情報技術者の午後問題は多岐選択式ですから，実際の試験ではこの特徴を最大限に有効利用しましょう。しかし，奥の手ですから，規則性を見い出す練習をしておいた方がよいと思います。

［設問２］

180 度回転です。時計回りでも反時計回りでも 180 度回転の結果は同じです。こんなことは試験中に考えなくてもよいですから,具体的に四隅を考えてみましょう。

```
配列 A                               配列 B
       1 2 3 4 5 6 7 8 9                    1 2 3 4 5 6 7 8 9

  1    ① · · · · · · · ②              1    ③ · · · · · · · ④
  2    · · · · · · · · ·              2    · · · · · · · · ·
  3    · · · · · · · · ·              3    · · · · · · · · ·
  4    · · · · · · · · ·              4    · · · · · · · · ·
  5    · · · · · · · · ·              5    · · · · · · · · ·
  6    · · · · · · · · ·              6    · · · · · · · · ·
  7    · · · · · · · · ·              7    · · · · · · · · ·
  8    · · · · · · · · ·              8    · · · · · · · · ·
  9    ④ · · · · · · · ③              9    ② · · · · · · · ①
```

①　A[1，1] → B[9，9]
②　A[1，9] → B[9，1]
③　A[9，9] → B[1，1]
④　A[9，1] → B[1，9]

すぐに，A[i，j] → B[10−i，10−j] と気がついた方は，もうこれ以上解説を読む必要はありません。設問 1 と同様に①〜④について，i，j それぞれの観点でグループ分けしてみましょう。

・①と②は i＝1, ③と④は i＝9 ということで, それぞれ, i の値が共通しています。そして，対応する B を見ると，i の値が同じで，それぞれ，i＝9，i＝1 となっています。これは，10−i ということです。
・①と④は j＝1, ②と③は j＝9 ということで, それぞれ, j の値が共通しています。そして，対応する B を見ると，j の値が同じで，それぞれ，j＝9，j＝1 となっています。これは，10−j ということです。

以上から，A[i, j] → B[10－i, 10－j] という関係がありそうです。だめ押しに，A[2, 8] を例にしてみます。

配列Ａ

	1	2	3	4	5	6	7	8	9
1	①	・	・	・	・	・	・	・	②
2	・	・	・	・	・	・	・	◎	・
3	・	・	・	・	・	・	・	・	・
4	・	・	・	・	・	・	・	・	・
5	・	・	・	・	・	・	・	・	・
6	・	・	・	・	・	・	・	・	・
7	・	・	・	・	・	・	・	・	・
8	・	・	・	・	・	・	・	・	・
9	④	・	・	・	・	・	・	・	③

配列Ｂ

	1	2	3	4	5	6	7	8	9
1	③	・	・	・	・	・	・	・	④
2	・	・	・	・	・	・	・	・	・
3	・	・	・	・	・	・	・	・	・
4	・	・	・	・	・	・	・	・	・
5	・	・	・	・	・	・	・	・	・
6	・	・	・	・	・	・	・	・	・
7	・	・	・	・	・	・	・	・	・
8	・	◎	・	・	・	・	・	・	・
9	②	・	・	・	・	・	・	・	①

この図から，A[2, 8] → B[8, 2] ですから，A[i, j] → B[10－i, 10－j] という関係が満たされていることが確認できます。正解は（ア）です。

さて，180 度回転にはほかの作戦もあり，180 度回転は時計回り 90 度回転を 2 回行うと実現できます。そして，時計回り 90 度回転は A[i, j] → B[j, 10－i] でしたから，A[i, j] → B[j, 10－i] → C[10－i, 10－j] となります。同様に，反時計回り 90 度回転を 2 回利用しても A[i, j] → B[10－j, i] → C[10－i, 10－j] と同じ結果になります。

［設問３］

左右の反転です。設問 1，2 同様に四隅について図を書いてみれば，解答は導けるでしょう。しかし，今度は移動の性質に注目して考えてみます。左右の反転ですから，縦方向の位置，つまり，i の値は変わらないはずです。そして，j の値だけが変化して，j＝1（左端）のときは 9（右端）に，逆に，j＝9（右端）のときは 1（左端）に移動します。したがって，A[i, j] → B[i, 10－j] であることが分かります。正解は（カ）となります。

実際の試験では，設問ごとに違うアプローチで解答する必要はないと思いますが，練習のために，幾つかのアプローチを紹介してみました。しかし，すべてに共通していることは，**具体例を用いて考えている**ということです。i や j などを使った抽象的な規則性を見いだすのは，多くの人が苦手としていることです。そのために試験問題として出題されます。**具体的に，そして，図を書いて考えるようにする**とよいでしょう。

4.2　文字列処理

対策のポイント

文字列処理の基本は配列処理です。単語というまとまりではなく，1 文字ずつを配列の一つの要素として扱う問題として出題されることが多いです。この部分が初めて学習するとき難しく感じる部分です。

人間が，ある文字列を文書中から探す場合には，その文字列をまとめて一つのパターンとして扱いますが，アルゴリズム問題では，1 文字ずつ比較することによって，文字列を探していきます。人間が行う場合の手順と，コンピュータで同じことを行う場合との違いがアルゴリズムを難しくしているといえます。

大切なことは，**文字を格納した配列の何番目を処理しているかという添字の値**です。添字の初期値のほか，問題に出される配列の大きさは決まっているので添字の上限値も意識してプログラムを読む必要があります。

一般のプログラム言語では，文字列の比較を行える関数を備えていたり，何文字かをまとめて扱える命令があったりと，使いやすいように工夫されています。しかし，このような文字列を扱う機能をもっていない場合には，自分自身で工夫しなければなりません。分かりにくい場合には，必ず配列の図を書いて処理を確認するようにしましょう。

文字列処理のアルゴリズムでよく取り上げられるのが，文字列の検索処理，挿入処理，削除処理です。多くの場合，配列の先頭の要素から順番に比較していきながら処理を進めていくことが多いので，**添字の初期値，処理途中で変わっていく添字の値，添字の上限値，保存の必要な添字の退避などに注意してください。**

また，複数の添字が使われている場合には，それぞれの用途にも十分気を付ける必要があります。

では，小手調べに文字列処理の午前問題を見てから演習問題を考えましょう。なお，次の第 5 章の演習問題問 3 は，問題文が長い本格的な文字列処理の問題です。この問題はアルゴリズムが少し複雑で難しいですが，そこにたどり着くまでに少しずつ実力をつけていってください。

知識確認問題　必要な知識を確認してみましょう！

問　長さ m，n の文字列をそれぞれ格納した配列 X，Yがある。図は，配列 Xに格納した文字列の後ろに，配列 Y に格納した文字列を連結したものを，配列 Z に格納するアルゴリズムを表す流れ図である。図中の a，b に入れる処理として，適切なものはどれか。ここで，1 文字が一つの配列要素に格納されるものとする。

（H26 春-FE 問 8）

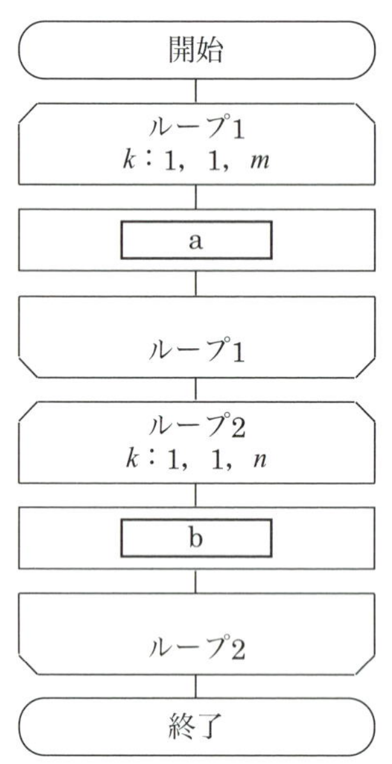

（注）　ループ端の繰返し指定は，
変数名：初期値，増分，終値
を示す。

	a	b
ア	$X(k) \rightarrow Z(k)$	$Y(k) \rightarrow Z(m+k)$
イ	$X(k) \rightarrow Z(k)$	$Y(k) \rightarrow Z(n+k)$
ウ	$Y(k) \rightarrow Z(k)$	$X(k) \rightarrow Z(m+k)$
エ	$Y(k) \rightarrow Z(k)$	$X(k) \rightarrow Z(n+k)$

解説

配列 X は長さ m，配列 Y は長さ n の文字列をそれぞれ格納していて，これらの文字を連結して，新たな配列 Z に格納する処理です。ループ1の繰返し指定を見ると，「k：1，1，m」となっており，(注)の「変数名：初期値，増分，終値」という説明から，初期値が1，終値を m として配列 X の文字列を配列 Z に格納する処理と分かります。よって，空欄 a は，X の先頭 $X(1)$ から $X(m)$ に格納されている文字列を，Z の先頭 $Z(1)$ から $Z(m)$ に格納する処理「$X(k) \rightarrow Z(k)$」となります。

ループ2は，X の文字列に続けて配列 Y に格納されている文字列を配列 Z に格納する処理です。格納先の配列 Z の添字は，m まで格納済みですから，$m+1$ から格納し始めればよいことになります。しかし，ループ2の繰返し指定では k の初期値が1になっているので，格納するときに Y の添字 k をそのまま使うのであれば m を加算しなければいけません。よって，空欄 b は，$Y(k)$ を $Z(m+k)$ に格納する処理「$Y(k) \rightarrow Z(m+k)$」となり，正解は（ア）となります。

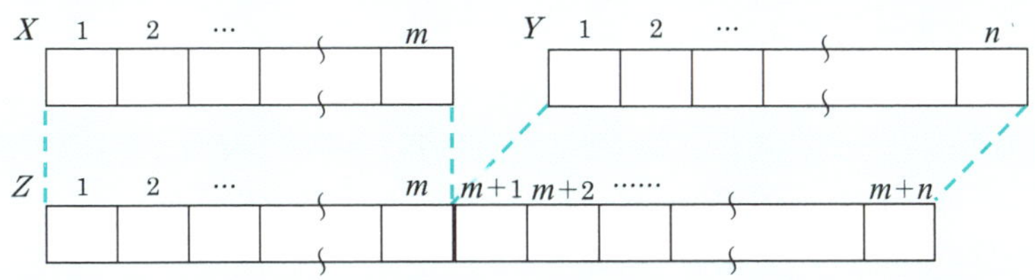

参考までに，問題の流れ図を擬似言語で表現すると，次のように非常にシンプルな記述になります。

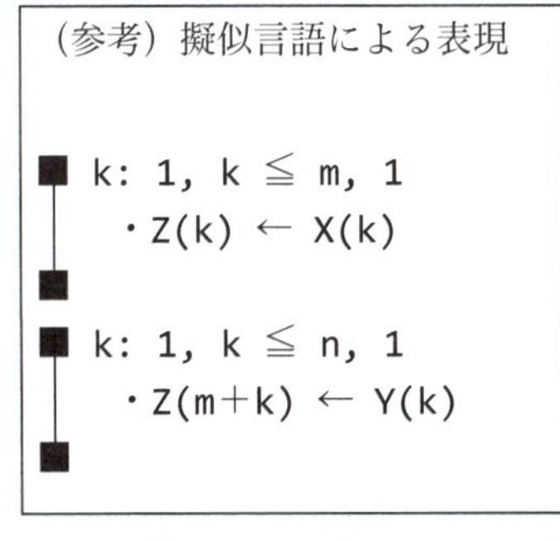
（参考）擬似言語による表現

```
■ k: 1, k ≦ m, 1
│  ・Z(k) ← X(k)
■
■ k: 1, k ≦ n, 1
│  ・Z(m+k) ← Y(k)
■
```

解答　ア

演習問題　第5部 第4章 問1

次の流れ図の説明及び流れ図を読んで，設問に答えよ。

（H11 秋-2K 午後問１改）

〔流れ図の説明〕

(1) 配列 A に格納されている文字列の指定された位置に，配列 B に格納されている文字列を挿入する。

(2) 配列 A の大きさは AMAX に，文字列の長さは AX に，各文字は A[1]，A[2]，…，A[AX]に格納されている。

(3) 挿入する文字列の長さは BX に，各文字は B[1]，B[2]，…，B[BX]に格納されている。

(4) 挿入位置は，PX（1≦PX≦AMAX）に格納されている。

(5) PX が AX＋1 より大きい場合は，A[AX＋1]～A[PX－1]に空白文字を挿入する。

(6) 挿入によって配列 A からあふれる部分は捨てる。

(7) 利用する関数 MIN の仕様は，次のとおりである。

MIN(X，Y)：X＜Y のときは X を返し，それ以外のときは Y を返す。

(8) 流れ図中のループ端の繰返し指定は，“変数名：初期値，増分，終値”を示す。ただし，次のどちらかの場合には，何もせずループ処理を抜ける。

① 増分が正の値で，初期値＞終値のとき

② 増分が負の値で，初期値＜終値のとき

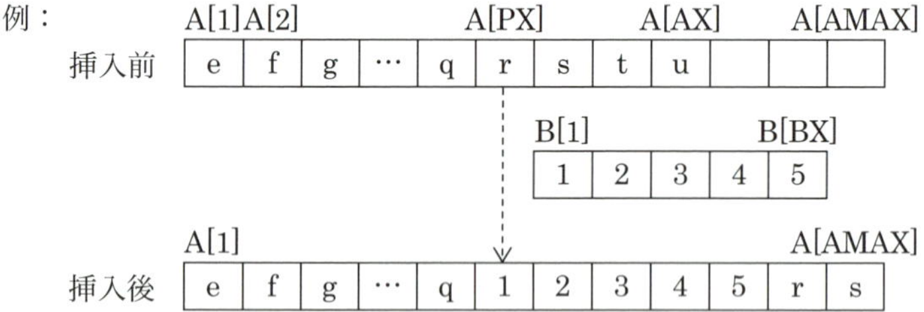

〔流れ図〕

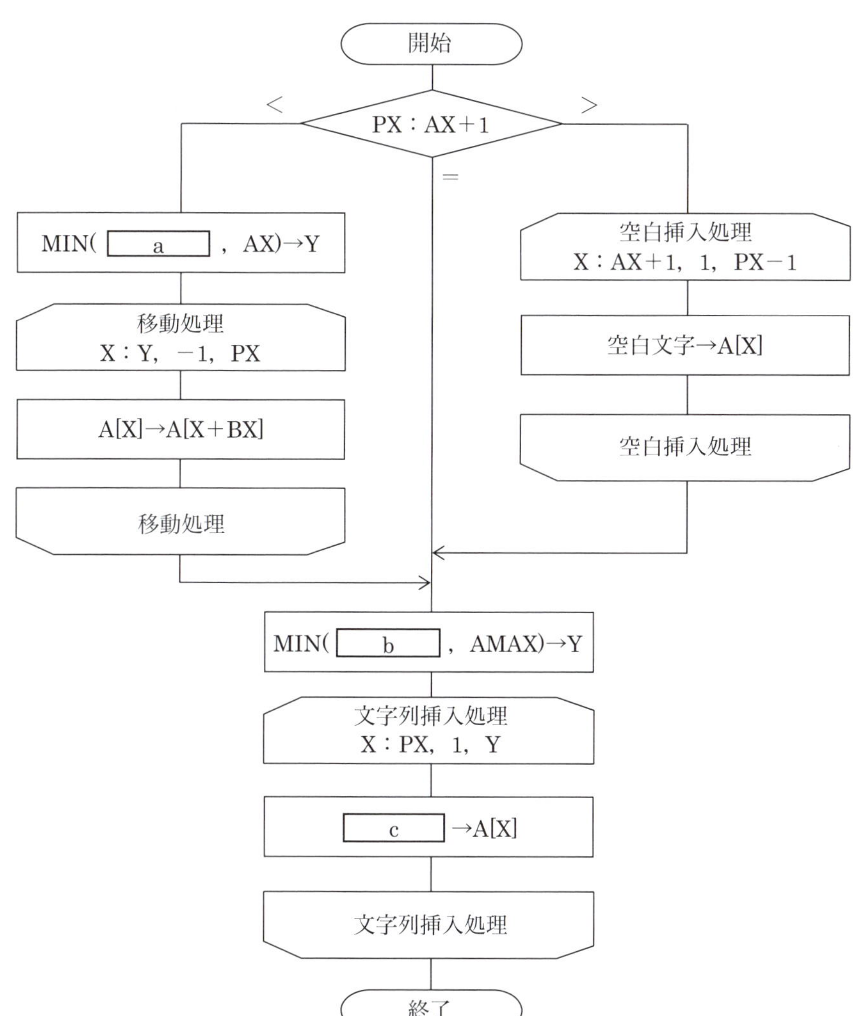
開始
<
PX：AX＋1
>
＝
MIN(a ，AX)→Y
移動処理
X：Y，－1，PX
A[X]→A[X＋BX]
移動処理
空白挿入処理
X：AX＋1，1，PX－1
空白文字→A[X]
空白挿入処理
MIN(b ，AMAX)→Y
文字列挿入処理
X：PX，1，Y
c →A[X]
文字列挿入処理
終了

設問　流れ図中の［　　　　］に入れる正しい答えを，解答群の中から選べ。

a に関する解答群

ア　AMAX－BX　　　イ　AMAX－BX＋1
ウ　AMAX－BX－1　　エ　AMAX－PX
オ　AMAX－PX＋1　　カ　AMAX－PX－1

b に関する解答群

ア　AX＋BX　　　イ　AX＋BX＋1
ウ　AX＋BX－1　　エ　PX＋BX
オ　PX＋BX＋1　　カ　PX＋BX－1

c に関する解答群

ア　B[X＋PX]　　　イ　B[X＋PX＋1]
ウ　B[X＋PX－1]　　エ　B[X－PX]
オ　B[X－PX＋1]　　カ　B[X－PX－1]

演習問題　第５部　第４章　問２

次のプログラムの説明及びプログラムを読んで，設問に答えよ。

(H16 秋-FE 午後問 4)

〔プログラムの説明〕

関数 RadixConv は，M 進数字列（2≦M≦16)を，N 進数字列（2≦N≦16）に基数変換するプログラムである。

(1) M 進数字列は，文字である M 進数字だけで構成され，空白文字は含まない。11～16 進数の 10 以上の数字には，“A” ～ “F” のアルファベットを用いる。

(2) RadixConv は，M 進数字列を整数値に変換した後，その整数値を N 進数字列に変換する。M 進数字列を整数値に変換する関数は MToInt，整数値を N 進数字列に変換する関数は IntToN である。

(3) 関数 MToInt と関数 IntToN では，次の関数を利用する。

① 1 文字の数字 P（“0”，“1”，…，“F” のいずれか）を整数値に変換する関数 ToInt

② 整数値 Q（0≦Q≦15）を 1 文字の数字（“0”，“1”，…，“F” のいずれか）に変換する関数 ToStr

③ 文字列の長さを返す既定義の関数 Length

④ 文字列の一部を取り出す既定義の関数 Substr

(4) 関数の引数と返却値の仕様を表 1～5 に示す。

表１　RadixConv

引数名／返却値	データ型	意味
Frdx	整数型	変換元の数字列の基数（2≦Frdx≦16）
Fnum	文字型	変換元の数字列
Trdx	整数型	変換後の数字列の基数（2≦Trdx≦16）
返却値	文字型	変換後の Trdx 進数字列

表２　MToInt

引数名／返却値	データ型	意味
Rdx	整数型	変換元の数字列の基数（2≦Rdx≦16）
Num	文字型	変換元の数字列
返却値	整数型	変換後の整数

表3　**IntToN**

引数名／返却値	データ型	意味
Val	整数型	変換元の整数
Rdx	整数型	変換後の数字列の基数（2≦Rdx≦16）
返却値	文字型	変換後の Rdx 進数字列

表4　**ToInt**

引数名／返却値	データ型	意味
P	文字型	変換元の1文字の数字（“0”，“1”，…，“F”）
返却値	整数型	変換後の整数

表5　**ToStr**

引数名／返却値	データ型	意味
Q	整数型	変換元の整数（0≦Q≦15）
返却値	文字型	変換後の1文字の数字

設問　プログラム中の［　　　］に入れる正しい答えを，解答群の中から選べ。

a に関する解答群

ア　Rdx　　　イ　Val

ウ　Val × Rdx　　　エ　Val ÷ Rdx

b～d に関する解答群

ア　Quo ← Quo ÷ Rdx　　　イ　Quo ← Quo ÷ Rem

ウ　Quo ← Rdx　　　エ　Quo ← Rem ÷ Rdx

オ　Quo ← Val　　　カ　Rem ← Rdx

キ　Rem ← Val　　　ク　Tmp ← ToStr(Quo) ＋ Tmp

ケ　Tmp ← ToStr(Rem) ＋ Tmp

e に関する解答群

ア　P ＜ Code[Idx]　　　イ　P ＞ Code[Idx]

ウ　P ≦ Code[Idx]　　　エ　P ≧ Code[Idx]

〔プログラム〕

```
○文字型: RadixConv(整数型: Frdx, 文字型: Fnum, 整数型: Trdx)
・return IntToN(MToInt(Frdx, Fnum), Trdx)
                        /* IntToNの値を関数の返却値とする */

○整数型: MToInt(整数型: Rdx, 文字型: Num)
○整数型: Idx, Val
・Val ← 0
■ Idx: 1, Idx ≦ Length(Num), 1  /* Length はNumの文字列長を返す */
│ ・val ← [    a    ] + ToInt(Substr(Num, Idx, 1))
■        /* Substr はNumの先頭から Idx 番目(≧1)の1文字を取り出す */
・return Val            /* Val を関数の返却値とする */

○文字型: IntToN(整数型: Val, 整数型: Rdx)
○整数型: Quo            /* 商 */
○整数型: Rem            /* 剰余 */
○文字型: Tmp
・[   b   ]
・Tmp ← ""
■ Quo ≧ Rdx
│ ・Rem ← Quo % Rdx
│ ・Tmp ← ToStr(Rem) + Tmp      /* +は文字列を連結する演算子 */
│ ・[   c   ]
■
・[   d   ]
・return Tmp                /* Tmp を関数の返却値とする */

○整数型: ToInt(文字型: P)
○整数型: Idx
○文字型: Code[16]           /* 添字は0から始まる */
/* Codeには，初期値として"0", "1", "2", "3", "4", "5", "6", "7", */
/* "8", "9", "A", "B", "C", "D", "E", "F"がこの順に格納されている */
/* 文字の値もこの順に大きくなる */
・Idx ← 0
■ [   e   ]                /* 文字の比較 */
│ ・Idx ← Idx + 1
■
・return Idx                /* Idx を関数の返却値とする */

○文字型: ToStr(整数型: Q)
○文字型: Code[16]           /* 添字は0から始まる */
/* Codeには，初期値として"0", "1", "2", "3", "4", "5", "6", "7", */
/* "8", "9", "A", "B", "C", "D", "E", "F"がこの順に格納されている */
/* 文字の値もこの順に大きくなる */
・return Code[Q]            /* Code[Q]を関数の返却値とする */
```

Part 5　Chapter 5

第５章
アルゴリズムの解法力

出題のポイント

それでは，ここまで学習した擬似言語や整列・探索，配列の知識を生かし，仕上げの学習として幾つかのアルゴリズム問題を考えてみましょう。

実践的な力を付けるために，

・問題文に記述された処理概要を早く理解する。

・プログラムの全体構造を処理のかたまり単位で把握する。

・先に解答群を見て問われていることを把握する。

・設問の解答を考えるときには，関連する問題文の記述を確認する。

といったことを意識しながら，演習を進めていきましょう。令和２年度の試験から午後の試験の解答数が減り，アルゴリズムやプログラム言語の問題にかけられる時間が長くなりましたが，試験会場で画面に表示される問題に向かい正解を導くためには，十分に演習をしておく必要があります。

この章で学習する「アルゴリズムの解法力」について補足すると基本情報技術者試験は，従来から受験対象としてきたシステム開発を実際に行う人だけでなく，自社や自部門のシステムを企画する人や，携帯電話や家電製品などの機器を制御する組込みシステム開発に携わる人も含めた幅広い人達を受験対象としています。

このような試験において，午後の試験で必須問題として出題されるのが，「データ構造及びアルゴリズム」の問題ですから，出題するアルゴリズムもほとんどの人が**初めて見て考える内容**の問題が出題されることが多くなってきています。そこで大切になるのが“**自分で考える力を付ける**”ことであり，ここまで学習してきたことはそのための基礎力の養成といえるものだといえます。

この章の「アルゴリズムの解法力」を午後の試験対策の仕上げとして，後は“自分で考える力を付ける”ための問題演習を少しでも多く行うようにしましょう。

5.1　アルゴリズムの解法力をつける

対策のポイント

ここでは，仕上げとしてアルゴリズム問題の解法力を身につけるための学習を行います。

平成 21 年度から実施されている現在の試験制度になってからのアルゴリズム問題の特徴として，特定のテーマでプログラミング経験のある人が有利にならないように，テーマ自体は一般的なもので，問題のプログラムの説明を読んで，しっかり確認できれば解答できるようになっている特徴があります。

しかし，ビット処理や技術計算など少し特別ともいえる内容をテーマとした問題も出題されており，慣れていない人にとっては，問題を見たとたんやる気をなくしてしまった人が多かったのではないかと思います。

このような一見難しいテーマで出題されても，問題文に沿って考えれば解答が出せるように例を多く出したり，プログラム中の注釈を多くしたりと，**出題している側からもかなり配慮していることが多い**ものです。

得点力を付けるためには，あきらめずに問題を読んで，**解答群をヒントとして活用しながら，正解を導き出す力をつける**必要があり，そのための問題演習が重要になります。アルゴリズムに限らず午後問題の解法は，「あわてず，あせらず，あきらめず」という三つの“あ”の気持ちで解答するよう心がけてください。

あわてず，あせらず，あきらめず

それでは，ここまでのまとめとして，この**三つの“あ”**の気持ちで解答することが必要な問題を解きましょう。ここでは例題と演習問題，いずれも現在の試験制度になってから出題された問題ですが，内容を見ると投げ出したくなるようなテーマかもしれません。しかし，ハードルが高いと思っても，問題文にある記述や図をヒントにして，設問を一つずつクリアしていく努力をしてください。これを乗り越えればゴールは近いです。

まずは，例題から見ていきましょう。

例　題　— 応用力を身につけましょう！

問　次のプログラムの説明及びプログラムを読んで，設問に答えよ。

（H21 春-FE 午後問 8）

〔プログラムの説明〕

64（8×8）画素からなる表示領域がある。この表示領域中の一つの画素を指定して，その画素を含む同じ色の領域を，指定した色で塗り替えるプログラムである。

ある一つの画素について，その画素の上下左右の 4 方向に隣接した画素の中に同じ色のものがあれば，それらの画素は同じ色の領域内にあるものと判定する。このようにして領域内にあると判定された隣接する各画素について，同様の判定を繰り返し，指定した色で塗り替えていく。

(1)　大きさ 10×10 の 2 次元配列 Image（各添字の範囲は 0～9）を用意する。各画素の色は，配列 Image の一部（各添字の範囲は 1～8）に保持する。

(2)　色は，黒（■），灰（▩），白（□）の 3 色で，それぞれを値 1，2，3 で表す。

(3)　塗り替えたい領域中の開始点を示す一つの画素を，変数 VS と HS で指定する。VS と HS は，その画素に対応する配列 Image の要素の縦と横方向の添字である。

(4)　塗り替えたい色を，変数 NC で指定する。

(5)　プログラムは，Image[VS, HS]から現在の画素の色を取得し，その画素を含む同じ色の領域を，色 NC で塗り替える。

(6)　大域変数 Image，NC，VS，HS には，正しい値が設定されているものとする。

(7)　配列 VPos，HPos の添字は，1 から始まる。

(8)　図 1 は，VS＝5，HS＝3 として，Image[5, 3]を塗り替えたい領域内の開始点に指定し，NC＝1 として，塗り替える色を黒（■）に指定した場合の，プログラムの実行例である。

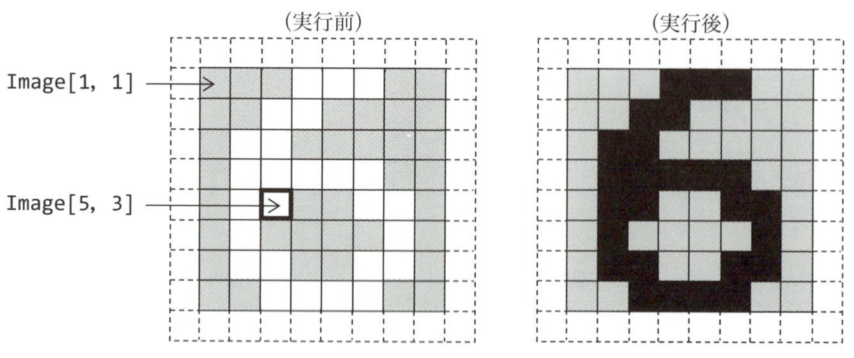

図１　プログラムの実行例（NC＝1，VS＝5，HS＝3 の場合）

〔プログラム〕
(行番号)

```
○符号なし８ビット整数型: Image[10, 10]        /* 画素の色情報 */
○整数型: VS, HS                              /* 開始点は Image[VS, HS] */
○符号なし８ビット整数型: CC, NC              /* 色 CC の領域を色 NC で塗替え */
○整数型: More                                /* 処理待ちの画素の数 */
○整数型: VPos[64], HPos[64]                  /* 処理待ちの画素の位置情報 */

○プログラム: Main
○整数型: V, H                               /* 縦(V)と横(H)方向の添字用 */
○符号なし８ビット整数型: Wall               /* 表示領域の外周に格納する値 */

・CC ← Image[VS, HS]                        /* 開始点の現在の色を取得 */
▲ CC = NC
│ ・Return                                  /* 処理を終了 */
▼
・ Wall ← 0
■ V: 1, V ≦ 8, 1                            /* V を 1～8 として外周に値を設定 */
│ ・Image[V, 0] ← Wall
│ ・Image[V, 9] ← Wall
■
■ H: 1, H ≦ 8, 1                            /* H を 1～8 として外周に値を設定 */
│ ・Image[0, H] ← Wall
│ ・Image[9, H] ← Wall
■
・More ← 0
・CheckAndStack(VS, HS)     /* 開始点を処理待ちの画素として登録 */
■ More ＞ 0                 /* More＞0 の間，次の処理を繰り返す。 */
│ ・V ← VPos[More]
│ ・H ← HPos[More]
│ ・More ← More － 1
│ ・CheckAndStack(V － 1, H)
│ ・CheckAndStack(V, H － 1)
│ ・CheckAndStack(V ＋ 1, H)
│ ・CheckAndStack(V, H ＋ 1)
■
・Return                                    /* 処理を終了 */

○副プログラム: CheckAndStack(整数型: Vt, 整数型: Ht)
▲ Image[Vt, Ht] ＝ CC                       /* 同じ色の領域内か？ */
│ ・Image[Vt, Ht] ← NC
│ ・More ← More ＋ 1
│ ・VPos[More] ← Vt
│ ・HPos[More] ← Ht
▼
・Return                                    /* 呼出し元へ戻る。 */
```

設問　次の記述中の［　　　］に入れる正しい答えを，解答群の中から選べ。

このプログラムに関する先輩技術者（以下，先輩という）と新人技術者（以下，新人という）の会話である。

先輩：プログラムの動作を理解するには，処理の流れを追跡してみることが大切です。まず，画素の色がどのような順序で塗り替えられていくか，図1のデータが与えられたものとして，最初の五つが塗り替えられる順序を1，2，…，5で示してみてください。

新人：はい。追跡してみます。結果は，［　a　］のようになりました。

先輩：そうですね。では，プログラムを検討していきましょう。まず，元の画素数は8×8ですが，配列 `Image` の大きさは10×10で，行番号15～23で最外周の配列要素に値0を設定しています。これは何のための処理でしょうか。

新人：はい，［　b　］からです。しかし，表示領域の要素数64に対して，32の配列要素に値を設定するのは，随分無駄な処理のように思えます。

先輩：では，一般に m×n 画素からなる表示領域を考えたとき，行番号15～23で値を設定する要素数は，どういう式で表せますか。

新人：はい，［　c　］となります。ということは，表示領域の画素数 m×n が大きくなるほど，この要素数は相対的に小さくなっていくのですね。

先輩：次に，最外周の配列要素に設定する値について考えてみましょう。行番号15では，変数 `Wall` に値0を設定しています。与えられた仕様では，画素の色を表す値は1～3の範囲だからこれでよいのですが，もしも，符号なし8ビットで表せる値0～255がすべて色の指定に使えるとした場合，行番号15をどう変更したらよいですか。例を一つ挙げてみてください。

新人：行番号15を［　d　］と変更するのも一つの方法です。

先輩：次は，行番号12～14について考えてみます。これは何の処理ですか。

新人：現在の色と同じ色で塗り替えようとしているなら，以降の処理をせずに呼出し元に戻ります。塗り替えても，結局元どおりなので無駄ですから。

先輩：それも理由の一つではあるけれど。では，このプログラムから行番号12～14を取り去ってみましょう。そして，図2の①～③に示す，1画素，2画素，3画素からなる三つの白色の領域の例について，同じ色で塗り替えようとした場合のプログラムの動作を追跡してみてください。変数 VS，HS には，太枠で示した画素を指定するものとします。

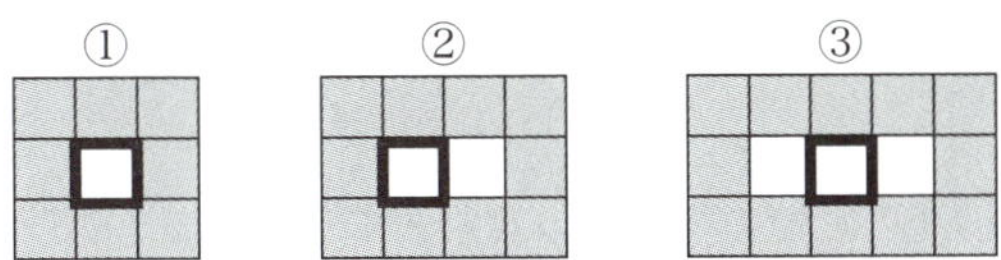

図2　1画素，2画素，3画素からなる領域

新人：では，追跡してみます。結果は，次の表のとおりです。この結果から，行番号 12～14 は省略できない必要な処理であることが分かりました。

表　追跡の結果

テストケース	プログラムの動作
図2の①（1画素からなる領域）	e
図2の②（2画素からなる領域）	f
図2の③（3画素からなる領域）	変数 More の値が増加していき配列の添字の上限を超える。

a に関する解答群

ア

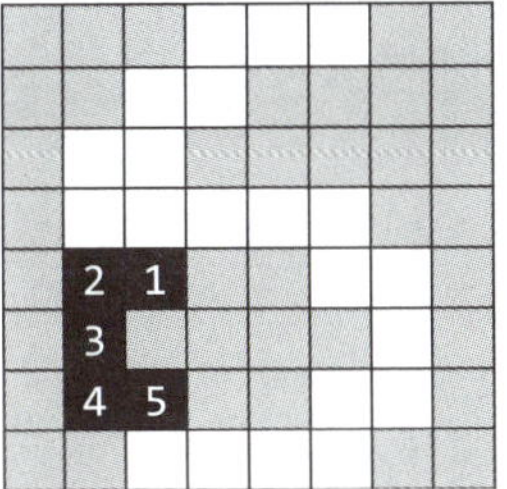

イ

ウ

エ

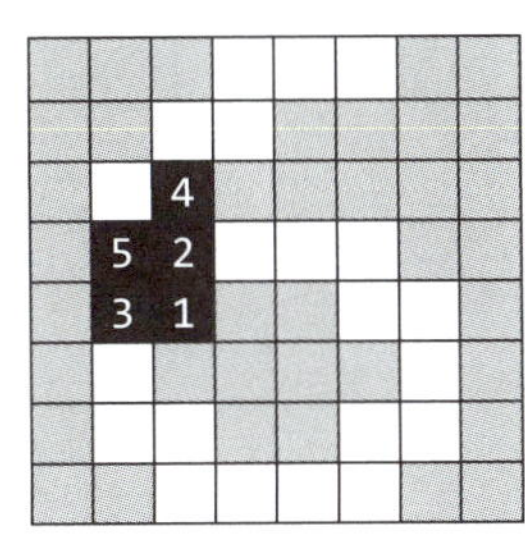

bに関する解答群

ア　これらの要素が参照されることはないが，添字から表示領域内かどうかが分かる

イ　これらの要素も色NCでの塗替えの対象とすることで，処理を簡素化できる

ウ　配列Imageの各添字の範囲チェックを省略できる

エ　配列VPosとHPosの各添字の範囲チェックを省略できる

cに関する解答群

ア　2(m＋1)(n＋1)　　イ　2(m＋n)

ウ　2(m＋n＋2)　　エ　2(m＋n－2)

dに関する解答群

ア　・Wall ← CC　　イ　・Wall ← NC

ウ　・Wall ← 256 － CC　　エ　・Wall ← 255 － NC

e，fに関する解答群

ア　仕様どおりに同じ色で塗り替えて正しく終了する。

イ　塗替えは一度も実行せずに終了する。

ウ　塗り替えるべき領域に含まれない周辺の画素まで塗り替えて終了する。

エ　変数Moreの値が増加していき配列の添字の上限を超える。

オ　変数Moreの値は一定値以下であるが処理が無限にループする。

解答と解説

（解答）

［設問］　a－イ，b－ウ，c－イ，d－イ，e－ア，f－オ

（解説）

この問題はアルゴリズム問題を解くための心がけや，正解を出すために行う必要のあること（作業）を学べる非常によい問題です。まず，問題内容が画像情報の色変換に関することで，**多くの人が初めて見る内容と思われること，プログラムでどんな処理をしているか自分で確かめないと解答できないこと**がその理由です。これまで出題されている問題の内容を見ると，特にこの傾向が強くなっています。

逆に言えば，特別な知識がなくても，見たことのない処理内容が記述されていても根気よく問題文を読むことができ，そこからヒントを見つけて，データを当てはめ処理を追跡することができれば（トレースできれば），アルゴリズム問題で得点できるといえます。では，この問題の場合はどうでしょうか。画像処理プログラムの作成経験がある人は多くないと思います。問題文を頼りに解答を調べていくしか結果を得られる方法はありません。

この問題は，64（8×8）画素ある表示領域中の一つの画素を指定して，その画素を含む同じ色の領域を，指定した色で塗り替えるプログラムです。問題文をざっと見ると，定番であるプログラムの穴埋めがなく，その説明らしき文章の穴埋め問題になっていることに気付きます。以前はこのような出題形式はほとんどなかったのですが，現在の試験制度になってから処理内容を考えることが重視されるようになり，このような形式も普通になってきました。問題にはプログラムの実行例もあり，普通はこの例を自分でうまく利用して処理をトレースするのですが，ここでは設問にこの例そのものを使った問題が含まれています。

〔処理の概要〕

処理内容を見ていくと，画素の表示領域（8×8）の周りに作業用と思われる領域を足して，一回り大きな10×10の配列 Image を使っていること，使う色は黒，灰，白の3色（それぞれ，値1，2，3で表す）で，上下左右の方向につながっている画素だけを色を変換する対象とすることなどがポイントになります。プログラムを見ると，このつながった画素の判定をするのに，副プログラム CheckAndStack を使い，つながっている場合はその場所を配列 VPos，HPos に登録しているようです。副プログラムの名前の中に Stack（スタック）とあるので，スタックの特徴である“後入れ先出し”で登録データを使っていると予想できます。

変数については，塗り替えたい画素の開始点の縦位置を VS，横位置を HS で表すこと，現在の画素の色を CC，塗り替える色を NC で表していることに留意します。なお，Image，NC，VS，HS は大域変数となっています。大域変数というのは問題に出てくるプログラム（副プログラムを含む）以外のところで定義され，値が設定されている変数です。このため，初期設定されていません。大域変数以外の変数（局所変数）は，例えば 11，15，24 行にあるようにプログラム中で初期設定されています。

（変数名についての補足）

プログラムで使う変数名は本来誰が見ても内容が分かるように名前を付ける必要がありますが，この問題の場合，開始点の縦位置 VS は Vertical Start（垂直方向開始）から，横位置 HS は Horizontal Start（水平方向開始）を使っていると予想できます。

また，現在の画素の色 CC は Current Color（現在の色），塗り替える色 NC は新しい色という意味の New Color から命名されていると予想できます。

このように変数の名前の意味も含めてプログラムを読むようにすると，内容が理解しやすくなり，意味も間違えにくくなるので，習慣付けることをお勧めします。

プログラムの処理を大雑把に見ると，行番号 23 までが初期設定，行番号 24～25 で開始点の処理（実際の処理は副プログラムの行番号 37～44），行番号 26 から 34 で処理待ち画素として登録した最後の画素の隣接した色の調査（処理待ち画素がなくなるまで繰り返す），行番号 35 で処理終了となります。

次にもう少し詳しく処理を見ていきます。このとき，設問の中で図 1 のプログラム実行例について内容を聞いているので，この図を参考に見ていくと効率的です。

・行番号 11：開始点の現在の色を取得し，CC に代入しています。

・行番号 12～14：取得した色 CC が塗り替える色 NC と同じであればプログラムを終了します。この判断をここで行っている意味はすぐには分かりませんが，この問題の設問では，そのこと自体を調べさせている部分があります。

・行番号 15～23：画素の領域の周りの外周領域に色を設定しています。まず，変数 Wall を色の塗替え処理で使用しない値（0）で初期設定し，外周をこの値で埋めています。なお，配列 Image の縦方向，横方向の添字の範囲は 0～9 ですが，ここでは添字として使う変数 V，H を 1～8 と変化させて処理しているため，四隅（Image[0, 0]，Image[0, 9]，Image[9, 0]，Image[9, 9]）に値は設定されないことになります。

次の図 1 の左の図が外周を初期設定した配列 Image の状態になります。

（外周設定後）

	0	1	2	3	4	5	6	7	8	9
0		0	0	0	0	0	0	0	0	
1	0	2	2	2	3	3	3	2	2	0
2	0	2	2	3	3	2	2	2	2	0
3	0	2	3	3	2	2	2	2	2	0
4	0	2	3	3	3	3	3	2	2	0
5	0	2	3	3	2	2	3	3	2	0
6	0	2	3	2	2	2	2	3	2	0
7	0	2	3	3	2	2	3	3	2	0
8	0	2	2	3	3	3	3	2	2	0
9		0	0	0	0	0	0	0	0	

（色の変換処理の後）

	0	1	2	3	4	5	6	7	8	9
0		0	0	0	0	0	0	0	0	
1	0	2	2	2	1	1	1	2	2	0
2	0	2	2	1	1	2	2	2	2	0
3	0	2	1	1	2	2	2	2	2	0
4	0	2	1	1	1	1	1	2	2	0
5	0	2	1	1	2	2	1	1	2	0
6	0	2	1	2	2	2	2	1	2	0
7	0	2	1	1	2	2	1	1	2	0
8	0	2	2	1	1	1	1	2	2	0
9		0	0	0	0	0	0	0	0	

図１　プログラムの実行例（NC＝1，VS＝5，HS＝3 の場合）

・行番号 24〜25：ここからがプログラムの中心部です。先に副プログラムの内容を少し確認すると，Vt と Ht を保存する配列 VPos，HPos の添字として使っている変数 More を行番号 24 で初期設定しています。行番号 4 の説明では More は「処理待ちの画素の数」となっているので，添字として使いながら処理待ちの画素の数の意味ももつことが分かります。

次に行番号 25 で開始点の位置 VS と HS を副プログラム CheckAndStack に渡して，画素の色の変更を行い，その位置を次の処理待ちの画素として VPos，HPos に登録します。副プログラムで出てくる Vt と Ht は，行番号 25 で副プログラムを読み出す CheckAndStack(VS，HS) の引数 VS，HS と並び順に対応しています。つまり，副プログラムを呼び出したときの VS と HS の値がそれぞれ副プログラムの中の Vt と Ht の値となり処理が進められます。

（行番号 25）　・CheckAndStack（ VS ， HS ）

（行番号 37）　CheckAndStack（整数型：Vt，整数型：Ht）

・行番号 37〜44：ここで，先に副プログラム CheckAndStack の処理内容を見ると，対象となる画素が開始点の画素の色（CC）と同じかどうかを行番号 38 で判断し，同じ色なら行番号 39 で指定された色（NC）に変更します。そして，色を変更した画素の位置から改めて上下左右の 4 方向を後で調べるために，行番号 41，42 でその位置 Vt と Ht を配列 VPos と HPos にそれぞれ登録します。登録するときの配列の添字が More で，副プログラムを読み出す前に 0 で初期設定したので，行番号 40 で＋1 してから代入しています。図１の例でいえば，Image[5, 3]の色が3でCCと等しいので，これをNCの1の色に変更し，Moreの値0に1を加えて1とし，VPos[More] ← VtがVPos[1] ← 5，HPos[More] ← HtがHPos[1] ← 3として実行されます。以上が副プログラムの処理で行番号44のReturnで呼出し元へ戻ります。

・行番号26〜35：副プログラムCheckAndStackの実行が終わるとMainプログラムに戻り，行番号26でMoreの値を調べます。副プログラムの中で新しい色NCに変更した場合はMoreの値が＋1され処理待ち画素が登録された先の図1の例で考えると，More＝1＞0なので，繰返し処理に入り，処理待ち画素の位置情報VPos[1]＝5，HPos[1]＝3を取り出し，それぞれ行番号27，28でVとHに代入します（配列VPosとHPosの内容はそのまま）。

処理待ち画素の情報を取り出したので行番号29でMoreの値を1減らし，続く行番号30〜33の四つのCheckAndStackで上・左・下・右の順に隣接する画素について，先ほど Image[5, 3]について行ったのと同じ処理をCheckAndStackで行います。Moreは，処理待ち画素の位置情報を登録する前に＋1，処理待ち画素の位置情報を取り出した後に－1されるため，処理待ち画素の数を表し，Moreの値で配列を参照すれば，最後に登録した処理待ち画素の位置情報を取り出すことができます。

このプログラムでは，CheckAndStackで最後に登録した処理待ち画素の位置を基にして，行番号30〜33の四つのCheckAndStackで上・左・下・右の順に隣接する画素を調べ，処理待ち画素が存在する（More＞0）間，行番号27〜33の処理を繰り返すことになります。

以上，アルゴリズム問題を解答するときの心構えも話してしまったので長くなりました。この問題では，よく出題されるプログラムの穴埋めがないので，処理内容を考える必要がありません。設問文の内容に沿ってプログラムで行っている処理を一つずつ確実に調べていき解答を導くようにします。

・空欄a：図1のデータで最初に五つ塗り替えられる順序を聞かれています。開始点はImage[5, 3]ですから，選択肢を見るとすべてこの位置が1になっています。プログラムでは上・左・下・右の順に画素の色を調べています。図を見ると開始点の上の Image[4, 3]と左の Image[5, 2]が同じ色の領域となり，この順で2番目，3番目の色が塗り替えられます。このとき，VPos[1]＝4，HPos[1]＝3で，VPos[2]＝5，HPos[2]＝2と処理待ちの画素が登録されます。この時点で解答群の（イ），（エ）が解答候補になりますが，この後は処理待ち画素として最後に登録したImage[5, 2]の位置から同じように行番号 27～33 の処理を行います。図 1 を見るとこの上の Image[4, 2]と下の Image[6, 2]が同じ白色の領域になっているので，この順に 4 番目，5 番目として色が塗り替えられます。よって，（イ）が正解です。

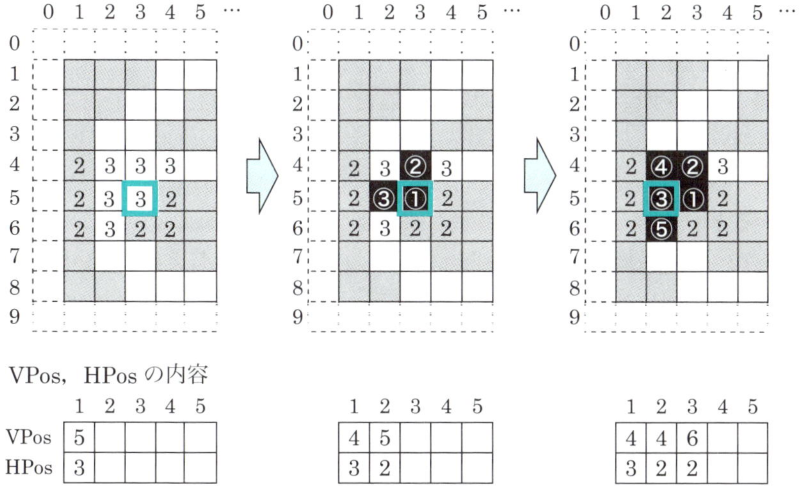

・空欄 b：行番号 16～23 で，配列 Image の四隅を除く外周に 0 を設定している理由を聞かれています。プログラムの内容から直接理由を考えるのは難しいので，ここは試験と割り切って四つの選択肢を順に調べてみます。

ア：外周の要素について，「これらの要素が参照されることはないが，…」としていますが，例えば，Image[1, 4]は処理開始点と同じ色の領域内ですから，行番号 30 でその上の Image[0, 4]の位置を参照します。また，「添字から表示領域内かどうかが分かる」としていますが，プログラムでは配列 Image の添字判定はしていません。誤りです。

イ：外周の要素は図 1 を見ると新しい色の塗替え対象としていません。誤りといえます。

ウ：「配列 Image の各添字の範囲チェックを省略できる」としていますが，確かにプログラム中には添字のチェックはないので正解候補です。ここで詳しく追跡すると，外周に設定した値は 0 で色のデータとしては使っていない値です。行番号 38 以降では色が CC と等しいときに処理しているので，外周の部分が色変更の対象にはならないことになります。つまり，配列 Image の添字のチェックを省略できるので，正解といえます。

エ：配列 VPos と HPos の添字は More で範囲チェックも行っているので，該

第5部
第1章
第2章
第3章
第4章
第5章

当する記述ではありません。

- 空欄 c：外周の要素数が表示領域の要素数と比べて大きすぎないかという新人君の質問に対して，m×n 画素で行番号 15〜23 の処理を行った場合の要素数を調べるよう先輩が問いかけています。この場合，行番号 16 の V の上限値は m で縦方向に対して左端と右端の 2 回分，行番号 20 の H の上限値は n で横方向に対して上端と下端の 2 回分それぞれ値を設定する処理が行われるので，m×2＋n×2＝2(m＋n)が要素数となり，（イ）が正解です。
- 空欄 d：このプログラムは，外周の色 Wall に要素の色（1，2，3）と違う値 0 を設定することで，配列 Image の各添字の範囲のチェックを省略しています。このため，要素の色として符号なし 8 ビットで表せる 0〜255 がすべて使えるとすると，外周を表す特別な値がなくなってしまいます。ここで，行番号 12〜14 の処理に注目すると，開始点の色 CC が塗り替える新しい色 NC と等しいときは処理を終了しているので，行番号 15 以降は開始点が NC 以外のときだけとなります。このことを利用すると，外周の要素に NC を設定しておいても，色を塗り替える領域の色とは等しくならないので，内側とは区別することができます。したがって，行番号 15 の Wall を NC で初期設定する（イ）が正解の候補です。他の選択肢を検証してみます。

  ア：CC は開始点の画素の色ですから，外周との区別ができません。

  ウ：CC＝128 の場合は Wall＝256－128＝128 となり，外周との区別ができません。また，CC＝0 の場合は Wall＝256 となり，符号なし 8 ビットで表現できる数の範囲（0 から 255）を超えてしまいます。

  エ：例えば，NC＝100，CC＝155 だとすると，外周の色を表す Wall＝255－100＝155＝CC となってしまい，外周との区別ができません。

  これらの検証結果から，（イ）以外は不適切であることが分かったので，正解になることの裏付けがとれました。
- 空欄 e：行番号 12〜14 の処理の必要性に関しての先輩の問いかけに対して，新人君は「無駄な処理では？」と疑問をもったため，この処理を取り去ったときの不都合を調べさせています。行番号 12〜14 では，開始点の色が塗り替える新しい色 NC と等しいときに処理を終了させていますので，この処理がないとき（CC＝NC のとき），何か不都合な動作が起きると予想できます。

  図 2 の①のように，領域に 1 画素しかない場合，副プログラムの処理を含む行番号 24〜34 の動作を追跡します。最初に CheckAndStack が実行されたときに開始点の色が CC（白）なので，行番号 39 で新しい色 NC（同じ白色）に塗り替えられ，この位置を配列 VPos，HPos に登録して Main プログラム

に戻ります。戻った後は，行番号 27，28 で登録した位置を V と H に設定した後，行番号 30〜33 で上・左・下・右の画素の色を調べます。図 2 の①ではどの方向も CC（白）とは違うので，これらの CheckAndStack では何もせず Return となり，処理を終了します。したがって，空欄 e は（ア）が該当する記述となります。

・空欄 f：図 2 の②のように，開始点の右に CC と同じ画素（白）があった場合を考えます。図 2 の①と同じように考えると，開始点の画素 CC（白）を NC（白）に変更した後，Main プログラムに戻り，行番号 33 の CheckAndStack の処理で開始点の右隣の画素を調べて，CC と等しいので NC に変更し，開始点の位置を VPos，HPos に登録して，また Main プログラムに戻ります。

ここで，そもそもこの処理を考える条件（行番号 12〜14 がないとき）は CC＝NC のときに起きる不都合でした。CC を NC に変更しても同じ値ですから，CC と何度比較しても等しいときの処理が実行されます。このプログラムでは，行番号 37〜43 で CC を NC に変更して More の値に＋1 して，処理待ち画素を配列 VPos と HPos に登録し，Main プログラムに戻りますが，その後，行番号 29 で More の値を−1 して，登録位置が図 2②の左側（開始点）なら行番号 33 の CheckAndStack で，登録位置が図 2②の右側なら行番号 31 の CheckAndStack で，それぞれ画素の色が CC と等しい判断されるので，More の値は 1 以下ですが，NC に変更する処理が永久に繰り返されることになります。したがって，（オ）が該当する記述となります。

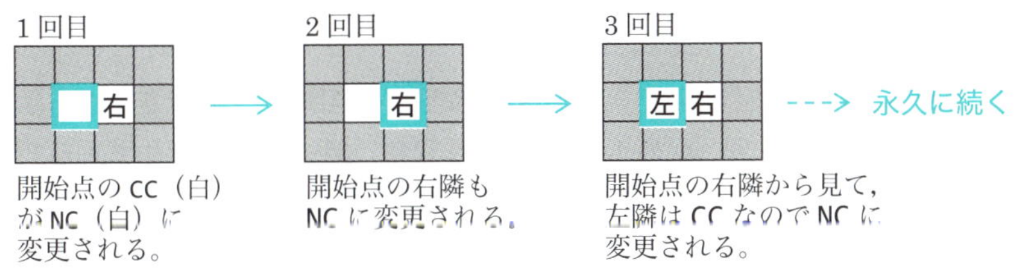

図 2③の場合のプログラムの動作は「変数 More の値が増加していき配列の添字の上限を超える」とありますが，実際のそのような動作をするか追跡してみましょう。問われていないこのような追跡がしっかりできる人は，もうアルゴリズム問題の解き方を身に付けている人です。

いかがでしたか？　次に行う演習問題も内容を見ただけで「やーめた」と思う人がいるかもしれませんが，落ち着いて根気よく問題を読みながら，内容を把握しようと努力した人にちゃんと女神が訪れるようにできています。挑戦してください。

5.2　アルゴリズム問題の出題内容

対策のポイント

アルゴリズムの問題には様々なテーマがありますが，試験ではいろいろな立場や業務を行っている受験者を想定した一般的なテーマが多くなっています。また，問題のテーマが一見して難しそうに感じたり，特定の人向けの内容のように感じたりする問題テーマでも，プログラムの説明をしっかり読んで，**処理内容を一つずつ確認しながら考えていけば，設問にも解答できるようになっている**特徴があります。

問題が公開されていた平成 21 年度春期試験から令和元年度秋期試験までの出題テーマを内容別に大きく分類すると，次のようになります。その後は，CBT 方式の試験に移行したため問題は非公開になりました。

① 文字列処理

文字列の圧縮，編集距離の算出，Boyer-Moore-Horspool 法（検索），数値の編集，誤りの検出，ハフマン符号（圧縮），Bitap 法（検索）

② 基本アルゴリズム（整列，探索処理）

マージソート，クイックソート，ヒープソート（探索処理は未出題）

③ グラフ処理（最短距離）

駅間の最短距離，最短経路の探索

④ 数値計算

技術計算（方程式）と誤差，組合せの計算

⑤ビット処理

2 進整数の乗算，ビットの検査

⑥ その他の処理

図形の塗替え（配列処理），代入文の処理（状態遷移），値引き処理（構造体配列），空き領域の管理（配列処理），メモリ管理（配列処理），整数式の解析（配列処理）

これらの出題内容を見ると，①文字列処理が最も多いですが，全て配列処理を含んでいます。また，②～⑥のほとんどの問題で配列処理を含んでいるので，基本情報技術者試験では，配列処理に十分慣れておく必要があることが分かります。

出題された問題テーマと出題内容を年度順にまとめると次の表のようになりますが，どんなテーマで出題されるかは，傾向も特になく予測は難しいです。

それでは，実際に演習問題を通じて，みなさん自身でアルゴリズム問題を考える力を養ってください。**「あわてず，あせらず，あきらめず」が肝心**です。

表　平成 21 年〜令和元年までのアルゴリズム問題の出題内容

出題時期	テーマ	出題内容
H21 春	図形の塗替え	2 次元配列の処理，プログラム全表示，説明文の穴埋め
H21 秋	数値計算と計算誤差	技術計算（方程式），穴埋め（代入だけ），誤差の用語
H22 春	マージソート	整列処理（再帰処理），穴埋め，配列内容の変化，別のアルゴリズム
H22 秋	符号付き 2 進整数の乗算	ビット処理，プログラム全表示（穴埋めなし），処理途中のデータ内容，処理回数
H23 春	組合せ	配列処理，プログラム全表示，処理の変更，変数の値，要素の内容
H23 秋	代入文の処理	状態遷移，配列処理，穴埋め（条件だけ）
H24 春	ビットの検査	ビット処理，穴埋め（条件だけ），プログラム修正，処理量，変数内容
H24 秋	駅間の最短距離	2 次元配列の処理，処理結果，穴埋め（条件だけ），計算量
H25 春	食料品店の値引き処理	構造体配列の処理，穴埋め，プログラムの修正，ポインタ（添字）
H25 秋	文字列の圧縮	文字列処理，配列処理，穴埋め（条件，添字の処理），処理の実行回数
H26 春	空き領域の管理	配列処理，処理内容の空欄穴埋め，プログラムの穴埋め，アルゴリズムの特徴
H26 秋	編集距離の算出	文字列処理，配列処理，穴埋め（条件，関数の戻り値），処理の実行回数
H27 春	クイックソートを応用した選択アルゴリズム	整列処理，処理説明の穴埋め（変数の設定，処理結果），処理の実行回数
H27 秋	Boyer-Moore-Horspool 法を用いた文字列検索	文字列処理，配列処理，穴埋め（代入だけ），処理の実行回数，処理内容変更後の影響
H28 春	簡易メモ帳のメモリ管理	配列処理，穴埋め（代入，条件），処理の追加実行による変数の変化
H28 秋	数値の編集	文字列処理，配列処理，実行結果，穴埋め（代入だけ），テストケースの確認
H29 春	最短経路の探索	2 次元配列の処理，穴埋め（条件，代入），処理の実行による変数・配列内容の変化
H29 秋	文字列の誤りの検出	文字列処理，配列処理，実行結果，穴埋め（条件，計算式），テストケースの確認，機能拡張した実行結果
H30 春	ヒープの性質を利用したデータの整列	ヒープ作成，配列処理，穴埋め（条件，引数），ヒープソート，実行結果，ヒープ再構成処理
H30 秋	整数式の解析と計算	配列処理，処理内容分析，実行順序による結果比較，実行結果の分析
H31 春	ハフマン符号化を用いた文字列圧縮	処理による圧縮率の計算，ハフマン木作成処理の穴埋め（条件），文字のビット表現，プログラムの穴埋め（条件）
R1 秋	Bitap 法による文字列検索	文字列処理，配列処理，ビット演算，マスクの値，穴埋め（初期値，代入処理），変数・配列の値，機能拡張

演習問題 ─ 第5部　第5章　問1

次のプログラムの説明及びプログラムを読んで，設問1～3に答えよ。

（H27春-FE午後問8）

与えられたn個のデータの中からk番目に小さい値を選択する方法として，クイックソートを応用したアルゴリズムを考える。クイックソートとは，n個のデータをある基準値以下の値のグループと基準値以上の値のグループに分割し（基準値はどちらのグループに入れても構わない），更にそれぞれのグループで基準値を選んで二つのグループに分割するという処理を繰り返してデータを整列するアルゴリズムである。クイックソートを応用してk番目に小さい値を選択するアルゴリズムでは，データを二つのグループに分割した時点で，求める値はどちらのグループに含まれるかが確定するので，そのグループだけに，更に分割する処理を繰り返し適用する。グループの分割ができなくなった時点で，k番目に小さい値が選択されている。

〔プログラムの説明〕

n個の数値が格納されている配列xと値kを与えて，k番目に小さい値を返す関数Selectである。ここで，配列xの要素番号は1から始まる。また，配列xの大きさは，配列に格納される数値の個数分だけ確保されているものとする。Selectの処理の流れを次に示す。

(1)　行番号3～4

k 番目に小さい値を選択するために走査する範囲（以下，走査範囲という）の左端をTop，右端をLastとし，まず配列全体を走査範囲とする。

(2)　行番号5～32

①　走査範囲に含まれる要素の数が1以下になるまで，②，③を繰り返す。

②　基準値Pivotを選び，走査範囲内の値で基準値以下のものを左に，基準値以上のものを右に集める（行番号6～24）。

③　走査範囲が基準値以下の値から成るグループと基準値以上の値から成るグループに分割されるので，k 番目に小さい値が含まれるグループを新たな走査範囲とする（行番号25～30）。

④　繰返しが終了したときに，要素x[k]の値がk番目に小さい値として，選択される。

Select の引数と返却値の仕様は次のとおりである。

〔関数 Select の引数／返却値の仕様〕

引数名／返却値	データ型	入力／出力	意味
x[]	整数型	入力	数値が格納されている一次元配列
n	整数型	入力	数値の個数
k	整数型	入力	選択する数値の小ささの順位を示す値
返却値	整数型	出力	選択された数値

〔プログラム〕

（行番号）

```
○整数型: Select(整数型: x[], 整数型: n, 整数型: k)
○整数型: Top, Last, Pivot, i, j, work

・Top ← 1                          /* 走査範囲の左端の初期値を設定 */
・Last ← n                         /* 走査範囲の右端の初期値を設定 */
■ Top < Last
│ ・Pivot ← x[k] ┐
│ ・i ← Top      ├ ←──────────── α
│ ・j ← Last     ┘
│ ■ true                           /* ループ */
│ │ ■ x[i] < Pivot ←──────────── β
│ │ │ ・i ← i + 1
│ │ ■
│ │ ■ Pivot < x[j]
│ │ │ ・j ← j − 1
│ │ ■
│ │ ▲ i ≧ j
│ │ │ ・break                      /* ループから抜ける */
│ │ ▼
│ │ ・work ← x[i] ┐
│ │ ・x[i] ← x[j] │
│ │ ・x[j] ← work ├ ←──────────── γ
│ │ ・i ← i + 1   │
│ │ ・j ← j − 1   ┘
│ ■
│ ▲ i ≦ k
│ │ ・Top ← j + 1
│ ▼
│ ▲ k ≦ j
│ │ ・Last ← i − 1
│ ▼
■
・return x[k]
```

第5部
第1章
第2章
第3章
第4章
第5章

設問1　関数 Select の追跡に関する次の記述中の［　　］に入れる正しい答えを，解答群の中から選べ。

関数 Select の引数で与えられた配列 x の要素番号 1〜7 の内容が 3, 5, 6, 4, 7, 2, 1 であり，n が 7，k が 3 のとき，配列 x の走査範囲の左端 Top と右端 Last の値は次のとおりに変化する。

・Top と Last の初期値は，それぞれ 1 と 7 である。

・Top＜Last が成り立つ間，次に示す(1)選択処理 1 回目の①〜③，(2)選択処理 2 回目の①〜③，…と実行する。

(1)　選択処理 1 回目

①　配列 x の走査範囲を二つの部分に分ける基準値 Pivot に配列 x の 3 番目の要素 x[3]の値 6 を設定する。次に，i に Top の値 1，j に Last の値 7 を設定する。

②　配列 x の Top から Last までの走査範囲内にある数値を，6 以下の数値のグループと 6 以上の数値のグループの二つに分ける処理を行う。その結果，配列 x の内容は次のとおりになる。

3, 5, 1, 4, 2, 7, 6

③　［　a　］を設定して選択処理の 2 回目に進む。

(2)　選択処理 2 回目

①　基準値 Pivot に x[3]の値 1 を設定する。

②　配列 x の Top から Last までの走査範囲内にある数値を，1 以下の数値のグループと 1 以上の数値のグループの二つに分ける処理を行う。その結果，配列 x の内容は次のとおりになる。

1, 5, 3, 4, 2, 7, 6

③　［　b　］を設定して選択処理の 3 回目に進む。

(3)　選択処理 3 回目

⋮

この選択処理を繰り返して，Top＜Last でなくなったときに処理を終了する。このとき，関数の返却値 x[k]には与えられた数値の中から k 番目に小さい値が選択されている。

a，b に関する解答群

ア　Top に値 1，Last に値 5　　イ　Top に値 1，Last に値 6
ウ　Top に値 2，Last に値 5　　エ　Top に値 2，Last に値 6
オ　Top に値 3，Last に値 5　　カ　Top に値 3，Last に値 6

設問２　次の記述中の ［　　］ に入れる正しい答えを，解答群の中から選べ。

引数で与えられた配列 x の要素番号 1～7 の内容が 1，3，2，4，2，2，2 であり，n が 7，k が 3 のとき，選択処理が終了するまでにプログラム中の α の部分は ［ c ］ 回実行され，γ の部分は ［ d ］ 回実行される。

c，d に関する解答群

ア　1　　イ　2　　ウ　3　　エ　4　　オ　5　　カ　6

設問３　次の記述中の ［　　］ に入れる正しい答えを，解答群の中から選べ。

プログラム中の β の行 x[i]＜Pivot を誤って x[i]≦Pivot とした。この場合，引数で与えられた配列 x の要素番号 1～6 の内容が 1，1，1，1，1，1 であり，n が 6，k が 3 のとき，［ e ］。また，引数で与えられた配列 x の要素番号 1～6 の内容が 1，3，2，4，2，2 であり，n が 6，k が 3 のとき，［ f ］。

e，f に関する解答群

ア　Last に値 0 が設定される　　イ　Pivot に値 0 が設定される
ウ　Top に値 0 が設定される　　エ　処理が終了しない
オ　配列の範囲を越えて参照する

演習問題　第5部　第5章　問2

次のプログラムの説明及びプログラムを読んで，設問1～3に答えよ。

(H30 秋-FE 午後問 8)

整数式を受け取って，その値を返すプログラムである。例えば，例1に示す整数式を受け取ると，その値50を返す。

例1：　2×(34－(5＋67)÷8)

〔プログラムの説明〕

(1) 整数式は，文字の列で与えられる。整数式は，次のもので構成される。
・符号のない数字 0～9 の並び
・演算子：　＋，－，×，÷
・括弧：　(，)

(2) 引数 Expression[]で整数式を，引数 ExpLen で整数式の文字数を，それぞれ受け取る。

(3) プログラム中の破線で囲んだ解析処理の部分では，受け取った整数式を解析し，計算に必要な情報を配列及び変数に設定する。

(4) プログラム中の破線で囲んだ計算処理の部分では，(3)で設定した情報を用いて，整数式の値を計算する。整数式の値は，Value[0]に得られる。

(5) 各配列の添字は，0から始まる。各配列の要素数は，十分に大きいものとする。

(6) 受け取った整数式に誤りはないものとする。また，計算の過程で，あふれやゼロ除算は発生しないものとする。

〔プログラム〕

```
○整数型関数: compute(文字型: Expression[], 整数型: ExpLen)
○文字型: Operator[100]
○整数型: OpCnt, Priority[100], Value[100]
○文字型: chr
○整数型: i, ip, nest
  解析処理（詳細は〔プログラム（解析処理の部分）〕に示す）
  計算処理（詳細は〔プログラム（計算処理の部分）〕に示す）
・return Value[0]
```

〔プログラム（解析処理の部分）の説明〕

(1) Expression[]で渡された整数式を解析し，計算に必要な情報を配列 Operator[]，Priority[]，Value[] 及び変数 OpCnt に設定する。関数 int()は，引数の数字が表す値を整数型で返す。

(2) 例１の整数式について，プログラム（解析処理の部分）を実行した直後の各配列及び変数の状態を，図１に示す。

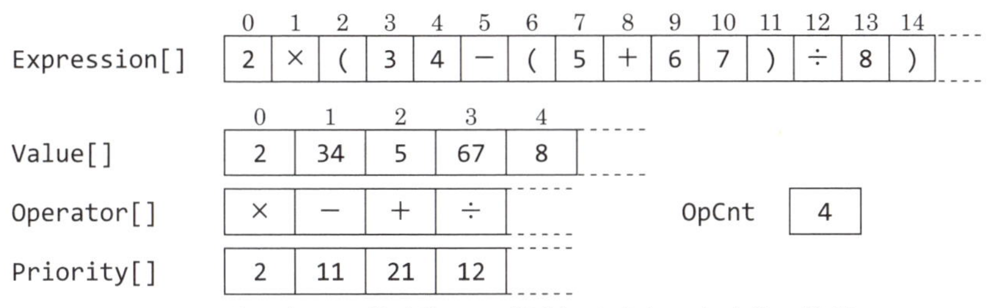

図１　プログラム（解析処理の部分）を実行した直後の状態

〔プログラム（解析処理の部分）〕

```
・OpCnt ← 0
・Value[0] ← 0
・nest ← 0
■ i: 0, i < ExpLen, 1
│ ・chr ← Expression[i]
│ ▲ ('0' ≦ chr) and (chr ≦ '9')     /* 数字 0～9 か？ */
│ │ ・Value[OpCnt] ← 10 × Value[OpCnt] + int(chr)
│ ▼
│ ▲ (chr = '+') or (chr = '−') or (chr = '×') or (chr = '÷')
│ │ ・Operator[OpCnt] ← chr
│ │ ▲ (chr = '+') or (chr = '−')
①→│ │ │ ・Priority[OpCnt] ← nest + 1
│ │ ├──
②→│ │ │ ・Priority[OpCnt] ← nest + 2
│ │ ▼
│ │ ・OpCnt ← OpCnt + 1
│ │ ・Value[OpCnt] ← 0
│ ▼
│ ▲ chr = '('
③→│ │ ・nest ← nest + 10
│ ▼
│ ▲ chr = ')'
④→│ │ ・nest ← nest − 10
│ ▼
■
```

〔プログラム（計算処理の部分）の説明〕

(1) 整数式の値を計算していく。図 1 に示す各配列及び変数の状態から，プログラム（計算処理の部分）の最外側の繰返しを 1 回実行した直後の各配列及び変数の状態を，図 2 に示す。

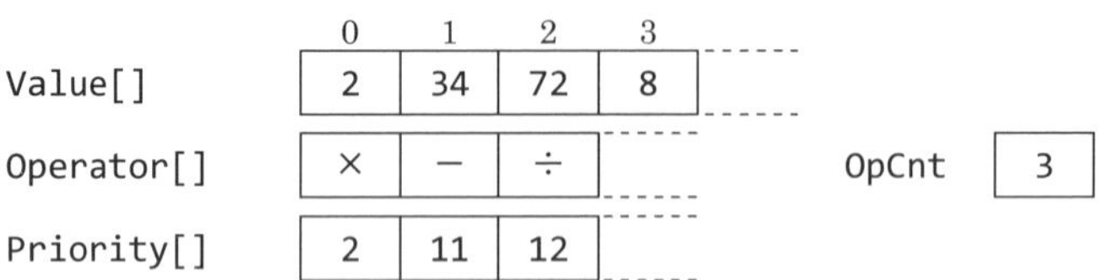

図２　プログラム（計算処理の部分）の最外側の繰返しを 1 回実行した直後の状態

〔プログラム（計算処理の部分）〕

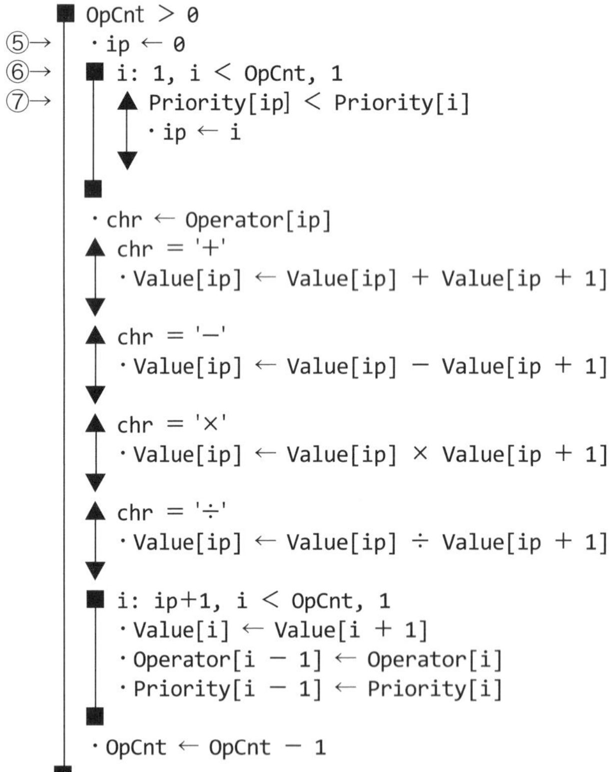

設問１　プログラム（解析処理の部分）に関する次の記述中の ［　　　］ に入れる正しい答えを，解答群の中から選べ。

プログラム（解析処理の部分）の行①～④で用いている定数について考察する。

まず，行③及び④の処理では，定数として 10 を用いているが，この定数は 10 である必要はない。このプログラムにおいては，定数が ［　a　］ であれば常に正しい演算順序が保証される。

また，行①及び②の処理では，定数として 1 及び 2 を用いているが，次に示すように書き換えることが可能である。ここで，priLow 及び priHigh は整数の定数を表し，その値は priLow ＜ priHigh とする。

```
①→          ・Priority[OpCnt] ← nest ＋ priLow
②→          ・Priority[OpCnt] ← nest ＋ priHigh
```

このように表現したとき，行③及び④の処理では，nest の値を増減する定数が ［　b　］ のときに限り正しい演算順序が保証されることになる。

a に関する解答群

ア　1 以上　　　　イ　2 以上

ウ　11 以下　　　　エ　12 以下

b に関する解答群

ア　priHigh 以上　　　　イ　priHigh ＋ 1 以上

ウ　priHigh － priLow 以上　　　　エ　priHigh － priLow ＋ 1 以上

設問２　優先順位の等しい演算子が複数個含まれている整数式の，演算の実行順序について考察する。プログラムに関する次の記述中の ［　　］ に入れる正しい答えを，解答群の中から選べ。ここで，c1〜c3 に入れる答えは，c に関する解答群の中から組合せとして正しいものを選ぶものとする。

プログラム（計算処理の部分）では，優先順位の等しい演算子が複数個含まれている場合，演算を左から順に実行するようになっている。このプログラムでは，演算を左から順に実行するか右から順に実行するかは，行 ［c1］ の内容が ［c2］ か ［c3］ かで決まる。

演算の実行順序によって，計算結果が異なることがある。例えば，次の四つの整数式のケースを考える。

ケース１：（12＋3＋1）×4×2
ケース２：（12＋3＋1）÷4÷2
ケース３：（12－3－1）×4×2
ケース４：（12－3－1）÷4÷2

これらのケースのうち，演算を左から実行しても右から実行しても，プログラムによる計算結果が等しくなるのは，ケース ［d］ である。

c に関する解答群

	c1	c2	c3
ア	⑤	・ip ← 0	・ip ← OpCnt－1
イ	⑥	i: 1, i ＜ OpCnt, 1	i: OpCnt, i ＞ 0, －1
ウ	⑥	i: 1, i ＜ OpCnt, 1	i: OpCnt－1, i ＞ 0,－1
エ	⑦	Priority[ip] ＜ Priority[i]	Priority[ip] ≦ Priority[i]

d に関する解答群

ア　1　　　イ　1 及び 2
ウ　1 及び 3　　　エ　1 及び 4

設問３　プログラムの動作に関する次の記述中の ＿＿＿ に入れる正しい答えを，解答群の中から選べ。

符号付き整定数（数字の並びの先頭に符号＋又は－を付けた定数）を含む整数式を考える。符号付き整定数は，例２のように括弧で囲んで記述する。ただし，符号付き整定数の直前の文字が演算子でない場合は，例３のように括弧で囲まなくてもよい。

例２：　(＋2)×((－3)＋(－4))
例３：　＋2×(－3＋(－4))

符号付き整定数を含む整数式 2×(－1) についてプログラム（解析処理の部分）を実行した結果を，図３に示す。

このように，符号付き整定数を含む整数式を受け取ったとき，プログラムは［ e ］。

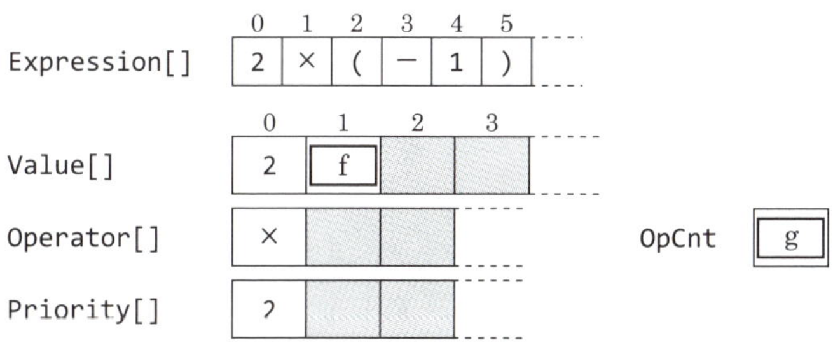

注記　網掛け部分（値が格納されているとは限らない）は表示していない。

図３　整数式 2×(－1) についてプログラム（解析処理の部分）を実行した結果

c に関する解答群

ア　整数式が符号付き整定数で始まる場合に，正しい値を返さない
イ　整数式中に符号－の付いた符号付き整定数がある場合に，正しい値を返さない
ウ　整数式中に二つ以上の符号付き整定数が含まれる場合に，正しい値を返さない
エ　正しい値を返す

f，g に関する解答群

ア　－1　　イ　0　　ウ　1　　エ　2

演習問題　第5部　第5章　問3

次のプログラムの説明及びプログラムを読んで，設問 1～3 に答えよ。

(H27 秋-FE 午後問 8)

〔プログラムの説明〕

関数 BMMatch は，Boyer-Moore-Horspool 法（以下，BM 法という）を用いて，文字列検索を行うプログラムである。BM 法は，検索文字列の末尾の文字から先頭に向かって，検索対象の文字列（以下，対象文字列）と 1 文字ずつ順に比較していくことで照合を行う。比較した文字が一致せず，照合が失敗した際には，検索文字列中の文字の情報を利用して，次に照合を開始する対象文字列の位置を決定する。このようにして明らかに不一致となる照合を省き，高速に検索できる特徴がある。

(1) 対象文字列を Text[]，検索文字列を Pat[]とする。ここで，配列の添字は 1 から始まり，文字列 Text[]の i 番目の文字は Text[i]と表記される。Pat[]についても同様に i 番目の文字は Pat[i]と表記される。また，対象文字列と検索文字列は，英大文字から構成される。

例えば，対象文字列 Text[]が “ACBBMACABABC”，検索文字列 Pat[]が “ACAB”の場合の例を図 1 に示す。

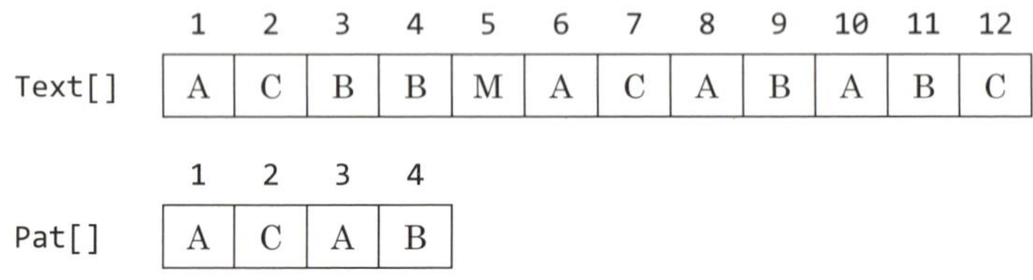

	1	2	3	4	5	6	7	8	9	10	11	12
Text[]	A	C	B	B	M	A	C	A	B	A	B	C

	1	2	3	4
Pat[]	A	C	A	B

図 1　対象文字列と検索文字列の格納例

(2) 関数 BMMatch では，照合が失敗すると，次に照合を開始する位置まで検索文字列を移動するが，その移動量を格納した要素数 26 の配列 Skip[]をあらかじめ作成しておく。Skip[1]に文字 “A” に対応する移動量を，skip[2]に文字 “B” に対応する移動量を格納する。このように，Skip[1]～Skip[26]に文字 “A” ～ “Z” に対応する移動量を格納する。ここで，検索文字列の長さを PatLen とすると，移動量は次のようになる。

① 検索文字列の末尾の文字 Pat[PatLen]にだけ現れる文字と，検索文字列に現れない文字に対応する移動量は，PatLen である。

② 検索文字列のPat[1]からPat[PatLen − 1]に現れる文字に対応する移動量は，その文字が，検索文字列の末尾から何文字目に現れるかを数えた文字数から１を引いた値とする。ただし，複数回現れる場合は，最も末尾に近い文字に対応する移動量とする。

(3) 図１で示したPat[]の例の場合，次の①～④に示すように，Skip[]は図２のとおりになる。

① 文字“A”は検索文字列の末尾から２文字目（Pat[3]）と４文字目（Pat[1]）に現れるので，末尾に近いPat[3]に対応する移動量の1（=2−1）となる。

② 文字“B”は検索文字列の末尾の文字にだけ現れるので，移動量はPatLen（=4）となる。

③ 文字“C”は検索文字列の末尾から３文字目（Pat[2]）に現れるので，移動量は2（=3−1）となる。

④ “A”，“B”及び“C”以外の文字については検索文字列に現れないので，移動量はPatLen（=4）となる。

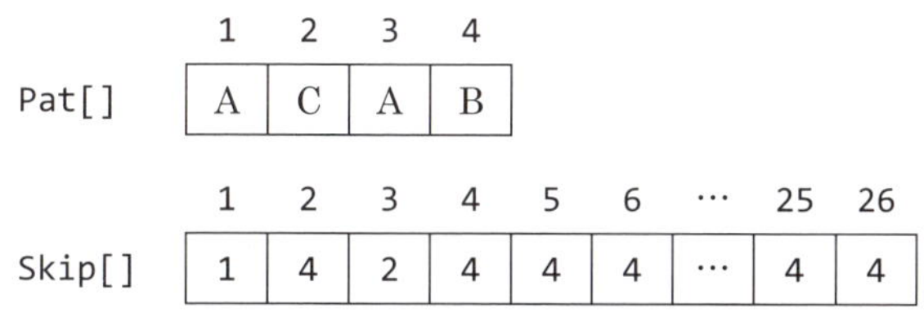

	1	2	3	4
Pat[]	A	C	A	B

	1	2	3	4	5	6	…	25	26
Skip[]	1	4	2	4	4	4	…	4	4

図２　図１の格納例におけるSkip[ ]の値

(4) 図１の例で照合する場合の手順は，次の①～⑨となり，その流れを図３に示す。この例では，PatLen=4なので，検索文字列の末尾の文字はPat[4]である。

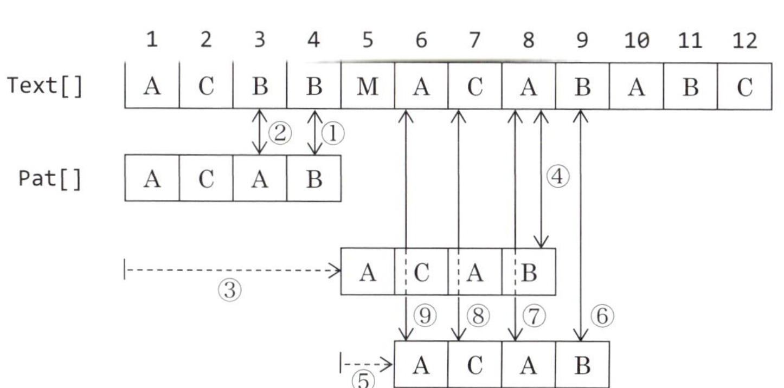

図３　図１の場合の照合手順

① Text[4]と Pat[4]を比較する。Text[4]と Pat[4]は同じ文字“B”である。
② Text[3]と Pat[3]を比較する。Text[3]の“B”と Pat[3]の“A”は異なる文字である。
③ ①で検索文字列の末尾の文字 Pat[4]と比較した Text[4]を基準に，Text[4]の文字“B”に対応する移動量である Skip[2]の値 4 だけ Pat[]を右側に移動し，Text[8]と Pat[4]の比較に移る。
④ Text[8]と Pat[4]を比較する。Text[8]の“A”と Pat[4]の“B”は異なる文字である。
⑤ ④で検索文字列の末尾の文字 Pat[4]と比較した Text[8]を基準に，Text[8]の文字“A”に対応する移動量である Skip[1]の値 1 だけ Pat[]を右側に移動し，Text[9]と Pat[4]の比較に移る。
⑥ Text[9]と Pat[4]を比較する。Text[9]と Pat[4]は同じ文字“B”である。
⑦ Text[8]と Pat[3]を比較する。Text[8]と Pat[3]は同じ文字“A”である。
⑧ Text[7]と Pat[2]を比較する。Text[7]と Pat[2]は同じ文字“C”である。
⑨ Text[6]と Pat[1]を比較する。Text[6]と Pat[1]は同じ文字“A”である。

⑥～⑨の比較で，対象文字列 Text[]の連続した一部分が検索文字列 Pat[]に完全に一致したので，検索は終了する。

〔関数 BMMatch の引数と返却値〕
関数 BMMatch の引数と返却値の仕様は，次のとおりである。

引数名／返却値	データ型	意味
Text[]	文字型	対象文字列が格納されている 1 次元配列
TextLen	整数型	対象文字列の長さ（1 以上）
Pat[]	文字型	検索文字列が格納されている 1 次元配列
PatLen	整数型	検索文字列の長さ（1 以上）
返却値	整数型	対象文字列中に検索文字列が見つかった場合は，1 以上の値を返す。 検索文字列が見つからなかった場合は，−1 を返す。

関数 BMMatch では，次の関数 Index を使用する。

〔関数 Index の仕様〕

引数にアルファベット順で n 番目の英大文字を与えると，整数 n（1≦n≦26）を返却値とする。

〔プログラム〕

```
○整数型関数: BMMatch(文字型: Text[], 整数型: TextLen,
                    文字型: Pat[], 整数型: PatLen)
○整数型: Skip[26], PText, PPat, PLast, I
```

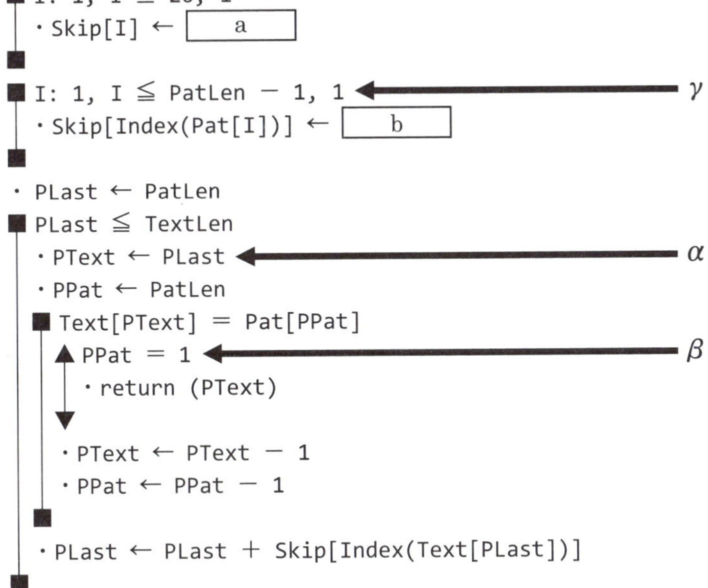

```
■ I: 1, I ≦ 26, 1
│ ・Skip[I] ← [ a ]
■
■ I: 1, I ≦ PatLen － 1, 1  ←──── γ
│ ・Skip[Index(Pat[I])] ← [ b ]
■
・PLast ← PatLen
■ PLast ≦ TextLen
│ ・PText ← PLast  ←──── α
│ ・PPat ← PatLen
│ ■ Text[PText] ＝ Pat[PPat]
│ │ ▲ PPat ＝ 1  ←──── β
│ │ │ ・return (PText)
│ │ ▼
│ │ ・PText ← PText － 1
│ │ ・PPat ← PPat － 1
│ ■
│ ・PLast ← PLast ＋ Skip[Index(Text[PLast])]
■
・return (－1)
```

設問１　プログラム中の［　　　］に入れる正しい答えを，解答群の中から選べ。

a，b に関する解答群

ア　0	イ　1	ウ　I － PatLen
エ　PatLen	オ　PatLen － 1	カ　PatLen － I

第5部
第1章
第2章
第3章
第4章
第5章

設問2　次の記述中の ＿＿＿ に入れる正しい答えを，解答群の中から選べ。

図 4 のように，Text[]に“ABCXBBACABACADEC”，TextLen に 16，Pat[]に“ABAC”，PatLen に 4 を格納し，BMMatch(Text[], TextLen, Pat[], PatLen)を呼び出した。プログラムが終了するまでに α は [c] 回実行され，β は [d] 回実行される。またこの場合，関数 BMMatch の返却値は [e] である。

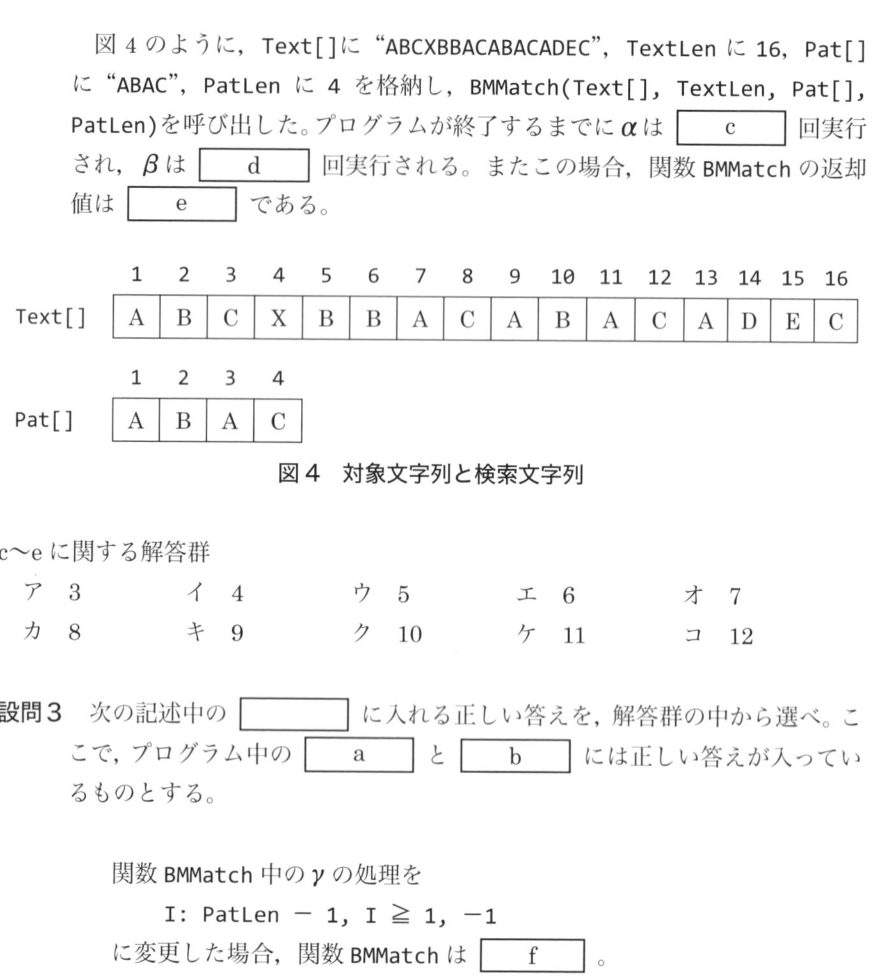

	1	2	3	4	5	6	7	8	9	10	11	12	13	14	15	16
Text[]	A	B	C	X	B	B	A	C	A	B	A	C	A	D	E	C

	1	2	3	4
Pat[]	A	B	A	C

図4　対象文字列と検索文字列

c～e に関する解答群

ア　3　　イ　4　　ウ　5　　エ　6　　オ　7
カ　8　　キ　9　　ク　10　　ケ　11　　コ　12

設問3　次の記述中の ＿＿＿ に入れる正しい答えを，解答群の中から選べ。ここで，プログラム中の [a] と [b] には正しい答えが入っているものとする。

関数 BMMatch 中の γ の処理を

I: PatLen － 1, I ≧ 1, －1

に変更した場合，関数 BMMatch は [f] 。

f に関する解答群

ア　対象文字列中に，検索文字列が含まれていないのに，1 以上の値を返す場合がある
イ　対象文字列中に，検索文字列が含まれているのに，－1 を返す場合がある
ウ　正しい値を返す

演習問題　第５部　第５章　問４

次のプログラムの説明及びプログラムを読んで，設問１，２に答えよ。

(H29 春-FE 午後問 8)

副プログラム ShortestPath は，N 個（N>1）の地点と，地点間を直接結ぶ経路及び距離が与えられたとき，出発地から目的地に至る最短経路とその距離を求めるプログラムである。最短経路とは，ある地点から別の地点へ最短距離で移動する際の経由地を結んだ経路である。副プログラム ShortestPath では，出発地の隣接地点から開始して，目的地に向かって最短距離を順次確定する。ある地点の隣接地点とは，その地点から他の地点を経由せずに直接移動できる地点のことである。

図１は，地点数 N が７の経路の例で，経路をグラフで表現したものである。図１において，丸は地点を示し，各地点には０から始まる番号（以下，地点番号という）が順番に割り当てられている。線分は地点間を直接結ぶ経路を示し，線分の上に示す数字はその距離を表す。また，経路上は，双方向に移動できる。

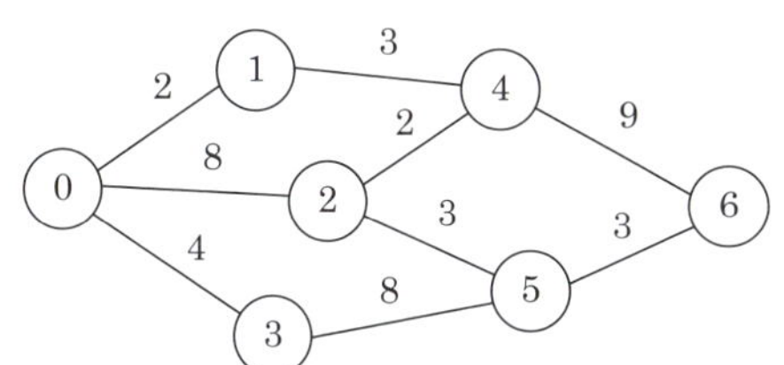

図１　地点数 N が７の経路の例

〔プログラムの説明〕

(1)　副プログラム ShortestPath の引数の仕様を，表１に示す。ここで，出発地から目的地までを結ぶ経路は，少なくとも一つ存在するものとする。また，配列の要素番号は，０から始まる。

表１　副プログラム ShortestPath の引数の仕様

引数	データ型	入出力	説明
Distance[][]	整数型	入力	地点間の距離が格納されている２次元配列
nPoint	整数型	入力	地点数
sp	整数型	入力	出発地の地点番号
dp	整数型	入力	目的地の地点番号
sRoute[]	整数型	出力	出発地から目的地までの最短経路上の地点の地点番号を目的地から出発地までの順に設定する１次元配列
sDist	整数型	出力	出発地から目的地までの最短距離

(2) Distance[i][j] (i＝0,…,nPoint－1; j＝0,…,nPoint－1) には，地点 i から地点 j までの距離が格納されている。ただし，地点 i と地点 j が同一の地点の場合は 0，地点 i が地点 j の隣接地点ではない場合は－1 が格納されている。図 1 の例における配列 Distance の内容は，表 2 のとおりである。

表 2　図 1 の例における配列 Distance の内容

i ＼ j	0	1	2	3	4	5	6
0	0	2	8	4	－1	－1	－1
1	2	0	－1	－1	3	－1	－1
2	8	－1	0	－1	2	3	－1
3	4	－1	－1	0	－1	8	－1
4	－1	3	2	－1	0	－1	9
5	－1	－1	3	8	－1	0	3
6	－1	－1	－1	－1	9	3	0

(3) 行番号 5～10 では，変数，配列に初期値を格納する。

① 最短距離を返却する変数 sDist に初期値として∞（最大値を表す定数）を格納し，出発地から目的地までの最短距離が設定されていないことを示す。

② 最短経路を返却する要素数が nPoint である配列 sRoute の全ての要素に初期値として－1 を格納し，最短経路上の地点の地点番号が設定されていないことを示す。

③ 出発地から各地点までの最短距離を設定する配列を pDist とする。pDist は 1 次元配列であり，要素数は nPoint である。配列 pDist の全ての要素に初期値として∞を格納する。

④ 出発地から各地点までの最短距離が確定しているかどうかを識別するための配列を pFixed とする。pFixed は 1 次元配列であり，要素数は nPoint である。配列 pFixed の全ての要素に初期値として false を格納し，最短距離が未確定であることを示す。最短距離が確定したときに true を設定する。例えば，出発地から地点 i までの最短距離が確定したとき，pFixed[i]は true となり，その最短距離は pDist[i]に設定されている。pFixed[i]が false の場合は，地点 i までの最短距離は未確定であり，pDist[i]の値は最短距離として確定されていない。

(4) 行番号 11 では，出発地から出発地自体への最短距離 pDist[sp]に 0 を設定する。

(5) 行番号 12～39 の最短経路探索処理では，出発地から各地点までの最短距離を算出しながら，最短経路を求める。

① 行番号 13～22

配列 pFixed を調べ，出発地から全ての地点までの最短距離が確定していれば，最短経路探索処理を抜けて(6)に進む。

② 行番号 23～29

出発地からの最短距離が未確定の地点の中で，出発地からの距離が最も短い地点を探し，その地点を sPoint とし，その地点の最短距離を確定する。

③ 行番号 30～38

各地点に対して(ア)，(イ)を実行し，①に戻る。

(ア) 地点 sPoint の隣接地点であり，かつ，出発地からの最短距離が未確定であるかどうかを調べる。

(イ) (ア)の条件を満たす地点 j に関して，出発地から地点 sPoint を経由して地点 j に到達する経路の距離を求め，その距離が既に算出してある pDist[j]よりも短ければ，pDist[j]及び pRoute[j]を更新する。ここで，pDist[j]は，出発地から地点 j までの仮の最短距離となる。pRoute[j]には，そのときの，地点 j の直前の経由地の地点番号を設定する。

(6) 行番号 40～48 では，出発地から目的地までの最短距離を sDist に，最短経路上の地点の地点番号を目的地から出発地までの順に配列 sRoute に設定する。

〔プログラム〕
(行番号)

```
1  ○副プログラム：ShortestPath( 整数型：Distance[][], 整数型：nPoint,
                    整数型：sp, 整数型：dp, 整数型：sRoute[], 整数型：sDist )
2  ○整数型：pDist[nPoint], pRoute[nPoint]
3  ○論理型：pFixed[nPoint]
4  ○整数型：sPoint, i, j, newDist

5   ・sDist ← ∞        /* 出発地から目的地までの最短距離に初期値を格納する */

6  ■ i: 0, i < nPoint, 1
7  │ ・sRoute[i] ← −1   /* 最短経路上の地点の地点番号に初期値を格納する */
8  │ ・pDist[i] ← ∞    /* 出発地から各地点までの最短距離に初期値を格納する */
9  │ ・pFixed[i] ← false   /* 各地点の最短距離の確定状態に初期値を格納する */
10 ■
```

```
・pDist[sp] ← 0      /* 出発地から出発地自体への最短距離に 0 を設定する */
■ true  /* 最短経路探索処理 */
│ ・i ← 0
│ ■ i < nPoint                /* 未確定の地点を一つ探す */
│ │ ▲ not(pFixed[i])
│ │ │ ・break                 /* 最内側の繰返しから抜ける */
│ │ ▼
│ │ ・i ← i + 1
│ ■
│ ▲ i = nPoint           /* 出発地から全ての地点までの最短距離が確定 */
│ │ ・break              /* していれば，最短経路探索処理を抜ける */
│ ▼
│ ■ j: i + 1, j < nPoint, 1   /* 最短距離がより短い地点を探す */
│ │ ▲ [    a    ] and pDist[j] < pDist[i]
│ │ │ ・i ← j
│ │ ▼
│ ■
│ ・sPoint ← i  ←────────────────── α
│ ・pFixed[ [    b    ] ] ← true    /* 出発地からの最短距離を確定する */
│ ■ j: 0, j < nPoint, 1
│ │ ▲ Distance[sPoint][j] > 0 and not(pFixed[j])
│ │ │ ・newDist ← pDist[sPoint] + Distance[sPoint][j]
│ │ │ ▲ newDist < pDist[j]
│ │ │ │ ・pDist[j] ← newDist
│ │ │ │ ・pRoute[j] ← sPoint
│ │ │ ▼
│ │ ▼
│ ■
■  ←────────────────── β
・sDist ← pDist[dp]
・j ← 0
・i ← dp
■ i ≠ sp
│ ・[    c    ] ← i
│ ・i ← [    d    ]
│ ・j ← j + 1
■
・[    c    ] ← sp
```

設問１　プログラム中の ［　　］ に入れる正しい答えを，解答群の中から選べ。

aに関する解答群

ア　`not(pFixed[i])`　　イ　`not(pFixed[j])`

ウ　`pFixed[i]`　　エ　`pFixed[j]`

bに関する解答群

ア　`dp`　　イ　`nPoint`　　ウ　`nPoint － 1`

エ　`sp`　　オ　`sPoint`

c，dに関する解答群

ア　`pRoute[dp]`　　イ　`pRoute[i]`　　ウ　`pRoute[j]`　　エ　`pRoute[sp]`

オ　`sRoute[dp]`　　カ　`sRoute[i]`　　キ　`sRoute[j]`　　ク　`sRoute[sp]`

設問２　次の記述中の ［　　］ に入れる正しい答えを，解答群の中から選べ。

図１において，出発地の地点番号 sp の値が 0，目的地の地点番号 dp の値が 6 の場合について，プログラムの動きを追跡する。行番号 12～39 の最短経路探索処理の繰返しで，行番号 28 の α において sPoint に代入された値は，繰返しの１回目は 0，２回目は 1，３回目は ［ e ］ となる。また，行番号 30 ～38 の処理が終了した直後の β における配列 pDist と配列 pRoute の値を，表３に示す。最短経路探索処理の繰返しが３回目のときの β における配列 pDist の値は ［ f ］ となり，配列 pRoute の値は ［ g ］ となる。ここで，配列 pRoute の全ての要素には初期値として 0 が格納されているものとする。

表３　βにおける配列 pDist と配列 pRoute の値

最短経路探索処理の繰返し	配列 pDist	配列 pRoute
１回目	0，2，8，4，∞，∞，∞	0，0，0，0，0，0，0
２回目	0，2，8，4，5，∞，∞	0，0，0，0，1，0，0
３回目	［ f ］	［ g ］
⋮	⋮	⋮

e に関する解答群

ア　2　　イ　3　　ウ　4　　エ　5　　オ　6

f に関する解答群

ア　0, 2, 8, 4, 5, 10, 14
イ　0, 2, 8, 4, 5, 10, ∞
ウ　0, 2, 8, 4, 5, 11, 14
エ　0, 2, 8, 4, 5, 11, ∞
オ　0, 2, 8, 4, 5, 12, 14
カ　0, 2, 8, 4, 5, 12, ∞

g に関する解答群

ア　0, 0, 0, 0, 1, 3, 0
イ　0, 0, 0, 0, 1, 3, 5
ウ　0, 0, 0, 0, 2, 2, 0
エ　0, 0, 0, 0, 2, 2, 5
オ　0, 0, 4, 0, 1, 2, 0
カ　0, 0, 4, 0, 2, 2, 5

演習問題　第５部　第５章　問５

次のプログラムの説明及びプログラムを読んで，設問１，２に答えよ。

(H26 秋-FE 午後問 8)

二つの文字列の差異を測る指標に編集距離がある。編集距離の概念は，文書比較や検索キーワードの候補の提示などに用いられている。編集距離とは，1 文字の追加操作又は削除操作を繰り返し適用し，ある文字列を別の文字列に変換するのに必要な最小の操作回数である。例えば文字列"abcabba"を文字列"cbabac"に変換する場合，図１に示す操作 1～5 によって変換が完了する。図１は，最小の操作回数で変換する一例を示しており，編集距離は５となる。

abcabba	→	bcabba	(1 文字目の a を削除)	操作 1
	→	cabba	(1 文字目の b を削除)	操作 2
	→	cbabba	(1 文字目の c の後ろに b を追加)	操作 3
	→	cbaba	(5 文字目の b を削除)	操作 4
	→	cbabac	(5 文字目の a の後ろに c を追加)	操作 5

図１　文字列"abcabba"を文字列"cbabac"に変換する場合の例

関数 CalcEditDistance は，二つの文字列間の編集距離を返す関数である。

(1) 変換元の文字列を Str1[]，変換先の文字列を Str2[]とする。また，配列の添字は０から始まり，文字列 Str1[]の i 番目の文字は Str1[i － 1]と表記する。したがって，Str1[] ＝ "abcabba"の場合，１番目の文字 ＝ Str1[0] ＝ "a"，２番目の文字 ＝ Str1[1] ＝ "b"となる。Str2[]についても同様である。

(2) 関数 CalcEditDistance は，エディットグラフと呼ばれるグラフの最短距離取得問題の考え方に基づいて，編集距離を求めている。編集距離の求め方は次のとおりである。

① 次の手順で，xy 平面上にエディットグラフを作成する。ここで，Str1Len は Str1[]の文字数，Str2Len は Str2[]の文字数である。

(a) 0 ≦ X ≦ Str1Len を満たす全ての整数 X に対して，点(X, 0)から点(X, Str2Len)に線分を引く。

(b) 0 ≦ Y ≦ Str2Len を満たす全ての整数 Y に対して，点(0, Y)から点(Str1Len, Y)に線分を引く。

(c) 0 ≦ X ＜ Str1Len，0 ≦ Y ＜ Str2Len を満たす全ての整数 X，Y の組に対して，Str1[X]と Str2[Y]が同一の文字の場合，点(X, Y)から点(X ＋ 1, Y ＋ 1)に線分を引く。

② エディットグラフを構成する線分をたどって，点(0, 0)から点(Str1Len, Str2Len)へ移動する経路を考える。点(X, Y)から点(X ＋ 1, Y)又は点(X, Y ＋ 1)への移動距離を 1，点(X, Y)から点(X ＋ 1, Y ＋ 1)への移動距離を 0 としたときの，点(0, 0)から点(Str1Len, Str2Len)までの最短移動距離が編集距離となる。

(3) Str1[] ＝ "abcabba"，Str2[] ＝ "cbabac"の場合のエディットグラフを図 2 の左に示す。この場合に，最短移動距離となる経路の一つを図 2 の右に ➔ で示す。

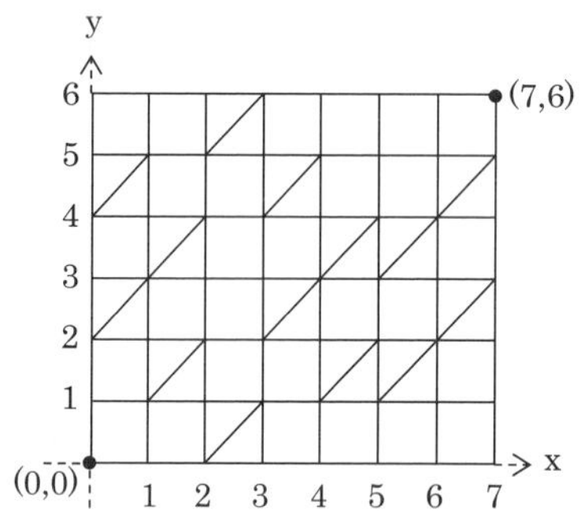

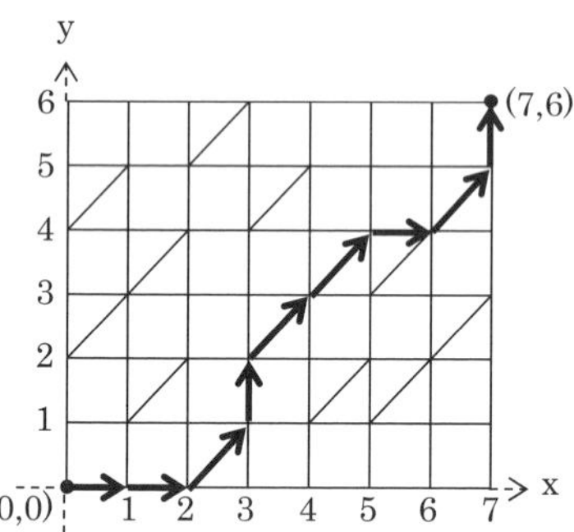

図２　Str1[] ＝ "abcabba"，Str2[] ＝ "cbabac"の場合の
エディットグラフ（左）と最短移動距離となる経路の例（右）

(4) 関数 CalcEditDistance では，点(0, 0)から点(X, Y)への最短移動距離を D[X, Y]に求めている。D[X, Y]は，既に算出されている D[X － 1, Y － 1]，D[X, Y － 1]，D[X － 1, Y]を用いて求めることができる。これによって編集距離を算出している。

〔関数 CalcEditDistance の引数と返却値〕

関数 CalcEditDistance の引数の仕様は，次のとおりである。各配列の添字は，0 から始まる。

引数名／返却値	データ型	意味
Str1[]	文字型	変換元の文字列が格納されている 1 次元配列
Str1Len	整数型	変換元の文字列の長さ（1 以上）
Str2[]	文字型	変換先の文字列が格納されている 1 次元配列
Str2Len	整数型	変換先の文字列の長さ（1 以上）
返却値	整数型	変換元と変換先の文字列間の編集距離

関数 CalcEditDistance では，次の関数 Min を使用している。

〔関数 Min の仕様〕

引数として与えられた二つ以上の整数値の中で最も小さい値を返却値とする。

〔プログラム〕

```
○整数型: CalcEditDistance(文字型: Str1[], 整数型: Str1Len,
                          文字型: Str2[], 整数型: Str2Len)
○整数型: D[Str1Len + 1, Str2Len + 1], X, Y

■X: 0, X ≦ Str1Len, 1
│ ・D[X, 0] ← X
■
■Y: 0, Y ≦ Str2Len, 1
│ ・D[0, Y] ← Y
■
■X: 1, X ≦ Str1Len, 1
│ ■Y: 1, Y ≦ Str2Len, 1
│ │ ▲ [     a     ]
│ │ │ ・D[X, Y] ← Min(D[X − 1, Y − 1],
│ │ │                 D[X, Y − 1] + 1, D[X − 1, Y] + 1) ←── α
│ │ ├───
│ │ │ ・D[X, Y] ← Min(D[X, Y − 1] + 1, D[X − 1, Y] + 1) ←── β
│ │ ▼
│ ■
■
・return ([     b     ])      /* 編集距離を返却値として返す */
```

設問1　プログラム中の[　　　]に入れる正しい答えを，解答群の中から選べ。

aに関する解答群

ア　Str1[X − 1] = Str2[Y − 1]
イ　Str1[X − 1] ≠ Str2[Y − 1]
ウ　Str1[X] = Str2[Y]
エ　Str1[X] ≠ Str2[Y]
オ　Str1[X − 1] = Str1[X] and Str2[Y − 1] = Str2[Y]
カ　Str1[X − 1] ≠ Str1[X] and Str2[Y − 1] ≠ Str2[Y]

bに関する解答群

ア　D[0, Str2Len]
イ　D[Str1Len, 0]
ウ　D[Str1Len, Str2Len]
エ　D[Str1Len, Str2Len] + 1
オ　D[Str1Len − 1, Str2Len − 1]
カ　D[Str1Len − 1, Str2Len − 1] + 1

設問2　次の記述中の[　　　]に入れる正しい答えを，解答群の中から選べ。

Str1[] = "peace", Str2[] = "people"の場合のエディットグラフは，[c]となる。

CalcEditDistance("peace", 5, "people", 6)を実行した場合，関数CalcEditDistanceが終了するまでに行αは[d]回実行され，行βは[e]回実行される。また，返却値は[f]となる。ここで，関数CalcEditDistance中の[a]，[b]には正しい答えが入っているものとする。

c に関する解答群

ア

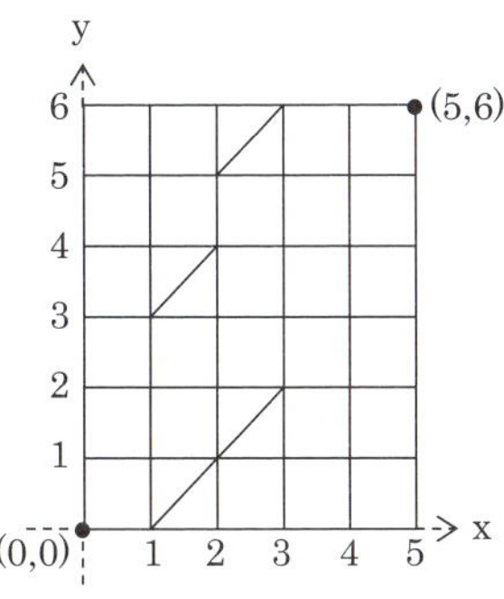

イ

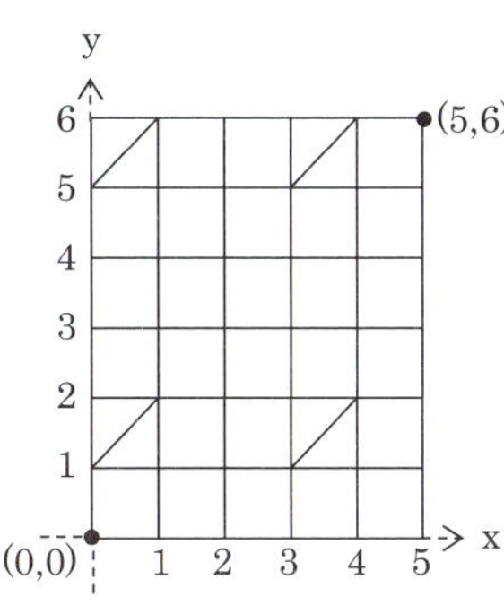

ウ

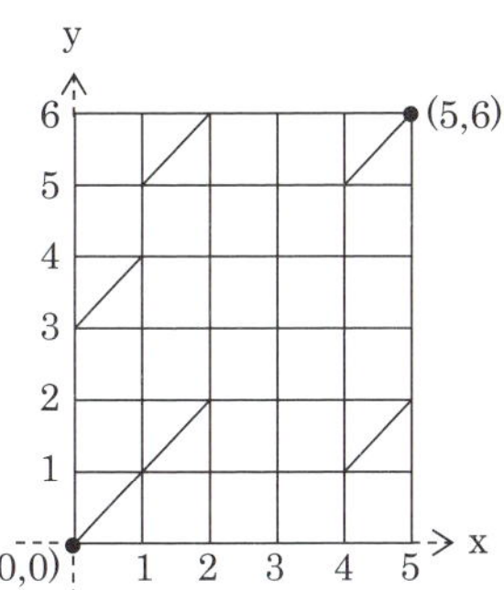

エ

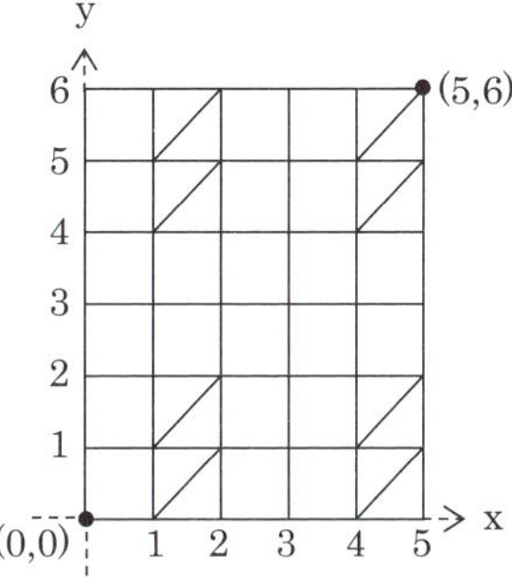

オ

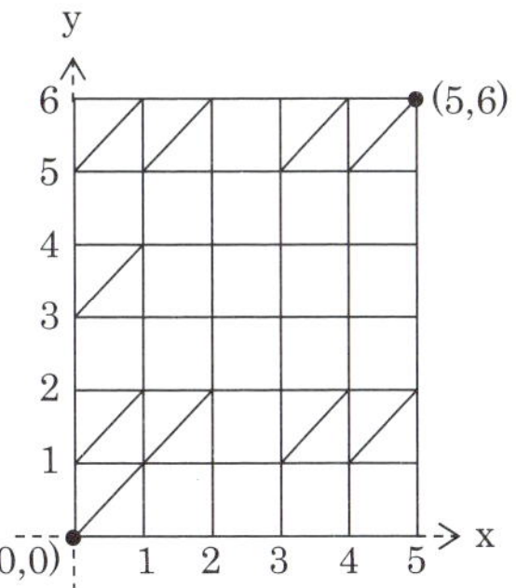

d に関する解答群

ア　2	イ　4	ウ　6	エ　8
オ　10	カ　12	キ　14	ク　16

eに関する解答群

ア　14	イ　16	ウ　18	エ　20
オ　22	カ　24	キ　26	ク　28

fに関する解答群

ア　4	イ　5	ウ　6	エ　7
オ　8	カ　9	キ　10	ク　11

演習問題　第５部　第５章　問６

次のアルゴリズムの説明及びプログラムを読んで，設問に答えよ。

(H21 秋-FE 午後問 8)

方程式の解の一つを求めるアルゴリズムである。任意に定めた解の予測値から始めて，計算を繰り返しながらその値を真の値に近づけていく。この方法は，ニュートン法と呼ばれる。

〔アルゴリズム１の説明〕

３次方程式 $a_3x^3+a_2x^2+a_1x+a_0=0$ の解の一つを，次の手順で求める。

(1)　解の予測値 x，係数 a_3，a_2，a_1，a_0 を読み込む。

(2)　$3\times a_3$ の値を b_2 に，$2\times a_2$ の値を b_1 に，$1\times a_1$ の値を b_0 に，それぞれ求める。

(3)　次の①～④の処理を一定の回数繰り返す。

①　$a_3x^3+a_2x^2+a_1x+a_0$ の値を求め，これを f とする。

②　$b_2x^2+b_1x+b_0$ の値を求め，これを d とする。

③　x，f，d の値を印字する。

④　$x-\frac{f}{d}$ の値（解の一つにより近い値となる）を求め，これを新たな x とする。

プログラム１は，このアルゴリズム１を実装したものである。

〔アルゴリズム２の説明〕

アルゴリズム１を一般化して，n 次方程式 $a_nx^n+a_{n-1}x^{n-1}+\cdots+a_1x+a_0=0$ の解の一つを，次の手順で求める。

なお，方程式によっては解が求められない場合がある。

(1)　次数 n，解の予測値 x，係数 a_n，a_{n-1}，…，a_1，a_0 を読み込む。

(2)　$n\times a_n$ の値を b_{n-1} に，$(n-1)\times a_{n-1}$ の値を b_{n-2} に，…，$2\times a_2$ の値を b_1 に，$1\times a_1$ の値を b_0 に，それぞれ求める。

(3)　次の①～④の処理を一定の回数繰り返す。

①　$a_nx^n+a_{n-1}x^{n-1}+\cdots+a_1x+a_0$ の値を求め，これを f とする。

②　$b_{n-1}x^{n-1}+b_{n-2}x^{n-2}+\cdots+b_1x+b_0$ の値を求め，これを d とする。

③　x，f，d の値を印字する。

④　$x-\frac{f}{d}$ の値（解の一つにより近い値となる）を求め，これを新たな x とする。

プログラム２は，このアルゴリズム２を実装したものである。

〔プログラム 1〕

(行番号)

```
○主プログラム: プログラム１
○整数型: i
○実数型: d, f, x
○実数型: a3, a2, a1, a0, b2, b1, b0

・read(x, a3, a2, a1, a0)      /* x, a3～a0の値を読み込む。 */
・b2 ← 3.0 × a3
・b1 ← 2.0 × a2
・b0 ← a1
■ i: 1, i ≦ 100, 1            /* 繰返し回数は100回とする。 */
│ ・f ←((a3 × x + a2) × x + a1) × x + a0
│ ・d ← (b2 × x + b1) × x + b0
│ ・print(x, f, d)             /* x, f, dの値を印字する。 */
│ ・x ← x − f ÷ d
■
/* プログラム１の終わり */
```

〔プログラム 2〕

(行番号)

```
○主プログラム: プログラム２
○整数型: i, k, n            /* 1 ≦ n ≦ 9とする。 */
○実数型: d, f, x
○実数型: a[10], b[10]       /* 添字は0から始まる。 */

・read(n, x)                 /* n, xの値を読み込む。 */
■ k: n, k ≧ 0, −1           /* kをn, n−1, …, 0として繰り返し, */
│ ・read(a[k])              /*  係数a[k]の値を順に読み込む。 */
■

┌──────────────────┐
│   手順(2)の処理    │
└──────────────────┘
■ i: 1, i ≦ 100, 1          /* 繰返し回数は100回とする。 */
│ ┌──────────────────────┐
│ │ 手順(3)の①と②の処理  │
│ └──────────────────────┘
│ ・print(x, f, d)          /* x, f, dの値を印字する。 */
│ ・x ← x − f ÷ d
■
/* プログラム２の終わり */
```

設問　次の記述中の [　　] に入れる正しい答えを，解答群の中から選べ。

(1)　解の予測値 $x=2.5$，係数 $a_3=1$，$a_2=-3$，$a_1=-1$，$a_0=3$ を与えて，3 次方程式 $x^3-3x^2-x+3=0$ の解の一つを求める（解は 3，1，−1）。プログラム 1 をある処理系で実行した結果，図 1 に示すとおり解の一つである $x=3$ が近似的に得られた。

(行番号)	x	f	d
1	2.500000	−2.625000	2.750000
2	3.454545	4.969947	14.07438
3	3.101425	8.741682(−1)	9.247965
4	3.006900	5.548452(−2)	8.082941
5	3.000035	2.833717(−4)	8.000425
6	3.000000	7.527369(−9)	8.000000
7	3.000000	0.000000	8.000000
8	3.000000	0.000000	8.000000

注 1　数値の後の$(-k)$は，$\times 10^{-k}$を示す。例えば，5.548452(−2)は，5.548452×10^{-2}，すなわち 0.05548452 を表す。

注 2　表示は有効数字 7 けた（8 けた目を四捨五入）

図 1　プログラム 1 の印字結果

この印字結果の行番号 6，7 の x の値（網掛けの部分）はいずれも 3.000000 である。行番号 6，7 を印字した時点で変数 x に保持されていた実際の値をそれぞれ x_6，x_7 で表すと，[　a　]。

なお，この処理系では，実数型は 2 進数の浮動小数点形式であって，有効けた数は 10 進数で十数けた程度であることが分かっている。

(2)　プログラム 2 では，係数 a_k（k：n，$n-1$，…，1，0）の値を配列 a の要素 a[k]に，b_k（k：$n-1$，$n-2$，…，1，0）の値を配列 b の要素 b[k]に，それぞれ図 2 のように格納している。

要素番号	0	1	2	…	n−1	n	…
配列 a	a_0	a_1	a_2	…	a_{n-1}	a_n	…

要素番号	0	1	…	n−3	n−2	n−1	…
配列 b	$1\times a_1$	$2\times a_2$	…	$(n-2)\times a_{n-2}$	$(n-1)\times a_{n-1}$	$n\times a_n$	…

図 2　係数 a_k，b_k の値の格納

プログラム2の行番号9～11は，アルゴリズム2の手順(2)の処理である。この部分のプログラムは，次のようになる。

〔プログラム2の一部〕

（行番号）

```
 9  ■ k: n, k ≧ 1, −1   /* kをn, n−1, …, 1として繰り返す。 */
10  │  ・[    b    ]
11  ■
```

また，行番号13～18は，アルゴリズム2の手順(3)の①と②の処理である。プログラム1では，例えばfの値$a_3x^3+a_2x^2+a_1x+a_0$を求める式を，

```
f ← ((a3 × x + a2) × x + a1) × x + a0
```

と変形して，演算回数を減らす工夫をしている。この部分にも同様の工夫をすると，プログラムは次のようになる。

〔プログラム2の一部〕

（行番号）

```
13  ・f ← a[n] × x + a[n−1]
14  ・d ← [    c    ]
15  ■ k: n−2, k ≧ 0, −1  /* kをn−2, n−3, …, 0として繰り返す。 */
16  │  ・f ← f × x + a[k]
17  │  ・d ← d × x + [    d    ]
18  ■
```

(3) 次数$n=4$，係数$a_4=1$，$a_3=-8$，$a_2=24$，$a_1=-32$，$a_0=16$として，4次方程式$x^4-8x^3+24x^2-32x+16=0$の解を求める（4個の解がすべて2）。解の予測値を$x=2.00001$として，ある処理系でプログラム2を実行したところ，図3に示すとおりの印字結果となった。

(行番号)	x	f	d
1	2.000010	−3.552714(−15)	3.996803(−15)
2	2.888899	6.243232(−1)	2.809423
3	2.666674	1.975398(−1)	1.185225
4	2.500006	6.250281(−2)	5.000169(−1)
5	2.375004	1.977628(−2)	2.109446(−1)

図３　プログラム２の印字結果

この印字結果の行番号 2 では，x の値（網掛けの部分）が解である 2 から遠ざかってしまっている。その原因を調べるため，f を求める式に実際の数値を当てはめて，

$$\underbrace{(((1.0\times 2.00001-8.0)\times 2.00001+24.0)\times 2.00001-32.0)\times 2.00001}_{(A)}+16.0$$

として，(A)の部分の中間結果を印字するプログラムを作り，同じ処理系で実行した。印字結果は−16.00000 であり，正確な値−15.99999999999999999999 と有効数字 7 けたで一致した。しかし，行番号 1 で印字された f の値は，正確な値である 10^{-20}（印字の表記では 1.000000(−20)）とは異なっている。

これらのことから判断して，(A)の部分では演算の過程で［ e ］が徐々に累積し，(A)の計算結果に 16.0 を加算するときに，けた落ちが発生したと考えられる。

a に関する解答群

ア　$x_6 = x_7$ である　　イ　$x_6 \neq x_7$ である

ウ　$x_6 = x_7$ とも $x_6 \neq x_7$ ともいえない

b に関する解答群

ア　`b[k−1] ← (k−1) × a[k]`　　イ　`b[k−1] ← k × a[k]`

ウ　`b[k] ← k × a[k+1]`　　エ　`b[k] ← (k+1) × a[k+1]`

c，d に関する解答群

ア　`b[k−1]`　　イ　`b[k]`

ウ　`b[k+1]`　　エ　`b[n−1]`

オ　`b[n−1] × x`　　カ　`b[n−1] × x + b[n−2]`

e に関する解答群

ア　けたあふれ	イ　けた落ち
ウ　指数下位けたあふれ	エ　丸め誤差

第6部

演習問題　解答・解説

第2部　演習問題　解答・解説
第3部　演習問題　解答・解説
第4部　演習問題　解答・解説
第5部　演習問題　解答・解説

第2部　第2章　情報セキュリティ

演習問題 ― 第2部　第2章　問1

テレワークの導入

(R1秋-FE 午後問1)

(解答)

［設問1］　a－エ，b－オ

［設問2］　オ

［設問3］　イ

(解説)

VPN（Virtual Private Network;仮想専用線）や，VDI（Virtual Desktop Infrastructure; 仮想デスクトップ環境）を用いてテレワークのための環境を構築することをテーマにした問題です。VPN はインターネット等の公衆無線網上で暗号通信を行うことで，仮想的な専用線を構築するための仕組みであり，多くの企業や組織で利用されています。VDI は PC 等の画面操作を遠隔地のノート PC 等から行うための仕組みであり，自宅の PC から企業内の PC あるいはサーバを操作する形態のテレワークで広く利用されています。VDI について，問題の解説の前に，さらに補足説明をしておきます。VDI は本問では「仮想デスクトップ環境」と訳されていますが，一般に「デスクトップ仮想化」あるいは「仮想デスクトップ基盤」と訳されることもあります。GUI 画面を通信路経由で遠隔操作するソフトウェアによって実現され，本問では VDI クライアントが遠隔操作をする側のコンピュータ，VDI サーバ上の仮想マシンが遠隔操作をされる側のコンピュータとして登場します。

企業などの事務所に設置されているデスクトップ型 PC 等を，普段は事務所内で直接利用し，テレワーク時だけ遠隔操作する場合は，そのままデスクトップ型 PC を利用する方法が適していますが，これがもう一歩進み，事務所内で直接利用することがなくなると，遠隔操作される側のコンピュータは，サーバ室等に集約して運用する形態に最適化されます。本問の VDI サーバとそこで稼働している仮想マシンは，この形態を表しています。

［設問1］

表1「A 社 FW に設定するパケットフィルタリングのルール表」の次の記述に「表1のルール案ではルール番号 7 の条件に誤りがあり」とあります。早速，ルール番号 7 を確認してみましょう。

表A　ルール番号7

ルール番号	送信元	宛先	サービス	動作
7	192.168.64.0/23	192.168.128.0/20	HTTPS，SSH	許可

送信元は，「192.168.64.0/23」です。この「/23」の部分ですが，これはサブネットビット長を表しています。つまり先頭から23ビットがIPアドレスのうちのネットワーク部になります。このネットワークアドレスを，サブネットマスク値を用いて表現すると，「192.168.64.0 / 255.255.254.0」になります。これはさらに細かい「192.168.64.0/24」（「192.168.64.0 / 255.255.255.0」）（事務VM）と「192.168.65.0/24」（「192.168.65.0 / 255.255.255.0」）（開発VM）の二つのネットワークを包含していることを意味しています。

〔192.168.64.0/24のネットワーク〕

IPアドレスの範囲は，192.168.64.0～192.168.64.255です。これを2進数で表してみましょう。

10進数		2進数			
192.168.64. 0	→	11000000	10101000	00100000	00000000
～					
192.168.64. 255	→	11000000	10101000	00100000	11111111

サブネットは/24なので，24ビット目までが共通です。

ネットワーク部は，24ビット目より後ろ全てを0にした192.168.64.0です。

〔192.168.65.0/24のネットワーク〕

IPアドレスの範囲は，192.168.65.0～192.168.65.255です。こちらも2進数で表してみましょう。

10進数		2進数			
192.168.65. 0	→	11000000	10101000	00100001	00000000
～					
192.168.65. 255	→	11000000	10101000	00100001	11111111

ネットワークアドレスは，ホスト部，つまり24ビット目より後ろ全てを0にした192.168.65.0です。

ここで，192.168.64.0/24（事務VM）と192.168.65.0/24（開発VM）の二つのネットワークを合わせた場合，IPアドレスの範囲は，192.168.64.0～

192.168.65.255 になります。2進数で表すと，次のようになります。

```
    10進数                         2進数
192.168.64.  0    →  11000000  10101000  0010000  0 00000000
     ～
192.168.65. 255   →  11000000  10101000  0010000  1 11111111
```

23ビット目までが同じなので，この範囲のIPアドレスを「192.168.64.0/23」と表現することができるのです。このことから，「192.168.64.0/24」（事務VM）と「192.168.65.0/24」（開発VM）を併せて，「192.168.64.0/23」と表現できます。

宛先の「192.168.128.0/20」は，開発サーバのネットワークです。また，サービスはHTTPSとSSHを許可しています。

では，このルールのどこが誤っているのでしょうか。問題文から誤っている部分を探せば，それが空欄 a の答えになります。また，その部分を正しく変更すれば，空欄bの答えを導くことができます。

・空欄a：問題文には，「A社FWでは，開発室のネットワークだけから開発サーバにHTTP over TLS（以下，HTTPSという）又はSSHでアクセスできるように通信を制限している」とあります。しかし，ルール番号 7 では，「開発VM（192.168.65.0/24）」だけでなく，「事務VM（192.168.64.0/24）」からも通信が許可されてしまっています。この点が問題といえます。空欄 a はこの問題点を答えるので，「事務 VM から開発サーバにアクセスできる」が妥当です。したがって，（エ）の正解です。

・空欄b：この誤りを修正する方法が，「開発サーバに対するアクセスを正しく制限するために，ルール番号 7 の条件について，送信元を［ b ］に変更した」です。送信元の範囲を狭くすることは想定できますね。そして，具体的には送信元を開発 VM（192.168.65.0/24）だけに限定すればよいことも分かります。したがって，正解は（オ）です。

［設問2］

シンクライアント端末から開発サーバにアクセスするときの接続経路を答えます。問題文と図2「テレワーク導入後のA社のネットワーク構成案」を照らし合わせて読んでいきましょう。

〔A社が検討したテレワークによる業務の開始までの流れ〕に関して，接続経路に関する内容を抜粋したものを，次の(1)，(4)～(7)に示してみます。また，図 2 に

(1)，(4)〜(7)を対応させたものを図Aとして示してみます。

(1) シンクライアント端末のVPNクライアントを起動して，VPNサーバに接続する。
(4) VPNクライアントは，VPNサーバ経由でA社のネットワークに接続する。
(5) VDIクライアントを起動して，VDIサーバに接続する。
(6) VDIサーバは，仮想マシンを割り当てる。
(7) 利用者は，仮想マシンにログインして業務を開始する。→つまり，開発サーバにアクセスできる。

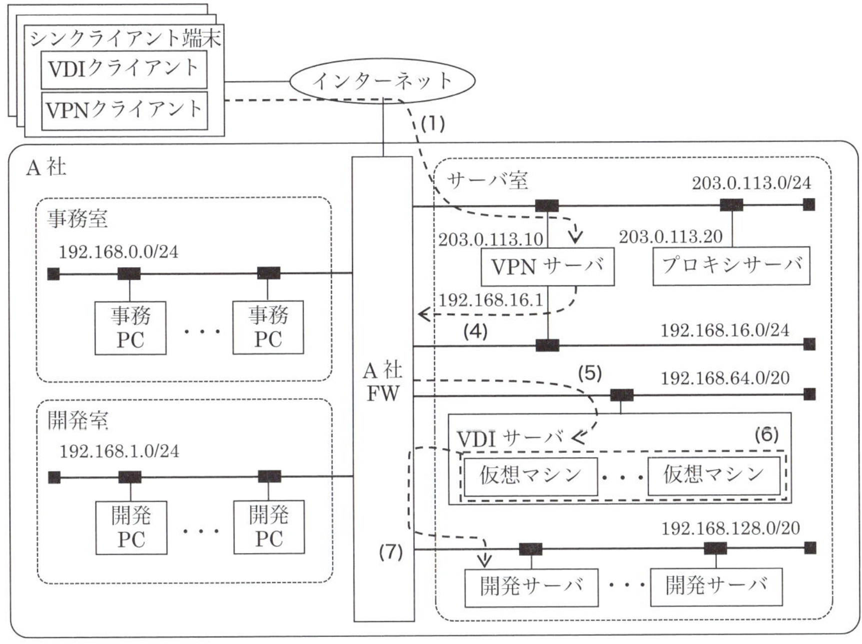

図A　接続経路

　このように，図に接続経路を書き込むことで正解を導くことができます。シンクライアント端末から開発サーバへの接続経路は図Aのようになり，**シンクライアント端末→ VPNサーバ → VDIサーバ → 仮想マシン（開発VM）→ 開発サーバ という経路**を通ります。したがって，（オ）が正解です。

［設問3］

設問文が長いですが，「事務PC及び開発PCからも仮想マシンを使用したい」という要望を実現するためのルールを考えることが重要です。

事務室のセグメントは「192.168.0.0/24」，開発室のセグメントは「192.168.1.0/24」であり，両者を併せると「192.168.0.0/23」と表現できます。設問1の解説と同様に，これが送信元のセグメントになります。また，仮想マシンのセグメントは，「192.168.64.0/20」であり，これが宛先のセグメントです。利用用途は「仮想マシンを使用」なので，サービスとしては「VDI」が適切です。もちろん，動作は「許可」とする必要があります。したがって，（イ）の「ルール番号3と4の間に，送信元を192.168.0.0/23，宛先を192.168.64.0/20，サービスをVDI，及び動作を許可とするルールを新たに挿入する必要がある」が正解です。

ちなみに，「ルール番号3と4の間」と記述されていますが，別のルール番号の後ろに追加してもよいです。本問では，ルール番号3にVDIを許可するルールがあるので，整理のためにここに配置していると考えられます。

他の選択肢も見ておこう。

ア：変更する必要があるので適切ではありません。

ウ：このルールは，仮想マシンから事務PCや開発PCへの通信を許可するもので，求めるものとは通信の方向が逆です。また，注記2に，「許可された通信に対する戻りのパケットは，無条件に許可される」とあるので，（イ）のルールを追記すれば，このルールを追記する必要はありません。

エ：このルールはインターネットからの接続のルールです。今回は，A社内の「事務PC及び開発PCからも仮想マシンを使用したい」という要望であるため，適切ではありません。

演習問題　第2部　第2章　問2

ICカードを利用した人退室管理システム　（H25春-FE 午後問4）

（解答）

［設問1］　ウ

［設問2］　ウ

［設問3］　ア

［設問4］　エ

［設問5］　エ

（解説）

ICカードを利用した入退室管理システムは広く普及しています。このため，利用者として触れたことがある方は多いでしょう。その一方で，管理者として触れたことがある方は多くないと思われます。この問題では，管理者としての立場からセキュリティシステムに対する適切な運用ルールを定め，ルールに従った運用を行わないと，本来の目的を達成することができないことなどについて問われています。設問１でセキュリティ用のICカードの知識が求められますが，それ以外はセキュリティシステムの要件と，現在の仕組みを照らし合せていけば対応できるでしょう。

［設問１］

耐タンパ性とは，セキュリティに関するシステムや製品のもつべき性質の一つです。セキュリティ用途のICカードは，内部に格納されたデータを暗号化しているほか，内部に保持した秘密鍵を利用してデータを暗号化する機能をもつものが一般的です。この暗号化されたデータや，秘密鍵を外部からの不正なアクセスから守ることができる性質を耐タンパ性と呼びます。したがって，解答は（ウ）です。

場合によっては，内部のデータを解析する際に，ICカードなどのセキュリティ装置自体を分解するといった手法も取られることもありますが，その際に，内部データを破棄することで，情報漏えいを防ぐといった機能をもつものもあります。

また，ICカードは読取り装置の端子に接続して読取りを行う接触型と，読取り装置に近づけることで読取りを行う非接触型がありますが，この問題では，その部分の違いには言及されていません。

［設問２］

入退室管理システムの入退室のログとして収集するべき情報が問われています。〔J社の入退室管理システムのセキュリティ要件〕の(3)「②入退室管理システムは入退室のログを収集する」及び(4)「入退室のログから，開発室又は執務室への入退室ごとの出入りした社員又は協力社員，日時，出入口が特定できる」の記述から，入退室のログには，社員又は協力社員を一意に識別する情報，日時，出入口を一意に識別する番号が必要であることが分かります。表２の入退室情報には，「ICカード利用日時」，「ICカード読取り装置識別番号」，「ICカードID」の項目があります。これらは次のように対応づけられます。

入退室情報の項目	導き出される項目
IC カード利用日時	入退室の日時
IC カード読取り装置識別番号	入退室の出入口
IC カード ID	入退室した社員又は協力社員

ここで一つ注意しなければならない点があります。それは時間の経過とともに，表の「入退室情報の項目」の項目値と，「導き出される項目」の項目値の対応が変わるものがある点です。この表では，「IC カード ID」と「入退室した社員又は協力社員」の対応です。

社員又は協力社員は，「利用者 ID」で識別されますが，IC カード ID と，この利用者 ID との対応付けは，カードの再利用によって変わる可能性があります。このため，ログとして収集するべき項目には，IC カード ID だけでなく，その時点でその IC カード ID に対応付けされている利用者 ID を含んだ「IC カード利用日時，IC カード読取り装置識別番号，IC カード ID，利用者 ID」が適切といえます。したがって，（ウ）が正解です。

［設問3］

図1の状態遷移図において空欄 a は，仮パスワード状態から一時利用停止状態への遷移です。この状態遷移がどのような場合になされるかを問題文の中から探しましょう。すると，表1の IC カードの状態の説明に，「3 回連続してパスワードを誤って入力した場合，“一時利用停止”になる」という記述が見つかります。したがって，（ア）の「3 回連続してパスワードを誤入力」が正解です。

［設問4］

図1の社員を対象とした状態遷移図から最少の変更で協力社員を対象にした状態遷移図を作成する設問です。この設問を解く上での前提は「社員」と「協力社員」の違いですから，まずは，この部分を見ていきましょう。〔入退室管理システムの運用の説明〕の(2)を参照すると，協力社員には，執務室だけへの入室許可に関する記述が見当たりません。一方，〔J 社の入退室管理システムのセキュリティ要件〕(1)に「社員及び協力社員は，プロジェクトに参画している期間中だけ開発室に入室可能とする」とあるので，期間は限定されているものの開発室への入室が許可される状態があり得ると分かります。なお，問題文冒頭に「開発室には執務室を通って入退室する」とあるので，「開発室許可」が有効な社員や協力社員は，執務室にも入室

できます。したがって, 協力社員を対象とした状態遷移図の場合は, IC カードが「有効」の状態においては，⑤の「開発室許可」だけとなり，②の「執務室だけ許可」の状態はあり得ないことになります。このため，協力社員が契約を終了した場合に遷移する矢印は,「開発室許可」から「返却」への線，δ（デルタ）に限定されます。したがって,（エ）が正解です。

［設問５］

「入退室管理システムのログに，入室履歴のない退室履歴や退室履歴のない入室履歴が見つかった」とあります。これは，自分の IC カードを使わずに直前に入退室した者の後に付いて扉をくぐる不正行為で，一般に共連れと呼ばれています。悪意がある場合以外に，同僚とともに出入りをする際に，うっかり IC カードをかざし忘れるという悪習慣が原因になっていることもあります。この設問では，この行為に対する対策として，教育の実施に併せ，状態遷移の変更という強制的な対策を行う内容となっています。

この設問では，図 1 の状態番号のうち，入室履歴又は退室履歴のない者が IC カードをかざして退室又は入室しようとした際に，遷移する先として適切な状態番号を答えます。強制力があるのは，不正を行うと IC カードを使って入退室できなくすることです。そのための候補としては，①「仮パスワード」, ④「一時利用停止」, ③「返却」の三つです。このうち③「返却」は退職時の既定なので，適切ではありません。このため，①「仮パスワード」, ④「一時利用停止」に限定されます。ここで①「仮パスワード」の状態に遷移する場合，問題が残ります。それは本人が解除できてしまう点です。このため，不正行為を行ってしまった際には，④「一時利用停止」とし，セキュリティ管理者によるパスワードの初期化をする状態遷移が適切といえます。したがって,（エ）が正解です。

なお，この対応を追加する場合，②「有効（執務室だけ許可）」と，⑤「有効（開発室許可）」から④「一時利用停止」への状態遷移の線は，既に引かれているので,「状態遷移は変更されないのではないか」と思われる方もいるかと思います。ただし, 既に引かれている線はパスワードを 3 回間違えた場合の状態遷移を表しており，これとは別に共連れを行った場合の線が引かれるということで状態遷移を変更すると捉えてください。

演習問題　第2部　第2章　問3

Webサービスを利用するためのパスワードを安全に保存する方法 (H30春-FE 午後問1)

(解答)

［設問1］　a－エ，b－イ

［設問2］　c－イ，d－エ

［設問3］　エ

(解説)

Webサービスにおけるパスワードの安全な保存が題材になっている問題です。具体的には，ハッシュ関数の特性の他，ソルトやストレッチングといった専門的な知識が登場しますが，基本情報技術者のレベルを超える部分については，問題文に詳しく説明がされています。このため基本情報技術者レベルで求められる前提知識さえあれば，正解を導くことができるようになっています。

［設問1］

・空欄a：空欄aに入れる用語を答えます。問題文には「ハッシュ関数の一つである［a］を用いる」とあります。五つの選択肢の中から，ハッシュ関数（一方向性関数）を選べば正解になります。

(エ)の「SHA-256」は，SHA-2 (Secure Hash Algorithm 2)の一つで，ハッシュ値として256ビットの値を出力するハッシュ関数です。したがって，(エ)が正解です。

ア：AES (Advanced Encryption Standard)は，共通鍵暗号方式の暗号化アルゴリズムです。

イ：Diffe-Hellmanは，共通鍵暗号を使う際に，情報の送り手と受け手が安全に鍵を交換する方法です。略してDHとも呼ばれます。

ウ：RSA（発明者のRivest，Shamir，Adlemanの頭文字）は，代表的な公開鍵暗号方式の暗号化アルゴリズムです。「大きな桁数の素数を掛け合わせた数値から，それを素因数分解して元となった素数を求めることは困難である」という数学的性質を利用しています。

オ：TLS (Transport Layer Security)は，HTTPSなどで利用される通信プロトコルで，認証や鍵交換，暗号化，改ざん検知の仕組みをもちます。

・空欄b：空欄bに入るハッシュ関数の特徴を答えます。仮にハッシュ関数の特徴を理解していなかったとしても，空欄bの前の記述にある「パスワードが一致していることの確認に用いる」という要件を理解すれば，正解を導くことができます。（イ）の記述にあるような「同一のパスワードをハッシュ化すると，同じハッシュ値になる」という特性がないと，「パスワードが一致していることの確認に用いる」ことができません。図１ではパスワードが一致しているかどうかを，ハッシュ値が同じかどうかで照合しています。したがって，（イ）が正解です。

ア：異なるパスワードから生成したハッシュ値が一致することも稀にあるのですが，その確率は非常に低いです。このように，たまたまハッシュ値が一致するデータをシノニムといいます。

ウ：「パスワードをハッシュ化した結果のハッシュ値を再度ハッシュ化」しても，元のパスワードにはなりません。

エ：秘密鍵を使用しても，ハッシュ値から元のパスワードを復元することはできません。

［設問２］

・空欄ｃ：設問文には，「このとき得られるハッシュ値は，パスワードだけをハッシュ化した場合のハッシュ値［　c　］」とあります。〔ハッシュ化に用いるハッシュ関数の特徴〕の(4)に「パスワードが１文字でも異なれば，ハッシュ値は大きく異なる」とあるように，元の値が違えばハッシュ値は異なります。ソルトとパスワードを連結した文字列をハッシュ化した場合は，元になるパスワードが同じであってもソルトの部分が異なるので，生成されるハッシュ値は変わってきます。したがって，（イ）の「とは異なる値になる」が正解です。

ア：「と同じ値になる」とありますが，(4)にあるように，パスワードが１文字でも異なればハッシュ値は異なります。

ウ，エ：「よりも長さが長い」あるいは「よりも長さが短い」とありますが，(1)にあるように，ハッシュ値は固定長です。

・空欄ｄ：設問文には，「ソルトを用いる方式が，事前計算による辞書攻撃の対策として効果があるのは，［　d　］からである」とあります。

攻撃者が「パスワードとしてよく使われる文字列を，よく使われているハッシュ関数でハッシュ化し，ハッシュ値から元のパスワードが検索可能な一覧表を作成しておく」ことに対し，「十分な長さをもつランダムな文字列である」ソルトを用いる方式を提案することにしました。「この方式におけるパスワードの保存では，まず，サーバは新しいパスワードの保存の都度，新しいソルトを生成し，ソルトとパスワードを連結した文字列をハッシュ化する」。

つまり，「ソルトがどのような値になるか分からない」ので，「ソルトとパスワードを連結した文字列」の組合せは，ソルトを使わない場合に比べて圧倒的に多くなります。このため，「攻撃者が一つのパスワードに対して事前に求めるハッシュ値の数が膨大になる」という（エ）が正解です。

ア：攻撃者は「ソルトから元のパスワードを検索する」ことはしません。というのも，図2を見ると，ソルトからパスワードを作成したわけでもなく，ソルトとパスワードは無関係だからです。

イ：図2を見ると，パスワードファイルには「ソルト」と「ハッシュ値」が入っていることが分かります。したがって，攻撃者がパスワードファイルを入手すると，ソルトも入手できてしまいます。

ウ：ソルトを用いた場合も，攻撃者がパスワードファイルを入手する困難さは同じです。

［設問3］

ストレッチングの方式を図にすると，次のようになります。つまり，パスワードからハッシュ値を求めるのに，連結結果をハッシュ化する処理を指定した回数だけ繰り返しています。したがって，繰り返す分だけ，（エ）にあるように「一つのパスワードの候補からハッシュ値を求める時間が増加」します。したがって，（エ）が正解です。

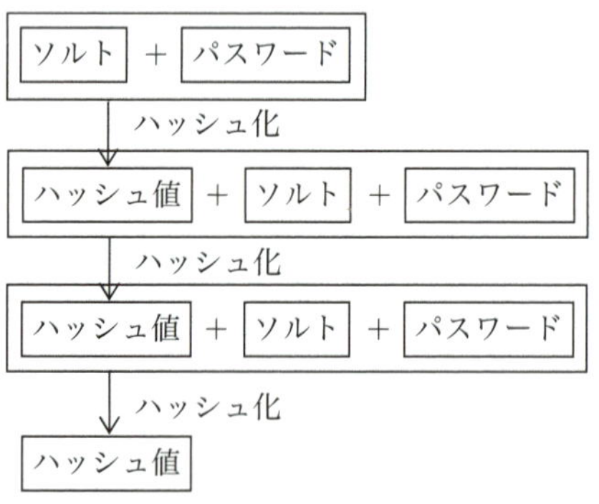

図　ストレッチングの方式

ア：パスワードの文字列長は変わりません。

イ：ハッシュ値の長さは，〔ハッシュ化に用いるハッシュ関数の特徴〕の(1)にあるように，固定長です。長くなるようなことはありません。

ウ：「パスワードの候補から求めたハッシュ値」と「パスワードファイルのハッシュ値」を比較しても意味がありません。ストレッチングの図にあるように，ソルトが付与されているからです。

演習問題　第２部　第２章　問４

SSH による通信

(H29 秋-FE 午後問 1)

（解答）

［設問１］　a－エ，b－イ

［設問２］　オ

［設問３］　ア

［設問４］　ア

（解説）

SSH による通信を題材にした問題です。公開鍵暗号方式と共通鍵暗号方式の違いや，ディジタル署名に関する前提知識が問われています。暗号技術や認証技術の基本をしっかりと理解していれば，確実に正答できる問題ともいえます。

また，サイバー攻撃に関する内容が設問２で問われています。こちらは，正解の選択肢だけではなく，解答群にある全ての攻撃内容についても，どういう攻撃であるかを理解しておきましょう。

［設問１］

・空欄 a：〔安全な通信経路の確立の概要〕(4)には「サーバ認証では，クライアントがあらかじめ入手して正当性を確認しておいた［　a　］を用い，サーバによるセッション識別子へのディジタル署名が正しいかどうかを検証する」という記述があります。「サーバ認証」とはサーバの正当性をクライアント側が検証することを指します。するとクライアントがサーバを認証するには，**そのサーバしかもち得ない情報である「サーバの秘密鍵」を確認する必要があるのですが，「サーバの秘密鍵」が正しいかどうかを確認するには，これと対になっている「サーバの公開鍵」が必要**になります。したがって，(エ)が正解です。

・空欄 b：〔利用者認証の概要〕には「サーバが［　b　］を用いてディジタル署名を検証する」とある。空欄 a とは逆に，「利用者認証」，つまりクライアント側の正当性を確認する話です。クライアントを認証するには，そのクライアントしかもち得ない情報，つまり**「クライアントの秘密鍵」をもっていることを確認します。そのためには，これと対になっている「クライアントの公開鍵」が必要**になります。したがって，（イ）が正解です。

［設問２］

下線①は「クライアントがサーバ認証を行う」とあります。この認証によって防ぐことができる攻撃を答えます。結論から先に述べると，正解は（オ）の「中間者攻撃」であり，なぜこれが正解になるのか，中間者攻撃について解説します。

中間者攻撃は，通信を行う二者の間に不正な第三者が割り込んで，両者が交換する情報を改ざんしたり盗聴したりする攻撃です。

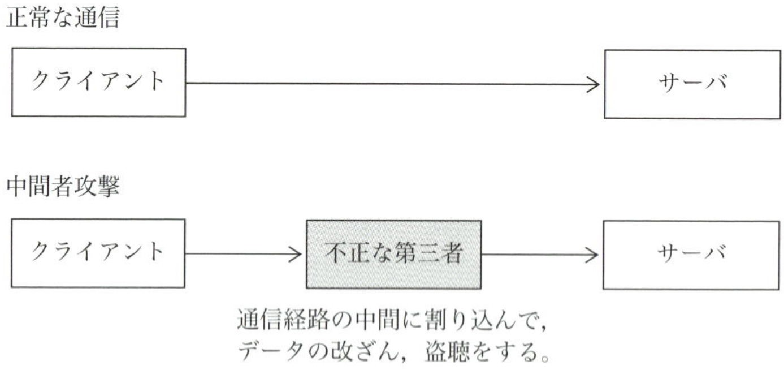

この攻撃を防ぐためには通信相手が本当に求めているサーバなのかどうかを認証する必要があります。問題文の例では，ディジタル署名を用いて通信相手を認証することで，中間者攻撃を防ぎます。

（ア）～（エ）の攻撃は，攻撃者側からサーバや別のクライアントが一方的に攻撃されるもので，サーバ認証によって防ぐことができる攻撃ではありません。

ア：DoS 攻撃……サーバの OS や Web アプリケーションのセキュリティホールを突いてソフトウェアを異常停止，誤動作させたり，大量の通信パケットを送り付けたりしてサーバをダウンさせる攻撃です。

イ：SQL インジェクション……データベースへの問合せを行う Web アプリケーションの入力欄に，悪意のある問合せや操作を入力し，破壊を引き起こす攻撃です。

ウ：クロスサイトスクリプティング……攻撃者は，訪問者の入力データをそのまま画面に表示する Web サイトに対して，悪意のあるスクリプトを埋め込み，訪問者のブラウザで実行させる攻撃です。

エ：総当たり攻撃……ブルートフォース攻撃とも呼ばれ，特定のアカウントを標的に，パスワードの全ての組合せを試行する攻撃です。

［設問３］

通信相手を認証する際は，公開鍵暗号方式を利用します。しかし，実際のデータ通信では，下線②に「共通鍵暗号方式による通信データの暗号化」とあるように，共通鍵暗号方式を利用します。ここではこの理由が問われています。

同じ暗号強度を求める場合，共通鍵暗号方式の方が公開鍵暗号方式よりも高速に暗号化，復号できます。したがって，正解は（ア）です。

なお，このように，認証時と実際のデータ通信時で暗号方式を組み合わせる方法を，ハイブリッド暗号方式といいます。**鍵の安全な配布においては公開鍵暗号方式を使い，データの送受信時には高速な共通鍵暗号方式**を使うことによって，両者の長所を活かし，短所を補っています。

イ：「共通鍵暗号方式は，公開鍵暗号方式よりも解読に時間が掛かる」とありますが，同じ暗号鍵のサイズであれば，公開鍵暗号方式の方が，共通鍵暗号方式よりも解読に時間が掛かります。

ウ：「共通鍵暗号方式は，公開鍵暗号方式よりも鍵の再利用が容易」とありますが，共通鍵暗号方式，公開鍵暗号方式を問わず鍵を再利用することが，そもそも不適切です。

エ：「共通鍵暗号方式は，公開鍵暗号方式よりも鍵の配布が容易」とありますが，記述が逆です。共通鍵暗号方式は鍵の安全な配布が難点であり，それを解消するために利用されているものが公開鍵暗号方式です。

［設問４］

下線③にある“パスワード認証”は“公開鍵認証”に比べて，安全性が低いと考えられる理由を答えます。選択肢を順に見ていきましょう。

ア：「“パスワード認証”では，サーバが乗っ取られていた場合，送信したパスワードを攻撃者に取得されてしまう」リスクがあります。一方，**公開鍵認証の場合，サーバには，盗まれても困らないクライアント側の公開鍵しか登録されていません**ので，このようなリスクは存在しません。したがって，（ア）が正解です。

イ：「正当なサーバとは異なるサーバに接続させられて」とありますが，これはサーバ認証の内容です。下線③ではクライアント認証が論点なので，関係のない記述です。

ウ：問題文には，「“公開鍵認証”では，パスワードの他にディジタル署名も用いる」

という記述はありません。また，実際にも SSH で公開鍵認証を利用する場合，パスワードは利用しません。

エ：「“パスワード認証” では，利用者のパスワードが平文でネットワーク上を流れる」とありますが，平文ではなく暗号化されています。その根拠は，図1の「安全な通信経路の確立」と〔安全な通信経路の確立の概要〕(5)の「これ以降の通信は，全て暗号化される」にあります。このように利用者認証の通信が暗号化されていることが分かります。

演習問題　第2部　第2章　問5

インターネットを利用した受注管理システムのセキュリティ　(H27春-FE 午後問1)

（解答）

［設問1］　イ

［設問2］　a－イ，b－ウ

［設問3］　ウ

［設問4］　イ

（解説）

セキュリティ診断サービスであるZ社の診断結果に関する考察や，改善策となるものを選択する問題です。診断対象はインターネットを通じた受注管理システムであり，暗号化通信である HTTPS を利用しているということで，通信内容の盗聴や改ざんについては，SSL/TLS によって防止されている前提に立った上で，その他の**各種攻撃の可能性**が焦点になっています。

［設問1］

取引先 PC から Web サーバにアクセスするときに，HTTPS 通信が行われる区間について問われています。一般に Web ブラウザが動作している取引先 PC と，Web サーバの間が HTTPS の区間になるのですが，本問の場合 **RPS（リバースプロキシサーバ）の存在に注意**する必要があります。「RPS には，ディジタル証明書を設定しておく。受注管理システムを利用する取引先の担当者は，取引先 PC のブラウザから RPS を経由して受注管理アプリケーションにアクセスし，ログイン画面で利用者 ID とパスワードを入力してログインする。その際，取引先 PC のブラウザからの通信には，HTTP over SSL/TLS（以下，HTTPS という）を使用する。RPS ではディジタル証明書を使って，HTTPS から HTTP にプロトコルを変換する」とあるため，RPS から Web サーバの間は HTTPS ではなく平文通信の HTTP になることが分かります。したがって，HTTPS で通信される箇所は取引先 PC から RPS までの箇所（経路番号 1，2，3）となり，（イ）が正解です。

なお，RPS とは，一般に HTTP の通信内容によって，転送先の Web サーバを振り分ける機能をもったサーバ，あるいはネットワーク装置です。HTTP のヘッダ内容などは HTTPS 通信の場合，SSL/TLS によって暗号化されているため，いったん RPS にて復号化する必要があります。本問では Web サーバが 1 台しかないにもかかわらず RPS を用いている点が気になりますが，現実のネットワーク構成を模式化したものととらえておきましょう。

［設問２］

Z 社からの指摘事項にある空欄を埋める問題です。この内容は，各種攻撃手法の特徴や原因に関する知識が前提になっており，これらを押さえていれば，答えられる内容になっています。

・空欄 a：問題文には「受注管理アプリケーションには，想定していない操作を DB サーバに実行させて，DB に不正アクセスするような［ a ］」とあります。ヒントは “DB” というキーワードです。解答群の中で，DB（データベース）に対する攻撃は（イ）の「SQL インジェクション」です。SQL インジェクションは，悪意ある入力データを送りこむことで，データベースのデータを改ざんしたり不正に情報取得したりする攻撃です。したがって，（イ）が正解です。

・空欄 b：空欄 b を含む文には「攻撃者によって Web ページ内にスクリプトが埋め込まれてしまう［ b ］の脆弱性」とあります。ヒントは “スクリプト” というキーワードです。Web ページにスクリプトを埋め込む攻撃は「クロスサイトスクリプティング（XSS）」と呼ばれます。クロスサイトスクリプティングは，クロスサイトとあるように，一つのサイトではなく複数のサイトにまたがった攻撃です。この点が，この問題文にある，「取引先の担当者が他の Web サイトに誘導されて」という内容に合致します。したがって，（ウ）が正解です。

参考までにその他の選択肢を確認します。

ア：DoS（Denial of Service）攻撃……その言葉が意味するとおり，「Service（サービス）の Denial（拒否）」をすることです。サーバのサービスが提供できないようにすることを目的とした攻撃です。そのためには対象サーバに異常な負荷をかけたり，ソフトウェアのバグを突いて，システムを異常停止させたりします。

エ：辞書攻撃……不正ログインのためのパスワードクラックの方法です。辞書の言葉を組み合わせて効率的にパスワードを破ろうとする攻撃です。

オ：ディレクトリトラバーサル……管理者が意図していないパスを指定することで，本来は許されないファイルに不正にアクセスすることです。トラバーサル（traversal）とは「横断」という意味で，ディレクトリに関する不正な横断と考えてください。

カ：トラッシング……スキャベンジングと同じ意味で，ゴミ箱に捨てられた機密情報や個人情報を盗むソーシャルエンジニアリングの手法の一つです。

キ：ブルートフォース攻撃……辞書攻撃と同様，不正ログインのためのパスワードクラックの方法です。いわゆるログイン情報に対する総当たり攻撃です。

ク：ポートスキャン……サーバなどで使用しているサービス（ポート番号）を全て探索することです。攻撃をしかける前段階の処理で，どんな攻撃ができるかを探すために行われます。

［設問３］

下線①は表１の指摘事項「取引先の担当者が Web サーバ上の任意のファイルをダウンロード可能である」に関する原因「受注管理アプリケーションでのファイルのダウンロード処理に問題がある」にかかっています。**取引先の担当者は，任意のファイルをダウンロードできてはいけません**。アクセス権が許可されたものに限定すべきであり，今のままではダウンロード処理に問題があると言わざるを得ません。

そこで，その対策を解答群から選びます。

一般的な対策には，「ダウンロード可能なファイルの種類を限定させる」，「ファイルのパーミッションを適切に設定する」，「取引先ごとにフォルダを分ける」などがあります。解答群と比較すると，（ウ）が「取引先ごとにフォルダを分ける」に該当します。したがって，（ウ）が正解です。ポイントは，「取引先ごとに決められたフォルダ内」に限定してダウンロードの処理をさせていることです。

他の選択肢も見てみましょう。

ア，イ：絶対パスと相対パスの違いはありますが，どちらの場合も「該当ファイルが存在」すればダウンロード処理ができてしまいます。つまり，アクセス権がなくても，ディレクトリトラバーサルの攻撃によって不正にダウンロードができてしまいます。したがって，不正解です。

エ：不適切です。まず，「Web サーバ上の全てのフォルダ構成及びファイルを表示」

させてしまうと，他の取引先に向けたデータファイルのほか，サーバの設定ファイルなども見られてしまうため，セキュリティ上の問題があります。

［設問４］

問題文の下線②には,「取引先の担当者がログイン時にパスワードを連続して間違えても利用者 ID がロックされない」とあります。この脆弱性から考えられるセキュリティ事故を解答群から選びます。

セキュリティ対策の観点から，パスワードを連続して間違えた場合，アカウントをロックするべきです。このような仕組みをアカウントロックと呼びます。ちなみにこのアカウントロックにて防ぐことができる攻撃が，設問２の選択肢にあるブルートフォース攻撃です。

この問題では，アカウントをロックしないことによるセキュリティ事故を答えるものです。したがって，(イ) の「パスワードの候補を自動で次々と入力するプログラムを利用することで，ログインできてしまう」が正解です。

なお，他の三つの選択肢は，いずれもパスワードを知っていることを前提とした攻撃内容です。パスワードを連続して間違えることもなく，利用者がロックされることもありません。このため，アカウントロックはこれらの攻撃に対する対策にはなりません。

演習問題　第２部　第２章　問６

ファイルの安全な受渡し

(H29 春-FE 午後問 1)

(解答)

［設問１］　エ

［設問２］　a－イ

［設問３］　b－ウ，c－ア，d－オ

(解説)

複数の協力会社と協業して取り組むプロジェクトにおいて，各協力会社との間でのファイルの受渡しにおける安全な方式を選定することを題材にした問題です。一見すると暗号化方式等技術的な観点に特化した問題にも見えますが，利用シーンや費用といった観点も含めたトータルでの最適解を求める必要もあり，情報セキュリティマネジメント分野の問題といえます。

［設問1］

Aさんが提案したファイル受渡し方法の問題点が焦点になっています。「Eさんから“①Aさんの方式は安全とはいえない”との指摘を受けた」理由が問われています。まず，Aさんの方法を問題文から確認すると，「ファイルを圧縮し，圧縮したファイルを共通鍵暗号方式で暗号化した上で電子メール（以下，メールという）に添付して送信し，別のメールで復号用の鍵を送付する方式」とあります。

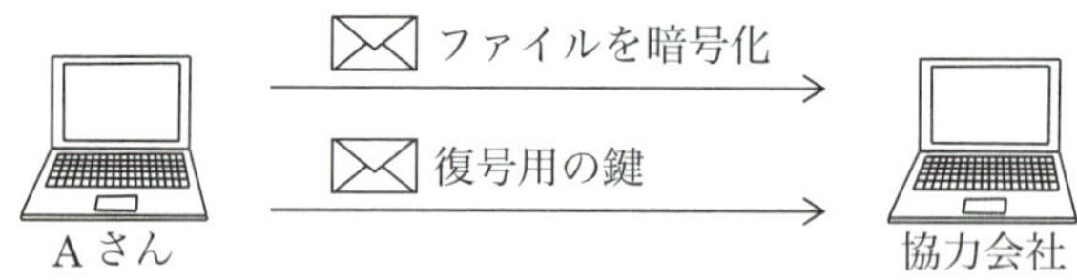

これは，多くの企業で採用されている，パスワード付ZIPとして添付ファイルを送り，後から別のメールでパスワードを連絡する手法のことと捉えてしまってよいでしょう。と同時に，ファイルを添付したメールが盗聴できるのであれば，鍵を送付するメールも盗聴できるでしょうし，両者が揃えば，暗号化したファイルが復号できてしまいます。

したがって，(エ)の「ファイルを添付したメールと，鍵を送付するメールの両方が盗聴される可能性がある」が正解です。他の選択肢も確認しておきましょう。

ア：「圧縮してから暗号化する方式」も，「暗号化してから圧縮する方式」も，解読の難易の差はないと考えられます。しかし，先に暗号化してしまうと，圧縮に利用されるデータの中の繰返し部分やパターン部分がなくなってしまうことから圧縮効率が悪くなります。このため，一般に「圧縮してから暗号化する方式」が用いられます。

イ：ファイル名が暗号化されるかどうか，問題文では具体的には示されていないため，正解になりません。また，ファイル名が暗号化されるかどうかは，暗号化をするソフトウェアの仕様によります。

ウ：同じ長さの鍵を前提にした場合，共通鍵暗号方式は，公開鍵暗号方式よりも強度が高く，解読は容易ではありません。

［設問2］

空欄aに入れる適切な答えを選びます。問題文の該当部分は，「その方式で問題はないが，相手の［　a　］を入手する際には，それが相手のものであると確認できる方法で入手する必要がある」と記述されています。また，「その方式」とは，

「圧縮したファイルを公開鍵暗号方式で暗号化してメールに添付する方式」です。したがって，公開鍵暗号方式で相手から入手するものが正解になります。公開鍵暗号方式では，相手の「公開鍵」（イ）を入手し，これを使ってファイルを暗号化します。ファイルを復号できるのは秘密鍵をもっている相手だけなので，暗号化された添付ファイルが第三者に盗聴されても解読される心配がありません。

［設問３］

協力会社ごとに選択すべき方式と，その費用が記載されている表２の空欄を埋めます。問題文の前提条件をきちんと読み取る必要があります。

ここで，設問文，〔ファイルを受け渡す方式に関するＥさんからの指示〕から重要な部分を次に抜き出します。

・プロジェクトの期間は 12 か月である。
　→1 年間を前提とした費用を計算が必要です。
・その会社からプロジェクトに参加する社員全員のアカウントを登録すること。……(4)
　→表 1 にある参加人数の全員の費用を計算する必要があります。

・機密度が“高”のファイルを，オンラインストレージサービスを利用して受け渡すことを禁止している。……(5)
　→表 1 から“高”のファイルがある Q 社と S 社では，オンライストレージリービスは利用できません。
・費用（初期費用とプロジェクト期間中の運用費用の合計）が最も安い方式を選択すること。
　→全ての方式の費用を合計し，最も安い方法を選択します。

各方式の費用を検討するための情報は次のようになります。

費用＼方式	(1)VPN とファイルサーバ	(2)オンラインストレージサービス	(3)暗号化機能付きメールソフト
初期費用	100,000 円	−	1 人当たり 30,000 円
運用費用	月額 50,000 円 →1 年間で 600,000 円	1 人当たり月額 500 円 →1 年間で 6,000 円	−
備考	利用者数の多寡による影響はない。	“高”のファイルがあるＱ社とＳ社では利用できない。	−

これを基に，各社の年間費用を具体的に計算すると次のようになります。網掛け部分が，協力会社ごとの最も安い方式です。

方式／協力会社	(1)VPN とファイルサーバ	(2)オンラインストレージサービス	(3)暗号化機能付きメールソフト
P 社（10 人）	100,000＋600,000＝700,000	6,000×10＝60,000	30,000×10＝300,000
Q 社（5 人）	100,000＋600,000＝700,000	利用不可	30,000×5＝150,000
R 社（50 人）	100,000＋600,000＝700,000	6,000×50＝300,000	30,000×50＝1500,000
S 社（25 人）	100,000＋600,000＝700,000	利用不可	30,000×25＝750,000

・空欄 b，c，d：表のとおり，Q 社の選択すべき方式は「暗号化機能付きメールソフト」，S 社の選択すべき方式は，「VPN とファイルサーバ」，その費用は「700,000」です。したがって，空欄 b には（ウ），空欄 c には（ア），空欄 d には（オ）が入ります。

演習問題　第２部　第２章　問７

クラウドサービスの利用者認証

(H31 春-FE 午後問 1)

（解答）

［設問１］　a－カ，b－イ，c－ウ

［設問２］　d－エ，e－イ

（解説）

Web シングルサインオンプロトコルの一つである SAML2.0 というプロトコルを前提にした問題です。全体的には Web に関する通信プロトコルに関する基礎知識や，暗号化，認証技術に関する知識があれば解答できる内容になっています。なお，Web シングルサインオンプロトコルには，他にも OpenID Connect があります。

［設問１］

・空欄 a：空欄部は，「利用者が本人であることを確認するために用いる」ものを問うています。本人認証をするには，「利用者 ID」と「パスワード」が必要とされることが一般的です。この点の裏付けとして，図１の後にある「業務システムの利用者認証は，A 社認証サーバでの利用者 ID とパスワードの検証」が挙げられます。

では，「利用者 ID」と「パスワード」のどちらを送信しないのでしょうか。セキュリティの観点で考えると，インターネットにはパスワードを送信したくない，というのが通常の感覚です。〔B 社クラウドサービスが利用可能になるまでの処理の手順〕の⑨でも，「Web ブラウザは，⑧の転送指示に従い，認証済情報を B 社クラウドサービスに送信する」とあります。利用者認証情報ではなく，「認証済情報」を送っており，パスワードは送信していません。認証済情報とは〔クラウドサービスの利用者認証〕に「認証結果，認証有効期限及び利用者 ID（以下，これら三つを併せて認証済情報という）」とあり，ここからも確認できます。つまり，「利用者 ID」は送信しますが，（カ）の「パスワード」は送信しません。

・空欄 b：〔クラウドサービスの利用者認証〕には「B 社クラウドサービスは，付加されているディジタル署名を使って，受信した認証済情報に［ b ］がないことを検証する」とあります。この記述から，「ディジタル署名」によって実現できる機能である「改ざん防止」，「（他人による）なりすまし防止」，「（本人による）否認防止」の三つに着目すると正解に近づきます。この中で，選択肢にあるものは（イ）の「改ざん」だけです。なお，「（本人による）否認防止」とは，行為や事象について，「そんな事実は存在しなかった」と，後から否認することを防ぐことです。

・空欄 c：空欄 b の後に「このために，IdP の［ c ］を B 社クラウドサービスに登録しておく」とあります。正解を導くには，その前の「IdP は，（中略）ディジタル署名を付加して」，「B 社クラウドサービスは，付加されているディジタル署名を使って，受信した認証済情報に［ b ］（改ざん）がないことを検証する」の部分が重要になります。

整理すると，IdP と B 社クラウドサービスのディジタル署名の流れは図 A のようになり，B 社クラウドサービスは，IdP が付加したディジタル署名を検証する必要があります。

ディジタル署名を付加しているのは IdP なので，IdP の秘密鍵で署名されています。これを検証するには，IdP の公開鍵が必要になります。したがって，空欄 c には（ウ）の「公開鍵」が入ります。

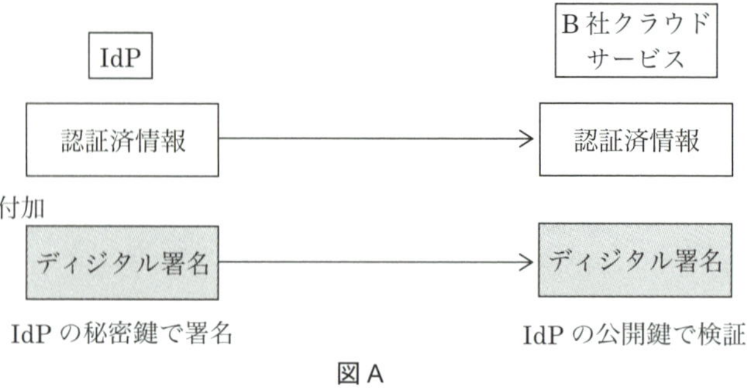

図A

〔設問2〕

・空欄d：まず，B社クラウドサービスに移行した後の構成図を図Bで考えてみましょう。分かりやすくするため，該当する機器だけを記述しています。〔クラウドサービスの利用者認証〕に「IDプロバイダ（以下，IdPという）を社内LANに設置することにした」とあるように，IdPは社内LANに設置されます。

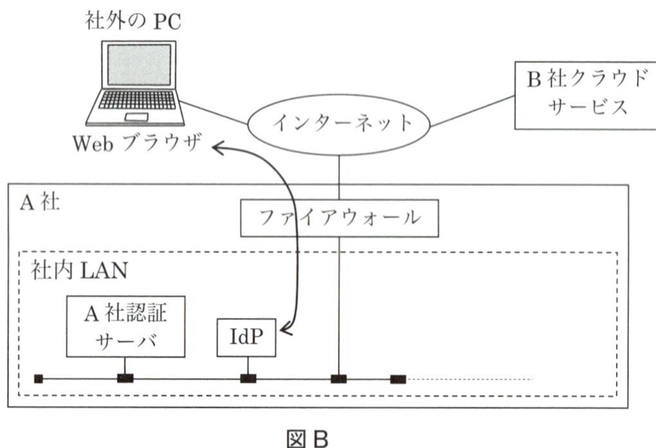

図B

ここでは，〔B社クラウドサービスが利用可能になるまでの処理の手順〕の①～⑩に沿って，Webブラウザから，B社クラウドサービスを利用することを考えます。

設問の「図2中の［　e　］の送信で失敗」の部分がヒントになります。図1の後にはセキュリティポリシが記述されており，通信を禁止するものを問題文から探すと，ファイアウォールしかありません。

次に，図2を確認すると，通信をしているのは「B社クラウドサービス」，「Webブラウザ」，「IdP」，「A社認証サーバ」の四つです。図Bを見ていくと，「B社クラウドサービス」と「Webブラウザ」（図Bの社外のPC）は，どちらも社外にあり，ファイアウォールで通信が禁止されることはありません。同様に，「IdP」と「A社認証サーバ」も，どちらもA社の社内LANにあるので，ファイアウォールで通信は禁止されません。禁止される可能性があるのは，WebブラウザとIdPだけであると考えられます。

図2の処理の流れを確認すると，WebブラウザとIdPは通信をする必要があります。しかし，セキュリティポリシに基づき「社外からインターネットを介した社内LANへの通信は，全てファイアウォールによって禁止されて」，通信ができません。このため，社外からB社のクラウドサービスを利用しようとしても，失敗することになります。

したがって，空欄dには（エ）の「Webブラウザが，IdPと通信する」が入ります。

他の選択肢も見ておきましょう。

ア：「B社クラウドサービスが，IdPと直接通信する」とありますが，図2を見ても，直接通信をする必要がありません。

イ：「B社クラウドサービスが，利用者認証情報を検証し，Webブラウザに返信する」とありますが，B社クラウドサービスが検証するのは利用者認証情報ではなく認証済情報です。また，「B社クラウドサービス」，「Webブラウザ」のどちらも社外にあり，A社のファイアウォールでは禁止できません。

ウ：「IdPが，利用者に代わって，利用者認証情報をB社クラウドサービスに送信する」とありますが，図2を見ても，そのような通信は存在しません。

・空欄e：設問には，「図2中の［ e ］の送信で失敗し，利用者認証されないからである」とあります。空欄dで解説したように，WebブラウザとIdPは通信をする必要がありますが，ファイアウォールによって通信が禁止されています。このため，利用者認証がされません。この通信は図2の中のどれに当たるか確認すると，該当する番号は，③と⑤だと分かります。このとき，先に行われる③で失敗するので，⑤は実施されません。したがって，（イ）の「③」が正解です。

演習問題　第2部　第2章　問8

セキュリティ事故の対応

(H24秋-FE 午後問4)

（解答）

［設問1］　イ

［設問2］　エ

［設問3］　ウ

［設問4］　a－オ，b－イ，c－ア

（解説）

SQL インジェクション攻撃に関する問題です。SQL インジェクション攻撃の技術的な知識を問う設問 1, 設問 4, セキュリティ事故に対する対応指針を問う設問 2, 設問 3 から構成されています。

［設問1］

SQL インジェクション攻撃とは，Web サイトの入力項目に対し，不正な SQL 文を送り込むことによって，不正に情報を入手する攻撃です。例えば，パスワードを入力するテキストボックスに，「xyz' OR 'a' = 'a」と入力したとします。この場合，SQL インジェクション攻撃への対策を施していないと，次のように，条件が常に真となる SQL 文になってしまいます。

```
SELECT * FROM 会員 WHERE パスワード = 'xyz' OR 'a' = 'a'
```

この結果，パスワードを知らなくてもログインできてしまいます。したがって，（イ）が正解です。なお，SQL インジェクション攻撃への対策として，「'」のような特殊な文字を使えないようにするといった対策を行うことが一般的です。

SQL インジェクション攻撃に対する概要さえ把握していれば，〔セキュリティ事故の発生〕の「利用者 ID とパスワードの入力を行うログインの処理に不備があり，外部から SQL インジェクション攻撃を受けていた」という記述から，正解を推測できます。

ア：DNS キャッシュポイズニングを利用したフィッシング攻撃の説明です。

ウ，エ：データベースの管理ツールや管理者の ID，パスワードについて記述されていますが，問題文にデータベースの管理ツールに関する記述はありません。このような選択肢は，通常，正解にならないので，正解を選択する際の参考にするとよいでしょう。ちなみに，こうした攻撃手法は対象をデータベースサーバに限った攻撃ではなく，名称も特にありません。

［設問２］

セキュリティ事故発生時における会員への対策と対応に関する設問です。〔セキュリティ事故の発生〕に「クレジットカード情報が漏えいしていることも考えられる」と記述されています。こうした状況では，自社のシステムを守ることも重要だが，それ以上に流出してしまった情報による２次被害を防ぐことが最も重要です。不正利用を防止するため，クレジットカードの停止及び番号変更の手続を，早急に実施する必要があります。したがって，（エ）が正解です。

ア：パスワードを設定する条件としては，正しい記述です。しかし，SQL インジェクション攻撃では，設定したパスワードそのものを不正に入手，あるいはパスワードのチェックをすり抜けてしまう可能性があるため，不適切です。

イ：パスワードの変更を依頼することは，SQL インジェクション攻撃によってカード情報ではなく，ログイン用のパスワードが漏えいしてしまった場合の対応としては正しいですが，その場合でも，これは商品の購入を行う会員だけでなく，ログイン権限をもつ全員に依頼すべきものです。また，データベースを分離しても，不正な SQL 文でアクセスする SQL インジェクション攻撃に対して，効果は期待できません。また，パスワードはデータベースに平文（ひらぶん）で格納することは推奨できるものではなく，ハッシュ値として格納するなど暗号化して格納することが一般的です。

ウ：個人情報の事故対応に関する規定を設けて，会員に同意してもらっても，情報を不正取得した攻撃者の行動はなんら制約を受けません。攻撃者はあくまでも第三者であるため，技術的な対策を行う必要があります。

［設問３］

SQL インジェクション攻撃は，Web サイトの入力項目に対し，不正な SQL 文を送り込むことによって，不正に情報を入手する攻撃です。ネットワーク回線を二重化しても，同じ事象が発生するだけであり，SQL インジェクション攻撃を防ぐ対策になりません。したがって，（ウ）が正解です。なお，ネットワーク回線の二重化は，一般的に，信頼性向上のための対策であり，セキュリティ事故への対策として行うものではありません。

［設問４］

SQL インジェクション攻撃への追加対策と，その他のセキュリティ対策に関する設問です。

・空欄 a：空欄 a の前後にある「セキュリティを考慮した設計及び実装を行うことで回避できる」,「アプリケーション開発時に脆弱性が作り込まれる可能性を減らす」という二つの記述がヒントになります。

実装とは，プログラミングのことです。この記述から，セキュリティを考慮したプログラムを作成するようにすればよいことが分かります。したがって（オ）が正解です。

ア，イ，ウ：アプリケーション開発時ではなく運用時の対策です。

エ：SQL インジェクション攻撃ではなく，内部犯行に起因する情報漏えいを防ぐための対策です。

カ：負荷分散装置は性能向上や信頼性向上に役立ちますが，バッファオーバフロー攻撃や SQL インジェクション攻撃のように，不正なデータの入力によってシステムを停止させたり，情報を漏えいさせたりするセキュリティホールを突く攻撃に対して効果はありません。

・空欄 b：空欄 b の直前に記述されている「データベースサーバへの不正アクセス対策」がヒントになります。さらに，〔会員情報の登録〕の前に記述されている「データベースサーバのデータは平文で保存」が決め手になります。したがって，（イ）が正解です。会員情報が暗号化されていれば，SQL インジェクション攻撃を受けても，会員情報が漏えいするリスクは大きく減少します。

ア：セキュリティ事故発生時，ログを正確に分析するため，Web サーバとデータベースサーバの時刻を同期させることは望ましいといえます。しかし，ここで問われているのは再発防止策であるため，適切ではありません。

ウ：インターネットから社内に対するフィルタリングが対象であれば，不正アクセス対策として，効果が期待できます。しかし，社内からのインターネット利用時にフィルタリングを実施しても，効果は期待できません。

エ：共有 ID を利用すると，利用者の特定が困難となり，不適切です。

オ：RAID 構成にすると，信頼性や性能は向上しますが，不正アクセス対策とは関係しません。

・空欄 c：空欄 c の直前の「情報漏えいが発生した場合の原因の分析や犯人の追跡を行うための証拠の確保」という記述から，正解を導き出すことができます。原因の分析や犯人の追跡を行うためには，**どのサーバにいつどのようなアクセスがあったのか，又は，どのようなエラーが発生したかなどを保管したログが必要になります**。したがって，（ア）が正解です。その他の選択肢は，再発防止に向けた対策であり，事後の原因分析や追跡を行うための証拠の確保とは関係しません。

演習問題　第２部　第２章　問９

情報資産についてのリスクアセスメント

(H26 春-FE 午後問 1)

(解答)

［設問１］　エ

［設問２］　イ

［設問３］　a－イ，b－カ（a，b は順不同）

(解説)

リスクアセスメント（リスク評価）をテーマにした問題です。〔Z 社のリスク値算出方法〕に示された式など，独自の内容が多いため，読みにくい部分もありますが，逆に言うと，解答に必要なポイントは全て問題文で説明されており，前提知識はあまり必要ない問題でもあります。

［設問１］

表２「情報資産の価値と評価理由」の価値の評価理由欄に挙げられた（ii）と（iii）が C，I，A のどれに対応するかを問う内容です。

まず，（ii）は，問題文に「社外に漏れた場合，顧客からの信頼を失う」とあります。「社外に漏れ」という言葉から，機密として管理している情報が漏れるというリスクであること分かります。つまり，機密性の C が該当します。

次に（iii）ですが，「版管理が行われない場合，不整合によって，プロジェクトの進捗に影響を与える」とあります。「不整合によって」という言葉から，データの完全性が保たれないというリスクであることが分かります。つまり，完全性の I が該当します。したがって，（エ）が正解です。

なお，C, I, A の意味は問題に示されているため，知らなくても解答できますが，それぞれ Confidentiality，Integrity，Availability の頭文字です。

［設問２］

情報資産 No.4（顧客のテストデータ）のリスクの分析評価は，表２〜４を基に行うことが問題文に記述されています。また，その結果は表５にまとめられています。しかし，設問の関係上，注記にあるように，網掛けの部分は表示されていません。この網掛け部分の具体値を計算することが解答に際して必要となるため，まずは表５を完成させる必要があります。

リスク値の求め方は，〔Z 社のリスク値算出方法〕で次のように示されています。

リスク値＝情報資産の価値×脅威×脆弱性

これに従って，表5を完成させましょう。例えば，脅威IDがT3のリスク値Cの場合，情報資産の価値は3，脅威は2，脆弱性は1です。したがって，3×2×1＝6がリスク値Cとなります。同様の計算を全ての脅威に対して行うと，次のようになります。

表5　情報資産No.4のリスク値

No.	情報資産の価値			脅威		脆弱性		リスク値			
	C	I	A	脅威ID	値	脆弱性ID	値	リスク値ID	C	I	A
4	3	2	1	T1	3	Z1	2	R1	18	12	6
				T2	1	Z2	3	R2	9	6	3
				T3	2	Z3	1	R3	6	4	2
				T4	3	Z4	2	R4	18	12	6
				T5	2	Z5	2	R5	12	8	4
				T6	1	Z6	1	R6	3	2	1
				T7	1	Z7	3	R7	9	6	3

〔Z社のリスク値算出方法〕の最後の段落を読むと，「C，I，Aごとに算出したリスク値が全て12以下ならばリスクを受容し，そうでないならば追加のリスク対策を実施する」とあるため，**完成した表5の中で12より大きいリスク値をC，I，Aの中で一つでももつ脅威の数**が答えになります。このため，脅威IDがT1とT4の二つが答えです。したがって，（イ）が正解です。

［設問3］

データ漏えいを防ぐための対策が求められています。解答群を一見すると，どの対策も有効のように見えるのですが，効果のあるものは二つだけです。

まず，〔Z社の開発標準（抜粋）〕には，次の記述があります。

> (1)　開発時，プロジェクトメンバは顧客のテストデータのうち必要なものだけを，開発用サーバから自分の開発用PCにダウンロードし，不要になったら削除する。
> (2)　プロジェクト終了時に，プロジェクトマネージャは開発用サーバの顧客のテストデータを削除し，全ての開発用PCから顧客のテストデータが削除されていることを確認する。

このような開発標準があるにもかかわらず，(1)について，PC にダウンロードしたテストデータを削除しなかったことが問題になっています。また，(2)について，開発用 PC から顧客のテストデータが削除されていることをきちんと確認しなかったことも問題です。この点を頭において解答群を見ていきましょう。

ア：「開発用サーバのアクセスログをシステム部が定期的に確認する」とあります。しかし，アクセスログを確認したとしても，開発用 PC の顧客データを削除することはできないので，適切ではありません。

イ：「顧客のテストデータを開発用 PC にダウンロードして利用する場合は，管理台帳にダウンロード日，削除日，実施者を記入する」とあります。この情報があれば，プロジェクトが終了したタイミングなどで，ダウンロードした実施者の PC から，データが削除されているかを確認できます。又は，削除日が入っていない PC に対し，テストデータを削除するように指示することも可能です。このため，情報漏えい対策として有効です。

ウ：「顧客のテストデータを開発用 PC に保存する際に，警告メッセージが表示される」とあります。しかし，警告メッセージが表示されても，PC に保存してしまうことになるので，データの削除に関して効果はありません。

エ：「プロジェクトごとに新たに開発用サーバを用意する」とあります。こちらも，PC に保存されたデータを削除することには関係がありません。

オ：「プロジェクトメンバが開発用サーバ上の顧客のテストデータにアクセスする権限を参照だけに設定する」とあります。上書きなどの書込み権限が付与されなかったとしても，参照できればデータを閲覧することができ，閲覧できればなんらかの方法で保存し，別の目的で利用することができます。このため，データの漏えいのリスクは残ります。

カ：「返却された開発用 PC は，システム部が全データを完全消去する工程を追加する」とあります。この工程を追加することで，データの削除が確認できるので，データ漏えい対策として有効です。

以上のことから，（イ）と（カ）が正解です。

演習問題　第2部　第2章　問10

Webサーバに対する不正侵入とその対策

(H28春-FE 午後問1)

（解答）

［設問］　a－イ，b－イ，c－ア，d－カ，e－オ

（解説）

Web サーバに対する不正侵入とその対策に関する出題です。

サイバー攻撃は，年々その手法のバリエーションを増やしています。しかし，セキュリティ対策としては，この問題の表1にあるような，リモートアクセス（リモートメンテナンスのための接続）を許可しないといった単純な対策も極めて重要になってきます。

［設問］

・空欄 a：「秘密鍵への不正アクセスがあったかは確認できなかった」という被害状況を踏まえた対策を答えます。秘密鍵が盗まれた場合，TLS で暗号化していても，その通信を解読されてしまいます。したがって，秘密鍵への不正アクセスが否定できない状況であれば，この秘密鍵を使うべきではありません。そこで「新たな秘密鍵と公開鍵を生成」する対策が有効といえます。したがって，（イ）が正解です。

ア：TLS は不正侵入と直接関係がありません。また，HTTP にすると，通信が暗号化されていないため，盗聴などのセキュリティリスクが増えるので好ましくもないです。

ウ：秘密鍵への不正アクセスの可能性があるので，同じ秘密鍵を使っていては危険です。

エ：秘密鍵の保管場所を変えても，既に秘密鍵が第三者に渡っていれば，不正利用される可能性があります。

（ウ），（エ）はともに，秘密鍵への不正アクセスを否定する根拠がない限り，秘密鍵が安全とは言い切れないので，秘密鍵を新しいものにする必要があります。

・空欄 b：「FW を経由し，Web サーバに不正侵入され，さらにそこから DB サーバに不正侵入された」ことへの対策を考えます。空欄 b の前に「リモートメンテナンス用のポートについて」とあるので，この点に基づいて考えましょう。不正侵入を防ぐのであれば，外部からのポートは全て閉じるべきです。問題

文(8)にも「現在はリモートメンテナンスの必要性はなくなっている」とあるので，このポートに対するインターネットからのアクセスをFWで禁止してしまっても業務上問題はありません。したがって，（イ）が入ります。

ア，ウ：リモートメンテナンス用のポートは，外部からの不正アクセスにつながります。HTTPのポートを開放すべきではないですし，TelnetやSSHのポートの開放の継続は好ましくありません。

エ：Telnetは通信が暗号化されていないため，危険です。また，前述のように，現在はリモートメンテナンスの必要性がないので，Telnetに限らずSSHのポートも閉じるべきです。

・空欄c：問題文には「システム管理者以外の者が管理者IDと管理者パスワードを使ってWebサーバに不正侵入した」とあります。つまり，管理者のパスワードが漏えいしているのです。また，表1には「会員情報が漏えいしたことが分かっている」とあることから，会員のパスワードも漏えいした可能性があります。しかし，パスワードが漏えいした可能性がある会員を限定する情報もないため，最悪の状況を想定し，管理者パスワードと，全会員のパスワード変更をすることが適切な対策になります。したがって，（ア）が入ります。

イ：表1に「それ以外の会員については漏えいの有無を特定できていない」とあり，それ以外の会員も，漏えいしている可能性があります。したがって，「漏えいした会員」に限定する点で適切ではありません。

ウ，エ：管理者パスワードが漏えいしていることから，管理者パスワードも変更すべきです。

・空欄d：パスワードの強度を計算する問題です。表2のそれぞれのパターンで，とり得る文字列の組合せの数を計算しましょう。

(a) 英小文字，6文字

英小文字は26文字であることが，問題文に記述されている。パスワード1文字目にとり得る文字が26パターン，2文字目も26パターン，3文字目も26パターンであることから，6文字の場合は，$26\times26\times26\times26\times26\times26=26^6$となり，これが(a)の組合せの数になります。

(b) 英小文字，8文字

組合せの数は26^8になります。空欄dは，(a)との比較になるので，次の計算式が成り立ちます。

$$26^8\div26^6=26^2$$

したがって，（カ）が入ります。

・空欄 e：(b)と比較して何倍かであるかを求めます。

(c) 英大文字・英小文字，8 文字

英大文字・英小文字の数は，26 文字の 2 倍です。したがって，(c)の組合せの数は$(26\times2)^8$ です。(b)との比較になるので，次の計算式が成り立ちます。

$$(26\times2)^8\div26^8=2^8$$

したがって，（オ）が入ります。

演習問題　第2部　第2章　問11

ログ管理システム

(H27 秋-FE 午後問 1)

（解答）

［設問 1］　a－イ，b－イ，c－カ（b，c は順不同）

［設問 2］　エ

［設問 3］　イ

［設問 4］　ア

［設問 5］　ウ，オ

（解説）

ログ管理システムに関する問題です。情報セキュリティという観点から，ログ管理システムのアクセス権限や，ログに関連する通信の暗号化，ログ保存時の暗号化や改ざん防止対策といった点がテーマになっています。

［設問 1］

・空欄 a：表 1 の空欄 a に入れる仕組みが問われています。表 1 の No.1 の要件には「いつ，誰が，どの端末からどの業務システムをどのように操作したかが追跡できる」とあり，「いつ」というキーワードが掲げられています。また〔業務システムの利用とログの説明（抜粋）〕には，「一人の社員が，同時に複数の業務システムを使わないこと」という記述もあり，複数の業務システム間で時刻を同期させることも，仕組みとして必要であると分かります。したがって，（イ）が正解です。

他の四つの選択肢は，「要件」の内容を実現する仕組みになっていません。例えば，（ア）の「各業務システムの稼働状況」，（ウ）の「検知処理のログ管理システムへのアクセス」，（エ）の「ログ集積ファイルへのアクセス」を監視しても，システムの操作を追跡することには寄与しません。

また，（オ）の「ログ集積ファイルを圧縮する」ことは，ディスク容量の削減に寄与するもので，セキュリティ面の要件実現可否とは関係がありません。

・空欄b，c：表１のNo.2の要件には，「ログ管理システムから外部の機器に出力される外部ログ集積ファイルには，改ざんと漏えいを防止する対策を講じる」とありますので，「改ざん」と「漏えい」という二つのリスクに対する仕組みを選ぶ必要があります。

情報セキュリティでは，改ざん防止のための技術として電子署名，漏えい防止のための技術として暗号化が挙げられます。したがって，順不同で（イ），（カ）が正解です。

ア：「同一内容の複数個のログ集積ファイルを出力する」は，一つのファイルだけが改ざんされた場合には，改ざんを検知できます。しかし，複数個のファイルが全て改ざんされる可能性もあり，効果は限定的です。

ウ，エ：「ログ集積ファイルの出力に当たっては，推測しにくい名称を付ける」ことや，「ログ集積ファイルのログ中の個人情報を削除する」ことでも，改ざんと漏えいのリスクは残ります。

オ：「ログ集積ファイルを圧縮する」としても，セキュリティ上の効果はありません。

［設問２］

全てのログに共通して含むべき項目のうち，日時，操作種別以外のものを列挙する必要があります。

まず，要件を確認するため，設問文の「ログ管理システムの要件」を参照すると，〔ログ管理システムの要件（抜粋）〕の(1)に「ログ集積ファイルを基に，いつ，誰が，どの端末からどの業務システムをどのように操作したかが追跡できる」と記述されています。

一方，〔業務システムの利用とログの説明（抜粋）〕には，「B社の社員は，固定のIPアドレスが設定されている端末から，一意に社員を特定できる社員IDで，業務システムのうちの一つにログインし，“参照”，“更新”，“ダウンロード”の操作を行う」とあり，〔ログ管理システムの概要（抜粋）〕には「ログには，業務システムを識別するための業務IDや，社員が実施した操作を示す，“参照”，“更新”，“ダウンロード”の操作種別などが含まれている」とあります。

これらを踏まえて考えると，要件にある項目と具体的なログに含まれる項目の対応として，次の関係が成り立ちます。

要件	ログに含まれる項目
いつ	日時
誰が	社員ID
どの端末から	端末のIPアドレス（固定IPアドレス）
どの業務システム	業務ID
どのように操作したか	操作種別

これらのうち，日時と操作種別以外の項目を列挙すれば，答えを導き出すことができます。したがって，（エ）正解です。

［設問３］

表２ログ管理システムへのアクセス権限表（抜粋）の空欄に当てはまるものを考えます。まず，「ログ管理システムへのログイン」に関して確認すると，〔ログ管理システムの概要（抜粋）〕には「各業務システムに組み込まれている検知処理が，ログの書込みを検知し，そのログをログ管理システムのサーバ上の業務システム別のログファイルに書き込む」とあります。つまり，この検知処理が，ログ管理システムにログを書き込む張本人なのです。これに対して，〔ログ管理システムの要件（抜粋）〕の(2)には「ログ管理システムのサーバ上のログファイルに書き込む処理は，ログ管理システムへのログインを必要とする」とあります。ここで「ログファイルに書き込む処理」は検知処理ですから，検知処理は，ログ管理システムにログインできなければなりません。したがって，空欄 d1 は「可」です。この時点で正解は（ア）と（イ）に絞られます。

次の「ログファイルへのアクセス」は，表１の No.1 の仕組みにある「検知処理が，ログ管理システムのサーバ上のログファイルに書き込む」という記述から，書込みを示す「W」が入ることが分かります。したがって，（イ）が正解です。

［設問４］

業務システムの検知処理が，各サーバ上で発生したログを，ネットワーク経由で，ログ管理システムのサーバに転送する際の暗号化がテーマになっています。

設問内容としては，暗号化に必要な公開鍵の数が問われています。まず，問題文と図１を見て，どのような通信があるかを再確認します。

問題文の冒頭には「ログ管理システムの対象になる業務システムは，図１のネットワーク構成図に示す，勤務管理システム，販売管理システム，生産管理システム及び品質管理システムの四つである」という記述があります。このことから，ログ管理システムは，この四つのサーバからログを受信することが分かります。次にログの送信側と受信側がそれぞれどちらに当たるか考える必要があります。

すると，ログの送信側はこの４台のサーバ，受信側はログ管理システムのサーバの１台であることが分かります。公開鍵暗号化方式では，受信者の公開鍵でデータを暗号化し，受信者の秘密鍵でデータを復号することで暗号通信が実現できます。このため，４台のサーバとも，ログ管理システムの公開鍵で暗号化してからログを送信し，ログ管理システムが，受信したログを自身の秘密鍵で復号すればよいことになります。つまり，公開鍵は一つだけで十分です。したがって，（ア）の「1」が正解です。

［設問５］

設問文にある「業務システムへの不正アクセス」を問題文から探します。このためには，まずＢ社における不正アクセスの定義を確認する必要があります。〔業務システムの利用とログの説明（抜粋）〕に「一人の社員が，同時に複数の業務システムを使わないこと」及び「業務システム全体からデータを１日に5Mバイトを超えてダウンロードしないこと」という二つの内容が記述されています。したがって，これら２点の不正アクセスに該当する選択肢を探します。

まず，「一人の社員が，同時に複数の業務システムを使わないこと」に該当する選択肢は（ウ）の「ある業務システムの連続した“更新”のログの間に，別の業務システムのログが書き込まれたとき」です。一つずつの業務システムだけにアクセスした場合，一つの業務システムに対する“参照”や“更新”を行った後で，別の業務システムにアクセスする前には，必ず先にアクセスしていた業務システムからログアウトする必要があります。このため，ある業務システムに対する“更新”のログの間に，別の業務システムに関するログが書き込まれた場合，同時に複数の業務システムを使用したことになります。

次に，「１日に5Mバイトを超えてダウンロードしないこと」は簡単で，（オ）の「業務システムからダウンロードされたデータ量が１日で5Mバイトを超えたとき」が合致します。したがって，（ウ），（オ）が正解です。

第3部　第1章　ハードウェア

演習問題 ― 第3部　第1章　問1

浮動小数点数

(H27秋-FE 午後問2)

（解答）

［設問1］　イ

［設問2］　オ

［設問3］　a－オ，b－イ

［設問4］　c－ウ

（解説）

浮動小数点数に関する問題です。基数変換など，情報の表現に関する基礎を押さえておく必要があります。

本問は，単精度浮動小数点形式の表現（規格 IEEE 754 で，以下，単精度表現という）の内容がテーマとなっています。午後問題で浮動小数点数が出題される場合，この単精度表現が登場することがほとんどなので，単精度表現における指数部と仮数部の表現内容を正確に把握できるよう理解を深めておきましょう。

［設問1］

10 進数の 0.625 を 2 進数で表す場合，2 倍しながら，整数部に 1 が繰り上がった部分を記録していき 2 進小数に変換する方法が王道ですが，0.625 は 0.5（1／2）+0.125（1／8）と分かれば，簡単に$(0.101)_2$ と変換できます。

この 2 進数を指数（べき乗）表現すると，次のようになります。

$$
\begin{aligned}
(0.101)_2 &= (0.101)_2 \times 2^0 \\
&= (1.01)_2 \times 2^{-1}
\end{aligned}
$$

← 小数点位置を調整

ここで，指数は－1 ですが，127（バイアス値という）を加える必要があります。ここは，つまり指数が 0 の場合に 127 と表現するという決まりによるものです。このため，指数が－1 であれば，126 と表現します。値は正なので符号部には 0 が，仮数部には整数部分の 1 を省略した内容が入るので，図 1 の形式で表現すると，図 A のようになります。

符号部	指数部								仮数部							
31	30	29	28	27	26	25	24	23	22	21	20	19	18	17	…	0
0	0	1	1	1	1	1	1	0	0	1	0	0	0	0	…	0
	7				E											

図A　10進数の0.625の単精度表現

問われているのは指数部に入る値を16進数表現したものなので，正解は「$(7E)_{16}$」の（イ）です。

［設問2］

符号部には0が入っているので値は正，指数部に入っている2進数を計算すると，10進数で126になります。この126は127が加算された値なので，実際は126−127=−1です。仮数部の値は，**整数部第1位の1が省略されている**ことに注意して2進数の指数表現で表すと，次のようになります。

$$(1.1)_2 \times 2^{126-127} = (1.1)_2 \times 2^{-1}$$
$$= (0.11)_2$$

10進数の重み　0.5　0.25

したがって，正解は「0.75（0.5+0.25）」の（オ）です。

［設問3］

Aの単精度表現，Bの単精度表現の内容は次のとおりです。

A単精度表現の内容

・符号部：0が入っているので正

・指数部：2進数を計算すると，10進数で132になりますが，127が加算されているので，実際の値は10進数で5（132−127）です。

・仮数部：1が省略されていることに注意すると，2進数の1.1です。

以上を指数表現すると，$(1.1)_2 \times 2^5$となります。

B単精度表現の内容

・符号部：1が入っているので負

・指数部：2進数を計算すると，10進数で131となるが，127が加算されている

第6部 第3部 解答解説
第1章
第2章
第3章
第4章
第5章

ので，実際の値は10進数で4（131－127）です。

・仮数部：1が省略されていることに注意すると，2進数の1.1です。

以上を指数表現すると，$-(1.1)_2 \times 2^4$ となります。

・空欄a，b：設問文①で，Aの指数が5のため，Bの指数が5となるよう変形すると，次のようになります。

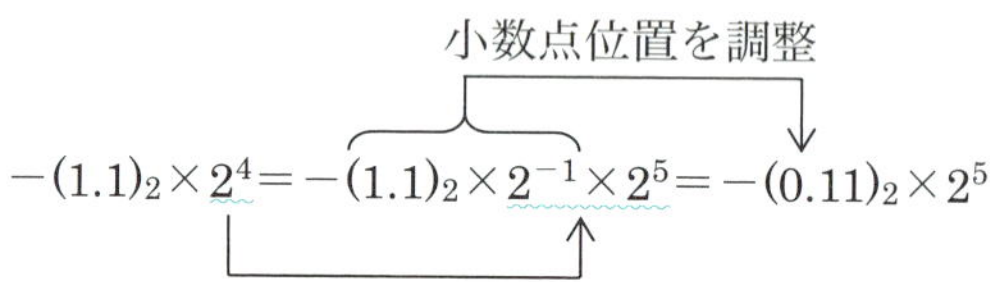

したがって，空欄aは「0.11」の（オ）が正解です。

次に，空欄aが既知という前提で，設問文②の加算を行うと，次のようになります。

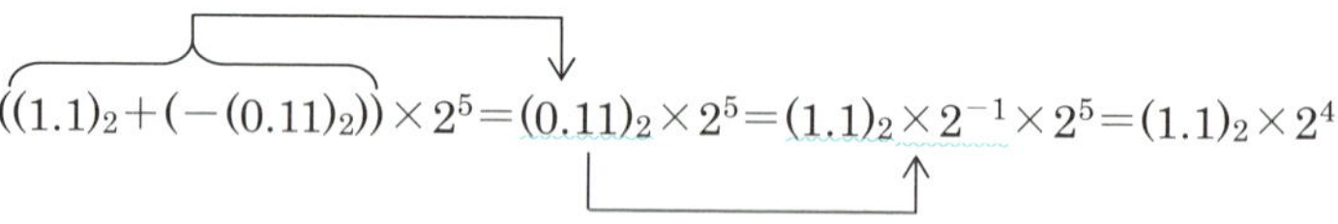

したがって，空欄bは「4」の（イ）が正解です。

［設問4］

設問文の内容に従って，①～③の内容を確認すると，次のようになります。

① $A \times 8 = (1.1)_2 \times 2^8$

② $A \times 2 = (1.1)_2 \times 2^5 \times 2^1 = (1.1)_2 \times 2^6 = (1.1)_2 \times 2^{-2} \times 2^8 = (0.011)_2 \times 2^8$

③ ①と②の結果の加算

```
   1.1
+) 0.011
   1.111
```

このため，仮数部は整数部第1位の1を省略した0.111になります。

次に指数部ですが，指数は8なので，127を加えると135（2進数で，10000111）になります。したがって，図1の表現形式で示すと，図Bのようになります。

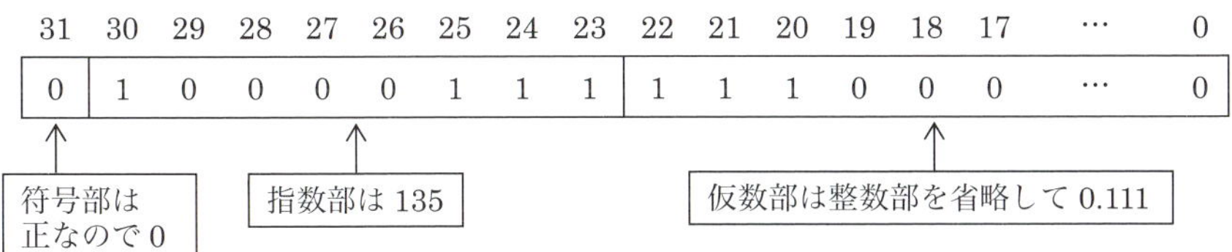

図B　A×10の単精度表現

したがって，（ウ）が正解です。

演習問題　第3部　第1章　問2

カラー画像

（H25春-FE 午後問1）

（解答）

［設問1］　a－イ

［設問2］　b－オ，c－ア

［設問3］　d－イ，e－オ，f－コ

（解説）

カラー画像というデータの表現に関するテーマなので，一見するとソフトウェアの分野の出題にも思えますが，ディスプレイ装置に投影する際のデータをハードウェアとして保持する VRAM（Video RAM）に関する問題としてハードウェアの分野から出題されています。

問題文の要点は，まず，色が光の3原色を組み合わせた八つが前提になっていることです。その具体的な色は表1に提示されていますが，3原色のいずれかを組み合わせた色については，組合せ内容が問題文冒頭で明示されています。

［設問1］

ディスプレイに表示する画素情報は，1画素3ビットで保持していて，その具体例は設問1の表2に示されています。また，この表2には空欄部や網掛け部分があり，自分で導き出さなければなりません。設問文に「各ビットに赤，緑，青の色の情報を順に割り当て，2階調（1のとき発光，0のとき非発光）で表現する」という記述があるので，これと問題文冒頭の原色の組合せを照し合せて行けば解くことができます。

・空欄 a：マゼンタを表すビットパターンが問われていますが，問題文冒頭に「青と赤の色を重ね合わせるとマゼンタ」とあるので，原色だと青と赤が発光していればよいことになります。一方，3 ビットの並びは，「3 ビットの先頭（左端）から各ビットに赤，緑，青の色の情報を順に割り当て，2 階調（1 のとき発光，0 のとき非発光）で表現する」という定義があるので，このうちの先頭（赤）のビットと，最後（青）のビットが 1，つまり 101 になればよいと分かります。したがって，（イ）が正解です。

［設問２］

カラー画像データを VRAM に格納する点が題材になっており，「プレーンドアクセス方式」という用語が出てきます。これは問題文で方式に関する説明がされていますので，前提知識は必要ありません。設問 1 で理解した色を表現するためのビットパターンを念頭に置いて素直に考えれば大丈夫です。

・空欄 b：「プレーン 1（赤）の先頭ビットが 0，プレーン 2（緑）の先頭ビットが 1，プレーン 3（青）の先頭ビットが 1」を設問 1 のビットパターン形式で示すと，「011」になります。これは，問題文冒頭に「緑と青の色を重ね合わせるとシアン」とあるようにシアンに当たります。したがって，正解は（オ）です。

・空欄 c：これは面倒な計算をしなければ解けないので，地道に進めていきます。まず，VRAM 上に用意されているプレーン 1〜プレーン 3 までのビットが 16 進数で表記されているので，それを 2 進数で示すと次のようになります。

	先頭が①	→	①	②	③	④	⑤	⑥	⑦	⑧	
プレーン 1（赤）：	$(23)_{16}$	→	(0	0	1	0	0	0	1	1	$)_2$
プレーン 2（緑）：	$(D2)_{16}$	→	(1	1	0	1	0	0	1	0	$)_2$
プレーン 3（青）：	$(A4)_{16}$	→	(1	0	1	0	0	1	0	0	$)_2$

先頭から 6 番目のビットパターンは上から赤，緑，青の順に読むと「001」になります。青のビットだけ 1 であることや，表 2 から「青（Blue）」であると分かります。したがって，（ア）が正解です。

［設問３］

一つの色に用意されたプレーンのビットは発光（1），非発光（0）のどちらかなので，この場合は 2 通りです。これを 2 階調といいます。しかし，一つの色に複数のプレーンを用意すれば，発光（1），非発光（0）の組合せを増やすことができ，その色の階調数を増やすことができます。例えば，二つのプレーンを用意すれば，「00　01　10　11」の4通りが表現できるので，発光，非発光だけでなく，明るさも表現できるようになります。このことが理解できれば簡単です。

(1)，(2)　空欄に入る数字を解答群から選びます。

・空欄d，e：赤はプレーンが一つ，緑はプレーンが二つ，青はプレーンが二つなので，それぞれの階調数は，赤が2，緑は4，青は4になります。したがって，空欄dは，（イ）の「4」が正解です。

　また，プレーン1～プレーン5にある同じ位置のビットを5個取り出した場合，ビット数は5となり，それぞれが0か1のどちらかなので，表現できる色（各原色の明るさの組合せ）は，2^5＝32通りになります。したがって，空欄eの正解は（オ）の「32」です。

・空欄f：16色を表現するために必要なビット数は，2^4＝16から4ビットです。一方，画素数は600×800＝480,000あり，それぞれの画素の色情報としてこの4ビット分が必要になります。

　したがって，その容量（V）は次のように計算できます。ただし，バイトとビットの単位の違いに注意する必要があります。

V＝(600×800×4)÷8＝240,000＝240k(バイト)

1バイトは8ビットなので，バイトに変換するため8で割っています。

したがって，正解は，（コ）の「240」です。

演習問題　第3部　第1章　問3

機械語命令
(H26春-FE 午後問2)

（解答）

［設問1］　オ

［設問2］　a－キ，b－ア，c－ア，d－ア

（解説）

機械語命令に関する問題です。類似の問題は過去に数回出題されていますので，今後も同様の問題が出題されることが考えられます。機械語命令を把握する際に重要な点は，命令の種類や意味合いを示す命令コードと，その後ろに位置するオペランドの規則の把握にあります。それぞれの具体的な定義が毎回独自のものとして定義されます。この問題における機械語命令の仕様は図1で形式，表1～3で取り得

る値が示されています。ここでオペランドはビット番号 11 から 0 の部分になりますが，フィールドとしては更に細分化されています。表 2 で説明されているとおり，ビット番号 6，7 及び 8，9 に対応する b，x の値によって，実効アドレスの算出式が決まるので，内容を解読していく際は特に注意しましょう。また，命令の実行結果によって，値が条件コードレジスタ CC に設定されることもあるので忘れないようにしましょう。

解説のために，表 2 の内容に①～④の番号を付与（表 A）します。また，16 進数の表記は，問題文にあるとおり数字の末尾に h を付け，それ以外は断りがない限り 10 進数とします。

表 A　実効アドレスの算出式

区分	x	b	実効アドレス
①	0	0	d
②	0	0 以外	(b)＋d
③	0 以外	0	(x)＋d
④	0 以外	0 以外	(x)＋(b)＋d

問題文に示されている機械語命令形式の仕様を理解し，各命令の意味を把握することが重要になります。

［設問 1］

命令 1983h を解読すると，次のようになります。

16 進数	1	9	8	3
2 進数	0001	1001	1000	0011

これを図 1 の形式で示すと次のようになります。

	op	r,m	x	b	d
	0001	10	01	10	000011
10 進数	1	2	1	2	3

x＝1，b＝2 なので，表 A の④の場合に該当します。その実効アドレスは(x)＋(b)＋d となります。実際に計算すると次のようになります。

```
    0 0 0 3 h   ← (x) ：レジスタ 1 の内容で 0003h
    0 0 0 2 h   ← (b) ：レジスタ 2 の内容で 0002h
+)  0 0 0 3 h   ←  d  ：内容は 0003h
    0 0 0 8 h
```

したがって，正解は「0008h」の（オ）です。

［設問2］

最初の命令（0010h 番地の 12C0h）から，丁寧にトレース（追跡），解読していき，内容を吟味していきます。

空欄 a～d を考えていきましょう。

(1) 0010h 番地の命令 12C0h の内容と解読

16 進数	1	2	C	0
2 進数	0001	0010	1100	0000

これを図 1 の形式で示すと次のようになります。

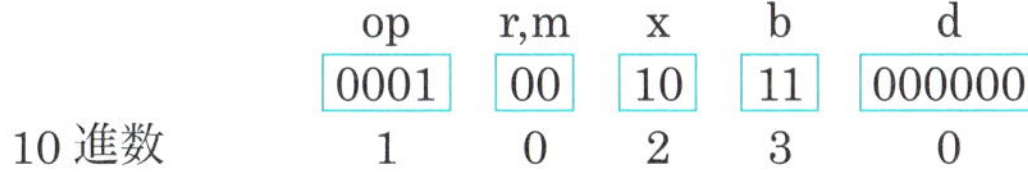

x＝2，b＝3 なので，表 A の④の場合に該当します。その実効アドレスは(x)＋(b)＋d となります，実際に計算すると次のようになります。

```
       0 0 0 2h  ← (x)：レジスタ 2 の内容で 0002h
       0 0 0 1h  ← (b)：レジスタ 3 の内容で 0001h
  +)   0 0 0 0h  ←  d ：内容は 0000h
       0 0 0 3h
```

また，命令コードは 1 なので，「実効アドレスに格納されている内容（0003h 番地の 0003h）と r（レジスタ番号 0）で指定されるレジスタの内容（0004h）の論理和（OR）を，r で指定されたレジスタに設定する」となり，結果は次のようになります。

```
       0 0 0 3h  ← 0003h 番地の内容で 0003h
  OR ) 0 0 0 4h  ← レジスタ番号 0 の内容で 0004h
       0 0 0 7h
```

2 進数のビット演算

```
       0011
  OR ) 0100
       0111
```

これによって，レジスタ番号 0 の内容は 0004h から 0007h に変化します。なお，論理演算の結果が 0 以外なので，条件コードレジスタ CC にはビット 01 が設定されます。

(2) 0011h 番地の命令 24C0h の内容と解読

16 進数	2	4	C	0
2 進数	0010	0100	1100	0000

これを図 1 の形式で示すと次のようになります。

	op	r,m	x	b	d
	0010	01	00	11	000000
10進数	2	1	0	3	0

x＝0，b＝3なので，表Aの②の場合に該当します。その実効アドレスは(b)＋dとなります。実際に計算すると次のようになります。

```
      0 0 0 1h   ← (b)：レジスタ番号3の内容で0001h
  +)  0 0 0 0h   ←  d ：内容は0000h
      ---------
      0 0 0 1h
```

また，命令コードは2なので，「実効アドレスに格納されている内容（0001h番地の0001h）とr（レジスタ番号1）で指定されるレジスタの内容（0003h）の論理積（AND）を，rで指定されるレジスタに設定する」となり，結果は次のようになります。

```
        0 0 0 1h   ← 0001h番地の内容で0001h
  AND)  0 0 0 3h   ← レジスタ番号1の内容で0003h
        ---------
        0 0 0 1h
```

2進数のビット演算

```
        0001
  AND)  0011
        ----
        0001
```

これによって，レジスタ番号1の内容は0003hから0001hに変化します。なお，論理演算の結果が0以外なので，条件コードレジスタCCにはビット01が設定されます。

この時点で，レジスタ番号0の内容は，(1)から，「0007h」になるので，空欄aの正解は（キ）となります。また，レジスタ番号1の内容は「0001h」であるから，空欄bの正解は（ア）となります。

(3) 0012h番地の命令38C2hの内容と解読

16進数	3	8	C	2
2進数	0011	1000	1100	0010

これを図1の形式で示すと次のようになります。

	op	r,m	x	b	d
	0011	10	00	11	000010
10進数	3	2	0	3	2

x＝0，b＝3なので，図Aの②の場合に該当します。その実効アドレスは(b)＋dとなります。実際に計算すると次のようになります。

```
       0  0  0  1h   ← (b)：レジスタ番号3の内容で0001h
   +)  0  0  0  2h   ←  d ：内容は0002h
       0  0  0  3h
```

また，命令コードは3なので，「実効アドレスに格納されている内容（0003h番地の0003h）とr（レジスタ番号2）で指定されるレジスタの内容（0002h）の排他的論理和（XOR）を，rで指定されるレジスタに設定する」となり，結果は次のようになります。

```
        0  0  0  3h   ←  0003h番地の内容で0003h
   XOR) 0  0  0  2h   ←  レジスタ番号2の内容で0002h
        0  0  0  1h
```

2進数のビット演算

```
        0011
   XOR) 0010
        0001
```

これによって，レジスタ番号2の内容は0002hから0001hに変化します。なお，論理演算の結果が0以外なので，条件コードレジスタCCにはビット01が設定されます。

(4)　0013h番地の命令4815hの内容と解読

16進数	4	8	1	5
2進数	0100	1000	0001	0101

これを図1の形式で示すと次のようになります。

	op	r,m	x	b	d
	0100	10	00	00	010101
10進数	4	2	0	0	21

x＝0，b＝0なので，表Aの①の場合に該当します。その実効アドレスはd（21＝0015h番地）です。

また，命令コードは4なので，「mとCC（ビット01）の論理積（AND）を求め，結果が00でなければ実効アドレスに分岐します。結果が00であれば，何もしない」となり，結果は次のようになります。(式は2進数)

```
        1  0    ←  mの内容でビット10
   AND) 0  1    ←  CCの内容でビット01（(3)より01が設定）
        0  0
```

論理演算の結果がビット00なので，「何もしない」ということになります。したがって，空欄cの正解は「分岐しない」の（ア）です。なお，論理演算の結果は0であるが，条件コードレジスタCCには実行前のビット01が保持されることに留意しましょう。

(5) 0014h 番地の命令 4C16h の内容と解読

16 進数	4	C	1	6
2 進数	0100	1100	0001	0110

これを図 1 の形式で示すと次のようになります。

	op	r,m	x	b	d
	0100	11	00	00	010110
10 進数	4	3	0	0	22

x＝0，b＝0 なので，**表 A の①の場合に該当**します。その**実効アドレスは d（22＝0016h 番地）**です。

また，命令コードは 4 なので，「**m と CC（ビット 01）の論理積（AND）を求め，結果が 00 でなければ実効アドレスに分岐します。結果が 00 であれば，何もしない**」となり，結果は次のようになります。(式は 2 進数)

```
        1 1   ← m の内容でビット 11
AND )   0 1   ← CC の内容でビット 01（(3)より 01 が設定）
        0 1
```

論理演算の結果がビット 01 なので，実行番地（0016h）に分岐することになります。そのため，0015h 番地の命令は実行されません。なお，CC の値は実行前の値ビット 01 が保持されます。

(6) 0016h 番地の命令 28C1h の内容と解読

16 進数	2	8	C	1
2 進数	0010	1000	1100	0001

これを図 1 の形式で示すと次のようになります。

	op	r,m	x	b	d
	0010	10	00	11	000001
10 進数	2	2	0	3	1

x＝0，b＝3 なので，**表 A の②の場合に該当**します。その**実効アドレスは(b)＋d** となります。実際に計算すると次のようになります。

```
     0 0 0 1 h   ← (b)：レジスタ番号 3 の内容で 0001h
+)   0 0 0 1 h   ←  d ：内容は 0001h
     0 0 0 2 h
```

また，命令コードは 2 なので，「**実効アドレスに格納されている内容（0002h 番地の 000Fh）と r（レジスタ番号 2）で指定されるレジスタの内容（0001h）**

の論理積（AND）を，r で指定されたレジスタに設定する」となり，結果は次のようになります。

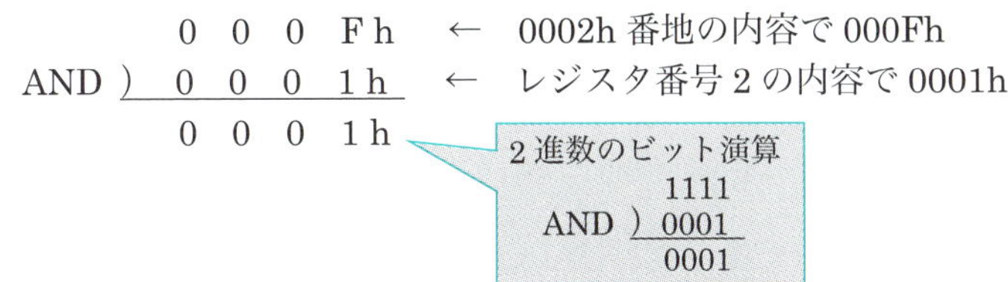

これによって，レジスタ番号 2 の内容は 0001h から 0001h に再設定されます。なお，論理演算の結果が 0 以外なので，CC にはビット 01 が設定されます。

したがって，空欄 d の正解は，「0001h」の（ア）です。

求められているのはレジスタの内容が中心になりますが，その変化をまとめると次のようになります。なお，(1)～(6)の結果を次の表に示します。

分岐（(5)→(6)）

レジスタ番号	内容	(1)	(2)	(3)	(4)	(5)	(6)
0	0004h →	0007h					
1	0003h →	→	0001h				
2	0002h →	→	→	0001h	→	→	0001h
3	0001h						

CC の値（実行後）	(1)	(2)	(3)	(4)	(5)	(6)
	01	01	01	→	→	01

演習問題　第３部　第１章　問４

論理回路

(H30 春-FE　午後問 2)

（解答）

［設問１］　a－エ

［設問２］　b－オ，c－ア

［設問３］　d－オ，e－ア

（解説）

論理回路における演算をテーマにした問題です。OR（論理和），AND（論理積），NOT（否定）や，これらを組み合わせた NOR（否定論理和），NAND（否定論理積），そして XOR（排他的論理和）といった論理演算と図に示された論理演算回路を照し合せることが重要です。設問1はXORという論理演算回路を，別の論理演算回路の組合せとして実現する問題，設問2は半加算器という算術演算の基本となる回路を，論理演算回路の組合せで実現する問題，設問3は論理演算結果と数値演算を組み合わせることで算出される値を考える問題です。

［設問1］

・空欄a：設問内容を言い換えるとNAND回路，AND回路と，空欄部の回路を組み合わせることで，XOR回路にするというパズルのような問題です。XOR演算の入力，出力のパターンを覚えていない人のために表2も示されています。説明のため，図1の入力，出力に記号を対応させた内容を図Aに示します。

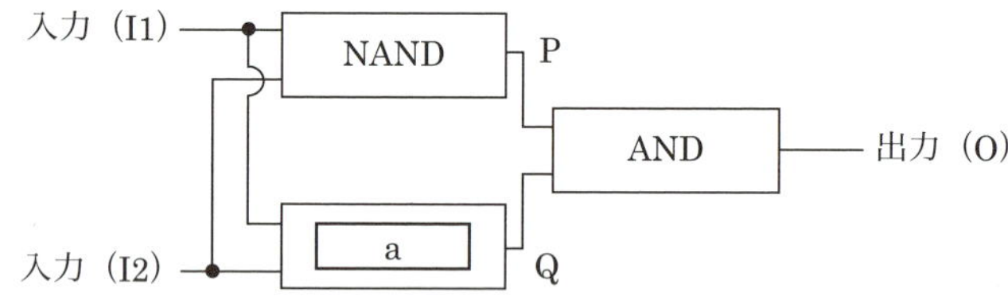

図A　XOR（排他的論理和）の論理回路

表2から，入力がともに0（I1，I2）の場合は，出力（O）は0になります。このとき，NAND回路の出力Pは，表1から1であり，入力P，Qによって出力（O）が0とならなければならないことを考えると，回路aの出力Qは0である必要があります。したがって，回路aは入力がともに0（I1，I2）で0を出力する回路でなければならないことが分かります。この段階で，AND（ア）かOR（エ）に絞り込まれます。

また，入力で，I1＝0，I2＝1のときは，出力（O）は1です。このとき，NAND回路の出力Pは1なので，入力P，Qによって出力（O）が1とならなければならないことが分かります。このことから回路aの出力Qは1である必要があります。最終的に絞り込まれた，「OR」（エ）が正解になります。

［設問2］

・空欄b，c：半加算器というのは算術演算回路の一つです。算術演算回路には，他にも全加算器があります。半加算器と全加算器の違いは下の桁からの繰上りが入力値としてあるかどうかです。半加算器はこれがないものになります。

1桁の2進数X，Yを入力して，その和の下位桁をZ，桁上がりをCに出力する半加算器ということで，XとYを足し合わせた結果，その桁に残る値と，繰り上がる値を考えれば，分かりやすいです。2進数の二つの値の足し合わせなので，両者が1のときだけ1繰上り，どちらかだけが1であれば1，両方0であれば0になります。これを論理演算と照らし合わせると，繰り上がる値は論理積として計算でき，その桁に残る値は排他的論理和として計算することができることが分かります。確認のため，この関係の真理値表を表Aに，確認のため，図Bを示します。

表A　半加算器の真理値表

X	Y	Z	C
0	0	0	0
0	1	1	0
1	0	1	0
1	1	0	1

Z：X，Yの和を示す。
C：X，Yの加算結果の桁上がりを示す。

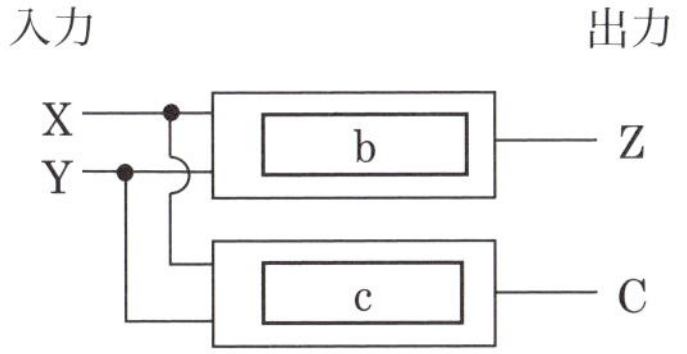

入力　出力
X　Y　b　Z　c　C

図B　半加算器の論理回路

したがって，その桁に残る値を求める回路に当たる空欄bの正解は「XOR」（オ）。また，繰り上がる値を求める回路に当たる空欄cの正解は「AND」（ア）であると分かります。

［設問3］

・空欄d，e：論理回路に関する内容です。入力X，YとパラメタWx，Wyで重み付けして加算した結果とパラメタTとの比較から，出力Zの値が決まる動作内容を示した表3の内容を最初に理解しなければなりません。これを踏まえて，選択肢にあるパラメタの値を用いた値と出力Zの値を確認し，AND（論理積），NAND（否定論理積）となる内容を考えましょう。計算ミスに注意する必要があります。

表3の内容を表Bで説明します。ここで，Wx×X＋Wy×Yの合計をRとします。

表B　パラメタ〔0.5，0.5，0.3〕の場合の入出力関係

入力		Wx×X＋Wy×Y＝R	比較	T	出力
X	Y				Z
0	0	(0.5)×0＋(0.5)×0 ＝ 0	＜	0.3	0
0	1	(0.5)×0＋(0.5)×1 ＝ 0.5	≧	0.3	1
1	0	(0.5)×1＋(0.5)×0 ＝ 0.5	≧	0.3	1
1	1	(0.5)×1＋(0.5)×1 ＝ 1	≧	0.3	1

パラメタ〔0.5，0.5，0.3〕

R＜Tのとき，Z＝0
R≧Tのとき，Z＝1

表Bを基に，各選択肢の内容を検証していきます。

ア：パラメタ〔−0.5，−0.5，−0.8〕

出力Zの内容は，NAND（否定論理積）と一致してします。したがって，空欄eの正解は（ア）です。

表C　ア　パラメタ〔−0.5，−0.5，−0.8〕の場合の入出力関係

入力		Wx×X＋Wy×Y＝R	比較	T	出力
X	Y				Z
0	0	(−0.5)×0 ＋ (−0.5)×0 ＝ 0	≧	−0.8	1
0	1	(−0.5)×0 ＋ (−0.5)×1 ＝ −0.5	≧	−0.8	1
1	0	(−0.5)×1 ＋ (−0.5)×0 ＝ −0.5	≧	−0.8	1
1	1	(−0.5)×1 ＋ (−0.5)×1 ＝ −1	＜	−0.8	0

イ：パラメタ〔−0.5，−0.5，−0.2〕

出力Zの内容は，NOR（否定論理和）と一致しています。

表D　イ　パラメタ〔−0.5，−0.5，−0.2〕の場合の入出力関係

入力		Wx×X＋Wy×Y＝R	比較	T	出力
X	Y				Z
0	0	(−0.5)×0 ＋ (−0.5)×0 ＝ 0	≧	−0.2	1
0	1	(−0.5)×0 ＋ (−0.5)×1 ＝ −0.5	＜	−0.2	0
1	0	(−0.5)×1 ＋ (−0.5)×0 ＝ −0.5	＜	−0.2	0
1	1	(−0.5)×1 ＋ (−0.5)×1 ＝ −1	＜	−0.2	0

ウ：パラメタ〔0.5，0.5，−0.5〕

出力Zの内容は，表1の論理回路と一致するものではありません。

表E　ウ　パラメタ〔0.5，0.5，−0.5〕の場合の入出力関係

入力		Wx×X+Wy×Y=R	比較	T	出力
X	Y				Z
0	0	(0.5)×0 ＋ (0.5)×0 ＝ 0	≧	−0.5	1
0	1	(0.5)×0 ＋ (0.5)×1 ＝ 0.5	≧	−0.5	1
1	0	(0.5)×1 ＋ (0.5)×0 ＝ 0.5	≧	−0.5	1
1	1	(0.5)×1 ＋ (0.5)×1 ＝ 1	≧	−0.5	1

エ：パラメタ〔0.5，0.5，0.2〕

出力Zの内容は，OR（論理和）と一致しています。

表F　エ　パラメタ〔0.5，0.5，0.2〕の場合の入出力関係

入力		Wx×X+Wy×Y=R	比較	T	出力
X	Y				Z
0	0	(0.5)×0 ＋ (0.5)×0 ＝ 0	<	0.2	0
0	1	(0.5)×0 ＋ (0.5)×1 ＝ 0.5	≧	0.2	1
1	0	(0.5)×1 ＋ (0.5)×0 ＝ 0.5	≧	0.2	1
1	1	(0.5)×1 ＋ (0.5)×1 ＝ 1	≧	0.2	1

オ：パラメタ〔0.5，0.5，0.8〕

出力Zの内容は，AND（論理積）と一致しています。空欄dの正解は（オ）です。

表G　オ　パラメタ〔0.5，0.5，0.8〕の場合の入出力関係

入力		Wx×X+Wy×Y=R	比較	T	出力
X	Y				Z
0	0	(0.5)×0 ＋ (0.5)×0 ＝ 0	<	0.8	0
0	1	(0.5)×0 ＋ (0.5)×1 ＝ 0.5	<	0.8	0
1	0	(0.5)×1 ＋ (0.5)×0 ＝ 0.5	<	0.8	0
1	1	(0.5)×1 ＋ (0.5)×1 ＝ 1	≧	0.8	1

カ：パラメタ〔0.5, 0.5, 1.5〕

出力Ｚの内容は，表１の論理回路と一致するものではありません。

表H　カ　パラメタ〔0.5, 0.5, 1.5〕の場合の入出力関係

入力		Wx×X＋Wy×Y＝R	比較	T	出力
X	Y				Z
0	0	(0.5)×0 ＋ (0.5)×0 ＝ 0	＜	1.5	0
0	1	(0.5)×0 ＋ (0.5)×1 ＝ 0.5	＜	1.5	0
1	0	(0.5)×1 ＋ (0.5)×0 ＝ 0.5	＜	1.5	0
1	1	(0.5)×1 ＋ (0.5)×1 ＝ 1	＜	1.5	0

第3部　第2章　ソフトウェア

演習問題　第3部　第2章　問1

プログラムの並列実行

(H26 春-FE 午後問 3)

（解答）

［設問1］　a－オ

［設問2］　b－ア，c－ウ，d－イ

［設問3］　イ

（解説）

プログラムの並列実行は，OS にとって重要な機能です。設問 1 は高速化に関する計算問題，設問 2 は同時実行の可否に関する考察問題，設問 3 は並列化の向けた処理順序最適化の適用可否に関する考察問題といった内容になっています。

［設問1］

設問 1 は高速化率の式に値を代入して計算する問題です。図 1 のプログラム A において，データ作成，計算処理，結果出力の処理時間の割合が 7：90：3 の場合，CPU 一つで実行したときと比べて 5 倍以上の速度にするには，CPU が最低何個必要であるかが問われています。この点が問題になる時点で，単純に 5 個とはならなそうであること，並びにどこがボトルネックになるか留意する必要があることが分かります。

問題文の冒頭部分と図 1 から，データ作成は並列実行ができず，計算処理は並列実行が可能，そして結果出力も並列実行ができないことが分かります。したがって，計算処理の部分だけがスレッド化によるマルチプロセッサにおけるスレッド実行が可能で，その部分は全体の $\frac{90}{100}$ であるため r＝0.9 と導くことができます。

高速化率の式は，問題文にあるとおり，式 1 になるのでこれを使います。

$$E = \frac{1}{1-r+\left(\frac{r}{n}\right)} \quad \cdots式1$$

ここで

n：CPU の数　(n≧1)

r：対象とする処理のうち，並列実行が可能な部分の処理時間の割合 (0≦r≦l)

です。そして，目標とする高速化率 E を 5 以上として，式 1 を組み立てると，

$$5 \leqq \frac{1}{1-0.9+\frac{0.9}{n}} \quad \cdots 式2$$

になります。後はこれを計算します。

$$5\times(1-0.9+\frac{0.9}{n})\leqq 1$$

$$5-4.5+(5\times\frac{0.9}{n})\leqq 1$$

$$0.5+\frac{4.5}{n}\leqq 1$$

$$\frac{4.5}{n}\leqq 0.5$$

$$4.5\leqq 0.5n$$

$$n\geqq 9$$

となります。したがって，（オ）の 9 台が正解です。

［設問2］

設問2は，プログラムを分割してスレッド化した場合において，並列実行が可能なループとそうでないループを見極める問題です。図3の並列実行が可能なループの例を見ると，元のプログラムはループ変数 `i` が `1` から `100` まで繰り返すループであり，`a[i]`を更新します。25 周ずつになるように 4 等分した四つのスレッドにて分担しています。変数 `i` に着目して整理すると次のようになります。

・スレッド 1：ループ変数 i が 1 から 25 まで繰り返す
・スレッド 2：ループ変数 i が 26 から 50 まで繰り返す
・スレッド 3：ループ変数 i が 51 から 75 まで繰り返す
・スレッド 4：ループ変数 i が 76 から 100 まで繰り返す

各スレッドの `i` の範囲は別であり，干渉することがないため，四つのスレッドは更新処理があったとしても，並列実行が可能です。

・空欄 b：プログラム 1 を見ると，ループ変数 `i` が `2` から `n` まで繰り返すループであり，`a[i]`の更新処理である `a[i]←a[i－1]`を含んでいます。具体例を挙げると `i=24` とその次の `i=25` のときは，`a[24]←a[23]＋b[24]`，`a[25]←a[24]＋b[25]`となり，配列の前方から順に処理をしていく必要があるため，仮に並列化をした場合，配列の後方の演算を受けもつスレッドは，配列の前方を受けもつスレッドの演算結果を待たないと演算を開始できません。これは，（ア）の「更新した値が次の繰返しで参照されるので」という理由に合致します。そして，このプログラム 1 は，並列実行できません。したがって，（ア）が正解です。

・空欄 c：プログラム 2 を見ると，ループ変数 i が 1 から n まで繰り返すループであり，a[i]の更新処理である a[i]←a[i+1]を含んでいます。これは配列内のデータを一つずつ前に詰めて行く処理ともいえます。これも配列の前方から順に処理する必要があり，並列実行ができません。これは（ウ）の「参照した値が次の繰返しで更新されるので」に当たります。したがって，（ウ）が正解です。

・空欄 d：プログラム 3 を見ると，ループ変数 i が 1 から n まで繰り返すループであり，a[i]の更新処理である a[i]←a[i+m]を含んでいます。この場合は，m の値によって，条件が変わってきます。

まず，d に関する（ア）の m≧0 の場合を当てはめて考えてみます。例えば，m=1 の場合は，a[i]←a[i+1]+b[i]となり，プログラム 2 と同じになり，並列実行できません。

次に（イ）の m≧n の場合を当てはめて考えてみましょう。例えば，n=100 で，m=100 の場合は，a[i]←a[i+100]+b[i]となり，最初の i が 1 のときは a[1]←a[101]+b[1]，最後の i が 100 のときは，a[100]←a[200]+b[100]という動きになります。この場合，各処理は独立しておりデータの更新と参照の順番が変わる可能性はありません。したがって，並列実行が可能です。

最後の（エ）の m≦n の場合を当てはめて考えてみると，この場合は，m=1 の場合もあり得るのでプログラム 2 と同じになり，並列実行できません。

したがって，（イ）の m≧n であることが保障されていれば，並列実行が可能となります。（イ）が正解です。

［設問 3］

プログラム 4 では，a[ip[i]]の式となり，配列 a で更新する要素番号は，配列 ip の i 番地の値というように，間接的に決定されます。そのため，ip[i]の値によっては，並列実行される複数のスレッドから値が格納される配列 a の要素番号が重複するため，スレッド間の処理順序の違いによって，最終的な配列 a の内容が変わってしまいます。このため，並列実行できない場合も出てきます。

例えば，（ア）の場合，ip[i]の値が 1,2,3,4,5,1,2,3,4,5,1…と同じ値が繰り返し出現しています。そのため，

a[ip[i]]も，a[1],a[2],a[3],a[4],a[5],a[1],a[2],a[3],a[4],a[5]…

と重なってしまいます。このため，並列実行できません。

（イ）の場合，**ip[i]の値がランダムであり，重複がない**ため，複数のスレッドがアクセスする**a[i]は必ず別の番地になり衝突することはありません**。したがって，（イ）が正解です。

ちなみに（ウ），（エ）も**重複するip[i]の値が出現する**ため，データの更新と参照の順番が変わると最終的な配列aの内容が変わってしまいます。

演習問題　第3部　第2章　問2

コンパイラの字句解析と構文解析

(H28秋-FE 午後問2)

（解答）

［設問1］　a－ア，b－イ

［設問2］　c－ウ，d－ウ，e－ウ

（解説）

コンパイラの字句解析と構文解析に関する問題です。設問内容としては状態遷移図に関する設問と，2分木に関する設問から構成されています。

［設問1］

字句解析の処理内容を表現している状態遷移図にある空欄を埋める問題です。

〔符号なし浮動小数点定数の構文規則〕には，次のように記述されています。

符号なし浮動小数点定数　→　小数点定数［指数部］｜数字列 指数部
小数点定数　→　［数字列］. 数字列｜数字列.

そこで，構文規則に沿って具体的な「符号なし浮動小数点定数」を幾つか考え，それを例として，図1に当てはめながら状態の遷移を考えてみましょう。

例えば，「小数点定数［指数部］」の指数部は省略可能なので，小数点定数である0.1や，0を省略した.1が候補になります。また，指数部をつけると0.1e－1も候補になります。また，「数字列 指数部」に注目すると，1e－1なども候補になります。

これらを図1に当てはめて考えていきます。**状態遷移図の初期状態は0，最終状態（終点）は二重円の3及び6**であることに注意しながら，初期状態から文字の並びを1文字ずつ評価し，状態の遷移をトレースすれば，解答の糸口を見つけることができます。

・空欄a：最初に0.1をトレースすると，**0→1→3で最終状態に遷移**します。

次に，.1をトレースすると，最初は“.”であり，数字でないので，2に遷移する必要があります。必然的に空欄aは“.”となり，0→2→3で最終状態に遷移します。したがって，（ア）の“.”が入ります。

・空欄b：0.1e－1をトレースすると，0→1→3→4→5→6で最終状態に遷移します。

次に，1e－1をトレースすると，0→1のあとに“e”が出てきます。“.”ではないので，空欄bを経て4に遷移する必要があります。必然的に空欄bは“e”になり，後は4→5→6で最終状態に遷移することになります。したがって，（イ）の“e”が入ります。

［設問2］

構文解析の処理を題材にした問題です。

最初に，2分木の走査方法について押さえる必要があります。問題文には「図2の構文木では，深さ優先でたどりながら，帰り掛けに節の演算子を評価する」とあるのでこの意味について考えます。

まず，深さ優先探索ですが，これと対極に位置する走査方法に幅優先探索があります。そして，深さ優先探索は，さらに先行順，中間順，後行順に分かれます。

① 深さ優先探索：根から始めて，左の子の方から，かつ葉の方から走査する方法で，木の深さ（縦）の方向に対して走査を繰り返します。

先行順	中間順	後行順
（前順，行き掛け順） （親→左→右）	（間順） （左→親→右）	（後順，帰り掛け順） （左→右→親）
子（葉）よりも先に親（節）を先に走査します。	左の子を根とする部分木を先に走査してから節を走査し，次に右の子を根とする部分木を走査します。	左の子を根とする部分木を走査し，次に右の子を根とする部分木を走査，最後に節を走査します。
① ② ⑧ ③ ⑥ ⑨ ④ ⑤ ⑦	⑦ ④ ⑨ ② ⑥ ⑧ ① ③ ⑤	⑨ ⑥ ⑧ ③ ⑤ ⑦ ① ② ④

②　**幅優先探索**：根から始めて，深さの浅い方からかつ左の方から走査を行う方法で，木の幅（横）の方向に対して走査を繰り返します。

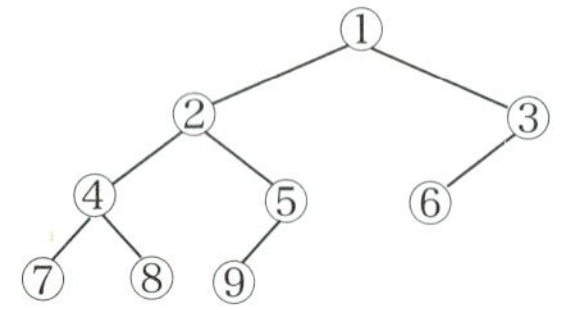

図A　2分木の走査

この問題では，式を構成する演算子や名前などの字句を，式の左から右に読み込みながら，字句の並びが構文規則に合っているかどうかを解析し，それを図2のような2分木で表現する構文木として出力します。

〔演算順序〕に従って，式 v op w op x を演算します。

①　**vとwに対して演算opを施す。**

②　**①の結果とxに対して演算opを施す。**

図2に分かりやすく追記したものが図Bです。点線で描いた①の三角形が，先に演算を行う箇所です。

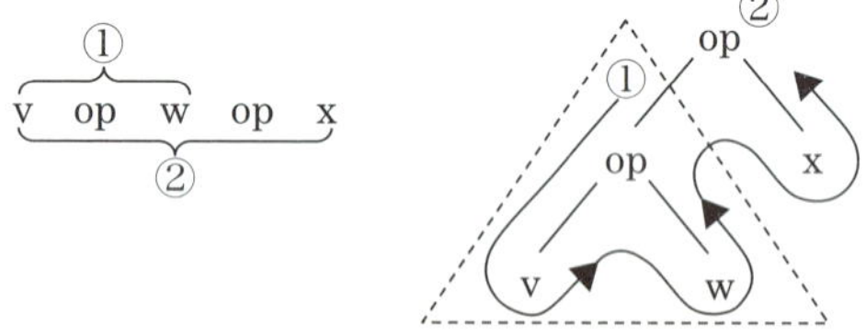

図B　図2の演算木の演算順序

なお，後の構文規則では，括弧（）をつけて優先度を表していますが，この式でも**括弧（）をつけて表現すれば，(v op w) op x**となります。ちなみに，図2の構文木を，深さ優先の後行順（帰り掛け順）で，走査して，v w op x op の順番でスタックに格納すれば，プロセッサの演算向きのデータ構造（逆ポーランド記法）になります。また，構文木を中間順で走査すれば，元の式に戻ります。こうしたポイントを前提に，設問の空欄に入る答えを考えます。

・空欄 c：〔式の構文規則〕の中の空欄です。〔式の構文規則〕には，op1 は出てきますが，op2は出てきません。一方，例1には「v op2 w op1 x」と，op2を使った式が示されているため，空欄cにはop2が必須になることが分かります。
　「式→項」，「項→因子」，「因子→名前」であり，例1の最初のvは「名前」

であるので，間接的に「式」であるといえます。これによって「v op2 w」は「式 op2 項」と捉えることができます。また，例 1 の後半部分の「w op1 x」も，「項→項 op1 因子」であり，「項」です。したがって，（ウ）が正解です。

ア：〔式の構文規則〕中に op2 が登場しなくなってしまうため，不適切です。

イ：式 op2 因子……例 1 の後半部分の w op1 x は演算子を含むので「式」，もしくは「項」であり，「因子」ではありません。

エ：式 op2 名前……例 1 の後半部分の w op1 x は演算子を含むので「式」，もしくは「項」であり，「名前」ではありません。

・空欄 d：括弧を含む場合の因子の構文規則です。

「因子 → 名前」を括弧に対応させて「因子 → 名前 ｜（ d ）」と定義を拡張しています。ここで，例 2 を見てみましょう。

例 2：v op2 w op1（x op2 y）op1 z

括弧を含む式は（x op2 y）となり，x は「名前」ですが，間接的に「式」にも当たります。また，y も「名前」ですが，間接的に「項」にも当たります。そして，op2 を含むのは，空欄 c で説明したように「式 → 項 ｜ 式 op2 項」のうち，「式→式 op2 項」に当たるため，「式」といえます。したがって，（ウ）が正解です。

なお，（ア）の「因子」，（エ）の「名前」は，演算子を含まないので不正解です。また，（イ）の「項」の場合，op1 しか扱えないので不正解です。

・空欄 e：例 2 の式を解析したときに，出力される構文木が問われています。例 2 の v op2 w op1（x op2 y）op1 z は，op1 が op2 に比べ優先度が高いので，先に評価する必要があります。しかし，式中に op1 は二つあり，左から先に評価する必要がありますが，優先順位が高い括弧の式（x op2 y）にも注意する必要があります。

そこで，（x op2 y）を先に評価し，二つある op1 は左から先に評価するので，演算の順番は図 C のとおりです。更に，①～④の演算順序を構文木の要素として組み立てていくと，図 D のようになり，（ウ）が正解になります。

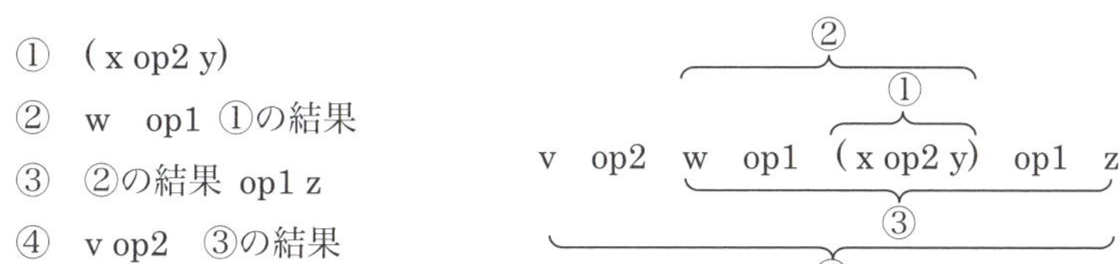

図 C　演算順序

第6部 第3部 解答解説
第1章
第2章
第3章
第4章
第5章

他の選択肢は次のようになり，不正解です。

ア：v op2 w op1 （(x op2 y) op1 z)

イ：(v op2 w) op1 （(x op2 y) op1 z)

エ：(v op2 (w op1 (x op2 y))) op1 z

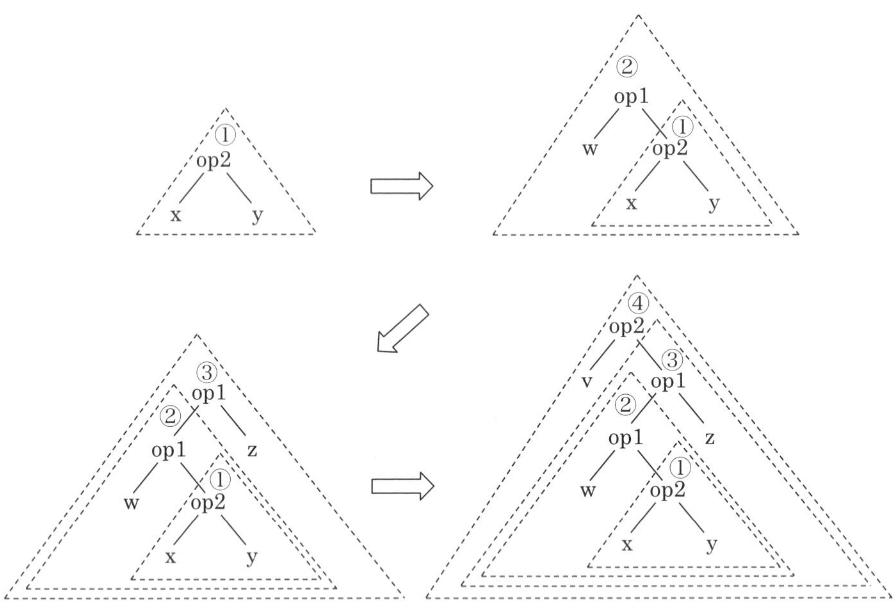

図D　構文木の組立て

第３部　第３章　データベース

演習問題　第３部　第３章　問１

コンサートチケット販売サイトの関係データベースの設計及び運用 (H30秋-FE 午後問3)

（解答）

［設問１］　ア
［設問２］　a－エ
［設問３］　b－ア
［設問４］　ウ

（解説）

コンサートチケット販売サイトのチケット販売を管理する関係データベースに関する問題です。設問２では，INNER JOIN や，LEFT OUTER JOIN, RIGHT INNER JOIN といった各種結合方法が選択肢に登場します。また，設問４では CASE 式が登場します。CASE 式は，標準 SQL の SQL-92 から提供された機能であり，一般的なプログラム言語の IF 文に当たる記述を SQL で行うための便利な機能です。

［設問１］

DDL（Data Definition Language）である CREATE TABLE 文では，各列に次のような制約を付けることができます。

- 一意性制約：データの重複を排除する。
- 非 NULL 制約：データの NULL 保存を排除する。
- 検査制約：データの値の範囲等をチェックする。
- 参照制約：テーブル間の参照整合性を保証する。（外部キー）

〔コンサートの席の説明〕(2)に「各席種の価格（常に有料）」とあり，決済額は必ず０円より多くなります（設問４でポイント制度が導入されると決済額＝0 円の場合もありますが，ここでは考えないものとします）。また，〔販売サブシステムの説明〕(4)に「決済期限日を過ぎた販売表中のレコードと販売 ID が同じレコードが決済表にない場合，その購入申込みは取り消されたものとして，バッチ処理によって決済表に当該販売 ID を主キーとするレコードを追加する。このレコードの決済日は NULL で，決済額は－1 とする」と記述されています。このように決済期限日を過

ぎて自動的に取り消されたレコードの決済額は－1 になることがあります。これらのことから，決済額は 0 円より大きい，あるいは－1 円に制限されることが分かります。このように 0 円や－1 円より小さい決済額の登録を禁止するためには，決済額に検査制約を設定する必要があります。したがって，「決済表.決済額」と「検査制約」の組合せである（ア）が正解です。

なお，設問 4 のポイント制度導入後は，決済額 0 円が許されるようにする必要があるものの，決済額には「—1 円以上」という検査制約を残すことが望ましいといえます。

イ：(ア) の解説にあるように，申し込みが決済期限日を超えて自動的に取り消された場合，決済表.決済日は NULL になります。このため，「決済表.決済日」と「非 NULL 制約」の組合せは誤りです。

ウ：図 1「販売サブシステムで利用しているデータベースの表構成とデータの格納例」には席種を管理する表はなく，商品詳細表.席種は他のテーブルのデータを参照することはありません。このため，「商品詳細表.席種」と「参照制約」の組合せは誤りです。

エ：〔販売サブシステムの説明〕(2)に「会員が購入申込みを行うと，販売サブシステムは一意な販売 ID を生成して販売表にレコードを追加する」とあり，販売表のレコードは会員がチケットを購入するたびに作成されることが分かります。会員は，複数のコンサートチケットを購入することができるため，販売表の中では複数レコードで同じ会員 ID が保存されます。このため，「販売表.会員 ID」と「一意性制約」の組合せは誤りです。

［設問2］

“販売終了” の表示判定を行うために，販売できない席数を求める SQL 文の空欄に入れる適切な答えを選びます。対象はコンサート ID が C00001，席種が S のものです。

購入申込み時点での販売席数は，販売表の席数を集計すれば求めることができます。しかし，〔販売サブシステムの説明〕(4)に「決済期限日を過ぎた販売表中のレコードと販売 ID が同じレコードが決済表にない場合，その購入申込みは取り消され」とあり，**実際の販売席数を出力するには販売表の席数の集計から，取り消された席数を差し引く必要があります**。そのため，設問にある SQL 文では販売表と決済表を結合して席数を集計しています。

・空欄 a1：まず，空欄 a1 について考えます。SQL 文の FROM 句内の空欄であり，解答群から結合演算に関するキーワードが入ることが分かります。

〔販売サブシステムの説明〕(3)に「会員が支払手続を行うと，決済処理として販売サブシステムは販売 ID を主キーとするレコードを決済表に追加する」とあります。これは言い換えると，**支払手続が行われるまで決済表にはレコードが追加されない**ことを意味します。このため，**支払手続が行われていない販売表のレコードは決済表と内部結合できません**。しかし，まだ支払手続が行われていない販売も販売済の席数として集計する必要があるため，決済表と内部結合できない販売表のレコードも抽出しなければなりません。そのようなレコードを抽出するためには，**外部結合**を使用する必要があります。この SQL 文では空欄の左側に販売表，右側に決済表があり，**販売表（左側）のレコードを全て抽出したいので，左外部結合（LEFT OUTER JOIN）を使用します**。したがって，空欄 a1 には「LEFT OUTER JOIN」が入ります。

なお，右外部結合（RIGHT OUTER JOIN）では，結合の左側の表に該当するレコードがない場合でも，結合の右側の表のレコードに基づき結果レコードが生成されます。

・空欄 a2：次に，空欄 a2 について考えます。WHERE 句内の抽出条件であり，解答群から決済表の決済額に関する条件であることが分かります。

この SQL 文は，既に販売済の席数を集計するものです。販売済と扱うのは，販売済かつ支払手続が行われた（決済表の決済額が 0 円以上）レコードに加え，**販売済かつ販売期限前でまだ支払手続が行われていない（決済表の決済額が NULL）レコード**が必要です。これは支払手続が未だの場合，空欄 a1 の解説にあるように，該当する決済表のレコードが存在せず，左外部結合によって，決済額の列の値が NULL となるからです。したがって，空欄 a2 には「決済表.決済額 IS NULL OR 決済表.決済額 >= 0」が入ります。

したがって，正しい組合せは（エ）です。

［設問3］

決済期限日まで残り 3 日となっても支払手続が行われていない会員の氏名，電子メールアドレス及び販売 ID を出力する SQL 文の空欄に入れる適切な答えを選びます。

会員の氏名，電子メールアドレスは会員表で，**販売 ID，決済期限日は販売表**でそれぞれ管理されているため，これらの表を使用する必要があります。また，**支払手**

続が行われているかどうかは決済表で管理されているため，会員表と販売表に加えて，決済表も使用する必要があります。

解答群を見ると，選択肢の違いは FROM 句，WHERE 句内の販売表.販売 ID に関する条件，決済表などに関する条件です。そこで，選択肢の違いに着目してみましょう。

ア：WHERE 句内の副問合せで決済表にない販売 ID の販売を抽出しています。支払手続が行われていない販売は，決済表にレコードのない販売であるため，この条件は電子メールの送信条件に適合しています。正しい記述といえます。

イ：WHERE 句内の副問合せで決済表から決済額が 0 円以上のレコードの販売 ID を抽出し，販売表と結合しています。しかし，この条件で抽出されるのは支払手続が行われた販売であり，電子メールの送信条件とは異なります。誤った記述です。

ウ：WHERE 句で会員表，販売表，決済表を結合していますが，この条件で抽出されるのは決済済み，又は取消し済みの販売であり，電子メールの送信条件とは異なります。誤った記述です。

エ：WHERE 句で会員表，販売表，決済表を結合し，決済表.決済額が－1 でないレコードを抽出しています。しかし，この条件で抽出されるのは支払手続が行われた販売であり，電子メールの送信条件とは異なります。誤った記述です。

したがって，正解は（ア）です。

［設問４］

ポイント制度の導入に当たり，決済表の付与ポイントを更新する正しい SQL 文を選びます。

設問文では，ポイントを更新する SQL 文の条件として「前日に決済処理された販売 ID ごとに，その決済額が 20,000 円以上，10,000 円以上 20,000 円未満，10,000 円未満の場合に，それぞれ 3%，2%，1%のポイントを付与する」とあり，決済額によって付与するポイントが異なることが分かります。

SQL 文において，条件によって操作内容を切替えたい場合は，CASE 式を使用します。CASE 式の文法を次に示します。

＜書式＞
（単純 CASE 式）

```
CASE　項目名
  WHEN　値 1　THEN　項目名 = 値 1 の場合のアクション
  WHEN　値 2　THEN　項目名 = 値 2 の場合のアクション
   :
   :
  WHEN　値 X　THEN　項目名 = 値 X の場合のアクション
  ELSE　値 1〜X に該当しない場合のアクション
END
```

（検索 CASE 式）

```
CASE
  WHEN　条件 1　THEN　条件 1 に該当する場合のアクション
  WHEN　条件 2　THEN　条件 2 に該当する場合のアクション
   :
   :
  WHEN　条件 X　THEN　条件 X に該当する場合のアクション
  ELSE　条件 1〜X に該当しない場合のアクション
END
```


単純 CASE 式は，評価対象の項目と値が同じかどうかを評価し，アクションを選択します。一方，検索 CASE 式は，条件を自由に設定できるため，単純 CASE 式に比べて条件分岐の応用の幅が広くなります。

解答群から書式にあったものを選べばよく，（ウ）が検索 CASE 式です。

```
UPDATE 決済表 SET 付与ポイント = (
  CASE WHEN 決済額 >= 20000 THEN FLOOR (決済額 * 0.03)
  WHEN 決済額 >= 10000 THEN FLOOR(決済額 * 0.02)
  ELSE FLOOR(決済額 * 0.01) END )
      WHERE DATEDIFF(NOW(), 決済日) = 1
```

なお，この UPDATE 文で付与ポイントを更新すると，取り消された申込み（決済額＝－1 円）のレコードも更新され，付与ポイントに－1 が登録されます。しかし，ポイント残高に加える処理の中で配慮すればよいため，ここでは問題ないと考えられます。

ア，エ：SQL に IF 文はなく，誤りです。

イ：検索 CASE 式の書式ですが，一つ目の条件の前に WHEN 句がないため，誤りです。

演習問題　第3部　第3章　問2

住民からの問合せに回答するためのデータベース

(H29春-FE 午後問3)

（解答）

［設問1］　ア

［設問2］　a－エ，b－ア

［設問3］　c－ア，d－ア

（解説）

データベースの整合性制約の機能とその機能を定義する CREATE TABLE 文に関する問題です。

それぞれの解説に入る前に，整合性制約に関連した内容をまとめておきましょう。

データベース（データモデル）の機能は，大きく分類すると，①データ定義，②整合性制約，③データ操作に分かれます。

①**データ定義の機能**：データベースの表を定義します。データベース言語の分類では DDL（Data Definition Language）といいます。SQL での具体的な DDL は，CREATE TABLE 文などです。

②**整合性制約の機能**：データベース内のデータの整合性が保つために設ける各種制約を整合性制約といいます。主キーや外部キーの設定がこの制約を設けることになります。実際に整合性制約を定義する機能は，DDL に含まれています。

③**データ操作の機能**：データベースのデータを操作（読み書き）します。データベース言語の分類では DML（Data Manipulation Language）といいます。SQL での具体的な DML としては，SELECT 文，INSERT 文，UPDATE 文，DELETE 文が挙げられます。

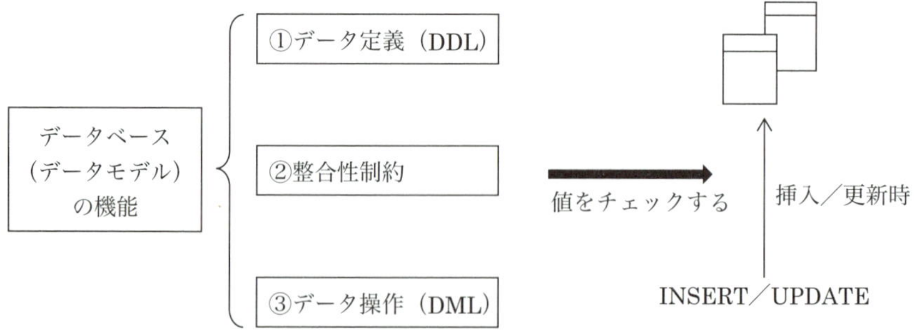

［設問１］

ルール ID の項目を追加する理由として適切な答えを，解答群の中から選びます。

表１の課題に「同じ対象物でも，大きさなどによって出し方を分ける必要が出てきた」とありますが，見直し前のルール表の主キーは｛区分 ID，対象物 ID｝となっているため，区分 ID と対象物 ID が同じ対象物に対して，出し方のルールが異なるレコードを複数件登録することができません。一方で要件としては問題文にあるとおり「同じ区分 ID の同じ対象物 ID に対する出し方のルールを複数件登録できるように」しなくてはなりません。したがって，（ア）が正解です。

イ：同じ区分 ID の異なる対象物 ID は，見直し前のルール表においても，主キーの値としての矛盾は起こりません。

ウ：異なる区分 ID の同じ対象物 ID に対する出し方のルールは登録できますが，現実には異なる区分 ID で同じ対象物 ID は存在しないと思われます。

ルール表

区分 ID	対象物 ID	更新日	出し方のルール
L0008	S0123	2015-03-01	乾燥させ，ひもで束にする。

INSERT INTO ルール　VALUES（'L0008'，'S0123'，'2015-03-15'，'乾燥させ，一定サイズに切断する'）は実行できない。主キー制約のエラーとなる。そのため，現行の主キー｛区分 ID，対象物 ID｝にルール ID を追加し，出し方のルールが違う内容を追加できるようにする。

［設問２］

設問文の記述中の ＿＿＿＿ に入れる適切な答えを，解答群の中から選びます。

・空欄 a：「問合せ記録表にルール ID の項目を追加するとき，ルール ID を外部キーとした」とあり，ルール ID は外部キーとなります。外部キーの設定によって他の表のレコードを参照させるようにする制約は「参照」制約です。したがって，（エ）が正解です。 なお，外部キーは，FOREIGN KEY 句で指定します。

　ア：非 NULL（制約）……レコードの値が NULL（空値）であってはいけないという制約です。NOT NULL と指定します。

　イ：NULL（制約）……NULL でなければならないというデータベースの制約にはありません。

　ウ：UNIQUE（制約）……値が一意でなければならない，同じ値であってはいけないという制約です。

オ：検査（制約）……値が満たさなければならない条件を指定します。

カ：主キー（制約）……主キーの値は一意であり，かつNULLであってはいけないという制約です。つまりUNIQUE制約＋非NULL制約といえます。PRIMARY KEY句で指定します。

・空欄b：外部キーは，NULLが許されます。NULLが設定されている場合，参照先の表の主キーに該当する値がないことを示します。したがって，(ア)の「非NULL 制約は適用できない」になります。次表では，問合せ記録表の受付NoのC003456は，参照する表に主キーに該当するルールIDの値がないので，NULLになっています。

ルール表（参照先）

ルールID	区分ID	対象物ID	更新日	出し方のルール
R0008	L0008	S0123	2015-03-01	乾燥させ，ひもで束にする。
R0009	L0008	S0123	2015-04-01	乾燥させ，一定サイズに切断する。
R0010	L0008	S0124	2015-03-15	ひもで束にする。

問合せ記録表（参照元）

受付No	…	…	ルールID	区分ID	対象物ID	メモ欄
C003456	…	…	NULL	NULL	NULL	自転車のタイヤチューブ
C003457	…	…	R0009	L0008	S0123	長い植木の枝

イ，エ：問合せ記録表に追加したルールIDは重複した値があり，UNIQUE制約，主キー制約も適用できません。

ウ：受付時にルールIDがなく，受付後に新しいルールIDが付与される場合があるため，更新操作は行えます。

［設問3］

ルール表作成用DDLの見直しについて，記述中の［　　　］に入れる適切な答えを，解答群の中から選びます。

・空欄c：見直し前のルール表の主キーは{区分ID，対象物ID}でしたが，設問1の理由のとおり，見直し後に新たな主キーであるルールIDが追加になったので，{区分ID，対象物ID}は一意ではなくなりました。このため，ルール表作成用DDL（CREATE TABLE文）でUNIQUE（区分ID，対象物ID）は不要となります。したがって，（ア）の「区分IDの項目及び対象物IDの項目の UNIQUE 制約」が正解です。

・空欄 d：表 1 の表構成の見直し案の 2 段目に「登録状態の項目の値は，“未公開”，“公開” にいずれかである」とあり，検査制約を追加する必要があります。したがって，（ア）の「CHECK(登録状態 IN('未公開','公開'))」が正解です。

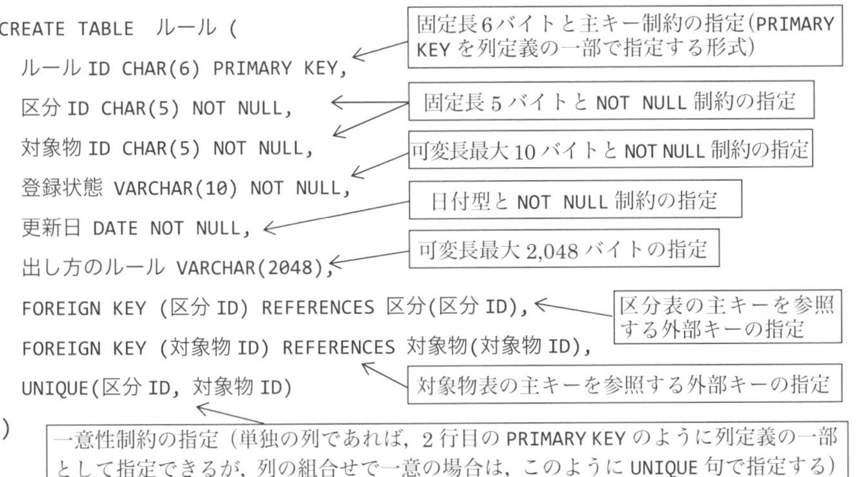

演習問題　第３部　第３章　問３

小学生を対象とした，ある子供会の名簿を管理する関係データベース　(H30 春-FE 午後問 3)

（解答）

［設問１］　ウ

［設問２］　a－エ

［設問３］　b－イ

［設問４］　c－エ

（解説）

子供会の名簿を関係データベースで管理することをテーマにした問題です。全体的には，問題文の冒頭で子供会のデータの要素となる児童や保護者，イベントといった概念の説明があり，図１で，これを実現するためのデータベース構造としての表の構成が示されています。

これを前提にして，設問 1～3 ではデータを様々な条件で抽出する SELECT 文に焦点が当てられており，設問 4 ではデータ操作として DELETE 文を用いたデータ削除に焦点が当てられています。

問題文冒頭の説明や図 1 から，子供会のデータとして管理すべきものには児童，保護者，イベント，活動があり，**児童と保護者の関係**や，**活動という概念で児童が参加したイベントの履歴を管理**している点が挙げられます。

各表が管理するデータ要素間の関係を E-R 図で示すと，図 A のようになります。このE-R 図も前提にしながら解説をしていきます。

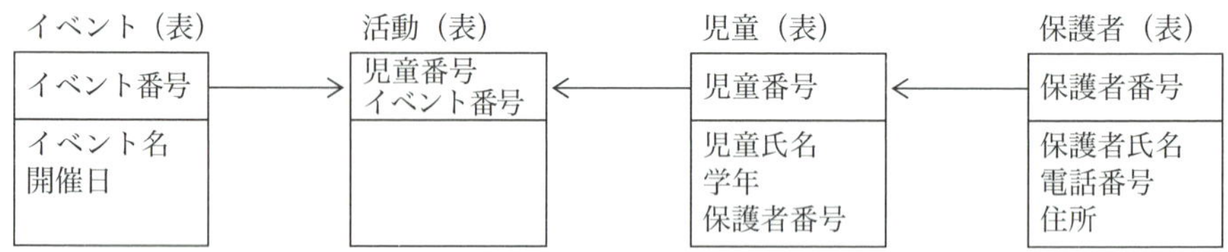

図 A　名簿管理データベースの E-R 図

［設問 1］

6 年生の保護者の氏名と住所を抽出する SQL 文を，解答群から選択します。

解答に先き立ち，まず，児童表のもつ情報，保護者表のもつ情報，そして児童と保護者を紐づける形も整理しておきましょう。

保護者の氏名と住所の情報は保護者表にあります。一方，「6 年生の児童」を識別するためには，児童表の学年を見る必要があります。そして，E-R 図のとおり，**保護者表と児童表は保護者番号で結合**することができるため，使用する表は保護者表と児童表の二つであることが分かります。

いったん，「6 年生の児童」という条件を考慮に入れずに，SQL 文を組み立てると，次のようになります。

〔SQL1-1〕

```
SELECT 保護者表.保護者氏名, 保護者表.住所
    FROM 保護者表, 児童表
    WHERE 保護者表.保護者番号 = 児童表.保護者番号
```

これをベースにして，「6 年生の児童」の保護者であることを条件に加えてみましょう。「6 年生の児童」であるかどうかは，児童表の学年で分かるため，〔SQL1-1〕を改良して次のようにします。

〔SQL1-2〕

```
SELECT 保護者表.保護者氏名, 保護者表.住所
    FROM 保護者表, 児童表
    WHERE 保護者表.保護者番号 = 児童表.保護者番号 AND
          児童表.学年 = 6  ……  (1)
```

ここでもう一つ考慮が必要です。設問文には「同一の保護者は重複して抽出しない」とあります。〔SQL1-2〕では，例えば，6 年生に双子のように同学年の兄弟姉妹がいる場合，同じ保護者の情報が重複して抽出されてしまいます。抽出した結果に重複した情報が含まれる場合，DISTINCT を使用することで重複を排除することができますので，この DISTINCT を使ってみましょう。次のようになります。

〔SQL1-3〕

```
SELECT DISTINCT 保護者表.保護者氏名, 保護者表.住所
    FROM 保護者表, 児童表
    WHERE 保護者表.保護者番号 = 児童表.保護者番号 AND 児童表.学年 = 6
```

したがって，（ウ）が正解です。

なお，他の選択肢は次の理由で誤りです。

ア：NOT IN 述語は，左辺のデータが右辺の()内のリストの中に含まれていない場合に真になります。()内の SELECT 文では 6 年生の児童の保護者番号の一覧が抽出されます。そのため，この WHERE 句では 6 年生の児童の保護者番号の中にない保護者（6 年生以外の保護者）が抽出されてしまうので，誤りです。

イ：WHERE 句に保護者表と児童表を結合するための条件（保護者表.保護者番号 = 児童表.保護者番号）が不足しており，それぞれの児童の保護者かどうかに関係なく，全ての保護者と全ての児童の組合せを抽出する SQL 文となっているため，誤りです。

エ：HAVING 句には，GROUP BY 句で指定した項目が決まれば一意に決まる項目だけが指定できます。HAVING 句に 6 年生に絞り込む条件（児童表.学年 = 6）が指定されていますが，1 人の保護者には複数の児童がいる場合があるため，児童表.学年は保護者氏名，住所 が決まっても一意に決まらない項目です。したがって，HAVING 句にこの条件は指定できず，この SQL 文は誤りです。

［設問２］

イベント番号が 18001 のイベントに参加した児童のうち，1 年生である児童の保護者の保護者番号と氏名を抽出する SQL について， a に入れる適切な答

えを，解答群の中から選びます。

前述のとおり，児童がイベントに参加した履歴は活動表に格納されています。そして，1 年生の児童を抽出するには児童表の学年，保護者番号と氏名を抽出するには保護者表の保護者番号と保護者氏名がそれぞれ必要になるため，活動表，児童表，保護者表をそれぞれ結合すればよいことが分かります。これを踏まえてまずは三つの表を結合して必要な項目を取得するだけの SQL 文を組み立ててみると，次のようになります。

〔SQL2-1〕

```
SELECT 保護者表.保護者番号, 保護者表.保護者氏名
    FROM 児童表, 活動表, 保護者表
    WHERE 児童表.児童番号 = 活動表.児童番号 AND
          児童表.保護者番号 = 保護者表.保護者番号
```

これに「1 年生であること」(1),「イベント番号が 18001 であること」(2) といった条件を加え，さらに同一の保護者を重複して抽出しないように設問 1 と同様に DISTINCT を追加すると次のようになります。

〔SQL2-2〕

```
SELECT DISTINCT 保護者表.保護者番号, 保護者表.保護者氏名
    FROM 児童表, 活動表, 保護者表
    WHERE 児童表.児童番号 = 活動表.児童番号 AND
          児童表.保護者番号 = 保護者表.保護者番号 AND
          児童表.学年 = 1 AND  ……  (1)
          活動表.イベント番号 = 18001  ……  (2)
```

したがって，(エ) が正解です。

なお，他の選択肢は次の理由で誤りです。

ア，イ：活動表を用いずイベント表だけを用いた場合，参加した児童を抽出することができず，全ての児童と全てのイベントの組合せを抽出してしまうため，誤りです。

ウ：HAVING 句には，GROUP BY 句で指定した項目が決まれば一意に決まる項目だけが指定できます。しかし，HAVING 句に指定されている 1 年生に絞り込む条件（児童表.学年 = 1）と GROUP BY 句の項目も，同姓同名の児童がいる場合があるため，児童氏名が決まっても一意に決まらない項目といえます。したがって，GROUP BY

句と HAVING 句にこの条件は指定できず，この SQL 文は誤りです。

［設問３］

イベントに参加した児童の数を表示する SQL について，［ b ］に入れる適切な答えを，解答群の中から選びます。

設問の SQL 文を見ると，活動表とイベント表をイベント番号で結合した結果に対して，GROUP BY 句を使用してイベント名ごとの行数を集計していることが分かります。イベントに参加した児童の数は，活動表における同じイベント番号の行数として表れます。そのため，空欄 b には行数を数える集合関数である COUNT 関数がふさわしいといえます。したがって，正解は（イ）の「COUNT(*)」です。

なお，他の選択肢は次の理由で誤りです。

ア：AVG 関数は平均値を求める集合関数であるため，誤りです。

ウ：MAX 関数は最大値を求める集合関数であるため，誤りです。

エ：SUM 関数は合計値を求める集合関数であるため，誤りです。

［設問４］

年度の切替えに必要となる SQL 文について，［ c ］に入れる適切な答えを，解答群の中から選びます。

年度の切替え処理の中では，各表への行追加，行削除が発生します。行追加や削除を実施する場合，表に設定された参照制約に気を付けて実施する必要があります。例えば，E-R 図で示したように児童表は保護者表に参照される関係にあるため，児童表に新入会児童を登録する（手順(2)）前に，新入会児童の保護者を保護者表に登録する（手順(1)）必要があります。同様の理由から，児童表のレコードを削除する（手順(5)）前に活動表から当該児童も含む全レコードを削除する（手順(3)）必要があります。

問題となっているのは手順(6)で，「保護者表から，在籍する児童がいなくなった保護者を削除する」SQL 文です。在籍する児童がいなくなった保護者とは，児童表の中に登録されていない保護者を指します。このような保護者情報の抽出は，副問合せと NOT IN 述語を使用することで，次のように実現できます。

〔SQL4-1〕

```
DELETE FROM 保護者表
    WHERE 保護者表.保護者番号 NOT IN
        (SELECT 児童表.保護者番号 FROM 児童表)
```

したがって，正解は（エ）です。

なお，他の選択肢は次の理由で誤りです。

ア：保護者表の保護者番号は主キーであるため NULL にはなることがなく，誤りです。

イ：手順(6)の前の手順(5)で，学年の値が 7 の児童は全て削除されているため，副問合せの結果は 0 件となり，在籍する児童がいなくなった保護者は削除でないため，誤りです。

ウ：副問合せの結果は，児童表に登録されている保護者番号が抽出されます。その結果を IN 述語で比較しているため，この条件では在籍する児童の保護者が全て抽出されるため，誤りです。

演習問題 ― 第３部 第３章 問４

トランザクション管理

(H23 春-FE 午後問 3)

（解答）

［設問１］ a－イ，b－エ（a，b は順不同）

［設問２］ ウ

［設問３］ c－イ，d－エ

［設問４］ イ

（解説）

トランザクション管理の排他制御に関する問題です。排他制御とは，複数のトランザクションが同時に同じデータを更新することで起きる不具合（二重更新）を制御する機能です。

トランザクションは更新処理に入る前に対象データをロックして，他のトランザクションがこのデータにアクセスできないようにします。この機能によって，複数のトランザクションは，順番に一つずつデータを更新するよう制御されます。このロックには占有ロックと共有ロックがあります。**占有ロックは他のトランザクションが対象のデータを参照（読む）することを禁止するロック**であり，主に更新処理を行うトランザクションが行います。一方，**共有ロックは他のトランザクションが対象のデータを更新（書込みや削除）することを禁止するロック**であり，他のトランザクションが対象のデータを参照することは禁止しません。簡単に言うと占有ロックは「今からデータを更新するので，更新はもちろん参照するトランザクションは待機して」というロック，共有ロックは「今からデータを参照するから更新するトランザクションは待機して。参照するだけのトランザクションはどうぞご自由に」

というロックです。

［設問1］

排他制御を行わない場合に起きる不具合（二重更新）の例です。次の処理順序でトランザクション T1 とトランザクション T2 が実行されると，実行後の在庫数は 60 になってしまいます。後から処理をしたトランザクションの結果値によって，先に処理をしたトランザクションの結果値が上書きされてしまい効力を失ってしまうので，一般に「後勝ち」と呼びます。

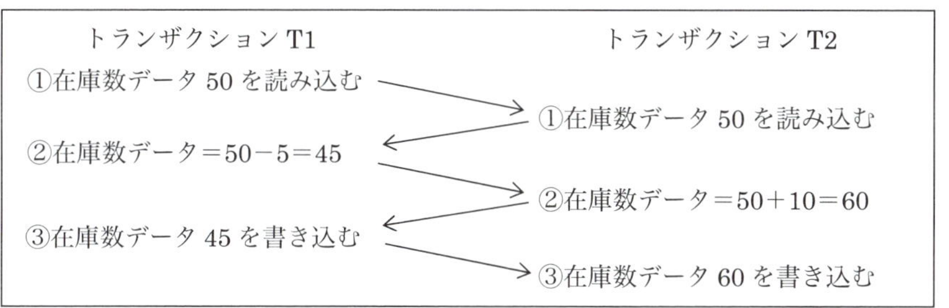

また，次の処理順序でトランザクション T1 とトランザクション T2 が実行されると，実行後の在庫数は 45 になってしまいます。（イ）と（エ）が正解です。

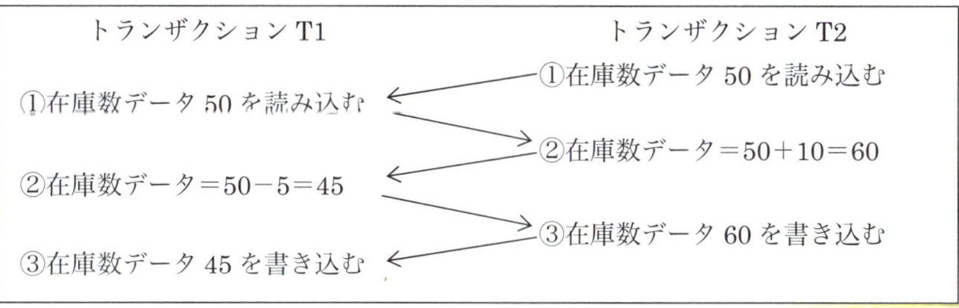

［設問2］

データを更新しない複数のトランザクションが，同時に同じデータを照会しても，不具合は発生しません。そのため，共有ロックされたデータに対する共有ロックの要求は成功し，待ち状態になりません。図2において，白絵の具の在庫数データに対するロックの状態は，次のようになります。

T3が共有ロックを要求：成功
↓
T6が共有ロックを要求：どちらも共有ロックなので成功
↓
T4が占有ロックを要求：T3とT6の共有ロックが両方解除されるまで待ち状態
↓
T5が占有ロックを要求：T3とT6の共有ロックが両方解除され，更に，その後のT4の占有ロックが解除されるまで待ち状態

したがって，(ウ) が正解です。

［設問3］

データをロックしている時間を最も短くするためには，データを読み込む直前にロックし，書き込んだ直後にロックを解除すればよいことになります。データを読み込んだ後にロックすると，読込みが終わってロックする前のタイミングに，他のトランザクションがデータを更新してしまい，設問1のように「後勝ち」が発生する恐れがあります。また，書き込む前にロックを解除すると，書き込む前のデータを，他のトランザクションが読み込んでしまう可能性があります。このため，“赤絵の具の在庫数データをロックする”のは，“③赤絵の具の在庫数データを読み込む”直前のβにする必要があります。また，「データをロックしている時間を最も短くするためには」を前提に考えると，“白絵の具の在庫数データのロックを解除する”のは，“⑤白絵の具の在庫数データを書き込む”直後のδにする必要があります。したがって，空欄cは（イ）が，空欄dは（エ）が正解です。

［設問4］

デッドロックとは，複数のトランザクションがお互いにロックの解除を待ち，処理が停止してしまう状態のことです。一般に，トランザクションが二つで対象データも二つの例で考えることが多いです。ここでも，白絵の具，黒絵の具の順にロックするトランザクションAと，黒絵の具，白絵の具の順にロックするトランザクションBの例で考えると，次の場合，デッドロックが発生します。

トランザクションＡが白絵の具をロック：成功
↓
トランザクションＢが黒絵の具をロック：成功
↓
トランザクションＡが黒絵の具をロック：トランザクションＢがロック中で待ち
↓
トランザクションＢが白絵の具をロック：トランザクションＡがロック中で待ち

このように，二つの対象データ（白絵の具と黒絵の具）に対し，二つのトランザクションが両方ともロックする場合，デッドロックが発生します。二つのトランザクションが共通してロックする対象データが一つであれば，デッドロックは発生しません。この観点から選択肢を調べてみると，複数のトランザクションが共通してロックする対象データは，（ア）では赤絵の具だけ，（ウ）と（エ）では青絵の具だけなのに対し，**（イ）では白絵の具，赤絵の具，青絵の具の三つになります**。したがって，（イ）が正解となります。（イ）では，次の場合，デッドロックが発生します。

トランザクションT8が白絵の具をロック：成功
↓
トランザクションT9が赤絵の具をロック：成功
↓
トランザクションT10が青絵の具をロック：成功
↓
トランザクションT8が赤絵の具をロック：トランザクションT9がロック中で待ち
↓
トランザクションT9が青絵の具をロック：トランザクションT10がロック中で待ち
↓
トランザクションT10が白絵の具をロック：トランザクションT8がロック中で待ち

なお，デッドロックが発生した場合，いずれかのトランザクションを終了させ，ロックを解除させる必要があります。このとき，終了させたトランザクションは，ロールバック処理でトランザクション開始前の状態に戻されます。

第3部　第4章　ネットワーク

演習問題　第３部　第４章　問１

ネットワークにおけるスループットの改善

(H26春-FE 午後問4)

（解答）

［設問１］　ウ

［設問２］　a－エ，b－ウ，c－イ

（解説）

広域 Ethernet を利用した企業内ネットワークにおけるファイル転送のスループットの改善をテーマにした問題です。問題文にあるとおり広域 Ethernet は OSI 参照モデルの第 2 層のデータリンク層で，複数の拠点 を接続する，回線事業者が提供するサービスです。本問では，X 社がこの広域 Ethernet サービスを利用して本社や各営業所を接続しているというストーリーになっています。

［設問１］

広域 Ethernet の特徴として適切なものを選択する問題です。広域 Ethernet は OSI 参照モデルの第 2 層のデータリンク層で接続するサービスです。つまり，第 3 層のネットワーク層以上の層では様々な通信プロトコルを自由に利用することができます。したがって，（ウ）が正解です。

ア：「ネットワーク層の機能をもつ装置（ルータや L3SW など）を経由して接続しなければならない」とありますが，前述したようにデータリンク層の機能をもつ L2SW を経由して接続することができるので誤りです。

イ：広域イーサネットは拠点間をデータリンク層で接続するため，複数の拠点を一つネットワークセグメントとして設定することも可能ではあります。ただし，一般に拠点ごとにルータを用意し，ネットワークセグメントは分けて利用されます。このため「全ての接続機器のネットワーク層のアドレス設定を同一にする必要がある」という記述は誤りです。

エ：「TCP/IP 以外のプロトコルを使うことができない」と書いてある点が誤りです。前述のとおり，様々な通信プロトコルを自由に利用することができます。

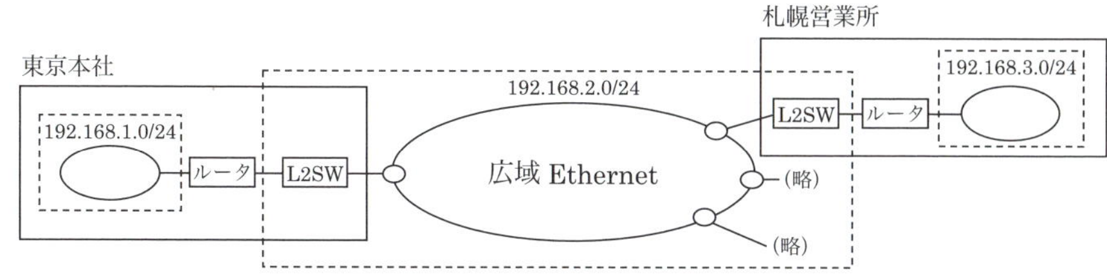

図A　異なるネットワークアドレス設定例

［設問2］

東京本社内にあるファイルサーバ上のファイルを各営業所内の PC から利用しています。ファイルを転送する際には，パケットに格納するため，ファイル内のデータを複数のデータブロック（ブロック長 4k バイト）に分割して順次転送する必要があります。このデータブロックの転送は，問題文の図 2 で示されている方式の場合，データブロック一つを転送するごとに，細かい待ち時間が発生します。具体的に言うと受信側である PC が読み出し要求を送信して，一つのデータブロックを受信し終わるまで，次のデータブロックの読み出し要求が送信できないのです。しかもこのとき，図 2 を見ると分かるように，実際に回線が使われている時間は少なくなっています。このため，回線のレイテンシ（転送遅延時間）が長くなればなるほど，図 2 中の応答時間は長くなり，実際のファイル転送に時間が掛かるようになります。

このような前提を踏まえて，実際にどのくらい転送時間が掛かるのか，ということをテーマにしているのがこの設問です。

・空欄 a：広島営業所内の PC と東京本社のファイルサーバ間のファイル転送に掛かる時間を計算する必要があります。転送するファイルは 1M バイト，読出し要求からデータブロックの転送が始まるまでの応答時間は 45 ミリ秒です。この応答時間はデータブロック 1 個の読出し要求の都度必要になります。

まず，1M バイトのファイルを 4k バイトのブロック長で分割し，データブロックの読出し要求が何回必要になるのか計算します。

1M バイト＝1,000k バイト

1,000k バイト÷4k バイト＝250 回

ここから幾つかの解法がありますが，ここでは 1 回の読出し要求から 1 回分のデータブロックの伝送が終わるまでの時間を求め，先ほど計算した回数を掛けることで 1M バイトのファイルの転送に掛かる時間を算出します。

1 回の読出し要求で 1 データブロック分のデータの伝送が行われることから，1 データブロックの伝送に要する時間は，

4k バイト＝32k ビット＝0.032M ビット

0.032M ビット÷1Mbps＝0.032 秒＝32 ミリ秒

1 データブロックの伝送には，応答時間 45 ミリ秒＋伝送に要する時間 32 ミリ秒の合計 77 ミリ秒掛かります。これが 250 回行われるので，

77 ミリ秒×250 回＝19,250 ミリ秒＝19.25 秒

となり，（エ）の「19.25」が正解となります。

ここでは**応答時間とファイル転送時間を別々に計算する方法**もあります。

1M バイトのファイルの転送に掛かる時間は，

1M バイト＝8M ビット

8M ビット÷1Mbps＝8 秒

応答時間は 1 回当たり 45 ミリ秒で 250 回読出し要求をするので，

45 ミリ秒×250 回＝11,250 ミリ秒＝11.25 秒

合計すると 19.25 秒となり，前述の解法と同じ答えとなります。あくまでも受験テクニックになりますが，こちらの解法の方が要点を整理した解法であり，次の空欄 b を解く際には有利でしょう。

・空欄 b：接続装置を利用することでデータブロックを 10 個まとめて送ることができます。この接続装置を利用した場合のファイル転送に要する時間を求めます。回線速度や応答時間は空欄 a と同じ条件である札幌営業所と東京本社間のファイル転送となっています。

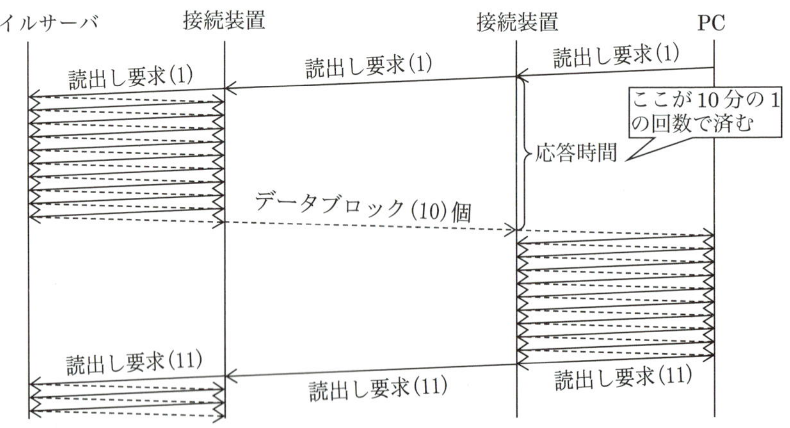

図 B 接続装置を利用したファイル転送の通信シーケンス補足

空欄aと異なるのは，データブロックが10個まとめて伝送できる点です。このため，図Bで示しているように応答時間を必要とする回数を10分の1に削減できます。

接続装置間の読出し要求の回数1／10になるので，

250ブロック÷10＝25回

1回の読出し要求に要するデータ伝送に要する時間は，変わらずデータブロック10個分となります。つまりファイル転送に掛かる時間は8秒のまま変わりませんが，応答時間は回数が10分の1に減るので

45ミリ秒×25回＝1,125ミリ秒＝1.125秒

となり，合計すると9,125ミリ秒≒9.13秒（小数第3位を四捨五入）になります。したがって，（ウ）が正解になります。

・空欄c：1Mバイトのファイルをブロック長が4kバイトで，8秒以内に転送する要件を満たす回線速度を計算する問題です。接続装置は導入しない場合であるため，空欄aと同じように250回の読出し要求が必要です。応答時間は大阪営業所と東京本社間は24ミリ秒なので，

24ミリ秒×250回＝6,000ミリ秒
＝6秒

となり，残り2秒がデータ伝送に掛けられる時間となります。

1Mバイトのファイルを2秒で伝送するのに必要な回線速度は，

1Mバイト＝8Mビット
8Mビット÷2秒＝4Mbps

となり，（イ）の「4」が正解になります。

演習問題　第3部　第4章　問2

Web画面の表示に要するデータ転送時間

(H28秋-FE 午後問4)

（解答）

［設問］　a－エ，b－ク，c－カ，d－キ

（解説）

Webブラウザは，Webページを表示するためにHTML文書データを取得・意味解釈し，Webページの表示に必要なJavaScriptファイルやスタイルシート，画像データ等を更に取得し，Webページを描画します（図A）。

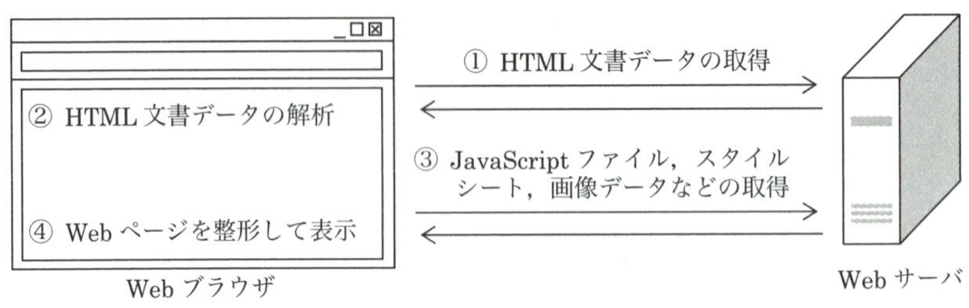

図 A Web ブラウザの動作

Web ブラウザと Web サーバの間のデータの送受信には，平文通信である HTTP や，その暗号通信版である HTTPS といったプロトコルが用いられます。問題文には特に明記されていませんが，本問は HTTP プロトコルを用い，キャッシュ機能をもった Web ブラウザが Web ページを表示するために必要とするデータ転送時間を計算する問題です。このため，本来的に必要になる HTML ファイルやこれに付随する JavaScript ファイルやスタイルシート，画像データ等の総量の把握の他，それぞれのファイルに対するキャッシュ状態の考慮が必要になります。

[設問]

問題文の(1)〜(4)には「D 社が定めたデータ転送時間計算モデル」が，表 1 には「要求に対する結果の受信が完了するまでに掛かる時間」が明記されています。また，計算対象である一覧表示機能の構成要素とそれぞれのデータサイズ及び個数についても問題文に記述されており，これらの情報を計算式に当てはめることで解答できます。

まず，用語や記号の意味を整理しましょう。

用語や記号	意味
ターンアラウンドタイム (t)	ブラウザ，サーバ間で短いメッセージが往復するのに掛かる時間（単位は秒）
(v)	転送対象のデータサイズ（単位はバイト）
実効転送速度 (e)	サーバ，ブラウザ間におけるデータ転送の速さ（単位はバイト/秒）

・空欄 a：空欄 a の前には「固定データの全てがブラウザにキャッシュされているとき，それぞれのデータごとにデータの再転送の要否確認をサーバに要求したところ，全てに再転送が不要である」と記述されています。このため，表

1の「結果」列が<再転送が不要な場合>になっている行を参照してターンアラウンドタイム（t）を求めればよいことが分かります。

このとき，一つの要求のターンアラウンドタイムが t=0.005(秒)，固定データは100個，通信処理は逐次実行されることから次のようになります。したがって，（エ）が正解です。

$0.005(秒)\times100(個)=0.5(秒)$

・空欄b：「固定データのいずれもがブラウザにキャッシュされていないとき」の総転送時間を求めるので，表1の「データの状態」列が「キャッシュされていない」になっている行を参照し，「時間（秒）」の式に当てはめて計算します。

$3\times t+v\div e$

固定データ1個の平均サイズ（5×10^3バイト）の転送時間を求めます。

$$3\times0.005+\frac{5\times10^3}{1\times10^6}=0.015+0.005=0.02(秒)$$

固定データは100個あることから次のようになります。したがって，（ク）が正解です。

$0.02(秒)\times100(個)=2(秒)$

・空欄c：一覧表示画面1ページ分のデータの総転送時間は，“固定データの総転送時間”＋“HTML文書データの転送時間”＋“画像データのデータ転送時間”で求めることができます。

問題文には「変動データは，一つのHTML文書データと，表示する商品n個分の画像データから成る」とあります。空欄dが含まれている$(3\times t+$ [d] $)\times n$の部分は表示する商品n個を掛けていることから商品の画像データの転送時間を求める式であることが分かります。このため，空欄cの部分は変動データのうちHTML文書データの部分の転送時間を求める式であることが分かります。

$v\div e$

の式に

$v=10^4+500\times n$（バイト）

を当てはめると，次のようになります。したがって，（カ）が正解です。

$$\frac{10^4+500\times n}{e}$$

・空欄 d：空欄 c の解説にあるように，空欄 d が含まれている(3×t＋ [d])×n の部分は商品の画像データの転送時間を求める式であることが分かります。このため，空欄 c と同様に計算していきます。

$$v \div e$$

の式に

$$v = 25 \times 10^3 \text{（バイト）}$$

を当てはめると，次のようになります。したがって，（キ）が正解です。

$$\frac{25 \times 10^3}{e}$$

演習問題 ― 第3部　第4章　問3

イーサネットを介した通信

(H28春-FE 午後問4)

（解答）

［設問1］　a－ウ，b－オ，c－ウ

［設問2］　d－ウ，e－オ

（解説）

イーサネットは，LAN やインターネットアクセス回線の一部，インターネットの基幹回線の一部に使用されている通信プロトコルであり，IP（インターネットプロトコル）とともに，インターネットを支える重要な通信プロトコルです。

IP が，OSI 基本参照モデルのネットワーク層に該当する通信プロトコルであるのに対し，イーサネットは物理層とデータリンク層に該当する通信プロトコルであり，近接した機器間の通信を担っています。普段は目にすることもないかもしれませんが，身近な通信プロトコルなのです。

本問は，イーサネットを用いた IP ネットワークにおいて，MAC アドレスを取得するために ARP（アドレス解決プロトコル）を利用することを題材にした問題です。MAC アドレスが 48 ビットであるという知識以外の詳細については，基本情報技術者レベルでは必要とされませんが，本質を知るという意味で解説します。

イーサネットでは，通信するデータの塊をイーサネットフレームと呼びます。このフレームの構成は次のようになります。

プリアンブル	宛先 MACアドレス	送信元 MACアドレス	タイプ	データ	FCS
8バイト	6バイト	6バイト	2バイト	46～1,500バイト	4バイト
物理ヘッダ	イーサネットヘッダ			データ部	トレーラ

図A　イーサネットフレームの構成

・プリアンブル：フレームの先頭を識別するための固定値であり，内容は16進表記で「AA-AA-AA-AA-AA-AA-AA-AB」となっています。これは2進数で「10101010～11」というビット列になります。64ビット（8バイト）のうち，62ビット目まで「1」と「0」を並べて，最後の2ビットに「11」を付けたものです。

・宛先MACアドレスと送信元MACアドレス：MACアドレスは先頭の24ビットがベンダID部となっており，ネットワークアダプタの製造メーカ（ベンダ）ごとに割り当てられた値，それ以降は各ベンダが製品一つ一つでユニークになるように採番すべき値です。したがって，原則としては世界中に同じMACアドレスの製品はないことになります。

・タイプとデータ：続いてタイプがあり，データ部に格納されているデータの種類が格納されます。ここにはIPv4データグラムの場合，16進数で「0800」，IPv6データグラムの場合，16進数で，「86DD」になります。

・FCS（Frame Check Sequence）：伝送路上でのデータ欠損の有無を確認するためのチェックサムです。

［設問1］

イーサネットフレーム，MACアドレス，ARPがテーマになっています。ARPは，IPアドレスからMACアドレスを取得するためのプロトコルです。企業の事務所や家庭内のLANでIP通信を行う際には下位のレイヤであるデータリンク層においてイーサネットを利用しています。宛先のIPアドレスは分かっていても，MACアドレスが分からないときにARPを利用してMACアドレスを取得します。

・空欄a：IPデータグラムが，イーサネットフレーム内のどこに格納されるかが問われています。冒頭で解説しているように，IPデータグラム（IPv4データグラム，IPv6データグラム）は，イーサネットフレームの「データ部に格納」されます。したがって，（ウ）が正解です。

・空欄 b：MAC アドレスの表現可能な個数を解答します。こちらも解説の冒頭に記述があるとおり，MAC アドレスの長さが 48 ビットであることから，2^{48} 種類のアドレスを識別できることになります。したがって，（オ）の「2^{48}」が正解です。

・空欄 c：ARP 要求の送信方法について解答します。ARP には「ARP 要求」と「ARP 応答」の 2 種類のパケットが通信に用いられます。この点は〔ARP の機能の説明〕から読み取ることができます。「ARP 要求」は IP アドレスを指定して MAC アドレスを要求するために利用し，「ARP 応答」は自 IP アドレス宛に届いた「ARP 要求」に対して自 MAC アドレスを要求元に返すのに利用します。「ARP 要求」時は，どのホストが当該 IP アドレスをもっているのか分からないため，宛先 MAC アドレスとしてはブロードキャストアドレス（FF:FF:FF:FF:FF:FF）を指定したブロードキャスト通信を行います。

言い換えると，MAC アドレスにも IP アドレスのようにユニキャストアドレスだけでなく，ブロードキャストアドレスが存在するのです。

一方，「ARP 応答」時にはユニキャスト通信で要求元に返信されます。したがって，（ウ）の「ブロードキャスト」が正解です。

［設問 2］

ホスト D から同一ネットワーク上（図 B のネットワーク X）のホスト E への IP データグラム送信時と別のネットワーク上（図 B のネットワーク Z）のホスト F への IP データグラム送信時に必要な MAC アドレスがどの機器のものなのかを解答します。

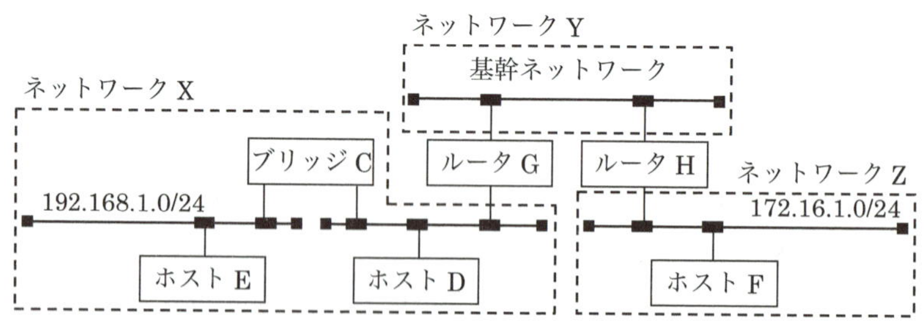

図 B　ある企業の社内ネットワークの構成（一部）

ネットワーク間（図 B のネットワーク X，Y，Z）はルータで接続されており，同一ネットワーク上からは境界のルータの存在しか分かりません（ブロードキャストが届く範囲が同一ネットワークのため）。

・空欄 d：ホスト D から同一ネットワーク上のホスト E に対して IP データグラムを送信しようとするとき，ブリッジ C が介在しても同一ネットワーク上に存在するためホスト E の MAC アドレスを取得して送信します。このため，空欄には（ウ）の「ホスト E」が入ります。

・空欄 e：ホスト D から別のネットワーク上のホスト F に対して IP データグラムを送信しようとするとき，ネットワーク間の接続をしているルータの MAC アドレスを取得して送信します。このため，空欄には（オ）の「ルータ G」が入ります。

第6部 第3部 解答解説
第1章
第2章
第3章
第4章
第5章

演習問題　第３部　第４章　問４

Webサイトにおけるセッション管理

(H27 秋-FE 午後問 4)

（解答）

［設問１］　a－エ
［設問２］　ウ
［設問３］　b－ウ
［設問４］　c－ウ，d－ア

（解説）

ショッピングサイトを事例として，Web サイト内の閲覧動向をセッション管理の仕組みを使って把握する方法を主題に，セッション ID を利用する上でのセキュリティ面の配慮，具体的なセッション管理の実現方法としてクッキーを利用する方法について出題されています。

［設問１］

セッション ID の生成から破棄までのライフサイクル（流れ）が問われています。前提になるショッピングサイト A における商品購入の流れが図１に示されています。セッション ID の生成から破棄のライフサイクルは Web サイトによって考え方が異なりますが，本問では問題文の冒頭で，「ログインからログアウトまで同じ一つのセッションである」と明記されています。このためセッションを識別するためのセッションIDは,「ログインに成功したとき」に生成されると解釈することができます。したがって,（エ）が正解です。

［設問2］

悪意のある第三者にセッションが乗っ取られるというセッションハイジャックを防ぐためにも，セッション ID は推測が難しいものにする必要があります。このため「十分に長いランダムな文字列」を使うことが好ましいといえます。したがって,（ウ）が正解です。

ア，イ，エ：会員 ID や通し番号など，一定のルールに基づいて採番されるものをセッション ID として利用すると，他者による推測が容易になるため，とても危険です。

［設問3］

セッション ID の送受信の方法として問題文に三つ挙げられています。

(1) クッキーの値としてセッション ID を記載する。
(2) URL の中にセッション ID を埋め込む。
(3) HTML 中のフォームでフィールド hidden にセッション ID を埋め込む。

これらの方法と特徴の組合せを解答群から選びます。

(A)は「Web ブラウザのアドレスバーに表示される URL の中にセッション ID が含まれる」とあるので，(2)の特徴といえます。

次に(B)は「Web ブラウザの設定次第で利用できないことがある」とありますが，問題文にあるように Web ブラウザでクッキーの管理が有効になっていなければ利用できないので，(1)の特徴といえます。

最後に(C)は「タグ<a>で指定されたリンクのクリックではセッション ID が送信されない」とあります。<a>で指定されたリンクがクリックされた際に Web ブラウザは HTTP プロトコルの GET メソッドを利用して Web サーバにアクセスします。この GET メソッドを利用した Web サーバへのアクセス時にはフォームのフィールド hidden に格納されている値は送信されません。この点が問題になり得る方法は POST メソッドを使ってセッション ID を送信する方法です。POST メソッドは HTML フォームを使って送信する方法になるので，(3)の特徴です。

したがって,（ウ）が正しい組合せとなります。

［設問4］

セッション ID の送受信の方法として挙げられた(1)のクッキーを利用する方法について掘り下げた問題です。Web サイトが Web ブラウザにクッキーを管理させたい場合に，クッキー管理を指示する Set-Cookie ヘッダを記載してレスポンスを返し，その後，クッキーの有効期限が切れるか Web サイト側でクッキーの削除をするまで，Web ブラウザは Web サイトへクッキーを送信するようになります。

図A　クッキーの送受信

Web サイト側は Set-Cookie ヘッダのオプションとしてドメイン名やパスを指示することで，クッキーを管理した Web ブラウザが，そのクッキーを送信する URL の範囲を限定することができます。本問ではドメイン名を指定した場合について問われています。ドメイン名を指定して，クッキーをブラウザが送る宛先となるドメインを限定した場合は，ドメイン名が等しいか，より下位ドメインのホスト名宛ての HTTP 要求を送信するときだけクッキーを付与することになります。http://www.foo.example.com/index.html にアクセスし，表1に示されたクッキーの名前と送信先ドメイン名の指示があった場合，www.example.com と www.bar.example.com の二つの送信先ドメインの指定は，アクセスしたドメイン名の www.foo.example.com に後方一致しないため無効なクッキーとして Web ブラウザで管理されません。したがって，空欄 c がある記述は「このうちの 3（ウ）個のクッキーを管理する」となります。

この直後に http://www.bar.example.com/index.html にアクセスするときには，www.bar.example.com に後方一致する example.com が送信先ドメイン名で指示された c1 だけが Web ブラウザから送信されます。したがって，空欄 d には（ア）の「c1」が入ります。

第3部　第5章　ソフトウェア設計

演習問題 ― 第3部　第5章　問1

通信講座受講管理システム

(H24秋-FE 午後問5)

（解答）

［設問1］　a－ウ，b－エ，c－オ，d－ウ，e－ア

［設問2］　f－エ，g－エ

（解説）

通信講座の受講管理システムに関して，講座の修了判定と割引残存期間抽出の処理を行う問題です。各処理のプログラムは流れ図で処理が示されていて，全て，その処理の穴埋めを行う設問になっています。

問題がやや長いので，大まかな処理の流れをつかむことが大切で，次のような処理を行うことが問題文から読み取ることができます。

① 修了判定処理
② 修了判定後の処理（合格証の発行と割引受講票の送付）→詳細処理なし
③ 割引残存期間抽出処理（ダイレクトメールの発送）

このうちの①と③の処理が流れ図で示されます。また，処理には受講者ファイル，講座ファイル，成績ファイルの三つの索引順編成ファイルを使いますが，受講者ファイルは設問の処理には出てきません。また，成績ファイルは順次アクセスするので考え方は順編成ファイルと同じで，講座ファイルだけ講座番号をキーとして直接アクセスします。なお，直接アクセスをする読出し部分は設問に関係しないので，例題で見た順編成ファイルの処理と同じように考えることができます。

プログラムの流れ図は，問題文の説明とほぼ順番が対応しているので，この説明と流れ図を照らし合わせて処理内容を考えるようにします。また，初期値や処理内容は，流れ図の中だけで考えずに，表1のA社通信講座の概要や図2〜4の各ファイルのレコード様式の注記,表2の主なモジュールの処理内容と合わせて考えます。

［設問１］

図５の初級，中級資格向けの講座の修了判定プログラムの流れの処理内容を考えます。上級資格の通信講座もある設定ですが，この問題では取り上げていません。このように本試験問題の内容は，実際のシステムの一部を取り上げて，設問に関係ない部分を取り除いて，少しでも短くなるように考えられていることが多いです。

修了判定プログラムは，繰返し記号の中で繰返し名として“全成績レコードの処理”，繰返しの終了条件として“成績ファイルの終わり”とあることから，成績ファイルの全てのレコードが対象になります。また，表２の内容から繰返しに入る前の初期処理の中で成績ファイルの１件目のレコードを読むことが分かり，読み込むときも“判定区分が空白以外のレコードは，読み飛ばす”とあるので，判定処理の行われていない現在受講中のレコードだけを処理対象にすることが分かります。

この他，設問１の記述の“ここで，日付については早い方が小さい数として扱われる”に注意して，空欄に入る内容を考えていきます。

・空欄 a：入力した成績ファイルの成績レコードの講座番号をキーとして講座ファイルを入力し，そのすぐ後で行う条件判定です。この条件を満たさない場合（No の場合）は，何もせず次の成績ファイルを入力していることから，ここでは受講期間が終わって修了判定処理を行う必要のある講座かどうかを判定していることが分かります。ここで解答群の選択肢を見ると現在日付（修了判定プログラムを実行している日）との大小判定を行っており，受講期間が終わったかどうかの判定は，講座レコードの終了年月日が現在日付よりも小さいかどうかで調べます。したがって，“講座レコードの終了年月日＜現在日付”の（ウ）が正解です。

なお，空欄 a の次の条件判定では，受講期間の月数が 12 と等しいかどうかを調べており，“≠12”のときだけ（初級，中級資格のときだけ）続く処理を行い，上級資格の講座を処理の対象外としています。

・空欄 b：初級，中級資格のレコードについては，提出回数と合計点の初期値を 0 として，モジュール“提出回数と合計点の計算”を呼び出します。空欄 b はこのモジュールに含まれる条件判定で，該当する場合（Yes の場合）は，提出回数を＋1 カウントアップし合計点に答案の点数を加算しています。また，条件に該当しない場合は，提出回数も合計点も加算せず，次の課題の判定に進みます。これは〔初級，中級資格向けの講座の修了判定処理の概要〕(1)

「答案が未提出の場合，及び提出期限を過ぎて答案が到着した場合」をはじく処理に当たり，答案の提出日が提出期限内かどうかを調べます。ここで成績レコードの提出日には，図4の注記3「提出日の初期値には提出期限の翌日の日付が設定されている」とあることから，未提出の場合でもこの初期設定によって，処理を別に考える必要はなく，単純に提出期限までに提出があったかどうかを調べればよいことになります。したがって，“成績レコードの答案iの提出日≦講座レコードの答案iの提出期限”とした（エ）が正解になります。

・空欄 c：提出回数と合計点の計算をした後は，受講期間の月数と提出回数が条件を満たすかどうかを調べていることから，ここでは合格判定を行っていることが分かります。判定区分には“優秀”，“合格”，“不合格”の三つがあり，〔初級，中級資格向けの講座の修了判定処理の概要〕(2)～(6)に定義されています。

空欄cの前には二つの条件判定があり，判定条件に該当しない場合はどちらも網掛け部分に分岐しています。一つは提出回数を満たさない場合，もう一つは平均点が60点未満の場合なので，網掛け部分で隠してある処理は，“成績レコードの判定区分 ← 不合格”であることが分かります。このことから，空欄cで判定するのは“優秀”と“合格”の違いで，この条件を満たすときは，続く判定で“提出回数＝受講期間の月数”を調べていることから，優秀者の条件である「平均点が90点以上」かどうかを調べる判定と分かります。したがって，“平均点≧90”の（オ）が正解です。

・空欄 d，e：優秀又は合格の判定区分の代入処理です。空欄cの“平均点≧90”と“提出回数＝受講期間の月数”の両方の条件を満たす場合は“優秀”となるので，空欄dは（ウ）の“優秀”となり，残りの空欄eは（ア）の“合格”となることが分かります。

［設問2］

図7の割引残存期間抽出プログラムの流れの処理内容を考える設問です。割引対象期間が少なくなった受講者にダイレクトメールを送るため，その割引対象期間を調べる処理になっています。ここで流れ図の空欄になっているのは，割引残存期間の計算部分だけなので，他の処理についてはざっと概要を把握する程度にして，空欄部分を集中して考えるようにします。なお，このプログラムでも成績ファイルは

順次アクセスでレコードを読んでいます。

空欄があるのは，割引対象期間について判定区分が“優秀”のとき 24，判定区分が“不合格”のとき 12 を設定した後に呼び出される“割引残存期間計算”モジュールです。これは，〔初級，中級資格向けの講座の修了判定後の処理の概要〕(2)と(3)に，「優秀者は，修了判定した月の翌月 1 日（起算日という）から 24 か月間，上位の講座を半額で受講できる」，「不合格者には，起算日から 12 か月間，同じ講座を半額で再受講できる」という内容に対応した処理です。このように二つの割引対象期間がありますが，このモジュールでは，計算途中で変数 m を使うことによって，優秀者と不合格者の割引残存期間を一つの計算式で求めているのが特徴で，逆に処理内容がすぐに分からないようになっています。このように少し分かりにくい処理内容は，具体的な例で計算の仕方をある程度見当を付けた後で，解答群の処理に当てはめて，正しく処理できるものを見つける方法をお勧めします。ここではまず具体的な数値を当てはめて解答を見つける方法を説明し，その後で一般的な考え方の方法を説明します。

（割引残存期間の具体例）

①　現在日付と起算日の年が同じ

起算日 2015 年 9 月 1 日，現在日付 2015 年 11 月 10 日のとき

・優秀者の割引対象期間が 24 か月なので，2017 年 8 月末日までが対象
　現在日付の割引残存期間は 2015 年の 2 か月，2016 年の 12 か月，2017 年の 8 か月で合計 22 か月

・不合格者の割引対象期間が 12 か月なので，2016 年 8 月末日までが対象
　現在日付の割引残存期間は 2015 年の 2 か月，2016 年の 8 か月で合計 10 か月

②　現在日付と起算日の年が異なる

起算日 2015 年 9 月 1 日，現在日付 2016 年 7 月 10 日のとき

・優秀者の割引対象期間が 24 か月なので，2017 年 8 月末日までが対象
　現在日付の割引残存期間は 2016 年の 6 か月，2017 年の 8 か月で合計 14 か月

・不合格者の割引対象期間が 12 か月なので，2016 年 8 月末日までが対象
　現在日付の割引残存期間は 2016 年の 2 か月

このような例で割引残存期間を確認してから，空欄に入る解答群に具体例①，②の年，月をそれぞれ当てはめて正しく計算されるかどうかを確認してみます。

まず，単純な例で，現在日付と起算日の年が同じ場合の処理を考え，①の優秀者の例で“変数 m ← 現在日付の月”と空欄 g を含む“割引残存期間 ← [g] − 変数 m”の処理内容を先に考えてみましょう。

・空欄 g：①の優秀者の例は，起算日 2015 年 9 月 1 日，現在日付 2015 年 11 月 10 日で，優秀者の割引対象期間は 22 か月になります。

（確認する処理）

まず，“変数 m←現在日付の月”は現在日付の月は 11 なので，変数 m＝11 になります。次に，空欄 g に解答群を順番に当てはめて割引残存期間を計算すると，

（ア）起算日の月
割引残存期間＝[起算日の月]−変数 m＝9−11＝−2

（イ）起算日の月−割引対象期間
割引残存期間＝[起算日の月−割引対象期間]−変数 m＝(9−24)−11＝−26

（ウ）割引対象期間
割引残存期間＝[割引対象期間]−変数 m＝24−11＝13

（エ）割引対象期間＋起算日の月
割引残存期間＝[割引対象期間＋起算日の月]−変数 m＝(24＋9)−11＝22

（オ）割引対象期間−起算日の月
割引残存期間＝[割引対象期間−起算日の月]−変数 m＝(24−9)−11＝4

となり，（エ）が正解と分かります。

・空欄f：次に，現在日付の年と起算日の年が異なる②の優秀者の例で，空欄fの内容を考えてみます。空欄gの解答を絞り込んだ方法と同じやり方で考えていきましょう。②の優秀者の例は，起算日 2015 年 9 月 1 日，現在日付 2016 年 7 月 10 日で，優秀者の割引対象期間は 14 か月になります。

（確認する処理）

“変数 m ← [f]”
“割引残存期間 ← [割引対象期間＋起算日の月] － 変数 m”

⇩

割引残存期間＝14

（ア）変数 m＝[起算日の月＋(起算日の年－現在日付の年)×12]
　＝ 9＋(2015－2016)×12＝9－12＝－3
割引残存期間＝[割引対象期間＋起算日の月] －変数 m＝(24＋9)－(－3)＝36

（イ）変数 m＝[起算日の月＋(現在日付の年－起算日の年)×12]
　＝ 9＋(2016－2015)×12＝9＋12＝21
割引残存期間＝[割引対象期間＋起算日の月] －変数 m＝(24＋9)－21＝12

（ウ）変数 m＝[現在日付の月＋(起算日の年－現在日付の年)×12]
　＝ 7＋(2015－2016)×12＝7－12＝－5
割引残存期間＝[割引対象期間＋起算日の月] －変数 m＝(24＋9)－(－5)＝38

（エ）変数 m＝[現在日付の月＋(現在日付の年－起算日の年)×12]
　＝ 7＋(2016－2015)×12＝7＋12＝19
割引残存期間＝[割引対象期間＋起算日の月] －変数 m＝(24＋9)－19＝14

（オ）変数 m＝[現在日付の月－(現在日付の年－起算日の年)×12]
　＝ 7－(2016－2015)×12＝7－12＝－5
割引残存期間＝[割引対象期間＋起算日の月] －変数 m＝(24＋9)－(－5)＝38

となり，（エ）が正解と分かります。

このように**選択肢の内容を直接当てはめて，正しい結果になるものを正解と考える方法は試験中にあせってしまったときや，考え方が分からない場合に有効な方法**です。一つ一つ当てはめていくので，時間がかかる場合もありますが，一つでも多くの正解を目指すときの手段として，実行できるようにしておきましょう。

最後に一般的な方法で処理内容を考える方法を示します。

①　現在日付と起算日の年が同じ

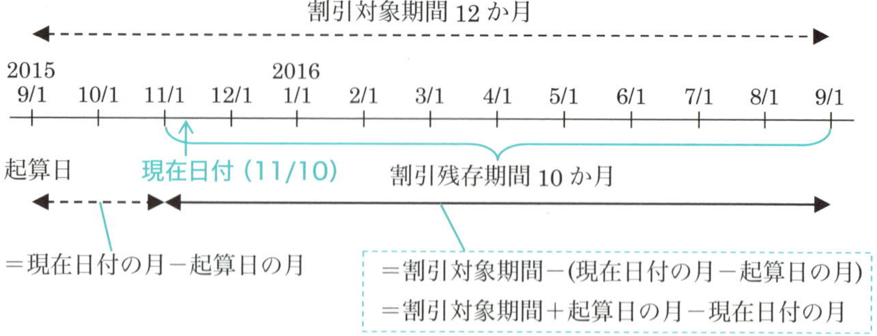

②　現在日付と起算日の年が異なる

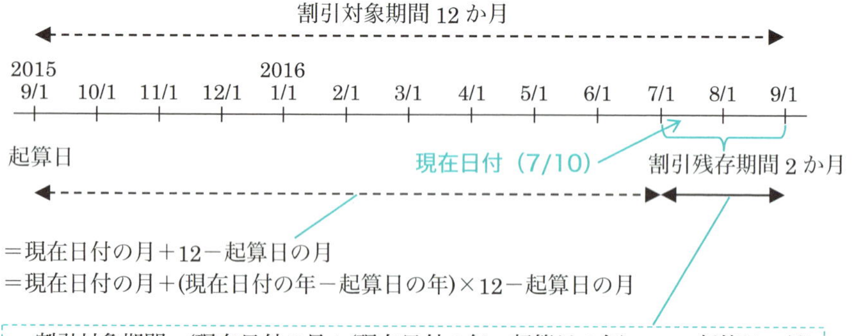

=割引対象期間－(現在日付の月＋(現在日付の年－起算日の年)×12－起算日の月)
=割引対象期間＋起算日の月－(現在日付の月＋(現在日付の年－起算日の年)×12)

以上の二つの例から割引残存期間は，“割引対象期間＋起算日の月”を共通式として，「①　現在日付と起算日の年が同じ」場合は，“共通式－現在日付の月”で求められ，「②　現在日付と起算日の年が異なる」場合は，“共通式－(現在日付の月＋(現在日付の年－起算日の年)×12)”で求められることが分かります。このうち，共通式の“割引対象期間＋起算日の月”が空欄 g に当たり，“現在日付の月＋(現在日付の年－起算日の年)×12)”の部分が空欄 f に当たります。

演習問題　第３部　第５章　問２

購買システムにおける注文書出力処理　(H29 春-FE 午後問 5)

(解答)

［設問１］　a－イ，b－カ
［設問２］　c－ウ，d－イ
［設問３］　ウ

(解説)

ソフトウェア設計の問題は，ファイル処理とオブジェクト指向設計が多いですが，テストに関する設問も増えてきています。この問題では，電気製品を作っている会社の部品調達に関連する事務処理を効率化する購買部門のシステムを題材にしていて，流れ図の穴埋めと，ホワイトボックステストとブラックボックステストが設問内容として出題されています。

発注処理について理解していれば，問題文もスラスラ読めると思いますが，そうでない場合は，**イメージとして，「システムで何がどのように便利になるのか，効率よくなるのか」を考える習慣を付けてください。**これを演習で繰り返すと，問題内容を早く把握できるようになります。

例えば，次のように考えて人手が減ることを考えます。実際には本人確認や認証など細かい処理も含まれてきますが，ここでは事務的な処理部分だけを見ます。

①購買システムの構築前

　購買部の担当者が発注書に手書きで発注する部品（商品）を書いて仕入先に郵送か FAX し，仕入先の営業員が内容を確認して出荷手続きをする。

②購買システムの構築後

　購買部の担当者が，画面から仕入先ごとに分類して注文する商品を入力して（発注登録）仕入先ごとに発注書を作成し，仕入先の営業員が発注内容を確認して出荷手続きをする。

この問題では，発注する商品ごとに仕入先は１社に決まっていることと，購買部門は三つのグループに分かれているがグループごとに取り扱う商品が異なること，に着目します。

かなり簡素化した内容にアレンジされているといえますが（そうしないと処理が複雑になり過ぎる），このことを意識して〔注文書出力処理の説明〕を読み進めていきます。

購買部，購買グループ，商品，仕入先の関係を確認するため図で表すと，次のようになります。問題文に記述されていない内容もありますが，1..* は下限値が 1 で複数あることを示します。

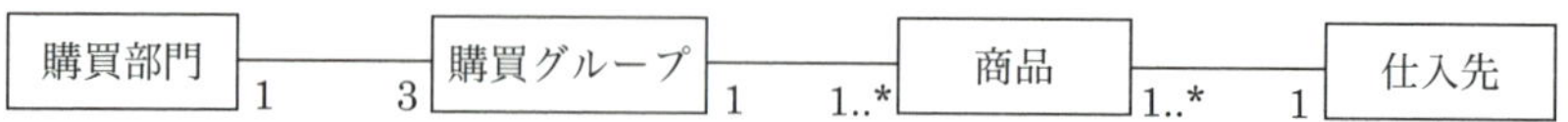

仕入先の営業員が利用するのは，購買システムの注文書出力処理です（問題の図 1 の破線部分）。複数の営業員がいるかもしれませんが，問題に記述されていないので，仕入先に営業員が 1 人いる簡単な関係を想定してよいでしょう。図 3 の注文書出力画面の例から営業員が自分の担当する商品を選んで，図 4 の注文書の例が発行される処理を考えていきます。

「注文情報は，購買グループ名，希望納期，注文番号，注文枝番，商品番号，数量，納品場所，購買担当者などを要素としてもちます」が，注文書として出力するときには，購買グループごとに希望納期，注文番号，注文枝番の順に，1 ページ最大 5 件出力します。このような順で出力するために，ページごとに最大 5 件を含むようにした 2 次元配列“出力ワーク領域”にあらかじめ注文情報のデータを格納する処理が「出力準備処理」で，その処理の流れ図が図 5 で示されています。

出力準備処理で処理するデータについて確認しておくと，注文情報は処理を開始するときの引数として“注文データ”という名前の 1 次元配列でまとめて渡されます。このとき，出力する順番の，購買グループ，希望納期，注文番号，注文枝番の昇順に整列されています。図 3 のデータ内容だとイメージしにくいですが，設問 2 で出てくるテストデータの内容を先回りして見ると，整列されたイメージがもう少しよく分かります。この他に，注文データの総数を示す注文情報件数が引数として渡されることを確認して，図 5 の流れ図の処理を確認していきます。

まず，全体をざっと見てみると，変数 i が引数の 1 次元配列である注文データ[i]の添字として使われ，繰返し処理で「i> 注文情報件数」という終了条件で注文情報件数と比較していることが分かります。次に，2 次元配列の添字が，出力ワーク領域[ページ変数][出力件数]として，行方向の添字がページ変数で，列方向の添字が 1 ページ内の何番目の出力かを示す出力件数になっていることを確認します。

流れ図の処理を自分の言葉で表現して，大まかにまとめてみると次のようになります。記号として擬似言語を使っています。

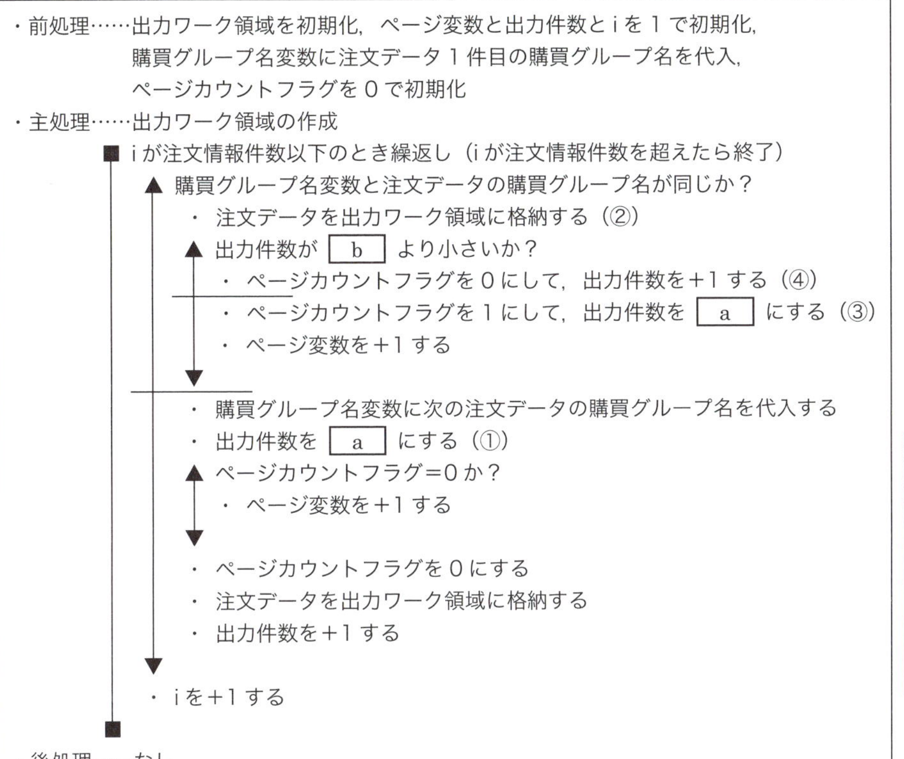

図Ａ　出力準備処理の処理概要

処理のポイントは，前処理の初期設定で出力件数を１にしていることと，主処理の繰返し処理に入る前に，最初の１件目の注文データ[1].購買グループ名を購買グループ名変数に代入していることです。

この代入処理によって，i＝1 で繰返し処理に入った最初の条件判定「購買グループ名変数＝注文データ[i].購買グループ名」では必ず Yes の方に流れ，流れ図中②の「出力ワーク領域[ページ変数][出力件数]←注文データ[i]」の処理が実行されます。このとき，**出力件数を先に１にしてから，注文データを出力ワーク領域に代入しているので，空欄ｂを含む判定条件の出力件数は，その時点までに出力ワーク領域に移動したデータ件数を示している**ことに注意してください。

１次元配列の注文データ[i]が，２次元配列の出力ワーク領域[ページ変数][出力件数]に格納される様子を理解するために，データの例を使って図で示します。出力ワーク領域の要素 A，B，C はグループ名を表しています。

注文データ[i]

	購買グループ名	希望納期	注文番号	注文枝番	商品番号	数量	購買担当者
注文データ[1]	A グループ	2017-04-27	A20170427001	001			
注文データ[2]	A グループ	2017-04-27	A20170427001	002			
注文データ[3]	A グループ	2017-04-27	A20170427001	003			
注文データ[4]	A グループ	2017-04-27	A20170427001	004			
注文データ[5]	A グループ	2017-04-30	A20170430001	001			
注文データ[6]	A グループ	2017-04-30	A20170430001	002			
注文データ[7]	B グループ	2017-05-10	B20170510001	001			
注文データ[8]	B グループ	2017-05-10	B20170510001	002			
注文データ[9]	B グループ	2017-05-10	B20170510001	003			
注文データ[10]	B グループ	2017-05-11	B20170511001	001			
注文データ[11]	B グループ	2017-05-11	B20170511001	002			
注文データ[12]	C グループ	2017-05-09	C20170509001	001			
注文データ[13]	C グループ	2017-05-12	C20170512001	001			
注文データ[14]	C グループ	2017-05-14	C20170514001	001			
注文データ[15]	C グループ	2017-05-14	C20170514001	002			

注記　網掛け部分は省略

出力準備処理

出力ワーク領域[ページ変数][出力件数]

ページ変数＼出力件数	[1]	[2]	[3]	[4]	[5]
[1]	A	A	A	A	A
[2]	A				
[3]	B	B	B	B	B
[4]	C	C	C	C	

各要素は次のような内容です。

注文データ [8]	B グループ	2017-05-10	B20170510001	002			

図 B　出力ワーク領域の要素

このように，出力ワーク領域の要素は，1 件分の注文データ[i]です。

ここまでの内容が，設問の解答を考えるときに理解しておく必要があることになります。

［設問１］

図５の流れ図中の空欄に入る定数を考えます。空欄 a は出力件数の再設定，空欄 b は出力件数と比較する値になります。

・空欄 a：流れ図の処理概要を図 A で確認しましたが，出力件数を１で初期化してから，１件目の注文データを出力ワーク領域に格納しているので，再設定する出力件数の値も「1」にすると予想できます。

・空欄 b：この空欄を含む条件「出力件数が［ b ］より小さいか？」が Yes のとき，ページカウントフラグは初期設定と同じ 0 にし，出力件数を＋1 しています。

一方, No のときは，ページカウントフラグを初期設定と異なる 1 にして，出力件数を再設定しています（先ほどの仮定で 1 に設定)。そして，その次にページ変数を＋1 していることに着目すると，ページを変える処理をしていることが分かります。

問題文の内容をもう一度確認すると，注文出力処理でページを変えて出力するのは，〔注文書出力処理の説明〕の(3)から，購買グループが変わったときと，1 ページの注文書に 5 件の注文データを格納した後となります。このことから，空欄 b の条件は「出力件数＜5」になることが分かります。

念のため確認しておくと，この条件は出力件数が初期値 1 から 2，3，4 のとき Yes に流れて，その後，出力件数を＋1 して 5 となり，繰返し処理の最初に戻ります。ここでグループ名が前の注文データと同じなら，この 5 件目の注文データ[５]が出力ワーク領域に格納され，再度，空欄 b を含む条件判定となり，出力件数＝5 なので No に分岐します。

ここまでの確認で，１ページの注文書に５件の注文データを格納した後かどうかを示すデータがページカウントフラグの役割と分かり，このフラグの値が 1 なら 5 件の注文データを格納した後を示すことになります。

なお，①の次の条件判定「ページカウントフラグ＝0」について，①の処理が実行されるのは，注文データの購買グループ名が変わったときですが，この場合もページを変えるため＋1 する必要があるので，この条件判定が必要になります。

以上の確認から，空欄 a は（イ）の「1」，空欄 b は（カ）の「5」が解答になると確信がもてます。解答群に 6 がないので，迷った人は少なかったと思いますが，解答群にあったら，誤って選んでしまった人が多くいたと思われます。

［設問2］

図5の出力準備処理が正しく動作するかをホワイトボックステストで確認するために必要なテストデータを検討します。図6で示された注文データのテストデータの内容を見ると，Aグループが3件，Bグループが2件，Cグループが1件の合計6件のデータになっています。

・空欄c：設問1で出力件数の空欄を考えた後なので，**同じ購買グループの注文データが5件よりも多い場合の動作確認が，このテストデータではできない**ことにすぐ気が付くと思います。このテストデータでは，空欄bを含む条件「出力件数<5」がNoにならないので，③の処理が行われません。このことから空欄cは（ウ）の「③」が解答になります。

・空欄d：③の処理を実行させるには，同じ購買グループの注文データを5件以上含む必要があります。図6のテストデータの場合なら，次のようになります。
  ・Aグループの注文情報を2件以上増やす
  ・Bグループの注文情報を3件以上増やす
  ・Cグループの注文情報を4件以上増やす

  解答群でこれらの内容に該当するのは，（イ）の「購買グループ名がBグループである注文情報を3件追加した」なので，これが正解になります。

［設問3］

出力準備処理をブラックボックステストで確認するときに実施すべきことを検討します。出力準備処理は，注文書の出力を行う前に，2次元配列の行方向をページと考えて，購買グループが変われば行を変え，注文情報を列方向に最大5件格納する（5件を超えたら行を変える）処理を行うものでした。

ブラックボックステストは，プログラムの内部処理には立ち入らず，利用者側からの視点で，仕様が合っているかどうかを確認するテストですが，解答群の中では，（ウ）の「入力として渡した引数の内容に対して出力ワーク領域の内容が仕様どおりであることを確認する」が配列データの格納方法に関する仕様の確認に該当するので，正解になります。

なお，（ア）はプログラム内部の処理を確認しているので，ホワイトボックステストが該当し，（イ）は注文データの内容とデータ総数を示す注文情報件数の内容が仕様どおりかを確認することから，プログラムのテストで確認することというよりも，レビューなどで確認することといえます。

演習問題　第３部　第５章　問３

レンタル業務システムの設計
(H28 秋-FE 午後問 5)

（解答）

［設問１］　a－ウ，b－ウ

［設問２］　c－エ，d－ア

［設問３］　e－イ

（解説）

CD や DVD，書籍などの身近なレンタル業務をテーマとしたオブジェクト指向設計の問題です。図を中心に問題全体をざっと確認すると，商品コードの割当て，画面の表示例，システムのクラス図，入力操作のシーケンス図を使って説明されています。次に設問内容を確認すると，各図の空欄に入る字句や項目内容を問うものと，説明の空欄に入れるオブジェクト指向の用語を選ばせる内容になっていて，問題文の説明が理解できれば，解答できる予感がする問題といえます。

(1)　クラス図についての補足

オブジェクトを作成する型の定義がクラス，このクラスを図式化したものがクラス図ですが，一般的なクラス図にはクラス名，属性，メソッド（操作）を表記します。しかし，この問題の図 3「レンタル業務システムのクラス図」には，属性しか表記がありません。

そこで，問題の記述を確認すると，〔レンタル業務システムの UML 図〕に「エンティティクラスだけを記載している」と記述されています。このエンティティクラスとはデータを格納するクラスのことで，対応するデータベースごとにクラスを定義し，一つのオブジェクトが１件のレコードに該当します。そして，オブジェクトにデータを格納したものがインスタンスで，レコードを一意に特定する属性（キーのこと）によってインスタンスを特定します。

(2)　問題内容についての補足

レンタル業務の説明として，会員登録，商品の貸出し，商品の返却，貸出中商品のチェックについて問題文に記述がありますが，商品の返却と貸出中商品のチェックについては，直接設問には出てきません。問題文もやや長いので，解説の冒頭で述べたように，はじめは，ざっと問題概要と設問内容を把握し，その後で問題文の内容を詳細に確認していくようにすると，効率良く解答できます。その意味で，この問題は全体を先に把握し，はじめから内容の詳細を追いかけないようにした方が良い例といえます。

［設問1］

図3のクラス図の空欄に入る属性名と多重度を答える設問です。〔レンタル業務の概要〕で記述されている，(1)会員登録の手順と(2)レンタル商品の貸出し手順の内容を基に考えます。図3のクラス図では，各クラスをデータベースと考え，そのデータベースの属性（項目）を考えていくようにします。

・空欄 a：貸出クラスの属性を考えます。貸出クラスは，貸出明細クラスと関連があり，貸出クラス側に ◆ 記号がついています。凡例には「“◆”の記号は部分と集約の関係を表す」とあるので，「貸出クラスは貸出明細クラスを集約したもの」，「貸出明細クラスは貸出クラスの部分」ということになります。多重度は貸出側が 1，貸出明細側が 1..10 となっていて，(2)レンタル商品の貸出し手順（以下，(2)と略），①の説明にあるように，1 回の貸出しで最大 10 件までレンタルできることを表しています。

貸出明細は入力操作の後，(2)⑥の説明にあるように，図2の画面の確定ボタンを押すと，レンタル商品ごとに貸出明細番号を付けて貸出明細の情報とします。図2の表示例では返却予定年月日の早い順（貸出期間の少ない順と同じこと）になっていますが，入力操作は貸出期間と関係なく行われると考えられるので，一つの商品を入力するたびに返却予定年月日の早い順に画面上の情報を並べ替えていると考えるのがよいでしょう。この貸出明細番号は図2には表示されませんが，解答に当たっては明細の上から順に 1，2，3，…，10 と付けられると考えるとイメージしやすくなります。

貸出は(2)⑥の説明から，返却予定年月日ごとにまとめて伝票番号を割り当てて登録されるとあります。図3の貸出クラスを見ると，属性名として伝票番号，貸出年月日，［　a　］，返却予定年月日となっていますが，(2)④の説明から，返却予定年月日は貸出期間と本日日付（＝貸出年月日）から自動計算するので，“貸出期間”が必要です。したがって，空欄 a は（ウ）の“貸出期間”になります。

なお，（ア）の延滞日数と（イ）の延滞料金は貸出明細ごとに変わるので，貸出クラスには当てはまりません。(エ)の貸出料金は商品ごとに異なるので，これも当てはまりません。(オ)の登録年月日は入力操作を行った日を指すと思われますが，これは貸出年月日と同じですから，当てはまりません。

参考までに，図2の画面表示の内容で確定ボタンを押した後の貸出と貸出明細の対応イメージは次のようになります。ここでは例として，伝票番号は12005から，貸出明細番号は上から1，2，3，4としています。

（図２の入力操作確定後の３件の“貸出”と４件の“貸出明細”の対応イメージ）

貸出年月日：2016-10-16

商品コード	貸出期間	商品名	商品概要	返却予定年月日	貸出料金
C529157	1日	音楽CD01	編曲者A，63分	2016-10-17	130円
D700557	2日	映画DVD01	監督B，主演C，122分	2016-10-18	200円
B905668	2日	UML基礎編	著者X，100ページ，ISBN-xxxx	2016-10-18	100円
B905669	1週間	データベース応用編	著者Y，240ページ，ISBN-yyyy	2016-10-23	150円
				貸出料金合計	580円

確定

（貸出）

伝票番号	貸出年月日	貸出期間	返却予定年月日
12005	2016-10-16	1日	2016-10-17

（貸出明細）……対応する商品は一つ

貸出明細番号	貸出料金	返却年月日	延滞料金
1	130円		

→

商品コード	商品名	商品概要
C529157	音楽CD01	編曲者A，63分

（貸出）

伝票番号	貸出年月日	貸出期間	返却予定年月日
12006	2016-10-16	2日	2016-10-18

（貸出明細）……対応する商品は二つ

貸出明細番号	貸出料金	返却年月日	延滞料金
2	200円		
3	100円		

→

商品コード	商品名	商品概要
D700557	映画DVD01	監督B，主演C，…
B905668	UML基礎編	著者X，100ページ，…

（貸出）

伝票番号	貸出年月日	貸出期間	返却予定年月日
12007	2016-10-16	1週間	2016-10-23

（貸出明細）……対応する商品は一つ

貸出明細番号	貸出料金	返却年月日	延滞料金
4	150円		

→

商品コード	商品名	商品概要
B905669	データベース…	著者Y，240ページ，…

・空欄ｂ：貸出明細クラスとレンタル商品クラスのインスタンス間の多重度を考えます。(2)の説明に「全てのレンタル商品のそれぞれに，一意となる識別子として資産管理番号を割り当てている」，「同じ種類のレンタル商品の情報（以下，商品情報という）ごとにも一意となる識別子として商品コードを割り当てている」とあり，レンタル商品クラスには資産管理番号，商品情報クラス

には商品コードがそれぞれインスタンスを特定する属性として定義されていることが分かります。**レンタル商品は，同じ商品でも資産管理番号によって一つ一つを物理的に特定できる**ことが分かります。

図 1 にこれらの識別子を割り当てた例が示されていますが，実際のレンタル店で人気のある CD や DVD で同じ商品が複数置いてあることを考えると分かりやすいでしょう。なお，**同じタイトルの映画（商品名）でも，監督や主演が異なれば違う商品なので，異なる商品コードが割り当てられます。**

これらを基に，まず，レンタル商品のインスタンスから見た多重度 b1 を考えます。例えば，ある資産管理番号の書籍を貸し出していれば，貸出明細にその書籍に該当するインスタンスが一つ存在しますが，貸し出していなければ，貸出明細に存在しません。したがって，最小が 0，最大が 1 となるので，b1 の多重度は“0..1”となります。

次に，貸出明細のインスタンスから見た多重度 b2 を考えます。貸出明細が存在するということは，該当する資産管理番号の商品を貸し出していることになるので，レンタル商品には必ず該当するインスタンスが一つ存在します。したがって，b2 の多重度は“1”となり，b1 と合わせて（ウ）が正解です。

なお，資産管理番号は一つ一つの商品に付けた物理的に識別できる番号なので，一つの資産管理番号（商品）が複数の貸出明細には対応しません。逆に一つ貸出明細に複数の資産管理番号が対応することもないので，多重度に“*”が入っている（イ），（エ），（カ），（キ），（ク）は正解候補にはなりません。これも正解を絞り込む参考になります。

［設問２］

(2)③の入力操作が行われたときのシーケンス図（図 4）の処理内容を考える設問です。続く④の「入力操作が行われる都度，レンタル商品の……を画面に表示する」の記述も確認します。貸出処理は，担当者がバーコードで読み取る資産管理番号，会員から聞く貸出期間，本日日付（通常はシステム時計から取得）といった貸出情報を取得してから，次のように**メッセージの上から下に行われていきます。**

- ［　c　］を基に，返却予定年月日を計算する
- 資産管理番号を基に，レンタル商品を取得する
- 商品情報を取得する
- 商品概要を取得する　**……（注）この段階で詳しい説明はまだありません**
- ［　d　］を基に，貸出料金を取得する（貸出料金クラスから取得）

・空欄 c：返却予定年月日を計算するのに必要な属性を考えます。このメッセージは，貸出処理クラスから自分自身に向かっているので，他のクラスへの依頼なしで処理を行うことになります。返却予定年月日の計算に必要な情報は，(2)④から“貸出期間と本日日付”なので，（エ）が正解です。

・空欄 d：貸出料金の取得に必要な属性を考えます。このメッセージは，貸出処理クラスから商品情報クラスへの依頼で，商品情報クラスはその応答として貸出料金を返しています。この処理は，(2)④に「貸出料金はレンタル商品の種類ごとに貸出期間によって設定されている単価から，……自動計算する」とあるので，商品情報クラスが返している貸出料金は，貸出期間によって設定された貸出料金クラスの単価のことになります。このことから，貸出処理クラスが商品情報クラスに渡す属性は，（ア）の“貸出期間”となります。

　なお，図4で省略されている商品情報クラスから貸出料金クラスへのメッセージは“単価を取得する（貸出期間）”となり，貸出料金クラスから商品情報クラスに返される属性が“単価”となります。

［設問3］

　まず，空欄 e1 を考えます。図3を見ると CD クラス，DVD クラス，書籍クラスと商品情報クラスの関連に △ 記号がついています。凡例の説明には，「“△”は汎化関係を表し，上位の一般的なクラスと下位のより特殊的なクラスとの間の分類関係を示している」という主旨の説明があります。この“より特殊的なクラス”という記述が“**特化**”を示しています。汎化した上位のクラスが**スーパクラス**，下位の特化したクラスが**サブクラス**です。サブクラスは，スーパクラスの汎化した性質を継承し，不足する部分を個々に特化した性質としてもっています。このようにスーパクラスの性質をサブクラスが継承することを“**インヘリタンス**”といいます。

　次に，空欄 e2 を考えます。設問文に「図4中のαの部分は，貸出処理クラスから商品情報クラスに対する商品概要を取得する要求のメッセージである」とあります。要求された商品情報クラスは，商品の種類によって CD クラス，DVD クラス，書籍クラスに分けて，異なる処理を実行します。一方で，貸出処理クラスは，商品の種類にかかわらず「商品概要を取得する」というメッセージを商品情報クラスに送るだけです。このように，クラスや処理の違いを意識せずにメッセージを送ってそれぞれのクラスに応じた結果を取得できる性質を“**ポリモーフィズム**”（**多相性**，**多様性**）といいます。以上から，e1 が“インヘリタンス”，e2 が“ポリモーフィズム”なので，（イ）が正解になります。

ポリモーフィズムの考え方は少し難しいので，ここで補足しておきます。

例えば，同じクラスのサブクラス同士のような似たクラスでは，同じようなメソッドをもつことになります。しかし，その詳細な内容については，サブクラスごとに違うこともあります(全く同じであれば，サブクラスに分ける必要はありません)。このとき，メソッドの名前をそれぞれ変えてしまうのはあまり好ましくはありません。せっかくデータ構造とメソッドをカプセル化して，内部構造などを意識せずに扱えるようにしたのですから，同じような操作であれば名前を統一した方がよいことは明らかです。使う側としては，メッセージを送る（メソッドを起動する）クラスの内部事情などをなるべく意識せずに操作できることが望まれるのです。

ポリモーフィズムとは，このための仕組みで，同じメッセージを送っても，各オブジェクトが，所属するクラス独自の動作をすることです。

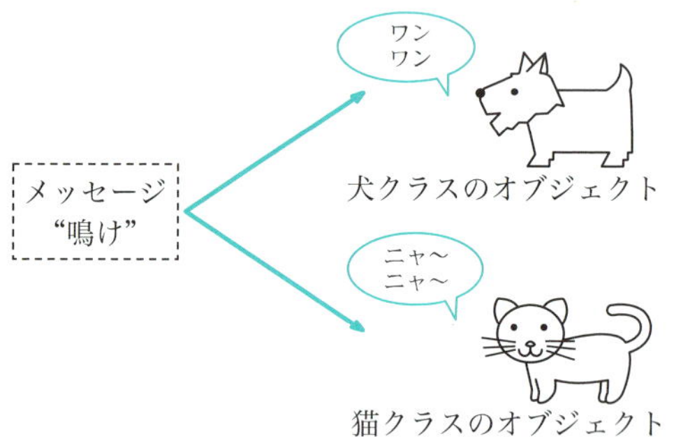

多相性（ポリモーフィズム）

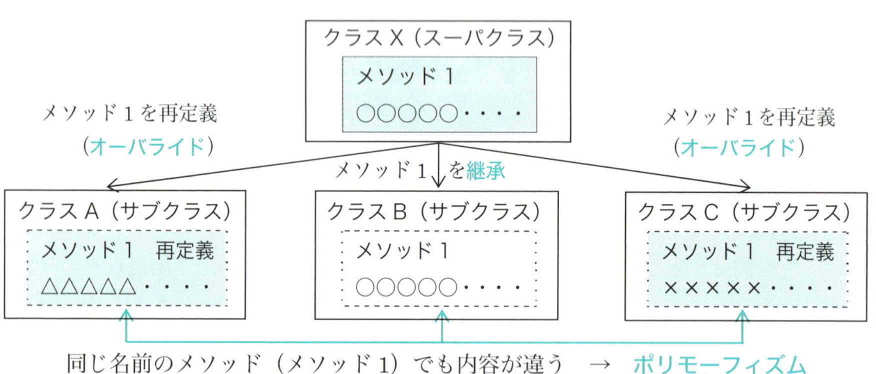

・再定義（オーバライド）とは，スーパクラスのメソッドをサブクラスで別の内容に定義し直すことです。ほとんどのサブクラスで共通するメソッドの場合，その定義はスーパクラスで行った方が効率的です。そして，内容の異なるサブクラスだけについて，メソッドの内容を再定義してポリモーフィズムを利用します。

・多重継承とは，複数のスーパクラスから継承することです。例えば，営業職と管理職というスーパクラスがあった場合，営業管理職クラスは営業職と管理職の両方のクラスから属性とメソッドを継承します。また，一つのスーパクラスから継承することを単一継承と呼び，区別する場合があります。
・多重定義（オーバロード）とは，一つのクラス中に同じ名前のメソッドを複数（多重に）定義することです。同じ名前のメソッドを複数定義するといっても，全く同じだと区別がつきません。それぞれのメソッドは引数（パラメタ）の型（数値型や文字型など）や，引数の数が違います。つまり，オブジェクト指向の用語でいえば，メッセージに指定する内容（フォーマット）が違うということになります。

オブジェクト指向といっても結局はプログラムですから，引数の型や数が違えば，違った処理が必要となります。したがって，実際には違ったメソッドを用意しなくてはいけません。しかし，利用者側から見れば，引数の型の違いなどはあまり大きな問題ではありません。利用者側から見て同じような処理であれば，同じメソッドであった方が使いやすいことは明らかです。多重定義を利用することで，利用者は必要以上に多くのメソッド名を知る必要がなくなります。

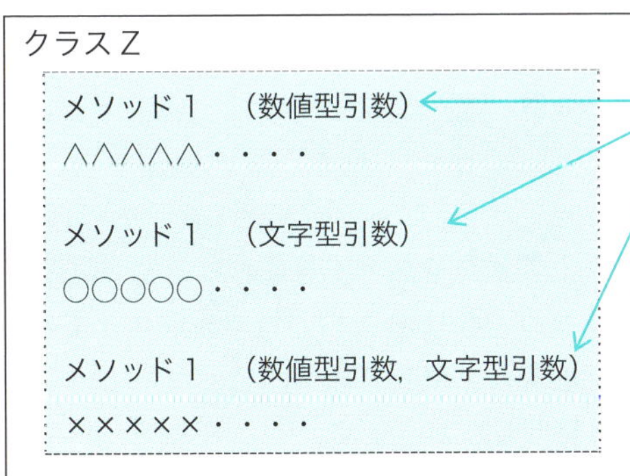

第4部　第1章　マネジメント系

演習問題 ― 第4部　第1章　問1

プロジェクトの要員計画

(H29春-FE 午後問6)

(解答)

［設問1］　a－エ，b－ア，c－ウ，d－ウ

［設問2］　e－ウ，f－オ

(解説)

新システム構築に関するプロジェクト検討時の要員計画の問題です。プロジェクトマネージャ（PM）は，プロジェクトの検討に当たって，システム開発規模にかかわらず，要員の確保と開発計画を行い，プロジェクト全体を評価していきます。

問題文の〔プロジェクトの説明〕にある前提条件に従って，プロジェクト要員を算出します。各月の要員数（人）の計算式が提示されており，表1には各工程の工数，表2，3には配分月数，スケジュールが示されています。それらを読み取り，計算していくことで解答が得られる問題となっています。

プロジェクトにおける様々な制約条件下で，開発規模に応じた要員数の見積り，開発工程ごとの月別要員配置の検討については，プロジェクト計画における重要な作業となるため，よく理解しておきましょう。

［設問1］

システム開発に必要となるプロジェクト要員数や開発工程における配分月数が求められています。大前提として，A社及び協力会社B社の要員で構成されます。

また，システム開発は，一期開発と二期開発から成る2段階開発となっています。

・空欄a：まず，次のように前提条件を整理しておきます。

〔前提条件〕

① 外部設計工程の要員はA社の要員80%以上を割り当てます。

② ①を満たす最少人数をA社の要員数とし，各月とも，A社の要員は全員が必ず担当する工程があります。

③ プログラム開発工程には，一期開発，二期開発ともに，B社の要員だけを割り当てます。

④ 要員の割り当て順は，まずA社の要員を割り当て，不足した場合はB社の要員を割り当てます。

⑤　一期開発，二期開発が重なる期間は，A 社の要員を一期開発に優先して割り当てます。

⑥　一人が一期開発，二期開発の作業を同一月に行うことはありません。

※各月の要員数は，小数点以下を切り上げた整数値とします。

$$\text{各月の要員数（人）} = \frac{\text{各工程の工数（人月）}}{\text{各工程の配分月数（月）}}$$

まず，外部設計の各月の要員数を計算します。

42.0÷3＝14 人

14 人のうちの A 社の要員数を求めます。

〔プロジェクトの説明〕(3)に「二期開発は，一期開発のプログラム開発の開始月に開始する」ことから，外部設計工程は，二つの期が並行して行われることはありません。このことを踏まえ，更に〔前提条件〕①，②に基づくと，A 社の外部設計工程の要員は次のようになります。

14 人×0.8＝11.2 人

小数点以下を切上げして「12」人となります。正解は（エ）です。

・空欄 b：空欄 a で A 社の要員数が 12 人であることが分かりました。この条件を満たす最少の人数を A 社の要員数として，〔前提条件〕②，④に基づき，一期開発の外部設計工程の B 社の要員数は，次のようになります。

14 人（外部設計での必要な要員数）－12 人（A 社の要員数）＝2 人

したがって，正解は「2」の（ア）となります。

・空欄 c：スケジュール案 2 から，〔前提条件〕②を満たすことができない月を考えます。

表 A　プログラム開発工程の配分月数を一期開発及び二期開発ともに 4 にする開発スケジュール案

年			2017									2018											
月			4	5	6	7	8	9	10	11	12	1	2	3	4	5	6	7	8	9	10	11	12
工程	一期開発		外部設計			内部設計			プログラム開発				結合テスト		総合テスト								
	二期開発								外部設計			内部設計			プログラム開発				結合テスト		総合テスト		
要員数（人）	一期開発	A 社							0	0	0	0											
		B 社							35	35	35	35											
	二期開発	A 社													0	0	0	0					
		B 社													32	32	32	32					

〔前提条件〕②の条件は，「A 社の要員には，各月とも，全員が必ず担当する工程がある」となっています。このことから，A 社の要員が担当しない工程がないかを探していくと，2018 年の 7 月は A 社の要員が 1 人も担当をもっていないことが分かります。ここは，一期開発は終了し，二期開発はプログラム開発工程なので B 社の要員だけを割り当てているためです。(〔前提条件〕③)。したがって，〔前提条件〕②を満たすことができない月は，「7 月」です。正解は（ウ）となります。

・空欄 d：〔前提条件〕②を満たすことができるように，プログラム開発工程期間を変更します。このためには，現状のプログラム開発工程から一期開発工程を 1 増やす，もしくは，二期開発工程を 1 減らせばよいことが分かります。したがって，正解は「一期開発を 4 に，二期開発を 3 にする」の（ウ）となります。

ア：一期開発を 3 に，二期開発を 4 にすると，〔前提条件〕②を満たすことができない月が 6 月，7 月となってしまいます。

イ：一期開発を 3 に，二期開発を 5 にすると，〔前提条件〕②を満たすことができない月が 6 月，7 月，8 月となってしまいます。

エ：一期開発を 4 に，二期開発を 5 にすると，〔前提条件〕②を満たすことができない月が 7 月，8 月となってしまいます。

［設問 2］

表 3「見直した開発スケジュール案」を用いて，B 社の 3 月〜5 月の総要員数を等しくし，表 3 のピーク時の B 社の総要員数を減らす方法を考えていきます。

空欄の問題文は「4 月の一期開発の要員のうち［ e ］人を 3 月に移動し，二期開発の要員のうち［ f ］人を 5 月に移動すればよい」となっています。

B 社の 3 月〜5 月の総要員数を等しくするのですから，まず，3 月〜5 月の平均の要員数を求めます。

3 月：37 人（15＋22）　　4 月：48 人（15＋33）　　5 月：35 人（2＋33）

（37＋48＋35）÷3＝40 人

これらの計算から，平均の要員数は 1 か月 40 人ずつとなることが分かります。4 月の平均より多い 8 人分を 3 月，5 月の平均に満たない人数分に移動すると次のようになります。

40−37＝3 人……3 月に移動

40−35＝5 人……5 月に移動

したがって，空欄 e の正解は「3」の（ウ），空欄 f の正解は「5」の（オ）です。

演習問題　第４部　第１章　問２

EVM 手法を用いたプロジェクト管理　(H30 春-FE 午後問 6)

（解答）

［設問１］　a－ウ

［設問２］　ク

［設問３］　b－ア，c－カ，d－オ，e－イ

（解説）

これまでのプロジェクトマネジメント分野における EVM に関連した問題は，与えられた条件に従って，要員の配置数を当てはめたり，生産性から必要工数などを計算したりする設問として出題されていました。しかし，本問の設問 2，3 に見られるように EVM（Earned Value Management）の知識を必要とし，EVM の用語の意味やグラフが示すものが分からなければ解答できないように，評価値そのものの理解が求められています。EVM 分析で使用される評価値や指標などの基礎知識とともに，午後問題で問われる観点をしっかりと学びましょう。

［設問１］

内部設計のサブシステムごとの計画工数が問われています。

・空欄 a：計画工数を求めるためには，生産性と開発規模の数値が必要になります。

表 1「各開発工程の生産性」と表 2「新営業システムの開発規模」から求めると，内部設計時の生産性は 6.40KLOC／人月，サブシステム S1 の開発規模は 200.00KLOC であり，この値を基に算出すると次のようになります。

200.00KLOC÷6.40 KLOC／人月＝31.25 人月

したがって，正解は「31.25」の（ウ）です。

参考として，表 3「外部設計と内部設計のサブシステムごとの計画工数」を完成させると，表 A のようになります。

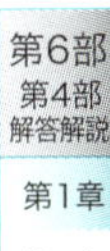

表 A

単位　人月

サブシステム	外部設計	内部設計
S1	25.00	31.25
S2	30.00	37.50
共通機能	10.00	12.50
合計	65.00	81.25

［設問２］

外部設計開始から 35 作業日（1.75 か月）時点での EVM 指標値から，外部設計終了時の見通しが問われています。表 5「外部設計工程のサブシステムごとの EVM 指標値」に外部設計終了時点の見通しの EV，AC，SPI，CPI を加えると，表 B になることが分かります。

外部設計終了時の各数値の求め方を，S1 を例にして示しますので確認してみましょう。なお，SPI，CPI の求め方は表 4「EVM 指標の N 社での意味」にも示されています。

AC は外部設計を開始してから 1.75 か月が経過した時点が 21.60 人月だったことから外部設計終了時は，AC の値を 1.75 か月で割り，外部設計期間を掛けたものです。

（21.60／1.75）×2=24.69

EV は外部設計を開始してから 1.75 か月が経過した時点が 21.25 人月だったことから AC と同様に計算すると，次のようになります。

（21.25／1.75）×2=24.29

SPI は EV／PV で求められますので，24.29／25=0.97 となります。

CPI は EV／AC で求められますので，24.29／24.69=0.98 となります。

表 B　外部設計工程のサブシステムごとの EVM 指標値

単位　人月

サブシステム	外部設計開始後 1.75 か月が経過した時点			外部設計終了時点（2 か月経過）				
	PV	EV	AC	PV	EV	AC	SPI	CPI
S1	21.88	21.25	21.60	25.00	24.29	24.69	0.97	0.98
S2	26.25	26.25	26.55	30.00	30.00	30.34	1.00	0.99
共通機能	8.75	8.75	8.10	10.00	10.00	9.26	1.00	1.08

設問で問われている(1)～(6)について，外部設計終了時の見通しを一つずつ確認していきましょう。

(1) S1 については，AC が外部設計終了時点の PV を超過していませんので，ここまでは正しいですが，SPI<1 となっていますので，外部設計はスケジュール遅延する見込みとなります。この説明は誤りです。

(2) S1 については，AC が外部設計終了時点の PV を超過していませんので，誤りです。また，SPI<1 となっていることから，外部設計はスケジュール遅延する見込みとなるため，この説明も誤りです。

(3) S2については，SPI≧1であることから，外部設計はスケジュール遅延しません。この説明は誤りです。

(4) S2については，ACが外部設計終了時点のPVを超過してしまいますので，この説明は正しいです。また，SPI≧1ということから，外部設計はスケジュール遅延せずに完了することになりますので，この説明も正しいです。

(5) 共通機能については，SPI≧1ということから，スケジュール遅延がなく完了することになりますので，説明は誤りです。

(6) 共通機能については，ACが外部設計終了時点のPVを超過していませんので，正しい説明です。また，SPI≧1ということから，外部設計はスケジュール遅延せずに完了するため，こちらの説明も正しいです。

正しいのは(4)と(6)ですので，正解は（ク）となります。

［設問３］

経過月末時点のEVM指標値を示すグラフの分析内容について問われています。

・空欄b：結合テスト開始後からPVよりACが上回り（CPI＝EV／ACで表すと1未満になる），EVが下回っています（SPI＝EV／PVで表すと1未満になる）。これは「進捗状況とコスト状況のどちらも悪化傾向」にあることを示しています。したがって，正解は（ア）です。

・空欄c：αが示す差の部分はACとEVとの差であり，「CV（コスト差異）」が示されています。したがって，正解は（カ）です。CV≧0は，予定以内のコストであることを表し，CV<0は，コスト超過を表します。

・空欄d：βが示す差の部分はEVとPVの差であり，「SV（スケジュール差異）」が示されています。したがって，正解は（オ）です。SV≧0は，予定を上回る進捗を表し，SV<0は，スケジュール遅れを表しています。

・空欄e：まず，未完了である残作業の作業工数を求めます（式“e1－e2”）。これは，BAC（完了までの総予算）からEV（出来高実績値）を引いて求めることができます。

e1－e2＝BAC－EV

コスト実績値（AC）に残作業の作業工数（BAC－EV）を加えたものが，総工数の予測値であり，EAC（Estimate At Completion）と呼ばれます。

したがって，e3はAC（コスト実績値）です。正解は，「e1がBAC，e2がEV，e3がAC」の（イ）です。

第6部 第4部 解答解説
第1章
第2章

演習問題　第4部　第1章　問3

販売管理システム開発の結合テストにおける進捗及び品質管理 (R1秋-FE 午後問6)

（解答）

［設問1］　a－ア，b－ア，c－エ

［設問2］　d－エ，e－イ

［設問3］　f－イ

（解説）

販売管理システム開発の結合テストを題材にした，バグ管理図を用いた進捗及び品質管理に関する問題です。

設問1では未消化テスト項目数，消化済テスト項目数及び累積バグ検出数の計画値と実績値から進捗と品質を評価します。表2に示されている担当者ごとの消化済テスト項目数の実績値の合計値に基づいて算出した累積バグ検出数の計画値と，担当者ごとの累積バグ検出数の実績値の合計値との比が正しく評価できれば解答を導くことができます。

設問2では，全体の60%経過時点での担当者ごとの計画値と実績値を比較し計画時の消化済テスト項目数を求め，遅れについての対応を考えていきます。

設問3では，品質悪化に対する対応を検討します。

情報システムのテスト工程では，品質管理の指標を用いてシステムの開発計画を立案します。その後，スケジュールに沿って統合テストを実施し，品質を評価していきます。評価結果に対して適切に対処する能力は重要となります。この問題を通して品質管理の基本を身に付けてください。

［設問1］

・空欄a：60%経過時点での図1の実線の折れ線が示す未消化テスト項目数（計画値）と表2で示された消化済テスト項目数（実績値）を比較した結果を解答していきます。表2からそれぞれの値を確認してみます。

60%経過時点での消化済テスト項目数（実績値）の合計

＝210＋390＋400＋450＋300＝1,750

全体のテスト項目数から未消化テスト項目数

＝3,500－1,750＝1,750

表1の60%経過時点での未消化テスト項目数1,400の値と比較すると，実績値の未消化テスト項目数の方が多いことが分かります。

したがって，正解は（ア）の「実線の折れ線が示す未消化テスト項目数の値より大きく」となります。

・空欄 b：60％経過時点での図 1 の破線の折れ線が示す累積バグ検出数（計画値）と表 2 の累積バグ検出数（実績値）を比較した結果を確認していきます。

表 2 の 60％経過時点での累積バグ検出数（実績値）の合計
＝4＋9＋8＋11＋13＝45

表 1 の 60％経過時点で累積バグ検出数（計画値）は 42 であり，累積バグ検出数（実績値）の方が多いことが分かります。

したがって，正解は（ア）の「破線の折れ線が示す累積バグ検出数の値より大きい」となります。

・空欄 c：60％経過時点での消化済テスト項目数の実績値の合計値に，バグ検出数の標準値である 0.02 を乗じて算出した累積バグ検出数との比較をして，品質を判断します。

空欄 a で確認したように，60％経過時点での消化済テスト項目数の実績値の合計値は 1,750 でした。バグ検出数の標準値は 1,750×0.02＝35 となります。

60％経過時点での累積バグ検出数（実績値）は，空欄 b を解答する際に求めた 45 ですから，計画値との割合は 45／35×100＝128.5（％）となります。

したがって，正解は（エ）の「計画値の 125％を超えているので，品質に問題がある」となります。

［設問２］

・空欄 d：B さんの 60％経過時点での消化済テスト項目数の計画値を求めます。

表 1 から 60％経過時点での未消化テスト項目数の計画値は 1,400 であり，60％経過時点での消化済テスト項目数の計画値は 3,500－1,400＝2,100 です。

設問 2 に 60％経過時点での担当者ごとの消化済テスト項目数の計画値を求める式が示されていますので，その式に当てはめて計算します。

$$\text{担当するテスト項目数の計画値} \times \frac{\text{60\%経過時点での消化済テスト項目数の計画値}}{\text{結合テスト全体のテスト項目数の計画値}}$$

$$\text{B さんの消化済テスト項目数} = 700 \times \frac{2{,}100}{3{,}500} = 700 \times 0.6 = 420$$

したがって，正解は「420」の（エ）となります。

・空欄 e：空欄 e の前には「テスト項目の内容及びテスト手順は正しく，報告書も適切に記載されていたが，結合テストデータの作成に時間を要していることが分かった」と記述されています。

これは，A さんが担当するテストの進捗は遅れていますが，結合テストの作業の仕方には問題はありません。空欄 e で解答すべきことは R さんがとった A さんの進捗遅れへの対応であることが分かります。

結合テストの作業の仕方に問題はありませんので，あとは進捗遅れの対応として，テスト項目を消化する要員を増やせばよいということになります。

したがって，正解は（イ）の「テスト要員を追加する」となります。

他の選択肢については次の内容に対しての対応となるため，誤りです。

ア，ウ，オ：テストの内容に問題がある場合の対応です。

エ：テストのスピードは上がりますが，証跡はテストを行った証拠となるため，これを省略することは実施すべきではない対応です。

［設問3］

・空欄 f：E さんが担当する消化済テスト項目数の実績値が計画値の 90%未満であり，累積バグ検出数の実績値が計画値よりも大きくなっていたことで原因調査をしています。調査の結果，E さんは機能 1 のテストは順調に完了したにもかかわらず，機能 2 はバグの検出数が多く，バグの原因調査に時間を要していました。また，機能 2 で検出されたバグの原因は，“詳細設計書の論理誤り”が多く見受けられたとあります。

空欄 f では，詳細設計を担当した機能 2 担当者が担当した他の機能は結合テストの開始前であったため，機能 2 担当者が担当した他の機能についても，同じ問題（“詳細設計書の論理誤り”）が発生するおそれがあるので，販売管理システムに精通した要員を追加して行うことが問われています。

バグの原因が，“詳細設計書の論理誤り”であることから，機能 2 担当者が担当した詳細設計書の再レビューを実施し，“詳細設計書の論理誤り”をなくすことによって，まだ開始していない結合テストでのバグ検出数を減らす必要があります。

したがって，正解は（イ）の「機能 2 担当者が担当した機能の詳細設計書の再レビュー」です。

他の選択肢について確認していくと次のようになります。

ア：ここで問題になっているのは機能 2 担当者の担当した詳細設計です。

ウ：バグの検出数が多い担当者が詳細設計をした機能が特定されているので，「全機能の詳細設計書の再レビュー」をする必要性はありません。

エ：バグの原因の多くは“詳細設計書の論理誤り”と特定されているので，要件まで戻って勉強会をする必要はありません。

演習問題　第４部　第１章　問４

インシデント及び問題の管理　(H21秋-FE 午後問6)

（解答）

［設問］　a－オ，b－エ，c－ウ，d－ア，e－エ，f－ア

（解説）

ITIL®（Information Technology Infrastructure Library）では，コンピュータシステムを，IT サービスとして扱い，(1)要求に応じて適切にサービスを提供すること，(2)高い投資対効果を維持するために継続的に IT サービスを改善していくことを目指しています。IT サービスマネジメントプロセスは，IT サービスにおいて日常的に運用されるプロセス（活動）を指しており，IT 運用の効率化を図りながら，様々なプロセスにてサービスレベルの維持・向上をしていく一連のプロセスです。

この問題で問われている，インシデント管理，問題管理，変更管理の関係について例を挙げ，説明していきます。

① 利用者からの要求に対し，サービスデスクで受け付けたインシデント（システム運用にての事件，出来事）をインシデント管理で最初に対処します。

② インシデント管理では，過去のインシデントの履歴（本問では障害管理データベース）を検索して，履歴にあれば，その履歴に書かれている回避策を講じていきます。

③ 履歴にない場合は，問題管理にエスカレーション（段階的取扱い）を行います。具体的には，根本的な原因が特定されていないエラーである「問題」を，インシデント管理から問題管理へ，回避策の策定と原因究明のために引き継いでいきます。

④ 問題管理では，回避策を検討し，インシデント管理側に回避策の実施を指示します。

⑤ インシデント管理では，回避策を講じて，IT サービスの早期回復に努めていきます。

⑥ 問題管理では，インシデントの根本的な原因が分かった場合，「問題」を「既知のエラー（根本原因が特定されているか，回避策が存在している問題）」として扱い，解決策を策定します。

⑦ 問題管理では，解決策を変更要求（RFC：Request For Change）にまとめて，変更管理に引き継いでいきます。

これらの活動は，実際には並行して進行していきます。次に，インシデント管理や問題管理のポイントを確認してみましょう。

インシデント管理の目的は，ITサービスの迅速な回復です。

問題管理の目的は，リアクティブな活動であるインシデントの再発防止と，プロアクティブな活動であるインシデントの予防です。また，前者のリアクティブな活動であるインシデントの再発防止には，インシデントの根本原因を究明して「問題」を「既知のエラー」とする問題コントロールと，「既知のエラー」における根本原因を変更管理にて取り除くエラーコントロールがあります。

これらの内容を踏まえて，それぞれの設問を考えていきましょう。

［設問］

・空欄a：表2の内容から，空欄aには，レベル1やレベル3などの項目に関連した内容が入ることが分かります。レベル1ではシステム部内だけ，レベル3以上では役員や関連会社に通報し，社内Webにも掲載する旨が記述されています。判断した結果によって実施するレベルが違うということから解答群を探してみると，（オ）の「障害の影響度」が当てはまり，影響度が小さければシステム部内だけ，高ければ役員や関連会社にも通報すると考えることができます。したがって，（オ）が正解となります。

・空欄b：該当部分の直後にある「これまで重大障害時にホワイトボードなどに記録していた対応状況や回復状況の内容をDBに記録し，システム部員が状況を共有できるようにする」という記述から考えてみると，空欄bには「対応状況や回復状況」に関する項目が入ることが分かります。これを基に解答群から探してみると，（エ）の「障害対応の経緯（追記形式）」が類似した内容であることが分かります。したがって，（エ）が正解です。

・空欄c：該当部分の直後にある「これを基準に問題の解決状況を問題管理委員会で毎週フォローする」という記述に注目してみましょう。空欄cには基準となる項目が入ることが分かります。更に，表3をチェックしてみると，改善内容（概要）の「①毎週の問題管理委員会でその週に解決予定の問題の解決状況を確認」と記述されています。このことから，空欄cには，「解決予定が分かる基準となるもの」が入ることが分かります。これに相当する表現を解答群から探してみると，（ウ）の「解決予定日時」があり，これが正解となります。

・空欄d：未解決の問題のうち，長期間残ってしまい，規定の手続を踏めば終了扱いとできる可能性のある問題を選択肢から選ぶために，ひとつひとつを見ていきましょう。

　ア：「原因が特定できず，その後再発しない問題」は，問題管理委員会で終了扱いにするなど，正当な手続を踏めば問題はないと考えることができます。

したがって，（ア）が正解となります。

イ：内部のスキルでは解決できない場合は，メーカなどの外部に問題解決を依頼し，インシデントの再発防止に努めるべきです。

ウ：「業務に大きな支障がない」場合は，優先度を低く設定した変更要求を作成して変更管理に引き継ぐべきです。

エ：「予算不足で，システム変更作業ができない問題」は，インシデントに対する解決策はあっても，予算不足のためにその対策を取れずシステム変更作業ができないということです。空欄 d の前には「未解決の問題のうち」と記述されていますので，この選択肢は適切ではないと考えられます。なお，システム変更作業の実施の可否は，問題管理の次の変更管理で行うと考えて，適切ではないと判断することもできます。

・空欄 e：この空欄はサービスマネジメントプロセスの用語を問う設問です。問題管理では解決策を策定したら変更要求（RFC；Request For Change）にまとめ上げ，これを変更管理に引き継ぐことになります。したがって，（エ）が正解となります。

・空欄 f：空欄の前の「未解決の問題を重要なものから順に表示するため」という部分に注目します。「重要なものから」というのは，次にある空欄 a の「障害の影響度の降順に並べて表示する」という部分が該当します。ということは，空欄 f は「未解決な問題」が分かる項目でなければなりません。更に「［ f ］が空欄の問題を」という記述から，空欄 f が空欄であると「未解決な問題」であると判定することができます。これに関連する記述を表 1 から探すと，項番 2 の管理上の問題点に「問題の解決が完了していないことを示す，解決日時が空欄のものが多数ある」と記述されています。このことから，（ア）の「解決日時」が入ることが分かります。したがって，（ア）が正解となります。

演習問題　第４部　第１章　問５

インターネット予約システムのキャパシティ管理　(811427)

（解答）

［設問１］　(1)　a－エ　(2)　b－エ，c－ウ　(3)　d－エ

［設問２］　e－イ

［設問３］　f－エ，g－エ

（解説）

キャパシティ管理とは，コンピュータシステムが適切なサービス水準を維持できるように，CPU やメモリ，ディスク，ネットワークなど各種構成要素の状況を測定（モニタリング）・記録して，それらの状態（システム緒元）を最適に設定管理する作業です。現状から将来の資源容量やシステム処理方式の計画を立案する作業は，キャパシティ管理の中でも特にキャパシティ計画（キャパシティプランニング）と呼ばれます。

キャパシティ管理は，システムに必要なキャパシティを計画し，それを備えるシステムを導入し，キャパシティが充足しているかどうかを継続的に監視し，不足があればキャパシティの増強を行うという継続的な活動となります。

キャパシティ管理というマネジメントの活動に関する理解と，システムのキャパシティを構成するシステムリソースに関して，基本的な内容を理解しておく必要があるでしょう。

［設問1］

(1) システムは必ずしも平均的に利用されるものではありません。むしろ利用率の高い日及び時間帯，利用率の低い日及び時間帯とでばらつきがあるのが普通です。システムのキャパシティは，最も利用率の高い日及び時間帯でも，利用者がシステムを利用できるように計画しておく必要が生じます。最も利用率の高い時点をピーク時と呼んでいます。必要なキャパシティを予測するためには，年間の平均データだけではなく，ピーク時におけるデータが必要となります。以上から，(エ)の「利用のピーク時における平均訪問者数と平均ページビュー数のデータ」が正解です。

(2) 問題文の表には過去6年間のデータが記載されています。このデータから，平均訪問者数については2007年を起点にすると5年後に2倍，ページビュー数については2.5倍になっていることが分かります。2007年度から2012年度までの伸び率で今後も推移すると予測した場合に，2017年度は，2012年度を起点とすると5年後になることが分かります。したがって，2012年度の数値に対して平均訪問者数は1,000人の2倍に，平均ページビュー数は10,000ページビューを2.5倍すれば予測値が得られますので，空欄bは（エ）の「2,000人」，空欄cは（ウ）の「25,000ページビュー」が正解となることが分かります。

(3) キャパシティ計画とは，今後システムに必要となるキャパシティを予測し，キャパシティが不足しないように計画的に必要なキャパシティを備えていく活動です。キャパシティ計画の目標値は，今後のシステム利用状況の予測を基に設定するものとなります。ハードウェアの性能向上の予測はシステム利用状況の予測にはつながりませんし，GDP（国内総生産）などの一般的な経済指標に基づいて予測を行っても,個々の会社のシステムの利用状況に直接結び付くとは限りません。各社のシステムの利用状況を予測するのに適したデータがあれば，そのデータに基づいて目標値を設定するべきです。

冒頭の説明には,「Y社は新しいシステムを開発してサービスを向上させることで，利用者を増やしていくこともねらっている。そのため，新システム開発計画と合わせて，会議室の利用者増大計画も検討している」とあります。そこで，最近５年間の利用状況の推移の傾向だけではなく，Y社の利用者数増大計画を反映して目標値を設定する必要があります。以上から，正解は（エ）となります。

［設問２］

キャパシティ管理においては，一般的にキャパシティ不足によってシステムダウンなどの問題が引き起こされないように，このままの状況ではキャパシティ不足に陥る可能性が高いと判断できる値を事前に設定し，この値を超えたら警告メッセージを発するようにしておきます。この値をしきい値（閾値）と呼びます。しきい値の設定に当たっては対策に必要な時間も考慮して設定します。システムで自動的にしきい値の監視を行うことで，システム管理者やシステム運用担当者の監視作業負荷を減らし，キャパシティ不足による障害の発生を減らすことができます。以上から，空欄eの正解は（イ）の「しきい値」となります。

［設問３］

・空欄 f:〔キャパシティ管理機能の設計〕に，「一時的なキャパシティの不足が発生したら，新規ログインできるユーザ数を制限するログインユーザの抑制を行うことで，システムの利用を抑えることにした。そこで，新システムの設計には，システム管理者の操作によって，ログインユーザの抑制ができる機能も盛り込むことにした」という記述があります。この設問の状況は，まさに一時的なキャパシティの不足が発生した状況です。そして,「キャパシティ不足によってシステムダウンが発生するなどの大規模な障害とならないよう，影響を極小化する」ために一時的な対応として実施したことになるため,〔キャパシティ管理機能の設計〕に記述されているように，ログインユーザを抑制し，利用者数を制限することが適切な対応です。空欄fの正解は（エ）となります。その他の選択肢も解説しておきます。

ア：サーバを停止させると，結果的にシステムダウンが発生したのと同程度の影響が生じ，影響を極小化するという趣旨にそぐわないことになります。また，この段階ではまだ調査を行っていませんので，増強すべきリソースがメモリだと判断できていないはずです。

イ：サーバをネットワークから切り離してしまうと，利用者はシステムを利用することができなくなるため，結果的にシステムダウンが発生したのと同程度の影響が生じ，影響を極小化するという趣旨にそぐわないことになります。また，今回の事象が，サーバを隔離しなければならない事象だとは判断できません。

ウ：利用されていないサーバがあるかどうか現段階では不明であり，仮にあったとしても利用可能にするためのセットアップ時間が必要となり，早急に対応する必要がある状況ではありません。時間を浪費し，システムダウンを発生させてしまうリスクが考えられるため，早急に対応できるログインユーザの抑制の方が望ましいと考えられます。

・空欄 g：発生した現象は「利用者の増加によってスワップアウトが多発し，ディスクの入出力が異常に増加したために，処理待ちが増加した」ということです。**スワップアウトとは，メモリ容量が不足したために，メモリの中に入っているプロセスのうち，現在使われていないものを一時的にディスクに退避させること**です。これは，システムの利用量と比べてメモリが不足しているときに発生する事象です。したがって，**メモリを増強すれば，この状況の発生を回避することができます**。空欄 g の正解は（エ）の「メモリ」となります。

演習問題　第4部　第1章　問6

サービスデスクにおける問合せ対応

(H26 秋-FE 午後問 6)

（解答）

［設問 1］　オ

［設問 2］　a－オ，b－イ，c－イ，d－エ

［設問 3］　e－エ，f－ア，g－イ

（解説）

サービスデスクにおける問合せの分析について問われています。サービスマネジメント分野の特別な知識がなくても，解答しやすく，確実に得点しておきたい問題です。

サービスデスク目標の達成率，サービスデスク要員別などの達成率などが問われていますが，求める式が設問文中に示されているなど，前提条件を含め，問題文を時系列に読み進めていけば，解答できます。全体的に，問題文や設問文の条件を表中に書き込みながら解答していけるように演習していきましょう。

［設問1］

表2「販売情報システムに関する問合せ」におけるサービスデスク目標の達成率が問われています。サービスデスク目標の達成率を求める式は，設問文中にある式を使用して検討していきます。表2では区分と担当部門の欄の一部が網掛けされているので，この箇所を考えることで，サービスデスク問合せ数を求めていきます。区分と担当部門の欄を埋めるために，表1「問合せの区分及び担当部門」を参照しながら表2の網掛け部分を埋めると，表Aのようになります。**区分が分かれば担当部門が分かるので，まずは区分から埋めていきます**。

表A　表2改　販売情報システムに関する問合せ

受付番号	受付日時	回答完了日時	回答時間(分)	区分	問合せ内容	担当部門
11842	2014/10/4 8:35	2014/10/4 8:38	3分	ログイン	パスワードを変更するにはどうすればよいか	サービスデスク
11844	2014/10/4 8:44	2014/10/4 8:53	9分	接続	販売情報システムが起動できない	システム課
11860	2014/10/4 10:24	2014/10/4 10:50	26分	操作	メニュー画面への戻り方が分からない	サービスデスク
11863	2014/10/4 11:02	2014/10/4 11:41	39分	目標管理	販売目標データが最新になっていない	企画課
11865	2014/10/4 11:34	2014/10/4 12:25	51分	ログイン	ログイン ID を他の社員と共有して使ってよいか	サービスデスク
11866	2014/10/4 11:55	2014/10/4 12:07	12分	ログイン	販売情報システムにログインしようとしたが，パスワードを忘れた	サービスデスク

受付番号11842は，問合せ内容に“パスワード”が含まれているので，表1から区分は「ログイン」，担当部門は「サービスデスク」となります。

受付番号11844は問合せ内容が“販売情報システムが起動できない”となっているので，表1から区分は「接続」，担当部門は「システム課」になります。その他の受付番号は，区分又は担当部門のどちらかが表2中に示されているので，表1を参照することで，区分又は担当部門を求めることができます。

サービスデスク目標を達成した問合せとは，設問１の直前の問題文に「サービスデスク問合せについては問合せの受付から 30 分以内で回答を完了することを目標（以下，サービスデスク目標という）とした」と記述されているので，受付日時と回答完了日時の差から，回答時間を求め，表Ａに回答時間欄を追加しています。表Ａの中で回答時間が 30 分以内というサービスデスク目標を達成したものをチェックしていくと，受付番号 11842，11844，11860，11866 が該当します。

更に，この中から，サービスデスク目標を達成したサービスデスク問合せ数は 11842，11860，11866 の 3 件となることが分かります。これをサービスデスク問合せ全数の 4 件で割ると，3÷4＝0.75，達成率は 75%となり，（オ）が正解です。

［設問２］

表３に示されるシステム更新後の問合せ数に関する空欄の内容を考えていきます。

・空欄 a：第４週の問合せ数が第１週と比べて半数以下となった区分を求めます。まず，表３の第１週の問合せ数の半数を区分の表外に示した表Ｂを参照しながら，考えてみましょう。ここで第４週と第１週の問合せ数の半数を比較して，第４週が第１週の問合せ数の半数以下となった区分は，ログインと販売実績です。したがって，（オ）が正解です。

・空欄 b：第４週の問合せ数が最も多い担当部門を解答します。第４週の問合せ数が最も多い区分は，目標管理です。目標管理は，表１から企画課が担当部門であることが分かります。したがって，（イ）が正解となります。

・空欄 c：販売情報システムに関する問合せのためのサービスデスクの要員について問われています。解答群を見ていくと，システム更新後の要員数の増減について用意されています。サービスデスクの要員数の増減については，表１の後に記述されており，システム更新後１週間では，問合せ対応のために臨時に要員を１名増員することが示されています。更に「1 週間の問合せ総数が 150 以下かつ 1 週間のサービスデスク問合せ数が 30 以下になった場合は，その翌週から要員を 1 名減らして，元の要員数に戻すことにした」とあります。表Ｂの最終行にサービスデスク問合せ数（ログインと操作の区分の計）を示します。この条件で表３を見ていくと，条件に一致するのは第３週であり，第４週から元の要員数に戻すことになります。問題文では更に，第５週については，新機能の追加導入が予定されています。これは，第４週に条件を満たしても第４週と第５週は同じ要員数であることが示されています。したがって，この条件に合う選択肢としては（イ）の「第４週から元の要員数に戻している」が正解となることが分かります。

・空欄 d：週別，区分別にサービスデスク目標の達成率を比較した結果を考えていきます。表 B に週別，区分別の達成率を示します。サービスデスク目標の達成率は，設問１で示された式

(サービスデスク目標を達成したサービスデスク問合せ数÷サービスデスク問合せ数)

で求められるため，第 1 週のログインであれば　28÷40＝0.7 となります。区分が操作のものに対しても同様に達成率を求めたものを表 B に示します。この達成率の内容と解答群の内容を比較していきます。

表Ｂ　表３改　販売情報システムに関する問合せ数

区分	第 1 週	第 2 週	第 3 週	第 4 週	第 1 週の半分 ↓
ログイン	40 (28)	20 (15)	5 (4)	3 (3)	20
達成率	0.7	0.75	0.8	1	
操作	25 (20)	22 (17)	18 (16)	20 (17)	12.5
達成率	0.8	0.77	0.89	0.85	
接続	12	8	2	12	6
目標管理	90	45	55	48	45
販売実績	82	38	10	4	41
その他	15	11	9	8	7.5
合計	264	144	99	95	
サービスデスク問合せ数→	65	42	23	23	

ア：ログイン，操作とも毎週は上がっておらず，操作の第 1 週→第 2 週や第 3 週→第 4 週のように下がっている週もあります。したがって，誤りです。

イ：ログインの達成率は毎週上がっています。下がっている週はないため，誤りです。

ウ：ログインは毎週上がっており，操作は週によって上がり下がりがあります。選択肢の記述内容とは反対となっており，誤りです。

エ：ログインは毎週上がっています。操作は週によって上がり下がりがあります。これは，選択肢内容と同じです。このため，(エ) が正解となります。

［設問３］

表 4 に示される第 4 週の問合せ数と，その中で過去に同種の問合せがあった数を参考にして，第 5 週の問合せ数などを求めていく問題です。

まずは，設問文の(1)〜(3)の内容を表 4 中に求めておくとよいでしょう（表 C に求めた値を示します）。

・空欄 e：第 5 週の想定される問合せ総数を求めます。まず，(1)から第 5 週の操作，目標管理及び販売実績に区分される問合せ数は第 4 週の 25%増であることから，それぞれ順番に，第 4 週の値に 1.25 を乗算して求めていきます。(2)から第 5 週のログイン，接続及びその他に区分される問合せ数は第 4 週と同数であることが分かるため，その三つの区分については，第 4 週と同数を第 5 週とします。

ここでは，第 5 週の想定される問合せ総数を求めます。

3+25+12+60+5+8=113

したがって，(エ) が正解です。

表 C　表４改　第４週の問合せ数と，第５週の想定される問合せ数

区分	第 4 週の問合せ数	過去に同種の問合せがあった数	第 4 週の過去に同種の問合せがあった割合	第 5 週の問合せ数	
ログイン	3	1	1／3	3	
操作	20	12	3／5	25	←20×1.25
接続	12	5	5／12	12	
目標管理	48	16	1／3	60	←48×1.25
販売実績	4	4	1	5	←4×1.25
その他	8	2	1／4	8	
合計	95	40		113	

・空欄 f：第 5 週の回答完了時間がサービスデスク改善によって短縮できる時間を求めます。まず，第 4 週の過去に同種の問合せがあった割合と第 5 週の問合せ数から，第 5 週の過去に同種の問合せがあった数を求めていきます。(例えば，ログインであれば，第 5 週の問合せ数 3 に 1／3 を掛けて，算出された 1 が第 5 週の過去に同種の問合せがあった数となります。その他の区分についても求めた値を表 D に示します)。

サービスデスク改善については設問3の表4の前に記述されているとおり，サービスデスク問合せ以外の問合せで過去に同種の問合せがあった場合は，担当部門に連絡するのではなく，問合せ台帳を基にサービスデスクで回答していきます。サービスデスク問合せ以外の問合せは，ログインと操作以外の区分に当たります。つまり，接続，目標管理，販売実績，その他の区分が該当します。第 5 週の過去に同種の問合せがあった数で，サービスデスク以外の区分のものは，5+20+5+2=32 となります。(4)から，これらが，サービスデスク改善によって 1 件当たりの回答完了時間が平均 10 分短縮できることが分かり，32×10=320 分が算出されます。したがって，(ア) が正解です。

・空欄 g：FAQ の利用によって第 5 週の問合せ総数のうち，減らせる数を求めます。問題文の最後の段落に，FAQ に関する次のような説明があります。「よくある問合せとその解決策を FAQ として整備し，社員に対して利用を推奨する」ことによって，問合せ数を減らしていけると考えることができます。「第 5 週に想定される過去と同種の問合せの 50%が FAQ の対象として整備されたものに該当し，さらに FAQ として整備されたものは問合せ数が 50%に減らせると仮定する」と記述されています。第 5 週の問合せ総数で考えると，同種の問合せ総数が 48 件なので，この 50%が FAQ として整備され，48×0.5=24 件，つまり，24 件が整備される数となります。さらに整備されたものは問合せ数が 50%になることから，24×0.5=12 となり，これが第 5 週の問合せ総数のうち，減らせる数といえます。したがって，(イ) が正解です。

表D　表４改　第５週の過去に同種の問合せがあった数

区分	第 4 週の問合せ数	過去に同種の問合せがあった数	第 4 週の過去に同種の問合せがあった割合	第 5 週の問合せ数		第 5 週の過去に同種の問合せがあった数
ログイン	3	1	1／3	3		1
操作	20	12	3／5	25	←20×1.25	15
接続	12	5	5／12	12		5
目標管理	48	16	1／3	60	←48×1.25	20
販売実績	4	4	1	5	←4×1.25	5
その他	8	2	1／4	8		2
合計	95	40		113		48

第4部　第2章　ストラテジ系

演習問題 ― 第4部　第2章　問1

製造業における情報システムの統合

(H31春-FE 午後問7)

(解答)

［設問1］　a－ア，b－イ，c－ア，d－ウ（c と d は順不同）

［設問2］　e－ウ，f－ウ

［設問3］　g－イ

(解説)

基本情報技術者試験で出題されるストラテジ系では，専門用語などの知識を問うもの，論理的思考力を問うもの，及びそれらが混合する問題が出題されます。本問では，大手家電製品メーカにおいて，事業部ごとに異なるシステムを使っているものを統合することでコストダウンを図ることを目的とし，データ連携，運用保守コスト，システム廃棄について考察する問題となっています。

ここでは，システム間の構成の理解，及び制約条件下でのシステム統合案についても問われています。問題文にあるT社のデータ連携経路の状況及び制約条件を注意深く確認しながら，設問の解答を導き出していきましょう。

［設問1］

表1～表3がそれぞれ掲載されていますが，各工場で利用されているシステムと事業部別取扱高を並べて考察するために，表1～3を表Aのようにまとめてみます。

A　事業部別取扱高と利用システム

単位　億円

製造工場（調達システム）	事業部（設計システム／需要予測システム）			
	P 事業部(A／E)	Q 事業部(B／F)	R 事業部(C／F)	S 事業部(A／G)
H 製造工場（V）	－	200	－	50
I 製造工場（W）	500	－	－	－
J 製造工場（X）	－	－	－	150
K 製造工場（Y）	－	－	300	－
L 製造工場（X）	－	200	－	－
M 製造工場（X）	－	－	－	100
事業部別小計	500	400	300	300
全事業部合計	1,500			

また，事業部別取扱高が発生している事業部と製造工場では，システムの共用，データ連携が行われているので，その関係を表している図Aと，図Aの次に記述されている4点を確認してみましょう。

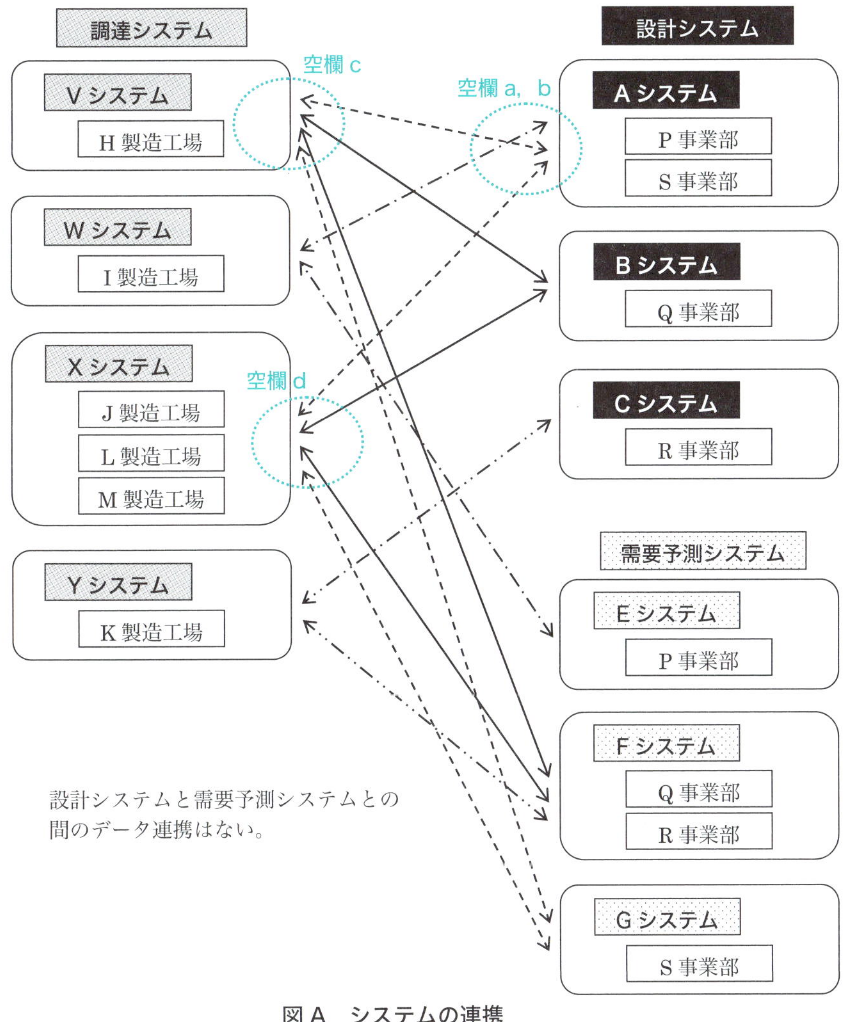

図A　システムの連携

・システムの名称が同一の場合は，事業部又は製造工場が同じシステムを共用
・調達システムは，その工場が製造する製品を担当している事業部が利用している設計システムとデータ連携
・調達システムは，その工場が製造する製品を担当している事業部が利用している

需要予測システムとデータ連携
・設計システムと需要予測システムとの間のデータ連携はなし

・空欄 a，b：システム A～C の中で，最も多くの調達システムとデータ連携しているものを確認します。図 A を確認していくと最も多くの調達システムとデータ連携している（矢印の数が多い）設計システムは A システムであることが分かります。そのデータ連携先の調達システム数は 3 です。したがって，空欄 a の正解は「A」の（ア）であり，空欄 b の正解は「3」の（イ）となります。
・空欄 c，d：調達システムの中で，データ連携している設計システム数と需要予測システム数の合計が最も多いのは，4 本の矢印でデータ連携している V システムと X システムであることが分かります。したがって，空欄 c の正解は「V」の（ア）であり，空欄 d の正解は「X」の（ウ）です（c と d は順不同）。

［設問 2］

情報システムの運用保守コストについて 2018 年度の合計値と全社で一つに統合した場合の合計値が問われています。

設問文中の年間の運用保守コストを整理しながら合計してみましょう。

データ連携経路の数（図 A）や取扱高（表 A）をそれぞれ参照しながら運用保守コストをまとめてみます。

①　各設計システム（A，B，C システム）年間 2 億円：2 億円×3＝6 億円
②　各需要予測システム（E，F，G システム）年間 3 億円：3 億円×3＝9 億円
③　各調達システム（V，W，X，Y システム）年間 1 億円：1 億円×4＝4 億円
④　各製造工場が製造する製品の年間の取扱高（1,500 億円）の 0.1%分：
　　1,500 億円×0.001＝1.5 億円
⑤　データ連携経路（12 経路）一つ当たり年間 0.1 億円：0.1 億円×12＝1.2 億円

①～⑤を合計すると，21.7 億円となりますので，空欄 e の正解は「21.7」の（ウ）となります。

設計システム，需要予測システム及び調達システムを全社でそれぞれ一つに統合することができれば，年間の運用保守コストは次のようになります。

①　設計システムに対し 2 億円
②　需要予測システムに対し 3 億円
③　調達システムに対し 1 億円
④　調達システムに対し年間の取扱高（1,500 億円）の 0.1%分：
　　1,500 億円×0.001＝1.5 億円

⑤　データ連携経路（２経路）一つ当たり年間0.1億円：

0.1億円×2＝0.2億円

取扱高などの前提条件が変わらないことと，データ連携経路は，設計システム－調達システム，需要予測システム－調達システムの２経路になることに注意をします。

以上を合計すると，年間の運用保守コストは「7.7」億円になります。空欄 f の正解は「7.7」の（ウ）となります。

［設問３］

Gシステムの廃棄に伴う代替が可能な需要予測システムについて問われています。

図Aから，Gシステムは S 事業部が利用しており，V システム及び X システムと連携していることが分かります。

需要予測システムの中で，E システムは W システムとしか連携していないので，G システムの代替にはなりません。F システムであれば，V システム，X システム，Y システムと連携しており，G システムとの代替が可能となります。

したがって，新たなデータ連携経路を作成することなく，G システムとの代替が可能なものは「F システムだけである」となり，空欄 g の正解は（イ）です。

演習問題　第４部　第２章　問２

購買管理システムの導入による業務改善効果

(H29 秋-FE 午後問 7)

（解答）

［設問１］　a－ウ，b－イ，c－エ

［設問２］　d－イ，e－ウ，f－イ

（解説）

日用品メーカのC社の購買管理システムの導入による業務改善を目的とした開発費と年間効果の試算と評価をテーマにした問題です。

設問１では，業務改善の年間効果を試算するため，改善前後の作業量と作業単価を表に整理し，作業費の削減量を算出することが求められており，個々の作業が改善後にどのように変化したかが問われています。

設問２では，年間効果と効果率を考慮した具体的な要件選択の方法が問われています。必須要件と要望要件の分類後，必須要件の開発費を差し引いた開発費の予算残高を，要望要件にどのように割り当てるかがポイントとなります。年間効果と効果率のグラフを読み取れることがポイントです。

システム要件を選択する手順や考え方を本問から学びましょう。また，ストラテジ系の問題では，システム化効果の試算は，たびたび問われるテーマでもあります。

本問で提示された年間効果と効果率のグラフのように，グラフから効果値を読み取る演習も実施しておきましょう。

［設問 1］

業務改善の効果を試算するため，現状の作業と改善後の作業量を数量化して比較しています。表 1「年間効果を試算するための条件」は，表 2「システム要件に対する年間効果の試算と分類の結果」の SYS904（必須要件）の年間効果の作業内訳になっています。

(1)に出てくるシステム要件の必須要件と要望要件の分類は，重要なキーワードです。試験では，問題文を読んでいる中で，このような用語の定義が出てきた場合には，下線を引くなどして，後からすぐ探せるような工夫をするとよいでしょう。

・空欄 a：設問 1 の(2)と(3)，及び表 1 を参照して解答します。まず，(3)では「注文請書と注文書との目視での照合及び再照合の作業に要する時間」とあり，**システム化によってこの作業値がどのように変化するのか**が問われています。

　関連する記述としては，次の 2 点です。

　・(2)①仕入先からファックスで送付されてきた注文請書の内容と注文書の内容の目視での照合に代えて，購買管理システム上のデータチェックで照合を行う。

　・(2)③再提出された注文請書の内容と注文書の内容の照合（再照合）も購買管理システムで行う。

　この 2 点から**照合及び再照合は購買管理システム上で行われるため，作業が全くなくなる**と考えられます。これは，表 1 の「注文請書と注文書との目視での照合及び再照合の作業に要する時間（分／枚）」の**将来値が「0」**であることからも確かめられます。したがって，（ウ）の「不要になる」が正解です。

・空欄 b：ここでは，注文請書の誤りの発注枚数がどう変わるかが問われています。

　関連する記述としては，次の 2 点です。

　・(2)②データチェックで誤りが見つかったときに，仕入先への注文請書の再提出依頼を Web 画面で行う。

　・(3)仕入先が Web を介して注文書の確認と注文請書の送信を行う。

　この 2 点から**作業の削減**が想定されていることが分かります。表 1 の「注文請書の誤りの発生枚数（枚／日）」では，**現状値「18」が将来値「3」に**

削減されていることが確かめられます。つまり，削減はされていますが将来値はゼロになっていません。したがって，正解は（イ）の「減少するがゼロにならない」となります。

・空欄 c1，c2：1年当たりの稼働日数を240日として表1の作業見積りとその諸条件を使って，現在と将来の作業に要する年間費用を算出します。

求められている解答の単位と提示されている表1の単位の違いに注意をして，解答を導いていきます。表1の人件費の単位が「円／時間」，その他の試算条件の単位が「分」，更に設問で解答すべき値の単位が「千円」であることに注意して，計算していきます。ここでは，表Aのように作業項目別，試算条件別にまとめてみます。

表A

作業	現状値	将来値
照合（対象：注文請書枚数）	5（分／枚）	0
再提出依頼（対象：誤り注文請書枚数）	10（分／枚）	5（分／枚）
再照合（対象：誤り注文請枚数書）	5（分／枚）	0
試算条件（表1のデータを集約）	現状値	将来値
年間の注文請書枚数	240×200（枚／日）	240×200（枚／日）
年間の誤り注文請書枚数	240×18（枚／日）	240×3（枚／日）
作業に要する人件費	1.4／60（千円／分）	1.4／60（千円／分）

最初に c1 と c2 の年間費用の対象作業を確認します。

c1 は，「現状で注文請書の確認，再提出依頼及び再照合の作業」となっていますので，照合，再提出依頼，再照合の三つの作業が対象であることが分かります。

c2 は，「システム化された場合」となっていますので，将来値が「0」である「照合」と「再照合」の作業は対象から除外され，再提出依頼の作業だけが対象となります。

計算を実際に行う前に，c の解答群を確認します。c1 の候補には4桁の数値でほぼ同じ作業費ですが，c2 は2桁の84と4桁の数値があり，相違が大きいことに着目しましょう。c2 の空欄で問われている値は，「再提出依頼」作業の計算であり，年間の誤り注文請書枚数が3枚であることから，解答としては「84」である可能性が高いことが予想できます。c2 の再提出依頼を先に計算することによって正解が絞られるため，c2 から確認していきます。

c2 の再提出依頼の年間費用は，1年間の稼働日数240日，1日に再提出を依頼する回数は1日当たりの誤り注文請書の枚数と同じなので3枚，1枚当たりの作業時間は5分，人件費は1分当たり1.4／60千円となっています（表A参照）。

c2の再提出依頼(千円)
＝240×3(枚／日)×5(分／枚)×1.4／60(千円／分)＝84(千円)

解答群では，（ア）と（エ）だけが「84」と書かれているため，正解がこの二つに絞られました。

c1は照合，再提出依頼，再照合の三つの作業が必要です。照合の回数は注文請書枚数と，再提出依頼と再照合の回数は誤り注文請書枚数と同じことを考慮し，照合と再照合の1枚当たりの作業時間は5分，再提出依頼の作業時間は10分，人件費はc2と同じであることが分かります（表A参照）。

c1の照合(千円)
＝240×200(枚／日)×5(分／枚)×1.4／60(千円／分)＝5,600(千円)

c1の再提出依頼(千円)
＝240×18(枚／日)×10(分／枚)×1.4／60(千円／分)＝1,008(千円)

c1の再照合(千円)
＝240×18(枚／日)×5(分／枚)×1.4／60(千円／分)＝504(千円)

c1(千円)の合計は，5,600＋1,008＋504＝7,112(千円)となります。したがって，c1が7,112千円，c2が84千円となり，cの正解は（エ）です。

ここで，（ア）を選択してしまった人は，c1の空欄を照合と再提出依頼の合計だけで計算してしまい5,600＋1,008=6,608を導き，再照合の作業を見落としてしまったと思われます。このようなミスを防ぐためにも前述したとおり，表Aのようにまとめ直すということが有効な手段の一つとなります。また，c1の正解7,112とc2の正解84の両方をそれぞれ正しく計算できても，設問のシステム化の解釈を誤ると7,112－84=7,028としたり，更には6,608－84＝6,524としたりする場合があります。解答群の不正解の選択肢の中には，解釈が間違っているときに選んでしまう数字が記載されています。計算問題では，必ず検算を実行するようにしましょう。

［設問2］

開発費と年間効果を考慮に入れ，開発費が予算に収まるようにシステム要件を選択する方法が問われています。

設問2の冒頭から，開発費の予算残高は次のようになることが分かります。

三つの必須要件については全て採用するため，YS901，SYS902，SYS904の開発費用の合計 24,400 千円になります。システム化のための開発費予算は 30,000 千円のため，30,000 千円－24,400 千円＝5,600 千円が開発費の予算残高となります。

(1)を確認すると SYS908 は採用し，SYS906 は不採用としたと書かれています。これによって，SYS908 の開発費 1,800 千円を開発費の予算残高 5,600 千円から引いた 3,800 千円が，開発予算残高として残り，他の要望要件を更に採用できることになります。

表 B

採用された要件	その要件の開発費（千円）	開発費予算の残高（千円）
現状	0	30,000
三つの必須要件を採用 SYS901, SYS902, SYS904	5,800＋6,200＋12,400＝24,400	30,000－24,400＝5,600
要望要件一つを採用 SYS908	1,800	5,600－1,800＝3,800

次に(2)では，残っている三つの要望要件（SYS903，SYS905，SYS907）から，開発費が予算に収まり，年間効果が最大になるような選択を行います。

・空欄 d：SYS905 を採用したときに，更に要望要件 SYS903，SYS907 が採用できるか，できないかを判断します。

開発費予算残高 3,800 千円から，要望要件 SYS905 を採用した場合，残りの開発予算残高は次のようになります。

3,800 千円－2,750 千円＝1,050 千円

以上から開発費の予算残高は 1,050 千円であり，表 2 から SYS903 と SYS907 の開発費がともに 1,050 千円以上であるため，「SYS903 も SYS907 も採用できない」ことになり，（イ）が正解となります。

・空欄 e：SYS907 を採用したときに，更に要望要件 SYS903，SYS905 の採用の可否が問われています。空欄 d と同様に，開発費予算残高 3,800 千円から，要望要件 SYS907 を採用した場合，残りの開発予算残高は次のようになります。

3,800 千円－1,630 千円＝2,170 千円

以上から開発費の予算残高は2,170 千円であり，開発費 1,200 千円の SYS903 は予算残高に収まりますが，開発費 2,750 千円の SYS905 は収まりません。したがって，「SYS903 は採用できるが，SYS905 は採用できない」ことになり，（ウ）が正解となります。

・空欄 f：(1)で採用が確定した SYS908 に加えて，(2)の①，②の結果を受けて，どの要望要件を採用すれば年間効果が最大になるのかを答えます。①，②のど

ちらも，開発費の予算残高に収まるような選択を行ったので，年間効果の大きい方を選べばよいことになります。①には「年間効果は 22,948 千円」とあり，②には「年間効果は 23,258 千円」とあることから，年間効果が大きい②で採用した要望要件になります。

②で採用した要望要件は，最初に採用した SYS907 と，空欄 e で解答した「SYS903 は採用できるが，SYS0905 は採用できない」の SYS903 です。したがって，「SYS903 と SYS907」を採用することになり，（イ）が正解です。

演習問題 ― 第４部　第２章　問３

販売データの分析

(H28 春-FE 午後問 7)

（解答）

［設問１］　a－ア，b－ウ，c－イ，d－ウ，e－イ

［設問２］　f－エ，g－ア

（解説）

顧客の購買履歴の分析をテーマとした内容です。購買分析では，顧客を分類し，それぞれの顧客層に対して営業戦略を検討していくといった手法が一般的です。本問に記述されているキーワードを整理すると，ID-POS，購入人数，延べ購入回数，リピート率，効果見積りなどといった用語が出てきます。問題文に，これらの用語の意味としては説明されているため，注意深く読み進めていけば，正解を導ける問題構成になっています。

問題文冒頭に出てくる POS とは Point Of Sales の略で，直訳すると販売時点情報管理となります。POS システムとは，「何が，いつ，どのくらい，幾らで売れたのか」を把握し，商品管理及び顧客管理を総合的に検討していくことが可能なシステムです。更に ID-POS とは，ポイントカード情報などを含めた，個人を特定できる ID 付きの POS データのことであり，「誰が買ったのか」という情報が追加されています。

このような顧客購買履歴からの分析としては，RFM 分析と呼ばれる手法が有名です。RFM 分析では，Recency（直近購買日），Frequency（購買頻度），Monetary（購買金額）の三つの指標で顧客をグループ化し，グループごとの特徴を分析していきます。Recency，Frequency，Monetary の頭文字から RFM 分析と呼ばれています。

［設問1］

購買履歴の分析として，表1「各商品の購入人数，延べ購入回数，売上金額」からリピート率を算出して，対応する図3のリピート率のバブルチャートである「購買履歴の分析結果」を検討していきます。リピート率とは次のように示されています。

リピート率＝(延べ購入回数－購入人数)÷延べ購入回数×100

この計算式から，各商品のリピート率を求めます（リピート率は小数第2位を四捨五入して算出します)。

・商品S：(5,217－4,782)÷5,217×100＝8.338…　約8.3(%)
・商品T：(1,729－1,321)÷1,729×100＝23.59…　約23.6(%)
・商品U：(3,465－1,312)÷3,465×100＝62.13…　約62.1(%)
・商品V：(24,121－4,732)÷24,121×100＝80.38…　約80.4(%)
・商品W：(4,013－3,100)÷4,013×100＝22.75…　約22.8(%)
・商品X：(2,712－1,689)÷2,712×100＝37.72…　約37.7(%)

表Aに算出したリピート率を追加し，検討していきます。

表A　各商品の購入人数，延べ購入回数，売上金額，リピート率

商品	購入人数(人)	延べ購入回数(回)	売上金額(千円)	リピート率(%)
S	4,782	5,217	2,400	8.3
T	1,321	1,729	951	23.6
U	1,312	3,465	2,079	62.1
V	4,732	24,121	4,824	80.4
W	3,100	4,013	1,605	22.8
X	1,689	2,712	1,356	37.7

問題文にもあるように，図3では，リピート率を縦軸に，購入人数は横軸に，そしてバブルの大きさは売上金額の大きさを示していることが分かります。

図Aは，各商品名をバブルチャートに表示したものです。

・空欄a：求める商品の条件は「購入人数は多いが，リピート率が低い」となっています。表A，図Aから，購入人数4,782（人）で，リピート率8.3（%）の商品Sが該当します。したがって，（ア）が正解です。
・空欄b：求める商品の条件は「購入人数は少ないが，リピート率が高い」となっています。表A，図Aから，購入人数1,312（人）で，リピート率62.1（%）の商品Uが該当します。したがって，（ウ）が正解です。

・空欄 c：空欄 c の前に「リピート率が低いので，商品そのものに魅力がないと考えられ」とあるため，商品そのものが魅力に欠けるのであれば対応策として，根本的に商品自体を見直す必要がでてきます。したがって，「商品の素材や味を見直す」の（イ）が正解です。

・空欄 d：リピート率が高く，限られた顧客であっても人気の高い商品に対して，試食会を開催するなどの販売促進策をとる目的としては宣伝効果を狙うことでしょう。また，限られた顧客だけではなく，より多くの顧客に商品を認知してもらう必要もあります。したがって，「商品の認知度を高める」の（ウ）が正解です。

・空欄 e：リピート率が高く，限られた顧客であっても人気の高い商品に対しての売上増加策として考えられることは購入人数の増加です。したがって，「購入人数が増えれば」の（イ）が正解です。

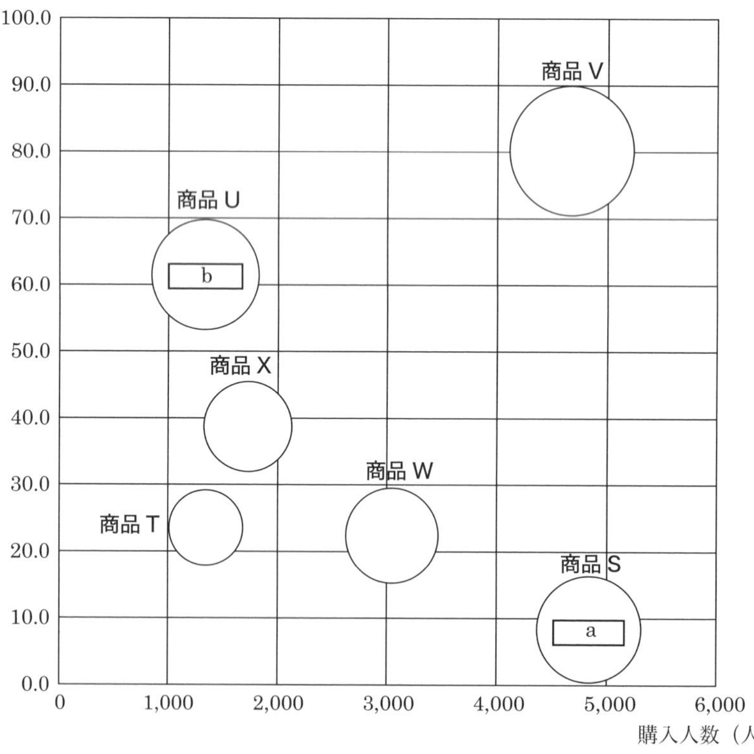

図 A　各商品の購買履歴の分析結果

［設問２］

商品Ｕに対しての売上拡大の施策に関する内容が問われています。

まず，商品Ｕの売上金額の増加額を求めてみましょう。

次の式から，増加額を求めることができます。

売上金額の増加額＝延べ購入回数の増加×価格×2（平均２個購入）

表２から実際の値を代入してみると，次のようになります。

売上金額の増加額＝1,240(回)×300(円)×2＝744,000(円)

次に効果額と投資効果を求めます。問題文にあるように，効果額は売上金額から広告費用を引いた額となります。また，投資効果は，広告費用に対する効果額の割合ということから，効果額を広告費用で除算します。

効果額＝売上金額の増加額－広告費用
＝744,000(円)－300,000(円)＝444,000(円)
投資効果＝効果額／広告費用
＝444,000(円)／300,000(円)＝1.5（小数第２位を四捨五入）

増加した人数での商品Ｕのリピート率を再計算します（リピート率は小数第２位を四捨五入して算出）。

リピート率＝(延べ購入回数－購入人数)÷延べ購入回数×100
＝(3,465＋1,240)－(1,312＋600)÷(3,465＋1,240)×100
＝59.36…　約59.4(%)

商品Ｕ売上増加の投資効果を表Ｂに示します。

表Ｂ　商品Ｕ売上増加の投資効果

施策	購入人数(人)	延べ購入回数(回)	売上金額(千円)	リピート率(%)	効果額(千円)	投資効果
前	1,312	3,465	2,079	62.1		
後	(増) 600	(増) 1,240	(増) 744			
	(含増) 1,912	(含増) 4,705	(含増) 2,823	59.4	444	1.5

・空欄ｆ：施策実施後の商品Ｕの売上金額と効果額が問われています。表Ｂから，施策実施後の「売上金額は2,823千円となり，効果額は444千円」となります。したがって，（エ）が正解です。

・空欄 g：施策実施後の投資効果の有無と，リピート率の変化が問われています。表Bから，投資効果は1.5で効果有と判断できますが，リピート率は59.4(%)となり，施策実施前のリピート率62.1(%)と比較して低下していることが分かります。したがって，「投資効果はあるが，リピート率は低下」の（ア）が正解です。

演習問題　第4部　第2章　問4

新システム稼働による業績改善

(H27秋-FE 午後問7)

（解答）

［設問1］　a－ウ，b－イ，c－オ，d－イ

［設問2］　e－ウ，f－オ

（解説）

消費財メーカであるZ社の新システム稼働による業績改善に関する問題です。新システムは自社開発であり，営業支援とコスト管理によって売上高と営業利益の改善を目指しています。Z社には五つの事業部がありますが，新システムによる売上高と利益の改善の期待は事業部ごとに異なります。

本問で使われる経営関連の用語は「売上高」，「営業利益」，「営業利益率」であり，それらの関係は問題文で説明されているため，特別な知識は必要とされていません。表及びグラフを読み取る能力が問われているので，表の数値とグラフを関連づけて問題文を読み進めていくことが重要です。

設問1は，売上高，営業利益，営業利益率について，事業部ごとの2015年度見込みと2016年度に期待する業務改善を比較する内容，設問2は，新システムに関するリスクを加味した決定木によって，全社の2016年度の改善見込みについて考察する内容となっています。

［設問1］

事業部ごとに期待する業績改善について考察していきます。

表3「各事業部の売上高と営業利益」には，2016年度の項目に幾つかの空欄がありますが，全てを埋める必要があるかをまず考えてみます。

空欄aで問われている「売上高の増加額が最も大きい事業部」を導き出すためには全事業部の2016年度売上高の欄を埋めていく必要があります。

同様に空欄bの事業部構成比を表した多重円グラフを選ぶためには全事業部の

2016年度構成比を埋める必要があり，空欄cのために各事業部の営業利益率，空欄dの各事業部の営業利益パレート図を選ぶために営業利益を導き出す必要があります。したがって，表3の空欄の値を全て算出する必要があることが分かります。表1，2のデータ，及び表3に記述されている値を基にします。

・P事業部：2015年度の営業利益の14億円に対し，10%増加
2016年度営業利益＝14億円×1.1＝15.4億円
2016年度営業利益率＝15.4億円÷180億円＝8.6%
・Q事業部：2015年度の売上高の100億円に対し，5%増加
2016年度売上高＝100億円×1.05＝105億円
2016年度構成比＝105億円÷416億円＝25.2%
・R事業部：2015年度の売上高の60億円に対し，10%増加
2016年度売上高＝60億円×1.1＝66億円
2016年度構成比＝66億円÷416億円＝15.9%
・S事業部：2015年度と売上高は同じで，営業利益率を10%に引上げ
2016年度営業利益＝50億円×0.1＝5.0億円
2016年度営業利益率＝5.0億円÷50億円＝10.0%
・T事業部：2015年度の売上高の10億円に対し，50%増加
2016年度売上高＝10億円×1.5＝15億円
2016年度構成比＝15億円÷416億円＝3.6%

表A　各事業部の売上高と営業利益（表3の2016年度分）

事業部	2016年度			
	売上高（億円）	構成比（%）	営業利益（億円）	営業利益率（%）
P	180	43.3	15.4	8.6
Q	105	25.2	12.6	12.0
R	66	15.9	1.2	1.8
S	50	12.0	5.0	10.0
T	15	3.6	2.0	13.3
合計	416	100.0	36.2	8.7

設問の空欄a〜dについては次のように考えていきます。

・空欄 a：各事業部の売上高については，2016 年度と 2015 年度の差分を見ていきます。なお，P 事業部と S 事業部は 2016 年度の売上高に影響がないので増加額は 0 億円です。

Q 事業部：105 億円－100 億円＝5 億円

R 事業部：66 億円－60 億円＝6 億円

T 事業部：15 億円－10 億円＝5 億円

したがって，「R」事業部の売上高の増加額が最も大きく，（ウ）が入ります。

・空欄 b：まず，P 事業部について見ていきます。P 事業部の売上高の構成比は 2015 年度の 45.0％から 2016 年度の 43.3％へと減っています。解答群の多重円グラフを見ると，（ア）と（イ）が該当していることが分かります。

次に，多重円グラフの（ア）と（イ）を見比べてみると，顕著に異なっているのが T 事業部であることが分かります。（ア）では構成比が減っていますが，（イ）では逆に増えています。表 3 で T 事業部の構成比を確認すると，2015 年度の 2.5％に対し，2016 年度では 3.6％と増えていますので，（イ）の多重円グラフが入ります。

・空欄 c：表 3 から T 事業部の営業利益率 13.3％が最も大きいことが見て取れます。したがって，（オ）の「T」事業部が入ります。

・空欄 d：まず，パレート図の横軸の事業部の並び順に着目します。（ア）と（イ）が PQSTR の順に並んでいるのに対し，（ウ）と（エ）では PQTSR の順に並んでいます。パレート図では値の大きな順に並べるので，表 3 から 2016 年度の各事業部の営業利益を確認すると，PQSTR の順に並ぶのが正しいことが分かります。このため，（ウ）と（エ）が除外されます。

次に（ア）と（イ）の棒グラフを確認してみると，違いは見当たりません。そこで P 事業部の営業利益構成比を計算してみます。

P 事業部の営業利益率構成比＝15.4 億円÷36.2 億円＝42.5％

棒グラフの値と一致していることが分かります。

次に折れ線グラフですが，折れ線グラフは各事業部の営業利益の累積値であることが分かります。グラフの縦軸が棒グラフと同じくパーセントなので，P 事業部の棒グラフと折れ線グラフの値は一致しています。したがって，（ア）が除外され，（イ）のパレート図が入ります。

［設問２］

全社レベルで期待する業績改善について考察しています。

この設問では新システムの稼働時期と実現度合いを決定木によって表していますが，決定木分析を知らなくても解答を導き出せる問題となっているので，順番に確認していきましょう。ただし，空欄 f については期待値の計算方法の知識が必要になります。

空欄について検討する前に，図３の決定木のそれぞれのノードに記号を割り当ててみます。

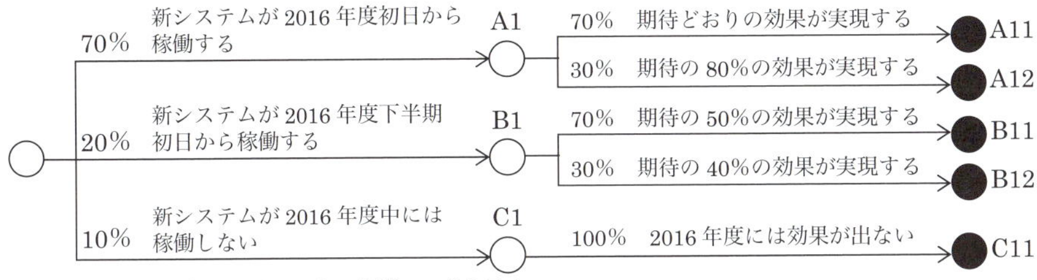

注記　○は機会事象ノードを，●は終端ノードを示す。

図Ａ　新システムが稼働する時期と効果の実現度合いに関する決定木に記号を追加

A1～C1 が機会事象ノードであり，A11～C11 が終端ノードです。

- A1：新システムが 2016 年度初日から稼働します。
- B1：新システムが 2016 年度下半期初日から稼働します。
- C1：新システムが 2016 年度中には稼働しません。
- A11：期待どおりの効果が実現します。
- A12：期待の 80%の効果が実現します。
- B11：期待の 50%の効果が実現します。
- B12：期待の 40%の効果が実現します。
- C11：2016 年度には効果が出ません。

- 空欄 e：A11 が実現する確率について問われています。**A11 が実現するためには**，まず，A1～C1 の命題の中から **A1 が実現する必要があり**，その確率は **70%** です。その後，命題 A11，及び A12 のうち **A11 が実現する確率は 70%** です。したがって，A11 が実現する確率は A1 の確率に A11 の確率を掛けたものになるので 70%×70%＝49%となります。明らかに（ア），（イ），（エ）

は該当しません。

期待どおりの効果が実現できる確率が 49%となるので，実現できない確率は 51%となり，（ウ）を満たすことが分かります。したがって，（ウ）の「期待どおりの効果が実現できない確率よりも低い」が入ります。

（オ）の「期待の 50%以下の効果しか実現しない」のは B1 又は C1 の場合であり，それらの確率は 20%＋10%＝30%です。A11 の確率 49%はその 2 倍の数値にはならないので（オ）は除外されます。

ここで，各終端ノードが実現する確率を示しておきます。

A11 の確率＝70%× 70%＝49%
A12 の確率＝70%× 30%＝21%
B11 の確率＝20%× 70%＝14%
B12 の確率＝20%× 30%＝ 6%
C11 の確率＝10%×100%＝10%

・空欄 f：2016 年度の事業部の売上高合計の期待値を求めます。

期待値とは，実現する可能性のある値＝確率変数に，それぞれの値が実現する確率を掛けたものの総和です。確率によって変動するのは 2016 年度売上高と 2015 年度売上高の差分であり，2015 年度の売上高 400 億円は確定しています。したがって，A11～C11 がそれぞれ実現したときの 2016 年度売上高と 2015 年度売上高の差分が確率変数となります。

新システムが期待どおりの効果を実現した場合の 2016 年度売上高は表 3 から 416 億円であり，2015 年度売上高に対し 16 億円の増加です。一方，2016 年度には新システムの効果が出ない場合の売上高増加は 0 億円であり，2016 年度売上高は 2015 年度と同じく 400 億円です。A11～C11 のそれぞれの 2016 年度の売上高増加分を示すと表 B のようになります。

表 B　2016 年度に期待される売上高の増加

終端ノード	実現する効果 （%）	売上高増加分 （億円）
A11	100	16×100%＝**16.0**
A12	80	16× 80%＝**12.8**
B11	50	16× 50%＝ **8.0**
B12	40	16× 40%＝ **6.4**
C11	0	16× 0%＝ **0.0**

したがって，2016年度の売上高合計の2015年度売上高に対する増加分の期待値は次のような計算によって求められます。

期待値（億円）

＝16.0×49％＋12.8×21％＋8.0×14％＋6.4×6％＋0.0×10％

＝7.84＋2.688＋1.12＋0.384＋0

＝12.032≒12.0

2016年度の売上高の期待値は12億円となり，2015年度の売上高400億円を加えた412億円です。したがって，（オ）が入ります。

なお，この設問の決定木から新システムによる売上高減少のリスクは想定されていないことが分かりますので，（ア），（イ）は初めから除外できます。

演習問題　第4部　第2章　問5

事業の分析

(H23春-FE 午後問7)

（解答）

［設問1］　a－イ，b－エ

［設問2］　c－カ，d－キ，e－エ，f－ア，g－ウ

（解説）

企業の事業戦略にゲーム理論を活用した問題です。

ゲーム理論とは，一定の制約や条件の中で複数のプレーヤが相互に影響し合う状況をゲームと見なして，プレーヤ間の利害関係を分析する理論です。企業の事業戦略にもよく利用される事業戦略手法の一つでもあります。

ゲーム理論で最も有名なゲームの一つに「囚人のジレンマ」があります。囚人のジレンマとは，AとBという2人の共犯者が登場し，互いに共犯者が「自白する」「自白しない」によって刑期が決まるという中で，自分は「自白する」「自白しない」どちらを選ぶことが自分にとって最も有利となるかを考える内容となっています。

企業戦略立案においても，ライバル企業の動向によって自社の戦略を考えるという意味でゲーム理論は活用できる手法です。

［設問1］

企業の出店戦略における売上予測に関する内容が問われています。この設問では，企業の出店戦略を，「表1　店舗の種類と立地」及び「表2　Y地区の消費者セグメント別の売上見込みと利用する店舗の種類」から読み解いていきます。

・空欄 a：設問文の最後に，「売上は A 社が独占して獲得する」とあるので，セグメント 3，4 で A 社の独占が有利になる店舗を考えます。問題文に「A 社は来年度の事業展開として Y 地区への 1 店舗の出店を計画している。A 社は出店の方針として，駅ビル内店舗又は郊外ショッピングモール内店舗の 2 種類の店舗に絞っている」とあり，〔複合環境〕の(1)には「B 社も来年度，Y 地区に駅ビル内店舗又は駅前商店街店舗のいずれか 1 店舗を出店する可能性が高い」とあります。また，(2)には，「Y 地区で A 社と B 社の店舗が同じ消費者セグメントを対象として販売する場合，対象とする消費者セグメントに対する売上は，双方の店舗で 50%ずつ獲得するものと予想される」とも記述されています。

このことから，**A 社・B 社が独占して売上を獲得するためには，お互いが異なる消費者セグメントに対して出店することが必要**となり，A 社だけが出店計画をもつ「郊外ショッピングモール内店舗」と B 社が出店計画をもつ「駅ビル内店舗」の組合せが，唯一両社が独占して売上を獲得する出店計画となることが分かります。したがって，（イ）が正解です。

・空欄 b：セグメント 1 及びセグメント 2 で見込まれる**売上の合計額を両社が 50%ずつ獲得する出店の組合せ**を考えてみると，〔複合環境〕(2)に「Y 地区で A 社と B 社の店舗が同じ消費者セグメントを対象として販売する場合，対象とする消費者セグメントに対する売上は，双方の店舗で 50%ずつ獲得するものと予想される」とあります。このことから，A 社と B 社の店舗が同じ消費者セグメント（セグメント 1 及びセグメント 2）を対象として販売する出店計画は，「表 2　Y 地区の消費者セグメント別の売上見込みと利用する店舗の種類」から駅ビル内店舗となり，（エ）が正解となります。

［設問 2］

市場環境及び複合環境における利得行列を使用した戦略決定に関する内容が問われています。ゲーム理論を活用した，A 社と B 社の売上を最大化すべき出店計画を，利得行列から導き出していきます。

・空欄 c：「表 4　Y 地区の A 社並びに B 社の月間売上高予測の利得行列」から空欄 c の位置は，A 社が駅ビル内店舗，B 社が駅前商店街店舗です。「表 2　Y 地区の消費者セグメント別の売上見込みと利用する店舗の種類」へ A 社と B 社の出店戦略を当てはめて考えてみると両社の利得は，〔複合環境〕(2)に「Y 地区で A 社と B 社の店舗が同じ消費者セグメントを対象として販売する場合，対象とする消費者セグメントに対する売上は，双方の店舗で50%ずつ獲得するものと予想される」とあることから，次表のようになります。

A社の月間売上見込額は，セグメント1で20百万円，セグメント2で5百万円の合計25百万円となり，（カ）が正解となります。

単位：百万円

消費者セグメント	セグメントに対する月間売上見込	駅ビル内店舗	駅前商店街店舗
セグメント1	20	○（A社 20）	×
セグメント2	10	○（A社　5）	○（B社　5）
セグメント3	10	×	○（B社 10）

・空欄d：「表4　Y地区のA社並びにB社の月間売上高予測の利得行列」から空欄dの位置は，A社が駅ビル内店舗，B社が出店しないとなります。「表2　Y地区の消費者セグメント別の売上見込みと利用する店舗の種類」へA社とB社の出店戦略を当てはめてみると両社の利得は，次表のようになります。

A社の月間売上見込額は，セグメント1で20百万円，セグメント2で10百万円の合計30百万円となり，（キ）が正解です。

単位：百万円

消費者セグメント	セグメントに対する月間売上見込	駅ビル内店舗	出店しない
セグメント1	20	○（A社 20）	（B社 0）
セグメント2	10	○（A社 10）	（B社 0）

・空欄e：「表4　Y地区のA社並びにB社の月間売上高予測の利得行列」から空欄eの位置は，A社が郊外ショッピングモール内店舗，B社が駅前商店街店舗となります。「表2　Y地区の消費者セグメント別の売上見込みと利用する店舗の種類」へA社とB社の出店戦略を当てはめると両社の利得は，〔複合環境〕の(2)に「Y地区でA社とB社の店舗が同じ消費者セグメントを対象として販売する場合，対象とする消費者セグメントに対する売上は，双方の店舗で50%ずつ獲得するものと予想される」とあることから，次表のようになります。

A社の月間売上見込額は，セグメント3で5百万円，セグメント4で10百万円の合計15百万円となり，（エ）が正解です。

単位：百万円

消費者セグメント	セグメントに対する月間売上見込	郊外ショッピングモール内店舗	駅前商店街店舗
セグメント2	10	×	○（B社 10）
セグメント3	10	○（A社　5）	○（B社　5）
セグメント4	10	○（A社 10）	×

・空欄f：B社が自社の売上を最大とすることができる出店戦略は，「表4　Y地区のA社並びにB社の月間売上高予測の利得行列」から，B社が駅ビル内店舗へ出店した場合の売上予測は，A社が駅ビル内店舗へ出店した場合（売上高予測15百万円）と，A社が郊外ショッピングモール内店舗へ出店した場合（売上高予測の30百万円）の合計額45百万円となります。B社が駅前商店街店舗へ出店した場合の売上予測は，A社が駅ビル内店舗へ出店した場合(売上高予測15百万円）と，A社が郊外ショッピングモール内店舗へ出店した場合（売上高予測の15百万円）の合計額30百万円となります。B社が出店しないとした場合の売上予測は，A社が駅ビル内店舗へ出店した場合（売上高予測0円）と，A社が郊外ショッピングモール内店舗へ出店した場合（売上高予測の0円）の合計額0円となります。したがって，（ア）が正解です。

・空欄g：「表4　Y地区のA社並びにB社の月間売上高予測の利得行列」から，B社が駅ビル内店舗へ出店することを仮定した場合，A社が駅ビル内店舗へ出店した場合の月間売上見込額は15百万円となり，A社が郊外ショッピングモール内店舗へ出店した場合の月間売上見込額は20百万円となることが分かります。したがって，（ウ）が正解です。

演習問題　第4部　第2章　問6

収益の検討

(H30春-FE 午後問7)

（解答）

［設問1］　a－エ，b－イ，c－エ，d－イ，e－イ

［設問2］　イ

［設問3］　f－イ，g－ア

（解説）

部品メーカの収益分析を題材に，損益分岐点売上高の計算，売上高と費用の関係，

及び売上高に対する変動費率を下げるための適切な施策などが問われています。収益を検討するに当たっては，売上に対してどれだけの費用を必要としたかの分析が重要になります。基本的な知識として，「変動費率」，「固定費」，「損益分岐点売上高」などのとらえ方について，次のような公式を理解しておきましょう。

変動費率＝変動費÷売上高
変動費＝変動費率×売上高

利益＝売上高－変動費率×売上高－固定費
利益＝売上高－変動費－固定費

損益分岐点売上高＝固定費÷（1－変動費率）

［設問1］

ケースX，ケースYの二つのケースの販売数，売上高及び利益の値が示され，それらに基づく収益検討について考察しています。

・空欄a，b：表1（表A）で示されている値から，変動費率及び固定費を求めていきます。

設問文の「両ケースの，売上高に対する変動費の比率（以下，変動費率という）は等しく，固定費は同額である」という記述から，表A中の変動費率をp，固定費（千円）をqと設定し。それぞれの値を求めてみます。

表A　収益検討表

ケース	X	Y
販売数（千個）	1,000	1,200
売上高（千円）	200,000	240,000
変動費（千円）	p×売上高	p×売上高
固定費（千円）	q	q
利益　（千円）	16,000	26,000

表AのケースXとケースYから利益を算出する式に当てはめて，計算していきます。

利益＝売上高－変動費率×売上高－固定費

ケースXの利益　16,000＝200,000－p×200,000－q

ケースYの利益　26,000＝240,000－p×240,000－q

①　pの値を求めるため，ケースXの利益－ケースYの利益を計算します。

$$
\begin{array}{rl}
 & 16{,}000=200{,}000-p\times 200{,}000-q \\
- & 26{,}000=240{,}000-p\times 240{,}000-q \\
\hline
 & -10{,}000=-40{,}000+p\times 40{,}000 \\
 & p=3/4=0.75
\end{array}
$$

②　pの値をケースXの式に代入してqの値を求めます。

ケースXの利益　$16{,}000=200{,}000-0.75\times 200{,}000-q$

$q=200{,}000-150{,}000-16{,}000$

$=34{,}000$

したがって，変動費率pは「75」%，固定費qは「34,000」千円となり，空欄a，bの正解はそれぞれ（エ），（イ）となります。

・空欄c：空欄aで求めた変動費率と空欄bで求めた固定費の値を代入して，損益分岐点売上高を計算します。

損益分岐点売上高＝固定費÷（1－変動費率）

損益分岐点売上高＝34,000÷（1－0.75）＝136,000

したがって，「136,000」千円であり，正解は（エ）となります。

・空欄d，e：値下げ率と利益の関係について問われています。値下げ率を大きくすると利益は減っていきます。利益がマイナスにならず，値下げ率が最大になるのは利益が0の場合です。利益は次のように表されます。

利益＝売上高－変動費率×売上高－固定費

利益＝売上高－変動費－固定費

利益が0の場合は次のように表されます。

売上高＝変動費＋固定費

ケースXとケースYに当てはめて考えていくと次のようになります。

ケースXの売上高　$p\times 200{,}000+q=0.75\times 200{,}000+34{,}000$

$=184{,}000$

ケースYの売上高　$p\times 240{,}000+q=0.75\times 240{,}000+34{,}000$

$=214{,}000$

販売単価は「売上高÷販売数」ですから，ケースX，ケースYの利益が0の場合の販売単価は次のとおりです。

ケースXの販売単価　184,000（千円）÷1,000（千個）＝**184（円）**

ケースYの販売単価　214,000（千円）÷1,200（千個）＝**178（円）**

また，値下げ前の現状の販売単価は次のとおりです。

ケースXの販売単価　200,000（千円）÷1,000（千個）＝200（円）

ケースYの販売単価　240,000（千円）÷1,200（千個）＝200（円）

設問には「値下げ率（値下げ額÷値下げ前の販売単価）」と記述されていますので，ケースXとケースYの値下げ率は次のようになります。

ケースXの値下げ率　（200－184）÷200＝16÷200＝0.08

ケースYの値下げ率　（200－178）÷200＝22÷200＝0.11

したがって，設問の条件を満たすケースX値下げ率は0.08であり，空欄dは（イ）の「8」％が正解となります。同条件でのケースYの値下げ率はケースX「よりも大きい」となります。したがって，空欄eの正解は（イ）となります。

［設問2］

売上高と費用の関係をグラフ化してR社と他社の関係を比較しています。図1のグラフからR社に該当するものを見つけます。設問文では，「変動費率はR社が他社と比べて最も高いことが分かった」と記述されています。

費用は次の式で表されます。

費用＝変動費＋固定費

変動費を変動費率で置き換えると，次のように考えることができます。

費用＝変動費率×売上高＋固定費

売上高と費用の関係を示した図では，変動費率に該当する部分はグラフの傾きとなります。図Aにおけるグラフの中で最も傾きが大きい（変動費率が最も高い）のは②であるため，正解は（イ）であることが分かります。

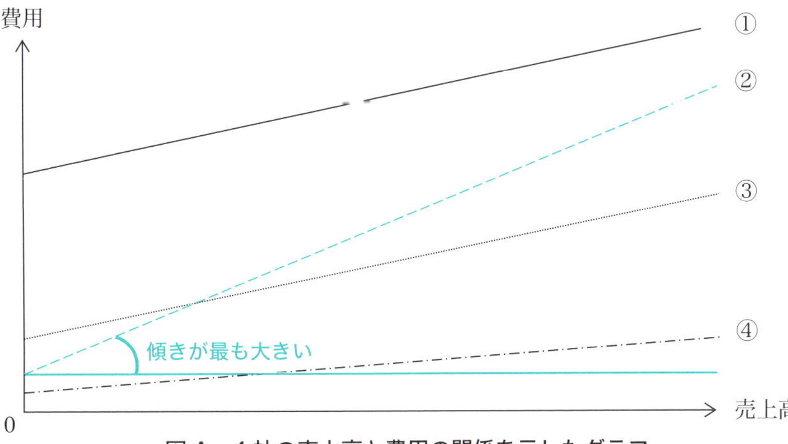

図A　4社の売上高と費用の関係を示したグラフ

［設問3］

変動費率を下げる取組みによって生じる効果について考察していきます。

・空欄 f：損益分岐点売上高と変動費率の関係について問われています。損益分岐点売上高は次の式で表されます。

損益分岐点売上高＝固定費÷（1－変動費率）

したがって，固定費を変えずに変動費率だけを下げることによって，損益分岐点売上高を「下げる」ことになることが分かります。正解は（イ）です。

・空欄 g：固定費を変えずに変動費率だけを下げる取組みについて考察していきます。

変動費率は次の式で表されます。

変動費率＝変動費÷売上高

変動費率を下げるには，売上高の増加率以上に変動費を下げる必要があります。

原材料の単価は変動費であるため，原材料の単価を下げると変動費も下がることになります。このとき，販売単価を下げなければ売上高は変化せず，変動費率は下がることになります。したがって，正解は（ア）の「原材料の単価を下げる」です。その他の選択肢ついては次のとおりです。

イ：社員の給与は固定費であるため該当しません。

ウ：販売数を増やすと，それに応じて原材料費や仕入れ価格などの変動費が増加しますが，販売数に比例して売上高も増加するため変動費率は変化しないことになります。したがって，「販売数を増やす」は該当しません。

エ：販売単価を下げると，それに比例して売上高も下がるので変動費率は変化しません。したがって，「販売単価を下げる」も該当しません。

第５部　第３章　基本アルゴリズム（整列・探索）

演習問題　第５部　第３章　問１

挿入ソート

(H19 春-FE 午後問 4 改)

（解答）

［設問１］　a－ウ　b－エ　c－オ

［設問２］　d－イ　e－カ　f－イ

（解説）

挿入ソートについては，本文でアルゴリズムの組立て方を説明しましたので，ここでは省略します。この問題の場合には，〔プログラムの説明〕と〔プログラム〕を対比させることで，挿入ソートのアルゴリズムをよく知らなくても解くことができます。〔プログラムの説明〕によれば，問題のプログラムは，１次元配列の要素 A[0]～A[N]を，挿入ソートによって昇順に整列する副プログラムです。そして，挿入ソートの手順が(1)として記述されており，①はおおまかな流れ，②は順次行われる整列の手順となります。

①の内容を整理すると，A[0]と A[1]，A[0]から A[2]，A[0]から A[3]というように，順次区間の要素を一つずつ増やしながら整列を繰り返し，最終的に A[0]～A[N]までを整列するということですが，この流れを念頭に〔プログラム〕を見ると，外側にある Idx1 を使った繰返しが，整列区間の要素を一つずつ増やしながら繰り返すという部分に対応し，その内側の部分で実際の整列を行っていることが分かります。

②には，プログラムの内側部分に相当する，実際の整列の手順が記述されていますから，この部分も〔プログラム〕と対比しながら読んでいきましょう。まず，(a)の記述ですが，空欄 a の上の行にある Tmp ← A[Idx1] というのが，ぴったり当てはまります。Idx1 というのは，外側の繰返しで１ずつ増やす変数ですし，この記述からも〔プログラムの説明〕では M として扱われている変数であることが分かります。続く(b)の記述ですが，Tmp よりも大きな値を順次隣に移動しますので，構造としては繰返しです。繰返し処理の場合，繰返しに入る前の初期処理もありますから，空欄 a 以降の部分がこの(b)に該当すると考えてよいでしょう。そして，残る(c)の記述ですが，プログラムの方にも空欄 c の部分しか残っていませんから，空欄 c が対応すると考えることができます。

このように，〔プログラムの説明〕が手順にまで及ぶ詳しいものである場合，説明の対象となるプログラムも，その手順とほぼ同じようになっていますから，双方を対比しながら読んで，プログラムを理解するとよいでしょう。

［設問 1］

プログラムの空欄穴埋め問題は，解答群の内容をヒントとしてうまく活用します。

・空欄 a：空欄には，Idx2 の初期値が入ります。そして，その内容は Idx1 の値を使った値です。Idx1 とは〔プログラムの説明〕の M のことです。そして，この部分は，②(b)に対応し，A[M－1]から A[0]に向かって行われ，このときの配列 A の添字が Idx2 なので，その初期値は M－1 に対応する Idx1－1（ウ）が正解です。

・空欄 b：この空欄は「A[Idx2] ＞ Tmp」が真のときに実行されます。対応する②(b)には「Tmp よりも大きな値を順次隣（要素番号の大きい方）に移動する」と記述されていますから，A[Idx2]をその隣である A[Idx2＋1]に移動すればよいので，A[Idx2＋1] ← A[Idx2]（エ）が正解です。

・空欄 c：この部分は②(c)に対応しますが，そこには「(b)で最後に移動した値の入っていた配列要素に Tmp の内容を格納する」と記述されています。値の移動は空欄 b の部分で行われていて，移動する値は A[Idx2]に入っていました。しかし，空欄 b の次の行で，Idx2 の値が 1 減算されていることに注意しましょう。この減算によって，空欄 c を実行するときには，最後に移動した要素の位置よりも，一つ前（小さい）の位置を指しています。したがって，Tmp の格納先は A[Idx2]ではなく，A[Idx2＋1]でなくてはいけないので，（オ）が正解です。

　最後の空欄 c は少し難しいので，前述の解説のように考えられないときには，特徴的な例を考えるとよいでしょう。②(c)には「(b)で移動がなかった場合には A[M]に格納する」という記述があります。移動がないというのは，Tmp の値が A[M－1]から A[0]の範囲のすべての値よりも大きいということですが，この範囲の値は昇順なので，最大値は A[M－1]に格納されています。したがって，この場合には，最初の比較で A[Idx2] ＞ Tmp が偽となります。このときの Idx2 の値は，初期値の Idx1－1（M－1 に相当）で，この Idx2 の値に 1 を加えた値が，M に相当する値になります。したがって，Tmp の格納場所は，A[Idx2]ではなく，A[Idx2＋1]でなくてはいけません。また，A[M－1]から A[0]の範囲にある要素すべての値よりも Tmp の値の方が小さい場合を考えてもよいでしょう。この場合には，整列範囲の先頭である A[0]に格納することになりますが，A[Idx2] ＞ Tmp はずっと成立するので，Idx2 の値が－1 になった場合に繰返しを終了します。つまり，空欄 c を実行する時点では，Idx2 の値が－1 なので，A[0]に格納するためには，A[Idx2＋1]としなくてはいけません。

［設問２］

・空欄 d，e：プログラム中のβの行，つまり，空欄 b の正解は（エ）の A[Idx2＋1] ← A[Idx2]で，新たな整列範囲の右端である A[Idx1]（Tmp）よりも大きな値を，右隣に移動させるためのものです。このことを念頭に，例 1，2 がこのプログラムによって整列されている様子をトレースすると，それぞれ次のようになりますから，空欄 d は 3（イ），空欄 e は 21（カ）が正解です。

（例 1）

A[]の要素番号	0	1	2	3	4	5	6	M（Idx1）	βの実行回数
	0	1	4	3	2	5	6	1	
									0
	0	1	4	3	2	5	6	2	
									0
	0	1	4	3	2	5	6	3	
									1
	0	1	3	4	2	5	6	4	
									2
	0	1	2	3	4	5	6	5	
									0
	0	1	2	3	4	5	6	6	
									0
	0	1	2	3	4	5	6	（合計）	3

（例 2）

A[]の要素番号	0	1	2	3	4	5	6	M（Idx1）	βの実行回数
	6	5	4	3	2	1	0	1	
									1
	5	6	4	3	2	1	0	2	
									2
	4	5	6	3	2	1	0	3	
		⋯							3
	3	4	5	6	2	1	0	4	
		⋯	⋯						4
	2	3	4	5	6	1	0	5	
		⋯	⋯	⋯					5
	1	2	3	4	5	6	0	6	
		⋯	⋯	⋯	⋯				6
	0	1	2	3	4	5	6	（合計）	21

・空欄f：αの条件式 A[Idx2] ＞ Tmp の場合，新たに整列範囲に加わった右端の要素よりも大きな値だけが移動しますが，この条件を A[Idx2] ≧ Tmp に変更すると，同じ値の場合も移動しますから，例3のように同じ値が含まれる場合には，移動する要素の個数が増え，実行ステップ数は増加することになります。また，同じ値の要素が複数ある場合，変更前はその後に，そして，変更後はその前に挿入されることになります。しかし，同じ値の並び順については，整列には影響を与えないので，整列は正しく行われます。したがって，（イ）が正解です。

演習問題 第5部 第3章 問2

英単語帳ファイルの更新

（H12 春-2K 午後問4改）

（解答）

［設問1］ ア

［設問2］ a－オ，b－キ，c－ウ

（解説）

変数Eに与えられた英単語と，変数Jに与えられた訳語を使って，英単語帳の更新や追加をするためのプログラムです。プログラムの内容については，〔プログラムの説明〕に詳しく記述されていますから，その内容と〔プログラム〕のおおまかな構造との対応が理解できれば解くことができそうです。実際の対応関係は，次の図のようになります。

［設問1］

英単語帳ファイルについては，内容を配列に読み込んで2分探索法によって検索するのですから，昇順か降順に並んでいる必要があります。どちらの順に並んでいるのかについては説明がありませんから，〔プログラム〕の該当の部分に注目して判断します。実際には，(3)に対応する部分なので，この部分に注目してください。まず，検索キーは変数E，つまり，英単語なので，データの並びは英単語の昇順又は降順です。そして，E＜eitan[k] のときに，H ← k－1 によって検索区間の上限を変更し，次の検索対象をkの前半の区間にしていますから，データの並びは英単語の昇順であることが分かります。この観点から解答群の各表を見ると，正解は（ア）であることが分かります。英単語と訳語の対応などに気を取られないように注意しましょう。

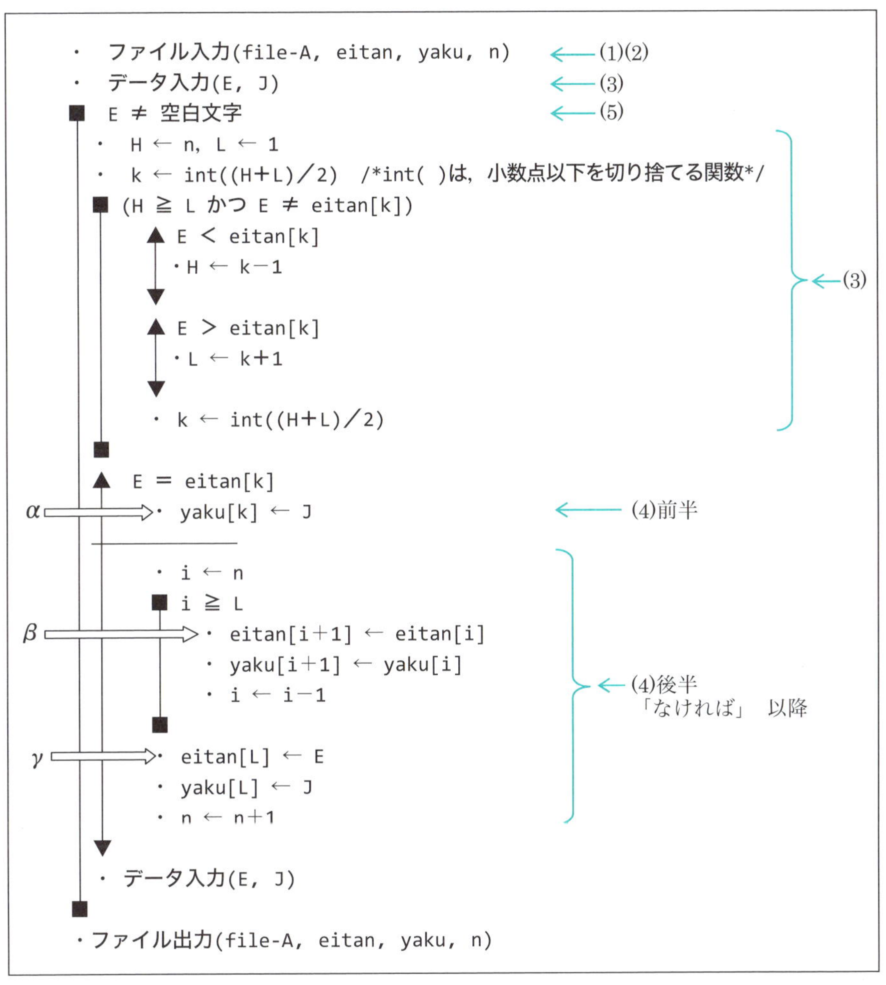

図　プログラムの対応

［設問２］

英単語帳ファイルが英単語の昇順に並んでいることと，〔プログラムの説明〕を読めば，表「入力データ」の①～③による更新の結果，英単語帳ファイルが次のようになることは分かると思います。**このように，説明の処理に従って結果がどうなるかを考える習慣を付けることが大切**です。

	eitan	yaku
	bread	パン
	cat	猫
②	computer	コンピュータ
	head	頭
	kitchen	台所
	mountain	山
①	program	プログラム
	water	水
③	zoo	動物園

設問の内容としては，①〜③のデータをそれぞれ処理したときに，〔プログラム〕のα〜γのどの部分が実行されるかを問うものですから，α〜γのそれぞれがおおまかに何をしているかということを理解しなければなりません。ここで，あまり詳細なトレースをしないことが，短時間で問題を解くためのポイントとなります。

αは，`E = eitan[k]` が真のときの内容ですから，〔プログラムの説明〕(4)の前半「E が配列 eitan 中にあれば，その訳語を J に置き換える」の部分に対応することが分かります。βとγは(4)の後半（「なければ」以降）に対応し，βが「配列 eitan と yaku の内容をそれぞれ配列の最後尾から順にずらしていき」に，γが「E と J を正しい位置に挿入する」に対応します（βが繰返し処理であること，また，その内容が配列 eitan と yaku の移動であることから判断します）。

ここまで分かれば，〔プログラム〕の内容を見なくても，解答できます（逆に，見ない方がよいかもしれません）。②は表の中間に英単語と訳語を挿入しますから，β（ずらし）とγ（挿入）が必要です（空欄 a：オ）。一方，③は表の最後に英単語と訳語が挿入（設定）されます。したがって，βのずらしは必要ありません（空欄 b：キ）。また，②の挿入位置は，2 行目の cat と 3 行目の head の間ですから，空欄 c の正解は（ウ）となります。

〔プログラム〕のトレースをほとんど行わずに解けてしまったので，物足りないでしょうか。しかし，短時間で解答するには，こうしたアプローチが大切です。問題を解いていて，英単語と訳語の挿入位置について，明確に設定していないのに本当に正しく行われるのだろうかという疑問がわくかもしれません。しかし，設問で問われていないので，試験中は考えないようにしましょう。しかし，試験対策としてトレース力の強化は重要なので，②，③のデータで 2 分探索の部分をトレースして，それぞれ，L＝3，L＝8 で検索を終えることを確認してみるとよいでしょう。確認できたら，自分のアルゴリズムのレパートリーに加えておきましょう。

第５部　第４章　配列処理，文字列処理

演習問題　第５部　第４章　問１

文字列の挿入処理

(H11 秋-2K 午後問 1)

（解答）

［設問］　a－ア，b－カ，c－オ

（解説）

文字列の挿入のアルゴリズムです。問題文に例がありますが，この例を使って，文字列の挿入を行うためにはどのようにしたらよいか，具体的にイメージしましょう。ワープロの文字列挿入では，挿入位置にカーソルを合わせて，文字を入力していけばよいので簡単です。しかし，実際のワープロ内部では，この問題のように，一つ一つの文字を配列の要素として，配列操作を行っているのかもしれません。挿入処理を行うためには，まずは，挿入部分にある文字を後ろにずらして，新たな文字列が挿入されても，元の文字列が失われないようにしなければなりません。

次に〔流れ図〕をざっと見てみましょう。細かい部分にはこだわらず，大きな構造を見いだします。この流れ図は，「移動処理」，「空白挿入処理」，「文字列挿入処理」の三つの部分に分けることができます。まずは，この三つの部分が，それぞれ何をしているのかをイメージします。実際のプログラムでは，処理内容をイメージできないような関数名やサブルーチン名などを付けて，保守の妨げとなることが見受けられますが，試験問題ではループ端に記述されたループ名から処理内容を想像できることが多いので，参考にするとよいでしょう。「移動処理」と「文字列挿入処理」は，先ほど考えた，挿入処理のイメージに相当しています。「移動処理」が挿入部分にある文字列を後ろにずらす処理ですし，「文字列挿入処理」は，実際に文字列を移す処理になります。残りの「空白挿入処理」ですが，〔流れ図の説明〕(5)の部分に相当しています。

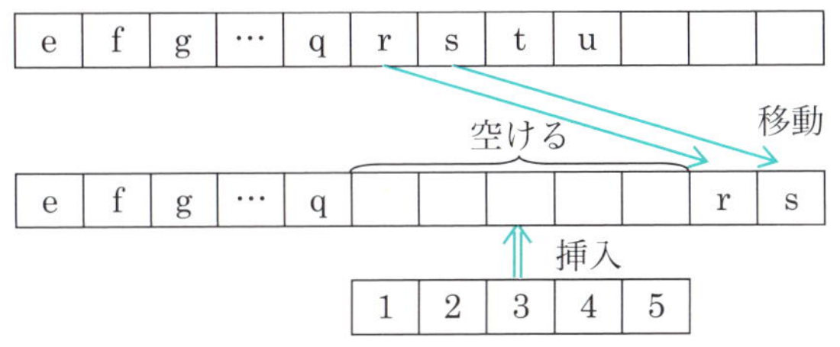

［設問］

流れ図の問題では，空欄の位置や，ループの条件など細かな部分に目が行きがちですが，少し我慢して，**まずは大きな構造をとらえることが大切**です。人間の能力には限界があり，一度にたくさんのことは考えられません。したがって，幾つかの部分に分割し，部分ごとに考えるとよいでしょう。ちなみに，こうした考え方が構造化です。構造化というと，GOTO文を使わずにアルゴリズムを記述することと理解されている方が多いようですが，本来は，順接，選択，反復の三つの基本制御構造だけを使って，アルゴリズムを組み立てることです。

まず，空欄aを含む「移動処理」の部分を見ていきましょう。この部分は，挿入部分にある文字列を後ろにずらす処理を行うものです。そして，空欄aと変数AXの小さい方を変数Yに設定しています。変数Yは「移動処理」ループの初期値です。増分量が−1で，変数PX（挿入位置）まで行っていることから，変数Yには，移動させる最後の文字の位置が設定されていることが分かります。単純に考えると，文字列を移動するためには，対象の先頭の文字から，最後の文字まで1字ずつ移していけばよいと考えると思います。しかし，このループでは，移動対象文字の位置を示す配列の添字Xを，1ずつ減らしながら，先頭位置（PX）まで繰り返しているので，初期値Yは終了位置となることを突き止めます。変数AXは，配列Aに設定されている文字列の長さなので，これが終了位置になることはよいと思います。しかし，実際には，空欄aと変数AXの小さい方が終了位置になります。このことは，〔流れ図の説明〕(6)と関連します。つまり，文字列の挿入によって，配列Aからあふれる部分は捨てられます。捨てる部分については，移動する必要がありませんし，実際には，配列からあふれるので，移動先がありません。したがって，**移動対象文字列の最終位置は，文字列の終わりとは限りません**。

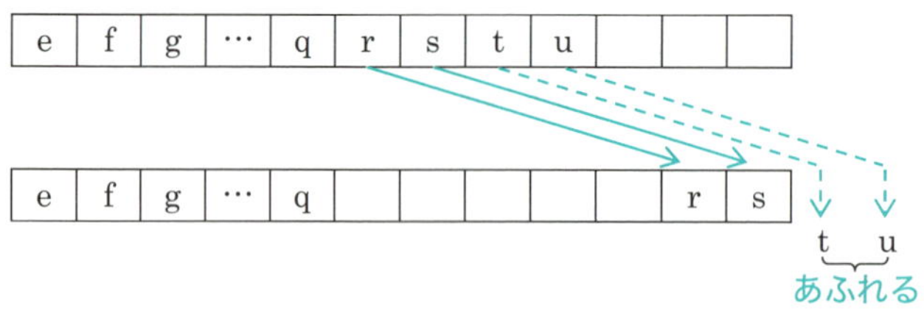

挿入によって文字列があふれる条件とは何でしょうか。挿入前の文字列と挿入文字列の文字数の合計が配列Aに格納しきれない場合に，文字列はあふれます。つまり，AX＋BX＞AMAX の場合にあふれることになります。それでは，この場合に，

どの位置まで移動すればよいのでしょうか。BX文字の文字列を挿入した場合，BX文字分だけ後ろに移動することになります。これが分かりにくい場合は，具体例で考えましょう。問題文の例では，挿入文字列の長さ（BX）は5です。そして，挿入前にA[PX]にあった“r”が5文字後ろにずれていることが見て取れます。したがって，挿入前にA[X]にあった文字は，挿入後にA[X＋BX]にずれることが分かります。そして，この結果としてAMAXを超える部分があふれますから，移動すべき最後の文字は，X＋BX＝AMAXとなる文字A[X]です。

したがって，X＝AMAX−BXが最終位置となります。

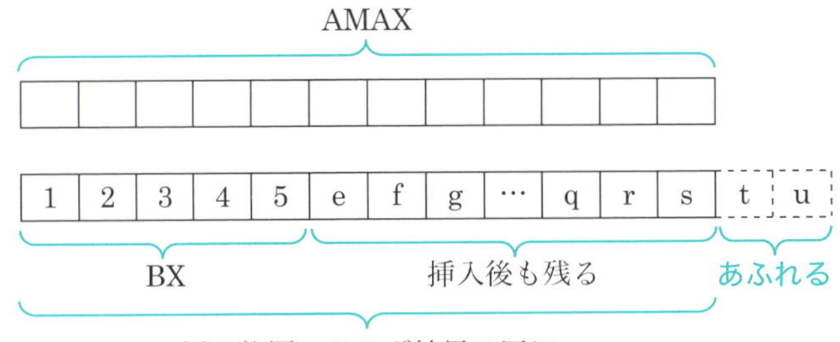

さて，解説を読むと納得できるのだけれど，実際の試験ではうまく考えられないという方もいると思います。そういう方は，**とにかく具体例で考える**ことです。問題中の例では配列中に「…」の部分があり，少し一般的に書いてあるので，この部分を一つの文字として考えましょう。そうすると，PX＝6，AX＝9，AMAX＝12となります。そして，BX＝5です。これらの値を解答群中の各選択肢に代入すると，（ア）と（オ）が7となります。この二つのどちらかを判定するには，PXやBXの値を変えてみるとよいでしょう。例えば，挿入文字列を4文字（BX＝4）とします。この場合には，“s”の次の“t”まで格納されることになります。そして，“t”の位置は8です。（ア）は12　4＝8となりますが，（オ）では12−6＋1−7のままです。したがって，（ア）が正解だと分かります。**問題の流れ図をきちんと理解できなくても，解答が出てしまいます**。何か割り切れない思いがあるかもしれません。しかし，基本情報技術者試験の問題が多肢選択式であるという特性を利用すると，こうした解答も可能です。

ちなみに，この移動処理では，文字列の後ろの方から順番に移動しています。この理由が説明できるでしょうか。**前の方から順番に移動すると，移動先の文字に上書きされてしまうので，正しい移動ができないため**です。もちろん，問題を解くためには，この理由はいりませんから，試験中に考える必要はありません。しかし，アルゴリズムの定石ですから，理解しておくとよいでしょう。

1文字分右へ移動

前から移動

a	b	c	d		
a	a	c	d		
a	a	a	d		
a	a	a	a		
a	a	a	a	a	

後ろから移動

a	b	c	d		
a	b	c	d	d	
a	b	c	c	d	
a	b	b	c	d	
a	a	b	c	d	

次に空欄b，cを含む「文字列挿入処理」について考えます。空欄bについては，その値と変数AMAXの小さい方を変数Yに設定します。そして，今度は，変数Yが，繰返しの終値となっています。この繰返しの初期値は，変数PX，つまり，挿入位置なので，Yの値，つまり，終値は挿入処理の最後の位置であることが分かります。そして，AMAXとのMINをとっている（小さい方を選んでいる）のは，あふれを考慮しているためです。この繰返し処理では，変数Xによって制御していますが，変数Xは，空欄cの移動先の配列位置を示します。そして，今度は先頭から挿入していきます。移動先の位置は，PX，PX＋1，…と1ずつ増加し，BX文字の分だけ行われるので，空欄bはPX＋BX－1（カ）が正解となります。ここで，大筋として，PX＋BXであることが分かっても，1を足すべきなのか引くべきなのか，何もしなくてよいのか，というところが迷いどころです。こうした場合も，具体例で考えましょう。例えば，BX＝3の場合，3文字の文字列を挿入するので，PX，PX＋1，PX＋2まで行います。このことから，1を引く必要があることが分かります。

空欄cですが，解答群の内容からも配列Bからの移動であることが分かります。この移動は先頭から順に行われるので，配列Bの添字は，結果として1，2，…というように変化していくことになります。一方，繰返しの制御変数XはPX，PX＋1，…と変化していくので，変数Xをベースに，1，2，…と変化させるためにはB[X－PX＋1]（オ）であることが分かります。理解しにくい場合は，具体例を用いて考えてみましょう。X＝PXのときに，転送先の配列Bの添字は1になるので，「X－PX」に1を足さなければいけません。

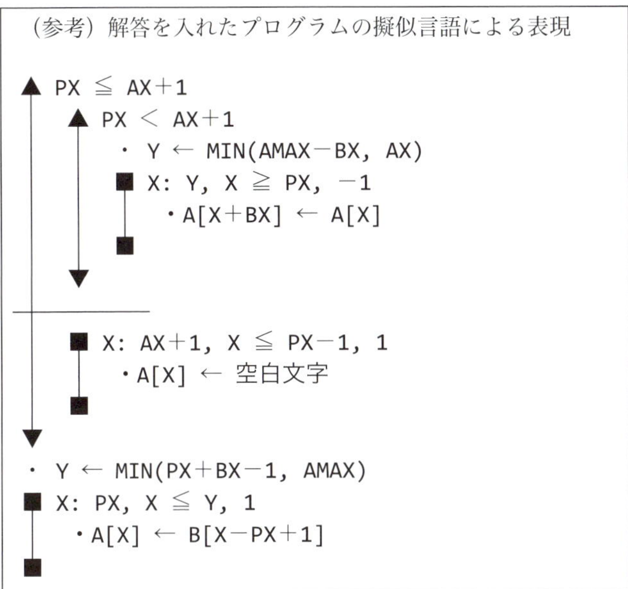

演習問題　第５部　第４章　問２

基数変換のプログラム

(H16 秋-FE 午後問 4)

（解答）

［設問］　a－ウ，b－オ，c－ア，d－ク，e－イ

（解説）

〔プログラム〕には，五つの小さなプログラム（関数）が順に示されています。本書ではこれまでの例題や演習問題解説を通して，プログラムを幾つかの部分に分けて考えることを勧めていましたから，このステップが省略できる分だけ楽な問題だといえます。これまでの考え方と同様の方針で，問題を解いていきましょう。

いくら大きなプログラムであっても，全体の機能を実現するために必要な，小さな機能の組合せによって実現されています。そして，複雑な機能をもつプログラムほど，この小さな機能がたくさん必要となるので，プログラムが大きくなってしまうのです。しかし，小さな機能だけに注目すれば，プログラム全体の大きさにはあまり影響を受けずに考えることができます。このため，複雑な問題を考えるときには，まず，その複雑さの原因を取り除くことから始めます。大きさが原因であれば，それを取り除くために，部分ごとに分けることがそれに当たります。

まず，プログラム全体の機能（目的）を把握します。〔プログラムの説明〕の冒頭には「関数 RadixConv は，M 進数字列を，N 進数字列に基数変換するプログラムである」と，機能が明確に記述されていますから，「木を見て，森を見ず」ということにならないためにも，このことをきちんと把握してから考える必要があります。ただし，森（全体）をあまり細かく見すぎないように注意してください。

次に各部分（関数）の概要を把握していきましょう。通常の問題では，各関数の概要が記述されていましたが，この問題にはないようです。しかし，心配はいりません。問題には，必ずヒントがあるのでそれを探します。**プログラムが，サブルーチンや関数として明確に分かれている場合には，引数と返却値がそのヒントになります。**全体の機能を念頭に置きながら，各関数の概要を理解していきましょう。

・RadixConv（表 1）

この関数は既に把握済みですが，一応整理しておきます。引数は，変換前の基数（Frdx），変換前数字列（Fnum），変換後の基数（Trdx）で，返却値は，変換後数字列です。このことから，M 進数（Frdx の値）の数字列（Fnum）を，N（Trdx）進数に変換し，結果の数字列を返すものだということが分かります。これはプログラム全体の目的と合っています。

・MToInt（表 2）

引数は変換前の基数（Rdx），変換前の数字列（Num）で，返却値は変換後の整数です。このことから，変換前の数字列（Num）を整数（数値）に変換する関数だと分かります。引数のデータ型からも分かるように，数字列は文字型です。文字型のデータは計算に使うことができませんから，計算をする場合には数値に変換する必要があります。また，関数名の「MToInt」は，「M から整数（Integer）へ変換する」という意味ですから，関数名からも機能が推定できます。

・IntToN（表 3）

引数は変換前の整数（Val），変換後の基数（Rdx）で，返却値は変換後の数字列です。このことから，変換前の整数（Val）を N（Rdx）進表現の数字列に変換する関数だと分かります。なお，IntToN とは，「整数を N に変換する」という意味で銘々したと考えられます。

・ToInt（表 4）

引数は変換前の 1 文字の数字（P）で，返却値は変換後の整数です。数字（P）を整数に変換します。なお，1 文字の数字というのも，文字（列）であることに注意してください。

・ToStr（表5）

引数は変換前の整数（Q）で，返却値は変換後の 1 文字の数字です。整数（Q）を 1 文字の数字に変換します。基数が引数にないことが気になるかもしれません。しかし，何進数であろうと，1 けたの数字に対応する値は同じです。逆に，何進数であるかということによって，引数 Q に設定される数値の範囲が異なってくるのです。例えば，2 進数であれば，0 と 1 だけですし，16 進数であれば 0～15 の範囲となります。そして，いずれの場合でも，同じ数値に対応する数字は同じものになります。

関数の概要を整理している際に，変換元，後の整数（数値）とは何進数なのかという疑問が生じたかもしれません。しかし，数値とは値のことなので，何進数かということにかかわらず同じになります。n 進数とは数値の数字表現であることに注意してください（強いて何進数かということを考えるのであれば，コンピュータ内部ではすべて 2 進数で表現されていますから，2 進数でしょう）。また，7 進数で表現された数字列を，9 進数に変換するような場合，いったん 10 進数に変換することになりますが，本当は 10 進数への変換をしているのではなく，数値に変換しているのです。一番分かりやすく扱いやすい数値表現が 10 進数なので，10 進数に変換し値を把握しているのです。

・空欄 a：関数 MToInt は，M 進数の数字列を整数に変換する関数でした。また，最後の return Val という内容から，変換後の整数値は変数 Val に求められることが分かります。関数自体は Idx ≦ Length(Num) を条件とする繰返し処理になっています。Idx の初期値は 1 で，Length(Num) は Num の文字列長，そして増分は 1 ですから，文字数分の繰返しです。また，繰返しの中にある Substr(Num, Idx, 1) とは「Num の先頭から Idx 番目の 1 文字を取り出す」ということなので，数字列 Num の先頭から順に 1 文字ずつ取り出して，変換結果である Val に値を加味していることが分かります。

M 進数を整数値に変換するということは，10 進数表現に変換するということに相当します。したがって，それをどうやって行っているのか思い出してみましょう。例えば，101 という 2 進数は，$1\times2^2+0\times2^1+1\times2^0=4+0+1$ のことですから，これを計算して，2 進数の 101 は（10 進数の）5 であることを求めます。つまり，各けたの数字を取り出して，けたに応じた重みを掛け，合計して求めることになります。しかし，解答群などを見てもそうではないようです。$1\times2^2+0\times2^1+1\times2^0=((1\times2)+0)\times2+1$ ですから，この方法を利用しているのです。2 の部分は M 進数の M に対応しますから，その値が入っている Rdx を Val に掛けながら，順に各けたの数字の値を足していけばよいので，（ウ）が正解です。なお，関数 ToInt とは，1 文字の数字を整数（値）に変換するものでした。

$1\times2^2+0\times2^1+1\times2^0=((1\times2)+0)\times2+1$ に気が付けば，解答を見つけるのはそれほど難しくないでしょう。しかし，気が付かなかったとしてもあきらめてはいけません。解答が選択式ということを利用します。この関数に対して Rdx＝2，Num＝“101”という引数を渡した場合，結果の Val は 5 になることが分かっています。空欄に各選択肢を当てはめてトレースし，正しい結果になるものが正解です。この例では Num が 3 けたなので，繰返し回数は 3 で，それぞれ，次のようになります（①～③は繰返し回数）。

ア：① Val＝2＋1＝3→ ② Val＝2＋0＝2→ ③ Val＝2＋1＝3
イ：① Val＝0＋1＝1→ ② Val＝1＋0＝1→ ③ Val＝1＋1＝2
ウ：① Val＝0×2＋1＝1→ ② Val＝1×2＋0＝2→ ③ Val＝2×2＋1＝5
エ：① Val＝0÷2＋1＝1→ ② Val＝1÷2＋0＝0.5→ ③ Val＝0.5÷2＋1＝1.25

このように正しい結果が分かっているときには，**選択式があることを利用してそれぞれの結果を求めてみるという方法が有効**です。また，$1\times2^2+0\times2^1+1\times2^0=((1\times2)+0)\times2+1$ という変形については，計算量を減らす工夫として有効であり，これまでに午前，午後の問題として出題されたことがありますから，これを機会に覚えておきましょう。

・空欄 b～d：関数 IntToN は，整数を N 進数の数字列に変換する関数でした。関数 MToInt に比べると少し長く，空欄も多いですが怖気付かずに取り組みましょう。まず，返却値は変換後の数字列ですが，その内容は Tmp に求められるということを把握します。そして，構造として繰返し処理がメインで，その中で剰余を求めながら，Tmp に文字（数字）を連結しながら結果を求めていることが分かります。こうした内容から，基数変換について思い出してみると，例えば数値 5 を 2 進数に変換するような場合，次のように 2 で割った余りを求めながら結果を求めていたことを思い出せるでしょう。

```
2 ) 5  …1 ③   ↑
2 ) 2  …0 ②   │
    1 ①        │ 5は2進数で101です。
```

図 A

擬似言語で書かれたアルゴリズムだけとにらめっこするのではなく，このような例を念頭に考えていくことが大切です。

空欄 b については，次の Tmp ← "" との位置関係から考えて，変数の初期設定ではないかと予想できます。変数の初期設定では，それ以降の部分で初期設定が必要な変数を探すことがポイントです。繰返しの条件が Quo ≧ Rdx となっていますが，Rdx は引数ですから値が設定済みです。しかし Quo（商）については，この関数で定義されている変数なので，比較する前に初期設定が必要です。したがって，変数 Quo の初期設定であるというところまでは分かります。

次は，Quo とは何かを考えます。繰返し中の先頭には Rem ← Quo % Rdx というのがあり，変数 Rem に Quo を Rdx で割った剰余を求めていることが分かります（“%”は剰余演算子ですが，知らなくても Rem が剰余であることから想像できるようにしましょう）。この内容と図 A の例とを考え合わせると，「5 → 2」と順に変化させた部分ではないかと想像できるはずです。これであれば「商」というこの変数へのコメントも納得できます。その初期値は変換前の整数ですから，（オ）の Quo ← Val が正解です。また，変換前の整数をもつ引数 Val がどこにも使われていません。**この引数は必要な値ですから，関数中で使われていないということは，他の変数に値を移しているということ**です。このことも，正解を導くヒントになるでしょう。

空欄 c については，繰返し中の内容を簡単に考えるとよいでしょう。まず，「Rem ← Quo % Rdx」というのは，N 進数の N に相当する Rdx の値で割った剰余を Rem に求めるものです。次の「Tmp ← ToStr(Rem) ＋ Tmp」は，結果の数字列を求める変数 Tmp に，求めた剰余を数字に変換し連結するというものです。そして，次の繰返しでは Quo の値を変えなくてはいけなかったので，これに相当するものが入るということが分かります。図 A の例では「5→2」と変わるという部分です。次の繰返しでは Quo の値は，Quo を Rdx で割った商でなくてはいけないはずですが，これがありません。商がどこかに求まっていないかと探すと，それもありませんから，ここであらためて商を求めて Quo に代入する必要があります。したがって，（ア）の Quo ← Quo ÷ Rdx が正解です。

空欄 d では，繰返しの残りをしなくてはいけません。先ほどの例で考えると，Tmp には図 A の②③，つまり，“01”の部分まで数字列として入っています。したがって，最後の①を連結しなくてはいけません。そして①の部分は剰余ではなく商でした。また，割算の繰返しを止める条件は，商(1)が割る

第6部 第5部 解答解説
第1章
第2章
第3章
第4章
第5章

数(2)よりも小さくなるということです。これは，この関数の繰返しの条件と一致します。このことから，最後は商を数字に変換し，文字列の先頭に連結する必要があることが分かります。したがって，（ク）の Tmp ← ToStr(Quo) ＋ Tmp が正解です。この部分については，プログラムの構造からヒントをつかむこともできます。この空欄の後は return Tmp と返却値を返しているだけです。したがって，返却値 Tmp 以外の変数の値を変化させても，返却値に反映することができません。このことから，変数 Tmp に関するものだということが分かるので，正解の候補を（ク）と（ケ）に絞り込むことができます。そして，どちらが正解かと考えます。

・空欄 e：関数 ToInt は，引数の 1 文字の数字を整数に変換するものでした。解答群の内容や変数 Idx という名前から，表の検索であることは分かるでしょう。そして，返却値が Idx であることから，表を順に検索し条件に合ったときに，その添字（Idx）を返すというところまでは分かるはずです。繰返しの継続条件である解答群の内容は，引数 P が小さい間（ア，ウ）か，大きい間（イ，エ）に分かれます。まず，これを考えましょう。検索の対象となる表 Code には，“0”～“F”の各文字が，文字コードの小さい順に並んでいます。そして，検索の最初は Idx＝0 ですから，先頭から検索します。したがって，P の方が小さい間という検索はなじみません。次に“＞”か“≧”，つまり，＝が必要かどうかを考えれば，正解が分かります。例えば，引数が“0”であった場合，Idx＝0 とならなくてはいけません。しかし，（エ）の P ≧ Code[Idx] の場合には，最初の比較では条件を満たすので，Idx が加算され Idx＝1 になってしまいます。したがって，＝の付いていない（イ）の P ＞ Code[Idx] が正解です。

最初にすべての関数の概要を確認しましたが，実際の試験では，空欄を考えながら，必要となる時点で，順に考えていけばよいでしょう。

この問題は，関数の返却値を変数に代入せずに，そのまま使うなど C 言語のプログラムを連想させる部分が多いことに気が付いたと思います。また，“ToInt”，“ToStr”などはまさに C 言語です。CASL や表計算を選択する受験者には少し不利な面もあったと思いますが，基本的なことが分かれば解答できる内容です。

第５部　第５章　アルゴリズムの解法力

演習問題　第５部　第５章　問１

クイックソートを応用した選択アルゴリズム

(H27春-FE 午後問8)

（解答）

［設問１］　a－ア，b－ウ

［設問２］　c－イ，d－エ

［設問３］　e－オ，f－エ

（解説）

与えられたn個のデータの中からk番目に小さい値を選択するプログラムです。普通に考えれば，交換法などでデータを昇順に並べた後，先頭からk番目に該当する値を見つけるアルゴリズムが思い浮かびます。しかし，ここでは効率良く値を見つけるためにクイックソートという少し複雑ですが高速の整列アルゴリズムを利用しています。

さて，本番試験で問題の第一印象がどうであれ，悠長なことは言ってられませんので，まずは〔プログラムの説明〕をざっと読み，〔プログラム〕内容を見て空欄の数や位置を把握し，続けて設問の数や，解答群の内容を確認します。**問題文を読んで，いきなり説明内容やプログラムのアルゴリズムを詳細に考え出すのは得策ではありません。まずは，全体像を把握することが大切です。**

この問題でこれらを確認すると，プログラムに空欄がなく，全ての処理が記述されていて，設問も全て具体的な値で処理を行ったときの処理内容や結果などに関するものです。クイックソートの分かりにくいところを考える設問がないようだと分かり安心できますが，逆に言えば，処理を一つずつ調べる作業を，根気強く，ていねいに追いかけていく（トレースする）必要がある問題ということになります。

クイックソートは午前試験でも出題されるので，知っている人もいると思いますが，整列処理を行う場合はプログラムの中で自分自身を呼び出す再帰処理が使われるため，基本情報技術者試験の問題としては難しくなりすぎるおそれがあります。ここではk番目に小さい値を選択するための範囲の絞込みだけにクイックソートを利用していて，要素全体を整列する処理ではないため，再帰処理は使われていません。

〔処理の概要〕

この問題では，クイックソートのアルゴリズムに基づいて，走査範囲内の要素を基準値（pivot；ピボット）以下なら左に，以上なら右に集めますが，この処理を走査範囲全てで行うわけではなく，選択する値が含まれている側だけ新たな走査範囲として処理を続けます。基準値を意味するピボット（pivot）は，もともと“回転するための軸”という意味ですが，クイックソートでは各走査範囲の要素を整列（“回転”に相当）するための基準値という意味で，処理の中で重要な役割をもちます。Microsoft 社の Excel の機能にピボットテーブルがありますが，これも分析の基となる値（ピボット）をいろいろ変えてデータを分析できる機能です。

〔プログラムの説明〕にある内容を基にプログラムの処理を確認すると，次のようになります。

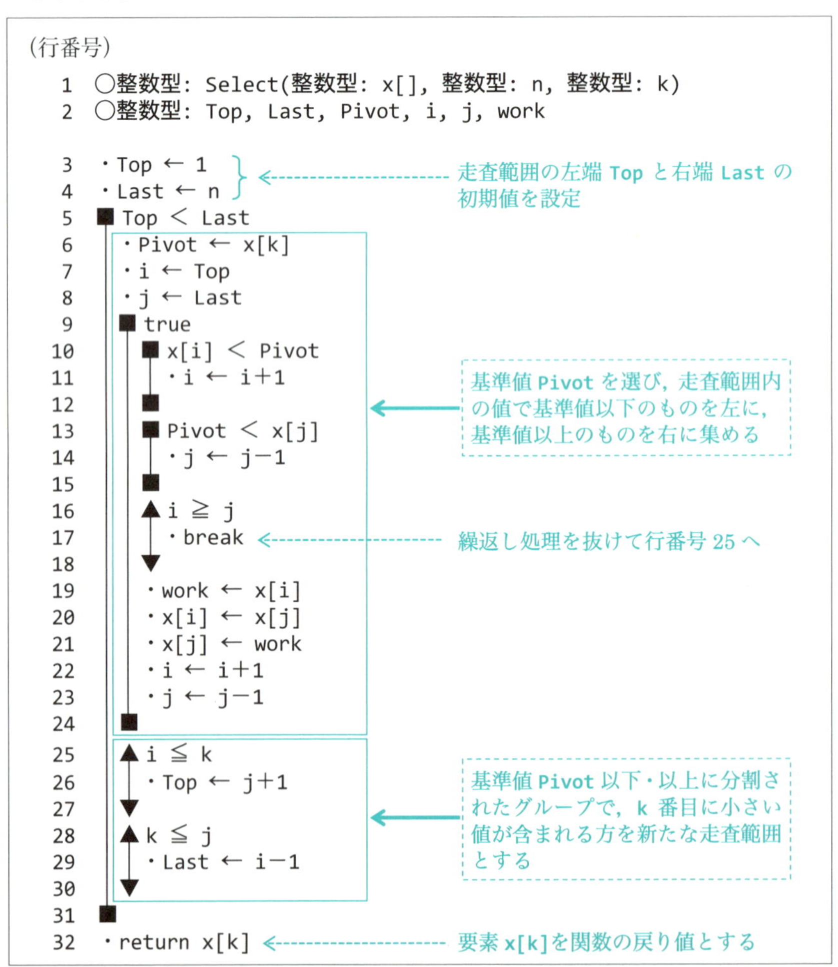

（行番号）

```
 1  ○整数型: Select(整数型: x[], 整数型: n, 整数型: k)
 2  ○整数型: Top, Last, Pivot, i, j, work

 3   ・Top ← 1
 4   ・Last ← n
 5  ■ Top ＜ Last
 6   │ ・Pivot ← x[k]
 7   │ ・i ← Top
 8   │ ・j ← Last
 9   │ ■ true
10   │ │ ■ x[i] ＜ Pivot
11   │ │ │ ・i ← i＋1
12   │ │ ■
13   │ │ ■ Pivot ＜ x[j]
14   │ │ │ ・j ← j－1
15   │ │ ■
16   │ │ ▲ i ≧ j
17   │ │ │ ・break
18   │ │ ▼
19   │ │ ・work ← x[i]
20   │ │ ・x[i] ← x[j]
21   │ │ ・x[j] ← work
22   │ │ ・i ← i＋1
23   │ │ ・j ← j－1
24   │ ■
25   │ ▲ i ≦ k
26   │ │ ・Top ← j＋1
27   │ ▼
28   │ ▲ k ≦ j
29   │ │ ・Last ← i－1
30   │ ▼
31  ■
32   ・return x[k]
```

行番号 9〜24 の繰返し処理は，条件式がなく論理変数の true だけになっています。通常は条件式が真の間（true のとき）処理を繰返し実行しますが，true とだけ書かれている場合は，常に条件が成立するため無限ループとなります。

無限ループでは処理が終了しないので，このプログラムでは行番号 17 の break で繰返し処理を抜けています。**break はその処理を含む繰返し処理を一つだけ抜ける命令**で，ここでは行番号 9〜24 の繰返し処理を抜け，行番号 25 に移ります。プログラム言語の C や Java を理解している人には当たり前ですが，擬似言語の説明にはないので，知らなかった人は覚えてください。また，これも擬似言語の説明にはありませんが，行番号 32 の **return は関数の戻り値（処理結果）を返す命令**です。

［設問 1］

プログラムで示された関数 Select の処理内容を具体例で考える設問です。ここでは選択処理 2 回目まで考えればよい内容になっています。

関数 Select の引数（呼出し元から受け取る値）は，数値が格納されている配列 x[]，数値の個数（配列の要素数）を示す n，選択する数値の小さい方からの順位を示す値の k で，ここでは，x[]＝{3, 5, 6, 4, 7, 2, 1}，n＝7，k＝3 で考えます。

それでは，〔プログラムの説明〕に従って，処理をトレースしていきましょう。

（選択処理 1 回目）

Top	Last	Pivot	i	j	x[]							処理メモ
					[1]	[2]	[3]	[4]	[5]	[6]	[7]	
／	／	／	／	／	3	5	6	4	7	2	1	Top←1，Last←7，Top＜Last，Pivot←x[3]＝6，i←Top＝1，j←Last＝7
1	7	6	1	7	3	5	6	4	7	2	1	x[i]＝x[1]＜Pivot で i を＋1
			2	7	3	5	6	4	7	2	1	x[i]＝x[2]＜Pivot で i を＋1
			3	7	3	5	6	4	7	2	1	x[i]＝x[3]≧Pivot でループ抜け（行番号 10〜12） Pivot≧x[j]＝x[7]でループ抜け（行番号 13〜15） i＜j なので x[i]と x[j]を交換（x[3]と x[7]）， i を＋1，j を－1，9 行へ
			4	6	3	5	1	4	7	2	6	x[i]＝x[4]＜Pivot で i を＋1
			5	6	3	5	1	4	7	2	6	x[i]＝x[5]≧Pivot でループ抜け Pivot≧x[j]＝x[6]でループ抜け i＜j なので x[i]と x[j]を交換（x[5]と x[6]）， i を＋1，j を－1，9 行へ
			6	5	3	5	1	4	2	7	6	x[i]＝x[6]≧Pivot でループ抜け Pivot≧x[j]＝x[5]でループ抜け i≧j（break でループ抜け 25 行へ） i＝6，k＝3 で i＞k，Top 変わらず 1。28 行へ k＝3，j＝5 で k≦j，Last←i－1＝5，5 行へ

ここまでが選択処理１回目のデータの変化です。選択処理の回数ごとに設定する Top と Last の値が問われているので，一つずつ処理をトレースしていかないと結果が求められず，頭の中だけでは追い切れませんね。なお，表中の“処理メモ”の内容は，頭の中で考えるだけでなく，必要に応じて実際にメモ書きして確認しながら，トレースを丁寧に行いましょう。**アルゴリズムの問題は頭で考えるのと同時に，手も動かしていくことが重要**です。

選択処理１回目をトレースした結果，配列 x の内容は問題文に示されているとおり，{3，5，1，4，2，7，6} になっていれば大丈夫ですが，もし内容が合わない場合は落ち着いてトレースし直してください。最後の処理で，Top は変わらず 1，Last には 5 が設定されるので，空欄 a に入る答えは（ア）になります。

（選択処理２回目）

Top	Last	Pivot	i	j	x[]							処理メモ
					[1]	[2]	[3]	[4]	[5]	[6]	[7]	
1	5	6	6	5	3	5	1	4	2	7	6	（選択処理１回目の終了状態），Top＜Last， Pivot←x[3]＝1，i←Top＝1，j←Last＝5
		1	1	5	3	5	1	4	2	7	6	x[i]＝x[1]≧Pivot でループ抜け Pivot＜x[j]＝x[5]で j を－1
			1	4	3	5	1	4	2	7	6	Pivot＜x[j]＝x[4]で j を－1
			1	3	3	5	1	4	2	7	6	Pivot≧x[j]＝x[3]でループ抜け i＜j なので x[i]と x[j]を交換（x[1]と x[3]）， i を＋1，j を－1，9 行へ
			2	2	1	5	3	4	2	7	6	x[i]＝x[2]≧Pivot でループ抜け Pivot＜x[j]＝x[2]で j を－1
			2	1	1	5	3	4	2	7	6	Pivot≧x[j]＝x[1]で ループ抜け i≧j（break でループ抜け 25 行へ） i＝2，k＝3 で i≦k，Top←j＋1＝2，28 行へ k＝3，j＝1 で k＞j，Last 変わらず 5。5 行へ

ここまでが選択処理２回目のデータの変化です。配列 x の結果は問題文にあるとおり，{1，5，3，4，2，7，6}になっていればトレースした内容も合っていると考えます。最後の処理で，Top に 2 が設定され，Last は変わらず 5 なので，空欄 b に入る答えは（ウ）になります。

以上で，設問１の答えは求められましたが，目的とする値が見つかるまで，続けて処理を続けて考えていくと次のようになります。試験問題では，時間の関係で設問が省略されたのかもしれません。

（選択処理３回目）

Top	Last	Pivot	i	j	x[] [1]	[2]	[3]	[4]	[5]	[6]	[7]	処理メモ
2	5	1	2	1	1	5	3	4	2	7	6	（選択処理２回目の終了状態），Top＜Last，Pivot←x[3]＝3，i←Top＝2，j←Last＝5
		3	2	5	1	5	3	4	2	7	6	x[i]＝x[2]≧Pivot でループ抜け Pivot≧x[j]＝x[5]で ループ抜け i＜j なので x[i]と x[j]を交換（x[2]と x[5]），i を＋1，j を－1，9 行へ
			3	4	1	2	3	4	5	7	6	x[i]＝x[3]≧Pivot でループ抜け Pivot＜x[j]＝x[4]で j を－1
			3	3	1	2	3	4	5	7	6	Pivot≧x[j]＝x[3]でループ抜け i≧j（break でループ抜け 25 行へ） i＝3，k＝3 で i≦k，Top←j＋1＝4，28 行へ k＝3，j＝3 で k≦j，Last←i－1＝2，5 行へ

（選択処理４回目）……行番号５の条件判定

Top	Last	Pivot	i	j	x[] [1]	[2]	[3]	[4]	[5]	[6]	[7]	処理メモ
4	2	3	3	3	1	2	3	4	5	7	6	（選択処理３回目の終了状態） Top≧Last で条件満たさず 32 行へ
			3	3	1	2	3	4	5	7	6	return x[k]＝x[3]＝3 を戻り値として終了

以上で，与えられた７個のデータの中から３番目に小さい値 x[3]＝3 が選択されました。

［設問２］

設問１で処理をトレースして，アルゴリズムの考え方が完全には理解できていない状態でも，データの変化の仕方はだいたい理解できたと思います。例えば，引数である変数 n と k は，プログラム中で値の変化はありません。このようなことはプログラムを見てすぐに気付けるようになるのが理想ですが，それまでは，トレースによって結果を見て，自分自身で結果に納得することを繰り返してください。

設問２では，配列 x[]に改めて新しい値を設定して，処理がどのように行われるかを考えます。ここでは，x[]＝{1，3，2，4，2，2，2}，n＝7，k＝3 で考えたときに，プログラムの α の部分（行番号 6～8）と γ の部分（行番号 19～23）が何回実行されるかを調べます。同じ要素が配列内にあるので，見ただけでは結果の予測は難しく，設問１と同じようにトレースして処理結果を見ていきましょう。

表中で，　　　　が α 部分の処理，　　　　が γ の部分の処理を示しています。

第6部 第5部 解答解説
第1章
第2章
第3章
第4章
第5章

（選択処理 1 回目）

Top	Last	Pivot	i	j	x[1]	x[2]	x[3]	x[4]	x[5]	x[6]	x[7]	処理メモ
					1	3	2	4	2	2	2	Top←1，Last←7，Top＜Last， Pivot←x[3]＝2，i←Top＝1，j←Last＝7
1	7	2	1	7	1	3	2	4	2	2	2	x[i]＝x[1]＜Pivot で i を＋1
			2	7	1	3	2	4	2	2	2	x[i]＝x[2]≧Pivot でループ抜け（行番号 10～12） Pivot≧x[j]＝x[7]でループ抜け（行番号 13～15） i＜j なので x[i]と x[j]を交換（x[2]と x[7]）， i を＋1，j を－1，9 行へ
			3	6	1	2	2	4	2	2	3	x[i]＝x[3]≧Pivot でループ抜け Pivot≧x[j]＝x[6]でループ抜け i＜j なので x[i]と x[j]を交換（x[3]と x[6]）， i を＋1，j を－1，9 行へ
			4	5	1	2	2	4	2	2	3	x[i]＝x[4]≧Pivot でループ抜け Pivot≧x[j]＝x[5]でループ抜け i＜j なので x[i]と x[j]を交換（x[4]と x[5]）， i を＋1，j を－1，9 行へ
			5	4	1	2	2	2	4	2	3	x[i]＝x[5]≧Pivot でループ抜け Pivot≧x[j]＝x[4]でループ抜け i≧j（break でループ抜け 25 行へ） i＝5，k＝3 で i＞k，Top 変わらず 1。28 行へ k＝3，j＝4 で k≦j，Last←i－1＝4，5 行へ

（選択処理 2 回目）

Top	Last	Pivot	i	j	x[1]	x[2]	x[3]	x[4]	x[5]	x[6]	x[7]	処理メモ
1	4	2	5	4	1	2	2	2	4	2	3	（選択処理 1 回目の終了状態），Top＜Last， Pivot←x[3]＝2，i←Top＝1，j←Last＝4
		2	1	4	1	2	2	2	4	2	3	x[i]＝x[1]＜Pivot で i を＋1
			2	4	1	2	2	2	4	2	3	x[i]＝x[2]≧Pivot でループ抜け Pivot≧x[j]＝x[4]でループ抜け i＜j なので x[i]と x[j]を交換（x[2]と x[4]）， i を＋1，j を－1，9 行へ
			3	3	1	2	2	2	4	2	3	x[i]＝x[3]≧Pivot でループ抜け Pivot≧x[j]＝x[3]でループ抜け i≧j（break でループ抜け 25 行へ） i＝3，k＝3 で i≦k，Top←j＋1＝4。28 行へ k＝3，j＝3 で k≦j，Last←i－1＝2，5 行へ

（選択処理 3 回目）……行番号 5 の条件判定

Top	Last	Pivot	i	j	x[1]	x[2]	x[3]	x[4]	x[5]	x[6]	x[7]	処理メモ
4	2	2	3	3	1	2	2	2	4	2	3	（選択処理 2 回目の終了状態） Top≧Last で条件満たさず 32 行へ
			3	3	1	2	2	2	4	2	3	return x[k]＝x[3]＝2 を戻り値として終了

以上から，α 部分の処理は 2 回実行されるので空欄 c に入る答えは（イ），γ 部分の処理は 4 回実行されるので，空欄 d に入る答えは（エ）になります。

［設問３］

・空欄 e：ここまでかなりのトレースをしてきましたが，設問 3 ではプログラム中の β（行番号 10）の処理 x[i]＜Pivot を，誤って等号を付け x[i]≦Pivot とした場合を想定して，新しい配列 x で処理内容を確認します。少々辛くなってきた人もいると思いますが，根気を振り絞って考えていきましょう。引数で与えられる配列も要素が一つ減り，n＝6，k＝3 で考えますが，時間短縮のために配慮してくれたものと思われます。

〔変更後の β の処理〕

```
10    ■ x[i] ≦ Pivot
11    │ ・i ← i+1
12    ■
```

最初に考えるのは，x[]＝{1，1，1，1，1，1}，n＝6，k＝3 の場合です。配列の要素が全て同じ 1 で，Pivot＝x[3]＝1 でこれも同じ値になります。行番号 10 の条件に等号が付くと，i の初期値 1 で x[1]＝Pivot となり繰返し条件が成立します。その後，行番号 11 の i ← i+1 が実行されて，i＝2，3，4，5，6 のときも繰返し処理が実行されます。ここで，配列の要素数は 6 個なので（n＝6），配列の要素番号も 6 までしかありません。

しかし，行番号 10 の条件では「i の上限値が n まで」というような判定はしていないので，i＝7，8，9，……となっても，行番号 11 の i ← i+1 が実行され，配列の範囲を越えて参照してしまいます。したがって，空欄 e の答えは（オ）の「配列の範囲を越えて参照する」になります。

なお，（エ）の「処理が終了しない」と答えた人もいたと思いますが，i は整数型ですから，そのデータ型で表現できる上限値（例えば，$2^{16}-1$ や $2^{32}-1$ など）を超えたときにオーバフローとなって，プログラムは終了する（異常終了ですが）ので，当てはまりません。

・空欄 f：次に，x[]＝{1，3，2，4，2，2}，n＝6，k＝3 の場合を考えます。Pivot＝x[3]＝2 です。また新しい配列で処理のトレースをしなければいけないのかと思った人もいると思いますが，この配列要素は設問 2 で考えた要素の最後 x[7]がない状態です。

ここまでプログラムの内容とその処理結果を見てきて気付いた人もいると

思いますが，Top，Last，Pivot に設定される値は 1 と n（＝6）と配列 x[] の要素しかなく，この配列要素に 0 はないので，空欄 f の解答として（ア），（イ），（ウ）の「……に値 0 が設定される」はないことが分かります。

次に，配列要素は，設問 2 で考えた配列の最後の要素 x[7]がなくなっただけで，設問 2 では正しく処理が終了しているので，（オ）の「配列の範囲を越えて参照する」といった異常な処理は行われないといえます。したがって，解答は（エ）の「処理が終了しない」に絞り込むことができます。

消去法で解答を決めてしまう方法ではすっきりしない人もいると思いますが，午後試験の解答時間は不足することが多いので，**論理的に考えて出た答えを正しいと割り切って解答できるようになることも重要です**。

それでも納得がいかない人もいると思いますので，本当に処理が終了しないのか，確認のためにトレースしておきましょう。なお，先ほど考えた例と同じように，プログラム中の β（行番号 10）を誤って x[i]≦Pivot とした場合の処理内容を考えることに注意してください。x[i]≦Pivot であれば i を加算し，x[i]＞Pivot であれば行番号 10～12 のループを抜けます。

（選択処理 1 回目）

Top	Last	Pivot	i	j	x[1]	x[2]	x[3]	x[4]	x[5]	x[6]	処理メモ
					1	3	2	4	2	2	Top←1，Last←6，Top＜Last，Pivot←x[3]＝2，i←Top＝1，j←Last＝6
1	6	2	1	6	1	3	2	4	2	2	x[i]＝x[1]≦Pivot で i を＋1
			2	6	1	3	2	4	2	2	x[i]＝x[2]＞Pivot でループ抜け（行番号 10～12） Pivot≧x[j]＝x[6]でループ抜け（行番号 13～15） i<j なので x[i]と x[j]を交換（x[2]と x[6]）， i を＋1，j を－1，9 行へ
			3	5	1	2	2	4	2	3	x[i]＝x[3]≦Pivot で i を＋1
			4	5	1	2	2	4	2	3	x[i]＝x[4]＞Pivot でループ抜け Pivot≧x[j]＝x[5]でループ抜け i<j なので x[i]と x[j]を交換（x[4]と x[5]）， i を＋1，j を－1，9 行へ
			5	4	1	2	2	2	4	3	x[i]＝x[5]＞Pivot でループ抜け（行番号 10～12） Pivot≧x[j]＝x[4]でループ抜け（行番号 13～15） i≧j（break でループ抜け 25 行へ） i＝5，k＝3 で i>k，Top 変わらず 1。28 行へ k＝3，j＝4 で k≦j，Last←i－1＝4，5 行へ

（選択処理２回目）

Top	Last	Pivot	i	j	x[]						処理メモ
					[1]	[2]	[3]	[4]	[5]	[6]	
1	4	2	5	4	1	2	2	2	4	3	（選択処理１回目の終了状態），Top＜Last， Pivot←x[3]＝2，i←Top＝1，j←Last＝4
		2	1	4	1	2	2	2	4	3	x[i]＝x[1]≦Pivot で i を＋1
			2	4	1	2	2	2	4	3	x[i]＝x[2]≦Pivot で i を＋1
			3	4	1	2	2	2	4	3	x[i]＝x[3]≦Pivot で i を＋1
			4	4	1	2	2	2	4	3	x[i]＝x[4]≦Pivot で i を＋1
			5	4	1	2	2	2	4	3	x[i]＝x[5]＞Pivot でループ抜け（行番号 10～12） Pivot≧x[j]＝x[4]でループ抜け（行番号 13～15） i≧j（break でループ抜け 25 行へ） i＝5，k＝3 で i＞k，Top 変わらず 1。28 行へ k＝3，j＝4 で k≦j，Last←i－1＝4，5 行へ

（選択処理３回目）

（つぶやき）Top と Last, Pivot が変わってないぞ！　あとは同じ処理が繰返し行われるだけだ！

Top	Last	Pivot	i	j	x[]						処理メモ
					[1]	[2]	[3]	[4]	[5]	[6]	
1	4	2	5	4	1	2	2	2	4	3	（選択処理２回目の終了状態），Top＜Last， Pivot←x[3]＝2，i←Top＝1，j←Last＝4
		2	1	4	1	2	2	2	4	3	x[i]＝x[1]≦Pivot で i を＋1
			2	4	1	2	2	2	4	3	x[i]＝x[2]≦Pivot で i を＋1
			3	4	1	2	2	2	4	3	x[i]＝x[3]≦Pivot で i を＋1
			4	4	1	2	2	2	4	3	x[i]＝x[4]≦Pivot で i を＋1
			5	4	1	2	2	2	4	3	x[i]＝x[5]＞Pivot でループ抜け（行番号 10～12） Pivot≧x[j]＝x[4]でループ抜け（行番号 13～15） i≧j（break でループ抜け 25 行へ） i＝5，k＝3 で i＞k，Top 変わらず 1。28 行へ k＝3，j＝4 で k≦j，Last←i－1＝4，5 行へ

このように，選択処理を実行しても Top，Last，Pivot の値が変化せず，配列 x の内容も同じなので，この後は同じ処理が繰り返されるだけで処理が終了しないことが確認できました。

以上，処理内容を繰返しトレースしながら考えてきましたが，本番の試験では机上で問題冊子の余白を活用して，メモしながらのトレース作業になります（問題冊子を切り離して使用することはできません）。転記ミスや条件の勘違いなどで，処理結果を間違えないように気をつけてください。

演習問題　第5部　第5章　問2

整数式の解析と計算

(H30 秋-FE 午後問 8)

（解答）

［設問1］　a－イ，b－エ

［設問2］　c－エ，d－ア

［設問3］　e－エ，f－イ，g－エ

（解説）

整数式を解析して計算させるこの問題のアルゴリズムは，考え方自体は四則演算を行うだけなので分かりやすいですが，アルゴリズムを全て提示して，処理方法の分析，処理結果，機能の修正結果を問う内容で，解答に時間のかかる問題になっています。

各設問の解答を検討するには，その都度プログラムの実行結果を確認する必要があり，慌てず丁寧にトレースをしていくことが大切です。整数式の括弧“(”と“)”，演算子の＋と－，×と÷の優先順位をプログラムでどうやって判断して計算しているか，自分自身でしっかり確認して理解できていないと解答できません。

プログラムで指定した演算式の解析はコンパイラの内部で行っている処理ですが，この問題のプログラムはこの処理を単純化したものといえます。まず，プログラムの処理概要を把握していきましょう。

プログラムは整数型関数 compute として実行され，処理は三つの部分（解析処理，計算処理，計算結果を返す return で構成されています。問題文ではプログラムの説明を理解しやすくするための例が示されているので，この例を使って，解析処理，計算処理をざっと調べながら，変数や配列の用途について，問題用紙の余白にメモしながら把握していくとよいでしょう。分かる範囲で整理することが大切です。

・Expression[]……整数式が入った配列で，引数として渡されます。

・ExpLen……配列 Expression[]に格納された整数式の文字数で，引数として渡されます。Expression の長さ（length）から ExpLen と命名されていることがすぐに分かりますね。配列の添字が 0 から始まるので，最後の要素の添字＋1 の値になることに注意します。

・Value[]……整数式に出てくる数字が示す値（value）を入れる整数型の配列で，100 個の領域を確保。計算処理のプログラムを見ると，計算の途中結果を入れるのにも利用していて，最終結果は Value[0]に入ります。

・Operator[]……整数式に出てくる演算子を入れる文字型の配列で 100 個の領

域を確保。operator は演算子のことでそのまま名前にしています。

・Priority[]……演算子の種類や整数式に出てくる括弧'(', ')'で変わる計算の優先順位を入れる整数型の配列で 100 個の領域を確保。priority は優先順位のことで，そのまま名前に。

・OpCnt……配列 Value[]，Operator[]，Priority[]の添字（整数型）。どこの要素を使って演算するかを示す変数

・chr……取り出した数字や演算子，括弧をいったん入れる文字型変数。chr は文字を表す character からの命名。

・i……整数式が入った配列 Expression[]の添字として使われている変数

・ip……配列 Value[]，Operator[]，Priority[]の添字（整数型）。用途はすぐには分かりませんが，Priority が大きい方の添字を代入していることから，優先順位の最も高い演算子の位置を示すと予想できます。

・nest……ネストは“入れ子”を表す英語。この変数の用途もすぐには分かりませんが，優先順位 Priority の値を求める計算で使われています。

次に，プログラム（解析処理の部分）の処理を確認していきます。問題の図 1 で示された整数式 Expression[]の内容から，計算式は次のようになります。

$$2\times(34-(5+67)\div8)$$

Expression[]は文字型の配列なので，数字が入っている要素は文字コードでそのまま計算できないため，関数 int()で数値に変換します。

この式は，括弧内を先に計算していくと，次のように 50 が結果になります（下線で計算している箇所）。

$$2\times(34-(\underline{5+67})\div8)=2\times(34-\underline{72\div8})=2\times(\underline{34-9})=\underline{2\times25}=50$$

プログラムでは，整数式の先頭から要素を調べ，この計算を正しく行うために必要な情報が，配列 Value[]，Operator[]，Priority[]に格納されていきます。この後の設問で違う例で処理をトレースする必要があるので，**最初のこの例で丁寧に処理内容を追いかけてアルゴリズムを理解しておくと，２回目以降の確認がとても楽になります。**

それでは，〔プログラム（解析処理の部分）〕の個々の処理内容を確認していきます。処理が終わった段階で，配列 Value[]，Operator[]，Priority[]が次の内容になることを自分で確かめてください。行番号は説明のために付けています。

(1) プログラム（解析処理の部分）を実行した直後の状態

Expression[]

0	1	2	3	4	5	6	7	8	9	10	11	12	13	14
2	×	(	3	4	−	(	5	＋	6	7	)	÷	8	)

Value[]

0	1	2	3	4
2	34	5	67	8

Operator[]

×	−	＋	÷

OpCnt　4

Priority[]

2	11	21	12

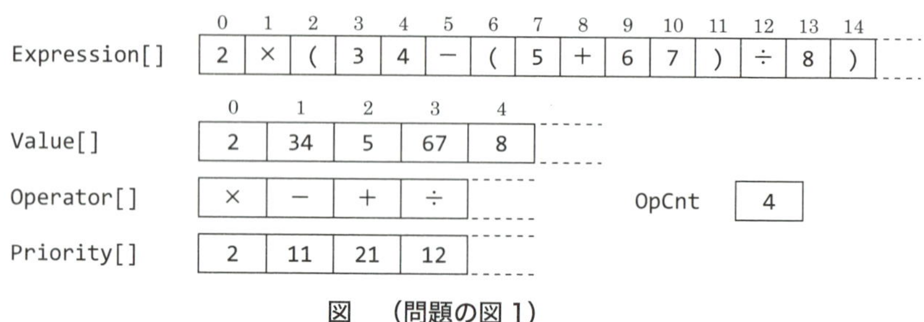

図　（問題の図 1）

〔プログラム（解析処理の部分）〕
（行番号）

```
   10   ・OpCnt ← 0          ┐
   11   ・Value[0] ← 0       ├ 初期設定（添字は 0 から開始）
   12   ・nest ← 0           ┘
   13 ■ i: 0, i < ExpLen, 1
   14   ・chr ← Expression[i]
   15   ▲ ('0' ≦ chr) and (chr ≦ '9')  /* 数字 0～9 か? */
   16   ・Value[OpCnt] ← 10 × Value[OpCnt] + int(chr)    ← 複数桁の数の計算
   17   ▼
   18   ▲ (chr ='+') or (chr ='−') or (chr ='×') or (chr ='÷')
   19   ・Operator[OpCnt] ← chr
   20     ▲ (chr ='+') or (chr ='−')
①→21     ・Priority[OpCnt] ← nest + 1
②→22     ・Priority[OpCnt] ← nest + 2
          '×'と'÷'は，'+'と'−'より優先順位が高いので大きな値を加算
   23     ▼
   24   ・OpCnt ← OpCnt + 1      演算子と優先順位を格納したら OpCnt を＋1
   25   ・Value[OpCnt] ← 0
   26   ▼
   27   ▲ chr ='('
③→28   ・nest ← nest + 10       '('の後は，計算の優先順位を上げる
   29   ▼
   30   ▲ chr =')'
④→31   ・nest ← nest − 10       ')'の後は，計算の優先順位を下げる
   32   ▼
   33 ■
```

・10～12 行：変数の初期設定です。OpCnt は配列の添字なので 0，2 桁以上の数字を表す場合の計算結果を求めるため Value[0]を 0 で，計算の優先順位を示す Priority[]を求めるために nest を 0 で，それぞれ初期設定しています。

・13行（～33行）：数式の先頭から要素を調べていくため，i を制御変数として初期値の0から配列要素の最後まで（i ＜ ExpLen の間），1を加えていきながら処理を繰り返します。図1の例では，Expression[0]から Expression[14]まで要素が格納されているので，ExpLen＝15 となることに注意してください。

・14行：数式中の調べる文字 Expression[i]を文字変数 chr に格納します。

・15～17行：要素が数字の場合の処理です。比較は文字同士で行っているので，文字コードの大小判定をしています。数字が連続している場合は，その時点で格納されている Value[OpCnt]を10倍して，整数型に変換した int(chr)を加えます。

図1の例で，i＝3 と 4 のとき（このとき OpCnt＝1），Expression[3]＝'3' と Expression[4]＝'4'に対して，次のように計算します。

（始め）Value[OpCnt]＝Value[1]＝0

i＝3 のとき　Value[1] ← 10×Value[1]＋int('3')＝10×0＋3＝3

i＝4 のとき　Value[1] ← 10×Value[1]＋int('4')＝10×3＋4＝34

・18～26行：要素が演算子の場合の処理です。演算子を Operator[OpCnt]に格納し，演算子に対応する優先順位を同じ OpCnt を使って Priority[OpCnt]に格納しています。

優先順位は，加算'＋'と減算'－'のとき，その時点の nest の値に＋1 した値を格納し，乗算'×'と除算'÷'のとき，＋2 した値を格納していますが，この後の計算処理で，値が大きい方を優先して計算するようにしています。

なお，24行で OpCnt の値を＋1 していますが，**OpCnt の値を変更する処理はここだけ**なので，「演算子の Operator[OpCnt]と優先順位の Priority[OpCnt]を格納したら，OpCnt を＋1 する」と理解すると，処理の流れが分かりやすくなります。次の25行で，この後に続く数字を計算するため，Value[OpCnt]に 0 を設定しています。

・27～32行：要素が括弧'('，')'のときの処理です。括弧の中の計算は優先順位を高くして先に計算する必要があるので，プログラムでは優先順位 Priority[]を決める基になる数 nest の値について，'('のときは＋10 して大きくし，')'のときは－10 して小さく（元に戻す）しています。

続いて，〔プログラム（解析処理の部分）〕の処理内容を確認していきます。

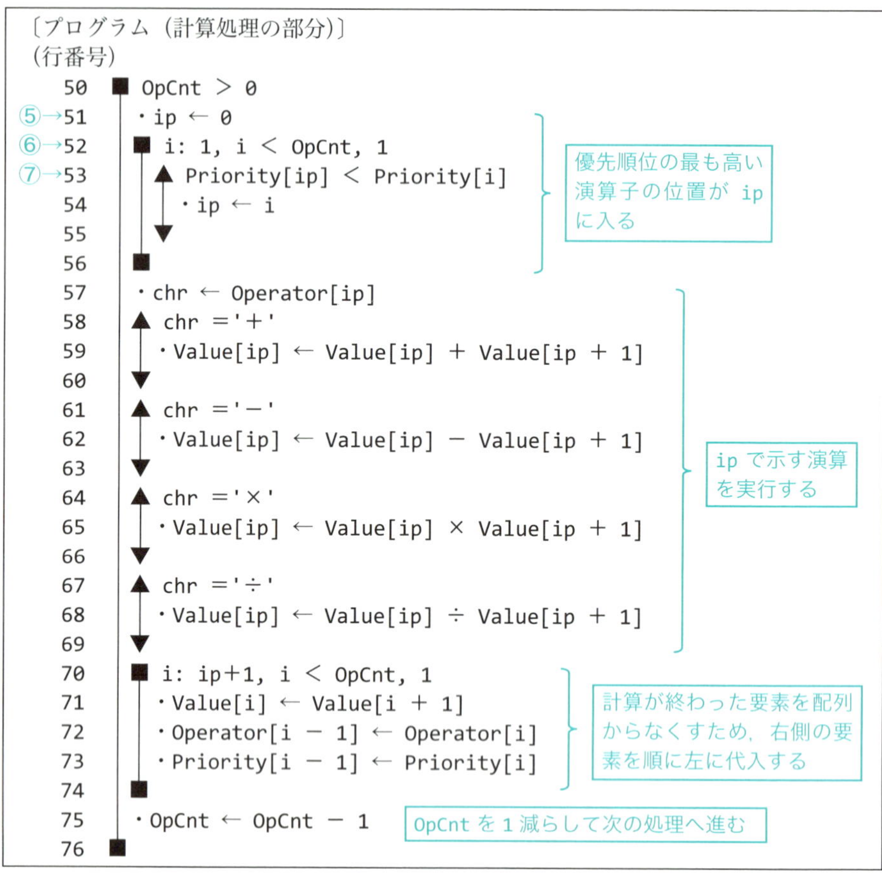

〔プログラム（計算処理の部分）〕
（行番号）

```
   50 ■ OpCnt ＞ 0
⑤→51 │ ・ip ← 0
⑥→52 │ ■ i: 1, i ＜ OpCnt, 1
⑦→53 │ │ ▲ Priority[ip] ＜ Priority[i]
   54 │ │ │ ・ip ← i
   55 │ │ ▼
   56 │ ■
   57 │ ・chr ← Operator[ip]
   58 │ ▲ chr ＝'＋'
   59 │ │ ・Value[ip] ← Value[ip] ＋ Value[ip ＋ 1]
   60 │ ▼
   61 │ ▲ chr ＝'－'
   62 │ │ ・Value[ip] ← Value[ip] － Value[ip ＋ 1]
   63 │ ▼
   64 │ ▲ chr ＝'×'
   65 │ │ ・Value[ip] ← Value[ip] × Value[ip ＋ 1]
   66 │ ▼
   67 │ ▲ chr ＝'÷'
   68 │ │ ・Value[ip] ← Value[ip] ÷ Value[ip ＋ 1]
   69 │ ▼
   70 │ ■ i: ip＋1, i ＜ OpCnt, 1
   71 │ │ ・Value[i] ← Value[i ＋ 1]
   72 │ │ ・Operator[i － 1] ← Operator[i]
   73 │ │ ・Priority[i － 1] ← Priority[i]
   74 │ ■
   75 │ ・OpCnt ← OpCnt － 1
   76 ■
```


・50 行（～76 行）：解析処理で設定された配列 Value[]，Operator[]，Priority[] の値を調べて，優先順位の高い演算から順に計算していきます。75 行で OpCnt の値から 1 引いて，繰返し処理の先頭に戻る構造になっています。

・51～56 行：51 行で添字として使う ip の値に，始め 0 を設定して配列の先頭を示すようにし，続く 52～56 行で i の値を 1 から＋1 しながら優先順位 Priority[] を比較しています。繰返し条件が i ＜ OpCnt となっていることから，配列の要素が格納されているところまで調べていることが分かります。

　ここで，Priority[ip] ＜ Priority[i] となったとき，添字 i の値を ip に設定していることから，ip にはその時点で優先順位が最も高い演算子が入っている要素の位置を示すことになります。

・57 行：優先順位が最も高い演算子 Operator[ip] を chr に格納しています。

・58～69 行：演算子に対応した計算を数値 Value[] に対して行っています。

Value[ip] ← Value[ip]（演算）Value[ip ＋ 1]

ここで，演算子の要素位置を示す ip の右側に数値があり，Value[ip]と Value[ip ＋ 1]が演算対象になっていることに注意してください。

- 70〜74 行：ここまでで，二つの数値 Value[ip]と Value[ip ＋ 1]の演算を行い Value[ip]に格納したので，計算の終わった数値 Value[ip ＋ 1]と演算子 Operator[ip]，優先順位 Priority[ip]を各配列から削除します。

  削除といっても，ip 位置より右側にある要素（ip+1）を順に左の位置に移動してデータを上書きすることによって行うため，70 行で i の初期値が ip+1 になっています。また，数値の Value[]だけ Value[i] ← Value[i ＋ 1]のように，i+1 の位置から i に移動しているので注意してください。
- 75 行：計算の終わった要素を左に移動し終わったので，要素が格納されている最後の位置を示す OpCnt の値から 1 を引きます。

以上の処理を問題の図 1 の例で行い，計算処理のプログラムの最外側の繰返し（50〜76 行）を 1 回実行した直後の各配列と変数の状態が，問題の図 2 のようになることを実際に確認してください。図 1 の例では優先順位が 21 で最も高い Priority[2] の加算処理から計算されるので，ip＝2 として 57 行以降の処理が実行されます。

処理内容に従って処理を進めていき，最終的に Value[0]に計算結果の 50 が格納されるまでの配列の状態を示すと次のようになります。

(1) プログラム（解析処理の部分）を実行した直後の状態

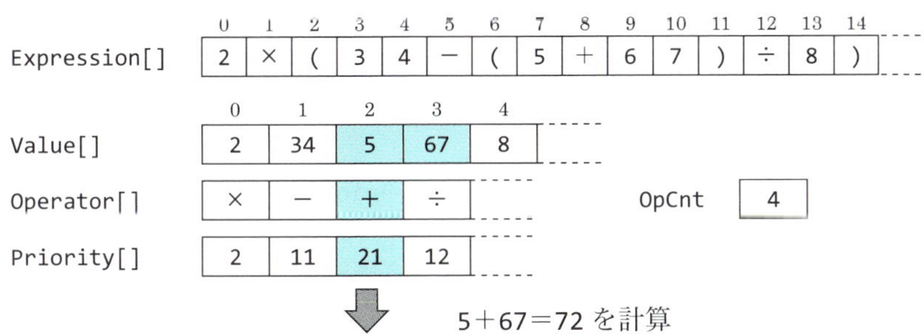

(2) プログラム（計算処理の部分）の最外側の繰返しを 1 回実行した直後の状態

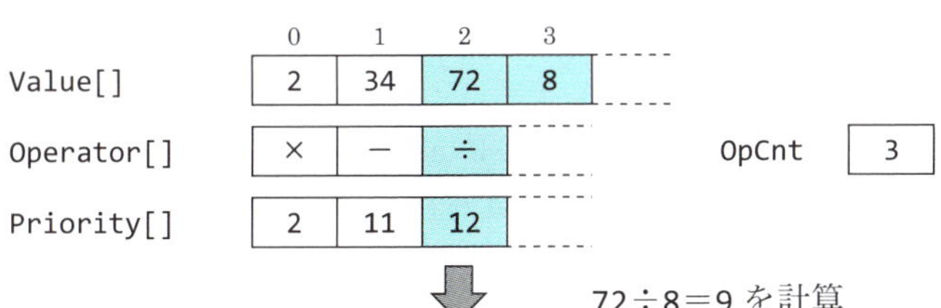

(3) プログラム（計算処理の部分）の最外側の繰返しを2回実行した直後の状態

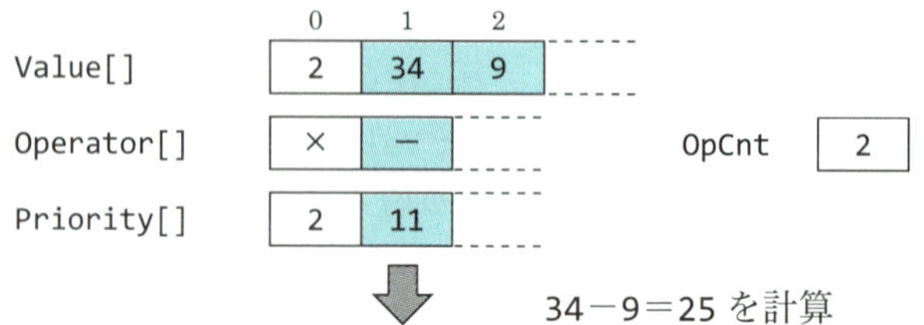

(4) プログラム（計算処理の部分）の最外側の繰返しを3回実行した直後の状態

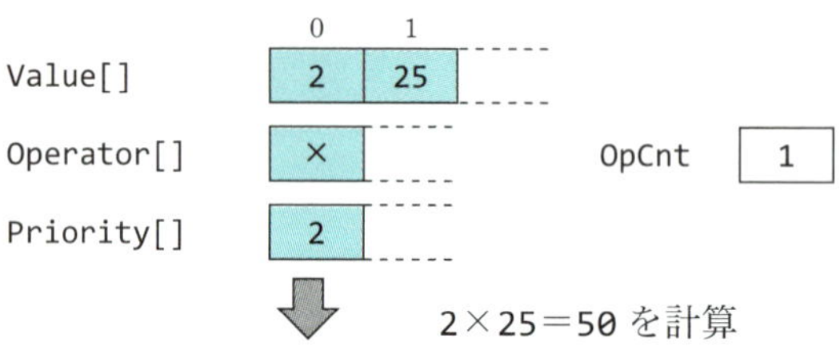

(5) プログラム（計算処理の部分）の最外側の繰返しを4回実行した直後の状態

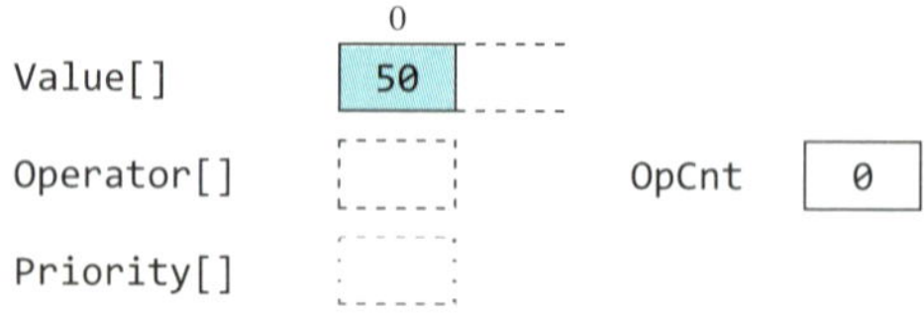

OpCnt＝0 になったので繰返し処理を終了

［設問1］

・空欄 a：プログラムの処理方法で優先順位 Priority[]を決めるときの定数について考える設問です。

〔プログラム（解析処理の部分）〕では優先順位を求めるときの基準となる数 nest の初期値を 0 として，加算'＋'と減算'－'のとき nest の値に＋1 し，乗算'×'と除算'÷'のとき nest の値に＋2 した値を優先順位としています（プログラムの①，②)。また，括弧の'('が出てくるたびに，nest の増分である定数の 10 を加算しています（プログラムの③，④)。

このように括弧の'('が出てくるたびに nest の値は大きくなりますが，優先順位の値は上より下の方が大きく，また右に行くほど常に大きくなっていきます（表A)。

表A　優先順位 Priority[ ]の値（nest の増分 10）

演算子	'('なし	1回目の'('	2回目の'('	3回目の'('	…
nest の値	0	10	20	30	
加算'＋'と減算'－'のとき	1	11	21	31	
乗算'×'と除算'÷'のとき	2	12	22	32	

このような順番に大きくなっていく関係が守られていれば，括弧の'('が出たときの nest の増分は 10 でなくてもよいことになります。

まず，（ア）の 1 以上の場合を試してみると次のように値が等しいときがあり，順番に大きくなっていく関係になっていません（表B）。

表B　優先順位 Priority[ ]の値（nest の増分 1）

演算子	'('なし	1回目の'('	2回目の'('	3回目の'('	…
nest の値	0	1	2	3	
加算'＋'と減算'－'のとき	1	2	3	4	
乗算'×'と除算'÷'のとき	2	3	4	5	

次に（イ）の 2 以上で試してみると次のようになり，順番に大きくなっていく関係が守られているので，正解となります（表C）。なお，（ウ）11 以下と（エ）12 以下の場合は，（ア）で考えた正しくない 1 の場合を含んでいるので誤りです。

表C　優先順位 Priority[ ]の値（nest の増分 2）

演算子	'('なし	1回目の'('	2回目の'('	3回目の'('	…
nest の値	0	2	4	6	
加算'＋'と減算'－'のとき	1	3	5	7	
乗算'×'と除算'÷'のとき	2	4	6	8	

・空欄 b：プログラムの①で加算'＋'と減算'－'のとき nest の値に＋1 し，②で乗算'×'と除算'÷'のとき nest の値に＋2 する処理がありますが，この増分を定数ではなく，一般的な整数の値 priLow，priHigh で考えたときに，プログラムの③と④で nest の値を増減する定数が満たすべき関係を調べます。

priLow＜priHigh として，プログラムは次のように変わります。

①→　　　・Priority[OpCnt] ← nest ＋ priLow

②→　　　・Priority[OpCnt] ← nest ＋ priHigh

この priLow，priHigh と，nest の増分という三つの値の関係を調べるために，適当な値を何個も入れて調べる方法で行おうとすると，確信のもてる

第6部 第5部 解答解説
第1章
第2章
第3章
第4章
第5章

解答を出すのはかなり難しいです。

そこで，空欄 a で考えた表で，優先順位 Priority[]の値を示してみると次のように関係性が見やすくなります（表 D）。ここでは，括弧の'('が出たときに nest の値を増減する定数を k としています。

表 D　優先順位 Priority[ ]の値（nest の増分 k）

演算子	'('なし	1回目の'('	2回目の'('	…
nest の値	0	k	2k	…
加算'＋'と減算'－'のとき	priLow	k＋priLow	2k＋priLow	…
乗算'×'と除算'÷'のとき	priHigh	k＋priHigh	2k＋priHigh	…

ここで，表の矢印の部分で priHigh よりも k＋priLow の方が大きくなる関係があれば，優先順位を正しく示すことができます。このことから，単純に priHigh＜k＋priLow という関係が出てきますが，選択肢を見ると全て「～以上」という表現になっています。

そこで，この関係を表す式の表現を少し工夫します。それは，**A と B が整数のとき，「A は B より大きい値」という関係は，「A は B＋1 以上の値」と同じことになる**ので，これを利用します。すると，先の「priHigh ＜ k＋priLow」という関係は，「priHigh＋1 ≦ k＋priLow」という式と同じことになります。この式を k が左辺にくるように変形すると，k ≧ priHigh－priLow＋1 となり，（エ）が正解と分かります。

ここで，変数 priLow と priHigh は priLow ＜ priHigh の関係を満たして，かつ，k ≧ priHigh－priLow＋1 であれば，それぞれ負の数でもプログラムは正しく動作します。余裕のある人は実際にプログラムを作成して，試してみるといいでしょう。表 D を Excel などの表計算ソフトで作成しても，簡単に確認することができます。

［設問 2］

・空欄 c：計算式の中に優先順位の等しい演算子が複数個含まれている場合，現状のプログラム（計算処理の部分）では，左から順に演算を実行していきますが，どこを修正すれば右から順に実行できるようになるかを調べます。選択肢の内容がそれぞれ異なるので，一つずつ調べていきましょう。

ア：⑤を「ip ← OpCnt－1」に修正した場合，⑥で i の初期値は 1 になりますが，⑦で Priority[0]が比較の対象に出てこないので誤りです。

イ：⑥を「i: OpCnt, i ＞ 0, －1」に修正した場合，i の初期値は OpCnt

となり，⑦の比較対象の Priority[i]は Priority[OpCnt]になります。しかし，Priority[OpCnt]には値が設定されてないので誤りです。

ウ：⑥を「i: OpCnt－1, i ＞ 0,－1」に修正した場合，i ＞ 0 の間は⑦の比較処理を行いますが，i ＝ 0 になったとき繰返し処理が終わってしまい，Priority[0]が比較の対象に出てこないため誤りです。

エ：**他が誤っていたので，残っている（エ）が正解ということになりますが，しっかり確認しておきましょう。**⑦を「Priority[ip] ≦ Priority[i]」に修正した場合，優先順位が等しいときも「ip ← i」が実行されて ip（最も優先順位が高い要素の位置）が更新されるので，⑥から始まる繰返し処理が終わったときには，同じ優先順位の最も右側の位置を示すことになり，計算も右から順に行われます。

・空欄 d：優先順位の等しい演算子が含まれている整数式について，演算を左から実行しても，右から実行しても結果が等しくなるものを調べていきます。各ケースの内容が異なるので，一つずつ見ていく必要があります。以下，演算する部分を下線で示します。

・ケース 1：(12＋3＋1)×4×2

（左から）＝(<u>12＋3</u>＋1)×4×2＝(<u>15＋1</u>)×4×2＝<u>16×4</u>×2＝<u>64×2</u>＝128

（右から）＝(12＋<u>3＋1</u>)×4×2＝(<u>12＋4</u>)×4×2＝16×<u>4×2</u>＝<u>16×8</u>＝128

・ケース 2：(12＋3＋1)÷4÷2

（左から）＝(<u>12＋3</u>＋1)÷4÷2＝(<u>15＋1</u>)÷4÷2＝<u>16÷4</u>÷2＝<u>4÷2</u>＝2

（右から）＝(12＋<u>3＋1</u>)÷4÷2＝(<u>12＋4</u>)÷4÷2＝16÷<u>4÷2</u>＝16÷2＝8

・ケース 3：(12－3－1)×4×2

（左から）＝(<u>12－3</u>－1)×4×2＝(<u>9－1</u>)×4×2＝<u>8×4</u>×2＝32×2＝64

（右から）＝(12－<u>3－1</u>)×4×2＝(<u>12－2</u>)×4×2＝10×<u>4×2</u>＝10×8＝80

・ケース 4：(12－3－1)÷4÷2

（左から）＝(<u>12－3</u>－1)÷4÷2＝(<u>9－1</u>)÷4÷2＝<u>8÷4</u>÷2＝2÷2＝1

（右から）＝(12－<u>3－1</u>)÷4÷2＝(<u>12－2</u>)÷4÷2＝10÷<u>4÷2</u>＝10÷2＝5

以上から，結果が等しくなるのはケース１だけなので，（ア）が正解です。これはプログラムに関係なく，解答できてしまいますね。

［設問３］

数字の並びの先頭に＋や－の符号を付けた符号付き整定数を含む整数式で，このプログラムを実行した結果が正しいかどうかを考える設問です。

・空欄 f，g：空欄 e を考える前に，問題文にある整数式 2×(−1) を解析した結果の空欄 f，g について考えます。問題で網掛けになっている部分も含めて，プログラム（解析処理の部分）を実行した結果を示すと次のようになります。

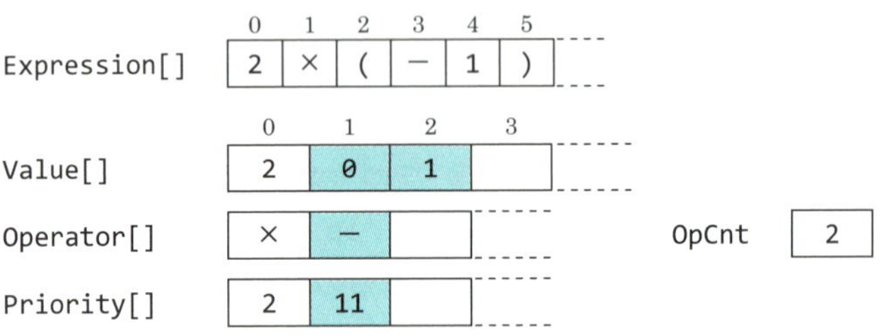

プログラム（解析処理の部分）をこれまでと同じように，一つずつ確認していけば，この結果は求められますが，整数式で演算子'×'，括弧の'('，符号の'−'，数字の'1'と続く要素の処理内容が次のようになることを，必ず自分自身で納得し，理解してください。

・演算子'×'の処理（i＝1，OpCnt＝0）

Operator[0]に'×'，Priority[0]に 2 をそれぞれ格納して，OpCnt を 1 にした後，Value[1]に 0 を格納する。

・括弧の'('の処理（i＝2，OpCnt＝1）

nest の値 0 に 10 を加算して，nest＝10 にする。

・符号の'−'の処理（i＝3，OpCnt＝1）

Operator[1]に'−'を，Priority[1]に nest＋1＝10＋1＝11 をそれぞれ格納して，OpCnt を 2 にした後，Value[2]に 0 を格納する。

・数字の'1'の処理（i＝4，OpCnt＝2）

次の代入処理が実行され，Value[2]の値が 1 になる。

Value[2] ← 10 × Value[2] ＋ int('1')＝10×0＋1＝1

このように，括弧'('の後に符号が出てきた場合，Value[1]に 0 が設定されたまま，次の要素の処理に進んでいます。この結果，符号を含む−1 という整数式の要素は，計算処理で 0−1 と計算され，その結果，負の数としての−1 という値になります。処理内容について必ず理解してほしいというのは，この部分です。

ここまでの検討で，空欄 f は（イ）の 0，空欄 g は（エ）の 2 になります。

ここでは念には念を入れて，この整数式の解析結果を使って計算処理が進む様子を確認しておきます。

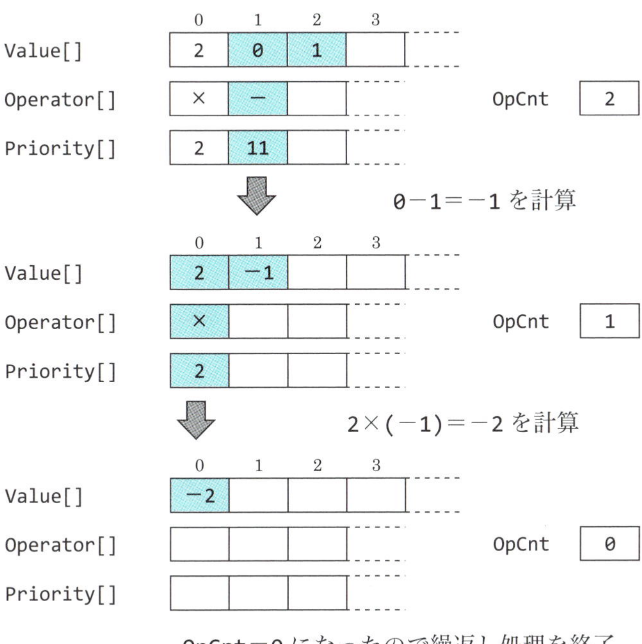

・空欄 e：解答群の記述が別々の整数式の場合を示しているので，それぞれ検討する必要があります。

まず，空欄 f，g で考えた整数式 2×(−1) の計算処理では，Value[0]に正しい結果の−2 が格納されているので，（イ）の「符号−の付いた符号付き整定数がある場合に，正しい値を返さない」という記述は誤りです。

次に（ア）の「整数式が符号付き整定数で始まる場合」を考えてみます。例として，いま見た整数式 2×(−1) の先頭に符号−を付けた，−2×(−1) の場合を考えてみます。解析結果と計算処理は次のようになります。

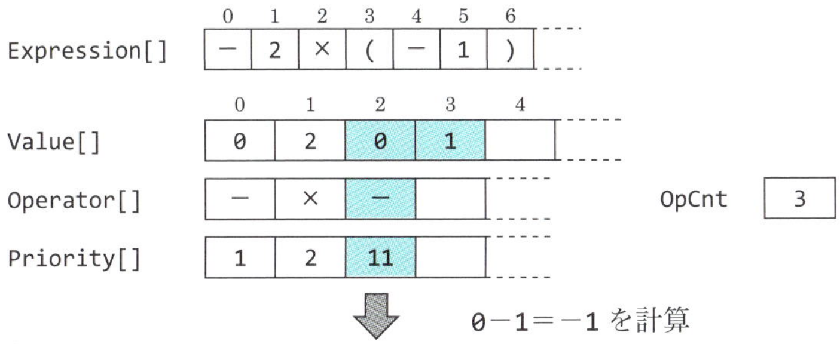

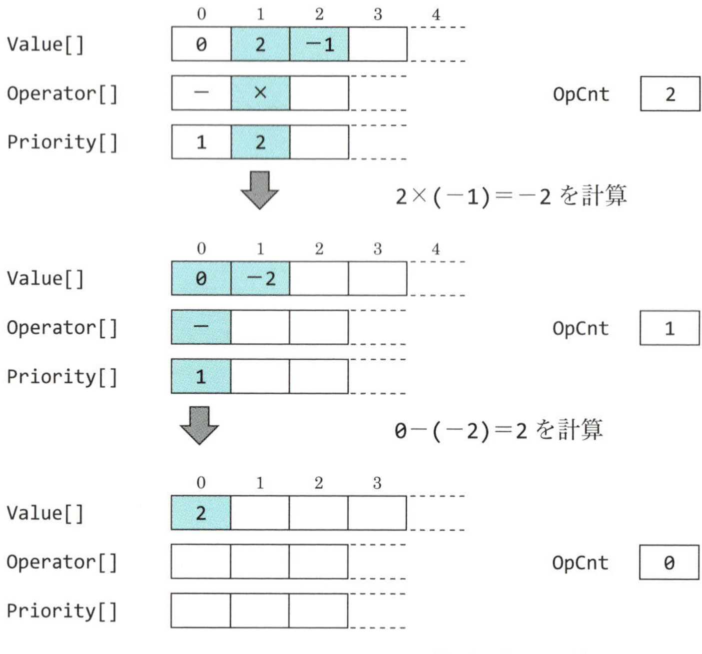

−2×(−1) の計算結果は 2 ですから正しい結果です。この結果から，（ア）の「整数式が符号付き整定数で始まる場合に，正しい値を返さない」は誤りです。また，この整数式−2×(−1) は符号を二つ含んでいるので，（ウ）の「整数式中に二つ以上の符号付き整定数が含まれる場合に，正しい値を返さない」も誤りです。

以上から，空欄 e は（エ）の「正しい値を返す」が正解です。

ここでは，二つの整数式の例で考えましたが，問題の設問 3 で挙げられている，

例 2：　(＋2)×((−3)＋(−4))
例 3：　＋2×(−3＋(−4))

についても，解析結果を調べて正しく計算処理ができることを確認してみてください。

演習問題　第５部　第５章　問３

Boyer-Moore-Horspool 法を用いた文字列検索　(H27 秋-FE 午後問 8)

（解答）

［設問１］　a－エ，b－カ

［設問２］　c－ア，d－オ，e－キ

［設問３］　f－イ

（解説）

Boyer-Moore-Horspool 法（以下，BM 法）を用いた，高速に文字列検索を行うアルゴリズムの問題です。午後試験のアルゴリズムの問題は非常に多くのテーマで出題されますが，文字列検索の難しいアルゴリズムかもしれないと不安に思った人がいたかもしれません。しかし，必須問題である以上，解かずに済ませるわけにはいきません。基本情報技術者試験のアルゴリズム問題は，**処理内容の説明と必要な考え方は問題文に全て記述されていると信じて（実際にそうです），説明を読み進めて行きましょう。**

最も単純な文字列検索処理は，検索対象の文字列（以下，対象文字列）の先頭から検索文字列と比較していき，不一致があれば，対象文字列の２文字目から同じ比較を行い，検索文字列の全てが一致したら検索終了とするものです。対象文字列を Text[]，検索文字列を Pat[]（パターン；pattern から）として，問題の図１の例でこの単純な文字列検索処理を行うと，図Ａのように 11 回の比較が行われます。

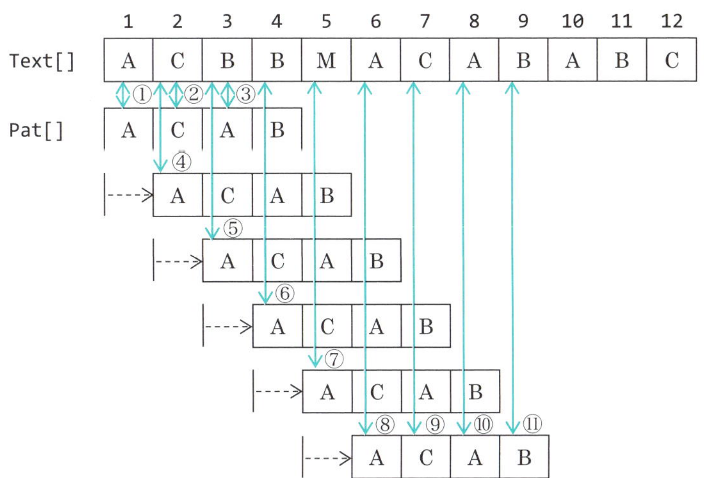

図Ａ　先頭から順に比較していく単純な文字列検索処理

BM 法では，検索文字列の末尾の文字から先頭に戻る方向で，対象文字列と比較していきます。ここで，比較した文字が不一致となり照合が失敗した場合，**検索文字列中の文字ごとに，あらかじめ，ずらせる移動量を調べておき，その移動量だけ次に照合する開始位置をずらしていくのが特徴**です。

問題の図 1 の例で BM 法による文字列検索処理を行うと，図 B のように 7 回の比較（2 回は移動処理）で検索でき，単純な文字列検索処理よりも比較回数が少なく済むことが分かります。

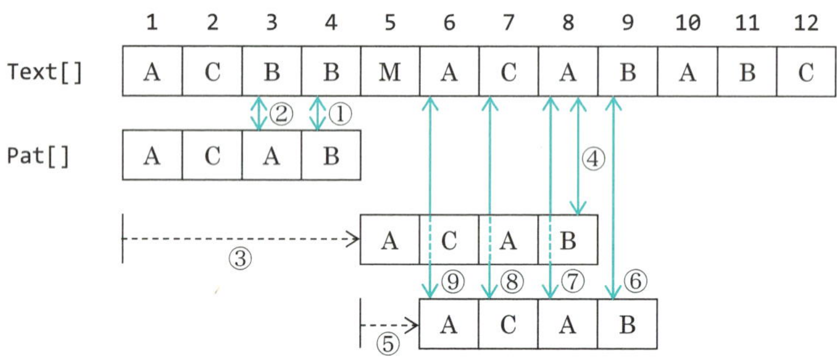

図 B　BM 法による文字列検索処理

BM 法で文字列検索を行う関数 `BMMatch` では，文字の照合が失敗した場合の移動量を配列 `Skip[]`に格納しますが，**この問題では文字が英大文字だけなので，配列 `Skip[]`の要素数が 26 で済んでいます**。ちなみに，英大文字 A，B，C，…，Z の各移動量は，関数 `Index` で各文字を整数 1, 2, 3, …, 26 に変換して，`Skip[1]`, `Skip[2]`, `Skip[3]`，…，`Skip[26]`に格納しています。

移動量を決めるアルゴリズムは〔プログラムの説明〕の(2)と(3)で詳しく説明されています。また，文字列を照合する手順は，(4)でこちらも図を使って一つずつ丁寧に示されています。

BM 法で文字列検索をする処理のポイントとしては，文字の照合を `Text[]`の該当する部分の末尾の文字と `Pat[]`の末尾の文字から行っていることです。図 B で，最初は①で対象文字列の `Text[4]`と検索文字列の `Pat[4]`の文字を比較し，②で 1 文字左の `Text[3]`と `Pat[3]`の文字を比較します。この②の比較で文字が異なるため照合に失敗しますが，この次の比較をするための移動量は，はじめに①で `Pat[4]`の文字と比較した `Text[4]`の文字を基準に決めることに注意してください。`Text[4]`の文字は“B”なので，この文字を関数 `Index` で整数に変換し 2 として，移動量は配列 Skip の２番目の要素である Skip[2]＝4 となります。なお，この例で検索文字列の中に“B”は Pat[4]にしか現れないので，仮に１文字ずらして次の比較を行ったとしても，Pat[3]，Pat[2]，Pat[1]の中に“B”はないので，Text[4]（＝“B”）とは一致しません。このことから，②の比較で文字の照合に失敗した場合は，一度に③のように４文字分移動でき，次に照合する対象文字列の位置は，④の Text[8]と Pat[4]になります。

④の比較は，Text[8]＝“A”，Pat[4]＝“B”で一致しないため，改めて Pat[]を次の照合位置まで移動します。このとき，Text[8]の文字“A”は，Pat[3]と Pat[1]にありますが，Text[8]と Pat[3]の“A”が重なるように，⑤では“A”の移動量である Skip[1]＝1 だけ Pat[]の位置をずらします。この複数回現れる“A”の移動量である１の決め方は，問題文(2) ②で説明されています。

ここからの解説のため，プログラムの行番号を次のように付けます。

```
(行番号)
 1  ○整数型関数: BMMatch(文字型: Text[], 整数型: TextLen,
                           文字型: Pat[], 整数型: PatLen)
 2  ○整数型: Skip[26], PText, PPat, PLast, I

 3  ■ I：1, I ≦ 26, 1
 4  │・Skip[I] ← [    a    ]
 5  ■
 6  ■ I：1, I ≦ PatLen − 1, 1  ←──────────── γ
 7  │・Skip[Index(Pat[I])] ← [    b    ]
 8  ■
 9  ・PLast ← PatLen
10  ■ PLast ≦ TextLen
11  │・PText ← PLast  ←──────────── α
12  │・PPat ← PatLen
13  │■ Text[PText] ＝ Pat[PPat]
14  ││▲ PPat ＝ 1  ←──────────── β
15  │││・return (PText)
16  ││▼
17  ││・PText ← PText − 1
18  ││・PPat ← PPat − 1
19  │■
20  │・PLast ← PLast ＋ Skip[Index(Text[PLast])]
21  ■
22  ・return (−1)
```

［設問1］

プログラムで，配列Skip[]に代入する値を考える設問です。

・空欄a：この空欄のある行番号3〜5の処理は，Skip[]の初期化です。〔プログラムの説明〕(2) ①に「検索文字列の末尾の文字Pat[PatLen]にだけ現れる文字と，検索文字列に現れない文字に対応する移動量は，PatLen である」と記述されており，ここでは，まず，文字"A"〜"Z"に対応する Skip[1]〜Skip[26]の移動量を全て（エ）の PatLen で初期化します。問題の図2の例では PatLen＝4 で初期化しています。

・空欄b：この空欄のある行番号6〜8の処理は，〔プログラムの説明〕(2) ②に記述されている「検索文字列の Pat[1]から Pat[PatLen － 1]に現れる文字に対応する移動量は，その文字が，検索文字列の末尾から何文字目に現れるかを数えた文字数から1を引いた値とする」に従って，初期化後改めて移動量を設定しています。ここで，「ただし，複数回現れる場合は，最も末尾に近い文字に対応する移動量とする」となっていますが，**移動量を Pat の前の文字から順に調べることによって，同じ文字でも後の方で調べた値が最終的に残るので，この記述に従った移動量が設定されます。**

末尾から数えた文字数から 1 を引いた値は，PatLen＝4 の場合，Pat[1]の文字は 4－1＝3，Pat[2]の文字は 3－1＝2，Pat[3]の文字は 2－1＝1 となります。プログラムで Pat[]の添字は変数 I で，I は 1 から始まり，PatLen －1 まで 1 ずつ増えながら変化するので，**末尾から数えた文字数から 1 を引いた値として求める移動量は，次のように PatLen から I を引いた（カ）PatLen－I と同じ結果になる**ことが分かります。

・I＝1のとき　PatLen－I＝4－1＝3 → Pat[1]の移動量は 3

・I＝2のとき　PatLen－I＝4－2＝2 → Pat[2]の移動量は 2

・I＝3のとき　PatLen－I＝4－3＝1 → Pat[3]の移動量は 1

なお，Skip[Index(Pat[I])]は，Index(Pat[I])の部分が，Pat[I]の文字に対応する整数（"A"なら 1，"B"なら 2，…，"Z"なら 26）を返すため，Pat[I]が"A"の場合は Skip[1]に，"B"の場合は Skip[2]に，…，"Z"の場合は Skip[26]に移動量を格納することになります。

［設問2］

データを図4のように，Text[]に"ABCXBBACABACADEC"，TextLen に 16，Pat[]に"ABAC"，PatLen に 4 を格納して，BMMatch(Text[], TextLen, Pat[], PatLen)

を呼び出したときの動作を考える設問です。

まず，Pat[]＝“ABAC”のときの，配列 Skip の内容を調べると次のようになります。

①　文字“A”は検索文字列の末尾から 2 文字目（Pat[3]）と 4 文字目（Pat[1]）に現れるので，末尾に近い Pat[3]に対応する移動量の 1（＝2－1）となる。 ②　文字“B”は検索文字列の末尾から 3 文字目（Pat[2]）に現れるので，移動量は 2（＝3－1）となる。 ③　文字“C”は検索文字列の末尾の文字にだけ現れるので，移動量は PatLen（＝4）となる。 ④　“A”,“B”及び“C”以外の文字については検索文字列に現れないので，移動量は PatLen（＝4）となる。

これは〔プログラムの説明〕(3)に従って考えた結果ですが，実際の計算は，まず行番号 3～5 の処理で配列 Skip の要素が全て PatLen＝4 で初期化された後，次のように配列 Skip の内容が計算されます。

①　I＝1 のとき（Pat[1]＝“A”） PatLen－I＝4－1＝3 となり，文字“A”は関数 Index で整数 1 に対応するので Skip[1]＝3 となる。 ②　I＝2 のとき（Pat[2]＝“B”） PatLen－I＝4－2＝2 となり，文字“B”は関数 Index で整数 2 に対応するので Skip[2]＝2 となる。 ③　I＝3 のとき（Pat[3]＝“A”） 既に①で Skip[1]＝3 が求められているが，PatLen－I＝4－3＝1 となり，Skip[1]＝1 と値が変更される。 ④　I＝4 のとき繰返し条件を満たさないので，続く行番号 9 の処理に移る。

結果を図 C に示します。

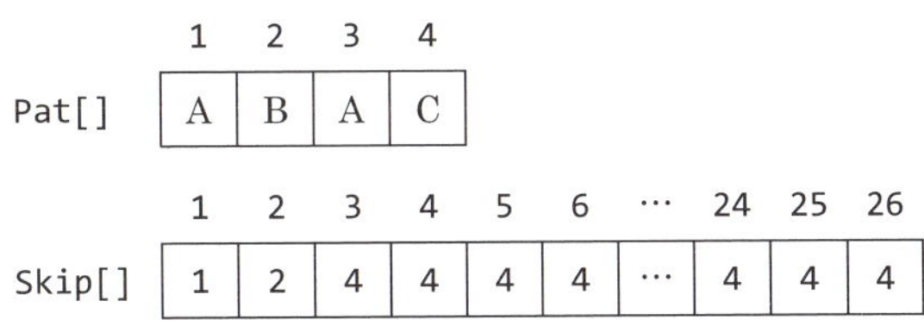

図 C　設問 2 の格納例における Skip[]の値

与えられた対象文字列 Text[]と検索文字列 Pat[]で文字列を照合した手順を図 D に示します。

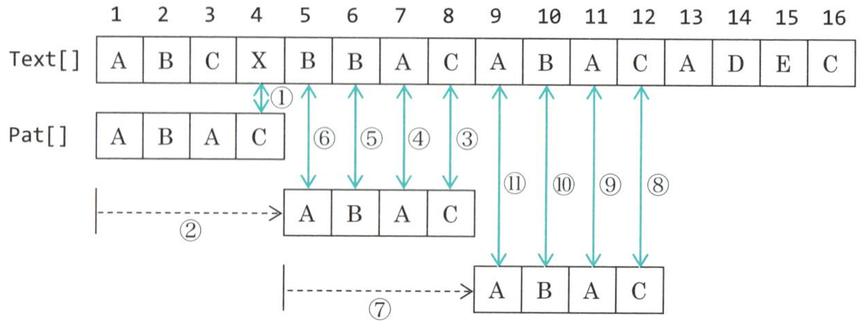

図D　設問2の格納例の場合の照合手順

① Text[4]≠Pat[4]で不一致。

② ①で比較した Text[4]＝“X”（X に対応する整数は 24）に対応する移動量 Skip[24]＝4 だけ Pat[]を右に移動する。

③～⑤ Text[8]＝Pat[4]，Text[7]＝Pat[3]，Text[6]＝Pat[2]とそれぞれ一致。

⑥ Text[5]≠Pat[1]で不一致。

⑦ ③で，はじめに Pat[4]と比較した Text[8]を基準に，Text[8]の文字“C”に対応する移動量 Skip[3]＝4 だけ Pat[]を右に移動する。

⑧～⑪ Text[12]＝Pat[4]，Text[11]＝Pat[3]，Text[10]＝Pat[2]，Text[9]＝Pat[1]と全て一致し，検索は終了。

ここで，プログラムで使われている変数の意味を確認しておきましょう。

行番号 9～22 が BM 法のアルゴリズムで文字の照合をしている部分になります。行番号 13 の Text[PText] ＝ Pat[PPat]で対象文字列 Text[]と検索文字列 Pat[]を比較していて，それぞれの配列で使われている添字から，対象文字列 Text[]の添字が PText，検索文字列 Pat[]の添字が PPat になります。

次に，行番号 20 の PLast ← PLast ＋ Skip[Index(Text[PLast])]で，移動量 Skip[]を足しているのが PLast なので，**比較を開始するときの対象文字列 Text[]の要素の位置（末尾の文字の位置）が PLast になります。**

そして，行番号 10 からの繰返し処理の行番号 11 と 12 から，対象文字列 Text[]の添字 PText の初期値は文字に対応した移動量で変更される PLast，検索文字列 Pat[]の添字 PPat の初期値は決まった値の PatLen になります。

関数 BMMatch の返却値について確認しておくと，行番号 15 の return (PText)と行番号 22 の return (−1)から，文字列が完全に一致した場合は最後に比較した対象文字列 Text[]の添字 PText を返し，失敗した場合は値−1 を返しています。

それでは，α（行番号 11）とβ（行番号 14）の処理を確認しましょう。

- 空欄 c：αの処理は，行番号 13〜19 の繰返し処理の外側にあり，対象文字列 Text[]の添字 PText に初期値を設定する処理です。先ほど見た図 D の処理では①，③，⑧で PText に値を設定して比較しているので，αの処理は 3 回実行されることになります。正解は（ア）の 3 です。
- 空欄 d：βの処理は，行番号 13 の対象文字列 Text[]と検索文字列 Pat[]を比較して，同じ文字のときに毎回行う判定です。検索文字列 Pat[]の添字 PPat が 1 と等しいかどうかを判定していることから，文字列が完全に一致したかどうかを調べています。図 D の処理では③，④，⑤と⑧，⑨，⑩，⑪で文字が等しいので，βの処理は 7 回実行されることになります。正解は（オ）の 7 です。
- 空欄 e：関数 BMMatch の返却値は，図 D の処理の⑧〜⑪で文字列が完全に一致したので，最後の⑪で比較した対象文字列 Text[]の添字 PText＝9 を返します。正解は（キ）の 9 になります。

［設問３］

γの処理（繰返し処理）を変更した結果，関数 BMMatch がどのような処理をするかを問う設問です。

- 空欄 f：まず，行番号 6 のγを条件とする繰返し処理の内容をもう一度確認すると，行番号 6〜8 の処理は，Skip[]を PatLen で初期設定した後，〔プログラムの説明〕(2) ②の説明に従って改めて移動量を設定する処理でした。これを，検索文字列 Pat[]の 1 文字目から順に調べているのが変更前の処理です。

  この条件を I: PatLen－1, I ≧ 1, －1 に変更すると，I の初期値が PatLen－1，増分が－1 で，I が 1 以上の間，処理を繰返し実行するように変わり，検索文字列 Pat[]の末尾の前の文字から移動量を調べることになります。この方法で配列 Skip[]にどんな値が設定されるかを，解答を考える準備として，問題の図 4 のデータで調べてみます。

  行番号 3〜6 の処理は変わらないので，配列 Skip[]の要素全てが PatLen＝4 で初期化されてからγを条件とする繰返し処理に入ります。ここで，γにおける I の初期値＝PatLen－1＝4－1＝3 となり，以後 I は 2, 1 と変わり，0 になったときに繰返し処理を終了して，行番号 9 の処理に移ります。

（変更後のγ）　I: PatLen－1, I ≧ 1, －1

<table><tr><td>① I＝3のとき（Pat[3]＝“A”）
　PatLen－I＝4－3＝1となり，文字“A”は関数Indexで整数1に対応するので，Skip[1]＝1となる。
② I＝2のとき（Pat[2]＝“B”）
　PatLen－I＝4－2＝2となり，文字“B”は関数Indexで整数2に対応するので，Skip[2]＝2となる。
③ I＝1のとき（Pat[1]＝“A”）
　既に①でSkip[1]＝1が求められているが，PatLen－I＝4－1＝3となり，Skip[1]＝3と値が変更される。
④ I＝0のとき　繰返し条件を満たさないので，続く行番号9の処理に移る。</td></tr></table>

結果は図Eのようになります。

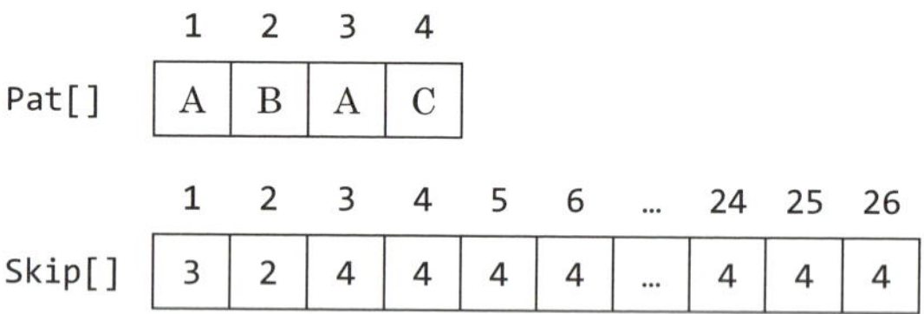

図E　γの処理を変更した結果のSkip[]の値

γの変更前は，検索文字列の先頭から移動量を求めたので，複数回現れる文字は，最も末尾に近い文字に対応する移動量になりました。しかし，**変更後は，末尾に近いPat[3]から順に移動量を求めるので，複数回現れる文字は最も先頭に近い文字に対応する移動量となります**。このSkip[]の内容で，対象文字列Text[]＝“AABACZZZ”（2文字目から検索文字列を含む例です），TextLen＝8，検索文字列Pat[]＝“ABAC”，PatLen＝4で文字列を照合すると，図Fのようになります。

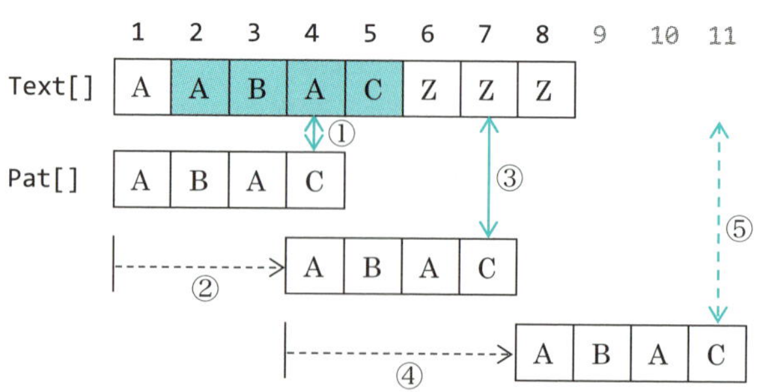

図F　設問2の格納例の場合の照合手順

① Text[4]≠Pat[4]で不一致。
② ①で比較した Text[4]＝“A”に対応する移動量 Skip[1]＝3 だけ Pat[]を右に移動する。
③ Text[7]≠Pat[4]で不一致。
④ ③で比較した Text[7]＝“Z”に対応する移動量 Skip[26]＝4 だけ Pat[]を右に移動する。
⑤ ④の移動で対象文字列 Text[]の末尾を参照する Plast＝11 となり，TextLen＝8 なので PLast ＞ TextLen となって，行番号 10 の条件判定が偽となる。
⑥ 行番号 10～21 の繰返し処理を抜けて行番号 22 の処理に移り，－1 を返して処理を終了する。

このように，Text[2]～Text[5]の部分に検索文字列の“ABAC”が含まれているにも関わらず，移動量の設定が誤っているために文字列を検索できず，－1 を返して終了してしまいます。これより，空欄 f は（イ）が正解となります。

なお，（ア）について，対象文字列中に検索文字列が含まれていない場合は，文字列を照合していく最後の段階で，検索文字列の先頭の文字（Pat[1]）と一致することはありません。このため，行番号 14 の PPat＝1 の条件が成立することはなく，行番号 15 の return (PText)も実行されないので，「1 以上の値を返す場合がある」ということはありません。

演習問題　第５部　第５章　問４

最短経路の探索

(H29 春-FE 午後問 8)

（解答）

［設問１］　a－イ，b－オ，c－キ，d－イ
［設問２］　e－イ，f－カ，g－ア

（解説）

最短経路を求めるアルゴリズムとして有名なダイクストラ法の問題です。このアルゴリズムは，始点に隣り合っている地点から一つずつ最短距離を確定し，徐々に範囲を広げていき最終的に目的地に至るまでの最短経路を求めるものです。

問題全体をざっと眺めると全体で 6 ページあり，〔プログラムの説明〕だけで 2 ページ以上，プログラムも 1 ページを超える長文の問題と分かります。最短経路を求めるという直感的に分かりやすい内容の問題ですが，プログラムは変数が多く使

われ，すぐには理解しにくいやや難しいものになっています。このため，変数や細かい処理の記述方法については置いておき，まず処理概要をつかむことが大切です。この問題の場合であれば，〔プログラムの説明〕の内容から，次のような流れで処理を進めることが，ある程度つかめます。

・(前提) 出発地からの最短距離は，はじめは全て未確定（∞で初期化）。最短距離が確定した地点は比較しない。
・出発地を地点 0 として確定
・地点 0 と隣り合う地点 1，地点 2，地点 3 の中で最短距離の地点 1 を確定
・地点 1 と隣り合う地点 4 までの出発地からの最短距離を求め，未確定の地点 2，地点 3，地点 4 の中で最短距離の地点 3 を確定
・地点 3 と隣り合う地点 5 までの出発地からの最短距離を求め，未確定の地点 2，地点 4，地点 5 の中で最短距離の地点 4 を確定
・地点 4 と隣り合う地点 2 と地点 6 までの出発地からの最短距離を求め，未確定の地点 2，地点 5，地点 6 の中で最短距離の地点 2 を確定
・地点 2 と隣り合う地点 5 までの出発地からの最短距離を求め，未確定の地点 5，地点 6 の中で最短距離の地点 5 を確定
・地点 5 と隣り合う地点 6 までの出発地からの最短距離を求め，全ての地点が確定したので終了

ここで，図 1 の経路の例でポイントになることを示しておきます。

隣り合う地点 0 と地点 2 を直接結ぶ距離は 8 ですが，地点 0 から地点 2 に行く最短距離ではありません。問題文に「経路上は，双方向に移動できる」とあることから，この例では，地点 0→地点 1→地点 4→地点 2 の経路の距離 7 が最短距離になります。このように迂回した経路が最短経路になる場合もあるので，アルゴリズムがどのような考え方で，経路の確定をしているかを突き止める必要があります。

次に，この問題の設問 2 は，図 1 の例でプログラムを実行した結果を答える内容になっているので，トレース作業を行う場合，図 1 の例で行うのが解答時間の節約につながります。解答を考える前に，問題全体をざっと把握することが大切な例といえます。

この問題は距離を計算するだけの処理なので，概要が分かれば，プログラムの細かい記述を見なくても，出発地からの目的地までの最短距離とその経路は分かってしまいます。

　　最短経路：地点 0→地点 1→地点 4→地点 2→地点 5→地点 6

　　最短距離：2＋3＋2＋3＋3＝13

それではプログラムの処理を見ていきます。副プログラム ShortestPath には 6 個の引数のほかに，似た名前の変数が多く使われているので，それぞれの用途を確認しておきます。引数や変数の用途が理解できるまでは，常に確認しながらプログラムの処理を見ていくようにしてください。

(1) 副プログラム ShortestPath の引数

- Distance[][]……地点間の距離が格納されている 2 次元配列
  地点 i から地点 j までの距離を Distance[i][j]で表します。
  なお，地点 1 から地点 4 までの距離は Distance[1][4]＝3 ですが，双方向に移動できるので Distance[4][1]も 3 となります。また，同一の地点の場合は 0 が，隣接地点でない場合は－1 が格納されています。
- nPoint……地点数
  図 1 の例では地点 0 から地点 6 までの 7 になります。変数の用途を把握しやすくするため，nPoint は number of Point の略と考えるとよいでしょう。
- sp……出発地の地点番号。start point の略ですね。
  地点 2 が出発地なら 2 です。
- dp……目的地の地点番号。目的を表す destination point の略でしょう。
  地点 5 が目的地なら 5 です。
- sRoute[]……出力で使う，出発地から目的地までの最短経路上の地点の地点番号を目的地から出発地までの順に設定する 1 次元配列。sRoute は shortest Route の略でしょう。
- sDist……出力で使う，出発地から目的地までの最短距離。shortest Distance の略でしょう。

(2) 副プログラム ShortestPath の変数

- pDist[]……出発地から各地点までの最短距離を設定する配列。point of Distance の略と考えましょう。
  pDist[]は行番号 11 で出発地から出発地自体への最短距離として 0 を設定しています。例えば，出発地が地点 0 のとき，pDist[0]＝0 となります。
  なお，配列の添字は地点番号と対応しているので，出発地が地点 0 であれば，処理中の pDist[2]には，出発地の地点 0 から地点 2 までの仮の最短距離が設定されています。そして，全ての地点の探索処理が終わった後に設定されている値が最短距離になります。

・pFixed[]……出発地から各地点までの最短距離が確定しているかどうかを識別するための配列。pFixed[]は point Fixed の略と考えましょう。

配列の添字は地点番号と対応しています。例えば，出発地から地点 i までの距離が確定したとき，pFixed[i]を true とします。このとき，同じ添字で示される pDist[i]には出発地から地点 i までの最短距離が求められています。

全ての値が true になると全ての地点の最短距離が確定したことになります。

・pRoute[]……出発地から地点 j の仮の最短距離を配列 pDist[]に設定したときの，直前の経由地の地点番号を設定する配列。point of Route の略でしょう。

配列の添字は地点番号と対応しているので，図 1 の例で出発地を地点 0 として，地点 0→地点 1→地点 4→地点 2 の経路で pDist[2]＝7 と設定した場合，地点 2 の直前に地点 4 を経由しているので，pRoute[2]＝4 となります。

・sPoint……出発地からの最短距離が未確定の地点の中で，出発地からの距離が最も短い地点。変数の意味は shortest Point の略と考えましょう。

この sPoint が出発地からの距離を計算する際の起点になります。

［設問 1］

これらの引数，変数の用途を把握したら，〔プログラムの説明〕に対応させて，プログラムの処理内容を確認していきます。

なお，行番号 12～39 の繰返し処理は，**繰返し条件が論理型の定数 true だけなので，無限ループになります**。この繰返し処理を抜けるには，処理の中で break 命令を使います。

break 命令は擬似言語の記述型式の中で説明されていませんが，プログラム中の注釈で動作が説明されています。

注意してほしいのが，**break 命令はその命令を含む繰返し処理を一つだけ抜けて，外側の繰返し処理が続けられる**ことです。

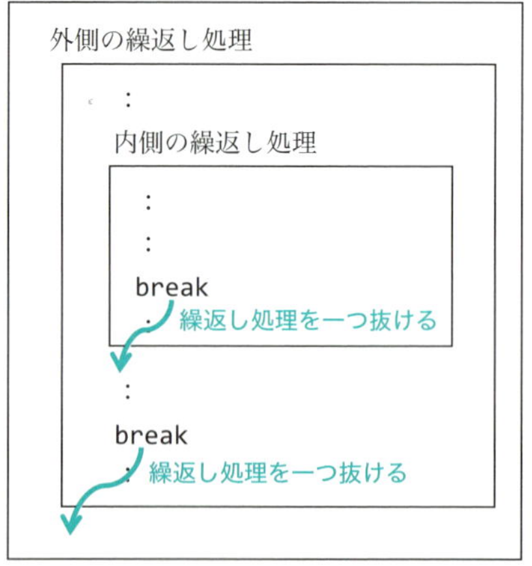

次に設問２でも検討する図１の経路の例と，この図に対応した地点間の距離を示した表２を参考にしながら，出発地を地点０，目的値を地点６として，プログラムの処理内容を検討していきます。

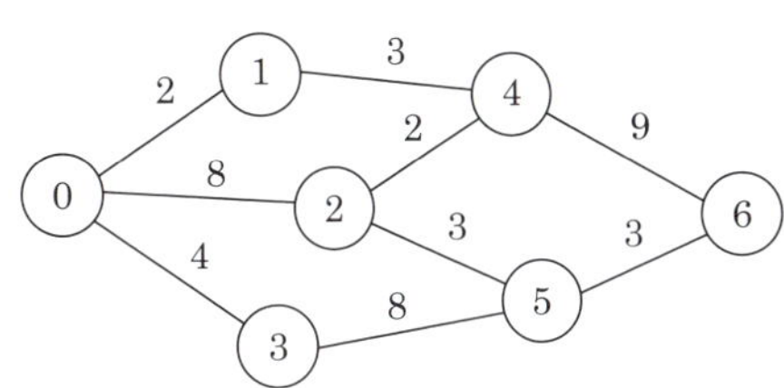

図１　地点数 N が 7 の経路の例

表２　図１の例における配列 Distance の内容

i＼j	0	1	2	3	4	5	6
0	0	2	8	4	−1	−1	−1
1	2	0	−1	−1	3	−1	−1
2	8	−1	0	−1	2	3	−1
3	4	−1	−1	0	−1	8	−1
4	−1	3	2	−1	0	−1	9
5	−1	−1	3	8	−1	0	3
6	−1	−1	−1	−1	9	3	0

（行番号 1〜10）

・行番号 5〜10

初期設定の処理です。∞はこのプログラム内に限定した最大値を表す定数です。まず，出発地から目的地までの最短距離を格納する sDist の初期設定を∞とします。次に，処理途中の地点番号を示す配列 sRoute[]の値を−1 で，最短距離を示す pDist[]の値を∞で，各地点の最短距離の確定状態を示す pFixed[]の値を論理型の定数 false で初期設定します。

論理型の定数 true と false は，選択処理や繰返し処理の条件判定で，true であれば真と判定され，false であれば偽と判断されます。

これらの配列の初期設定後は次のようになります。

	0	1	2	3	4	5	6
pFixed	false	false	false	false	false	false	false

	0	1	2	3	4	5	6
sRoute	−1	−1	−1	−1	−1	−1	−1

	0	1	2	3	4	5	6
pDist	∞	∞	∞	∞	∞	∞	∞

配列の内容は処理が進むにつれて変化していくので，その結果もその都度メモしてください。配列 pDist[]の要素は，設問２で解答する内容そのものになります。

・行番号 11

出発地から出発地自体への最短距離は 0 なので，この値を設定します。図 1 の例で出発地が地点 0 の場合なら，pDist[0]＝0 となります。

（行番号 12〜39）

無限ループの処理になっており，抜け出すために break 命令を使います。

・行番号 13〜19

配列 pFixed[]の先頭要素から最短距離が未確定の地点（pFixed[]が false）を探します。はじめ i＝0 で pFixed[i]＝pFixed[0]＝false となり，not(pFixed[i])＝not(pFixed[0])＝not(false)＝true となるので，行番号 15 の条件は真で break 命令が実行され，行番号 20 に処理が移ります。

・行番号 20〜22

最初は i＝0 で処理に入ります。nPoint は図 1 の地点数で 7 なので，i≠nPoint となり選択処理は実行されず，行番号 23 に処理が移ります。

この先，処理が進んで行番号 13〜19 で未確定の地点がなくなると，i=7 でここの処理に入り，i＝nPoint が成立するので break 命令が実行され，繰返し処理の次の行番号 40 に処理が移ります。

・行番号 23〜27

空欄 a を含む処理です。いま調べている地点 i（はじめは i＝0 で地点 0）よりも，出発地からの最短距離（pDist[]）が短い地点があるかどうか調べます。最短距離のさらに短い地点（地点 j）があれば，その地点を基準にしてこの後の最短距離を計算するので，i の値を j で更新します。

はじめ i＝0 でここの処理に入ったときは，j＝i＋1＝1 から，j＝1,2,3,4,5,6 と変わりながら pDist[j]と pDist[i]の比較を行います。ここでは，出発地を地点 0 で考えているので，行番号 11 で pDist[i]＝pDist[0]＝0 と設定されています。

最初の段階ではこれ以外の pDist[]には∞が初期設定されているので，j を 1,2,3,4,5,6 と変えて pDist[j]と pDist[i]の比較をしても，全て pDist[j]＞pDist[i]となり，行番号 24 の条件は成立しません。したがって，i＝0 のままで繰返し処理を終わり，行番号 28 に処理が移ります。

次に，pDist[]に最大値∞以外の数値が設定され，pDist[j]＜pDist[i]が成立した場合を考えます。このときは，最短距離がさらに短い地点が見つかった場合なので，地点 j を最短距離の基準にします（行番号 25 の i ← j）。このとき，出発地から地点 j までの最短距離が確定していないことが前提になるので，空欄 a は pFixed[j]が false のとき条件が真となるように，（イ）の「not(pFixed[j])」が入ります。

・行番号 28 と 29

行番号 23〜27 の繰返し処理後に設定されている i の値が，出発地から最短距離となる地点番号になります。この i を行番号 28 で sPoint に格納します（はじめは i＝sPoint＝0 となります）。

地点 i（＝sPoint）は出発地からの最短距離が確定したので，行番号 29 で値が確定したことを示す true を pFixed[sPoint]に格納します。したがって，空欄 b は（オ）の「sPoint」になります。

（行番号 30〜38）

出発地からの最短距離が最も短いと確定した地点（地点番号は sPoint）と直接結ばれている地点までの距離を計算します。この部分は似ている変数名が多く，処理内容も読み取りにくくなっているので，〔プログラムの説明〕(5)③にある（ア），（イ）の説明と対応させせて，丁寧に考えてください。

・行番号 30，31

行番号 30 の繰返し処理の繰返し条件と，続く行番号 31 の選択処理の判定条件に着目してみます。

この繰返し処理では，j の初期値を 0 として，j＜nPoint を満たすまで全地点に対して距離を調べる指定になっていますが，すぐ次に続く選択処理の判定条件で Distance[sPoint][j] ＞ 0 and not(pFixed[j]) と指定しています。

これが問題文の説明（ア）に当たる部分で，左側の Distance[sPoint][j] ＞ 0 が成り立つ場合，地点 sPoint と地点 j が隣接地点であることになります（隣接していなければ−1）。また，出発地からの最短距離が未確定の場合だけ調べればよいので，論理演算の and で not(pFixed[j]) が指定されています。

・行番号 32

行番号 31 の条件を満たす場合，出発地（ここでは地点 0）から地点 sPoint までの距離に地点 sPoint から地点 j までの距離を加えて，newDist に設定しています。

```
newDist ← pDist[sPoint] ＋ Distance[sPoint][j]
```

・行番号 33〜36

計算した距離 newDist が出発地から地点 j までの仮の最短距離 pDist[j]より小さければ，newDist を新たに仮の最短距離にします。

行番号 34 で pDist[j] ← newDist を実行し，このときの直前の経由地点 sPoint を保存するため，行番号 35 で pRoute[j] ← sPoint を実行します。

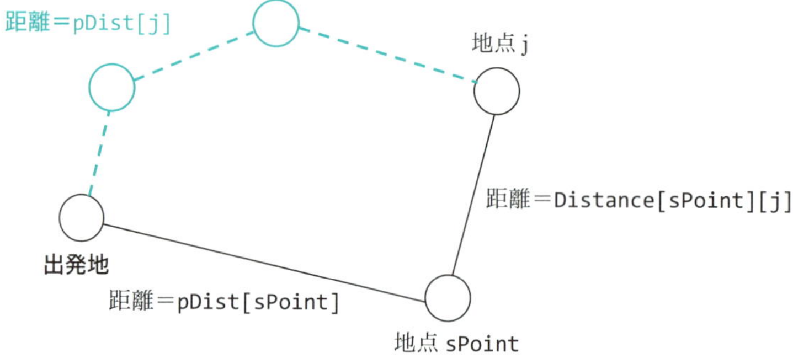

newDist ← pDist[sPoint] ＋ Distance[sPoint][j]

この出発地からの最短距離を計算する処理を，地点 sPoint（はじめは地点 0）に隣接していて最短距離が確定していない地点全てに対して行います。

（行番号 12～39 の繰返し処理のまとめ）

出発地から全ての地点までの最短距離が確定すると，行番号 21 の break 命令で繰返し処理を抜けて，行番号 40 に処理が移ります。

この段階で，出発地から各地点までの最短距離が配列 pDist[]に格納され，最短距離になるときの直前の経由地が配列 pRoute[]に格納されます。また，各地点の最短距離の確定状態を示す配列 pFixed[]の全ての要素に true が格納された状態になります。

・行番号 40

出発地の地点 sp（ここでは地点 0）から目的地の地点 dp（ここでは地点 6）までの距離は pDist[dp]に求められているので，この値を出力する引数の sDist に格納します。

（行番号 41～48）

残る処理として，出発地から目的地までの最短経路上の地点番号を目的地（ここでは地点 6）から出発地（ここでは地点 0）までの順に，出力する引数の配列 sRoute[]に設定します。目的地から逆順に地点番号を格納していくことに着目すると，出発地から最短距離となる場合の直前の経由地が配列 pRoute[]に格納されているので，この値を目的地の地点から配列の先頭に向かって取り出し，引数の配列 sRoute[]に格納していきます。

参考として，最短経路探索処理が終わった後の配列 pRoute の値を配列 sRoute

に格納する順序を示すと次のようになります。

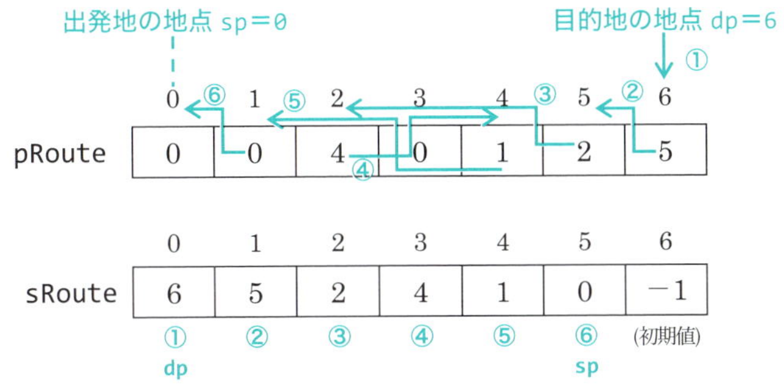

・行番号 41，行番号 42

j は 0 で初期設定しているので，引数の配列 sRoute[]に地点番号を格納するときの添字になることが分かります。

i は目的地の地点番号 dp で初期設定し，行番号 44 で空欄 c に格納し，行番号 45 で新しい値を設定していることから，目的地点に至る直前の経由地の値と分かり，配列 pRoute[]の要素を参照するときに使われる添字と予想できます。

・行番号 43～47

繰返し処理の繰返し条件が i ≠ sp となっているので，目的地の dp から直前の経由地を出発地に向かって配列 sRoute[]に格納します。i が出発地の sp と等しくなったら繰返し処理を抜けて行番号 48 に移ります。

ここで空欄 c の内容を考えると，目的地の地点番号 dp で初期設定された i を代入しているので，引数の配列 sRoute[]の格納先を指定します。配列 sRoute[]は添字として j を使うので，（キ）の「sRoute[j]」が正解になります。

空欄 d は，代入先が i になっているので，次に格納する経由地の地点番号を設定する必要があります。その地点に至る経由地の地点番号は，行番号 44 で格納した要素番号 i を使って「pRoute[i]」で得られるので，（イ）が正解になります。

・行番号 48

出発地の地点番号 sp が配列 sRoute[]にまだ格納していないので，ここで格納します。空欄 c と同じ格納先で，sRoute[j] ← sp となります。

［設問 2］

図 1 の例でプログラムの動きを追跡し（トレース作業），途中の変数 sPoint の値と，配列 pDist と配列 pRoute の値を求めます。プログラムの処理内容を確認する

のにかなり時間がかかった人もいたと思いますが，図1の例が単純なので，処理概要が理解できれば，細かいトレース作業を改めて行わなくても，ポイントとなる処理の結果が求められます。

(1) 行番号 28 の α における sPoint の値

1回目と2回目の値は問題文で示されていますが，配列の内容が変わっていくので，処理の概要を追跡していきます。

① 行番号 12〜39 の最短経路探索処理の1回目

設問1で検討したように，はじめは最短距離が確定した地点はなく，i=0 のまま行番号 23 の処理に入ります。ここの繰返し処理で最短距離が確定しているのは出発地の pDist[0]=0 だけなので i の値は更新されず，sPoint に代入された i の値は0になります（このとき，pFixed[0]が true になります）。

行番号 31〜37 で地点 sPoint（地点0）の隣接地点の距離計算では，地点1，地点2，地点3が計算され，1回目処理が終わった後の配列 pFixed，配列 pDist，配列 pRoute の要素は次のようになります。

なお，表3の前の問題文に「配列 pRoute の全ての要素には初期値として0が格納されているものとする」という記述があることに注意してください。

	0	1	2	3	4	5	6
pFixed	**true**	false	false	false	false	false	false

	0	1	2	3	4	5	6
pDist	0	2	8	4	∞	∞	∞

	0	1	2	3	4	5	6
pRoute	0	0	0	0	0	0	0

② 行番号 12〜39 の最短経路探索処理の2回目

2回目は地点0の最短距離が確定しているので，行番号 16 の break 命令は i=0 のとき実行されず，行番号 18 で i=1 となり，行番号 23 の処理に入ります。

j の初期値は i+1 で2となりますが，pDist[i]=pDist[1]=2 より短い最短距離は pDist[2]以降にないので i の値は更新されず，sPoint に代入された i の値は1になります（このとき，pFixed[1]が true になります）。

行番号 31〜37 で地点 sPoint（地点1）の隣接地点の距離計算では，地点4で newDist が計算されます（地点0は確定済み）。地点1が直前の経由地なので newDist=pDist[1]+Distance[1][4]=2+3=5 となり，行番号 33 の比較の結果，pDist[4]＝5，pRoute[4]＝1 となります。

2 回目処理が終わった後の配列 pFixed，配列 pDist，配列 pRoute の要素は次のようになります。

	0	1	2	3	4	5	6
pFixed	**true**	**true**	false	false	false	false	false

	0	1	2	3	4	5	6
pDist	0	**2**	**8**	**4**	**5**	∞	∞

	0	1	2	3	4	5	6
pRoute	0	0	0	0	**1**	0	0

③　行番号 12～39 の最短経路探索処理の 3 回目

さて，解答する内容の 3 回目ですが，地点 0 と地点 1 の最短距離が確定しているので，行番号 16 の break 命令は i＝0，1 のとき実行されず，行番号 18 で i＝1，2 と変化し，行番号 23 の処理に入ります。j の初期値は i+1 で 3 となりますが，pDist[i]＝pDist[2]＝8 より短い最短距離で確定していない地点は j＝3 のときの pDist[3]＝4 が該当します。このため i の値は j の値 3 に更新されます。続いて j＝4 のときの pDist[4]＝5 は，最短距離の pDist[3]＝4 より大きいので，i の値は更新されません。以上から，sPoint に代入された i の値は 3 になります（このとき，pFixed[3]が true になります）。

行番号 31～37 で地点 sPoint（地点 3）の隣接地点の距離計算では，地点 5 で newDist が計算されます（地点 0 は確定済み）。地点 3 が直前の経由地なので newDist＝pDist[3]＋Distance[3][5]＝4＋8＝12 となり，行番号 33 の比較の結果 pDist[5]＝12，pRoute[5]＝3 となります。

3 回目処理が終わった後の配列 pFixed，配列 pDist，配列 pRoute の要素は次のようになります。

	0	1	2	3	4	5	6
pFixed	**true**	**true**	false	**true**	false	false	false

	0	1	2	3	4	5	6
pDist	0	**2**	**8**	**4**	**5**	**12**	∞

	0	1	2	3	4	5	6
pRoute	0	0	0	0	**1**	**3**	0

ここまでの結果から，繰返しの3回目に sPoint に代入された空欄 e の値は（イ）の「3」になり，配列 pDist の値は（カ）の「0，2，8，4，5，12，∞」（空欄 f），配列 pRoute の値は（ア）の「0，0，0，0，1，3，0」（空欄 g）となります。

以上で解答は求められましたが，地点2の pFixed[2]がまだ false のままになっています。この後の処理で残りの地点の最短距離が決まっていく過程が，アルゴリズム「ダイクストラ法」の真骨頂ともいえるのですが，とても30分ほどで解答できないと問題作成された方が考えたのか，3回目までの結果を確認し，「お後がよろしいようで」となっています。

問題を解き終わった方は，**各自で続きをトレースしたり，実際にプログラミングしたりして，最後の結果が出るまでの配列の値の変化をぜひ確認してください。また，出発地や目的地，地点数をいろいろ変えて結果を調べてみてください。**

問題の表3を最後まで埋めた結果とプログラムが出力する引数の値を示しておきます。

表3　βにおける配列 pDist と配列 pRoute の値

最短経路探索処理の繰返し	配列 pDist	配列 pRoute
1回目	0，2，8，4，∞，∞，∞	0，0，0，0，0，0，0
2回目	0，2，8，4，5，∞，∞	0，0，0，0，1，0，0
3回目	0，2，8，4，5，12，∞	0，0，0，0，1，3，0
4回目	0，2，7，4，5，12，14	0，0，4，0，1，3，4
5回目	0，2，7，4，5，10，14	0，0，4，0，1，2，4
6回目	0，2，7，4，5，10，13	0，0，4，0，1，2，5
7回目	配列 pFixed の値が全て true となり，行番号21の break 命令で繰返し処理を抜けて，行番号40の処理へ	

（出力する引数の値）

・sDist＝13

・配列 sRoute の値　6，5，2，4，1，0，－1

問題の図1で出発地点から始まり，隣接する地点から順次最短距離が決まっていく様子を示したイメージを示すと次のようになります。

はじめはプログラムの処理が見えなくても，処理概要をつかんだ後で見直すと，アルゴリズムの考え方が見えてくるので，もう一度見直してください。

(1 回目) sPoint=0

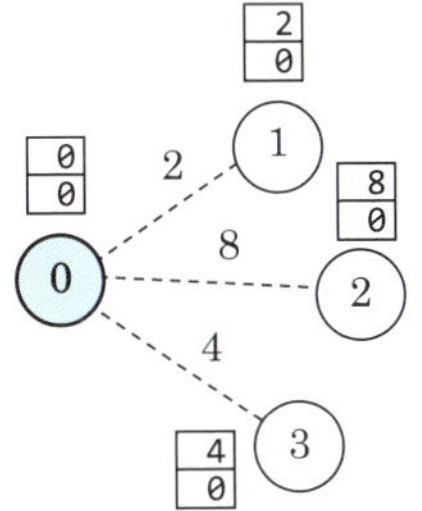

(2 回目) sPoint=1

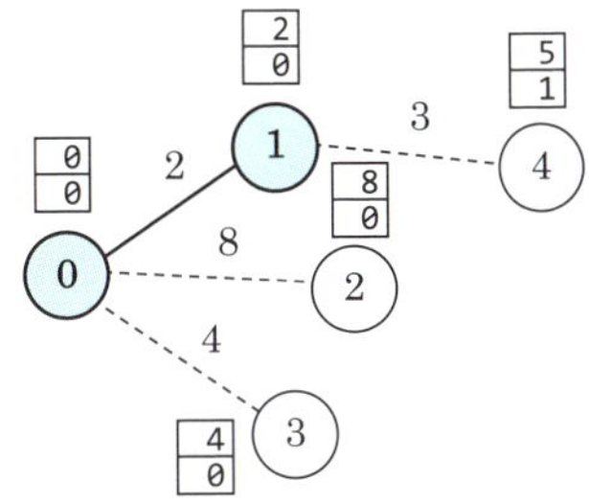

(3 回目) sPoint=3

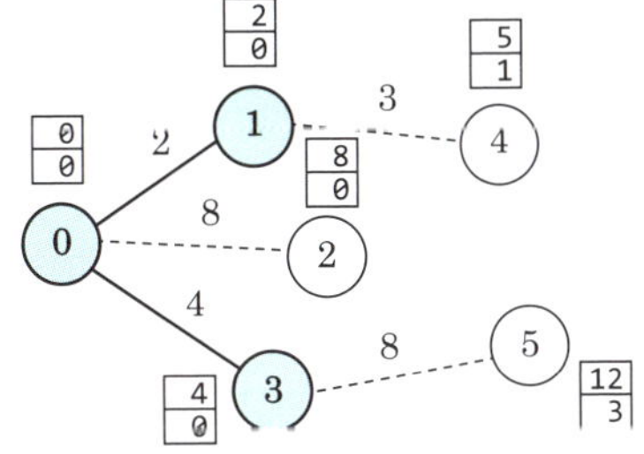

凡例

上段：その時点の pDist の値
下段：その時点の pRoute の値

太い○：出発地から最短距離が確定した地点
実線：最短距離の計算が確定した経路
点線：距離の計算が行われた経路

(4 回目) sPoint=4

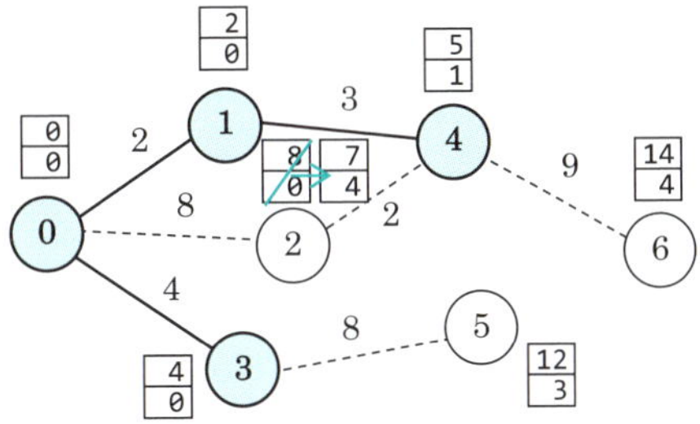

(5 回目) sPoint=2

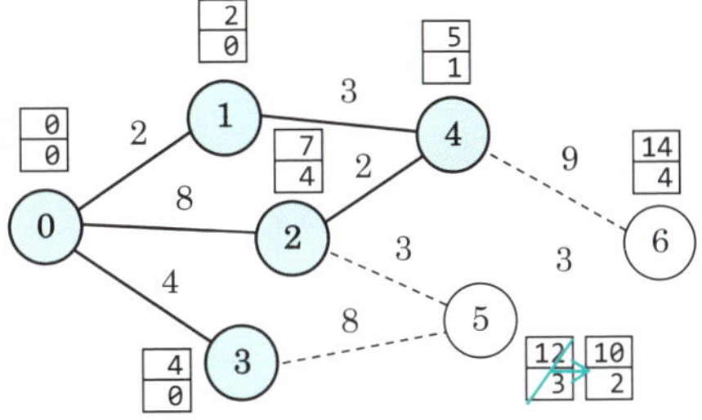

(6 回目) sPoint=5

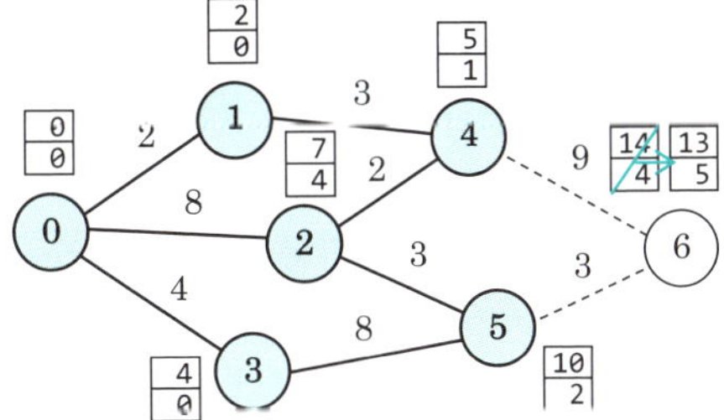

(7 回目) sPoint=6

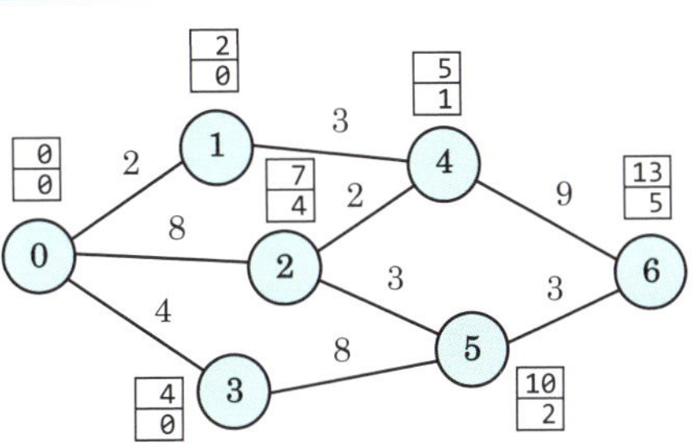

演習問題　第5部　第5章　問5

編集距離の算出

(H26秋-FE 午後問8)

(解答)

［設問1］　a－ア，b－ウ

［設問2］　c－ウ，d－ウ，e－カ，f－イ

(解説)

この問題のアルゴリズムは「二つの文字列の差異を測る指標」を示す編集距離というものをテーマにしたもので，「聞いたことがない！」というのが多くの人の第一印象でしょう。

しかし，必須問題である以上，解かずに済ませるわけにはいきません。基本情報技術者試験のアルゴリズム問題には，**処理内容の説明と必要な考え方が問題文にすべて記述されていると信じて（実際そうです），説明を読んでいきます。**

まず，冒頭の説明から，この問題での“編集”という用語は1文字の追加操作または削除操作を表していて，“編集距離”は「ある文字列を別の文字列に変換するのに必要な最小の操作回数」の意味ということが分かります。そして，文字列`"abcabba"`から`"cbabac"`には，最小5回の操作で変換できることが例を使って示されています

ここまで，必要な用語の意味の説明がされていて，次に，編集距離を求める関数`CalcEditDistance`の説明があります。注意する点としては，この説明の(1)で，文字列を格納する配列`Str1[]`，`Str2[]`の添字が`0`から始まることです。

続いて，編集距離の計算方法についての説明が(2)～(4)であり，エディットグラフの考え方を使って求めることが説明されています。エディットグラフについては，考え方を示すだけでアルゴリズムの中でグラフを実際に描かせるわけではありません。また，編集距離の具体的な求め方は問題文で示されておらず，核心部分は〔プログラム〕に実際の処理が記述されているので，問題文にある考え方の説明とプログラムの両方を見て処理内容を理解する必要があります。

問題を解く前に，設問内容をざっと見ておくと，15行程度の短いプログラムに空欄が二つあり，これを設問1で解答します。次の設問2では問題文の説明とは別の文字列の例で作成したエディットグラフを考え，プログラム中の指定された処理の実行回数と結果の返却値を求める内容になっていますが，これまで出題されてきた問題の分量からすると，やや少なめであっさりした印象を受けます。「意外と簡単なのでは？」という期待がもてますが，気を引き締めてケアレスミスに注意しながら，

考えていきましょう。

まず，問題文に示されている文字列の例を使ってエディットグラフの作成方法を見ていきます。

変換元の文字列 `Str1[]="abcabba"`（文字列の長さ `Str1Len=7`），変換先の文字列 `Str2[]="cbabac"`（文字列の長さ `Str2Len=6`）で，文字列の長さが添字の最大値に 1 を足した値になっていることに注意してください（`Str1[]`の添字の最大値=6 で `Str1Len=7`，`Str2[]`の添字の最大値=5 で `Str2Len=6`）。

	0	1	2	3	4	5	6	
Str1	a	b	c	a	b	b	a	Str1Len=7

	0	1	2	3	4	5	
Str2	c	b	a	b	a	c	Str2Len=6

次に xy 平面上にエディットグラフを作成していきますが，**具体的な方法は説明の(2)に記述されているので，この内容を忠実に実施していきます。**実際の試験中は，時間の余裕がなくなることが多いので，ますは忠実に実施して，処理内容を早くつかむことを心がけてください。配列 `Str1[]`の添字が x，配列 `Str2[]`の添字が y になります。まず，(2)の①(a)，(b)，(c)を実施します。

(a)　`0≦X≦Str1Len` を満たす全ての整数 `X` に対して，点`(X, 0)`から点`(X, Str2Len)`（縦方向）に線分を引く。

　上の例では `0≦X≦7` で，点`(0, 0)`から点`(0, 6)`，点`(1, 0)`から点`(1, 6)`，…
…，点`(7, 0)`から点`(7, 6)`，に縦の線分を引くことになります。

(b)　`0≦Y≦Str2Len` を満たす全ての整数 `Y` に対して，点`(0, Y)`から点`(Str1Len, Y)`（横方向）に線分を引く。

　上の例では `0≦Y≦6` で，点`(0, 0)`から点`(7, 0)`，点`(0, 1)`から点`(7, 1)`，…
…，点`(0, 6)`から点`(7, 6)`，に横の線分を引くことになります。

この(a)と(b)の処理で引かれた線分を示すと次のようになります。

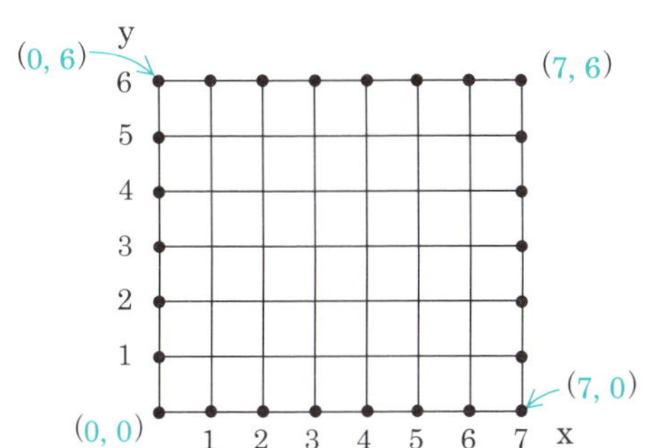

(c)　0≦X＜Str1Len，0≦Y＜Str2Len を満たす全ての整数 X，Y の組に対して，Str1[X]と Str2[Y]が同一の文字の場合，点(X, Y)から点(X+1, Y+1)に線分を引く。

二つの文字列 Str1[X]と Str2[Y]が同じもの順番に調べていくと，次に示す点から点に線が引かれることになります。

Str1[0]＝'a'……Str2[2]，Str2[4]と同じ
点(0, 2)から点(1, 3)，点(0, 4)から点(1, 5)
Str1[1]＝'b'……Str2[1]，Str2[3]と同じ
点(1, 1)から点(2, 2)，点(1, 3)から点(2, 4)
Str1[2]＝'c'……Str2[0]，Str2[5]と同じ
点(2, 0)から点(3, 1)，点(2, 5)から点(3, 6)
Str1[3]＝'a'……Str2[2]，Str2[4]と同じ
点(3, 2)から点(4, 3)，点(3, 4)から点(4, 5)
Str1[4]＝'b'……Str2[1]，Str2[3]と同じ
点(4, 1)から点(5, 2)，点(4, 3)から点(5, 4)
Str1[5]＝'b'……Str2[1]，Str2[3]と同じ
点(5, 1)から点(6, 2)，点(5, 3)から点(6, 4)
Str1[6]＝'a'……Str2[2]，Str2[4]と同じ
点(6, 2)から点(7, 3)，点(6, 4)から点(7, 5)

これらの線をグラフに追加するとエディットグラフは次のようになります。

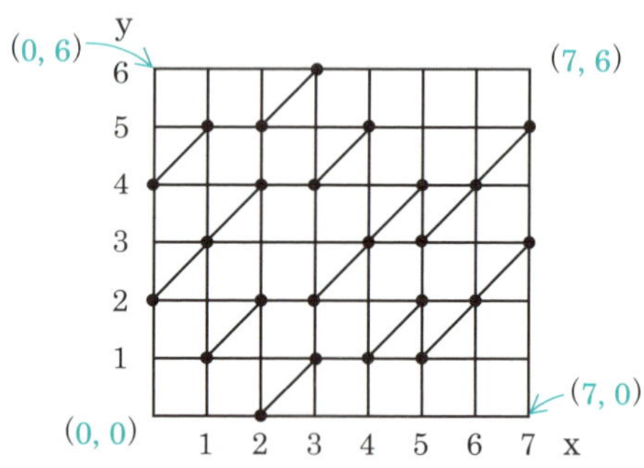

続く説明の②では，できあがったエディットグラフから編集距離を求める手順が示されています。グラフの左下の原点(0, 0)から始めて，右上の終点(7, 6)までの最短移動距離が編集距離になります。

このとき，点(X, Y)から点(X+1, Y)又は点(X, Y+1)への移動，すなわち横と

縦方向への移動距離は１，点(X, Y)から点(X＋1, Y＋1)への移動，すなわち右上方向の斜め線をたどるときの移動距離は０として，最小の移動距離で行ける経路を求めことになります。ここで見てきた文字列の例では，問題文の図２の右側のグラフで示される経路になります。

プログラムの処理を見ていくため，ここでは行番号を付けて改めて示します。

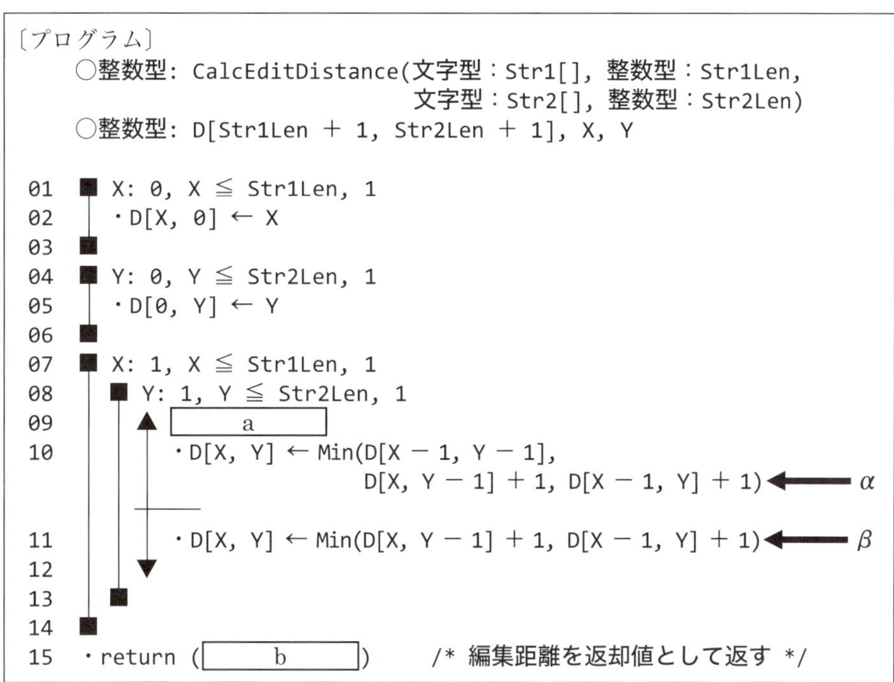

```
〔プログラム〕
   ○整数型: CalcEditDistance(文字型：Str1[], 整数型：Str1Len,
                              文字型：Str2[], 整数型：Str2Len)
   ○整数型: D[Str1Len ＋ 1, Str2Len ＋ 1], X, Y

01 ■ X: 0, X ≦ Str1Len, 1
02 │ ・D[X, 0] ← X
03 ■
04 ■ Y: 0, Y ≦ Str2Len, 1
05 │ ・D[0, Y] ← Y
06 ■
07 ■ X: 1, X ≦ Str1Len, 1
08 │ ■ Y: 1, Y ≦ Str2Len, 1
09 │ │ ▲ [    a    ]
10 │ │ │ ・D[X, Y] ← Min(D[X － 1, Y － 1],
   │ │ │           D[X, Y － 1] ＋ 1, D[X － 1, Y] ＋ 1) ←── α
   │ │ ├──
11 │ │ │ ・D[X, Y] ← Min(D[X, Y － 1] ＋ 1, D[X － 1, Y] ＋ 1) ←── β
12 │ │ ▼
13 │ ■
14 ■
15 ・return ([    b    ])     /* 編集距離を返却値として返す */
```

この経路をたどるようにして，関数 CalcEditDistance では点(0, 0)から点(X, Y)への最短移動距離を順番に D[X, Y]に求めていますが，プログラムの 7～14 行の部分がこの処理を行っている部分になります。

なお，プログラムの 1～3 行は D[0, 0]←0，D[1, 0]←1，…，D[7, 0]←7 とする代入処理，同じく 4～6 行は D[0, 0]←0，D[0, 1]←1，…，D[0, 6]←6 とする代入処理になります。これらは D[X, Y]の端に位置する要素で，10，11 行に出てくる D[X−1, Y−1]，D[X, Y−1]，D[X−1, Y]に該当する要素がないため，個別に値を設定しています。

プログラム 6 行目までで設定された最短移動距離を格納した配列 D[X, Y]の状態を先ほどできたエディットグラフに重ねた状態で示すと次の図のようになります。

ここで，配列の内容を図で示すとき，通常，下に行くほど添字が大きくなるように描くことが多いですが，ここではグラフと重ねて表しているため，下から上に大きくなっていることに注意してください。

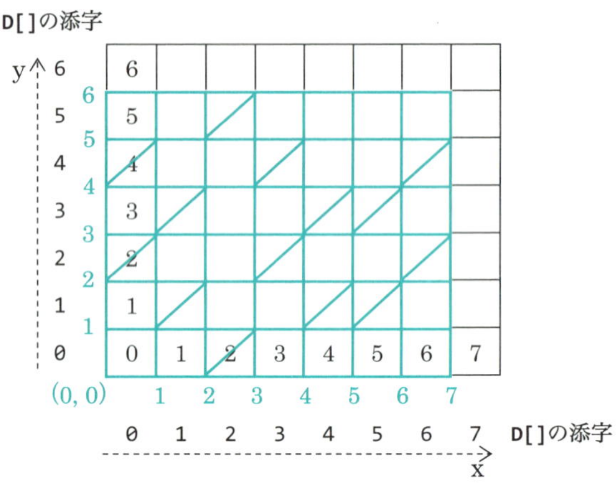

6 行目まで実行した後の配列 D[X, Y]の状態（緑部分はエディットグラフ）

［設問 1］

・空欄 a：ここから設問について考えていきます。プログラムの 7 行目からは，値の設定されていない D[X, Y]の要素を順に求める処理になります。外側の繰返し処理（7〜14 行）で X を 1，2，…，Str1Len（＝7）まで変化させ，その内側の繰返し処理（8〜13 行）で各 X の値に対して，Y を 1，2，…，Str2Len（＝6）まで変化させています。そして繰り返すのが 9〜12 行の D[X, Y]の値を求める選択処理です。

　この部分の処理内容を見ると，D[X, Y]に代入する値は，空欄 a の条件を満たすときには，D[X, Y]に D[X−1, Y−1]，D[X, Y−1]+1，D[X−1, Y]+1 の中の最小値で（α の部分），条件を満たさないときには，D[X, Y−1]+1，D[X−1, Y]+1 の最小値になっています（β の部分）。二つの違いは，空欄 a の条件を満たすときには D[X−1, Y−1]も含めて最小値を求めていることで，この場合はエディットグラフに斜めの線があるとき，すなわち，Str1[]と Str2[]が同一の文字の場合ということになります。

　では，このときの配列 Str1[]と Str2[]の添字は何になるでしょうか。整理するため，9〜12 行目で D[2, 2]の値を求める場合を図で示します。

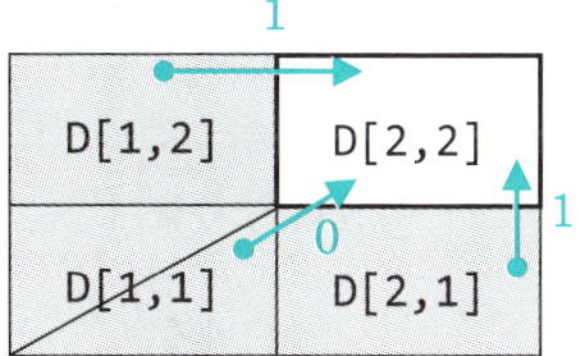

・D[2, 2]の値を求める場合（αの部分）

D[1, 1]部分のエディットグラフにある斜め線は，Str1[1]とStr2[1]が同じ文字だったことから，点(1, 1)から点(2, 2)に引かれた線です。

これは，D[2, 2]を基準として見ると，Str1[2−1]とStr2[2−1]が同じ文字のときになるので，一般的なD[X, Y]の場合で考えるとStr1[X−1]とStr2[Y−1]が同じ文字のときということになります。したがって，空欄 a に入る条件は（ア）のStr1[X−1] ＝ Str2[Y−1]となります。

このときは，斜め線のあるD[1, 1]を含めて，D[2, 1]+1，D[1, 2]+1の中の最小値をD[2, 2]とします。一般的な場合で表すと，**“D[X−1, Y−1]を含めて，D[X, Y−1]+1，D[X−1, Y]+1の中の最小値をD[X, Y]とする”**となります。斜め線をたどる経路の移動距離は 0，横と縦の移動距離は 1 とするので+1した値を使うことに注意してください。

もう一つのβの部分を実行する処理の例として，D[1, 2]の値を求める場合も見ておきます。

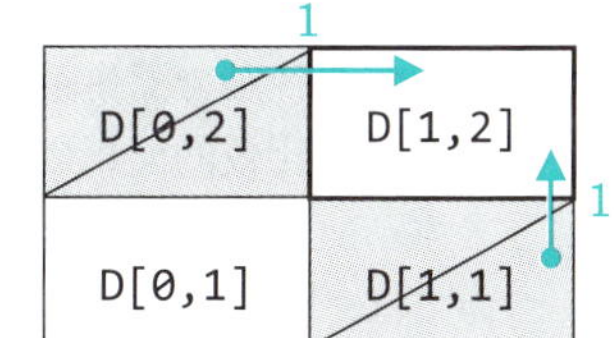

・D[1, 2]の値を求める場合（βの部分）

D[0, 1]に斜め線がないので，これはD[1,2]を求めるときに，点(0, 1)から点(1, 2)の線がない（Str1[0]とStr2[1]が同じ文字ではない），つまり移動距離 0 の経路がないことを表しています。

このときには，D[1, 1]+1，D[0, 2]+1の最小値をD[1, 2]とします。一般的な場合で表すと，**“D[X, Y−1]+1，D[X−1, Y]+1 の中の最小値をD[X, Y]とする”**となります。

これらのαとβの処理をXの最大値となるStr1Lenまで，Yの最大値となるStr2Lenまで繰り返していき，最後に設定されたD[X, Y]の値が編集距離になります。

・空欄 b：ここの処理は関数CalcEditDistanceの返却値（編集距離）として何を設定すればよいかを考えます。最終的に編集距離が設定されるのはXが最大値であるStr1Len，Yも最大値のStr2LenになったときのD[X, Y]の値になるので，空欄 b には（ウ）のD[Str1Len, Str2Len]になります。

なお，14 行目の繰返し処理を抜けて，15 行目の return を実行するときにはX＝Str1Len+1，Y＝Str2Len+1になっているので，このXとYを使って戻り値をD[X−1, Y−1]としても同じ結果を返します（選択肢にはなし）。

参考までに，15行目のreturnが実行されたときの配列Dの内容は次のようになります。

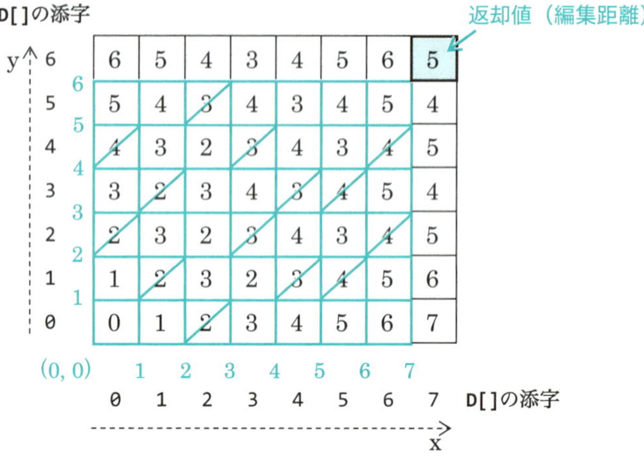

［設問2］

問題文を読んで編集距離の意味とエディットグラフの考え方が分かった人は，この設問2は比較的簡単に解答できたと思います。

まず，Str1[] = "peace"，Str2[] = "people"の場合のエディットグラフについては，問題文の例と同じようにStr1[]のどの文字がStr2[]のどの文字と同じか考えていき，斜めの線が引かれる個所を調べていきます。

	0	1	2	3	4	
Str1	p	e	a	c	e	Str1Len＝5

	0	1	2	3	4	5	
Str2	p	e	o	p	l	e	Str2Len＝6

Str1[0]＝'p'……Str2[0]，Str2[3]と同じ
点(0, 0)から点(1, 1)，点(0, 3)から点(1, 4)
Str1[1]＝'e'……Str2[1]，Str2[5]と同じ
点(1, 1)から点(2, 2)，点(1, 5)から点(2, 6)
Str1[2]＝'a'……Str2[]に同じ文字なし
Str1[3]＝'c'……Str2[]に同じ文字なし
Str1[4]＝'e'……Str2[1]，Str2[5]と同じ
点(4, 1)から点(5, 2)，点(4, 5)から点(5, 6)

・空欄 c：この例でプログラムを実行した後のエディットグラフと配列 D の内容は次のようになります。したがって，空欄 c に該当するエディットグラフは（ウ）となります。

配列 D の内容は`D[1, 1]`から求めていき，左下の要素に斜め線がある場合には，（左下の要素，下の要素＋1，左の要素＋1）の中の最小値を編集距離とし（αの処理），左下に斜め線がない場合には，（下の要素＋1，左の要素＋1）の最小値を編集距離とします（βの処理）。

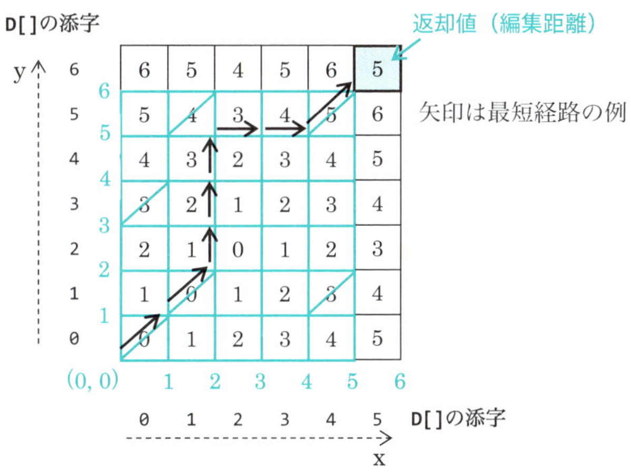

・空欄 d，e：次に，`CalcEditDistance("peace", 5, "people", 6)`を実行したとき，終了するまでに実行される行αと行βの回数を求めます。

最短移動距離を格納した配列`D[X, Y]`の値を求めるとき，`D[X−1, Y−1]`の部分のエディットグラフに斜めの線があるとき，つまり，`Str1[X−1]`と`Str2[Y−1]`が同じ文字のときに行αが実行され，同じ文字でないときに行βが実行されます。このとき，プログラム 8 行目の繰返し処理の条件「`Y: 1, Y ≦ Str2Len, 1`」から，`Y`の値は 1 から 6 まで実行されます。このことから，`X`の値を固定して見たとき，行αと行βの実行回数の合計が 6 回になることに気を付けるとケアレスミスを防げます。ちなみに，`X`は 1 から 5 までの値で繰返し処理が実行されるので，全体のαとβの実行回数の合計は 6×5＝30 回となります。

ということで，求めたエディットグラフの斜め線の数（αの処理）を数えると 6 本あるので，空欄 d の行αの実行回数は（ウ）の 6 回が正解。空欄 e の行βの実行回数は 30−6＝24 回で（カ）が正解となります。

Xの値ごとにαとβの処理回数を見ていく場合は，次のようになります。

・X＝1のときαが2回（βは4回）
　D[0, 0]にある点(0, 0)から点(1, 1)の線
　D[0, 3]にある点(0, 3)から点(1, 4)の線
・X＝2のときαが2回（βは4回）
　D[1, 1]にある点(1, 1)から点(2, 2)の線
　D[1, 5]にある点(1, 5)から点(2, 6)の線
・X＝3のときαが0回（βは6回）
・X＝4のときαが0回（βは6回）
・X＝5のときαが2回（βは4回）
　D[4, 1]にある点(4, 1)から点(5, 2)の線
　D[4, 5]にある点(4, 5)から点(5, 6)の線

空欄dの行αの実行回数は，2+2+2=6回。空欄eの行βの実行回数は，4+4+6+6+4=24回と，先ほどの結果と同じになります。

・空欄f：最後に関数の返却値を求めます。関数CalcEditDistanceの返却値（編集距離）はD[Str1Len, Str2Len]に求められるので，D[5, 6]=5の（イ）が正解です。空欄cのエディットグラフを点(0, 0)から点(5, 6)まで，斜め線を多くたどる方法で調べても編集距離の5が求められます。

このアルゴリズムも最初のうちは説明に従って処理内容を理解するのが精一杯だったかもしれません。グラフまで出てきた驚いた人もいたでしょう。しかし，例を参考に一つずつ処理を追いかけていくうちに，**グラフは編集距離の考え方を示すために出していて，アルゴリズムの内容は最短移動距離の値を入れた配列D[X, Y]の計算だけ**ということに気付いた人も多かったと思います。

この問題の編集距離を求める方法がいま一つすっきりしていない人は，次のように長さの短い文字列の例でもう一度，エディットグラフを描いて，編集距離を求めてみてください。

（例1）Str1[]="a"とStr2[]="a"，　Str1[]="a"とStr2[]="b"，
（例2）Str1[]="aa"とStr2[]="ab"，　Str1[]="ab"とStr2[]="ba"，
　Str1[]="ba"とStr2[]="ab"，　Str1[]="aa"とStr2[]="aa"
　など

演習問題　第５部　第５章　問６

数値計算と計算誤差

(H21 秋-FE 午後問 8)

（解答）

［設問］　a－イ，b－イ，c－エ，d－イ，e－エ

（解説）

この問題が出題されたときの受験者の気持ちは，問題文の冒頭に出てくる“方程式の解”という言葉や数式から，これまで解説してきたこの章の演習問題と同じように,「数学は苦手。どうしよう！」とか「訳の分からない式が並んでいる。無理だ！」と思った人が多かったと思います。

しかし，気持ちがどうであれ，試験に合格するためには，あきらめず，この問題に“立ち向かう”しかありません。ここまでの演習の解説で伝えたかったことを繰り返し述べると,「**出題テーマに関する知識がなくても，問題文の説明で解答できる出題内容とレベルになっている**」ということです。このことを意識して問題を解く必要があることを，絶対に理解してほしいと思います。

〔処理の概要〕

この問題は高校の数学で学ぶニュートン法を使って方程式の解を求めるアルゴリズムですが，この方法を本当に理解するためには微分の知識が必要になります。しかし，この問題はどこにも“微分”という言葉が出てこないことから分かるように，決して数学の知識を問うものではありません。

問題文を見ると似たようなアルゴリズムの説明が二つと，それぞれに対応する短めのプログラムが二つ（一部が点線枠で空欄）出ており，すぐに設問になっています。その設問の内容を解答群を見ながら確認すると，出力結果の説明文，プログラム，けた落ちの説明の穴埋めになっており，このうち，プログラムの穴埋めも，解答群の選択肢の内容がどれも似ており，配列の添字がどうなるかを問うものになっていることが予想できます。

次に提示されたアルゴリズムを詳しく見ていくと，アルゴリズム１は，ニュートン法を使って３次方程式の解を求める手順が一つずつ書かれています。処理の内容は，解の予測値 x を決めてニュートン法で計算すると，計算結果は予測値よりも本当の解に近づくので，これを新たな予測値として繰返し計算し，値の変化を見ていくものになっています。〔プログラム 1〕を見ると，〔アルゴリズム 1 の説明〕を一つずつそのまま処理に置き換えていることが分かります。

続くアルゴリズム 2 は，n 次方程式の解について，3 次方程式の場合とほとんど同じ処理で求める手順が書かれています。いきなり n 次方程式の解を求めるアルゴリズムでは難しすぎるので，そのヒントとして 3 次方程式を例に考え方を説明していることが分かります。このアルゴリズムに対応する〔プログラム 2〕の空欄（9～11 行目，13～18 行目）に入る処理も，それぞれ説明のどこに対応するか明記されているので，その説明文に沿って考えるようにしていきます。

［設問］

この問題は短めのプログラムが二つ提示された後，すぐ設問になっています。数学の内容が出題された“運の悪さ”を嘆いている時間はありません。とにかく，問題文をきちんと読んで，解答を出すための努力をすることが大切です。

・空欄 a：3 次方程式の解の一つを，実際の値を使って〔プログラム 1〕で処理した結果に関して説明されています。解の予測値を $x=2.5$ としてプログラムを実行した結果，計算に使う途中結果の f と d の変化と合わせ，x が 3.000000 で変化しなくなる様子が印字結果から分かります。普通はここで，〔プログラム 1〕の内容を理解するためにもう一度確認することが多いのですが，説明文の穴埋めなので，プログラムを見ずに考えてみます。

注意したいのは，実行する処理系（コンピュータの実行環境を示す言葉）で，実数型は 2 進数の浮動小数点形式で有効けた数が 10 進数の十数けたあるのですが，印字結果は有効数字 7 けた（8 けた目を四捨五入）にしていることです。このため，例えば，有効けた数が 12 けたの数値 1.00000000123 を有効数字 7 けたで表示すると，1.000000 になってしまいます。

設問文と空欄 a の選択肢では，行番号 6 と 7 の印字結果から，x は同じ `3.000000` になっていますが，十数けたある有効けたのうち 7 けたしか表示しておらず，表示できていない部分の値がどうなっているかを考えさせる内容と分かります。

行番号 6 の f は `7.527369(−9)`，行番号 7 の f は `0.000000` になっています。f の値は`()`の中に指数を入れた 10 のべき乗表示で，処理が進むにつれて，`8.741682(−1)`→`5.548452(−2)`→`2.833717(−4)`→`7.527369(−9)`と小さくなっていき，7 行目で表現できなくなり 0 になったわけです。ここで，行番号 6 と 7 の f の値が変化していることから，x は同じ表示結果（`3.000000`）ですが，真の値は異なることが分かります。したがって，行番号 6 と 7 の x の値，x_6 と x_7 は異なる値と考えられるので，（イ）の“$x_6 \neq x_7$ である”が正解です。

実際に，表計算ソフトの Excel を使い，印字結果の有効数字を 7 けたから 12 けたに増やして計算させてみた結果を解説の最後に載せます。小数点第 10 位以下で値が異なるのが確認できます。時間がある人は実際に自分で確かめてみてください。

・空欄 b：〔プログラム 2〕は n 次方程式なので，係数を単独の変数でもつと煩雑になります。そこで，n 次方程式の係数（a_n，a_{n-1}，…，a_2，a_1，a_0）を配列 a の要素 a[k]に，説明中に出てくる b_{n-1}，b_{n-2}，…，b_2，b_1，b_0 を配列 b の要素 b[k]に格納して処理をします。行番号 4 の配列宣言を見ると a[10], b[10] となっていて，添字は 0 から始まるので最大で 10 次方程式までを想定したプログラムと分かります。ここで解答に当たって大切なことは，〔プログラム 2〕が n 次方程式に対応することから，〔プログラム 1〕で見た **3 次方程式の場合（n＝3）も正しく動作する**こと，**配列の添字の初期値が 0** だということ，及び，配列 a の添字が n，n－1，…，1，0 と変化するのに対して，**配列 b の添字は n－1，n－2，…，1，0 と変化し，n－1 が最も大きな値になっている**こと，に注意する必要があることです。

〔プログラム 2〕の行番号 9～11 は，〔アルゴリズム 2 の説明〕の手順(2)の処理です。これを，設問(1)で見た 3 次方程式 $x^3-3x^2-x+3=0$ を例に考えてみると，〔プログラム 1〕の行番号 6～8 の各処理（b2←3.0×a3, b1←2.0×a2，b0←a1（＝1.0×a1））に対応します。

〔プログラム 2〕で a3，a2，a1 の値は，行番号 6～8 の read(a[k])の繰返し処理で配列 a に格納されており，b2，b1，b0 の値は問題の図 2 から分かるように配列 b の b[2]，b[1]，b[0]に格納されるので，配列 a，b の内容はそれぞれ次のようになります。

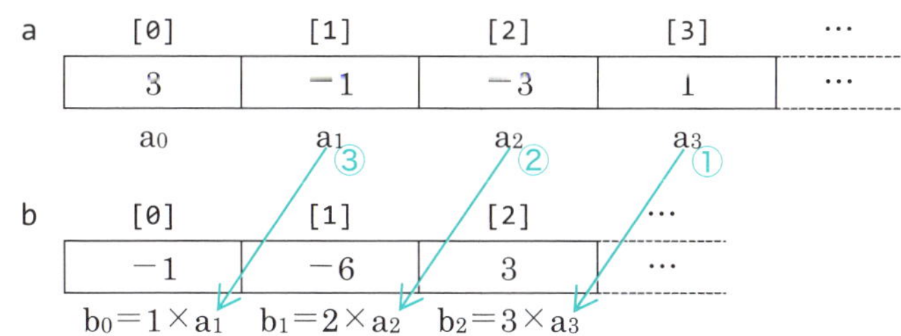

この例は 3 次方程式なので n＝3 となり，〔プログラム 2〕の行番号 9 から繰返しを制御する変数 k は n, n－1, … , 1 と変わっていくので，値としては 3，2，1 と変化します。ここで選択肢を見ると，配列 b の添字はどれも k を使って表しています。このことも参考にして考えると，a[3]，a[2]，a[1]

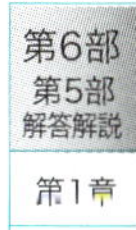

を使った計算結果を配列 b の b[2]，b[1]，b[0]の順に格納するためには，代入先を b[k−1]と指定する必要があります。また，格納する値は b[2]に 3×a[3]，b[1]に 2×a[2]，b[0]に 1×a[1]で，k の値を掛けているので k×a[k]となります。以上から，（イ）の b[k−1]←k×a[k]が正解になることが分かります。

・空欄 c，d：〔プログラム 2〕の行番号 13～18 では，次のように，アルゴリズム 2 の手順(3)の①と②の処理を行う部分です。

> ①　$a_nx^n + a_{n-1}x^{n-1} + \cdots + a_1x + a_0$ の値を求め，これを f とする。
> ②　$b_{n-1}x^{n-1} + b_{n-2}x^{n-2} + \cdots + b_1x + b_0$ の値を求め，これを d とする。

ここでも空欄 b と同様に，3 次方程式 $a_3x^3 + a_2x^2 + a_1x + a_0 = 0$ を例に考えてみます。この場合の変数 f と d を求める式は，〔プログラム 1〕の行番号 10，11 にあるように，次のようになります。

```
f ← ((a3×x＋a2)×x＋a1)×x＋a0
d ← (b2×x＋b1)×x＋b0
```

この計算が次に示す〔プログラム 2〕の行番号 13～18 でどのようにして求められているかを調べます。ここで，行番号 15 の繰返し処理で変数 k の初期値が n−2＝3−2＝1 になることに注意します。

〔プログラム 2 の一部〕
(行番号)

```
13  ・f ← a[n]×x＋a[n−1]
14  ・d ← [   c   ]
15  ■ k: n−2, k ≧ 0, −1  /* k を n−2, n−3, …, 0 として繰り返す。*/
16  │ ・f ← f×x＋a[k]
17  │ ・d ← d×x＋[   d   ]
18  ■
```

〔プログラム 1〕と同じ考え方で計算するので，変数 f と変数 d はそれぞれ別々に計算されるはずです。そこで，まず変数 f の計算がどのように進むかを確認すると次のようになります。

n の値	k の値	〔プログラム 2〕行番号と実行される処理
3		13　f←a[n]×x＋a[n−1]＝a[3]×x＋a[2]
3	1	16　f←f×x＋a[k]＝(a[3]×x＋a[2])×x＋a[1]
3	0	16　f←f×x＋a[k]＝((a[3]×x＋a[2])×x＋a[1])×x＋a[0]

このように，〔プログラム２〕の行番号 13～18 で正しく変数 f の値が計算されるので，同じように変数 d の場合を考えます。変数 f の値を計算するのに，繰返し処理の中の行番号 16 の処理が２回しか実行されていないので，変数 d の場合も繰返し処理の中の行番号 17 の処理を２回実行して，求める結果“d ← (b2×x＋b1)×x＋b0”となるように空欄 c と d の内容を考えます。

この式の中には掛け算が２回しか出てきませんが，２回実行される行番号 17 に掛け算があることから，空欄 c は掛け算を含まない内容になることが分かります。このことから，繰返し処理に入る前の空欄 c で d ← b2 を行い，繰返し処理の行番号 17 で，

１回目　d ← b2×x＋b1

２回目　d ← (b2×x＋b1)×x＋b0

となるように処理をさせればよいことになります。

空欄 c で行う d ← b2 の処理を実行するとき $n=3$ で，b2 は b[2]に格納された値なので，プログラムの記述としては，d ← b[n－1]とすればよいことになります。したがって，空欄 c は（エ）が正解です。

空欄 d は，繰返し処理の中で，d ← d×x＋［　d　］として，d×x の後ろに加える内容なので，１回目が b1 で b[1]，２回目が b0 で b[0]となるような添字の設定をすればよいことになります。このとき，１回目は k＝n－2＝3－2＝1，２回目は k＝n－3＝3－3＝0 なので，設定する添字は k の値そのものでよいことになり，空欄 d は（イ）の b[k]が正解になります。

・空欄 e：設問 (3)にある４次方程式で解を求めたとき，解に近い予測値でプログラム２を実行したときの結果が，解の値から遠ざかってしまう現象が出たことに関する内容です。原因を調べるために計算の途中結果を求めるプログラムを作成したところ，本来の f の値と異なる値になった理由が空欄で問われています。

解答群の四つの用語は，“けたあふれ”，“けた落ち”，“指数下位けたあふれ”，“丸め誤差”で，「演算の過程で［　e　］が徐々に累積し，」という文に単純に当てはまるどうかを日本語として考えても，「累積対象となるもの」は“誤差”という用語を含む（エ）の丸め誤差が当てはまると予想できます。

では，正解を確定させるため，問われている内容から考えてみます。まず，選択肢の用語の意味を整理すると次のようになります。

ア：けたあふれ……演算結果が表現できる最大値を超えることで，オーバフ

ローともいいます。

イ：けた落ち……絶対値のほぼ等しい値同士を引き算することによって，有効けた数が減る現象。例えば，3.0011－3.0010＝0.0001 となり，演算の結果，有効けた数は 5 けたから 1 けたに減ります。

ウ：指数下位けたあふれ……浮動小数点形式で数値を表現する場合，指数部のビット数が有限なので，表現できる範囲は限られます。この範囲よりも数値の指数部の値が小さくなることを指数下位けたあふれといいます。

エ：丸め誤差……浮動小数点形式では仮数部のけた数も有限なので，数値を一定のけた数で表現すると，最小けたよりも小さい数値部分が四捨五入や切捨て・切上げされ，このために誤差が生じます。

ここでは，次の計算をかっこの内側から順に計算したときに発生する可能性のある誤差について考えます。

$$\underbrace{(((1.0\times 2.00001-8.0)\times 2.00001+24.0)\times 2.00001-32.0)\times 2.00001}_{\text{(A)}}+16.0$$

この計算の途中で，何度も整数と小数第 5 位に 1 を含む 2.00001 を掛けているところが，誤差が発生する可能性のあるところです。実際に計算を行うと次のようになります（本番の試験会場では計算しませんが）。

1.0×2.00001－8.0＝ －5.99999（有効けた数 6）
(1.0×2.00001－8.0)×2.00001＝ －12.0000399999（有効けた数 12）
(1.0×2.00001－8.0)×2.00001＋24.0＝ 11.9999600001（有効けた数 12）
((1.0×2.00001－8.0)×2.00001＋24.0)×2.00001 ＝ 24.000039999800001（有効けた数 17）
((1.0×2.00001－8.0)×2.00001＋24.0)×2.00001－32.0 ＝ －7.999960000299999（有効けた数 17）
(((1.0×2.00001－8.0)×2.00001＋24.0)×2.00001－32.0)×2.00001 ＝ －16.0000000002000099999（有効けた数 22）

最初の－5.99999（有効けた数 6）から，－12.0000399999（有効けた数 12）になり，24.000039999800001（有効けた数 17），…と結果のけた数が増えていきます。しかし，この処理を行う処理系（コンピュータ）は，問題文で「有効けた数は 10 進数で十数けた程度である」となっていますので，途中のどこかの計算結果以降は，有効けたからはみ出した数が丸められた値

になります。このように，浮動小数点形式では，演算の過程で仮数に丸め誤差が発生し，この値を繰り返し計算に使うことで誤差が累積して大きくなることがあります（これを“累積誤差”といいます）。したがって，空欄 e は（エ）の丸め誤差が正解です。

この問題を解き終わった人は，問われた内容が「説明どおりに配列の添字の設定ができるか」,「有効けた数や誤差を理解しているか」ということで，**数学で出てくるニュートン法の理解は必要ない**ことが分かったと思います。これが，基本情報技術者試験の必須問題の“すがた”ですが，ここまでの演習問題を解いた方は，アルゴリズム問題に対して，かなりの力がついたと思います。この力を生かして，本番試験でどんなテーマの問題が出ても，あきらめずに向かって行ってください。

（参考）空欄 a の解答を確かめた Excel 表の結果

x^3-3x^2-x+3の解

X	a3	a2	a1	a0
2.5	1	-3	-1	3

b2	b1	b0
3	-6	-1

回数	x	f	d	新しいx
1	2.500000000000	-2.625000000000	2.750000000000	3.454545454545
2	3.454545454545	4.969947407964	14.074380165289	3.101425292265
3	3.101425292265	0.874168248687	9.247964776913	3.006899818847
4	3.006899818847	0.055484524263	8.082940648669	3.000035420521
5	3.000035420521	0.000283371694	8.000425050013	3.000000000941
6	3.000000000941	0.000000007527	8.000000011291	3.000000000000
7	3.000000000000	0.000000000000	8.000000000000	3.000000000000
8	3.000000000000	0.000000000000	8.000000000000	3.000000000000
9	3.000000000000	0.000000000000	8.000000000000	3.000000000000
10	3.000000000000	0.000000000000	8.000000000000	3.000000000000
11	3.000000000000	0.000000000000	8.000000000000	3.000000000000
12	3.000000000000	0.000000000000	8.000000000000	3.000000000000

計算結果は，「セルの書式設定」で小数第 12 位まで表示する設定を行う。

・セル C10（1 回目の f）の計算式…… =((C$4*B10+D$4)*B10+E$4)*B10+F$4

・セル D10（1 回目の d）の計算式…… =(D$7*B10+E$7)*B10+F$7

・セル E10（1 回目の新しい x）の計算式…… =B10-C10/D10

・セル B11（2 回目の x）の計算式…… =E10

（これ以降，下のセルに計算式をコピーしていく）

巻末資料

問題文中で共通に使用される表記ルール

問題文中で共通に使用される表記ルール

E-R 図の表記ルールを次に示す。各問題文中に注記がない限り，この表記ルールが適用されているものとする。

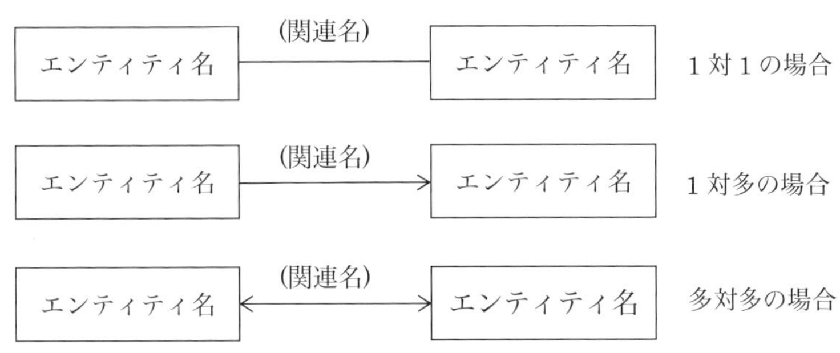

図　エンティティと関連の表記ルール

(1)　エンティティを長方形で表す。

(2)　長方形の中にエンティティ名を記入する。

(3)　エンティティ間の関連を直線又は矢印で表す。線のわきに関連名を“(関連名)”として記入する。

なお，関連名は省略することもある。

(4)　“1 対 1”の関連は，直線で表す。

“1 対多”の関連は，“多”側を指す片方向矢印とする。

“多対多”　関連は，両方向矢印とする。

巻末資料

●編著者

アイテック IT人材教育研究部
石川　英樹
山浦菜穂子
山本　明生

小口　達夫
山本　森樹

2022 基本情報技術者 午後試験対策書

編著 ■ アイテック IT人材教育研究部
編集・制作 ■ 山浦菜穂子　田村美弥子
印刷 ■ 株式会社ワコープラネット

発行日 2021年10月13日 第1版 第1刷
発行人 土元 克則
発行所 株式会社アイテック
〒143-0006
東京都大田区平和島6-1-1 センタービル
電話 03-6877-6312
https://www.itec.co.jp/

ISBN978-4-86575-242-7 C3004 ¥2400E

ITEC の書籍一覧

*表示の価格はすべて税抜きの価格です。

総仕上げ問題集シリーズ

703143	2022春　応用情報技術者　総仕上げ問題集 ※1	¥3,300	978-4-86575-256-4
703144	2022春　情報処理安全確保支援士　総仕上げ問題集 ※1	¥3,700	978-4-86575-257-1
703145	2021　データベーススペシャリスト　総仕上げ問題集	¥3,700	978-4-86575-258-8
703146	2021　エンベデッドシステムスペシャリスト　総仕上げ問題集	¥4,100	978-4-86575-259-5
703147	2021　プロジェクトマネージャ　総仕上げ問題集	¥3,800	978-4-86575-260-1
703148	2021　システム監査技術者　総仕上げ問題集	¥3,800	978-4-86575-261-8
703149	2022　ネットワークスペシャリスト　総仕上げ問題集 ※2	¥3,700	978-4-86575-262-5
703150	2022　ＩＴストラテジスト　総仕上げ問題集 ※2	¥3,800	978-4-86575-263-2
703151	2022　システムアーキテクト　総仕上げ問題集 ※2	¥3,800	978-4-86575-264-9
703152	2022　ＩＴサービスマネージャ　総仕上げ問題集 ※2	¥3,800	978-4-86575-265-6
703173	2022秋　応用情報技術者　総仕上げ問題集 ※3	¥3,300	978-4-86575-253-3
703174	2022秋　情報処理安全確保支援士　総仕上げ問題集 ※3	¥3,700	978-4-86575-254-0

※1　2021年11月刊行予定　※2　2021年12月刊行予定　※3　2022年5月刊行予定

重点対策シリーズ

703170	2022　応用情報技術者　午後問題の重点対策 ※4	¥3,400	978-4-86575-251-9
703159	2022　情報処理安全確保支援士　「専門知識＋午後問題」の重点対策 ※4	¥3,700	978-4-86575-240-3
703163	2022　ネットワークスペシャリスト　「専門知識＋午後問題」の重点対策 ※5	¥3,700	978-4-86575-244-1
703164	2022　ＩＴストラテジスト　「専門知識＋午後問題」の重点対策 ※4	¥3,700	978-4-86575-245-8
703165	2022　システムアーキテクト　「専門知識＋午後問題」の重点対策 ※4	¥3,700	978-4-86575-246-5
703166	2022　ＩＴサービスマネージャ　「専門知識＋午後問題」の重点対策 ※4	¥3,700	978-4-86575-247-2
703167	2022　データベーススペシャリスト　「専門知識＋午後問題」の重点対策 ※6	¥3,700	978-4-86575-248-9
703168	2022　プロジェクトマネージャ　「専門知識＋午後問題」の重点対策 ※6	¥3,700	978-4-86575-249-6
703169	2022　システム監査技術者　「専門知識＋午後問題」の重点対策 ※6	¥3,700	978-4-86575-250-2
702922	エンベデッドシステムスペシャリスト　「専門知識＋午後問題」の重点対策　第5版	¥3,700	978-4-86575-174-1

※4　2021年10月刊行予定　※5　2021年11月刊行予定　※6　2022年4月刊行予定

予想問題シリーズ

703127　極選分析　基本情報技術者　予想問題集　第4版 ※7　¥2,000　978-4-86575-233-5

※7　2021年11月刊行予定

試験対策書シリーズ

703156	IT パスポート試験対策書　第５版	¥2,000	978-4-86575-266-3
703132	情報セキュリティマネジメント　試験対策書　第４版	¥2,500	978-4-86575-232-8
703160	2022　基本情報技術者　午前試験対策書	¥2,400	978-4-86575-241-0
703161	2022　基本情報技術者　午後試験対策書	¥2,400	978-4-86575-242-7
703162	2022　高度午前Ⅰ・応用情報　午前試験対策書	¥2,700	978-4-86575-243-4

合格論文シリーズ

703129	プロジェクトマネージャ　合格論文の書き方・事例集　第６版	¥3,000	978-4-86575-235-9
703130	システム監査技術者　合格論文の書き方・事例集　第６版	¥3,000	978-4-86575-236-6
702454	ＩＴストラテジスト　合格論文の書き方・事例集　第５版	¥3,000	978-4-86575-133-8
702455	システムアーキテクト　合格論文の書き方・事例集　第５版	¥3,000	978-4-86575-134-5
702456	ＩＴサービスマネージャ　合格論文の書き方・事例集　第５版	¥3,000	978-4-86575-135-2

その他書籍

702927	セキュリティ技術の教科書　第２版	¥4,200	978-4-86575-179-6
702719	ネットワーク技術の教科書	¥4,200	978-4-86575-140-6
702720	データベース技術の教科書	¥4,200	978-4-86575-144-4
703139	ＩＴサービスマネジメントの教科書 ※8	¥4,200	978-4-86575-237-3
703157	コンピュータシステムの基礎　第１８版（解答解説付）	¥4,000	978-4-86575-238-0
703111	わかりやすい！　ＩＴ基礎入門　第３版	¥1,800	978-4-86575-231-1
702790	ＰＭＰ® 試験合格虎の巻　新試験対応	¥3,200	978-4-86575-229-8
702546	PMBOK®ガイド問題集　第６版対応	¥1,700	978-4-86575-141-3

※8　2022 年３月刊行予定

★書籍のラインナップなどは，予告なく変更となる場合がございます。アイテックの書籍に関する最新情報は，アイテックホームページの書籍ページでご確認ください。

https://www.itec.co.jp/howto/recommend/